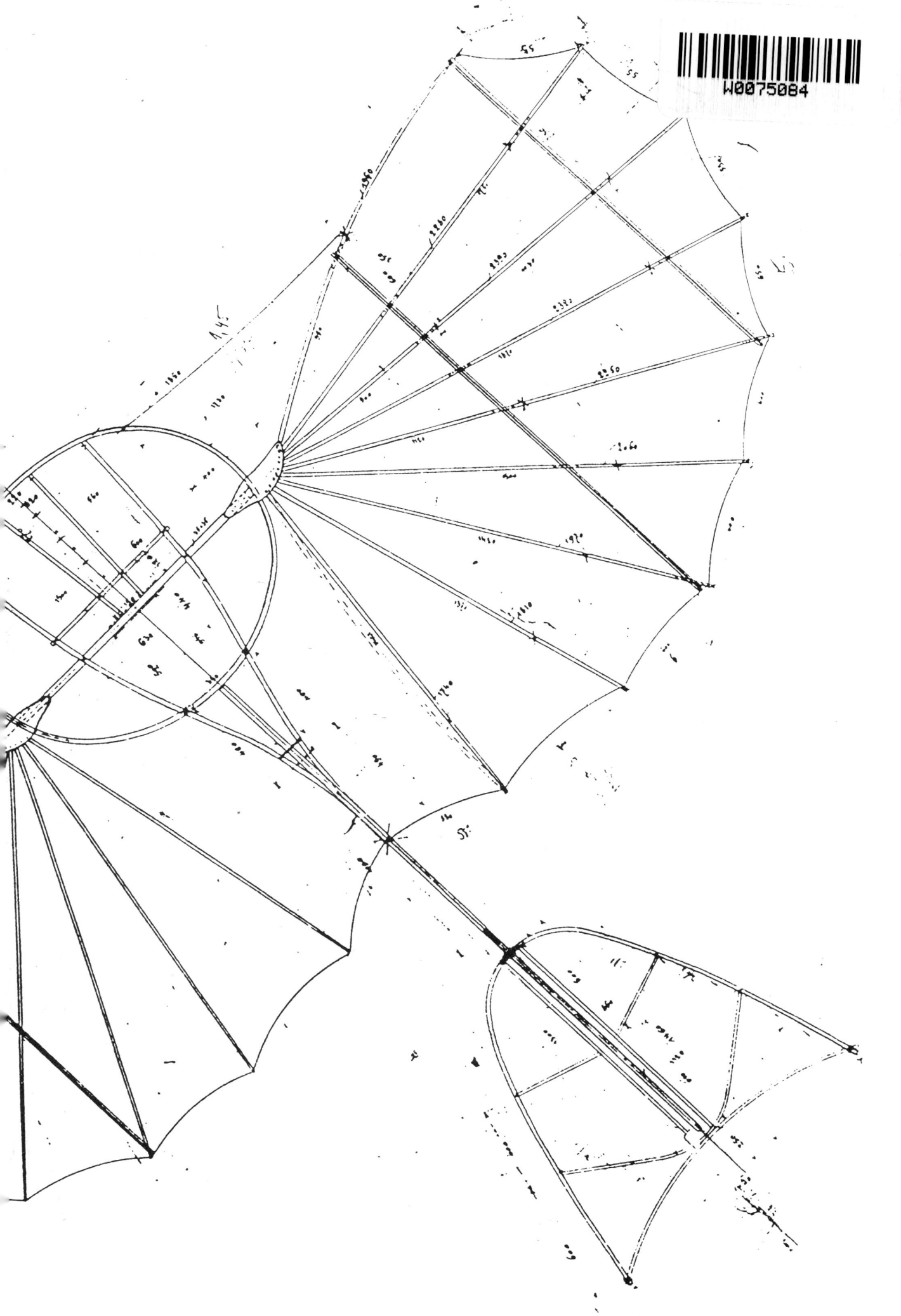

Otto Lilienthal
Flugpionier · Ingenieur · Unternehmer

Werner Heinzerling · Helmuth Trischler (Hrsg.)

Flugpionier · Ingenieur · Unternehmer

– der vollständige zeichnerische
und fotografische Nachlaß –

Bertelsmann Lexikon Verlag

Eine Ausstellung im Deutschen Museum
vom 8. 5. 1991 bis 10. 1. 1992
anläßlich des Jubiläumsjahres 1991
»Otto Lilienthal: 100 Jahre Menschenflug«

Konzept, Aufbau und Katalog:
Gerhard Filchner, Werner Heinzerling, Hans Holzer,
Matthias Knopp und Helmuth Trischler
unter Mitarbeit von
Rudolf Heinrich, Albert Limmer und Herbert Studtrucker
Ausstellungsgestaltung und Graphik: Kerria Rieker

Mit Katalogbeiträgen von Gerhard Filchner (S. 100–112), Rudolf
Heinrich (S. 139–143), Hans Holzer (S. 125–137), Klaus Kopfermann (S. 29–45),
Matthias Knopp (S. 314–315), Christian Piepenburg (S. 115–123),
Stephan Nitsch (S. 82–99), Werner Schwipps (S. 299–309),
Karl-Dieter Seifert (S. 46–80) und Helmuth Trischler (S. 13–27).

Copyright Deutsches Museum, München 1991
Bertelsmann Lexikon Verlag GmbH
Gütersloh/München 1991
Umschlagentwurf: Martina Eisele
Lithos: Repro Knopp, Inning
Satz, Druck und Bindung: Passavia Druckerei GmbH Passau
ISBN 3-570-06693-2 (Hardcover)
ISBN 3-570-06695-9 (Broschur)
Printed in Germany

Inhalt

Vorwort

Im Sommer 1991 sind 100 Jahre vergangen, seit Otto Lilienthal am Windmühlenberg nahe des kleinen märkischen Bauerndorfes Derwitz bei Potsdam seine ersten Gleitflüge gelangen. In den nachfolgenden fünf Jahren konnte er die Länge der Flugstrecken in tausendfacher Wiederholung der Flüge auf bis zu 250 m steigern. Die Absprunghügel wurden höher, die Gleiter technisch ausgereifter. Der Durchbruch zur Entwicklung eines motorgetriebenen Flugzeugs, den er sich von seinem großen Schlagflügelapparat mit Kohlensäuremotor erhoffte, blieb ihm ebenso versagt, wie weitere Erfolge in der Verbesserung der Steuerungstechnik. Mitten in einer Phase von entsprechenden Versuchen wurde er ein Opfer des hohen Risikos, dem er sich bei jedem Flugversuch von neuem aussetzte. Am 9. August 1896 stürzte er am Gollenberg bei Stölln ab und verletzte sich so schwer, daß er tags darauf verstarb.

Die große Bedeutung Lilienthals für die Entwicklung der Luftfahrt wurde schon von manchem seiner Zeitgenossen erkannt. Der französische Flugpionier Ferdinand Ferber schrieb ihm 1897 die Rolle dessen zu, der am Beginn des Menschenfluges steht, ein Urteil, dem man sich bis heute mit guten Gründen anschließen kann.

Die Liste der Gedenkveranstaltungen, Ausstellungen und Publikationen, die das Leben und Wirken des wohl bedeutendsten deutschen Flugpioniers im »Lilienthal-Jahr« 1991 einer breiten Öffentlichkeit präsentieren, ist lang. Das Deutsche Museum kann mit seiner am 7. Mai 1991 eröffneten Sonderausstellung freilich einen exponierten Platz in dieser Liste beanspruchen. Museumsgründer Oskar von Miller hatte zeitlebens nicht lockergelassen, den »Nachlaß« Otto Lilienthals für die Sammlungen des Museums zu sichern – um einen echten Nachlaß im archivtechnischen Sinne handelt es sich freilich nicht. Seinem nie ermüdenden Engagement ist es zu verdanken, daß ein Gutteil der verbliebenen Flugapparate, Pläne, Fotos und Handschriften Lilienthals schon in den zwanziger und frühen dreißiger Jahren in das Deutsche Museum gelangten. Im Laufe der Jahrzehnte kamen weitere Erwerbungen hinzu. Erfreulicherweise stellte uns Herr Dr. Klaus Kopfermann für die Sonderausstellung einen Großteil der im Privatbesitz der Nachkommen Lilienthals verbliebenen Dokumente zur Verfügung, wofür wir ihm sehr zu Dank verpflichtet sind. Das Deutsche Museum sieht sich dadurch in der glücklichen Lage, den weitaus größten Teil der Überlieferung von Otto Lilienthal in diesem Katalog dokumentieren zu können. Es hieße, den wissenschaftlichen Stellenwert des Kataloges zu überschätzen, würde man ihn als definitive Interpretation der Person und technikhistorischen Bedeutung Otto Lilienthals verstehen. Im einzelnen fügt er der in Vorbereitung des Gedenkjahres stark im Fluß befindlichen historischen Forschung über Lilienthal und die Anfänge der Luftfahrt wichtige Beiträge hinzu. Überwiegend leistet er jedoch eher die Vorarbeit für eine noch ausstehende tiefgreifende Analyse, die den methodischen Ansprüchen moderner Technikgeschichte gerecht wird.

An dieser Stelle sei allen an der Gestaltung des Katalogs und der Sonderausstellung Beteiligten herzlich gedankt: dem Leiter unserer Luft- und Raumfahrtabteilung Werner Heinzerling und seinen Mitarbeitern Gerhard Filchner, Hans Holzer, Dr. Matthias Knopp und Dr. Helmuth Trischler; dem Leiter der Sondersammlungen und Archive Dr. Rudolf Heinrich und seinen Mitarbeitern Albert Limmer und Herbert Studtrucker; ferner: Christian Piepenburg, der seine Erfahrungen beim Nachbau eines Gleiters in zwei Textbeiträgen niederlegte; Kerria Rieker, die der Ausstellung in gewohnter Weise ein graphisch ansprechendes Gepräge gab; Rolf Gutmann, der die Schwierigkeiten der Drucklegung souverän meisterte; den Fotografen, die von den qualitativ häufig problematischen Originalvorlagen bestmögliche Reproduktionen anfertigten.

Mein besonderer Dank gilt Dr. Klaus Kopfermann, Stephan Nitsch, Werner Schwipps und Karl-Dieter Seifert, die den Katalog nicht nur durch ihre Textbeiträge bereicherten, sondern auch bei der Beschreibung und Interpretation der Originale behilflich waren. Beratend zur Seite standen uns dankenswerterweise auch Dr. Michael Waßermann, der Leiter des Lilienthal-Museums in Anklam, und Leonhard Löffler, der mittlerweile pensionierte Lilienthal-Experte des Deutschen Museums. Zu guter Letzt möchte ich mich bei den vielen hier nicht namentlich genannten Mitarbeitern unseres Hauses bedanken, die mit großem Einsatz zur Fertigstellung des Katalogs und zum Gelingen der Sonderausstellung beigetragen haben.

Dr. Otto Mayr
Generaldirektor · Deutsches Museum

Einleitung

Für das Deutsche Museum war es eine Selbstverständlichkeit, sich an den Aktivitäten zum Gedenken an die ersten gelungenen Gleitflüge Otto Lilienthals im Jahr 1891 zu beteiligen. Von Beginn der Planungen zum »Lilienthal-Jahr« 1991 an stand fest, daß das Deutsche Museum einzelne Veranstaltungen mit Rat und Tat unterstützen würde. Das Museum betrachtete es nachgerade als seine Verpflichtung, über diese Serviceleistungen hinaus auch durch eine eigene Ausstellung einen besonderen Beitrag zum Jubiläumsjahr zu leisten. Aus der Fülle der Originale Otto Lilienthals, die in mehreren Jahrzehnten Sammlungstätigkeit in das Deutsche Museum gekommen waren, konnten seit der Präsentation des ›Normal-Segelapparates‹ im Jahre 1906 stets nur einzelne Ausschnitte gezeigt werden. Was lag näher als der Gedanke, im Jubiläumsjahr 1991 seine Flugapparate, Pläne, Skizzen, Zeichnungen, Fotos und Handschriften erstmals umfassend der Öffentlichkeit zu präsentieren?

Aus konservatorischen Gründen war es leider in vielen Fällen nicht möglich, die wertvollen lichtempfindlichen Zeichnungen und Handschriften im Original auszustellen. Hinzu kam, daß die zur Verfügung stehende Raumkapazität der Sonderausstellung in der Luftfahrthalle es nicht gestattete, die Fülle der Exponate vollständig zu zeigen. Auf diese Weise entstand eine Ausstellung, die durch repräsentative Reproduktionen einen Querschnitt durch das Leben und technische Schaffen Otto Lilienthals bietet.

Eine andere Aufgabe hat der vorliegende Katalog. Er dokumentiert und interpretiert in 273 Nummern die Originale Otto Lilienthals in den Ausstellungen und Sondersammlungen des Deutschen Museums. Nur einige vorhandene Fotos, die nicht in direktem Zusammenhang mit Lilienthals Biographie stehen, wurden nicht aufgenommen.

Das Deutsche Museum verfügt über den bei weitem größten Bestand von Lilienthal-Originalen. Ergänzende Teile aus dem persönlichen und technisch-wissenschaftlichen Nachlaß Lilienthals sind über die gesamte Welt verstreut; sie lassen sich u. a. finden: im Science Museum London, im Technischen Museum Wien, im Museum für Verkehr und Technik Berlin, im National Air and Space Museum Washington D. C., im Shukowski Museum Moskau, im Heimatmuseum Otto Lilienthal Anklam, in der Bibliothek der Stiftung Preußischer Kulturbesitz Berlin, im Zentralen Staatsarchiv Merseburg, im Besitz der Familien Squire/Neuseeland, Kopfermann/München und Halle/Berlin.

Der Katalogteil beschränkt sich darauf, die einzelnen Originale formal nach Beschaffenheit, Größe und Umfang zu beschreiben und sie nach Inhalt und Bedeutung auf der Basis des derzeitigen Kenntnisstandes zu würdigen. Die einzelnen Exponate umfassend zu analysieren und zu interpretieren, war in dem gegebenen Rahmen nicht möglich. Dennoch wird der Forschungsstand nicht selten korrigiert und insbesondere in Teil 5 (Flugtechnische Untersuchungen und Veröffentlichungen) und Teil 6 (Flugapparate und Flugversuche) erweitert.

Erkenntnisfördernd wirkte auch die Transkription eines Teils der stenographischen Handschriften und Beschriftungen auf Zeichnungen durch Hans Gebhardt, einen der wenigen Experten, die das von Lilienthal verwendete »System Stolze« heute beherrschen. Sofern die Transkriptionen bereits vorliegen, ist dies in den Formalbeschreibungen der Katalog-Nummern vermerkt. Die Entzifferung wird derzeit fortgeführt; sie wird voraussichtlich Ende 1991 abgeschlossen werden.

Der Katalogteil bietet dem Leser eine bislang einzigartige Dokumentation über das Leben und Wirken des wohl bedeutendsten deutschen Flugpioniers. Da der Katalog sich nicht nur an einen

kleinen Kreis von Lilienthal-Experten und vorge-
bildeten Interessierten wendet, sondern das breite
Spektrum der Ausstellungsbesucher ansprechen
soll, geht er über den dokumentarischen Teil hinaus. Im einführenden Textteil beleuchten neun
wissenschaftliche Aufsätze wichtige Facetten der
Persönlichkeit und des weitgespannten Wirkens
Lilienthals und deren Beziehung zum Deutschen
Museum. Den Auftakt macht die biographische
Einführung durch Helmuth Trischler. Lilienthal
lebte in einer historischen Periode des ebenso stür-
mischen wie tiefgreifenden politischen, wirtschaftlichen und sozialen Wandels. Ohne einen kurzen
Abriß dieser Epoche bleibt seine Biographie un-
verständlich. Hineingeboren in das Jahr der Revolution von 1848 erfuhr er in seiner Jugend, wie
die Einigung Deutschlands nicht durch den politischen Druck des Bürgertums von unten, sondern
durch Bismarck von oben vollzogen wurde. Am
letzten der Reichseinigungskriege gegen Frankreich nahm er persönlich teil.

Das neue Deutsche Reich von 1871 entwickelte
sich in dem Vierteljahrhundert bis zu Lilienthals
Tod zu einem janusköpfigen Staat: in seinen wirtschaftlichen und sozialen Strukturen überaus
wandlungsfähig und modern; in seiner politischen
Struktur starr und verkrustet. Lilienthals breitge-
fächertes reformpolitisches Engagement war seine
individuelle Reaktion auf die wachsende Schwä-
chung des politischen Liberalismus in Deutschland zugunsten des Konservatismus.

Den Abschluß dieses kurzen Porträts des Erfinderunternehmers Otto Lilienthal bildet eine drei-
gegliederte Zeittafel, die in übersichtlicher Form
sein Leben und Wirken zum einen in das luft-
fahrttechnische, zum anderen in das politische,
wirtschaftliche, wissenschaftliche und gesellschaftliche Umfeld integriert.

Die ökonomische Leistungsfähigkeit und Mo-
dernität Deutschlands beruhte nicht zuletzt auf
dem in der zweiten Hälfte des 19. Jahrhunderts
aufgebauten Netz von technischen Fach- und
Hochschulen. Otto Lilienthals Ausbildung als Ingenieur fällt, wie die beiden Aufsätze von Karl-
Dieter Seifert ausführlich darstellen, in diese Periode. Seine Ausbildung steht in der Tradition bester
deutscher Ingenieurkunst: Peter Christian Wilhelm Beuth, Ferdinand Redtenbacher und Franz
Reuleaux. Lilienthals spätere Erfolge im Bau von
Dampfmaschinen und Flugapparaten fußten jedoch darauf, daß er die wissenschaftliche Methode
seiner Lehrer aufnahm und sie mit seiner prak-
tisch-empirischen Vorgehensweise verknüpfte. Er
erkannte, daß die wissenschaftliche Kenntnis al-

leine nicht hinreichte, um erfolgreich zu sein.
Technisches Wissen, das auf Erfahrung beruht, die
er sich über ein Jahrzehnt hinweg als angestellter
Ingenieur bei führenden deutschen Maschinenbauunternehmen erwarb, mußte hinzutreten. Erst
vor dem Hintergrund dieser breiten, theoretisch
und praktisch abgesicherten Erfahrung erzielte er
seine Erfolge, im Maschinenbau ebenso wie in der
Konstruktion der Gleitflugzeuge. Die imponie-
rende Bandbreite der erfinderischen Tätigkeit
wird von Seifert im Aufsatz über den Maschinenbauingenieur und Unternehmer erstmals in umfas-
sender Weise dargestellt. Die daraus hervorgehen-
den Patente sind im Anhang von Matthias Knopp
zusammengestellt.

Die Kenntnisse über die konstruktiven Details
sämtlicher Gleiter Lilienthals beruhten bislang auf
dem in der Reihe »Abhandlungen und Berichte«
des Deutschen Museums 1962 erschienenen Band
des Schwiegersohns von Gustav Lilienthal, Gerhard Halle, über »Otto Lilienthal und seine Flug-
zeug-Konstruktion«. Die von Halle eingeführte
Klassifizierung in 18 verschiedene Typen hielt sich
hartnäckig, trotz mancher Fehler und Widersprü-
che, die mittlerweile erkannt wurden. An diesem
Schwachpunkt setzt der Aufsatz von Stephan
Nitsch über Lilienthals Flugzeugkonstruktionen
an. Seine Ausführungen beruhen auf einer sorgfäl-
tigen Recherche der verfügbaren Quellen und der
Kenntnisse, die er aus dem Nachbau einiger Apparate Lilienthals gewonnen hat. Auf der Grundlage
dieser Informationen stellt Nitsch eine neue, wi-
derspruchsfreie Klassifikation auf. Die von ihm
geprägten Typenbezeichnungen werden im Katalog allgemein verwendet. Es bleibt zu wünschen,
daß sich diese Bezeichnungen künftig durchsetzen
werden.

Der ›Normal-Segelapparat‹ ist zweifelsohne als
bedeutendster Flugapparat Otto Lilienthals anzu-
sehen. Er wurde in mindestens zehn Exemplaren
gebaut und an Abnehmer im In- und Ausland
verkauft. Er ist damit das weltweit erste Flugzeug,
das »in Serie« gebaut wurde. Das Deutsche Museum erwarb bereits 1904, ein Jahr nach seiner
Gründung, einen Normal-Segelapparat und zeigte
ihn ab 1906 in seinen zunächst provisorischen Ausstellungen. Der Gleiter, den Lilienthal bei seinen
Flugversuchen selbst benützt hatte, wurde bis
1984 fälschlicherweise als Unterdeck eines Doppeldeckers angesehen und als solches ausgestellt.
Die Geschichte und konstruktiven Details dieses
Gleiters und seiner 1958 gebauten Nachbildung
werden von Gerhard Filchner und Christian Piepenburg beschrieben. Ihre »Dokumentation« kor-

rigiert an einem signifikanten Beispiel eine der Fehleinschätzungen, die sich über Jahrzehnte hinweg in der Lilienthal-Forschung halten konnten.

Im Anschluß daran schildert Christian Piepenburg die von ihm durchgeführte Rekonstruktion des ›kleinen Doppeldeckers‹ in der Flugzeug-Restaurierungswerkstätte des Deutschen Museums. Der Bericht ist ein eindrucksvolles Panorama der vielen großen und kleinen Schwierigkeiten, die bei solchen Arbeiten immer wieder auftauchen. Die zugrunde gelegte Philosophie der Rekonstruktion, den Nachbau nicht mit modernen, sondern mit den zeitgenössischen Methoden und Materialien auszuführen, erfordert es, sich in die Lage Lilienthals zurückzuversetzen. Auf diese Weise werden neue Erkenntnisse gewonnen, die – wie der Aufsatz von Stephan Nitsch zeigt – zum tieferen Verständnis der Konstruktionen der Gleiter Lilienthals beitragen.

Die Artikel von Rudolf Heinrich über die »zweidimensionalen« (Pläne, Zeichnungen, Fotos und Handschriften) und von Hans Holzer über die »dreidimensionalen« Objekte (Gleiter, Profilschienen, Versuchsflächen etc.) Lilienthals im Deutschen Museum gleichen passagenweise spannungsgeladenen Romanen. Die Geschichte des Lilienthal-Bestandes im Deutschen Museum ist gewiß nicht immer eine Erfolgsgeschichte: Exponate wurden unrichtig klassifiziert, mangelhaft dokumentiert, Kaufangebote wurden abgelehnt, kurzum: es wurden aus heutiger Sicht bedauerliche Fehler begangen. Andererseits zeugt die Geschichte des Bestandes auch von dem nimmermüden Bemühen der Mitarbeiter des Museums, das Leben und Wirken dieses Flugpioniers möglichst umfassend zu dokumentieren. Als Beispiel für die Schwierigkeiten der Museumsarbeit in den wechselvollen Jahrzehnten der deutschen Geschichte seit der Jahrhundertwende ist der Lilienthal-Bestand ein wichtiges und aussagekräftiges Stück der Geschichte des Deutschen Museums selbst.

Die Liste der Veröffentlichungen Otto Lilienthals ist lang. Man ist geneigt, sich zu fragen, wann der vielbeschäftigte Unternehmer und Erfinder noch die Zeit gefunden hat, all dies zu schreiben. Das von Matthias Knopp zusammengestellte, im Anhang erstmals vollständig abgedruckte Verzeichnis der Publikationen Lilienthals zeugt von dessen Eifer und tiefem Bedürfnis, die Erkenntnisse seiner erfinderischen Tätigkeit der Öffentlichkeit mitzuteilen.

An das bereits genannte Verzeichnis der Patente von Lilienthal schließt sich eine von Werner Schwipps zusammengestellte Bibliographie der Arbeiten über Lilienthal an. Sie gliedert sich in zeitgenössisches Schrifttum, Nachrufe, Erinnerungen, Nachschlagewerke, Bücher, Buchkapitel, Aufsätze, Literarisches, Hörfunkproduktionen, Film/Fernsehen und Ausstellungskataloge. Trotz ihrer eindrucksvollen Länge ist die Zusammenstellung nicht vollständig; sie bietet nur eine Auswahl der wichtigsten Arbeiten. Die nach dem 1. Dezember 1990 erschienene Literatur konnte nicht mehr aufgenommen werden. *Helmuth Trischler*

Abb. 1: Schwur Otto Lilienthals (Bildmitte) zur Gründung einer Volksbühne, 1892 (Kat.-Nr. 45)

HELMUTH TRISCHLER

Otto Lilienthal
Porträt eines Erfinderunternehmers

Otto Lilienthal (1848–1896) erblickte am 23. Mai 1848 im pommerschen Anklam das Licht der Welt. Seine frühe Kindheit fällt in eine bewegte, eine revolutionäre Zeit. Wenige Wochen vor seiner Geburt brach sich der während der Vormärzjahre aufgestaute politische Reformdruck Bahn. Ausgehend von Paris schwappten die Unruhen rasch auf die Staaten des Deutschen Bundes über. Otto Lilienthals Vater Gustav (1817–1861) konnte nur mit großen Mühen von seinen politisch gleichgesinnten Freunden davon zurückgehalten werden, seine hochschwangere junge Ehefrau alleine zu lassen, um sich an den Barrikadenkämpfen in Berlin zu beteiligen (Abb. 2).

Die Revolution blieb in Deutschland stecken. Als sich neben der politischen auch eine soziale Umwälzung abzuzeichnen begann, schreckte das liberale Bürgertum zurück. Der Revolution folgte die Ära der monarchischen Restauration auf den Fuß. Die bürgerlichen Reformaktivitäten verlagerten sich auf das wirtschaftliche Gebiet. In den Jahren bis 1873 industrialisierte Deutschland in stürmischem Tempo.[1]

Die Familie des jungen Otto Lilienthal konnte freilich davon nicht profitieren. Der wirtschaftlich angeschlagene und politisch durch das Scheitern der Revolution zutiefst desillusionierte Vater flüchtete sich in den Alkohol und das Kartenspiel. Konkurs und Zwangsversteigerung des Tuchgeschäfts in Anklam waren die Folge. Wie so viele seiner Zeitgenossen trug er sich mit dem Gedanken, nach Amerika auszuwandern, um in freiheitlicher Umgebung nochmals ganz von vorne beginnen zu können.[2] Die Vorbereitungen wurden jedoch jäh unterbrochen. 1861 starb Gustav Lilienthal und ließ Frau und Kinder mittellos zurück.

Im ältesten von acht Kindern verschmolzen die so grundverschiedenen Charaktere der Eltern zu einer eigentümlichen Synthese. Der Vater hatte eine starke mathematisch-technische Begabung. Die Mutter Caroline sorgte dafür, daß ihre künstlerische Veranlagung in den Kindern weiterwirkte. Vor ihrer Ehe hatte sie den Weg zu einer Karriere als Theatersängerin eingeschlagen. Als Witwe gab sie Gesangsstunden und ermöglichte ihren beiden Söhnen dadurch eine, den Umständen der Familie entsprechend, hervorragende Ausbildung.

Otto verließ das Gymnasium seiner Heimatstadt nach der mittleren Reife. Die am humanistischen Bildungsideal ausgerichtete Erziehung lag dem technisch Interessierten, der gemeinsam mit seinem 1849 geborenen Bruder Gustav bereits in

Abb. 2: Barrikadenkämpfe in Berlin während der Revolution 1848

Kinderjahren mit Flugapparaten experimentierte, denkbar wenig. Die sich anschließende zweijährige ›Provinzial-Gewerbeschule‹ in Potsdam entsprach dagegen vollauf seinen Neigungen. Er absolvierte die Schule mit dem besten Examen, das dort jemals abgelegt wurde.

Ein einjähriges Praktikum bei der Maschinenfabrik von Louis Schwartzkopff führte Lilienthal nach Berlin. Der Achtzehnjährige lernte in der Metropole das Leben von einer Seite kennen, die dem Bürgertum im allgemeinen erspart blieb. In der während der Hochkonjunktur der Gründerjahre wirtschaftlich stürmisch expandierenden Hauptstadt Preußens herrschte extreme Wohnungsnot. Ein eigenes Zimmer, geschweige denn eine Wohnung, konnte sich der Halbwaise nicht leisten. Als ›Schlafbursche‹ hatte er sich ein Bett mit zwei Kutschern zu teilen.[3] Die unmittelbare Erfahrung der sozialen Lage der Arbeiterschaft hinterließ bei Lilienthal tiefe Spuren. Seine Aufgeschlossenheit für Reformen, sein sozialpolitisches Engagement rührt aus jenen Jahren.

Mit dem Praktikum bei Schwarzkopff war weder sein Dasein als Schlafbursche noch seine berufliche Ausbildung beendet. Im Oktober 1867 schrieb er sich am ›Königlichen Gewerbe-Institut‹ in Berlin für das Studium der Mechanik und des Maschinenbaus ein. Das 1821 von Peter Christian Wilhelm Beuth (1781–1853) zur Hebung des »Gewerbefleißes« gegründete Institut war die Kaderschmiede für Techniker im frühindustriellen Preußen.[4] Beuth hatte selbständige Unternehmer ausbilden wollen. Als technische Führungskräfte sollten sie den Industrialisierungsprozeß vorantreiben. Spätestens nach dem Tod des Institutsgründers im Jahr 1853 wurden jedoch die Anforderungen an die Studenten aus berufsständischen Gründen immer höher geschraubt. Professionalisierung durch Niveausteigerung hieß die Devise des Lehrpersonals, das sich in der Konkurrenz mit den klassischen Universitäten eine günstige Position zu verschaffen versuchte. Die Umbenennung in ›Gewerbe-Akademie‹ ein Jahr vor Lilienthals Studienbeginn war ein weiterer Schritt in diese Richtung. Ein knappes Jahrzehnt, nachdem er sein Examen abgelegt hatte, erreichte die Professorenschaft ihr ehrgeiziges Ziel. Gemeinsam mit der ›Bauakademie‹, an der Ottos Bruder Gustav Architektur studiert hatte, wurde die ›Gewerbe-Akademie‹ zur ›Technischen Hochschule‹ vereint.[5]

Lilienthals Lehrer in Maschinenbaukunde und Rektor der Akademie war Franz Reuleaux (1829–1905), aufgehender Stern am Himmel der

Abb. 3: Franz Reuleaux (1829–1905), Lilienthals akademischer Lehrer

deutschen Ingenieurwissenschaften (Abb. 3). Reuleaux wiederum war Schüler von Ferdinand Redtenbacher (1809–1863), der den Maschinenbau vom Handwerk zur Technikwissenschaft weiterentwickelt hatte. Reuleaux und Redtenbacher gemeinsam war eine Vorgehensweise, die praxisbezogene technologische Kenntnis mit wissenschaftlicher Theorie verband: »Theorie mit Berücksichtigung der Erfahrung«, hieß die Leitmaxime, die sie ihren Studenten vermittelten.[6]

Lilienthal genoß bei Reuleaux eine vorzügliche Ausbildung. Als der Begründer der wissenschaftlichen Kinematik seinem Musterschüler eine Assistentenstelle anbot, lehnte dieser das verlockende Angebot ab.

Seit Kindesbeinen verfolgte Lilienthal das Ziel, den Menschenflug nach dem Vorbild der Vögel zu realisieren. Das Studium der verfügbaren Literatur zu den wissenschaftlichen Grundlagen der Flugtechnik zeigte ihm die Unzulänglichkeiten des vorwiegend theoretischen Zugriffs. Die klassische Hydrodynamik war seit ihrer Grundlegung in der Mechanik von Isaac Newton (1643–1727) darum bemüht, die Theorie einer reibungsfreien Strömung zu entwickeln.[7] Für das Verständnis der realen Phänomene des Luftwiderstands, die Lilienthal seit 1871 experimentell untersuchte, hatte die hydrodynamische Theorie dagegen so gut wie nichts zu bieten. Er neigte daher mehr der theoriegestützten Empirie als der angewandten Wissenschaft seines Lehrers Reuleaux zu.[8]

Als Absolvent einer höheren Schule war Lilienthal ein ›Einjährig-Freiwilliger‹; anstelle von zwei oder drei Jahren mußte er nur 12 Monate dienen. Just mit Ende seiner Ausbildung an der Gewerbe-Akademie brach der letzte der drei Reichseinigungskriege aus. Unmittelbar mit Beginn des

Deutsch-Französischen Krieges meldete er sich freiwillig. Sein Garde-Füsilier-Regiment wurde im September 1870 an die Front verlegt. Während der erbitterten Kämpfe um Paris lernte er die Schrecken des Krieges kennen. Gleichwohl war er, wie die meisten seiner Zeitgenossen, vom Waffengang gegen der Erbfeind jenseits des Rheins durchaus eingenommen. An seine Mutter schrieb er aus dem Quartier seines Regiments nördlich von Paris:

»Ihr schreibt viel um Frieden, aber hier solltet Ihr erst herkommen, wie es hier aussieht, dann würdet Ihr erst wissen, was Ihr den deutschen Kriegern zu danken habt, daß sie die Franzosen verhinderten in Eure Städte zu kommen. Wir machen gewiß keinen unnützen Unfug, doch 10 Jahre dauert [es] gewiß, bis sich hier in Frankreich der alte Schaden ausheilt. Die Dörfer und Städte haben keinen einzigen Einwohner, alles ist vor den Deutschen geflohen.«[9]

Der triumphale Empfang, der den siegreichen deutschen Truppen am 16. Juni 1871 in der Reichshauptstadt Berlin bereitet wurde, stärkte sein »soldatisches Gefühl«. Er fühlte sich jedoch von dem säbelrasselnden Kult des Bismarckschen Staates mehr und mehr abgestoßen und wandte sich in seinen späten Jahren, wie wir noch sehen werden, der im Werden begriffenen pazifistischen Bewegung um Bertha von Suttner (1843–1914) zu.

Es ist kein Zufall, daß die wichtigsten Pioniere der Luftfahrttechnik selbständige Unternehmer waren: Lilienthal ebenso wie die Brüderpaare Montgolfier und Wright. Die Entwicklung von funktionierenden Flugapparaten war ein zeit- und kostenintensives »Hobby«, das sich ein abhängig Beschäftigter auf Dauer nicht leisten konnte. Vorwiegend aus diesem Grunde strebte Lilienthal nach dem Ende seiner Militärzeit die Gründung eines eigenen Unternehmens an. Vorderhand waren die Rahmenbedingungen für eine Selbständigkeit jedoch denkbar ungünstig. Startkapital war nicht vorhanden, nach zwei Jahrzehnten wirtschaftlicher Prosperität schlug die Konjunktur um. Von 1873 bis 1879 erlebte die industrielle Welt ihre erste tiefe Wirtschaftskrise.[10]

Als begabter junger Ingenieur fiel es ihm freilich nicht schwer, eine Stelle zu finden. Nach einem kurzen Engagement im Unternehmen von M. Weber wirkte Lilienthal von 1882 bis 1890 als Konstruktionsingenieur in der Maschinenfabrik C. Hoppe. Das Unternehmen hatte sich unter anderem darauf spezialisiert, Schrämmaschinen herzustellen. Die Mechanisierung des Bergbaus steckte um 1870 noch in den Kinderschuhen. Bergarbeit

Abb. 4: Kohlegewinnung im Streb eines Steinkohlenbergbaus im ausgehenden 19. Jahrhundert

blieb bis weit in das 20. Jahrhundert hinein schweißtreibende Handarbeit (Abb. 4).[11]

Für die Hauer bedeutete es daher schon eine Erleichterung und für die Bergwerksbetriebe eine Steigerung der Förderleistung, wenn das Schlitzen des Schrams mit Hilfe von Maschinen betrieben werden konnte. Es kennzeichnet die Erfindermentalität Lilienthals, daß er sich nicht damit begnügte, die Maschinen seines Unternehmens zu verkaufen und vor Ort zu installieren, sondern an ihrer Verbesserung arbeitete. 1876 erhielt er das Patent auf eine von ihm konstruierte Schrämmaschine, das erste in einer langen Reihe von Patenten auf dem Gebiet des Maschinenbaus. Um rechtliche Schwierigkeiten mit seinem Arbeitgeber Hoppe zu vermeiden, ließ er es auf den Namen seines Bruders Gustav eintragen.[12]

Den erhofften Sprung in die Selbständigkeit brachte die Schrämmaschine nicht. Gerade die Montanindustrie traf die Wirtschaftskrise besonders hart; nur drei Exemplare der Maschine konnten verkauft werden. Die Tätigkeit im sächsischen Bergbau wurde jedoch in familiärer Hinsicht von großer Bedeutung. Über geschäftliche Beziehungen lernte Lilienthal im Herbst 1876 seine spätere Frau Agnes kennen, Tochter des Bergbeamten Hermann Fischer. Kurz darauf fand die Verlobung statt, im Juni 1878 heirateten die beiden. Ein Jahr später wurde das erste von vier Kindern geboren. Der Sohn wurde gutbürgerlicher Tradition entsprechend nach dem Vater benannt. Agnes teilte mit ihrem Mann die Vorliebe für Musik und Kunst. Die Familie gab Lilienthal Halt und Kraft, bot ihm Ausgleich für seine vielfältigen Aktivitäten.

Die Wende zu den 1880er Jahren markiert eine wichtige Zäsur in Lilienthals Leben. Nach jahrelanger Arbeit gelang es ihm, zusammen mit Gustav, ein Verfahren zur Herstellung künstlicher Steine für Kinderbaukästen zu entwickeln. Das Verfahren verkauften die Brüder an den Unternehmer Friedrich Adolf Richter, der mit den auf diese Weise produzierten ›Anker-Steinbaukästen‹ ein Millionenvermögen verdiente. Während Gustav nach Australien auswanderte, konnte Otto nun seine Aufmerksamkeit auf ein anderes Vorhaben konzentrieren: die Entwicklung einer leichten Dampfmaschine für Handwerks- und kleine Gewerbebetriebe. Im April 1881 ließ er sich den ›Schlangenrohrkessel‹ patentieren. Der Schlüssel zur ersehnten Selbständigkeit war gefunden.

Die anhaltend gute Nachfrage nach den leichten und überaus sicheren Kesseln ließ das junge Unternehmen rasch expandieren. Mitte der 1880er Jahre hatte Lilienthal fünfzehn, einige Jahre später gar sechzig Beschäftigte. Trotz der Diversifizierung des Unternehmens durch die Herstellung herkömmlicher, eingeführter Produkte des Maschinenbaus (Dampfmaschinen, Transmissionsriemen etc.) blieb Lilienthal der für das 19. Jahrhundert so typische Erfinderunternehmer. Er erwarb eine Vielzahl von Patenten, die in ihrer Fülle für das Unternehmen nicht immer von Vorteil waren. Die hohen Gebühren für deren Eintragung und Aufrechterhaltung strapazierten die Kasse der ›Maschinen-Fabrik Otto Lilienthal‹ in ebenso erheblichem Maße wie der Bau seiner Experimental-Flugapparate.[13] Wie für Thomas A. Edison, Elmer Sperry, die Gebrüder Wright und viele andere Erfinderunternehmer des späten 19. und frühen 20. Jahrhunderts war wirtschaftlicher Erfolg jedoch eine gleichsam zwangsläufige, nicht ursprünglich intendierte Begleiterscheinung ihrer patentierten Erfindungen. Antriebskraft für ihr schöpferisches Wirken war nicht in erster Linie ökonomisches Gewinnstreben, sondern die Suche nach innovativen Lösungen für technische Problem- und Fragestellungen.

Aufgrund seiner Fähigkeit, Erfindungen in marktgängige Produkte umzusetzen, florierte Lilienthals Betrieb gut genug, um ihm Spielraum für sozialpolitische Maßnahmen zu lassen. Schon seit dem Vormärz gab es Theorien, die den gewerblichen Betrieb mit einem in sich geschlossenen Staatswesen verglichen. Der Seidenfabrikant Carl Mez (1808–1877) hatte 1847 vor der Badischen Ständeversammlung die Prognose gewagt, es werde eine Zeit kommen, wo die Industrie einen konstitutionell-monarchischen Zustand erhalten

werde, und wer könne wissen, ob man nicht gar republikanische Zustände bekommen würde.[14] In den 1870er und 1880er Jahren wurde die These von der »Konstitutionellen Fabrik« bzw. vom »gewerblichen Konstitutionalismus« zu einem Schlüsselbegriff der sich formierenden bürgerlichen Sozialreform. Die Vertreter der ›Jüngeren Schule der deutschen Nationalökonomie‹ um Gustav Schmoller (1838–1917) und Adolf Held (1844–1880) redeten der Idee einer freiwilligen Selbstbeschränkung des unternehmerischen Absolutismus das Wort und wurden von ihren Gegnern daher spöttisch ›Kathedersozialisten‹ genannt. Mitte der 1880er Jahre richtete der Berliner Fabrikant Heinrich Freese (1853–1944) ein vielbeachtetes Modell ein. Durch Mitbestimmungsrechte der Arbeiterschaft, durch Tarife, durch Achtstundentag und Gewinnbeteiligungen verwirklichte er Forderungen, die der reformistische Flügel der deutschen Arbeiterbewegung ebenfalls auf seinem Papier stehen hatte. Einige wenige Arbeitgeber, wie Ernst C. Abbe (1840–1905) in den Zeiss-Werken, taten es ihm nach.[15] Die Sozialreformer erhielten durch den innenpolitischen Kurswechsel im Anschluß an die Entlassung von Reichskanzler Bismarck 1890 kräftigen Aufwind. In den Jahren des ›Neuen Kurses‹ (1890–1896), als sich der junge Monarch Wilhelm II. als sozialer Kaiser profilieren wollte, wurde eine Fülle von Sozialreformen in Angriff genommen.[16]

Lilienthal war von diesem Reformeifer tief beeindruckt. Das Jahr 1890 jedenfalls erscheint als wichtiger lebensgeschichtlicher Einschnitt. Er gewährt seinen Beschäftigten eine Gewinnbeteiligung von 25 Prozent, bedeutend mehr als Freese oder Abbe; er schafft die Akkordarbeit ab und führt den Achtstundentag ein.

Doch nicht nur im Mikrokosmos seines Unternehmens setzte er sich für Reformen ein. Sein Veränderungswille griff auf den gesellschaftlichen Makrokosmos über. Über Moritz von Egidy (1847–1898) gewann er Anschluß an die im Entstehen begriffene Friedensbewegung. Egidy gab 1890 seine verheißungsvolle Karriere als Offizier auf, um für eine überkonfessionelle religiöse Erneuerung der Menschheit zu werben. Seine vielbeachteten öffentlichen Reden und vor allem eine zweitägige Pfingstkonferenz legten 1891 den Grundstein zur ›Egidy-Bewegung‹, die in den nächsten Jahren über die Grenzen Deutschlands hinaus bekannt wurde.[17]

Der Briefwechsel Lilienthals mit von Egidy dokumentiert, daß Otto im Zeitalter des Imperialismus vor allem von dem friedenspolitischen Engagement des Sozialreformers beeindruckt war. »Auch ich habe mir die Beschaffung eines Kulturelementes zur Lebensaufgabe gemacht, welches länderverbindend und völkerversöhnend wirken soll«, schrieb er im Januar 1894. Seine Vision vom Fliegen hob darauf ab, durch die Erschließung des Luftraumes ein grenzüberschreitendes, friedensstiftendes Element zu schaffen.[18] In der Realität war diese Utopie freilich bereits überholt. Die Militärs hatten die potentielle Bedeutung der Luftfahrt für die Revolutionierung der Kriegstechnik bereits erkannt. Die technologische Entwicklung der Luftfahrt verlief in den beiden Jahrzehnten bis zum Ersten Weltkrieg in militärischen Bahnen.

Die Liste der Gebiete, auf denen Lilienthal sich sozialreformerisch betätigte, läßt sich verlängern. Er initiierte zusammen mit seinem Bruder Gustav den Aufbau der genossenschaftlichen Wohnungsbaugesellschaft ›Freie Scholle‹. Vor allem aber setzte er sich für die Popularisierung der Kunst ein. Die kulturstiftende Kraft des Theaters sollte nicht auf den Kreis des Bürgertums beschränkt bleiben, sondern gerade auch der Arbeiterschaft zugänglich gemacht werden. Er beteiligte sich finanziell am Berliner ›Ostend-Theater‹, ließ es in ›Nationaltheater‹ umbenennen und durch den Verkauf verbilligter Billetts in eine Volksbühne umwandeln. Inspiriert von Gerhart Hauptmanns naturalistischem Stück ›Die Weber‹ schrieb er unter einem Pseudonym den sozialkritischen Titel ›Gewerbeschwindel. Berliner Geschichten aus dem Winter 1894 in acht Bildern. Nach wahren Begebenheiten für die Bühne bearbeitet von Carl Pohle‹. Wenige Monate vor seinem Tode wurde das Stück im Nationaltheater unter seinem eigenen Namen uraufgeführt, nun ›Moderne Raubritter. Bilder aus dem Berliner Leben‹ genannt.

Das Hauptengagement Lilienthals galt jedoch seit dem Erscheinen seines Buches ›Der Vogelflug als Grundlage der Fliegekunst. Ein Beitrag zur Systematik der Flugtechnik‹ im Jahr 1889 wieder der Flugtechnik.

Als Begründer der Flugtechnik wird Otto Lilienthal im Ehrensaal des Deutschen Museums gewürdigt (Abb. 5).

Ferdinand Ferber, ein französischer Aviatiker, der wie Lilienthal bei einem seiner Flugversuche zu Tode kam, faßte 1898 die Errungenschaften seines großen Vorbildes in die Worte: »Den Tag des Jahres 1891, an dem Lilienthal erstmals fünfzehn Meter weit die Luft durchmessen hat, fasse ich auf als den Augenblick, an dem die Menschheit das Fliegen gelernt hat.«[19] Werfen wir einen kurzen Blick auf die Entwicklung der Luftfahrt bis zum

Abb. 5: Plakette für Otto Lilienthal im Deutschen Museum

Beginn der 1890er Jahre, um die Lilienthal zugeschriebene Rolle als Begründer des Menschenfluges einordnen zu können.

Der sehnsüchtige Wunsch des Menschen, dem Vogel gleich durch die Luft fliegen zu können, ist uralt. Die von dem griechischen Dichter Ovid geschilderte Sage von Dädalus und Ikarus und die nordische Mär von Wieland, dem Waffenschmied, die mit Hilfe von vogelähnlichen Federkleidern aus der Gefangenschaft entfliehen konnten, zeigen die Symbolträchtigkeit des Fliegens als Möglichkeit der Befreiung aus der Erdgebundenheit des menschlichen Daseins. An der Epochenscheide vom Mittelalter zur Neuzeit skizzierte das Universalgenie Leonardo da Vinci richtungsweisende, jedoch unrealisiert gebliebene Entwürfe von Flugapparaten. Sein berühmter Entwurf eines ›Schlagflügelapparates‹ war freilich eine aus der allzu engen Anlehnung an das Vorbild des Vogelfluges resultierende technische Sackgasse, die auch Otto und – lange nach seinem Tod – Gustav Lilienthal zeitweise beschritten.[20]

Anknüpfend an mancherlei Vorarbeiten gelang dem französischen Brüderpaar Montgolfier am Vorabend der Französischen Revolution die erste erfolgreiche Konstruktion eines Luftfahrtgeräts nach dem Prinzip ›leichter als Luft‹. Mit durchaus erwägenswerten Argumenten ließe sich der Beginn des Menschenfluges auch auf den 21. November 1783 datieren, als Pilatre de Rozier und der Marquis d'Arlandes mit einem Heißluftballon (Montgolfiere) in den Himmel aufsteigen. In Frankreich jedenfalls wurde 1983 mit großem Pomp das zweihundertjährige Jubiläum des Menschenfluges gefeiert (Abb. 6).

Die Konkurrenz der Luftfahrzeuge ›leichter als Luft‹ bereitete Otto Lilienthal zeitlebens große Probleme. Bei der Belagerung von Paris durch preußisch-deutsche Truppen 1870/71 – unter ih-

*Abb. 6: Erster bemannter Aufstieg einer Montgolfière
am 21.11.1783 bei Paris*

nen, wie erwähnt, auch Lilienthal – stellte die Luftfahrt ihre potentielle Bedeutung für die Revolutionierung der Kriegstechnik erstmals nachhaltig unter Beweis. Ballone hielten die Postversorgung der
eingeschlossenen Stadt mit dem Umland aufrecht
und dienten der Feindaufklärung. Die vermeintli-
che Überlegenheit des französischen Erbfeindes
auf diesem Gebiet der modernen Technik war denn
auch eines der Hauptmotive für die Gründung des
ersten luftfahrttechnischen Vereins in Deutschland
1881, des ›Deutschen Vereins zur Förderung der
Luftschiffahrt‹. Otto Lilienthal wurde 1886 Mitglied des Vereins. Als zeitweiliges Vorstandsmit-
glied, ständiges Mitglied der technischen Kommission und des Redaktionsausschusses der ›Zeitschrift für Luftschiffahrt‹ versuchte er, der
Dominanz der Anhänger der Luftfahrt nach dem
Prinzip ›leichter als Luft‹ entgegenzuwirken. In
seinem Kampf um die Verbreitung des »Kunstfluges«, den er als »unwillkürliches Fliegen eines
Menschen mittelst eines an seinem Körper befestigten Flugapparates« definierte, stand er freilich
weitgehend allein auf weiter Flur.[21] Wie so viele
Techniker, für deren Erfindungen das wirtschaft-
lich-gesellschaftliche Umfeld noch nicht bereitet

und reif war, sah sich Lilienthal in endlose Auseinandersetzungen mit einer Schar von Gegnern ver-
strickt.

Immer wieder beklagte sich Lilienthal darüber,
daß die Erfindung des Ballons die Luftfahrt in
Deutschland in eine ungünstige Richtung gelenkt
habe. Das eigentliche Problem der Steuerbarkeit
eines Flugapparates ließ sich nach seiner Ansicht
nur durch Fahrzeuge ›schwerer als Luft‹ lösen.
»Jetzt, wo diese Einsicht immer mehr an Boden
gewinnt, wo also der Ballontaumel seinem Ende
naht, kehren wir eigentlich mit der Flugfrage zu
dem alten Standpunkt zurück, den sie vor der
Erfindung des Ballons eingenommen hat«, schrieb
er 1889 reichlich optimistisch.[22]

Lilienthals Hoffnung war auf Sand gebaut. Bis
weit in das erste Jahrzehnt unseres Jahrhunderts
hinein dominierte in Deutschland die Luftfahrt
›leichter als Luft‹. Seit der Gründung des ersten
preußischen Luftschiffer-Bataillons 1884 absor-
bierte die Luftschiffahrt die von den Militärs zur
Verfügung gestellten Gelder. Im zivilen Bereich
zog um 1890 die meteorologische Forschung mit
Ballonen die Ressourcen an sich. Nach der Jahrhundertwende fand die Wilhelminische Gesellschaft im Grafen Zeppelin – kurioserweise ein
entfernter Verwandter von Lilienthal – die Führer-
und Vaterfigur, nach der sie – in einer regelrechten
Endzeitstimmung befangen – suchte. In geradezu
messianischer Verehrung spendete die breite Öffentlichkeit gewaltige Geldsummen für Zeppelins
Luftschiffprojekte, schlachteten Kleinbürger und
Dienstmägde ihre Sparstrümpfe. Zeppelin wurde
zum Symbol für die technische Überlegenheit und
den Selbstbehauptungswillen Deutschlands im
Kampf um einen »Platz an der Sonne«, wie Reichskanzler v. Bethmann-Hollweg das imperialistische
Ausgreifen der Großmächte Europas auf Asien
und Afrika plakativ beschrieb.[23]

Erst in den letzten Jahren vor dem Ersten Weltkrieg mehrten sich die Stimmen derjenigen, die
mit mahnend erhobenem Zeigefinger auf den Vor-
sprung Frankreichs und Englands in der dynamischen Flugtechnik verwiesen. Bis 1908/09 jedoch
fanden die wenigen Epigonen Lilienthals im
deutschsprachigen Raum wie Alois Wolfmüller,
Karl Jatho, Wilhelm Kress, Hans Grade und Gustav Weisskopf[24] alles andere als günstige Bedingungen vor, sein Erbe zu pflegen. Kehren wir
zu den Anfängen der Flugtechnik zurück. Am
31. Mai 1811 unternahm Albrecht Ludwig Berblinger das Wagnis, mit einem selbstgebauten
Flugapparat bei Ulm die Donau überqueren zu
wollen. Vor den Augen einer neugierigen Men-

1. Berblinger's unglückliches Unternehmen als Luftfliger in seiner Positur. 2. das Ufer der Donau, mit Zuschauer. 3. die glückliche Rettung des Luftfligers, von den Fischern. 4. Ulm.

Abb. 7: Mißglückter Flugversuch von Albrecht Ludwig Berblinger (»Schneider von Ulm«) am 31.5.1811 in Ulm

schenmenge und des württembergischen Königs stürzte der ›Schneider von Ulm‹ schon nach wenigen Metern kopfüber ins Wasser. Lilienthals Frau Agnes hatte zeitlebens die Befürchtung, daß sich ihr Mann ebenfalls der öffentlichen Lächerlichkeit preisgebe – Flugversuche hatten im 19. Jahrhundert mehr das Odium der Scharlatanerie und Volksbelustigung als den Ruf eines seriösen technischen Unterfangens. Berblinger war freilich nicht so erfolglos, wie es die mißlungene öffentliche Vorführung seiner Künste der Nachwelt glauben machte. Vieles deutet darauf hin, daß ihm in den Weinbergen am Rande der Stadt Ulm Gleitflüge über kürzere Distanzen gelungen sind (Abb. 7).[25]

Zur selben Zeit baute George Cayley in Großbritannien flugfähige Gleitflugmodelle. Einige Jahrzehnte später gelang ihm gar die Entwicklung eines ›manntragenden‹ Gleitflugzeuges. Sein Kutscher machte 1853 bei Versuchen unfreiwilligerweise einen Flug, der prompt mit einer Bruchlandung endete. Den Franzosen Jean-Marie le Bris und Louis Pierre Mouillard gelangen in den 1850er und 60er Jahren erste erfolgreiche Gleitflüge; letzterer segelte immerhin 42 m weit.[26]

Liegt eine historische Fehleinschätzung darin, die ersten gelungenen Gleitflüge Lilienthals vom Sommer 1891 am Windmühlenberg in Derwitz bei Potsdam als Beginn des Menschenfluges zu feiern?

Die Beiträge dieses Katalogs zeigen das Gegenteil. Die systematische Vorgehensweise, die experimentelle Vorgehensweise unter Berücksichtigung der in jahrelangen Forschungen gewonnenen wissenschaftlichen Erkenntnisse, die stete Weiterentwicklung der technischen Apparate befähigten Lilienthal zu seinen erfolgreichen, tausendfach wiederholten Gleitflügen mit Weiten bis zu 250 m. Wissenschaftliche Systematik anstelle von empirischem trial and error, Wiederholbarkeit anstelle von Zufälligkeit sind die Begründungen für die exponierte Position, die Lilienthal in der Historie der Flugtechnik mit Recht zugewiesen wird.

Kontrafaktische Fragen lassen sich letztlich nicht beantworten. Man kann daher nur darüber spekulieren, ob Lilienthal der Übergang zum Motorflug gelungen wäre, falls ihn der Tod nicht aus seiner intensivsten Schaffensphase herausgerissen hätte. Lilienthal selbst war jedenfalls kurz vor seinem tödlichen Absturz guten Mutes, mit dem motorgetriebenen ›Schlagflügelapparat‹ rasch voranzukommen. Bis heute ist es jedoch nicht gelungen, ein schlagflügelgetriebenes Flugzeug zu bauen. Statt dessen wurde der Weg über den Propeller begangen.

Lilienthal war die Nutzung von Hubschrauben oder Propellern als Vortriebsmittel nicht unbekannt. Maxim, Langley und andere experimentierten seit Jahren mit Propellern. Ihre wenig erfolgreiche Versuche bestätigten ihn in dem Glauben, ein Gleitflugzeug büße einen Gutteil seiner Segelfähigkeit ein, wenn die Luft durch Propeller verwirbelt werde. Zudem fehlte es an leistungsfähigen, leichten Motoren. Die Gebrüder Wright bewiesen nach der Jahrhundertwende das Gegenteil. Mit ihrem propellergetriebenen ›Flyer‹ gelang ihnen 1903 der erste Motorflug. Bezeichnenderweise mußten sie sich aber selbst einen geeigneten Motor konstruieren (Abb. 8).

Nichts verdeutlicht Lilienthals Einfluß auf die Entwicklung der modernen Flugtechnik besser, als die Würdigung, die Wilbur Wright ihm im ›Aeronautical Journal‹ 1916 angedeihen ließ: »Lilienthal probably made the greatest contribution to the solution of the flying problem that has ever been made by any one man. [...] Lilienthal thereby wins for himself a glory which the world will never forget.«[27]

Abb. 8: Das erste Motorflugzeug (»Flyer«) der Gebrüder Wright

ANMERKUNGEN

[1] Zu dieser »Doppelrevolution« siehe Wehler, Hans-Ulrich: Deutsche Gesellschaftsgeschichte. Bd. 2: Von der Reformära bis zur industriellen und politischen »Deutschen Doppelrevolution«, München: Beck, 1987, S. 585–784. – Biographische Einzelheiten werden im folgenden nicht belegt; siehe dazu im einzelnen Seifert: Mensch und Werk; Schwipps: Lilienthal; Waßermann: Lilienthal; Seifert/ Waßermann: Lilienthal.

[2] Marschalck, Peter: Deutsche Überseewanderung im 19. Jahrhundert. Stuttgart 1973; Moltmann, Guenter (Hrsg.): Deutsche Amerikaauswanderumg im 19. Jahrhundert. Stuttgart 1976.

[3] Siehe dazu Niethammer, Lutz u. Franz Brüggemeier: Wie wohnten Arbeiter im Kaiserreich? In: Archiv für Sozialgeschichte 16 (1976), S. 61–134.

[4] Vgl. Lundgreen, Peter: Techniker in Preußen während der frühen Industrialisierung. Berlin 1975; Scholl, Lars U.: Ingenieure in der Frühindustrialisierung. Staatliche und private Techniker im Königreich Hannover und an der Ruhr (1815–1873). Göttingen: Vandenhoeck & Ruprecht, 1978.

[5] Rürup, Reinhard (Hrsg.): Wissenschaft und Gesellschaft. Beiträge zur Geschichte der Technischen Universität Berlin, 1879–1979. Bd. 1, Berlin etc. 1979.

[6] Siehe den Beitrag von Seifert: Der Maschinenbauingenieur und Fabrikant, in diesem Band; vgl. mit weiterführender

Literatur: Mayr, Otto: Ferdinand Redtenbacher. In: Gillespie, Charles C. (Ed.): Dictionary of Scientific Biography. Vol. 11, New York 1975, S. 343f.; ders.: Franz Reuleaux. In: ebd., S. 383–385.

[7] Vgl. Kármán, Theodore von: Aerodynamik. Ausgewählte Themen im Lichte der historischen Entwicklung. Genf: Interavia, 1956, S. 10–19; Constant, Edward W.: The Origins of the Turbojet Revolution. Baltimore 1980, S. 99–116.

[8] Siehe den Beitrag von Seifert: Über die wissenschaftliche Arbeitsmethode, in diesem Band.

[9] Otto Lilienthal an seine Mutter, 7.10. 1870 (Sammlung Kopfermann; siehe Kat.-Nr. 25).

[10] Vgl. Spree, Reinhart: Wachstumstrend und Konjunkturzyklen in der deutschen Wirtschaft 1820 bis 1913. Berlin 1977; Pohl, Hans: Aufbruch der Weltwirtschaft. Geschichte der Weltwirtschaft von der Mitte des 19. Jahrhunderts bis zum Ersten Weltkrieg. Stuttgart 1989.

[11] Tenfelde, Klaus: Der bergmännische Arbeitsplatz während der Hochindustrialisierung (1890–1914), in: Conze, Werner u. Ulrich Engelhardt (Hrsg.): Arbeiter im Industrialisierungsprozeß. Herkunft, Lage, Verhalten. Stuttgart 1979, S. 285–335.

[12] Siehe hierzu den Beitrag von Seifert: Der Maschinenbauingenieur und Fabrikant, in diesem Band.

[13] Zu den hohen Kosten für die Erwerbung und Aufrechter-

haltung von Patenten siehe ebd. – Zum Typus des Erfinderunternehmers siehe zuletzt Hughes, Thomas P.: American Genesis. A Century of Invention and Technological Enthusiasm. Harmondsworth: Penguin 1989.

14 Vgl. Fischer, Wolfram: Karl Mez (1808–1877). Ein badischer Unternehmer im 19. Jahrhundert. In: ders.: Wirtschaft und Gesellschaft im Zeitalter der Industrialisierung. Aufsätze – Reden – Vorträge, Göttingen: Vandenhoeck & Ruprecht, 1972, S. 443–463.

15 Teutenberg, Hans-Jürgen: Geschichte der industriellen Mitbestimmung in Deutschland. Ursprung und Entwicklung ihrer Vorläufer im Denken und in der Wirklichkeit des 19. Jahrhunderts. Tübingen 1961, S. 254–275; Bruch, Rüdiger vom: Bürgerliche Sozialreform im deutschen Kaiserreich. In: ders. (Hrsg.): »Weder Kommunismus noch Kapitalismus.« Bürgerliche Sozialreform in Deutschland vom Vormärz bis zur Ära Adenauer, München: Beck, 1985, S. 61–179.

16 Vgl. Born, Karl Erich: Staat und Sozialpolitik seit Bismarcks Sturz. Ein Beitrag zur Geschichte der innenpolitischen Entwicklung des Deutschen Reiches 1890–1914. Wiesbaden 1957; Berlepsch, Hans-Jörg von: »Neuer Kurs« im Kaiserreich? Die Arbeiterpolitik des Freiherrn von Berlepsch 1890–1896. Bonn: Neue Gesellschaft, 1987.

17 Driesmans, B. H.: Moritz von Egidy. 2 Bde, Dresden u. Leipzig 1900; Herz, H.: Alleingang wider die Mächtigen. Ein Bild vom Leben und Kämpfen Moritz von Egidys. Leipzig 1970; Riesenberger, Dieter: Geschichte der Friedensbewegung in Deutschland. Von den Anfängen bis 1933. Göttingen, S. 47 f.

18 Brief an Egidy vom 15. 1. 1894, zit. nach Schwipps: Lilienthal, S. 310 f.

19 Vortrag, zit. nach ebd.: S. 233; siehe auch Ferber, Ferdinand: Die Kunst zu fliegen. Ihre Anfänge, ihre Entwicklung. Berlin 1910.

20 Sobald im Gleitflug ein Maß an verläßlicher Sicherheit erreicht war, wollte Lilienthal zum Ruderflug übergehen. 1894 begann er die Erprobung seines Flügelschlagapparates, den er sich am 3. September 1893 patentieren ließ. Mit Hilfe eines selbstentwickelten Kohlesäureaggregats wollte er den Übergang zum Motorflug schaffen. Ein im Frühsommer 1896 gebauter, vergrößerter Schwingenapparat blieb unvollendet; der Motor konnte nicht mehr eingebaut werden; siehe den Beitrag von Nitsch: Otto Lilienthals Flugzeugkonstruktionen, in diesem Band. – Gustav versuchte gar noch Mitte der 1920er Jahre, ein monströses Schwingenflugzeug zu realisieren. Siehe Schwipps, Werner: Gustav Lilienthal und die Flugtechnik. In: Gustav Lilienthal 1849–1933. Baumeister, Lebensreformer, Flugtechniker. Berlin 1989, S. 119–142.

21 Lilienthal, Otto: Der Kunstflug. In: Moedebeck, Hermann W. L.: Taschenbuch zum praktischen Gebrauch für Flugtechniker und Luftschiffer. Berlin 1895, auszugsweise gedruckt in: Kopfermann (Hrsg.): Flugversuche, S. 132–135.

22 Lilienthal: Vogelflug, S. 156 f.

23 Siehe Knäusel, Hans G.: Zeppelin und Zeppelinismus. Das Zeppelin-Bild in der deutschsprachigen Literatur. In: Trans 1 (1989), 79–98; Clausberg, Karl: Zeppelin. Die Geschichte eines unwahrscheinlichen Erfolges. München 1979.

24 Gustav Weisskopf (1874–1927), der sich nach seiner Auswanderung in die USA Gustave Whitehead nannte, soll 1893 oder 1894 Lilienthal für längere Zeit besucht haben. In seinen späteren Schriften zeigt er sich in der Tat stark von der Methodik Lilienthals beeinflußt. Ungesichert ist nach wie vor die Annahme, Whitehead sei mit seinem Flugzeug Nr. 21 am 14. August 1901 – mithin über 28 Monate vor den Gebrüdern Wright – der erste Motorflug gelungen; siehe dazu Randolph, Stella: Lost Flights of Gustave Whitehead. Washington 1937; dies.: The Story of Gustave Whitehead. New York 1966.

25 Vgl. Dörner, Heinz: Zwei Jahrzehnte Drachenfliegen. Späte Bestätigung über den »Schneider von Ulm«, Albert Ludwig Berblinger. In: Der Schneider von Ulm, Fiktion und Wirklichkeit. Biographie, Flugtechnik, Bibliographie, Ausstellungskatalog, Weißenhorn: Konrad, 1986, S. 69–88.

26 Vgl. Gibbs-Smith, Charles: The Invention of the Airplan 1799–1909. London 1966; ders.: History of Aviation. A Historical Survey from its Origins to the End of World War II. London 1970.

27 Zit. nach Langsdorff: Lilienthal, S. 4.

OTTO LILIENTHAL

1848   23. Mai: Geburt in Anklam (Abb. 9)

Abb. 9: Anklam in Vorpommern, Otto Lilienthals Geburtsort (Kat.-Nr. 4)

1849   9. Oktober: Geburt des Bruders Gustav in Anklam
1856   bis Herbst 1864: Besuch des Gymnasiums in Anklam
1862   erste kindliche Flugversuche
1864   bis August 1866: Besuch der ›Provinzial-Gewerbe-
       schule‹ in Potsdam
1866   Beginn der Versuche auf wissenschaftlicher Grundlage;
       September bis August 1867: Praktikum bei der Fa.
       Schwartzkopff in Berlin
1867   Experimente mit einem ›Schlagflügelapparat‹;
       Oktober bis Juli 1870: Studium der Mechanik und des
       Maschinenbaus an der ›Gewerbe-Akademie‹ (Abb. 10)

Abb. 10: Otto und Gustav Lilienthal, 1870 (Kat.-Nr. 22)

1870   bis Juli 1871: Militärdienst als Einjährig-Freiwilliger
       bei den Garde-Füsilieren; Teilnahme an der Belagerung
       von Paris

LUFTFAHRT

1843   Henson läßt sich seinen ›Luft-Dampf-Wagen‹ patentie-
       ren (Abb. 11)

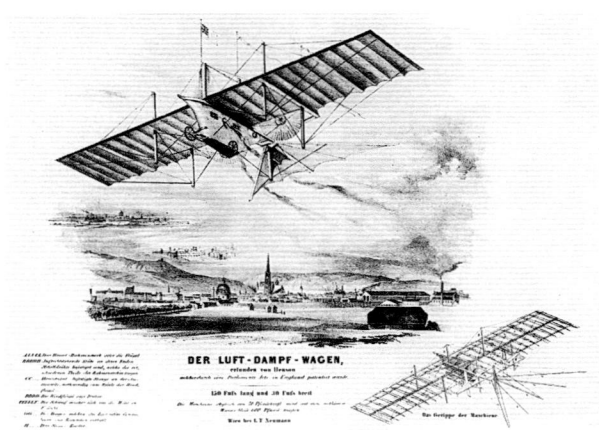

Abb. 11: »Luft-Dampf-Wagen« von Samuel Henson aus dem Jahr 1843

1849   Österreichische Armee wirft aus Heißluftballonen
       Brandbomben auf Venedig
1852   Erster Flug eines Menschen mit einem motorgetriebe-
       nen Luftschiff durch Henry Giffard (Abb. 12);

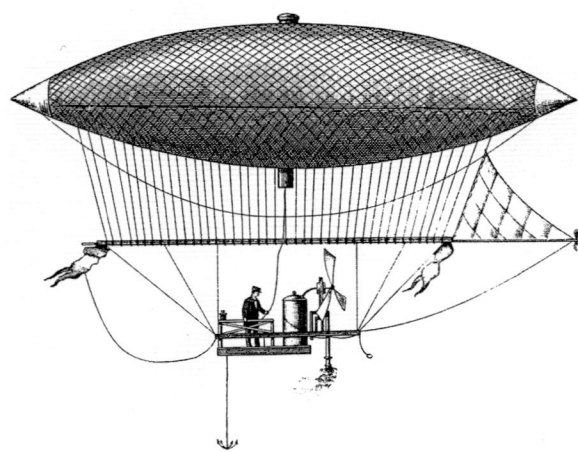

Abb. 12: Motorgetriebenes Luftschiff von Henry Giffard, 1852

       Gründung der ›Société Aérostatique et Météorolo-
       gique de France‹
1853   Erste Flugversuche mit George Cayleys ›manntragen-
       dem‹ Gleitflugzeug
1859   Erste fotografische Luftaufklärung durch Paul Nadar
       in der Schlacht von Solferino
1866   Gründung der ›Royal Aeronautical Society of Great
       Britain‹; auf der Eröffnungssitzung hält Francis H.
       Wenham einen wegweisenden Vortrag über ›Aerial Lo-
       comotion‹
1868   Erste Luftfahrtausstellung im Londoner Kristallpalast
1870   Einsatz von Ballonen zur Feindaufklärung und Postbe-
       förderung im von preußisch-deutschen Truppen bela-
       gerten Paris

POLITIK, TECHNIK, WIRTSCHAFT UND GESELLSCHAFT

1848 Beginn der deutschen Revolution 1848/49;
Zusammentritt der deutschen Nationalversammlung
in der Frankfurter Paulskirche (18. Mai) (Abb. 13)

Abb. 15: Werner von Siemens (1816–1892),
Elektrotechniker und Industrieller

Abb. 13: Sitzung des vorbereitenden Parlaments in der Frankfurter
Paulskirche, 1848

1850 Beginn der bis 1858/59 dauernden Reaktionszeit
1851 Erste Weltausstellung in London (Abb. 14)
1860 Etienne Lenoir stellt einen doppelwirkenden Gas-
motor vor: erste praxistaugliche Verbrennungskraft-
maschine in Serienfertigung
1862 Einsatz von Schrämmaschinen im englischen Bergbau
1863 10. Januar: Offizielle Inbetriebnahme der Londoner U-
Bahn, der weltweit ersten Untergrundbahn
1864 15. Juni bis 23. August 1866: ›Deutscher Krieg‹ Preu-

ßens gegen Österreich und die Mehrheit der Staates
des Deutsches Bundes
1866 Erster Dampfkesselüberwachungsverein in Deutschland
1867 Gründung des Norddeutschen Bundes (Vorläufer des
Deutschen Reiches von 1871);
Werner Siemens entdeckt das dynamoelektrische Prinzip und erfindet die Dynamomaschine (Abb. 15)
1870 19. Juli 1870 bis 10. Mai 1871: Deutsch-Französischer
Krieg

Abb. 14: Weltausstellung in London, 1851

OTTO LILIENTHAL

1871   Beginn der systematischen Widerstandsmessungen; Eintritt in die Maschinenfabrik von M. Weber

1872   Frühjahr bis 1880: Konstruktionsingenieur in der Maschinenfabrik von C. Hoppe in Berlin

1873   Mitgliedschaft in der ›Aeronautical Society of Great Britain‹; Erster öffentlicher Vortrag zur Theorie des Vogelflugs im ›Potsdamer Gewerbeverein‹

1874   Entdeckung der Vorzüge gewölbter Flügelflächen

1876   Versuche mit einer Schrämmaschine für den sächsischen Bergbau

1878   Eheschließung mit Agnes Fischer in Döhlen

1879   Geburt des Sohnes Otto als erstes von vier Kindern; Erfindung des Steinbaukastens gemeinsam mit Gustav

1881   Patent auf den ›Schlangenrohrkessel‹;

1883   Eröffnung einer eigenen Fabrik zum Bau des ›Schlangenrohrkessels‹

1885   Beginn der Produktion eigener Steinbaukästen und infolgedessen eines dreijährigen Konventionalstreits mit der Fa. Adolf Richter

1886   Beitritt zum ›Deutschen Verein zur Förderung der Luftschiffahrt‹; Einzug in ein eigenes, neugebautes Haus im Villenvorort Groß-Lichterfelde (Abb. 16)

Abb. 16: Otto Lilienthals Wohnhaus in Lichterfelde, 1887 (Kat.-Nr. 37)

1888   Wiederaufnahme der flugtechnischen Experimente, Überprüfung der Meßergebnisse von 1874 mit verbesserten Methoden

1889   Wahl zum Mitglied der Technischen Kommission des ›Vereins zur Förderung der Luftschiffahrt‹; Sommer: Stehübungen mit einem Flugapparat; Erscheinen des Buches ›Der Vogelflug als Grundlage der Fliegekunst‹

1890   Einführung betrieblicher Sozialleistungen, insbesondere der Gewinnbeteiligung für die Beschäftigten

1891   Erste Begegnung mit dem Sozialreformer Moritz von Egidy; Gleitflüge bis zu 25 m am Windmühlenberg in Derwitz

1892   Finanzielle Beteiligung am ›Ostend-Theater‹; Umbenennung in ›National-Theater‹

1893   Gleitflüge in den Rhinower Bergen bis zu 250 m (Abb. 17); Bau eines ›Schlagflügelapparats‹ mit elastischen Schwingen; Erstes flugtechnisches Patent auf einen zusammenklappbaren Flugapparat

LUFTFAHRT

1871   Erste Windkanalversuche durch Wenham und J. Browning

1872   Berufung einer Kommission zur Prüfung aeronautischer Fragen unter dem Vorsitz des Physikers Hermann von Helmholtz (Abb. 18)

Abb. 18: Hermann von Helmholtz (1821–1894), deutscher Physiker

1874   24. Januar: wegweisender Vortrag des Begründers des Weltpostvereins, Heinrich von Stephan, über ›Weltpost und Luftschiffahrt‹ vor dem ›Wissenschaftlichen Verein‹ zu Berlin

1880   Erfindung des modernen, zusammenlegbaren Fallschirms in den USA

1881   Gründung des ›Deutschen Vereins zur Förderung der Luftschiffahrt‹ durch den Schriftsteller Wilhelm Angerstein

1884   Jungfernfahrt des ersten voll kontrollierbaren Luftschiffes ›La France‹; Horatio F. Phillips erhält ein Patent auf gewölbte Tragflächen an Flugapparaten

1889   Simultanfahrt der Ballone ›Herder‹ (München) und ›Nautilus‹ (Berlin-Schöneberg); Bau des Fesselballons ›Meteor‹ durch den ›Verein zur Förderung der Luftschiffahrt‹ für meteorologische Höhenforschung

1891   Samuel P. Langleys Buch ›Experimente in Aerodynamics‹ erscheint

1893   Hiram S. Maxim baut einen riesigen Flugapparat mit 375 m² Tragfläche und einer Startmasse von 3500 kg, der bei einem Flugversuch am 31. Juli 1894 zerbricht; Internationale Konferenz über die Luftschiffahrt in Chicago unter der Leitung von Octave Chanute (1. bis 4. August)

1894   Chanutes Buch ›Progress in Flying Machines‹ erscheint; F. W. Lanchester veröffentlicht seine Theorie zirkulierender Strömungen; Der deutsche Meteorologe Joseph A. S. Berson erreicht in einem Freiballon eine Höhe von 9155 m; Der Registrierballon ›Cirrus‹ des Deutschen Vereins stößt in eine Höhe von 18 450 m vor; Gründung des weltweit ersten flugtechnischen Vereins in Karlsbad im Anschluß an einem Vortrag von Otto Lilienthal

POLITIK, TECHNIK, WIRTSCHAFT UND GESELLSCHAFT

1871   Proklamation Wilhelms I. zum Deutschen Kaiser in
       Versailles am 18. Januar (Abb. 19);
       Gesamtdeutscher Reichstag tritt zusammen, Otto von
       Bismarck wird Reichskanzler
1872   Gründung des ›Vereins für Socialpolitik‹ als Forum
       einer breiten bürgerlichen Sozialreform
1873   bis 1879 – weiter gefaßt bis 1893 (›Große Depression‹)
       – dauernde wirtschaftliche Krise, erneutes Anschwel-
       len der Auswanderungswelle nach Übersee
1876   Alexander G. Bell und Elisha Gray melden unabhängig
       voneinander Patente auf Telefone an;
       Die Gasmotorenfabrik Deutz baut den ersten von Ni-
       kolaus A. Otto entwickelten Viertaktgasmotor mit
       Verdichtung
1878   18. Oktober bis 30. September 1890: Gesetz gegen die
       ›gemeingefährlichen Bestrebungen der Socialdemokra-
       tie‹ (Sozialistengesetz): Verbot sozialdemokratischer
       Vereine, Versammlungen und Gewerkschaften
1882   Installation der ersten elektrischen Straßenbeleuchtung
       in Berlin;
       Kaiserliche Botschaft und Beginn der Bismarckschen
       Sozialgesetzgebung
1883   bis 1887 wirtschaftliche Stagnation
1884   Heinrich Freese erläßt in seinem Berliner Betrieb eine
       wegweisende Fabrikordnung mit Mitarbeitergewinn-
       beteiligung, Tariflöhnen und Einführung des Acht-
       stundentags
1885/6 Carl F. Benz erhält Patent für den Motorwagen und
       baut ein leichtes, stählernes Dreirad (Abb. 20);
       Gleichzeitig baut Gottlieb W. Daimler den von Wil-
       helm Maybach 1883 entwickelten Benzinmotor in ei-
       nen hölzernen Kutschenwagen ein
1887   Gründung der ›Physikalisch-Technischen Reichsan-
       stalt‹
1889   Massenstreiks in Deutschland;
       Gründung der ›Freien Bühne‹ unter Otto Brahm;
       Bertha von Suttner schreibt den pazifistischen Roman
       ›Die Waffen nieder‹;
       Gründung der Zeitschrift ›Die Bodenreform‹
1890   Februarerlasse, Entlassung Bismarcks und Beginn des
       ›Neuen Kurses‹ in der Innen-, Wirtschafts-, Sozial- und
       Kulturpolitik durch Reichskanzler von Caprivi und
       Handelsminister von Berlepsch;
       Der russische Mathematiker Konstantin E. Ziolkowski
       stellt eine Theorie des Raketenantriebs auf und begrün-
       det damit die Raketenforschung
1891   bis 1893/94 dauernde schwere wirtschaftliche Krise im
       Gefolge des Deutsch-Russischen Zollkrieges;
       Ernst Abbe führt nach dem Tod von Carl Zeiss in den
       Zeiss-Werken Sozialreformen wie bezahlten Urlaub
       und Reduzierung der Arbeitszeit ein: Höhepunkt der
       konstitutionellen Fabrikbewegung
1892   Gerhart Hauptmanns Theaterstück ›Die Weber‹ wird
       uraufgeführt
1894   Der Italiener Guglielmo Marconi experimentiert mit
       den 1888 von Heinrich Hertz entdeckten elektroma-
       gnetischen Wellen und sendet erstmals Funksignale aus

Abb. 19: Proklamation Wilhelms I. zum Deutschen Kaiser in Versailles, 1871

Abb. 20: Motor des ersten dreirädrigen Motorwagens von Carl Benz, 1885

OTTO LILIENTHAL

LUFTFAHRT

1895   Ferdinand Graf von Zeppelin läßt sich einen ›Luft-
        Schleppzug‹ patentieren; am 2. Juli 1900 erreicht sein
        Luftschiff LZ 1 eine Höhe von 400 m (Abb. 22);

Abb. 17: Gleitflug in den Rhinower Bergen, 1893 (Kat.-Nr. 188)

*Abb. 22: Ferdinand Graf von Zeppelin, Erfinder der Zeppelin-
Luftschiffe und ein entfernter Verwandter von Lilienthal*

1894   Aufschüttung des Fliegebergs in Lichterfelde;
        Konstruktion des ›Normal-Segelapparats‹;
        Stempel der Berliner Zensur für das Theaterstück ›Ge-
        werbeschwindel‹ unter dem Pseudonym Carl Pohle
1895   Besuche von Percy S. Pilcher, Samuel P. Langley,
        Greely S. Curtis und Nikolai S. Shukowski;
        Patent auf einen ›Vorflügelapparat‹; Vorführung des
        Apparats am Fliegeberg vor den Mitgliedern des ›Ver-
        eins zur Förderung der Luftschiffahrt‹;
        Gründung der Baugenossenschaft ›Freie Scholle‹
        durch Gustav unter Beteiligung von Otto
1896   Uraufführung des Theaterstücks unter dem Titel
        ›Moderne Raubritter‹;
        Skizze für einen zweiten, größeren ›Schlagflügel-
        apparat‹;
        Entwurf eines verbesserten Gleitflugapparats;
        Absturz am Gollenberg bei Stölln am 9. August
        (Abb. 21);
        Überführung in die Bergmannsche Klinik und Tod am
        10. August

        4. Dezember: Ein von dem Herausgeber des ›Aeronau-
        tical Annual‹, James Means, ausgearbeiteter Gesetzent-
        wurf über die Ausschreibung hoher staatlicher Geld-
        preise zur Förderung des Motor- und Gleitfluges wird
        im US-Senat eingebracht;
        Percy Pilcher macht seine ersten erfolgreichen Gleit-
        flüge (Abb. 23)

*Abb. 23: Percy S. Pilcher, Flugpionier und Bewunderer von Otto
Lilienthal*

1896   Chanute finanziert und leitet ein Fliegerlager am Michi-
        gan-See, an dem seine Vielfachdecker und der Nachbau
        eines Lilienthal-Eindeckers geflogen werden;
        Wilbur und Orville Wright beginnen mit dem Studium
        der verfügbaren Literatur zum Flugproblem;
        Langley katapultiert sein motorgetriebenes Flugmodell
        ›Aerodrome No. 6‹ von der schwimmenden Abflugsta-
        tion auf dem Potomac (Abb. 24)

*Abb. 21: Absturzapparat Otto Lilienthals auf dem Hof des Gast-
hofes in Stölln, 1896 (Kat.-Nr. 50)*

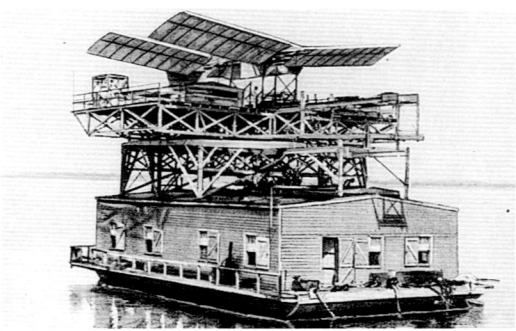

*Abb. 24: »Aeroplane« des Amerikaners Samuel P. Langley auf der
Plattform seiner Werkstatt auf dem Potomac-River*

POLITIK, TECHNIK, WIRTSCHAFT UND GESELLSCHAFT

1895   8. November: Wilhelm C. Röntgen entdeckt die nach ihm benannte Strahlung mit der Eigenschaft, feste Körper zu durchdringen (Abb. 25);

Abb. 25: Wilhelm Conrad Röntgen (1845–1923), deutscher Physiker

Antoine Henry Becquerel wird dadurch zu weiteren Forschungen angeregt und entdeckt am 24. Februar 1896 die Radioaktivität (Abb. 26)

Abb. 26: Antoine Henry Becquerel (1852–1908), französischer Physiker

1896   Rücktritt des preußischen Handelsministers von Berlepsch; Auftakt zur Sammlungspolitik der konservativen Kräfte

Abb. 27: Otto Lilienthal im Alter von 40 Jahren, 1888 (Kat.-Nr. 40)

KLAUS KOPFERMANN

Otto Lilienthal und seine Familie – Erinnerungen

Verehrte Leser, ich freue mich sehr, hier über Otto Lilienthal, den Vater meiner Mutter, berichten zu können, zumal aus Anlaß des hundertjährigen Jubiläums seiner ersten Gleitflüge bei Derwitz in der Nähe von Potsdam. Es gab bereits vor ihm ein paar geglückte Flugversuche anderer, doch Otto Lilienthals unzählige Flüge gelangen nicht zufällig, sondern waren das Ergebnis und der Beweis der Richtigkeit seiner zuvor vorausgesagten und aerodynamisch bewiesenen Möglichkeit des Menschenfluges, der Erfüllung also des uralten Traumes der Menschheit.

Bei dieser Gelegenheit halte ich es für sinnvoll, einige Fakten aus meiner persönlichen Erinnerung wiederzugeben. Gleichzeitig möchte ich manches richtigstellen, was sich in den vergangenen 60 Jahren seit Beginn der Otto-Lilienthal-Literatur ungenau oder fehlerhaft, sei es unabsichtlich oder wissentlich, in die Darstellung eingeschlichen hat.

In Büchern oder Ausstellungen, auch in Lexika, wird vielfach Ottos Bruder, Gustav Lilienthal, im Zusammenhang mit Ottos flugtechnischen Arbeiten und Erfolgen erwähnt. Solche Berichte sind jedoch unbelegbar, so daß es gut sein dürfte, das Flugjubiläum zum Anlaß zu nehmen, solche Unklarheiten zu beseitigen.

Gustav Lilienthal hatte sich eine ganz andere, überaus bunte Berufspalette gestaltet, von Musterentwürfen für Damenhandarbeiten über vielerlei Kinderspielzeuge bis schließlich zu Wohnhausentwürfen und erst zuallerletzt, lange nach Ottos Tod, als es bereits die Deutsche Lufthansa gab, befaßte er sich mit einer allerdings allzu eigenwilligen und gar nicht realisierbaren Flugidee. – Als Otto im Alter von etwa 15 Jahren anfing, über die Möglichkeit nachzudenken, einen Flugapparat zu erfinden, da hatte sich seine Begeisterung auch auf den ein Jahr jüngeren Bruder übertragen, welcher sich deshalb an den anfänglichen Bemühungen mit Pappflügeln und ähnlichem beteiligte.

Die Familie Lilienthal lebte damals in Anklam/Pommern und bestand nur noch aus der Mutter, Caroline, den beiden Söhnen (Abb. 28) und der jüngeren Tochter Marie. Der Vater und nicht weniger als fünf Geschwister waren bereits verstorben. Dieses Schicksal hat zweifellos dazu beigetragen, daß der Älteste, Otto, eine gewisse Führungsrolle in der kleinen Familie übernahm und die Mutter

BERLIN, S.
Prinzen-Str. 44.

Abb. 28: Otto Lilienthal mit seinem Bruder Gustav (sitzend), ca. 1862 (Kat.-Nr. 15)

dies wohl auch gern sah. Ja, sie förderte sogar die
ungewöhnliche Idee Ottos, fliegen zu wollen.

Aber diese kleine Familie konnte nicht lange
zusammenbleiben, denn Otto war mit seinen aus-
geprägten künstlerischen und vor allem technischen Neigungen auf dem Gymnasium mit den
alten Sprachen durchaus kein guter Schüler. Das
änderte sich aber schlagartig, als er 1864 in die
Gewerbeschule in Potsdam umgeschult wurde.
Die dortigen, mehr technisch-praktischen Fächer
lagen ihm so sehr, daß er bald nach Hause berichtete, er sei nun leistungsmäßig hochgekommen
»wie ein Korkstöpsel«.[1] Nach zwei Jahren bestand
er die Reifeprüfung mit den besten Noten, die dort
je erreicht worden waren (Abb. 29). Nebenher
fand er die Zeit, sich mit Fragen der Aerodynamik
zu beschäftigen und für die Ferien in Anklam
die Herstellung weiterer Flügelpaare gedanklich
vorzubereiten.

Hier muß ein Gerät erwähnt werden, welches
mittels eines durch Tretvorrichtung bewirkten
Flügelschlags imstande war, immerhin das halbe
Gewicht von Apparat und Mann senkrecht zu

Abb. 30: Nachbau des Versuchsapparats mit gleichzeitig auf- und abwärts schlagenden Flügelflächen durch Stephan Nitsch, Magdeburg, 1890

heben (Abb. 30). Sein Bruder hatte ihm dabei
eifrig geholfen. Interessant war Ottos aus dem
Ergebnis gezogene Konsequenz. Es war ihm völlig klar, daß dieser Weg, so hervorragend das Resultat auch bereits war, nicht zum Ziel führen
konnte. Senkrechter Aufstieg war unmöglich, wenigstens reichte Menschenkraft dafür nicht aus. Es
mußte eine andere Lösung geben.

Erwähnt sei nebenbei, daß Otto in seiner Potsdamer Zeit für Onkel und Tante von Wysowati,
bei denen er wohnte, aus Zigarrenkistenholz eine
Wanduhr bastelte, die Sekunden, Minuten, Stunden und auch Tage anzeigte und dreißig Jahre
einwandfrei funktionierte, also gerade solange er
selbst noch lebte.

Um ein technisches Studium zu beginnen,
mußte vorab ein Jahr lang praktische Tätigkeit
ausgeübt werden, welche Otto bei der Maschinenfabrik Schwartzkopff in Berlin leistete. Dann war
der Weg frei zur ›Gewerbe-Akademie‹ Berlin, die
später als ›Technische Hochschule‹ und heute als
›Technische Universität‹ bezeichnet wird.

Die Lilienthals hatten einen Ahnherrn, welcher
sein Vermögen studierenden Nachkommen ver-
schrieben hatte. Doch die verwaltende Stelle
lehnte den Antrag für Otto ab, weil man ein technisches Studium nicht als solches anerkannte; im
Zeitalter der aufblühenden Technisierung eine bemerkenswert rückständige Entscheidung. Otto
hatte aber keine Bedenken, er verstand es, billig
zu leben und teilte sich eine Kammer mit einem
Droschkenkutscher, welcher seinen Dienst nachts
versah, also das Bett Otto überließ.

Auch an der Akademie waren Ottos Leistungen
so gut, daß der Rektor, Franz Reuleaux, auf ihn
aufmerksam wurde und ihm das Salingersche Stipendium von 300 Talern im Jahr verschaffte. Statt

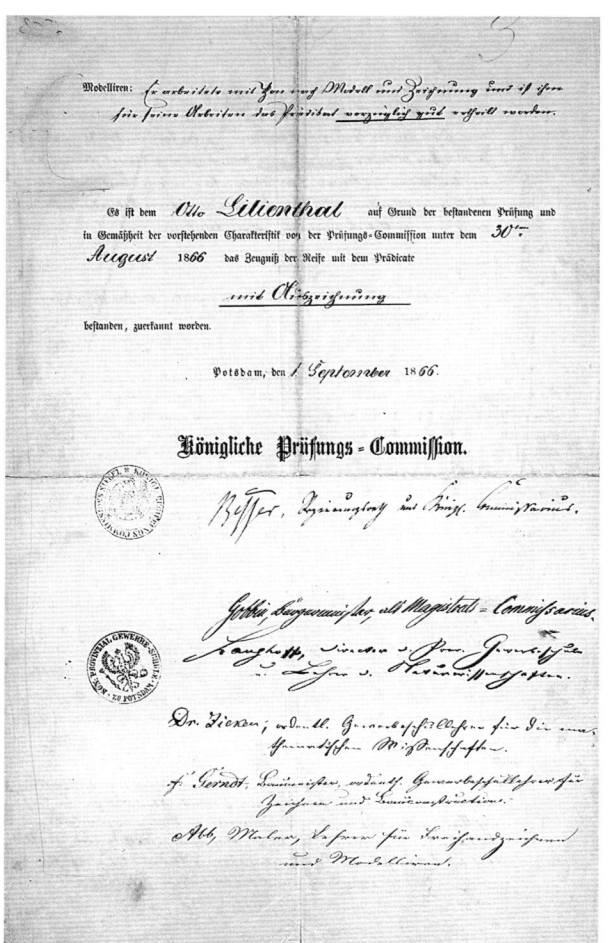

Abb. 29: Otto Lilienthals Reifezeugnis der Potsdamer Provinzial-Gewerbeschule, 1866 (Kat.-Nr. 18)

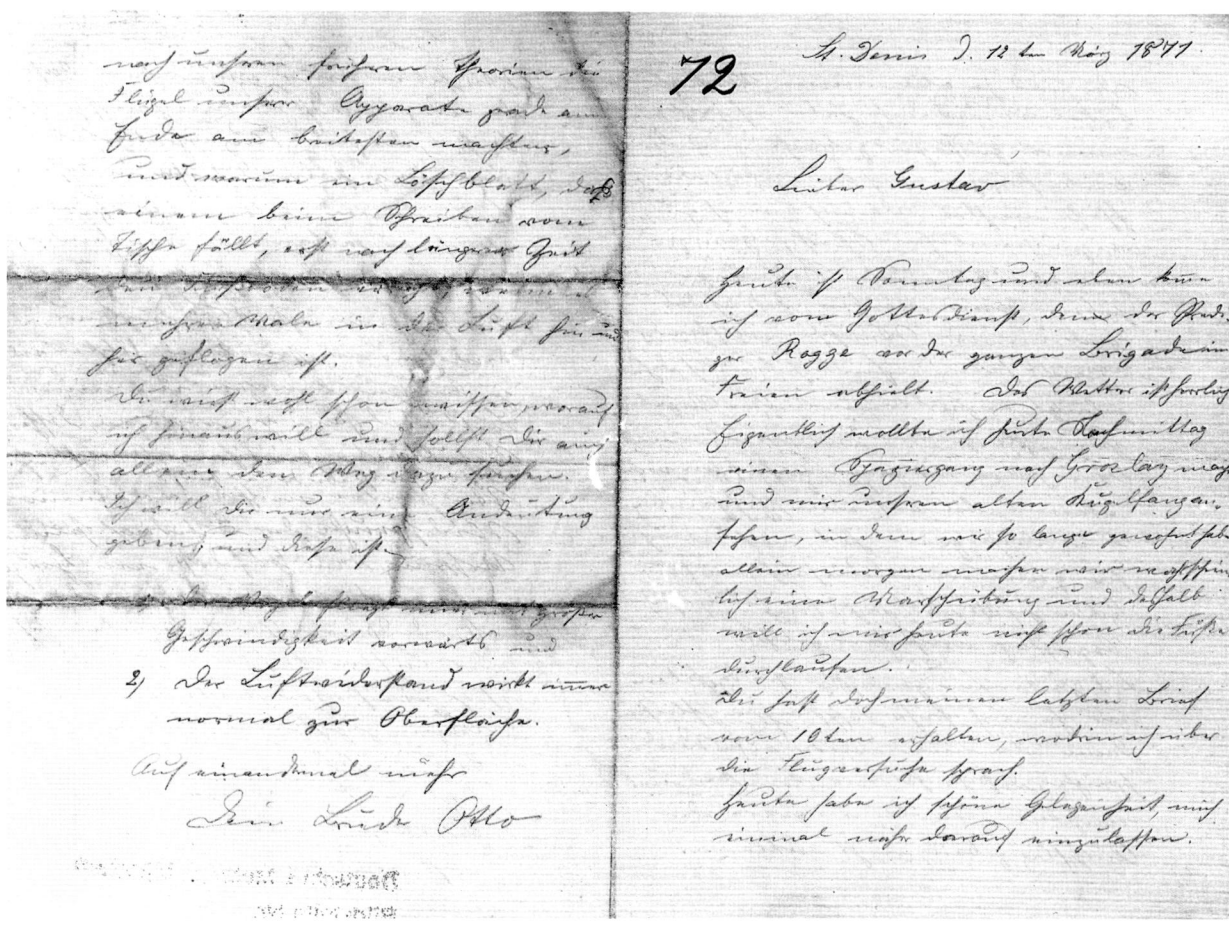

Abb. 31: Feldpostbrief Otto Lilienthals an seinen Bruder Gustav vom 12.3.1871 (S.1 und 4)

nun endlich sein gutes Auskommen zu genießen, rief er sofort seinen Bruder nach Berlin, damit dieser ebenfalls mit diesen Mitteln die Bauakademie besuchen sollte. Gustav schrieb später über diese Zeit, sie hätten gelebt wie die Fürsten.

Unmittelbar nach Abschluß des Techn. Mechanik-Studiums wurde der Ingenieur (heutige Bezeichnung wäre Dipl.-Ing.) zu den Soldaten einberufen, um am Feldzug gegen Frankreich teilzunehmen.

Der Dienst war zeitweilig so eintönig, daß er sich gedanklich intensiv mit seinem Lieblingsthema, der Flugtechnik, befassen konnte. Dabei erkannte er die Abhängigkeit von Auftrieb, Widerstand und Geschwindigkeit und konnte die Flugvorgänge der Vögel endlich begreifen. Sein Notizbuch war angefüllt mit Anmerkungen, Formeln und Skizzen, wie er seinem Bruder mitteilte (Abb. 31). Er plante für die Zeit nach dem Feldzug systematische Messungen an Flügelmodellen im Luftstrom.

Und als sich die Brüder beim Einmarsch der Truppen in Berlin endlich wiedersahen, rief Otto als Begrüßung: »Jetzt werden wir es machen.«[2] Er

meinte natürlich die Lösung für einen Flugapparat.

Aber zunächst mußte erst einmal Geld verdient werden. Otto wurde Konstrukteur in der Maschinenbauindustrie. Die erste Anstellung gab er jedoch bald wieder auf und wechselte zur Maschinenfabrik Hoppe, wo er von 1872 bis 1880 blieb. Diese Zeit war angefüllt mit besonderen Ereignissen, Erfindungen und Entschlüssen:

– Die Mutter (Abb. 32), welche 1872 zu den beiden in Berlin lebenden Söhnen übersiedeln wollte, starb kurz zuvor in Anklam.

– Das Flugstudium, das sich Otto vorgenommen hatte, beinhaltete vorerst Versuche mit Schlagflügelmodellen. Die Frage war aber, wie der Flügelmechanismus während des Modellfluges angetrieben werden konnte. Deshalb befaßte sich Otto mit Konstruktion und Herstellung einer winzig kleinen Dampfmaschine, wobei zwar vielerlei langwierige, außerordentliche Schwierigkeiten überwunden werden mußten, die aber schließlich mit Erfindung und Patentierung des sogenannten Schlangenrohrkessels bewältigt wurden.

Abb. 32: Otto Lilienthals Mutter Caroline, 1864 (Kat.-Nr. 17)

– Drachenversuche bewiesen eindeutig: Der an der Schnur festgehaltene Drachen kann nur in der Luft schweben, wenn diese sich bewegt, weshalb umgekehrt ein Flugmodell nur durch die Luft fliegen kann, wenn ein Mechanismus dieses vorwärts treibt. Ottos Versuche mit diesem kleinen Triebwerk bestätigten dies eindeutig.
– Jetzt galt es, an Modellen die günstigsten Formen bzw. Querschnitte der Flügel, also ihren Luftwiderstand und vor allem den Auftrieb im Luftstrom zu ermitteln – zu beachten ist, daß Otto damals wie auch in seinem späteren Buch den Auftrieb als »vertikalen Widerstand« bezeichnete. Aber wie sollte man diese Werte messen? Der Ingenieur war jetzt gefordert, eine Lösung zu finden. Er konstruierte zunächst den sogenannten Rundlaufapparat (Abb. 33), den er später folgendermaßen beschrieb: »Durch Letzteren war es möglich, an rotierenden Flächen nicht nur die Größe der Widerstände, sondern auch ihre Druckrichtung zu erfahren. Dieser

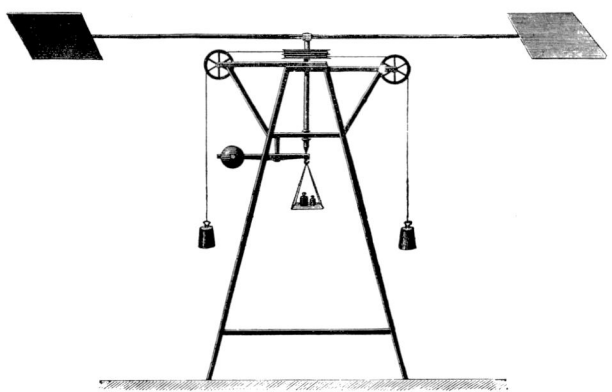

Abb. 33: Rundlaufapparat aus dem Jahr 1874

Apparat trug an drehbarer vertikaler Spindel 2 gegenüberstehende leichte Arme mit den 2 Versuchsflächen an den Enden. Die Flächen konnten unter jedem Neigungswinkel eingestellt werden. Die Drehung wurde hervorgerufen durch 2 Gewichte, deren Schnur von entgegengesetzten Seiten einer auf der Spindel sitzenden Rolle sich abwickelte. Durch Reduktion der treibenden Gewichte auf die Luftwiderstandscentren der Flächen, also durch einfachen Vergleich der Hebelarme ließ sich die horizontale Luftwiderstandskomponente ermitteln [...].«[3] Es folgt die Beschreibung der Vorrichtung zur Messung auch der vertikalen Komponente, des Auftriebs also. Der Aerodynamiker Ludwig Prandtl schrieb später hierzu: »Wir sehen, wie jede Erkenntnis in mühevoller Experimentalarbeit errungen wurde, für die alle Vorrichtungen selbst gebaut und trotzdem eine Güte der Messungen erreicht wurde, die erst (etwa 50 Jahre später) durch die modernen Arbeiten am Windkanal hat übertroffen werden können. Die Art, wie Lilienthal seine Versuche durchführt, und wie er aus ihnen Schlüsse zieht, zeigt uns dabei deutlich, daß er sich all das, was das Wissen seiner Zeit dem jungen Ingenieur zu geben vermochte, nicht nur vorzüglich angeeignet hat, sondern diese Lehren auch überall mit durchdringendem Verstand anzuwenden wußte.«[4]

Diese Messungen am Rundlaufapparat wie auch mit anderen selbst erfundenen und gebauten Versuchsgeräten erfolgten etwa in den Jahren 1873 und 1874. Der Bruder stand wegen Aufenthalten in Österreich, Prag und London nicht mehr immer zur Verfügung, um beim Messen zu helfen.

Im Jahr 1873 hielt Otto im Potsdamer Gewerbe-Verein einen Vortrag über seine Theorien und Versuche und sagte voraus, daß die Lösung des Flugproblems sicherlich nicht mit dem Luftballon, sondern – dem Vogel gleich – mit einem Gerät, welches schwerer als Luft sei, zu finden sein werde.

Am Rundlaufapparat wurden sodann die verschiedensten Profilquerschnitte untersucht, darunter auch solche mit Wölbung, denn Otto hatte an einer im Wind schwebenden Möwe eindeutig erkennen können, daß der Flügel auch im Fluge gewölbt bleibt. Das Ergebnis war überraschend, die gemessenen Auftriebswerte stiegen auf ein Mehrfaches an.

– Beruflich hatte Otto u. a. auch mit Bergwerksgeräten zu tun und erfand eine sogenannte Schrämmaschine, die den Bergleuten die Arbeit erleichtern konnte. Um die Funktion genau zu

testen, arbeitete er monatelang selbst im Steinsalzbergwerk von Wieliczka bei Krakau. Das
war natürlich sehr ungewohnt und anstrengend,
hatte aber den Vorteil, daß er die Tochter eines
Bergbeamten kennen lernte, welche bei einer
Konzertveranstaltung nicht hätte auftreten und
den Part der Eleonore singen können, wenn
Otto nicht für den plötzlich erkrankten Trouba-
dour eingesprungen wäre. Zum Glück war das
Ende nicht so tragisch wie in der Oper, denn
die beiden verlobten sich und waren glücklich.
Sie hieß Agnes Fischer. Die Hochzeit fand am
11. Juni 1878 statt (Abb. 34). Christian Rodegg
schrieb später zu einem Gedenktage: »In allen
Schilderungen Otto Lilienthals bezwingt die
strahlende Kraft und Lebendigkeit seines We-
sens. [...] Ein Soldat, der im siebziger Krieg
den Kameraden die Last des Gepäcks abnahm,
ein Erfinderjüngling, der in der Stickluft des
Bergwerks selbst die primitivsten Versuche an-
stellte, der die Enge und finanziellen Verhältnisse mit lachendem Vertrauen und unermüdli-
cher Arbeit überwand.«[5]

– Agnes hatte wohl keine Ahnung, was in Berlin
auf sie zukommen würde, als sie Otto in die
kleine Wohnung folgte, die er gemeinsam mit
seinem Bruder bewohnte. Nun, das wäre noch
zu ertragen gewesen, aber die beiden Brüder
waren gerade dabei, einen Baukasten für Kinder
zu erfinden, der aus bunten, wirklichen Steinen
bestehen sollte. Gustav hatte von Jan Daniel
Georgens, mit dem er beruflich zu tun hatte,
diese Idee mitgebracht. Otto war nun damit
befaßt, eine Produktionsmaschine zu erfinden
und zu bauen, die die verschiedenen Steine wie
Stangen, Säulen, Bögen, Prismen usw. herstellen sollte. Gustav probierte, geeignete Materialien dafür zu mischen und zu färben. Auch
zeichnete er die Bauvorlagen.
Wenn dies alles aber in einer kleinen Wohnung,
wie die in der Berliner Brunnenstraße, geschieht,
wird diese praktisch in Werkstatt und Labor um-
funktioniert. Es ist also ein Wunder, daß Agnes
diesen Zustand so lange ertragen hat, bis sie ihren
ersten Sohn – er erhielt ebenfalls den Namen Otto
– zur Welt brachte. Dann bestand sie darauf, daß
Gustav auszog.
Diese Steinbaukasten-Herstellung war schließlich so gut, daß die Brüder einen Käufer für das
Verfahren fanden, allerdings einen, der ihre geschäftliche Unerfahrenheit ausnutzte. Gustav
nahm seinen halben Erlösanteil und ging für mehrere Jahre nach Australien, wo er nun seinen eigentlichen Beruf als Baumeister ausübte. Auch

Marie, die Schwester, reiste mit, lernte auf dem
Schiff ihren künftigen Ehepartner kennen und
wurde Farmersfrau auf Neuseeland.
    Das also waren die ereignisreichen Jahre von
1872 bis 1880.
    Otto befaßte sich danach nochmals mit seinem
Miniatur-Schlangenrohrkessel, welcher seit den
Modellversuchen ständig auf seinem Schreibtisch
stand, und erkannte in der Großausführung desselben eine mögliche Schließung einer ausgespro-
chenen Marktlücke, denn diese Kesselbauart war
leicht, ungefährlich, schnell zu beheizen und einfach zu bedienen. Er entschloß sich deshalb zur
Produktion dieser Maschinen und eröffnete 1880
eine eigene Werkstatt. Das Geschäft florierte
schnell und die Belegschaft vergrößerte sich im
Laufe von etwa 10 Jahren auf ca. 60 Mitarbeiter.
Sie alle verehrten ihren stets freundlichen Chef,
und zwar nicht erst, als dieser 1890 ihre 25%ige
Gewinnbeteiligung einführte. Das war damals eine
sensationelle Einrichtung (Abb. 35).
    In dem sich damals entwickelnden Vorort Ber-
lin-Lichterfelde entstand nach eigenen Plänen das
Wohnhaus der Familie Otto Lilienthals, welches
im Herbst 1886 bezogen wurde. Gewisse Besonderheiten hatte der Bauherr beachtet: Seiner Frau
wollte er das Treppensteigen ersparen. Die Wohnung befand sich deshalb im Erdgeschoß des Bun-
galows. In einem Anbau mit Obergeschoß waren
eine Werkstatt für die Herstellung oder Änderung
von Flugapparaten sowie auch Räume für Zei-
chen-, Schreib- und sonstige Arbeiten (Abb. 36
u. 37). Die Familie, die sich inzwischen um eine
Tochter Anna, genannt Annchen (später meine
Mutter), und den zweiten Sohn Fritz in den Jahren

1884 und 1885 vergrößert hatte, zog 1886 dort ein. Das Haus hatte weder Öfen noch Zentralheizung. Ottos Idee war, im Untergeschoß Warmluft zu erzeugen, die dann durch Lüftungsschlitze an den Sockelleisten in die Wohnräume strömte.

Im Garten hatte Agnes einen Teil für Obst und Gemüse gestaltet. Otto hingegen legte Wert auf einen größeren Rasenplatz, um dort Flugsprünge üben zu können, und für die Kinder wurden später Turngeräte errichtet.

Die Familie war glücklich in ihrem Haus Nr. 17 an der Boothstraße. In der Umgebung wohnten manche interessante Leute wie etwa die Familien

von Siemens, Genest, Heinrich Seidel oder von Ardenne, um nur einige aus der engeren Nachbarschaft zu nennen. Auch Prof. Dr. Albert Kopfermann hatte sich mit seiner Familie nicht weit entfernt, am damaligen Wilhelmplatz (heute Oberhofer Platz) angesiedelt. Seine und Ottos Kinder machten bereits im Kindergarten Bekanntschaft, ich meine z. B. Lilienthal-Tochter Annchen und Kopfermann-Sohn Walter, welche 20 Jahre später heirateten, meine Eltern also.

Gustav Lilienthal war zwar im Jahr 1885 von Australien zurückgekehrt, hatte sich jedoch fest vorgenommen, eine Variante des vor Jahren verkauften Steinbaukasten-Verfahrens herauszubringen, weil dieses Spielzeug inzwischen bekannt und allseits beliebt geworden war. Niemand konnte ihn von diesem Wagnis abbringen, so daß schließlich auch Otto ihm wie immer seine Hilfe nicht versagte, nämlich mit Maschinen und vor allem mit Geld. Gustav war nicht sicher, wie der frühere Käufer des Verfahrens reagieren würde, und versuchte, seine Pläne in Frankreich, Holland oder England zu realisieren. Für Otto, der seinem Bruder nur helfen wollte, war die ganze Angelegenheit nicht nur umständlich, sondern mit Risiko behaftet und vor allem kostspielig. Es kam, wie befürchtet: Der Fabrikant des Ankersteinbaukastens verklagte Gustav und bekam Recht. Prozeßkosten und hohe Konventionalstrafe waren die Folge. Otto half wieder mit Geld und mußte zu diesem Zweck sogar sein Heim in Lichterfelde mit einer Hypothek belasten.

Hinsichtlich des Luftfahrtthemas waren die ersten beiden Jahre im Lichterfelder Haus für Otto besonders erfolgreich, indem er alle früheren Meßergebnisse der Luftkräfte an angeströmten Modellflügeln verschiedener Querschnitte, Dicke und Krümmung auswertete, ordnete und vor allem

Um das Interesse meiner Arbeiter an dem Geschäftsbetriebe zu heben und ihnen Gelegenheit zu bieten, ihr Einkommen durch eigenes Zuthun entsprechend ihren Leistungen zu vermehren, beabsichtige ich, unter Fortfall der Accordarbeiten, Beibehaltung der jetzigen Lohnsätze und der bisherigen Fabrik-Ordnung eine Betheiligung derselben am Reingewinn des Geschäftes und zwar zunächst in Höhe von 25% desselben einzuführen.

Ungefähr zwei Drittel dieser Summe, die nach dem Durchschnittsgewinn der letzten Jahre angenommen wird, soll schon nach Maassgabe der Monats-Abschlüsse im Laufe des Jahres in monatlichen Raten ausgezahlt werden, und zwar am letzten Sonnabend jedes Monats, entsprechend dem jedem Einzelnen gezahlten Lohnbetrage. Der Rest gelangt nach Abschluss der Inventur zur Vertheilung.

Ich gehe hierbei von der Ueberzeugung aus, dass durch regen Fleiss und gesteigerte Umsicht jedes einzelnen Arbeiters die Gesammtleistung der Fabrik derart vermehrt werden kann, dass schon trotz der monatlichen Gewinnauszahlung der Contobilanz eine durchschnittlich vermehrte Zunahme aufweist und dass bei der Inventur der Reingewinn auch nach Abzug von 25% desselben ohne Vergrösserung der Fabrik sich vermehren wird.

Auf diese Weise liegt es im Interesse eines Jeden, durch stetigen Fleiss, sowie durch möglichste Schonung von Material und Werkzeug die Gesammtleistung der Fabrik zu heben, um dadurch sein Einkommen zu verbessern.

Wer daher nicht in jeder Beziehung bestrebt ist, alle Arbeiten, sowohl in der Fabrik als bei d ... Aufstellungen so gut und schnell wie möglich auszuführen, schädigt sich selbst und seine Mitarbeiter, weil nur durch die äusserste Befriedigung unserer Abnehmer, durch tadellose und schnelle Lieferung etc. eine Gewinnvermehrung erzielt werden kann.

Anspruch auf Gewinnbetheiligung hat Jeder, welcher sich durch seine dreimonatliche Thätigkeit in der Fabrik mit den Specialitäten derselben vertraut gemacht und sich darin bewährt hat.

Bei etwaigem Austritt aus der Fabrik wird der Gewinnantheil bis zum Tage des Austrittes vergütet, jedoch erfolgt die Auszahlung desselben erst am Schlusse der Inventur nach erledigter Verrechnung.

Die ganze Einrichtung wird als ein Versuch betrachtet, und soll nach der nächsten Inventur dauernd eingeführt werden, wenn sich dieselbe als vortheilhaft für jeden Betheiligten bewährte.

Dieselbe soll vom 1. März cr. an Gültigkeit haben.

BERLIN, den 12. März 1890.

Otto Lilienthal
Maschinenfabrik
Köpenickerstrasse 110.

NB. Wer vor der Inventuraufnahme austritt, hat an die Restgewinn-Vertheilung keinen Anspruch.

Abb. 35: Bekanntgabe der Gewinnbeteiligung für die Mitarbeiter der Fabrik Otto Lilienthals, 1890 (Kat.-Nr. 42)

Abb. 36: Vorderansicht des Wohnhauses in Lichterfelde

Abb. 37: Gartenansicht des Wohnhauses in Lichterfelde

deutete. Die punktweise, Kurven bildende Auftragung der Meßwerte ergab Schaubilder, aus denen Koeffizienten für Auftrieb und Widerstand sowie der Anstellwinkel abgelesen werden konnten. Noch heute bezeichnet man solche Linien als die ›Lilienthalschen Polaren‹.

Ottos Niederschrift, Beschreibung und Erklärung der Modellversuche sowie vor allem seine Flugtheorie ergaben schließlich das Buch »Der Vogelflug als Grundlage der Fliegekunst«. Es muß für Otto eine beglückende Zeit gewesen sein: Der erfolgreiche Erfinder und Fabrikbesitzer schreibt seine Gedanken und Beweise für die mögliche Luftfahrt nieder, im neuen eigenen Heim mit seiner geliebten Frau und mittlerweile drei lustigen Kindern im weitläufigen Garten und der Jüngsten, Helene (1887), im Kinderwagen. Kein Wunder, daß einen so glücklichen Menschen auch poetische Gedanken beflügeln können. So darf man nicht überrascht sein, auch verschiedene Verse in seinem technisch-wissenschaftlichen Buch zu finden:[6]

»Die Macht des Verstandes, o, wend’ sie nur an,
Es darf Dich nicht hindern ein ewiger Bann,
Sie wird auch im Fluge Dich tragen!
Es kann Deines Schöpfers Wille nicht sein,
Dich, Ersten der Schöpfung, dem Staube zu weih’n,
Dir ewig den Flug zu versagen!«

Nein, es war mehr als Zuversicht, Otto hatte die feste Überzeugung, den richtigen Weg gefunden und eingeschlagen zu haben. So endet sein Buch schließlich mit 30 Hinweisen, wie nun vorgegangen werden soll, um einen Mann im Flugapparat durch die Luft tragen zu lassen, und zwar vorerst im Gleitflug, weil es einen geeigneten Antrieb noch nicht gab. Die letzten 10 dieser Hinweise betreffen deshalb ersatzweise Möglichkeiten eines Schlagflügelsystems.

Das Buch war 1888 fertig zum Druck, aber kein Verleger wagte den ungewohnten Inhalt zu veröffentlichen. Da wollte also ein Mann allen Ernstes mit einem leichten Flugapparat von einer Anhöhe aus frei durch die Luft fliegen und unten unversehrt ankommen! Das mußte ein Verrückter sein. Was blieb Otto übrig? Er gab sein Werk 1889 im Selbstverlag heraus und wollte dann versuchen, die Bücher zu verkaufen. Ja, es gab sogar gute Kritiken und hin und wieder einen Interessenten, vermutlich ebenfalls Flugfanatiker. So gewöhnte sich Otto an, die heute mit DM 4000,– gehandelten Bücher (der 1. Auflage) grundsätzlich zu verschenken, wenn nur ein Funke wirkliches Interesse daran bestand.

Abb. 38: Von Otto Lilienthal gezeichnetes Storchennest auf einem Dachfirst, ca. 1889 (Kat.-Nr. 88)

Unsere Großmutter, Agnes Lilienthal, war eine bewunderungswürdige Frau. Da hatte nun ihr Mann seit dem Einzug in das schöne Haus 2 Jahre lang Tag für Tag jede freie Zeit genutzt, um die vielen Meßergebnisse auszuwerten, Diagramme, Schaubilder und Vorrichtungen zu zeichnen sowie trotz vieler mathematischer Ausdrücke und Formeln einen allgemein verständlichen Text zu verfassen; und nun sollte das alles umsonst gewesen sein, also statt Geld einzubringen sogar noch erhebliche Kosten verursachen! Agnes ließ sich jedoch nicht beirren, sie glaubte an Ottos Erfolg und hielt zu ihm.

In seinem Buch berichtet Otto auch über seine Bemühungen, in einem auf dem Dach seines Hauses angelegten Nest Störche anzusiedeln, was sie aber nicht taten (Abb. 38). Deshalb besorgte er sich einige Jungstörche. Sie waren sehr zahm und stolzierten im Garten und gelegentlich auch im Haus umher. Agnes sorgte sich wegen der spitzen Schnäbel in Augenhöhe der Kinder. Es ging aber alles gut. Ein schwarzer Storch kam gern herein, um sich sein Abbild im Spiegel zu betrachten. Otto befand sich gerade auf einer dreitägigen Reise, als seine gefiederten Gäste flügge wurden und von heute auf morgen fliegen lernten. Er schrieb später darüber: »Bei meiner Rückkehr mußte ich denn auch leider erfahren, daß durch den höheren Flug und die zufällig eingetretenen windigen Tage diese drei jungen Störche, die vorher den Eindruck machten, als hätten sie die größten Anstrengungen bei ihren kleinen niedrigen Flügen, daß diese Tiere plötzlich ausdauernde Flieger geworden und schon am 31. Juli von anderen vorüberziehenden Störchen zur Mitreise verführt worden seien.« Natürlich war Otto recht enttäuscht, doch Agnes tröstete ihn: »Hättest Du gesehen, wie schön unsere Störche geflogen sind, wie sie sich in den letzten Tagen in der Luft wiegend höher und höher erhoben, du hättest es selbst nicht übers Herz gebracht, sie eingesperrt zu halten und an diesen herrlichen Bewegungen zu hindern, nach denen ihr bittender Blick aus ihren sanften schwarzen Augen verlangte.«[7]

Unmittelbar nach Fertigstellung des Buches entstanden Ottos erste Flügelpaare. Es waren ausgebreitete vogelähnliche Tragflächen mit einem Ausschnitt in der Mitte, in welchen man sich hineinstellen und den Flugapparat mit den Händen und Armen halten konnte. Um sich an die Handhabung zu gewöhnen, trainierte Otto im Garten vorerst Sprünge von allmählich bis zu 2 Meter Höhe ansteigenden Sprungbrettern. Es war sicherlich zuerst sehr ungewohnt, doch nach und nach rückte der Aufsetzpunkt bis zu 6 Meter Weite. Ganz ohne kleine Stürze ging dieses Training nicht vonstatten.

Für die Lilienthal-Kinder war es natürlich höchst interessant zuzuschauen, wenn der Vater seine Flugsprünge übte. Sie tobten derweilen im Garten herum, spielten im Sand und auf dem Rasen, so daß Agnes sich manchmal wegen der beschmutzten Kleider beklagte, aber Otto schlug ihr vor, diese künftig aus derbem Sackleinen zu nähen, dann sei das nicht so schlimm. Nein, das tat sie aber nicht, welche Mutter würde das wohl machen?

Ottos Unbefangenheit war oft nicht zu überbieten. Wenn er nachmittags von seiner Firma nach Hause kam, befreite er sich bereits am Bahnhof Lichterfelde vom steifen Kragen und der Krawatte. Beides in der Hand schwingend ging er dann singend oder pfeifend durch das Lichterfelder Villenviertel nach Hause. – Oder wenn die Familie abends Gäste verabschiedete, gab Otto ihnen wohltönend noch das Geleit mit einer Melodie, geblasen auf seinem Waldhorn.

Abb. 39: Otto Lilienthal bei einem seiner ersten Flüge bei Derwitz, 1891 (Kat.-Nr. 152)

Als Otto bei den Flugsprüngen genügend Erfahrung gewonnen zu haben glaubte, ging er unter Mithilfe des Bruders mit der Flugfläche zu einem schwach hügeligen Gelände in Lichterfelde, um dort eventuell weitere Flugsprünge zu probieren. Das funktionierte aber überhaupt nicht. Was er nicht bedacht hatte, war der Windschutz, den die Bäume und Sträucher im Garten geboten hatten. Nun, im freien Gelände genügte aber schon eine schwache Luftbewegung, um die Flügel nicht mehr gegen die anströmende Luft halten und dirigieren zu können. Gustav hat später beschrieben, wie sie gemeinsam die Flugfläche halten wollten und trotzdem umgerissen wurden. Dieses Experiment war das letzte, an dem Gustav noch einmal aktiv mitwirken wollte.

Abb. 41: Flug von der Maihöhe bei Steglitz, 1893 (Kat.-Nr. 181)

Abb. 42: Flug von der Maihöhe bei Steglitz, 1893 (Kat.-Nr. 177)

Abb. 40: Absprung von der Stechwand einer Sandgrube in Steglitz, 1892 (Kat.-Nr. 159)

Das Ergebnis dieses Versuches war für Otto keineswegs negativ, denn er entschloß sich spontan, hinter der Flügelfläche eine senkrecht stehende Leitfläche anzubringen, so daß der Wind selbst den Flugapparat gegen den Luftstrom richtete. Bei den nächsten Versuchen bewährte sich diese Leitfläche zwar hinsichtlich der Ausrichtung zum Wind, konnte jedoch gegebenenfalls einen Überschlag nach vorn oder rückwärts nicht verhindern. Also folgte als weiterer Schritt die Anbringung einer zusätzlichen horizontalen Leitfläche. Beide Leitflächen bewirkten nun, daß ein Mann allein das Fluggerät, gegen den Wind gerichtet, halten konnte, vorausgesetzt allerdings eine Windgeschwindigkeit von vorerst nur wenigen m/sec.

Otto übte sich in der Handhabung und konnte bald feststellen, daß eine Luftbewegung von etwa 5 m/sec den Apparat mit ihm spürbar leichter werden ließ und er die Füße schon zu langen Sprüngen vom Boden abheben konnte. Immerhin hatte er dabei feststellen müssen, die kleinen, nur wenige Meter hohen Sandhügel im Übungsgelände der Kadettenanstalt in Lichterfelde waren jetzt nicht mehr ausreichend.

Er fand stattdessen ein Hügelgelände bei Derwitz, westlich von Potsdam. Hier gelangen ihm schon Flüge bis zu 25 Metern (Abb. 39).

Natürlich war es recht umständlich, wegen einiger kurzer Übungsflüge immer nach Derwitz fahren zu müssen. Und so fand sich nach einigem Suchen sogar in der Nähe von Lichterfelde eine

Abb. 43: Absprung von der Maihöhe mit den Kindern Otto Lilienthals im Hintergrund, 1893 (Kat.-Nr. 184)

Abb. 44: Absprung von der Maihöhe mit den Kindern Otto Lilienthals im Hintergrund, 1893 (Kat.-Nr. 183)

Möglichkeit am sogenannten ›Rauhen Berg‹ (Abb. 40), den Otto zu Fuß von Hause aus erreichen konnte. Dort bot sich an, von der Stechwand einer Kiesgrube abzuspringen. Das war keineswegs ungefährlich, weil man nach kurzem Anlauf an der Kante plötzlich den Boden unter den Füßen verlor und sich unmittelbar etliche Meter über der Grubensohle befand. Obendrein gab es dort Hindernisse wie Lorengleise und dergleichen.

Otto hielt deshalb weiter Ausschau nach einem geeigneteren Platz und entschloß sich, in der Nähe auf der sogenannten ›Maihöhe‹ einen turmartigen Aufbau errichten zu lassen, von dessen Deckfläche er dann mit nur wenigen Schritten Anlauf abspringen wollte. Er einigte sich mit dem Eigentümer des Geländes und ließ alles nach Plan herrichten. Die Fotoaufnahmen (Abb. 41 u. 42) der Absprünge zeigen deutlich, welchen Gefahren sich Otto bei jedem Start aussetzte.

Wenn ich über diese Wagnisse der beginnenden Fliegerei nachdenke, muß ich nicht etwa nur den Mut unseres Großvaters Lilienthal bewundern, sondern fast mehr noch den seiner Frau Agnes.

Bereits in diesen ersten Jahren Flugversuche spricht Otto von einigen tausend Starts und schließlich war kaum einer davon ohne Gefahrenmomente. Das wußte Agnes genau, sie hat gelegentlich zugeschaut, sich aber nicht anmerken lassen, was sie dabei empfand. Sie glaubte stets an den Erfolg ihres Mannes.

Die Lilienthal-Kinder kamen gern zur Maihöhe, wenn der Vater dort flog. Immerhin gelangen ihm allmählich Strecken von etwa 80 Metern. Es gibt viele Fotoaufnahmen von den Flügen von der Maihöhe, auf manchen sind die Kinder dabei (Abb. 43 u. 44).

Im Jahr 1893 entdeckte Otto die Hügel bei Rhinow in der Mark Brandenburg. Einige hatten Höhen bis 60 m und waren damals kaum bewachsen. Otto hatte bei seinem neuen Fluggerät (kleiner Schlagflügelapparat) die Zusammenlegbarkeit vorgesehen (Abb. 45). Das war natürlich zweckmäßig, um beim Bahn- oder Wagentransport Verladeschwierigkeiten zu vermeiden. Niemand dürfte aus dieser Maßnahme die heutige Bezeichnung ›Flugzeug‹ vermuten. Es war wohl bei den Vorbereitungen für seinen ersten Start dort. Er berichtete, wie er in etwa 30 oder 40 m Höhe sein »Flugzeug« entfaltete. Diese Bezeichnung war für die zusammenlegbaren, mit Shirting bespannten Tragflügel durchaus richtig, doch wer hätte ahnen können, daß wir dieses Wort noch nach 100 Jahren für Gebilde anwenden, welche Hunderte von Menschen von Erdteil zu Erdteil befördern?

Abb. 45: Lilienthal mit dem zusammenklappbaren kleinen Schlagflügelapparat, 1894 (Kat.-Nr. 195)

In der Zeit der Rhinower Flugversuche (Abb. 46) waren die Lilienthal-Kinder im Alter von etwa 7 bis 15 Jahren. Die normalen Zweiräder hatten endlich die leicht vornüberkippenden Hochräder abgelöst. Otto war von dieser vernünftigen Neuerung so begeistert, daß er sofort für die ganze Familie die neuen Räder besorgte. Die Kinder wollten gern im Garten radeln. Das ging aber um die Ecken herum nicht sehr gut. Das sah Otto natürlich ein und ließ deshalb alle Ecken in Bögen umwandeln. Dann klappte es vorzüglich. Selbstverständlich radelten die Kinder auch durch die ruhigen Straßen von Lichterfelde.

Eines Tages erhielt Otto von Fräulein Krahmer – sie war die Direktorin des in der Nähe gelegenen Lyzeums, welches die beiden Mädels besuchten – die Aufforderung, wegen der Töchter vorzusprechen. Beide würden die Versetzung wohl nicht schaffen, erklärte sie dem erstaunten Vater, welcher sich den plötzlichen Leistungsabfall gar nicht erklären konnte. Ja, er müsse das begreifen, meinte sie, wenn die beiden »Lilienthalchen« auf diesen neuen Zweirädern durch Lichterfelde radelten, was für junge Mädchen ausgesprochen unschicklich sei, würden die Leistungen nachlassen. – Nun gut, Otto kam nach Hause und Agnes wollte den Gesprächsinhalt erfahren. Er berichtete ihr und seine Frau war fassungslos. Annchen und Helene sollten sitzen bleiben. »Ja, was hast du denn geantwortet?« wollte sie wissen, und Otto erklärte strah-

Abb. 46: Längerer Gleitflug in den Rhinower Bergen, 1893 (Kat.-Nr. 189)

lend: »Sie sollen weiter radeln!« Und so geschah es, beide Schwestern absolvierten die Schule trotzdem gut. Annchen z. B. besuchte später an der Universität Greifswald die Fremdsprachen-Seminare ebenfalls mit gutem Abschluß.

Die Kinder wurden auch zu weiterem Sport angehalten. Entsprechende Geräte gab es inzwischen im Garten, z. B. Reck, Barren, sogar einen Rundlauf. Im Sommer ging's zum Schwimmen, im Winter auf's Eis. Annchen sprang vom 10-Meter-Turm, von niederen Sprungbrettern mit dem Salto ins Wasser. Das war schon ein Lieblingssport ihres Großvaters Lilienthal gewesen. Und beim Schlittschuhlaufen zeigte sie mir später die verschiedenen Eissprünge. Als sich die Familie Lilienthal einmal auf dem Eis eines in der Nähe gelegenen Weihers vergnügte, brach eine Mitschülerin der Mädels durch die Eisdecke und rief um Hilfe. Wer half ihr? Vater Lilienthal natürlich; er legte Gartentische mit der Platte auf das Eis, schob diese zu der Verunglückten und half ihr heraus.

Für Otto hat es niemals Zweifel am Gelingen des Menschenfluges gegeben. Leider fand er nur wenige Männer, mit denen er sachlich über die Flugprobleme diskutieren konnte. Schon nach seinen ersten 25 m weiten Flügen bei Derwitz schrieb er zuversichtlich: »Es ist mehr als wahrscheinlich, daß spätere Geschlechter lächeln werden über die Schwerfälligkeit, mit welcher die Flugfähigkeit der Menschen sich entwickelte. Apparate höchst

einfacher Art werden vielleicht einst der Menschheit zum Fliegen dienen.«[8] – Zwei Jahre später sagt er etwas enttäuscht: »Meist sind es nur minder begüterte Menschen, die [...] ihre spärliche Zeit und ihre noch spärlicheren Mittel in flugtechnischen Versuchen anlegen, und zwar besonders in unserem lieben Deutschland. In anderen Staaten steht es theilweise hiermit etwas besser.«[9] Dabei dachte er sicherlich auch an Frankreich, wo Hureau de Villeneuve von der Regierung Mittel für flugtechnische Versuche erhielt, aber insofern zwecklos, weil dieser nur *ebene* Modellflügel verwendete und *keine gewölbten,* wie Otto ihm bei Übersendung seines Buches leider vergeblich empfohlen hatte.

Wer jedoch über genügend Mittel verfügte, wie etwa Hiram S. Maxim, der konnte sich zwar Konstruktionen mit 540 m^2 Tragfläche und 360 PS Leistung erlauben, doch ein Erfolg war damit keineswegs gesichert. Auch in diesem Fall war schon der erste Start eine Katastrophe. Otto hatte immer wieder davor gewarnt, den notwendigen schrittweisen Entwicklungsgang zu Gunsten einer sofortigen Gesamtausführung zu überspringen. Angesichts solcher Konstruktionen schrieb er 1893: »Die Fortschritte zur Erlangung dieses schnellsten aller Verkehrsmittel gleichen daher bedenklich dem Gang der Schnecke, dieses langsamsten aller Tiere!« Trotzdem glaubte der, »dürften wir bald einer sehr interessanten Zeit uns nähern«.[10]

Abb. 47: Otto Lilienthals »Fliegeberg« in Lichterfelde, 1894 (Kat.-Nr. 223)

Mit dieser optimistischen Einstellung glaubte er sogar, in der kommenden Luftfahrt könne es wohl keine kontrollierbaren Ländergrenzen und deshalb auch keinen Krieg mehr geben. Daß es leider nicht so kam, wissen wir alle. Als ich mit meinem Bruder in den Jahren 1946 und 1948 die Tagespresse auf Lilienthals 50. Todestag bzw. auf seinen 100. Geburtstag aufmerksam machte, hat man uns geantwortet: »Ausgeschlossen, dem Lilienthal haben wir doch den Bombenterror zu verdanken.« Nur gut, daß Otto solche Auslegungen nicht geahnt hat.

Otto liebte sachliche Kritik, konnte aber scharfe Entgegnungen verfassen, wenn Besserwisser gewichtige Vorschläge unterbreiten wollten, aber noch keinen einzigen Flugversuch riskiert hatten.

Um jede freie Zeit für Flugversuche nutzen zu können, entschloß sich Otto, nicht weit von seinem Hause aus dem Abraum einer Ziegelei einen 15 m hohen kegelförmigen, ziemlich freistehenden Hügel errichten zu lassen. Die Durchführung dieses Unternehmens kostete 10 000 Mark. Das ist in der Familie eindeutig überliefert. Da nun aber Bruder Gustav gerade in der Zeit der Errichtung von seinen 40 000 Mark Schulden bei Otto (das entspricht heute rund 400 000 DM) eine Rate von 3000 Mark zurückgezahlt hat, findet man in der Lilienthal-Literatur den unüberlegten Hinweis, mit diesem Betrag sei der Flughügel finanziert worden, was schon allein preismäßig gar nicht

zutreffen kann. Es sollte offenbar der Anschein geweckt werden, als habe sich Gustav um die Finanzierung bemüht. Beides trifft nicht zu.

1894 war der Flughügel fertiggestellt worden. Jetzt kam Otto möglichst in jeder freien Zeit mit seinem Gehilfen Paul Beylich hierher, weniger um lange Flugstrecken zu erzielen, als vielmehr Neuerungen oder Änderungen an den Flugapparaten zu testen (Abb. 47).

Wohl 13 verschiedene Flugapparate, die er wie erwähnt Flugzeuge nannte, hat Otto entwickelt,

Abb. 48: Gleitflug mit dem kleinen Doppeldecker vom Fliegeberg, 1895 (Kat.-Nr. 244)

immer wieder mit Verbesserungen, wie er sie beim Fliegen als zweckmäßig erkannt hatte. Je größer z. B. die Spannweite der Flügel gewählt wurde, desto schwieriger gestaltete sich die Erhaltung der Gleichgewichtslage bei böigem Wind. Kürzere Flügel waren dann zwar einfacher zu dirigieren, hatten jedoch den Nachteil einer geringeren Tragfläche, den Otto schließlich mit einem zweiten Tragdeck beseitigte (Abb. 48).

Ottos große Hilfsbereitschaft äußerte sich nicht nur in der Gewinnbeteiligung seiner Arbeiter. In gleicher Tendenz rangieren auch seine Bemühungen und finanziellen Hilfeleistungen für das ›Rose-Theater‹, um ärmeren Mitmenschen für 10 bis 30 Pfennig Eintritt einen Theaterbesuch zu ermöglichen. Im allgemeinen wurden klassische Stücke gegeben. Eine Abwechslung bildete des Drama ›Moderne Raubritter‹, welches Otto kurzerhand verfaßt hatte, um auf die Ausbeutung der Arbeiter aufmerksam zu machen.[11] Es kam sogar vor, daß Otto selbst als Darsteller auf der Bühne zu sehen war (Abb. 49).

Bei den Lilienthals wurde viel musiziert; Klavier spielten sie alle, Agnes vor allem klassische Stücke, besonders gern Beethoven. Otto liebte, das Piston zu blasen. Dem Sohn Fritz konnte man irgendein Instrument überreichen, dann spielte er es, zuerst natürlich nur tastend, bald aber schon sicherer. – Otto, Fritz, aber auch Agnes liebten außerdem das Malen oder Zeichnen. – Das Modellieren lag Otto wohl am meisten (Abb. 50).

Im Jahr 1894 schrieb Otto eine Lilienthal-Chronik, in welcher er Gustav »sein zweites Ich« nannte.[13] Bereits aus den bisherigen Ausführungen sind sicherlich die sehr unterschiedlichen Wesensarten der beiden Brüder deutlich geworden. Wie ist dann aber dieser Hinweis zu verstehen? Doch die Antwort ist klar. Es handelt sich natürlich keineswegs um charakterliche Gleichheit, sondern im Gegenteil um sehr ungleiche, sich mehr ergänzende Charaktere.

Der Kaiser hatte von Lilienthals Flügen erfahren und wollte, so berichtet Paul Schauer, Ottos Gehilfe in flugtechnischen Arbeiten, sich persönlich davon überzeugen. Es war üblich, daß S. M. bei solchen Besuchen fragte, ob wohl ein Wunsch erfüllt werden könne. Schauer sprach mit Otto darüber und hoffte, Lilienthal werde nun endlich eine Unterstützung des Reiches erbitten, nachdem er bereits riesige Summen ohne irgendeine Hilfe, wie sie in anderen Ländern gewährt wurde, allein aufgewendet hatte. Otto freute sich über die Ankündigung und erklärte Schauer, er werde den Kaiser sehr um mehr soziale Leistungen bitten.

Abb. 49: Otto Lilienthal als Schauspieler, ca. 1893 (Kat.-Nr. 47)

Es kam aber nicht mehr zu diesem Gespräch, weil alsbald bei Rhinow das Unglück geschah. Einziger Augenzeuge außer einigen Kindern der Umgebung war der junge Helfer Beylich. Es herrschte böiges Wetter, in der Fliegersprache sagen wir, es war sehr bockig. – Otto hat in seinem Aufsatz ›Über meine Flugversuche‹ mehrfach erwähnt, daß er gelegentlich in der Luft einige Augenblicke scheinbar stillstand, wenn nämlich die für sein Fluggerät erforderliche Mindest-Schwebegeschwindigkeit gleich der Windgeschwindigkeit war.[13] Weht der Wind einigermaßen gleichmäßig, ist dieser Flugzustand gar nicht bedenklich. An-

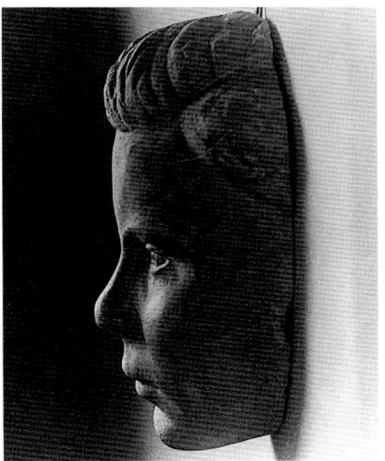

Abb. 50: Selbstportrait Otto Lilienthals als Plastik in der Seitenansicht, 1862 (Kat.-Nr. 14)

ders ist es aber bei stoßweiser Luftbewegung, denn der Flugapparat muß bei plötzlich nachlassendem Windstoß unmittelbar wieder Fahrt aufnehmen. Beylich hat dieses Stillstehen in etwa 15 m Höhe genau beobachtet und beschrieben. Er sah, wie Otto deshalb durch Körperbewegungen versuchte, das Flugzeug ein wenig zu neigen, aber das gelang ihm nicht, vermutlich infolge des nächsten Windstoßes, der die Flügelvorderkante nun zu stark herunterdrückte und dadurch den Sturz verursachte.

Beylich leistete Hilfe, so gut er konnte, beschaffte eine Bettstelle als Trage, auf der man den Verunglückten in den Gasthof transportierte (Abb. 51). Bis der gerufene Arzt kam, unterhielt sich Otto scherzend mit neugierigen Kindern. Er hatte keine Schmerzen und sank schließlich in Schlaf. Als der Transport am nächsten Tag, dem 10. August 1896, in Berlin eintraf, erkannte Otto seine Frau wohl kaum noch. Er starb wenige Stunden später. In fast allen Lilienthal-Büchern werden die Worte: »Opfer müssen gebracht werden« als die letzten Ottos bezeichnet. Das stimmt wohl nicht, andererseits aber hatte er sie zu Hause insbesondere für Agnes oft genug ausgesprochen, bevor er für Stunden zum Fliegen ging oder nach Rhinow fuhr. – Adolf Baeumker, Präsident der späteren Lilienthal-Gesellschaft für Luftfahrtforschung, hat 1941 die von der Stadt Berlin gepflegte Lilienthal-Grabstätte erheblich umgestalten lassen. Dabei brachte man diesen inzwischen bekannt gewordenen Ausspruch, in Bronze geprägt, auf Ottos Grab. Richtiger wäre es gewesen, diese Trostworte auf Agnes' Grab oder auch in der Mitte für beide anzubringen (Abb. 52).

Es hatte den Anschein, als werde sich Agnes nach ihrem völligen Zusammenbruch kaum wieder erholen. An der Trauerfeier konnte sie deshalb nicht teilnehmen. Die Kinder hatten der Beisetzung ihres Vaters beigewohnt und konnten Agnes nachher berichten, während der Trauerrede in der Kapelle des Friedhofs in der Langen Straße habe ein großer ganz dunkler Schmetterling, ein Trauermantel also, den Blumenschmuck auf dem Sarg umflattert. Einen schöneren Abschiedsgruß konnte man dem ersten Flieger nicht wünschen.

Ob es wohl eine gute Therapie gewesen ist, wenn Gustav gleich in diesen Tagen mehrmals abends erschien und Agnes die bittersten Vorwürfe machte? Sie allein hätte ihren Mann von dieser unsinnigen Fliegerei abhalten müssen; er habe es ja immer gesagt, daß es einmal so kommen würde. Die Kinder haben seine heftigen Ausführungen gehört und niemals vergessen können.

Abb. 51: Gasthof in Stölln, in dem Lilienthal während seiner Flugversuche übernachtete

Gustav genügte es nicht, nur der Schwägerin allein die Schuld an Ottos Tod anzulasten, er erstattete bei der Kriminalpolizei Anzeige gegen Paul Beylich, wohl wegen möglicher Sabotage am Flugapparat. Welche absurde Idee! Als Beylich dann, in keiner Weise schuldig befunden, in die Fabrik zurückkehrte, war sein Arbeitsplatz absolut leer, keinerlei Teile der letzten im Bau befindlichen Flugzeuge waren mehr dort. Wie er von den Mitarbeitern hörte, hatte Gustav diese Teile sowie vor allem auch den Absturzapparat Ottos verbrennen lassen, weshalb der später bekannt gewordene Flugzeugkonstrukteur Igo Etrich, welcher gerade den Unglücksapparat erwerben wollte, sich mit dem kleineren Sturmflügelmodell begnügen mußte. Er vermachte es nach Jahren dem Wiener Museum für Technik, wo es sich heute noch befindet.

Abb. 52: Grabstätte von Otto und Agnes Lilienthal auf dem Lichterfelder Friedhof

Otto war mit seiner Familie so sehr in Liebe verbunden gewesen, daß sein plötzlicher Tod sich über Jahrzehnte ausgewirkt hat. Am schwersten traf es natürlich Agnes. Bei ihr kam noch hinzu, daß sie nur zwei Monate danach auch ihren Vater, ebenfalls durch Unfall, verlor. Die Familie blieb noch einige Jahre im Hause Boothstraße 17, doch die finanzielle Lage wurde immer hoffnungsloser. Otto hatte ja Hypotheken auf das Haus nehmen müssen, um die hohe Konventionalstrafe mitzutragen, die Gustav auferlegt wurde, als er den Steinbaukasten, dessen Herstellrechte verkauft worden waren, in abgewandelter Variante herzustellen begann und deshalb verklagt wurde.

Die Brüder Lilienthal hatten sich gegenseitig die Testamentvollstreckung versprochen. Gustav war also in Aktion getreten und zwar, wie ich meine, mit viel zu wenig Kontakthaltung zu Ottos Familie. Wie sind z. B. die vielen flugtechnischen Unterlagen in Gustavs Besitz gekommen? Agnes ist sicherlich nicht in jedem Fall befragt worden.

Aber trotzdem hat Agnes Lilienthal es geschafft, ihren Kindern unter ungeheuren Einschränkungen und Belastungen einen erfolgreichen Weg ins Berufsleben zu ebnen (Abb. 53). Otto, der Älteste, ein hervorragender Schüler auf dem Lichterfelder Gymnasium, besuchte danach eine Berliner Gartenarchitektenschule. Er wurde immer stiller und zog sich mehr und mehr zurück. Er starb 1916 an einer Grippe. Fritz studierte an der Technischen Hochschule Berlin wie vorher sein Vater. Er erhielt jetzt das Familienstipendium, welches Otto noch verweigert worden war, weil – wie schon berichtet – Technik damals nicht als Studienfach gewürdigt wurde. Übrigens hat Fritz Lilienthal später eine sehr umfassende Familienchronik geschrieben. Sie weist originellerweise auch eine Ahnenverbindung zu Graf Zeppelin auf, welcher im Gegensatz zu Otto zur gleichen Zeit nur den Flug ›leichter als Luft‹ für realisierbar hielt. Weiter beschreibt Fritz Dutzende Ahnenfamilien, z. T. mehrere Jahrhunderte zurück.

Agnes mußte leider noch erleben, daß Gustav Lilienthal, ohne sie zu fragen, Ottos Buch 1910 mit laienhaften und teils falschen Ergänzungen völlig entstellt in 2. Auflage herausgab. Jetzt wurde das Buch gekauft, weil inzwischen die Wrights die Motorfliegerei eröffnet hatten. Agnes wurde am Erlös nicht beteiligt.

Übrigens haben Orville und Wilbur Wright stets in fairer Weise bekundet, Ottos Flugergebnisse fortgesetzt zu haben.[14] Sie unterstützten Agnes Lilienthal mit einem großzügigen Geldgeschenk.

Abb. 53: Agnes Lilienthal mit ihren vier Kindern, um 1900

Agnes durfte auch stolz sein, als Lichterfelde ihrem Mann das Denkmal in den Parkanlagen im Jahr 1914 setzte. Der Entwurf stammt von dem renommierten Architekten und Bildhauer Peter Breuer. An der Rückseite steht ein prophetischer Ausspruch von Leonardo da Vinci: »Einst wird der große Vogel seinen Flug nehmen vom Rücken des Hügels, die Welt mit Erstaunen, das Universum mit seinem Ruhme füllend, und ewige Glorie wird sein dem Ort, da er geboren ward« (Abb. 54).

Der Aerodynamiker Ludwig Prandtl hat 1939 Ottos Buch in 3. Auflage herausgegeben, und zwar

Abb. 54: Denkmal Otto Lilienthals in Berlin-Lichterfelde

wieder im Originaltext, also unter Fortlassung sämtlicher Zusätze Gustavs.

Zum Glück ist es Agnes erspart geblieben mitzuerleben, wie Gustav, einer Phantasievorstellung folgend, ein Schlagflügelflugzeug vor den Augen von Luftfahrt-Fachleuten in Tempelhof und später in Adlershof mit einem mystischen sogenannten »Widderhornwirbel« zu bauen versuchte. Karl Thalau, seiner Zeit Statiker bei der DVL in Adlershof, erinnerte sich an ihn und sagte mir: »Hätte er doch seines Bruders Otto Veröffentlichungen über seine Flugversuche gelesen und verstanden, dann hätte er sich diese jahrelangen zwecklosen Bemühungen ersparen können.«

Im Jahre 1932 hat die Stadt Berlin Ottos Flughügel umgestalten lassen. Berlins damaliger Oberbürgermeister, Dr. Sahm, erschien zur Einweihungsfeier am 10. August. Viele Reden wurden gehalten und Blumen und Kränze niedergelegt. Auch die früheren Mitarbeiter Ottos, Paul Schauer, Hugo Eulitz und Paul Beylich wohnten der Feierstunde bei und berichteten über die gute Zusammenarbeit mit dem früheren, immer freundlichen Chef (Abb. 55).

Auf einer Aufnahme der oberen Hügelkuppe erkennt man auf der dort befindlichen Weltkugel einen kleinen Blumenkranz. Ottos Tochter Annchen, unsere Mutter, hat diesen während der Einweihungsfeier dort aufgelegt. Ein halbes Jahr darauf ist sie plötzlich verstorben, obwohl sie stets sehr sportlich und gesund gewesen war.

Sie hatte übrigens seit Ihres Vaters tödlichem Absturz große Angst vor Unfällen behalten, keineswegs für sich selbst, sondern nur wegen ihrer vier Kinder. Kam ich später als verabredet, etwa vom Ruderclub am Wannsee, abends zurück, fürchtete sie bereits, ich könnte unterwegs verunglückt sein.

Kaum zwei Jahre nach ihrem Tode begann ich mit der Motorfliegerei. Zu ihren Lebzeiten hätte ich diesen Plan ihr zuliebe wohl aufgegeben. Unser Elternhaus am Oberhofer Platz und natürlich Großvaters Fliegeberg habe ich fast bei jedem Anflug Berlins umflogen. Mein Vater, welcher im Ersten Weltkrieg eine Zeitlang Fluglehrer gewesen war, hat mir solche Kapriolen dadurch ausgetrieben, indem er mir einmal nachher sagte: »Deine Steuerwechselkurven waren nicht gut!«

Was nun Gustav Lilienthal betrifft, erinnere ich mich sehr genau an den freundlichen alten Herrn. Wenn wir ihn und seine Familie in der Marthastraße besuchten, hatte er stets eine Überraschung für mich. Er erzählte z. B. gern, daß er damals in Australien auf einem Jahrmarktsfest in einer

Looping-Bahn gefahren sei, und ich als Kind verstand nicht, weshalb die Bahn nicht von ihrem höchsten Punkt abgestürzt ist. Ein andermal rollte er eine mitgebrachte lange Schlangenhaut auf, die ich am einen Ende festhalten sollte, was mir sehr unsympathisch war.

Bei einem solchen Besuch im Jahre 1928 sagte er mir, ich solle morgen zum Flughafen Tempelhof kommen, da werde er mit seinem neuen Schlagflügelflugzeug fliegen. Natürlich war ich pünktlich dort. Die Vorführung bestand aber nur aus folgendem: Gustav saß hoch oben auf dem Fluggerät, hoch deshalb, weil die riesigen Flügel genügend Raum für ihren Niederschlag haben mußten. Als dann der kleine DKW-Motor angelassen wurde und sich die Flügel infolge der allzu geringen Leistung nur recht langsam auf- und abbewegten, da hatte selbst ich als 15jähriger das Gefühl, das könne nicht funktionieren.

Gustav Lilienthal tat mir wirklich leid. Auf der Heimfahrt dachte ich noch einmal über das Erlebnis nach: Gustav hatte mir gesagt, er werde den Versuch an der Ostsee im Seewind wiederholen und dort bestimmt Erfolg haben. Ich verstand nicht den Grund dafür und war sehr im Zweifel, ob er selbst daran glaubte oder nur vor den Zuschauern einen zuversichtlichen Eindruck vermitteln wollte.

Bald wußte ich Bescheid. Aus Gesprächen mit meinem Vater oder mit Fritz Lilienthal erahnte ich und später als Studierender der Luftfahrt erkannte ich die Mängel Gustavs Flugapparat absolut ge-

Abb. 55: Die flugtechnischen Mitarbeiter Otto Lilienthals bei der Einweihung des umgestalteten Ehrendenkmals am Fliegeberg, 1932

nau, und zwar so gewichtige, daß ich nur sagen kann: Es ist ein Glücksfall, daß dieser Apparat überhaupt nicht vom Boden abheben konnte. Wäre es der Fall gewesen, hätte ein Unfall sicherlich nicht vermieden werden können.

Übrigens hatte Otto unter dem Titel seines Buches ›Der Vogelflug‹ seiner Zeit noch ergänzt: »Ein Beitrag zur Systematik der Flugtechnik. Auf Grund zahlreicher von O. und G. Lilienthal ausgeführter Versuche«, eine großzügige Einbeziehung des Bruders, welcher lediglich in den Anfangsjahren bei Modellmessungen als Helfer mitgewirkt und dies selbst, wie erwähnt, 1897 noch bestätigt hat. Nach den Modellmessungen verbrachte Gustav aber so lange Zeit (11 Jahre) im Ausland, daß er sich später in Ottos inzwischen weit fortgeschrittenen Überlegungen und Theorien wahrscheinlich nicht mehr zurechtfand, was auch der Grund gewesen sein dürfte, sich an Ottos 7jähriger Fliegepraxis nicht nur nicht zu beteiligen, sondern hartnäckig davon abzuraten.

Gustav hatte, als er sich wegen Baustoffen um 1912 in Brasilien aufhielt, auch über Flugfragen nachgedacht und dabei den Einfall bekommen, vielleicht mit einiger Geschicklichkeit unter konkaven Tragflügeln eine sich in Flugrichtung, also nach vorn bewegende Wirbelströmung zu erzeugen, die, wenn die Flügelunterseite mit genügend Angriffsstellen versehen, also möglichst griffig und rauh ist, den Flugapparat vorwärtstreiben sollte. Er nannte diesen vermeintlichen Antriebseffekt, wie bereits erwähnt, »Widderhornwirbel«.

Vergleichsweise bedeutet das: Man baue einen Kraftwagen so, daß der Fahrtwind an der Oberfläche möglichst viele Hindernisse passieren muß, damit dadurch der Wagen – nach Gustavs Theorie – schneller fahren soll. Jeder weiß natürlich, ein solcher Effekt ist zu schön, um wahr zu sein. Ich selbst habe auf Hochglanz polierte Tragflügelmodelle im Windkanal untersucht. Dabei ergab sich:

Kleinste Störungen an der Oberfläche lassen den gesuchten Laminarstrom der Luft in Turbulenz umschlagen und den Widerstand ansteigen. Die Verwirbelung einer glatten Strömung bedeutet stets Erhöhung des Widerstandes und nicht etwa Vortrieb. Das hätte Gustav nachlesen können. Außerdem hatte sein Bruder Otto immer wieder geraten, eine Entwicklung nur Schritt für Schritt – er sagte wörtlich: Erfahrung auf Erfahrung bauend – voranzutreiben und nicht mit viel Aufwand von Zeit und Geld sofort eine Gesamtlösung schaffen zu wollen. Gustav Lilienthals Stärken lagen auf dem Gebiet des Bauwesens. Als Gründer der ersten Baugenossenschaft in Berlin, der »Freien Scholle«, machte er sich gemeinsam mit Otto auch um die Sozialreform verdient. Er war jedoch kein Ingenieur. Wie seine flugtechnischen Arbeiten zeigen, fehlte ihm das physikalisch-logische Verständnis, das seinen Bruder Otto in so großem Maße auszeichnete. Ihn als »Ingenieur« und – im gleichen Atemzug mit Otto – als »namhaften Flugpionier« zu bezeichnen, wie dies im Katalog der Ortsteilausstellung des Bezirks Steglitz anläßlich der 750-Jahr-Feier Berlin 1987 (S. 125) geschieht, wird daher weder Gustav noch Otto gerecht.

Ich führe diese unzutreffende Wertung auf einen Überlieferungsstrang zurück, der auf dem zum größten Teil von Gustavs Frau Anna verfaßten Buch »Die Lilienthals« aus dem Jahr 1930 gründet. Anna hat darin den Beitrag ihres Mannes zu den flugtechnischen Leistungen Ottos stark überzeichnet und fehlerhaft dargestellt. Diese Darstellung wurde von manchen späteren Publikationen unkritisch übernommen.[15]

Die Lilienthal-Forschung hat dieses schiefe Bild mittlerweile zurechtgerückt. Die zum 100jährigen Jubiläum der ersten gelungenen Gleitflüge Otto Lilienthals erscheinenden Bücher legen ein eindrucksvolles Zeugnis von der Bedeutung Ottos als Begründer der Flugtechnik ab.

ANMERKUNGEN

[1] Familienüberlieferung. Siehe auch Halle: Der erste Flieger, S. 10.
[2] G. u. A. Lilienthal: Die Lilienthals, S. 24; siehe auch Schwipps: Lilienthal, S. 78.
[3] O. Lilienthal: Vogelflug, S. 61.
[4] Vorwort von Ludwig Prandtl zur 3. Auflage von Lilienthal: Vogelflug, München und Berlin 1939.
[5] Sammlung Kopfermann.
[6] O. Lilienthal: Vogelflug, S. 149.
[7] Ebd.: S. 153.
[8] O. Lilienthal: Über Theorie und Praxis des freien Fluges (1891), wiederabgedruckt, in: Kopfermann (Hrsg.): Flugversuche, S. 27–33, hier S. 30.
[9] O. Lilienthal: Zur Flugfrage (1893), in: ebd.: S. 71–73, hier S. 72.
[10] Ebd.
[11] Lilienthal, Otto: Moderne Raubritter. Bilder aus dem Berliner Leben. Berlin: von Köhling & Güttner, 1896.
[12] O. Lilienthal: Familienchronik (Kat.-Nr. 48; Sammlung Kopfermann); siehe auch Schwipps: Lilienthal, S. 44–52.
[13] O. Lilienthal: Über meine diesjährigen Flugversuche (1891), wiederabgedruckt, in: Kopfermann (Hrsg.), Flugversuche, S. 40; ders.: Fliegesport und Fliegepraxis (1895), in: ebd.: S. 154–157, hier S. 155.
[14] Siehe Schwipps: Lilienthal und die Amerikaner, S. 129–132.
[15] Supf: Buch der deutschen Fluggeschichte, S. 80–115.

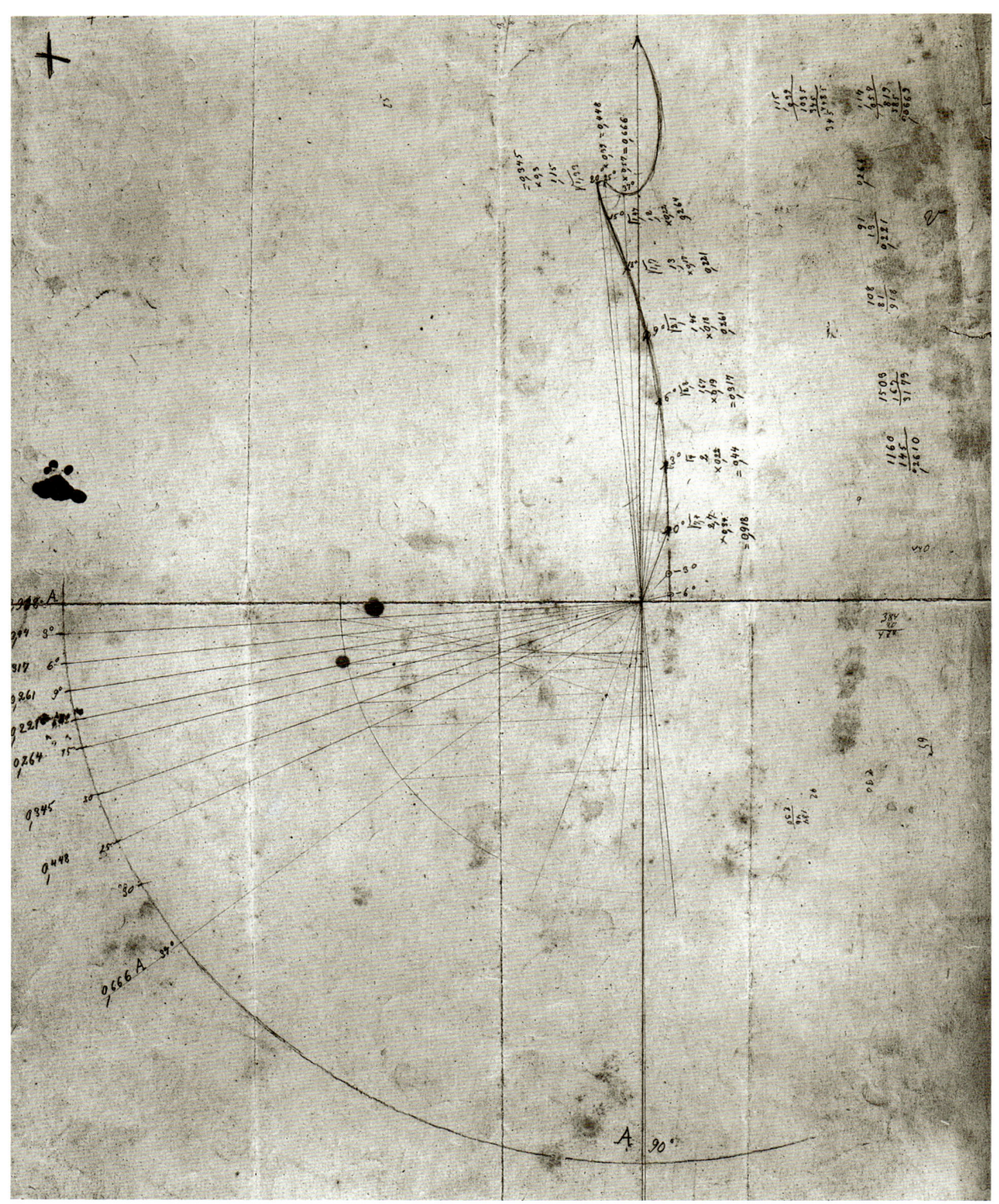

Abb. 56: Grafische Darstellung der Auftriebs- und Widerstandskräfte eines Tragflügels in Polarenform, um 1874/75 (Kat.-Nr. 104)

KARL-DIETER SEIFERT

Über die wissenschaftliche Arbeitsmethode des Otto Lilienthal

Als Kind beobachtet Otto Lilienthal die Natur, belauscht die Störche auf den Peenewiesen bei Anklam, sammelt Schmetterlinge. Naturwissenschaftliche Interessen entwickeln und festigen sich. Als Schüler nutzt er die ihm gegebenen Möglichkeiten zum Basteln: das große Tretdreirad in Anklam, die Wanduhr aus Zigarrenkistenholz in Potsdam ... Ein erstes Meßgerät für Rundlaufversuche entsteht, an dem er mit ebenen Flächen experimentiert, Flugmodelle werden gebaut. Dann durchläuft er nach seinem Praktikum die klassische deutsche Ingenieurschule.

Was prägte diesen Otto Lilienthal, seine Arbeitsmethoden, seinen Arbeitsstil? Es war die Schule des Technikwissenschaftlers Ferdinand Jacob Redtenbacher, der Theorie, Konstruktion und Technologie eng verbunden sah, für den die Mechanik allgegenwärtig war. »Theorie mit Berücksichtigung der Erfahrung« gehörte zu seiner Konzeption. »[...] überall, wo sich etwas regt, ist Mechanik im Spiel; aber die Geister regen sich nicht durch Mechanik.«[1] Redtenbachers Schüler lehrten auch an der ›Königlichen Gewerbeakademie‹ in Berlin. Das Studium, so beim Direktor der Akademie, Franz Reuleaux, verläuft in festen Regeln. Vorgeschrieben sind in der Woche 36 Stunden theoretischer Unterricht und praktische Arbeiten in den Werkstätten. Man könnte sie heute mit den Technischen Hochschulen vergleichen.

Eine solche Schule hat bei dem Ingenieur zeitlebens deutliche Spuren hinterlassen, hat ihn geprägt im Sinne bester deutscher Ingenieurtraditionen. Und so paaren sich Ausbildung mit Talent und Begeisterung, mit Erfahrungen und Fertigkeiten aus Kindheit und Jugend in glücklicher Weise beim Maschinenbauer wie beim Flugtheoretiker und Praktiker.

Bei aller Übereinstimmung mit seinen Lehrern gibt es dennoch auch sehr konträre Auffassungen. Reuleaux bietet seinem Schüler eine Assistenten-stelle an – sicher zu jener Zeit ein verlockendes Angebot. Doch Lilienthal lehnt ab. Dazu mag die Kenntnis von Arbeiten der ›Helmholtz-Kommission‹ beigetragen haben. Adolf Hörmann führt an der ›Gewerbeakademie‹ Versuche an einem Rundlaufmeßgerät durch, an denen der Student wahrscheinlich teilgenommen hat. Das methodische Verständnis Lilienthals war zu jener Zeit bereits anders als das seiner Lehrer. Er hatte zumindest im Ansatz begriffen, daß man mit den Methoden seiner Lehrer nicht zum Menschenflug kam, eine noch engere Verknüpfung von Theorie und Praxis hielt er für unverzichtbar.

KONSTRUKTIONSTAGEBÜCHER

Systematisch arbeitet sich der junge Ingenieur zu neuen technischen Lösungen vor. So führt er ein Konstruktionstagebuch, das uns überliefert ist.[2] Unter Angabe des Datum notiert er Berechnungen mit den dazugehörigen Lösungswegen, hält er Detailzeichnungen oder Skizzen fest. Gründlich analysiert er die Maschinen. Die Reibungsarbeit bei einer Umdrehung wird in ihre Faktoren zerlegt: Kolbenreibung, Kreuzkopfzapfen, Pleuelkopf, die Lager, Schieberreibung ... Ähnlich sein Heft mit Berechnungen zur Dampfstrahlmaschine.[3] Immer wieder hat er so Zugriff zu den einzelnen Entwicklungsschritten, kann sie nachvollziehen, also ganz im Sinne »Theorie mit Berücksichtigung der Erfahrung«.

Wissenschaftlich fundierten Maschinenbau und Erziehung zu industriellem Denken strebt Redtenbacher an. Dieses Herangehen findet man bei Lilienthal bereits bei der Entwicklung der Schrämmaschine, deren Konstruktion im Ergebnis der Erprobung unter Tage vervollkommnet wird. Schon hier nimmt er jede Anregung des Obersteigers dankbar auf und nutzt sie im Interesse sei-

ner Entwicklung. Systematische Entwicklungs-
schritte, ganze logische Ketten werden aufgebaut
und abgearbeitet. Im Maschinenbau geht es dann
vom Flugmodellmotor – seinem »Embryo«, wie
er später sagt – über den Heißluftmotor zu den
Schlangenrohrkesseln in unterschiedlichen Varianten.

Ausgehend vom ersten Dampfkesselpatent vom
9. April 1881 »Neuerung an Dampfkesseln«, das
den Grundaufbau seiner ersten Schlangenrohr-
kesselkonstruktion festhält, kommt er zu vielfältigen
Verbesserungen. Veränderungen in der Anordnung der Rohrschlangen, der Feuerführung, Einführung der Luftvorwärmung als energieökonomische Maßnahme, zweckmäßiger und damit auch
billigerer Materialeinsatz. Wieder zeigt sich hier
die Schule der ›Gewerbeakademie‹, diesmal Beuths
Anlehnung an den englischen Ökonomen Adam
Smith und unternehmerisches Denken. Material-
ökonomie und Kostenbewußtsein kennzeichnet
diese auf Gewinn gerichtete Arbeitsweise. Lilienthal weiß zudem, daß nur das preiswerte Erzeugnis
Absatz findet, das Effektivität verspricht. Lei-
stungszuwachs ist das Resultat. Stufe für Stufe
wird in Patenten gesichert, in Deutschland, Österreich und in England, dem Mutterland der Dampfmaschine.

PATENTRECHERCHE

Lilienthal betreibt offensichtlich eine gründliche
Patentrecherche. Seine Konstruktionen stützen
sich in vielem auf Vorhandenes, wobei die Stärke
Lilienthals in der Weiterentwicklung liegt, die
Neuheitswert erreicht. Jede Erfahrung, die zur
Verfügung steht, wird dabei zielstrebig genutzt,
eine zweifellos erfolgversprechende und durchaus
schöpferische Methode, fern von jedem Epigo-
nentum.

Hinzu kommt eine starke Marktorientiertheit.
Gerade in kleineren Werkstätten gab es nur niedrige Räume, weniger Platz überhaupt und damit
beispielsweise auch Schwierigkeiten im Nachfül-
len der Kohle. Ein zweiter Grundtyp von Schlangenrohrkesseln mußte her. Er ist das Ergebnis
dieser Marktnähe, der Bedarfsanalyse. Von vorn-
herein werden energieökonomische Erkenntnisse
übernommen und entsprechend dem neuen
Grundmodell modifiziert und effizienter. Die Feuerführung bringt alle brennbaren Gase zur Ent-
zündung, die Kohle liegt nun auf einem Röhren-
rost, die Verbrennungsluft wird dadurch vorgewärmt.

Ein weiterer unverzichtbarer Aspekt solider in-
genieurtechnischer Arbeit ist die Schwachstellen-
analyse. Als Lilienthal seine erste Dampfmaschine
mit Schlangenrohrkessel baut, funktioniert der
Regulator für die Luftzuführung nur mangelhaft.
Noch ehe die Fachpresse dazu kommt, das kritisch
zu vermerken, beantragt Lilienthal ein neues Patent mit solider Lösung, die dann erfolgreich ange-
wandt wird. Reparaturfreundlichkeit der Konstruktionen kommt hinzu. So verweist er in seinen
Prospekten auf die schnelle Auswechselbarkeit
von Teilen des Schlangenrohrs ohne großen Aufwand.

Das Problem des Kesselsteins im Dampfkessel-
bau ist bei den engen Röhren eines Schlangenrohrkessels mit Durchmessern von etwa 22 Millimetern recht schwerwiegend. Der Ingenieur baut einen Kondensator an, der dann vervollkommnet
wird. Rippen vergrößern die Kühlfläche, der Kondensator kommt in einen Luftschacht, so daß die
erwärmte Luft wiederum genutzt werden kann,
ein Filter scheidet Fett aus dem Wasserkreislauf
aus. Bei seinem zweiten Kessel findet er später eine
Lösung, die den Kesselstein an den Seitenwänden
bindet. Dort läßt er sich leicht entfernen. Auch
hier: »Theorie mit Berücksichtigung der Erfahrung«. Die Anzahl von 16 Maschinenbaupatenten
spricht für den Wert dieser Arbeitsweise, ihren
Erfolg.

KEINE GESICHERTE THEORIE
DER LUFTFAHRT

Ganz im Gegensatz zum Maschinenbau gibt es in
der Flugtechnik jener Zeit kaum gesicherte Theorien. Als Lilienthal in Vorhandenes eindringt, erkennt er die weit auseinandergehenden zeitgenössischen theoretischen und praktischen flugtechnischen Auffassungen. Isaac Newtons klassische
Luftwiderstandsformel geht vom Widerstand einer ebenen Fläche senkrecht zum Wind aus. Die
nähere Beschäftigung mit ihr läßt Otto begreifen:
»Die genauere Kenntnis dieses Luftwiderstandes
erstreckt sich nun leider nur auf wenige, ganz
einfache Anwendungsfälle, und man kann sagen,
daß nur derjenige Luftwiderstand wirklich allgemein bekannt ist, welcher entsteht, wenn eine
dünne, ebene Platte senkrecht zu ihrer Flächenaus-
dehnung durch die Luft bewegt wird.«[4]

Die Unbrauchbarkeit dieser Formel bei Anstellwinkeln unter 50 Grad wies bereits der Franzose
Jean le Rond d'Alembert nach. Im 17. und
18. Jahrhundert hatte die Widerstandsforschung
zwar Anregungen durch die Mechanik, die Balli-

stik und den Schiffbau erhalten. Sie stellte der Technik auch praktisch anwendbare Angaben für Hochbauten zur Verfügung. Doch darüber hinaus gab es in den technischen Handbüchern, wie in der ›Hütte‹, außerordentlich unterschiedliche Angaben. Sehr verbreitet war es aus diesen Gründen, Erkenntnisse der Hydrodynamik näherungsmäßig für die Luftfahrt zu nutzen, was auch Helmholtz tat.

Der Engländer William Samuel Henson ließ sich schon 1842 den Entwurf eines ›Drachenflugzeugs‹ patentieren, mit allen wesentlichen Teilen des heutigen Flugzeugs. Dieses wollte er bemannt unmittelbar zum freien Fluge bringen. Aber das mißlang nicht nur ihm. Viele andere Pioniere erlitten bei solchen Versuchen Fehlschläge, 1883 Alexander F. Moshaiski, 1894 Hiram S. Maxim, 1897 Clément Ader und 1903 Samuel P. Langley. Eine allgemeine Erkenntnis daraus war, daß noch ganz andere Fragen gelöst werden mußten: so das Problem der Eigenstabilität.

Nicht nur die geschilderten Mißerfolge anderer, gewonnene Einblicke in die Unhaltbarkeit ihrer Theorie, sondern auch seine Beobachtungen des Vogelfluges bestimmten maßgeblich den Weg Otto Lilienthals. Diese Möglichkeit, das Vorbild Vogel zu belauschen, hatte er ständig weiterbetrieben, auf der Schule, im Studium, im Kriege vor Paris usw. Lilienthal begriff, daß nicht der »geniale Einfall«, sondern nur konsequente, zielstrebige wissenschaftliche Arbeit zum Erfolg führen würde. Das unterscheidet ihn von vielen zeitgenössischen Konstrukteuren, läßt ihn nicht den Weg Hensons gehen.

NICHT WIE DAS SCHIESSPULVER ZU ERFINDEN

Als er 1873 im Potsdamer ›Gewerbeverein‹ seinen ersten Vortrag hält, spricht er vom Wunsch der Menschen, dem »Vogel die Kunst des Fliegens abzulauschen. Heute ist man gewöhnt, dergleichen Probleme analytisch anzugreifen und gerade die Fliegekunst ist wenig geeignet, nach Art des Schießpulvers erfunden zu werden.«[5] Aus dieser Erkenntnis erwächst ein Programm.

Die Beobachtung des Vogelfluges in der Natur, Versuche, diese mit dem Gedicht und der Zeichnung emotional zu vermitteln, mit Waage, Uhr und Maßband rationell zu analysieren, werden für ihn wichtige Inhalte jahrelanger Tätigkeit, genauso wie tiefgreifende Untersuchungen auf wissenschaftlicher Grundlage.

Systematik bestimmt Lilienthals Arbeit. Aus seinen Vorträgen und dem Buch über den ›Vogelflug als Grundlage der Fliegekunst‹ kennen wir das logische Vorgehen: Beobachtungen der Vögel, Messungen ihrer Leistungen, exakte Studien und Berechnungen bis hin zur Arbeitsleistung beim Auf- und Niederschlag, Untersuchung der Wirkung in jeder Phase. Er befaßt sich mit der Morphologie und Verhaltensbiologie, kennt die modernen Auffassungen über die Chemie der Muskeltätigkeit wie den damals aktuellen Erkenntnisstand der Botaniker von den Eigenschaften und vom Reichtum an Varianten von beflügelten Pflanzensamen. Ergebnis dieser Studien, die ständig weitergeführt und mit dem Fortgang seiner experimentellen Erkenntnisse verglichen werden, ist die Einsicht, daß keine spezifischen »biologischen Faktoren« für die Möglichkeit des Fluges in der Natur existieren. Die »Natur [bilde sich] aus dem ewigen Spiel der Kräfte an der gleichfalls ewigen Materie«.[6]

Zur theoretischen Basis gehört die Auffassung, »daß wirklich kein Naturgesetz vorhanden ist, welches wie ein unüberwindlicher Riegel sich der Lösung des Fliegeproblems vorschiebt«.[7] So beginnt er eine Versuchsperiode, um »die Eigentümlichkeiten der Luftwiderstandserscheinungen näher kennenzulernen, und dadurch zur weiteren Forschung in der Ergründung der für die Flugtechnik wichtigsten Fundamentalsätze anzuregen«.[8] Schritt für Schritt stößt er zu neuen Erkenntnissen vor.

SERIENVERSUCHE – VERSUCHSSERIEN

Technisch-methodische Besonderheiten heben ihn auf diesem Gebiet unter zeitgenössischen Untersuchungen heraus. Für seine Experimente muß er Geräte und Vorrichtungen selbst entwickeln und bauen. Er geht über die Gelegenheitsexperimente seiner Vorgänger hinaus und führt Serienversuche durch, die ihm die Möglichkeit schaffen, mit immer gleichen Verfahren die verschiedensten Fälle systematisch und vergleichbar durchzutesten.

Die Anwendung der Mechanik betrachtet er von seinen ersten Arbeiten an als unerläßliche theoretische Basis, und das keinesfalls nur in Ehrfurcht vor seinen Lehrern, sondern aus innerster Überzeugung. Das veranlaßt ihn auch, sich mit den in der Literatur verbreiteten Irrtümern und Trugschlüssen auseinanderzusetzen. Sein Vortrag ›Ueber die Mechanik im Dienste der Flugtechnik‹ im April 1892 dient diesem Ziel. Leider seien es noch zu wenige, die die Mechanik vollgültig beherrschen.

WISSENSCHAFTLICHES HANDWERKSZEUG UNABDINGBAR

»Für die Flugtechnik interessirt sich so Mancher, dessen klarer Verstand das Problem segensreich fördern könnte. Aber der einfache gesunde Menschenverstand reicht hier leider allein nicht aus, ohne das nothwendigste wissenschaftliche Handwerkszeug dazu ist aller Eifer und aller Mutterwitz meist schlecht angebracht. [...] Doch ohne gründliche Kenntniss der Mechanik lässt sich in der Flugtechnik nichts leisten. Die Mechanik ist auch für den nur trocken, der sie nur so von Weitem kennt.« Sicher hätte auch mancher Leser des ›Vogelfluges‹ die Ausführungen über Mechanik und Flugtechnik überschlagen, meint er, und erläutert dann mechanische Grundanschauungen, gegen die besonders häufig gesündigt werde.[9]

Exakte Beobachtungen, systematische Auswertung vereinen sich beim Studium der Störche. Schon vor dem ›Vogelflug‹ hatte sich Lilienthal ausführlich mit diesen hervorragenden Fliegern befaßt, ihre Flügel vermessen. So kaufte er bei dem Landwirt Franz Wirth in Lindow 1889 junge Störche, die er auf seinem Grundstück hielt, um den Prozeß des Fliegenlernens genau zu verfolgen. 1895 fährt er mit seinen Söhnen in das Storchendorf Vehlin, 54 Nester zählt der kleine Ort. Seine Beobachtungen schreibt er in dem Aufsatz ›Unsere Lehrmeister im Schwebefluge‹ nieder.[10] Mit Akribie stellt er fest, bei welcher Geschwindigkeit der Storch zum Schwebe- und Segelflug übergeht. Daraus leitet er ab, daß dreierlei zum Schwebeflug gehöre, »die richtige Flügelform, die richtige Flügelstellung und der richtige Wind«. Aus einem geringen, jedoch ununterbrochenen Drehen und Wenden der Flügel beim Storch schließt er, die Form dieses Flügels sei seinen Flächen überlegen. Damit bestätigt er zwar Erkenntnisse aus dem ›Vogelflug‹, setzt aber zugleich deutliche Ausgangspunkte für seine Suche nach einer Steuerung seiner Flugapparate, so die Verwindung, die Bewegung der Flächen um die Achse. Nicht anders ist es mit der Verdickung an der Vorderkante der Flügel wie beim Albatros. Neue Experimente mit Modellen schließen sich folgerichtig an.

VOM WERT DES EXPERIMENTS

Dem Experiment hat Otto Lilienthal zeitlebens großen Wert zugemessen. So kommt er durch den Vergleich von Profilen am Rundlaufgerät zum erneuten Nachweis der Überlegenheit gewölbter Flächen. Am Rundlaufgerät erkennt er auch mit feinem Gehör die Formen von Flächen mit geringerem Widerstand. Seine Flüge sind hier ebenso zu nennen. »Man lernt bald mit den Flügeln die Eigenart der Windströmung über einem gewissem Terrain herauszufühlen [...].« Intuition und exakter Vergleich: An den Flügeln seiner Gleiter bringt er Profilschienen an, die es ermöglichen, die Profile zu verändern und so die besten zu ermitteln. Auf diese Weise ergänzt er theoretische Erkenntnisse durch praktische, experimentelle und vervollkommnet seinen Wissens- und Erkenntnisstand (Abb. 55).

Gründliche Auswertung der Experimente ermöglicht die theoretische Rückkopplung, die erforderliche Verallgemeinerung. Versuchsprotokolle machen das ebenso deutlich, wie seine daraus gezogenen Schlüsse. Doch offenbar ist er diesem Weg nicht immer gefolgt, sonst wäre ihm mancher Irrtum erspart geblieben, z. B. das Nichterkennen des Hangaufwindes. Bei allem ist aber die serienmäßige Versuchsdurchführung eine entscheidende Methode zur Objektivierung. Er gelangt aus der Logik eigener Untersuchungen und mittels selbstgeschaffenen Instrumentariums zu Erkenntnissen. Zum Serienversuch kommt noch eines hinzu: die Durchführung unter den verschiedensten äußeren Bedingungen. Die Polaren, von ihm entwickelt, im Buch vom Vogelflug erstmals veröffentlicht und durch den russischen Aerodynamiker Nikolai Jegorowitsch Shukowski als ›Lilienthal-Polaren‹ in die Literatur eingeführt, beweisen das. Lilienthal vergleicht die Ergebnisse, um Beweise anzutreten. Seine Meßgeräte lassen es zu, ein Profil im Wind zu messen, am Rundlaufgerät oder am Schlagmeßgerät.

Die Rolle des Experiments erkennen, ist das eine. Voraussetzungen für eine nahezu ideale oder vollendete Durchführung zu schaffen, das andere. Genauigkeit, Exaktheit, das war ihm in der Ausbildung als unabdingbar nahegebracht worden. Ludwig Prandtl, der deutsche Aerodynamiker, erklärte 1938 nachdrücklich, Lilienthal habe mit seinen selbstgebauten Meßgeräten eine Güte erreicht, »die erst durch die modernen Arbeiten am Windkanal hat übertroffen werden können«.[11] Und die Richtigkeit der Werte hatte schon Prandtls Kollege Otto Föppl bestätigt. »Die ersten Versuche an seitlich zugeschrägten Platten sind von Lilienthal ausgeführt worden, der sich bekanntlich nicht nur um den praktischen Menschenflug, sondern auch um die experimentelle Aerodynamik große Verdienste erworben hat.« Vergleiche von Lilienthals Resultaten mit ähnlichen Messungen beweisen: »Man findet dabei, daß sich die entsprechenden Werte nur wenig voneinander unterscheiden.«[12]

Mit seinem ersten Rundlaufgerät experimentierte der Schüler Otto bekanntlich bereits 1866. Seit 1869 wandte auch Adolf Hörmann, ein Lehrer Lilienthals an der ›Gewerbeakademie‹, ähnliche Apparate an, auch der Direktor der ›Preußischen Kriegsakademie‹, K. H. Schellbach, der für den Bau den Mechaniker Johann Georg Halske zur Hilfe holte. Es wertet die Arbeiten Lilienthals, wenn Schellbach feststellt, »ich muß gestehen, daß ich kaum ohne seine [Halskes] Hilfe an die Ausführung eines so schwierigen Unternehmens hätte denken können«.[13]

Methode ist es, daß Lilienthal Versuche wiederholt. Angesichts von Unterschieden zwischen Messungen am Rotationsgerät und im Winde, daraus gewonnenen Schlußfolgerungen sowie von Resultaten oder Theorien anderer entschließt er sich beispielsweise bei der Vorbereitung des ›Vogelflug‹-Buches zur Wiederholung – oder besser zur Überprüfung seiner Ergebnisse. Mit der ihm eigenen Gründlichkeit nimmt er neue Messungen am Rundlaufgerät vor. Sie geben ihm Sicherheit, genau wie die wiederholten Storchenbeobachtungen: »Theorie mit Berücksichtigung der Erfahrung«.

»IN ALLMÄHLICHER ENTWICKLUNG« ZUR VOLLENDUNG

Mitte der neunziger Jahre äußert Lilienthal in seinem Artikel ›Fliegesport und Fliegepraxis‹ die Überzeugung, »dass das freie Fliegen des Menschen sich nicht durch eine einzige technische Grossthat erfinden lässt, sondern in allmählicher Entwicklung seiner Vollendung entgegengeht«. Bei den erreichten Erkenntnissen über die Gesetze des Luftwiderstandes und der Tatsache, daß die »Maschinenelemente von Fliegevorrichtungen mit ausreichender Genauigkeit berechnet und construiert werden können [sei] man aber noch lange nicht in die Lage gekommen, fertige Flugmaschinen, welche allen Anforderungen genügen, zu bauen und anzuwenden. [...] Kenntnisse in der Fliegepraxis lassen sich nur sammeln, wenn man im wirklichen Flug sich befindet. [...] Die Constructeure und Erbauer von Flugmaschinen haben diese durchaus erforderlichen praktischen Erfahrungen in der Regel nicht gesammelt und deshalb ihre oft kunstvollen und kostspieligen Arbeiten nutzlos verschwendet« – wie Maxim.[14]

So wird erneut klar, warum Lilienthal 1894/95 bereits mehrfach bestätigte Erfahrungen wieder-

holt und mit neuesten Erkenntnissen verbindet. Es ist seine solide, Sicherheit begründende Arbeitsmethode.

Noch einmal zur Systematik in der Arbeitsweise des Maschinenbauingenieurs und Flugpioniers, die immer wieder den Aufbau logischer Ketten erkennen läßt. Von der Beobachtung der Vögel zu theoretischen Verallgemeinerungen, eigenen Messungen verschiedenster Profile, Schlußfolgerungen zum Bau der Flugapparate, deren Erprobung im Garten am Gerüst, das Stehen im Wind, die ersten Schritte im Wind, die ersten Sprünge und dann Flüge bis zu 250 Metern. Neue Ketten schließen sich an, so das ›Cycloidengerät‹ im Zusammenhang mit dem Schlagflügel.

INDUSTRIELLE FERTIGUNGSMETHODEN

Methodische Erfahrungen und Erkenntnisse nutzt der Ingenieur für den Maschinenbau und die flugtechnischen Versuche. Das reicht hin bis zum Serienbau. Als er seinen Flugapparat für die Versuche in der Südender Sandgrube baut, steht auf der Zeichnung »Ueber Leergerüst gebauter Segelapparat«. Die Zeichnung bietet einen Einblick in den hohen Stand seiner Technologie. »Leergerüst« ist mit Lehre zu übersetzen, mit der Einrichtung, in der ein bestimmtes Teil mehrfach gefertigt wird, wie später bei den ersten Motorflugzeugen. Auf Böcken steht ein Gerüst mit zwei starken Längsleisten, auf denen dünnere, der Flügelkonstruktion entsprechende unterschiedlich hohe Querleisten befestigt sind. Mit Hilfe dieser Lehre gelingt es dem Ingenieur, die gewünschte, in sich gewölbte Flügelform zu fertigen, und er sichert dabei die Möglichkeit zum mustergetreuen Nachbau als Basis für den Serienbau.

Daß er sich solcherart Erkenntnisse bewußt ist, spiegelt sich im Buch über den Vogelflug wider. Er schreibt, man müsse es für möglich halten, »daß uns die Forschung und die Erfahrung, die sich an Erfahrung reiht, dem Ziel näher bringt«.[15] Und diese Herangehensweise ist wesentliche Grundlage für seine Innovationskraft, die sich in den insgesamt 22 Patenten niederschlägt, in erfolgreichem Unternehmertum und darüber hinaus in der epochemachenden Leistung als erster Flieger.

WACHSENDE ANERKENNUNG

Lilienthal findet in seiner Zeit Anerkennung als Ingenieur und als Flugpionier. Der österreichische Physiker Franz Josef Pisko erwähnt 1885 Lilienthal unter jenen Konstrukteuren in Europa, die

wetteifern, »das Gewicht des Motors für je eine
Pferdestärke nach Thunlichkeit zu verringern«.
Schon drei Jahre zuvor hatte der Mitbegründer
des Deutschen Vereins zur Förderung der Luftschiffahrt, der Ingenieur I. E. Broszus, Lilienthals
Schlangenrohrkessel als Antrieb für Ballone empfohlen. Und 1890 schreibt der Minister für Handel
und Gewerbe an den deutschen Reichskanzler von
Caprivi über den »durch den patent. Kleinmotor
gleichen Namens allgemein bekannten Ingenieur
Otto Lilienthal«.

Im September 1894 spricht der Physiker Ludwig Boltzmann, ein Mann aus Lilienthals Generation, vor der 66. ›Versammlung Deutscher Natur-
forscher und Ärzte‹ in Wien zum Menschenflug.
»Jede Erfindung hat ihre Vorarbeiter und ihre
nachherigen Verbesserer«, stellt er fest, »aber doch
muss meist ein Mann als der eigentliche Erfinder
bezeichnet werden.« Nach der Erfindung des Luftballons durch die Brüder Montgolfier habe Sir
Hiram Maxim »entschieden den zweiten grossen
Schritt zur Erfindung des lenkbaren Luftschiffes
gemacht. [...] Allein die Sache hat doch noch
einen Haken.« Es mangele offensichtlich an der
Lenkung.

»Ein Experiment, welches ich als den dritten
Schritt zur Erfindung des lenkbaren Luftschiffes
bezeichnen möchte«, so Boltzmann, »ist einem
Deutschen, Herrn Otto Lilienthal, Ingenieur in
Berlin, gelungen.« Dieser bewaffnete seine Arme
mit zwei zunächst festverbundenen Flügeln von
15 Quadratmeter Fläche, die im wesentlichen denen des Vogels nachgeahmt sind. Und der Redner
beschreibt dann die Experimente und Fortschritte.
»Freilich hätte dieser Flugapparat zunächst noch
wenig praktische Bedeutung. Grossartige Verbesserungen, die Ausführung in weit grösseren Dimensionen wären nothwendig. [...] Allein das
Problem wäre doch theoretisch gelöst; ein zum
Ziele führender Weg gefunden, die eigentliche Erfindung des lenkbaren Luftschiffes vollzogen.
Diese theoretische Entdeckung des richtigen We-
ges geht meist der Vervollkommnung zum praktischen Gebrauche voran. [...] Der Erfinder des
lenkbaren Luftschiffes muss hierin dem Muster
aller grosser Entdecker, Christoph Columbus,
gleichen, der ebenso durch persönlichen Muth wie
durch Scharfsinn allen Entdeckern der Zukunft
das Beispiel gab.«[16]

Auch die Zeitschrift ›Prometheus‹ wendet sich
zur gleichen Zeit in einem ihrer Übersichtsbeiträge
dem Menschenflug zu. Die verschiedensten Techniker hätten sich zunehmend von den Schwächen
des Luftballons überzeugt. Das Studium der Kine-

matik des Vogelflugs sei in den Vordergrund getreten auf dem Wege zum ersehnten Ziel des freien
Fluges. Sehr bemerkenswerte Resultate, so der Artikel, lägen bereits vor. »Wir befinden uns in einem
Uebergangsstadium, in welchem wir uns klar geworden sind über die Natur des sogenannten Segelfluges der Vögel, während hinsichtlich des Auf-
fliegens und des Zustandekommens einer Bewegung durch Flügelschläge offenbar noch Manches
zu erforschen bleibt. [...] Sehr richtig hat Herr
Lilienthal [...] es als erste und einfachste Aufgabe
des Flugtechnikers erkannt, zunächst einmal den
Segelflug der Vögel nachzuahmen.« Man habe
darüber ausführlich berichtet. Nunmehr sei er »bereits damit beschäftigt, den Flug mit bewegten
Flügeln experimentell zu studieren«. Sodann wurden dessen Ideen, seine Methode und der Stand
der Realisierung mit den »in sehr grossartigem
Maassstabe angestellten Versuch« von Sir Hiram
Maxim verglichen, der gar nicht daran denke, »das
Luft-Ruderboot zu erfinden, er macht sich sofort
an das Luft-Dampfschiff«.[17]

Boltzmann nutzte in seinem Vortrag ebenfalls
diesen Vergleich. »Die Schiffahrt auf dem Wasser
begann nicht beim Oceandampfer, sondern beim
ausgehöhlten Baumstamme als Kahn. Ebenso begann Herr Lilienthal mit einem möglichst kleinen
Flugapparat. [...] Natürlich konnte er, da er keine
Kraftquelle besass, nicht beliebig weit und auch
nur in höchst beschränktem Masse aufwärts fliegen«, aber es gelang ihm, eine Strecke von 250
Metern dahinzuschweben. Er überzeugt sich auch
von der Möglichkeit, »sich durch jahrelange
Übung volle Sicherheit im Steuern zu erwerben«.[18]

1895 leitet Nikolai Jegorowitsch Shukowski einen Vortrag mit den Worten ein: »Die wichtigste
Erfindung der letzten Jahre auf dem Gebiet der
Flugtechnik ist der Flugapparat des deutschen Ingenieurs Otto Lilienthal.«[19]

WISSENSCHAFTLICHKEIT BESTIMMEND

Lilienthals Wirken bringt überzeugend den Beweis, daß die Zeit nun endgültig vorbei war, in
der das Erfinden des Fliegens mit Flugapparaten
von der wissenschaftlichen Welt ignoriert werden
konnte, da Wissenschaftlichkeit die Arbeitsmethoden auch auf diesem Gebiet zunehmend bestimmte.

Doch der so Gelobte und Anerkannte bleibt
zurückhaltend. »Die von mir geübten Segelflüge
sind für den freien Flug des Menschen nichts weiter als was die ersten unsicheren Kinderschritte

für den Gang des Menschen bedeuten. Aber der betretene Weg scheint der richtige zu sein. Man hat wenigstens Gelegenheit, in der Luft frei schwebend seine Studien über das Fliegen zu machen, und deshalb bieten diese Segelflüge ebenso eine Grundlage für die praktische Flugtechnik, wie die gewölbte Flügelfläche eine Grundlage für die Theorie des Fluges im Allgemeinen darstellt.«[20] Damit hat Lilienthal sein Programm, seine Schule in wenigen Worten begründet.

Der Ingenieur ist zu jener Zeit, ein Jahr vor seinem Tode, noch längst nicht am Ende seiner theoretischen und praktischen Einsichten als Flugpionier und als Maschinenbauer, was seine erneuten Versuche mit der Dampfstrahlmaschine zeigen. Ein einzelner Erfinder könne eben nicht den perfekten Flugapparat schaffen. Und diese ehrliche, den Fortschritt der Erkenntnis fördernde Haltung ist es, die ihn von nicht wenigen Zeitgenossen unterscheidet, die in ihren Theorien und Projekten hartnäckig, ja oft verbissen der Weisheit letzten Schluß sehen. »Theoria cum praxi« – um mit Leibniz zu sprechen – oder auch »Theorie mit Berücksichtigung der Erfahrung«, gute deutsche Ingenieurtradition, die bis in die Gegenwart reicht.

Lassen wir Lilienthal abschließend noch einmal selbst zu Wort kommen: »Auf dem Papier allein kann überhaupt das Flugproblem nicht reifen. Theorie und Praxis müssen in steter Wechselwirkung sich ergänzend und gegenseitig verbessernd nach und nach uns eindringen lassen in die Geheimnisse der Luftwiderstandserscheinungen, denen der Vogel sein Flugvermögen verdankt. Strenge Wissenschaftlichkeit gepaart mit hervorragender praktischer Erfahrung kann allein uns Schritt für Schritt dem Ziele näher bringen. Jede neue flugtechnische Idee aber, welche nicht direct das Ergebnis systematisch durchgeführter Experimente ist, wird wenig Anspruch auf eine überzeugende Wirkung machen können.«[21]

ANMERKUNGEN

[1] Mauersberger, Klaus: Jacob Ferdinand Redtenbacher. In: Lebensbildern von Ingenieurwissenschaftlern. Leipzig 1989, S. 50.

[2] Lilienthal, Otto: Konstruktionstagebuch für Dampfmaschinen und -kessel, Manuskript; siehe Kat.-Nr. 69.

[3] Lilienthal, Otto: Konstruktionstagebuch (Dampfkessel, Dampfstrahlrad), 1881–1883, Ms; siehe Kat.-Nr. 62.

[4] Lilienthal, Otto: Der Vogelflug als Grundlage der Fliegekunst. Berlin 1889, S. 17.

[5] Lilienthal, Otto: Theorie des Vogelfluges, Manuskript; siehe Kat.-Nr. 133.

[6] Lilienthal, Otto: Der Vogelflug, S. 12.

[7] Ebenda, S. 4.

[8] Ebenda, S. iv.

[9] Lilienthal, Otto: Ueber die Mechanik im Dienste der Flugtechnik. In: Zeitschrift für Luftschiffahrt 7/8 (1892), S. 182 ff.

[10] Gedruckt in: Kopfermann (Hrsg.): Flugversuche, S. 150–153.

[11] Prandtl, Ludwig: Geleitwort zur iii. Auflage. In: Der Vogelflug als Grundlage der Fliegekunst. 3. Auflage München und Berlin, S. iii.

[12] Föppl, Otto: Einfluß von seitlichen Abschrägungen und Abrundungen auf die Windkräfte bei gewölbten Platten. (Mitteilungen aus der Göttinger Modellversuchsanstalt.) In: Zeitschrift für Flugtechnik und Motorluftschiffahrt, 7 (1911), S. 83 ff.

[13] Schellbach, K. H.: Über einen Apparat zur Ermittlung der Gesetze des Luftwiderstandes. Sonderdruck, S. 14. In: Zentrales Staatsarchiv Merseburg, Rep. 76 Vc. Tit xi, Nr. 10, Bl. 185–192.

[14] Lilienthal, Otto: Fliegesport und Fliegepraxis. In: Prometheus 7 (1895/96), S. 145 ff.

[15] Lilienthal, Otto: Der Vogelflug, S. 185 ff.

[16] Boltzmann, Ludwig: Ueber Luftschiffahrt. In: Zeitschrift für Luftschiffahrt und Physik der Atmosphäre 11 (1894), S. 292 ff.

[17] Tromp, J. van: Rundschau. In: Prometheus 5 (1893/94), S. 796–798 u. 812 f.

[18] Wie Anm. 16.

[19] Shukowski, Nikolai J.: Der Flugapparat Otto Lilienthals. In: Deutsche Flugtechnik 8 (1961), S. 289 f.

[20] Lilienthal, Otto: Über die Grundlagen der Flugtechnik. Manuskript; siehe Kat.-Nr. 144.

[21] Lilienthal, Otto: Brief an Rechnungsrat Keiper, ohne Datum; siehe Kat.-Nr. 139.

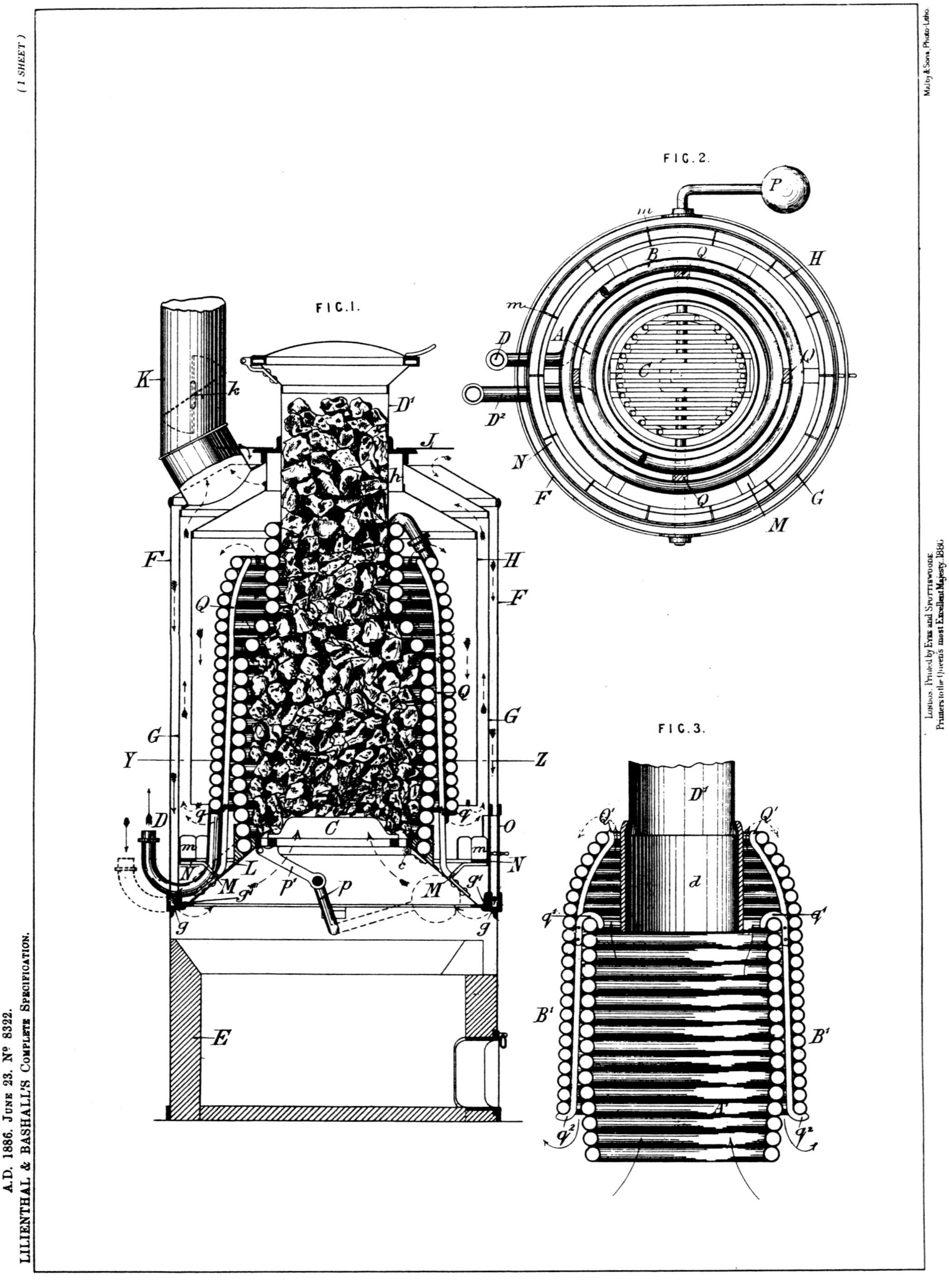
(1 SHEET)
A.D. 1886. June 23. Nº 8322.
LILIENTHAL & BASHALL'S COMPLETE SPECIFICATION.
FIG. 1.
FIG. 2.
FIG. 3.
London: Printed by Eyre and Spottiswoode,
Printers to the Queen's most Excellent Majesty. 1886.
Malby & Sons, Photo-Litho.

Abb. 57: Englisches Patent No. 8322 auf den Schlangenrohrkessel, 1886

KARL-DIETER SEIFERT

Der Maschinenbauingenieur und Fabrikant Otto Lilienthal

DER BILDUNGSWEG

Otto Lilienthal nimmt im Oktober 1867 sein Studium an der ›Königlichen Gewerbeakademie‹ in Berlin auf. Er hat sich mit dem zweijährigen Besuch der Provinzialgewerbeschule in Potsdam gründlich darauf vorbereitet und auch ein Praktikum von einem Jahr im Maschinenbau absolviert, wie es im Regulativ für die Studienaufnahme gefordert wurde.

Als Praktikant kann er in der weithin bekannten Maschinenfabrik von Louis Schwartzkopff in der Berliner Chausseestraße äußerst wertvolle Erfahrungen sammeln. Sie sind von großem Einfluß auf seinen späteren Lebensweg und seine Haltungen. Arbeit am Schraubstock und an der Drehbank, im Zeichenbüro und – eine Anerkennung für seine Begabung – im Konstruktionsbüro bei Oberingenieur Ernst Kaselowski ermöglicht ihm vielfältige Einblicke.

Kaselowski war ein begabter Schüler Ferdinand Jacob Redtenbachers (1809–1863). Dieser hervorragende Hochschullehrer, der seit 1841 in Karlsruhe lehrte, erzog eine tüchtige Ingenieurgeneration mit weitem Gesichtskreis. Er erkannte die große Bedeutung der Verbindung von theoretischer Mechanik und Praxis, daß konstruktives und technologisches Wissen mit theoretischen Grundlagen gepaart sein mußten.

Schon als junger Wissenschaftler hatte Redtenbacher betont, die Mathematik sei kein Luxus, man könne mit ihr in der Wissenschaft etwas leisten. Allerdings müsse man vom Praktischen etwas verstehen und genau wissen, was fürs Leben notwendig sei. Sein Ziel war, den Maschinenbau wissenschaftlich zu fundieren. Er strebte danach, Reibung, Widerstandskräfte in der Berechnung der Maschinen zu berücksichtigen. Hinreichend genaue Näherungslösungen führte er durch Forschung und Experiment zu einem höheren Grad an Verallgemeinerung und theoretischer Geschlossenheit. Insbesondere sein Leitsatz von der Einheit strenger Wissenschaftlichkeit und praktischer Verwertbarkeit der Maschinentheorie machte Schule.[1]

Ernst Kaselowski gehörte wie Eugen Langen, Carl Benz, Oscar Henschel, Heinrich Sulzer und Franz Reuleaux zu der Generation, die sein Wissen weiterentwickelte, sich zum Teil als erfolgreiche Unternehmer etablierte, zu einer Blüte deutschen Maschinenbaus beitrug und ihre Erkenntnis zugleich der nächsten Generation übermittelte. Dieser gehörte Otto Lilienthal an. So verbindet sich schon bei dem Praktikanten Theorie untrennbar mit der Erfahrung aus täglichem Schaffen.

Ab 1868 besucht der junge Lilienthal die Königliche Gewerbeakademie, deren Direktor, der Begründer der Kinematik Franz Reuleaux, zugleich die Abteilung Maschinenbau und Ingenieurwesen leitet. Er erkennt die Begabung Lilienthals und fördert ihn, nicht nur durch den erfolgreichen Antrag auf ein Stipendium von jährlich 300 Talern.

ALS JUNGER INGENIEUR

Die gewünschte Arbeit findet Otto Lilienthal, nach kurzer Tätigkeit in der Maschinenfabrik Weber, in der Maschinenfabrik Carl Hoppe als Konstruktionsingenieur. 1844 gegründet, hatte dieses Familienunternehmen um 1870 eine führende Rolle im Berliner Maschinenbau. Hoppe selbst spielt im öffentlichen Leben der Stadt eine Rolle, gehört er doch noch zur ersten Generation Berliner Maschinenfabrikanten und ist Ehrenmitglied im ›Verein zur Beförderung des Gewerbefleißes in Preußen‹, dem Lilienthal als Unternehmer später selbst beitritt. Hoppes Firma baut Dampfschiffe, kleine Dampfmaschinen, hydraulische Systeme auf Wasserbasis, Werkzeug- und in nicht geringem Umfang Bergwerksmaschinen, nimmt – wie es da-

Abb. 58: Der Berliner Maschinenbauindustrielle Carl Hoppe

mals üblich war – alle einschlägigen Aufträge an. Vielseitigkeit ist also gefragt, und damit gibt es interessante Aufgaben für einen Konstrukteur. Carl Hoppe setzt in den jungen Mann offensichtlich Vertrauen (Abb. 58).

Belege für zahlreiche Arbeiten Lilienthals sind in jüngster Zeit gefunden worden. 1875 erarbeitet er die »Montageinstruction zur Aufstellung der Streckenfördermaschine nebst Dampfspeisepumpe für Eduardschacht bei Eisleben«.[2] Zehn Wagen mit je 500 Kilogramm Ladung sollten auf einer um neun Grad geneigten Ebene mit der Geschwindigkeit von 1,25 Meter je Sekunde gezogen werden. Von der Grubenleitung waren Hilfsmannschaften, Handwerkszeug und Dienstleistungsmaterial zur Verfügung zu stellen. Es ist anzunehmen, daß der junge Ingenieur zum festgelegten Montagebeginn am 28. Oktober 1875 selbst als Monteur vor Ort war.

Hoppe entsendet ihn in jenen Jahren mehrmals in Bergwerksgebiete, wo er auch Schrämmaschinen einführen soll. Zu den Aufgaben im Bergwerksmaschinenbau zählt die Konstruktion einer unterirdischen Wasserhaltungsmaschine für die Steinkohlengrube Mathilde mit einer zehn Meter langen Grundplatte von 48,5 Tonnen Gewicht[3] (Abb. 59). Bei seinen Reisen arbeitet der Ingenieur unter anderem im Salzrevier von Wieliczka, in den Steinkohlenrevieren im Plauenschen Grund bei Dresden sowie Zwickau.

Doch die schon erwähnte Vielfalt der Hoppeschen Produktion führt auch zu ganz anderen Aufgaben. Als 1879 eine Aufzugsanlage für den östlichen Anschlußbahnhof der Berliner Stadteisenbahn in Auftrag gegeben wird, bearbeitet Lilienthal die zum Projekt hinzugefügten Änderungen. Er verweist auf von ihm wiederholt aus-

geführte Fahrstuhlsteuerungen. Detailliert und offensichtlich auf Erfahrungen gestützt, bestätigt oder korrigiert er die vorgelegte Lösung im Detail.[4]

Die flugtechnischen Arbeiten Otto Lilienthals, in der Freizeit betrieben, erforderten zu jener Zeit einen Antrieb für Flugmodelle, der leicht und zugleich leistungsfähig sein sollte. 1871 oder 1872 baut er eine kleine Dampfmaschine, die »mit Kessel, Wasser und Brennmaterial für ca. 10 Minuten Arbeitsdauer stets unter 15 kg« wog. $\frac{1}{4}$ Pferdestärke leistet sie. Der Dampf aus dem röhrenförmigen Kessel bewegt einen einseitig wirkenden Dampfzylinder von 33 Millimeter Durchmesser und 120 Millimeter Hub. Immerhin beträgt der Druck 10 Atmosphären[5] (Abb. 60).

Leichte Antriebe, Kleindampfmaschinen, Gas- und Heißluftmotore, die wenig Wartung verlangen, sich schnell in und außer Betrieb setzen lassen, sind gefragt; besonders explosionssichere, die in Wohngebäuden aufgestellt werden konnten, An-

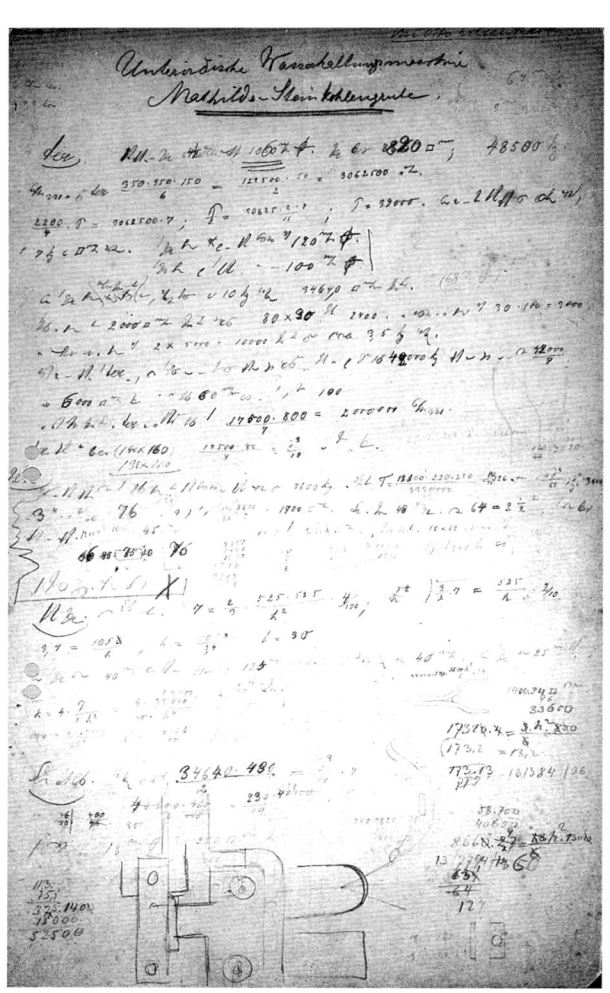

Abb. 59: Aufzeichnungen zur Wasserhaltungsmaschine für die Steinkohlengrube Mathilde, ca. 1875 (Kat.-Nr. 53)

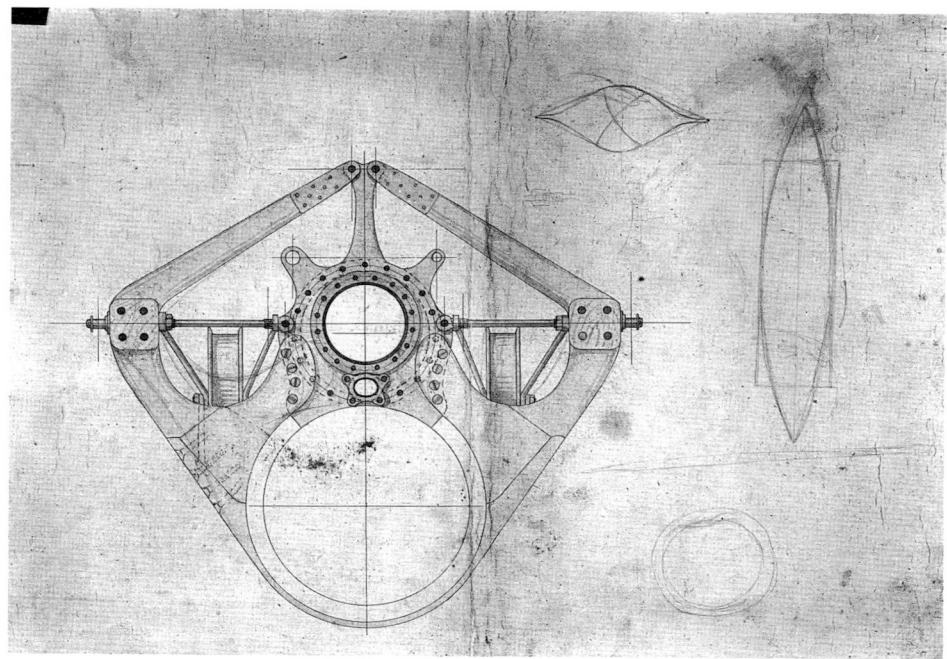

Abb. 60: Detailzeichnung einer Dampfmaschine für ein Schlagflügelflugzeug, 1873 (Kat.-Nr. 117)

triebe für Werkstätten kleiner Gewerbetreibender. Diese Aufgabe beschäftigt viele Ingenieure. Auch Otto Lilienthal sieht hier einen Ansatzpunkt auf dem Wege zur erstrebten Selbständigkeit.

Ende 1875 kommt er zu einer Lösung. Am 23. Dezember beantragt er gemeinsam mit seinem Bruder Gustav beim Königlichen Ministerium für Handel, Gewerbe und öffentliche Arbeiten Preußens das Patent für eine calorimotorische Maschine, einen Heißluftmotor. Es geht ihm um eine Kraftmaschine für das Kleingewerbe, die den Handwerker befähigt »eine wirksame Concurrenz mit den Großindustriellen einzugehen, und so nach und nach eine Decentralisation der großen Fabrikationscentren mit ihrem nachtheiligen Gefolge herzuführen«, eine gesellschaftliche Utopie und ein unternehmerischer Widerspruch zugleich. Es sei gelungen, schreibt er, »einen Motor herzustellen, der bei vollkommener Gefahrlosigkeit, bequemer Anordnung auch bei den beschränktesten Raumverhältnissen, seine Selbstregulierung und Heizung im Stande ist, jedes kleinere und größere Arbeitsquantum billiger zu liefern wie eine für größere Dimensionen construirte Dampfmaschine der besten Systeme« (Abb. 61).

Die Maschine umfaßt zwei Rohrsysteme, Schlangenrohrsysteme. Petroleum aus einem Behälter speist ohne Aufwand an Bedienung eine Flamme, die wiederum die Luft in einem Rohrsystem aus nahtlosen, äußerst dünnwandigen Messingrohren auf 250 Grad Celsius erhitzt und zur

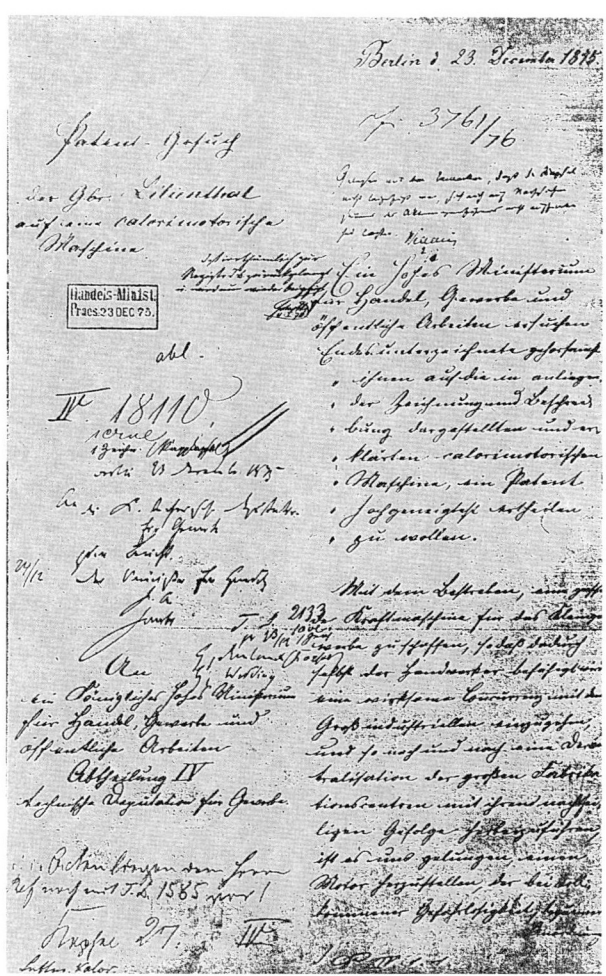

Abb. 61: Aus dem Patentantrag für die »calorimotorische Maschine«, 1876

Strömung bringt. Die große Heiz- und Abkühlungsfläche des Messingrohres wird genutzt, um im zweiten Rohrkreislauf eine entgegengerichtete Strömung zu erreichen. Diese wirkt auf einen Zylinder, dessen Kolben eine Kurbel treibt. Ein zweiter Zylinder komprimiert die Luft wieder und preßt sie in den Erhitzungsraum. Ein Schornstein ist nicht erforderlich. Die Maschine sollte 1876 auf einer Ausstellung in Brüssel gezeigt werden. Die Verwirklichung dieser Absicht ist nicht nachweisbar. Gerhard Halle berichtet darüber, daß der Bau eines Versuchsmusters nicht vollendet worden sei.

Am 18. März 1876 kam die Ablehnung: »[...] als patentfähig nicht zu erachten.« Grundprinzipien und allgemeine Anordnung unterschieden sich »nicht von den bekannten älteren Luftexpansionsmaschinen, z. B der von Redtenbacher beschriebenen«. Hauptgutachter war Professor Reuleaux.[6]

Noch im gleichen Jahr folgt ein zweiter Patentantrag, diesmal erfolgreich, im Königreich Sachsen am 10. November für eine Schrämmaschine (Abb. 62). Es wird auf den Namen Gustavs, offen-

bar mit Rücksicht auf Hoppe, am 9. Februar 1877 für die Dauer von fünf Jahren erteilt und ist das erste Patent des nun 28jährigen Ingenieurs.

Die gegenüber Konkurrenzerzeugnissen wesentlich kleinere Handschrämmaschine zeichnet sich durch geringes Gewicht, schnelle Installation und einfache Bedienung aus. An einem großen, waagerecht angeordneten Rad sind zwei nach außen stehende Schneidstähle befestigt. Mit ihrer Hilfe lassen sich bis zu 75 cm tiefe und 3 cm breite Schlitze in Kohle, Steinsalz oder weiches Gestein vortreiben (Abb. 63).

Erprobt wird die Maschine im damals größten Schacht des Königreiches Sachsen in Zaukeroda. Gustav hilft unter Tage mit. Hier findet Otto in seinem späteren Schwiegervater, dem Obersteiger Hermann Fischer, einen Freund und Helfer. Fischer, von Beruf auch Schmied, fertigt Schneidestähle, die bei einem zweiten Typ der Maschine an einer endlosen Kette aus Gußstahl statt an einem Rad angebracht werden. Damit folgt Lilienthal Redtenbachers Maxime »Theorie mit Berücksichtigung der Erfahrung«. Eines der beiden stählernen Kettenräder kann durch eine Schraube bis zur

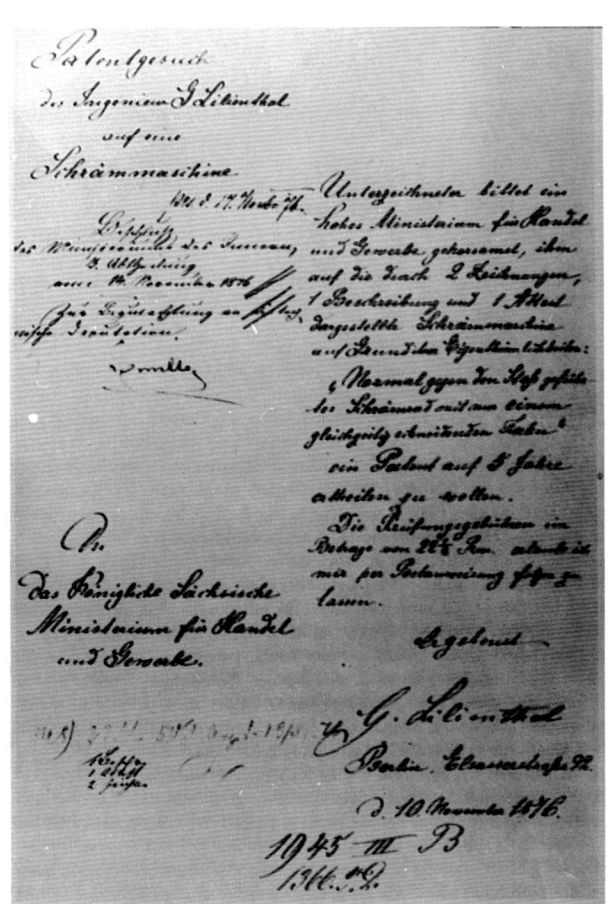

Abb. 62: Aus dem Patentantrag zur Schrämmaschine, 1876

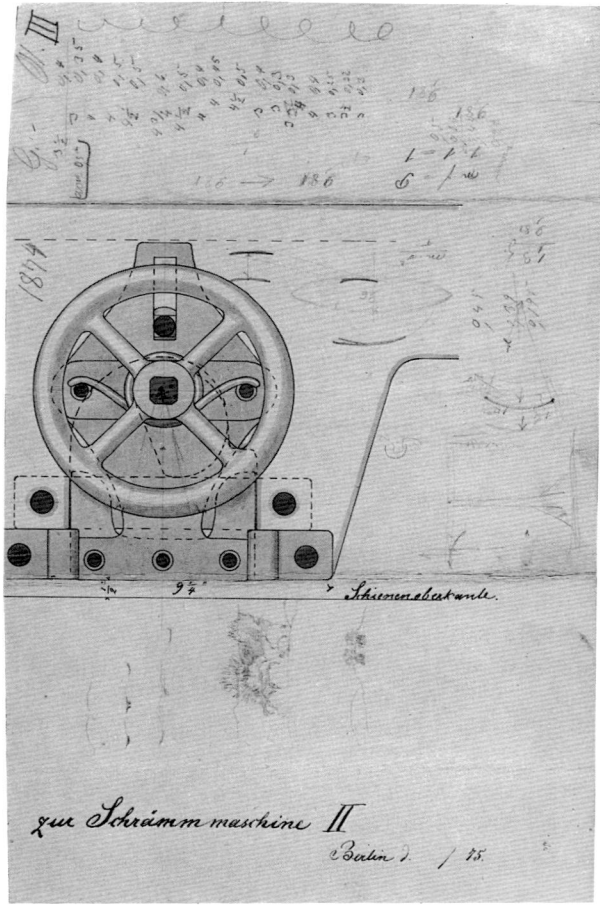

Abb. 63: Lilienthals Schrämmaschine, 1875 (Kat.-Nr. 54)

Achse ins Gestein vorgetrieben und durch eine zweite seitwärts bewegt werden. Es gibt zwei verschiedene Ketten, die eine mit geraden, die anderen mit nach innen gerichteten Zähnen. Die Handkurbel für den Antrieb wird durch ein Schwungrad ersetzt. Einschließlich der Aufstellzeit sollen Leistungen zwischen 0,6 und 1,1 Quadratmetern je Stunde erreicht worden sein.

Drei solcher Maschinen werden durch die Mechanische Werkstätte von H. Seidel in der Berliner Linienstraße 158 in den Jahren 1877 und 1878 gefertigt. Sie gehen nach Zaukeroda, Zwickau und Wieliczka. Die Wirtschaftskrise lähmt den Absatz. So bleibt der erhoffte geschäftliche Erfolg aus, der in einen eigenen Betrieb münden soll.

Dann nehmen die Brüder die Entwicklung eines Steinbaukastens in Angriff, der als ›Anker-Steinbaukasten‹ später weithin bekannt wurde. Auf nähere Einzelheiten, ausgenommen maschinentechnische Fragen, soll hier jedoch verzichtet werden.

DER ERSTE SCHLANGENROHRKESSEL

Der gefahrlose Antrieb beschäftigt Otto Lilienthal weiter, zumal der Bedarf steigt. Der Druck der Großindustrie auf das Handwerk wächst. Diesem werden durch höhere Löhne Arbeitskräfte entzogen und zudem durch niedrigere Preise für bestimmte Erzeugnisse die Absatzchancen verringert. Adolf Slaby, ein Kommilitone Lilienthals und Dozent an der inzwischen zur ›Technischen Hochschule‹ gewordenen Gewerbeakademie, schreibt 1890: »Der Vortheil der Maschine muss auch dem Handwerk erschlossen werden. Und in der That hat sich die kleine Dampfmaschine in der Grösse von 1 bis zu 5 Pferdestärken, bei der der Kessel fertig mit der Maschine montirt ohne Einmauerung zur Aufstellung gelangt, einen segensreichen Wirkungskreis erworben.« Jedoch stand ein sehr ernst zu nehmender Tatbestand der Aufstellung in bewohnten Häusern entgegen. »Denn, mag man den Dampfkessel auch mit den erdenklichsten Vorsichtsmassregeln umgeben und mit Sicherheitsapparaten ausstatten – ein ungezähmtes reissendes Thier in zerbrechlichem Käfig bleibt der Dampf dennoch.«[7]

Anknüpfend an den Modellmotor, den er später als Embryo bezeichnet, und den Heißluftmotor kommt der Ingenieur auf den Gedanken, einen aus einer einzigen engen Rohrleitung bestehenden langgestreckten Dampferzeuger mit zunächst beliebiger Formgebung anzuwenden. »Ein solcher

Verdampfungsapparat hat ausser dem Vorzuge vollständiger Gefahrlosigkeit aber noch andere aussergewöhnliche Eigenschaften. [...] Er muß beständig gespeist werden, hat keinen Dampfvorrat und keinen Wasservorrat, und muss den gebildeten Dampf sofort abgeben, da jedes Reservoir zu vermeiden ist.«[8]

Die Akribie, mit der Lilienthal an seine Konstruktion geht, ist bemerkenswert. Er führt ein Konstruktionstagebuch, in dem unter Angabe des Datums einzelne Lösungsschritte notiert und skizziert werden und das auch die Berechnungen enthält. Eine Vielzahl von Aufzeichnungen zwischen 1881 und 1890 sind erhalten. Zu Beginn umfassen sie offensichtlich auch Aufträge der Firma Hoppe. Später gehen sie über Dampfmaschinen und -strahlräder hinaus.[9] Am 9. April 1881 beantragt er nun erstmals nur unter seinem Namen ein Deutsches Reichspatent, das D. R. P. No. 16103 (13) Neuerungen zu Dampfkesseln (Abb. 64). Soweit er über die Möglichkeiten verfügt, baut er die Maschine selbst. Die anderen Teile werden wiederum in der Werkstatt Seidels gefertigt. Hier fand auch die erste, in etwas größerem Maßstab ausgeführte Maschine ihren Platz und arbeitete noch 16 Jahre später zuverlässig.[10]

Wie sah dieser erste Schlangenrohrkessel aus, wie funktionierte er? Der Patentanspruch macht wesentliches deutlich: »Ein Dampfkessel, aus einem inneren aufwärts und einem äusseren abwärts steigenden schraubenförmig gewundenen Rohr bestehend, mit drei concentrischen, von innen nach aussen aufeinander folgenden Feuerzügen, und an demselben:

a) die Construction des um ein Scharnier drehbaren und durch eine Kurbelwelle herunterzuklappenden Rostes, auf den das Brennmaterial aus ei-

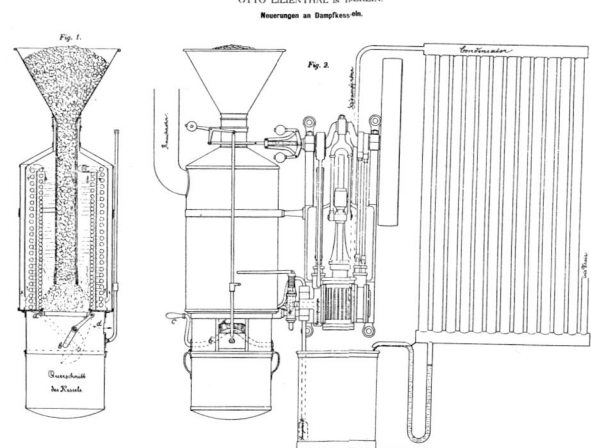

Abb. 64: Der erste Dampfkessel, fest mit der Dampfmaschine verbunden, 1881

nem trichterförmigen oberen Behälter durch ein engeres Rohr herabfällt.

b) Die Anordnung des horizontalen, auf der verlängerten Schwungradwelle steckenden Federregulators in Verbindung mit dem Zugschieber für die unter den Rost tretende Luft.«[11]

Die Dampfmaschine ist unmittelbar mit dem Kessel verbunden. Ihre Vibration soll zum Nachrutschen des Brennmaterials beitragen. Die Luftzufuhr unter dem Rost wird durch einen Federregulator gesteuert, der ein Sicherheitsventil beeinflußt. Er erweist sich als Schwachpunkt. Durch die Umlenkung des Feuerzuges wird jeder Funkenflug unwahrscheinlich, zumal auch der Rost nur über eine Handkurbel von außen bewegbar ist. Die dünnwandigen Kesselrohre sind aus Messing und Kupfer. Als Nachteil erweist sich, daß sie nicht von Kesselstein gereinigt werden können, doch das soll durch einen Oberflächenkondensator kompensiert werden. In ihm kondensiert der Dampf zu warmem Kesselspeisewasser, das energiesparend wieder zugeführt wird. Die Kohle, kleinformatiges Brennmaterial, schüttet man durch ein Fallrohr ein, aus dem sie gleichmäßig in die Brennzone nachrutscht.

Notizen des Konstrukteurs geben nähere Auskunft zum Musterbau, den er Kessel Nr. 0 nennt. Bei mittlerer Feuerung erzeugt dieser pro Sekunde zwei Liter Dampf von neun Atmosphären Gesamtdruck. »Rechnet man bei kleineren Dampfmaschinen bei mittlerer Spannung volle Füllung und 1,2 Atm. abs. als Gegendruck, so gehen von der erhaltenen theoretischen Leistung 40% ab für Kolbenreibung, Kolbenstangenreibung, Gelenkreibung, Lagerreibung, Schieberbewegung, Speisepumpenbewegung.« Das ist Redtenbachers Schule. Detailliert werden die Leistungen durchgerechnet. Für einen Kolben von 100 Quadratzentimeter Fläche kommt er auf 156 Kilogrammeter, abzüglich Verluste auf 93,6 Kilogrammeter. Mechanik wird großgeschrieben – und in den Wärmeberechnungen erweist sich Lilienthal ebenfalls als sicher.[12]

Vergleicht man diese erste Konstruktion mit anderen zeitgenössischen, so stellt das Wirkungsprinzip keine absolute Neuheit dar. Das sagt ja auch der Titel des Patents. Die Methode der Verdampfung kleiner Wassermengen in einem Rohrsystem hatte der Engländer Perkins in den zwanziger Jahren des 19. Jahrhunderts erfunden. Es gab bereits Patente auf Schlangenrohrkessel, so das D. R. P. Nr. 14737 (13) vom 15. Dezember 1880 von A. Musmann aus Magdeburg, der am 15. Mai 1881 unter D. R. P. No. 16867 (13) noch ein Zu-

satzpatent erhielt. Doch riß hier der Dampf Wasser mit in den Zylinder der Dampfmaschine, was ein wesentlicher Nachteil war.

1882 heißt es in ›Dingler's Polytechnischen Journal‹, einer damals weithin verbreiteten Fachzeitschrift: »Die schraubenförmig gewundenen Schlangenröhren haben so viele Vorzüge, dass sie mit grosser Vorliebe zu diesen kleinen Dampferzeugern verwendet werden.«[13] Sie sind zudem billig, liefern in kurzer Zeit Dampf. Lilienthal nennt bei sechs Pferdestärken nur fünf bis sechs Minuten. Und es besteht eben keine Explosionsgefahr. Ihr größter Nachteil: Durch Kesselstein kommt es zur Verkrustung der Röhre, damit zu Leistungsabfall, auch zum Durchbrennen oder Verstopfen.

Obwohl nicht Teil des Patentanspruchs hat der Oberflächenkondensator angesichs dieser Tatsache einen besonderen Wert, den das Journal hervorhebt, zumal so »im wesentlichen immer dasselbe Wasser wieder benutzt wird«. Keine Anerkennung findet allerdings der Federregulator, der in Abhängigkeit von der Drehzahl die Heizung regeln soll, um das Durchgehen der Maschine zu verhindern. Die Einrichtung wird »kaum brauchbar sein«. Doch das hatte der Konstrukteur schon selbst erkannt und verändert. Am 20. Dezember 1881 wird als D. R. P. No. 18471 (60) ein direkt wirkender Übertrager für Regulatoren patentiert (Abb. 65). Statt die Luftzuführung zum Kessel verändert er die Zylinderfüllung mit Dampf über einen Exenter. Zeitgenössische Patentübersichten heben hervor, die Erfindung sei »einfach und zweckmäßig«.[14] Ein Vergleich mit anderen Konstruktionen läßt die Einfachheit der Lilienthalschen hervortreten. Und noch eins ist hier zu bemerken: Die ständige Überprüfung der Ergebnisse in der Praxis wirkt zurück auf die Konstruktion,

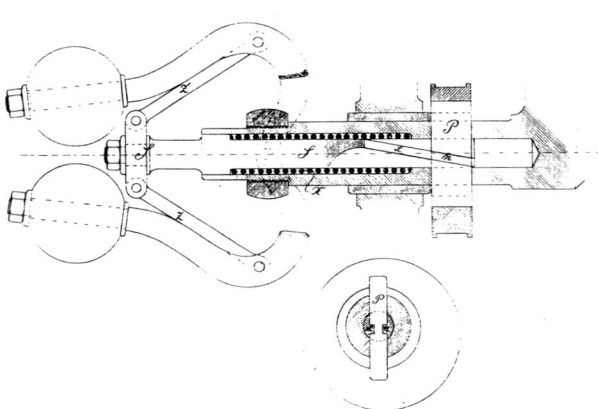

Abb. 65: Verbesserter Regulator nach D. R. P. 18471, 1881

führt zur Verbesserung – eine Maxime des Ingenieurs und Flugtechnikers, die ihm ebenfalls in seiner soliden Ausbildung nahegebracht wurde.

Lilienthal bietet also einen explosionsfreien Kessel an. Unter der Überschrift »Über Kesselexplosionen« geht er in der Zeitschrift ›Prometheus‹ ausführlich darauf ein. »Wir müssen also den Kessel so gestalten, dass ein entstandener Riss nur allmähliches Ausströmen von Wasser und Dampf gestatten kann und dadurch der explosionsartige Charakter vermieden wird. Der einzige Weg aber, welcher hierzu führt, ist die Vermeidung jeder grösseren Gefässform im Kessel und die Zusammensetzung des ganzen Kessels aus lauter engen Röhren. Wird durch irgend welche Ursache ein Rohr eines solchen Röhrenkessels zerstört, so kann nur durch dieses Rohr selbst der Dampf oder das Wasser ausströmen und den umgebenden Raum nur allmählich mit Dampf anfüllen. Viele der sogenannten ›nicht explodierbaren Röhrenkessel‹ besitzen aber diese Eigenschaft nicht, denn sie enthalten entweder grössere Dampf- oder Wassersammler oder die Rohre des Röhrensystems sind nicht eng genug. [...]

Eine wirkliche Sicherheit gegen Explosionsgefahr bieten also nur diejenigen Kessel, welche vollständig aus lauter engeren Röhren gegliedert sind.« Diese besitzen »neben ihrer Gefahrlosigkeit oft noch mehrere andere Vorteile, wie sparsame Heizung, schnelle Dampferzeugung und geringer Raumbedarf«.[15]

In seinem Standardwerk »Die Entwicklung der Dampfmaschine« schreibt der Technikhistoriker Conrad Matschoss im Jahre 1908: »Bei der Lilienthalschen Kleindampfmaschine (D. R. P. 16103 u. 18471) ist der Dampferzeuger interessant. Er besteht aus einem schmiedeeisernen Schlangenrohr, das über den Rost eines aus Blech gefertigten Ofens, der nur mit Koks beheizt wird, so angeordnet ist, daß es die Wandung eines Füllofens bildet. Das Speisewasser wird unten eingeführt. Der Dampf wird oben abgeleitet. Um den Dampf noch zu trocknen, wird das Dampfrohr durch den Feuerzug geführt.«[16]

LUFTSCHIFFER NEHMEN NOTIZ

Das überaus große Bedürfnis nach leichten Antrieben lenkt sofort das Augenmerk von Luftfahrtinteressenten auf die Lilienthalsche Konstruktion. Der Ingenieur I. E. Broszus, Mitbegründer des ›Deutschen Vereins zur Förderung der Luftschiffahrt‹, geht in seinem Vortrag »Der lenkbare Luft-

ballon mit Dampfmaschine« am 13. Mai 1882 auf die Neuentwicklung ein. »Unter den kleinen Dampfmaschinen, welche für Luftschiffahrtszwecke geeignet erscheinen, ist besonders eine, neuern Datums, zu erwähnen, bei welcher neben anderen Eigenthümlichkeiten ein spiralförmiger Röhrenkessel mit einem Cooks-Füllofen in sehr geschickter Weise combinirt ist, so dass diese Maschine als ein vollkommener Kleinmotor gelten darf; ihr Erfinder ist der Ingenieur Lilienthal.« Die Maschine beruhe auf dem Prinzip, daß nur soviel Wasser im Kessel verdampfe, als in Dampfform verbraucht werde. Die Ursache der zerstörenden Wirkung bei Kesselexplosionen sei beseitigt, die Maschine könne daher überall und ohne besondere gesetzliche Genehmigung Aufstellung finden. Die Konstruktion der Kessel erfordere zudem keinen besonderen Wärter. Eine Beschickung reiche eine Stunde. Nur von Zeit zu Zeit müsse man den beweglichen Rost etwas schütteln, um die Asche zu entfernen.

Dem schließt sich eine ausführliche Beschreibung an, und der Redner resümiert: »Die Kesselconstruction ist bei kleinen Dampfmotoren noch nie mit so glücklichem Erfolg durchgeführt, als gerade hier [...].« Ausgehend von einem kompletten Gewicht einer Dampfmaschine für Flugzwecke von maximal 460 Kilogramm – Broszus diskutiert hier Gewichtsverhältnisse am Beispiel des lenkbaren Ballons von Paul Hänlein aus dem Jahre 1873 – »lässt sich auch ohne besondere Schwierigkeiten eine 12 bis 15pferdige Maschine nach dem System Lilienthal herstellen, welche mit Kessel und Condensationsapparat nur 300 Kilogr. wiegt, während man 60 Liter Wasser und etwa 75 Kilogr. Cooks als Zubehör für eine Tagesreise im Luftschiff mitführt«.[17]

Lilienthals Maschine ist im Gespräch. Unter der Überschrift »Das projectirte lenkbare Luftschiff« heißt es in der Vereinszeitschrift über einen zu wählenden Motor: »vielleicht die Maschine von O. Lilienthal in Berlin«.[18] Autor ist diesmal der Flugtechniker Carl Buttenstedt unter dem Pseudonym A. Werner. Broszus meint in diesem Zusammenhang, Lilienthal habe sich »erboten, eine complette 10pferdige Dampfmaschine mit einem Gewicht von 60 bis 80 kg zu liefern«. Und er äußert das mit Gedanken an Hänlein.[19] Doch der hat einen anderen Standpunkt: »Bei aller Achtung vor Anderer Meinung werde ich für meine Person mich nie zu der Dampfmaschine bekehren. Angesichts 50pferdiger, gut funktionirender Gasmaschinen erscheint mir der Gedanke, die Dampfmaschine als Betriebsmotor für den Ballon zu verwenden, antiquirt.«[20] Gasmaschinen und Elektromotoren waren bereits im Ballon erprobt. Dennoch versucht Lilienthal offensichtlich, auch mit den Luftschiffbauern ins Geschäft zu kommen.

DIE FABRIK ENTSTEHT

Broszus verwies in seinem Vortrag auf den Patentinhaber Otto Lilienthal in der Berliner Brunnenstraße 40, eine Adresse, die der Ingenieur noch Ende Mai 1883 für Post im Zusammenhang mit dem Maschinenbau nutzt. Aber dann ist es soweit. Die Bedingungen für die Gründung eines eigenen Betriebes sind 1883 herangereift.[21] Im Seitenflügel des Grundstücks Köpenicker Straße 110 im heutigen Berliner Bezirk Mitte mietet Lilienthal Räume und eröffnet seine zukünftige Fabrik. Zwei Schraubstöcke und eine Drehbank sollen die Anfangsausrüstung gewesen sein. Seidel liefert weiterhin Teile zu.

Jetzt intensiviert der Ingenieur seine Bemühungen, um die Kesselkonstruktion zu vervollkommnen und damit die Basis für sein unternehmerisches Wirken zu verbreitern. Hier zeichnet sich sein systematisches Herangehen an die Weiterentwicklung von Konstruktionen ab, die auch in vol-

lem Umfang für den Flugpionier gilt. Vor allem zwei, auch auf unternehmerischem Feld unverzichtbare, Richtungen sind für den Kessel bestimmend: Leistungssteigerung und Aufwandssenkung durch Material- und Energieökonomie.

Äußerlich nahezu gleich hatten sich im Innern Veränderungen vollzogen. Bei der verbesserten Variante 1883 ist die Brennstoffzuführung breiter, der Ascheraum größer, was auf die angestrebte Leistungsentwicklung hindeutet. Verändert wurde vor allem die Anordnung des Schlangenrohrs. Die innere Spirale, konisch angeordnet, nimmt die aufströmende Wärme besser auf. Größeren Abstand zueinander haben die vier oberen Windungen, so daß sie von beiden Seiten der Hitze ihre gesamte Oberfläche bieten. Neun von 50 Windungen lassen sich einsparen, und die äußere Schlange reicht nur noch bis zur Hälfte herunter. Verstopfte die herunterfallende Flugasche beim ersten Kessel noch den Zug, so wird sie jetzt in einem gesonderten Behälter gesammelt, der sich ohne Demontage leeren läßt. Der Kondensator ist zur besseren Kühlung in einem Luftschacht untergebracht. Platten an seinen Rohren vergrößern die Kühlfläche. Ein Filter scheidet nun Fette aus dem Wasserkreislauf (Abb. 66).

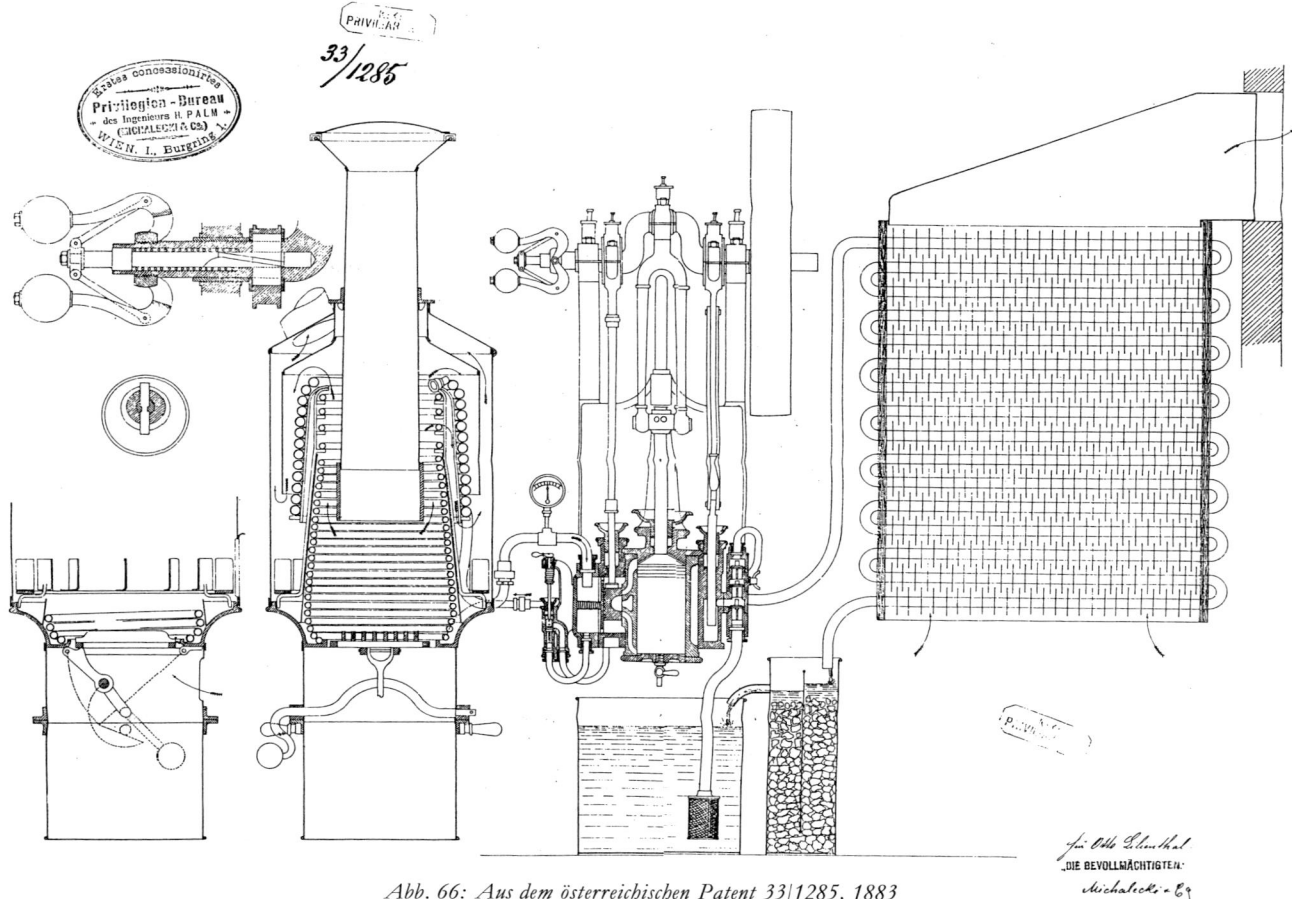

Abb. 66: Aus dem österreichischen Patent 33/1285, 1883

WIRKUNG ÜBER BERLIN HINAUS

Mit dieser Konstruktion festigt Lilienthal den Absatz. Er weiß um den Wert seiner Arbeit, kennt die Marktlücken und stößt in sie vor. Am 4. Mai 1883 erhält er ein österreichisches Patent, das K. u. K. Privilegium Archiv Nr. 33/1285 für eine »gefahrlose Dampfmaschine« (Abb. 67). Es beruht auf der geschilderten Weiterentwicklung und unterscheidet sich somit prinzipiell von dem deutschen. Die neuen Erkenntnisse sind damit für Österreich ökonomisch gesichert; es ist jedoch nicht bekannt, inwieweit sie Gewinn brachten.

33/1285
K.K. PRIVILEGIUM
Gefahrlose Dampfmaschine von Otto Lilienthal Ingenieur in Berlin

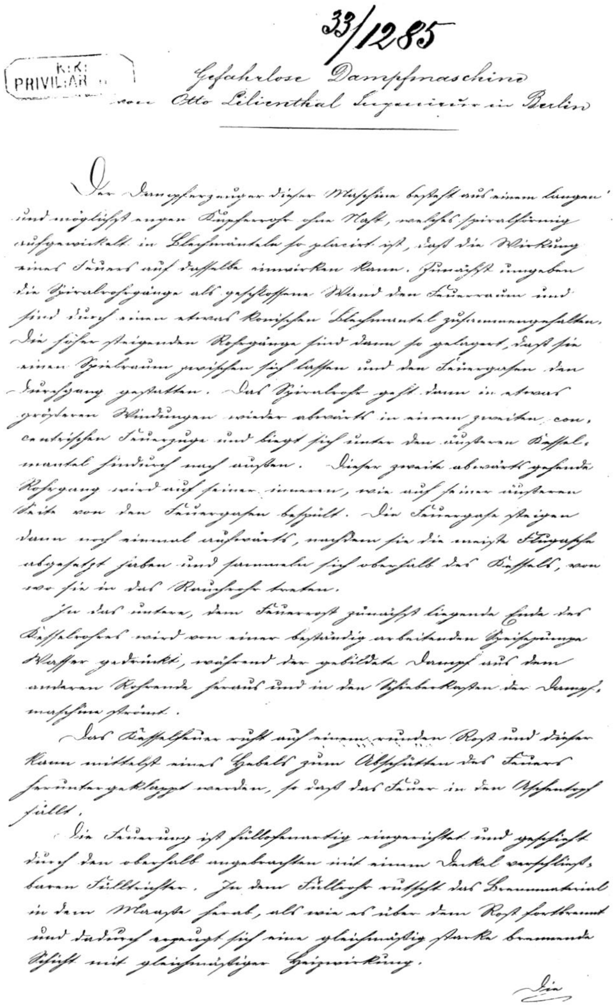

Abb. 67: Die in Österreich patentierte dritte Variante des Schlangenrohrkessels, 1883

Der Patentanspruch bezieht sich erstens auf die Anwendung »eines aus einem Schlangenrohr bestehenden Dampfgenerators, dessen Rohr mit der Speisepumpe einer Maschine dergestalt kombiniert ist, daß den erhitzten Rohren stets nur soviel Wasser zugeführt wird, als Dampf für mehrere Zylinderfüllungen der Maschine nöthig ist [...].« Hinzu kommt zum zweiten ein mit Flügeln besetzter Ring zur Entfernung der Flugasche, schließlich drittens die Anordnung des Kondensators.

In einer Beschreibung geht der Fabrikant auf Details seines »gefahrlosen Schlangenrohrkessels zum Betrieb einer Wanddampfmaschine« mit Leistungen von 1, 2, 3 oder 5 PS ein. Das schmiedeeiserne Rohr hat eine Länge zwischen 22 und 30 Metern, eine Weite von 15 oder 22 Millimetern bei 5 Millimeter Wandstärke. Die Rohre sind auf 150 Atmosphären Druck geprüft. Ihr Inhalt liegt zwischen 5,48 und 10,64 Litern. Als Durchmesser des Rohr- und Feuerraums gibt der Fabrikant 260, 360 bzw. 440 Millimeter in Abhängigkeit von den Pferdestärken an. Für 20 Kessel sind diese Angaben am 8. Dezember 1883 aufgelistet, für die Nummern 21 bis 40. Alle Kessel tragen ein Schild mit dem »Namen des Fabrikanten O. Lilienthal, die laufende Nummer, die Jahreszahl 1883 und die höchste zulässige Spannung von 10 Atm«[22]. (Abb. 68).

In Deutschland, so zeigt die Stückzahl, gehen die Geschäfte gut. Die kleine Fabrik hat sich einge-

Pos. 3: Bezieht sich auf die gelieferten Kessel No. 21 bis 40 in 5 verschiedenen Grössen und 20 Wanddampfmaschinen in 4 verschiedenen Grössen (1 bis 5 HP)

Beschreibung

eines gefahrlosen Schlangenrohrkessels zum Betrieb einer Wanddampfmaschine von ... Pferdekraft.

Dieser Dampferzeuger besteht aus einem engen schraubenförmig gewundenen schmiedeeisernen Rohr ... 5 mm Wandstärke, in dessen unteres Ende durch eine beständig arbeitende Speisepumpe Wasser hineingedrückt wird, während der gebildete Dampf am oberen Ende das Schlangenrohr verläßt und direct zur Dampfmaschine geht oder noch ein erwärmtes Dampfleitungsrohr passirt. ...

Das Brennmaterial, aus Coaks bestehend, liegt innerhalb des Schlangenrohres auf einem runden Rost, der zur Entleerung heruntergeklappt werden kann. Die Beschickung geschieht von oben durch ein Füllrohr.

Der Feuerzug wird durch einen doppelwandigen Schwarzblechmantel geleitet.

Mit dem Dampfrohr ist ein Sicherheitsventil mit Federbelastung verbunden, das bei 10 Atm. abbläst; Das Dampferzeugungsrohr (Perkinsrohr) ist auf 150 Atm. geprüft.

Zur Erkennung der Dampfspannung dient ein Federmanometer mit einer Marke bei 10 Atmosphären.

Zur Anbringung des amtlichen Controlmanometers ist der vorgeschriebene Stutzen vorhanden.

Der Dampferzeuger wird in dauerhafter Weise mit einem Schild versehen und trägt den Namen des Fabrikanten O. Lilienthal, die laufende Nummer, die Jahreszahl 1883 und die höchste zulässige Spannung von 10 Atm.

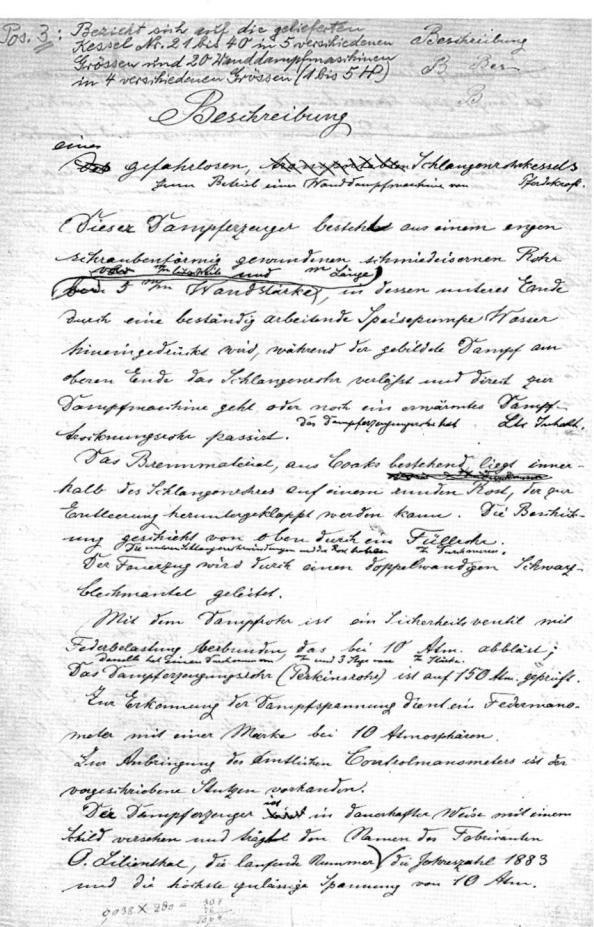

Abb. 68: Beschreibung eines gefahrlosen Schlangenrohrkessels zum Betrieb einer Wanddampfmaschine von ... Pferdekraft, 1883 (Kat.-Nr. 68)

führt. Lilienthal verkauft bereits 1884 im Interesse einer weiteren Umsatzsteigerung Lizenzen. Für den sächsischen Raum produziert die Fa. A. Pornitz vorm. Florian Lieboldt & Co. in Chemnitz[23], für den süddeutschen Raum die Firma G. Kuhn in Berg (Württemberg).[24]

Pornitz stellt die Maschine im September/Oktober 1884 auf der Ausstellung zum 50jährigen Bestehen des Gewerbevereins in Dresden aus. »Unter den Kraftmaschinen sind am zahlreichsten vertreten die Dampfmaschinen, und zwar finden sich meist Kessel u. Maschine im Zusammenhang montirt. Es ist wohl nicht nötig, an dieser Stelle ausführlich auseinanderzusetzen, dass solche Maschinen nur von geringem Werte für die Kleinindustrie sind. Etwas anderes ist es mit den neueren Constructionen, welche den Bedürfnissen des Handwerks besser angepasst sind, wie diejenigen von Hoffmeister (ausgestellt von Ad. Altmann & Co. in Berlin N) und von Lilienthal (ausgestellt von A. Pornitz, vorm. Florian Lieboldt & Co. in Chemnitz), bei denen die Bedenken, welche man sonst gegen die Verwendung von Dampfmaschinen im Kleinbetrieb erheben muss, namentlich die mit dem Betrieb von Dampfkesseln verbundenen Übelstände, mehr oder weniger beseitigt sind.« Das Angebot Lilienthalscher Maschinen zur Zeit dieser Ausstellung – neu sind acht Pferdestärken Leistung – sieht folgendermaßen aus:[23]

Leistung in Newton	2	3	5	8
Gewicht in Kilogramm	630	950	1230	1815
Preise in Mark	1850	2280	3060	4120

Die Zeitschrift ›Civilingenieur‹ veröffentlicht im gleichen Jahr eine Vergleichsmessung der in Dresden ausgestellten Maschinen:[25]

Längst ist mit den Aufträgen auch die Werkstatt Lilienthals leistungsfähiger geworden, hat sich zu einer kleinen Maschinenfabrik entwickelt. Das Inventurprotokoll Ostern 1884 beweist es:[26]

»Wert der Werkstatt		6 600
Material bei Lieferanten		1 450
zu fordern	17 500	
zu zahlen	12 450	
	5 050	5 050
Kassenbestand		3 100
		16 200«

HINDERNIS DAMPFKESSELGESETZ

In die Freude über die Fortschritte der Fabrik fällt ein Wermutstropfen. Alles könnte schneller vorangehen. Aber es ist nicht so, wie Broszus 1882 in dem erwähnten Vortrag erklärte, daß die Maschine »überall und ohne besondere Genehmigung« aufstellbar sei. Die am 29. Mai 1871 vom Bundesrat des Norddeutschen Bundes erlassenen »Allgemeinen polizeilichen Bestimmungen über die Anlegung von Dampfkesseln« legten zahlreiche Ausrüstungen verbindlich fest, z. B. Wasserstandsanzeiger, die es an einem einfachen Schlangenrohrkessel gar nicht geben kann. Den Sicherheitsbestimmungen folgend baut Lilienthal ein Federmanometer mit einer Marke bei 10 Atmosphären an wie auch ein Sicherheitsventil mit Federbelastung am Dampfrohr, das bei 10 Atmosphären Druck abbläst. »Zur Anbringung des amtlichen Kontrollmanometers ist der vorgeschriebene Stutzen vorhanden«, heißt es in der Beschreibung.

Aussteller	PS	Brennmaterial pro Stunde und 1 Grad	Verkaufspreis in Mark	Aussteller	PS	Brennmaterial pro Stunde und 1 Grad	Verkaufspreis in Mark
Hoffmeister-Dampfmotor von Ad. Altmann & Co., Berlin	2,89 3,81	5,85 5,07 Steinkohle	2400	Beyer und Zetzsche in Plauen	1,38	10,9 Steinkohle	1550
				E. Berger in Pulsnitz	1,15	8,70 Braunkohle	1275
Sächs. Dampfschiff- und Maschinenbauanstalt in Dresden	7,50	3,67 Steinkohle	3000	A. Pornitz in Chemnitz, Patent Lilienthal	1,32	4,78 Koks	1800
				Vogel und Schlegel in Dresden	2,06	3,53 Koks	1425

Eingeschränkt war die Aufstellung in bewohnten Häusern angesichts der bei Dampfkesseln bestehenden Explosionsgefahr. Es gab ein langwieriges Konzessionierungsverfahren, ständige Sicherheitskontrollen und anderes mehr. Das alles war mit zusätzlichen Aufwendungen verbunden, die kleine Handwerker nicht nur finanziell, sondern auch deren Konkurrenzsituation belasteten, wenn sie schnell zu einem billigen Antrieb kommen wollten. Zahlreiche Petitionen jener Zeit belegen das.

So wendet sich Otto Lilienthal am 22. Mai 1883 an »ein hohes Kaiserliches Reichskanzleramt in Berlin«, also an Bismarck, und sendet wenige Tage später eine Ergänzung nach. Von seinem deutschen Patent ausgehend beschreibt er Funktion und Gefahrlosigkeit seines Kessels wie auch »die besondere Verwendbarkeit für das Kleingewerbe, jedoch kann hier die Anwendung nur dadurch Werth erlangen, daß die Aufstellung in jedem Falle sofort geschehen kann, ohne die Ertheilung einer Concession abzuwarten«. Daraus leitet er die Bitte ab, seine Kessel »ohne besondere Concession aufstellen zu dürfen«. Er verweist auch ausdrücklich darauf, daß sich Wasser und Dampf in dem engen Rohr nicht absondern können und somit weder eine Wasserstandsanzeige, noch entsprechende polizeiliche Kontrollen notwendig seien.[27]

Die Abweisung seines Antrags auf die Landesbehörden kommt schon am 7. Juni mit der Unterschrift »Im Auftrag des Reichskanzlers«. Auch andere Eingaben gehen bei den Landesregierungen

ein, so von der Firma Kuhn. Ein jahrelanger Behördenstreit nimmt seinen Anfang. Am 18. Februar 1888 – nach fünf Jahren – erklärt das Handelsministerium Lilienthal gegenüber, Verhandlungen über die Zwergkessel würden schweben. Da keine weitere Nachricht kommt, schreibt der Ingenieur am 2. Juni 1890, der Bedarf für Erleichterungen habe sich »von Jahr zu Jahr gesteigert«. Einige Ausnahmebestimmungen hätten etwas gebessert, aber die Befreiung von den Dampfkesselbestimmungen stünde noch aus.[28] Die generelle Änderung in Deutschland erlebt er nicht mehr. Doch er weiß: Die Königlich Bayrische Regierung hatte 1883 bestimmte Erleichterungen geschaffen; sie folgte einer Tendenz in anderen Ländern. In Österreich waren schon 1875 für Kessel mit weniger als 80 Liter die Regelungen wesentlich vereinfacht worden, für Frankreich 1880.[29]

EIN NEUER KESSELTYP

Die Erfolge mit dem Schlangenrohrkessel ermutigen Lilienthal, zielstrebig seine ökonomische Existenz zu festigen, um sich Grundlagen für die Wiederaufnahme der flugtechnischen Versuche im erforderlichen größeren Umfange zu schaffen. Er entwickelt einen zweiten Grundtyp des Schlangenrohrkessels mit neuen Vorteilen. Flacher und kompakter, läßt er sich leichter mit Brennmaterial füllen und ist vor allem – ein Ausdruck von Marktnähe und Kenntnis des Bedarfs – besser für nied-

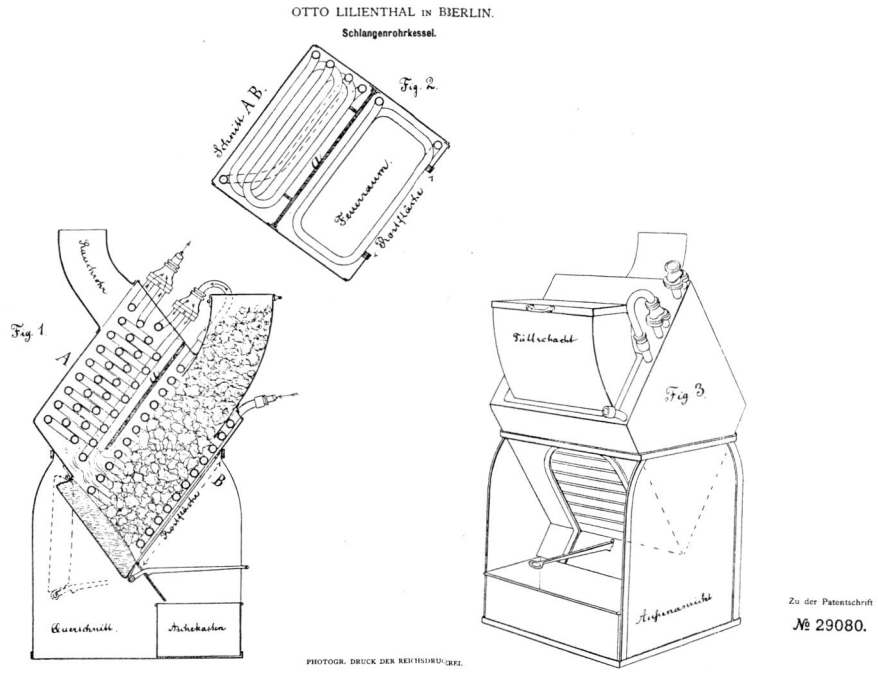

Abb. 69: Der erste Flachkessel (nach D. R. P. 29080), 1884

rige Räume geeignet, wie sie in vielen Handwerks-
betrieben typisch sind. Das D. R. P. No. 29080 (13)
vom 30. April 1884 enthält folgenden Patentanspruch:

»1. Ein Dampfkessel, aus einem flachgewundenen
    Schlangenrohr bestehend, dessen Windungen,
    den Feuerraum umgebend, auf einer Seite die
    Rostfläche und die Roststäbe bilden, während
    die Feuergase auf der anderen Seite durch die
    Spielräume zwischen den Windungen streichen,
    und welches so schräg gelagert ist, daß durch
    Öffnen einer unteren Klappe das Brennmaterial
    aus dem von den Schlangenwindungen gebilde-
    ten Raum herausrutscht, während die Klappe
    selbst in geschlossenem Zustande geneigt ist, so
    daß keine Asche auf derselben sich ansammeln
    kann.

2. An diesem Dampfkessel
    a) die Anordnung einer zweiten, entweder einfa-
    chen oder doppelten Rohrschlange zur Dampf-
    trocknung, welche mit der ersteren derartig in
    einem Kasten gelagert ist, daß die Feuergase das
    untere Ende einer Scheidewand zu umspülen
    haben und von unten bis oben die zweite
    Schlange durchstreichen müssen, um nach dem
    oben angebrachten Rauchrohr zu gelangen;
    b) die Anordnung eines Füllschachtes zur selbst-
    thätigen Speisung mit Brennmaterial in Verbin-
    dung mit dem durch die Rohrwindungen strei-
    chenden und nach unten gerichteten Feuerzuge
    zur Entzündung der aus den oberen Brennmate-
    rialschichten sich entwickelnden brennbaren
    Gase.«

Das Speisewasser tritt in die oberste Windung ein,
wird vorgewärmt und verläßt den Kessel in der
den Feuerraum umgebenden Schlange als Dampf.
Die 28 Meter lange Kesselschlange hat einen
Durchmesser von 22 Millimeter und 10,64 Liter
Inhalt. Das begründet eine hohe Sicherheit. Als
vorteilhaft erweist sich, daß die auf dem Röhren-
rost herunterrutschende brennende Schicht von
Verbrennungsluft durchdrungen wird, gleich,
welcher feste Brennstoff sich im Kessel befindet.
Auch hier wird die Luft in einem Doppelmantel
vorgewärmt. Alles in allem erneut eine energieökonomische Lösung (Abb. 69).

Ein inhaltlich identisches Patent beantragt der
Ingenieur in Österreich: das K. und K. Privilegium Archiv Nr. 34/1493, Otto Lilienthal, Schlangenrohrkessel, vom 28. Mai 1884. Das deutet darauf hin, daß sich der Schritt auf den Markt dieses
Landes gelohnt haben könnte.

Erneut bestätigt sich auch, daß Lilienthal durch
konsequente Patentrecherchen Möglichkeiten für

neue Lösungen suchte und fand. R. R. Werner von
der Technischen Hochschule Darmstadt verwies
auf die Verwandtschaft mit dem D. R. P. No. 23928
von Möhring. Lilienthal ging aber weiter und
nutzte einen Teil des Heizrohres als Rost. Das hatte
Russmann wiederum bei einem Engrohrkessel
nach D. R. P. No. 22059 gemacht, der auch nicht
über einen Dampf- und Wasserraum verfügte.[30]

Auch der erste Kesseltyp wird systematisch vervollkommnet. Eine bessere Konstruktion mindert
die Wärmeabstrahlung, die bei der vorhergehenden Variante im Winter zur Heizung der Werkstatt
genutzt wurde, wie ein Mechaniker berichtete. Er
gab an, die Maschine gewissermaßen umsonst betrieben zu haben, da er die gleiche Brennstoff-
menge sonst zur Heizung verbraucht hatte. Im
Sommer war das zweifellos eine Belastung.[31] Das
schmiedeeiserne, starkwandige Schlangenrohr
umschließt nun den Feuerraum fest bis zur Höhe
der Glut. Dann verengen sich die Windungen,
zugleich einen Zwischenraum zum Durchströmen
der Feuergase freigebend, ehe sie wieder fest geschlossen den unteren Teil des Füllschachtes bilden. Das vorher hier angebrachte Blech kann nicht
mehr verbrennen. Das hellbrennende Feuerungs-
material kommt damit nur noch mit der Wasser
und Dampf führenden Rohrschlange zusammen.

Die äußere Rohrschlange besteht aus Kupfer. In
ihr wird der Dampf getrocknet. Das Rohrsystem
wird von drei Mänteln umgeben, deren erster und
zweiter wie bisher die Gase nach unten und wieder
nach oben zum Rauchabzug leiten. Der Raum zwischen dem zweiten und dritten Mantel dient zur
Vorwärmung der einströmenden Luft. Wärmever-
luste nehmen folglich ab.

Wiederum erhält der Konstrukteur ein Patent,
das D. R. P. No. 34389 (13) Schlangenrohrdampf-
erzeuger vom 12. April 1885 (Abb. 70):

»1. Ein Schlangenrohr-Dampferzeuger mit Füll-
    ofenfeuerung, dessen Rohrwindungen, dicht
    aufeinanderliegend, den sackförmigen Feuer-
    raum einschließen, während die Feuergase zwi-
    schen den mit Spielraum gewundenen Rohrgän-
    gen des oberen, konisch verengten Feuerraumes
    nach außen hindurchtreten und eine concentri-
    sche zweite Dampftrocknungsschlange umspü-
    len.

2. An diesem Dampfkessel die Anordnung dreier
    cylindrischer Blechmäntel in der angegebenen
    Construction und Verbindung mit dem Kegel
    D und dem drehbaren, mit Lappen versehenen
    Ring L, zur Vorwärmung der Feuerluft und
    leichten Entfernung der Flugasche aus dem In-
    nern des Kessels.«

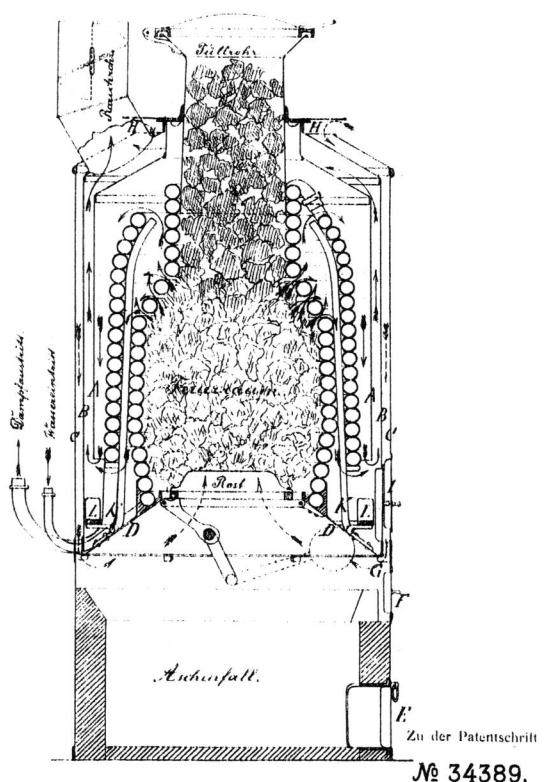

Abb. 70: Eine weitere Variante des ersten Kessels (D. R. P. 34389), 1885

Damit hatte sich Lilienthal die Ascheentfernung auch in Deutschland patentieren lassen. Experten meinten, er sei mit diesem Patent zum zentralen Füllschacht zurückgekehrt. Doch darin irrten sie. Beide Kessel werden gebaut, mit größerm Angebot wird der geschäftliche Erfolg gefestigt.

Im Sommer 1885 beschäftigt der Fabrikant bereits 15 Arbeiter, Arbeitsplätze sind für 36 vorhanden. Die erhaltene Bauzeichnung und ein Bericht des Fabrikanten sagen aus: Im Erdgeschoß ist links vom Treppenhaus die Schmiede untergebracht. Sie umfaßt eine Fläche von fünfundsiebzig Quadratmetern. Hier stehen Kessel und Dampfmaschine. Der neunzig Quadratmeter große Montageraum liegt rechts neben dem Treppenhaus, von ihm ist das Büro abgeteilt. Im Kellergeschoß befindet sich eine zweite Schmiede und ein kleiner Vorratsraum, so daß die Fabrik rund zweihundertvierzig Quadratmeter einnimmt (Abb. 71).

Einem Brief Ottos an seine Schwester Marie ist zu entnehmen, daß er seine Fabrik zu Ostern 1885 verdoppeln und im Sommer bereits verdreifachen konnte. Der Umsatz in den ersten fünf Monaten sei mit 54000 Mark fast doppelt so hoch wie im Vorjahr. Das schuldenfreie Inventar betrage 15000

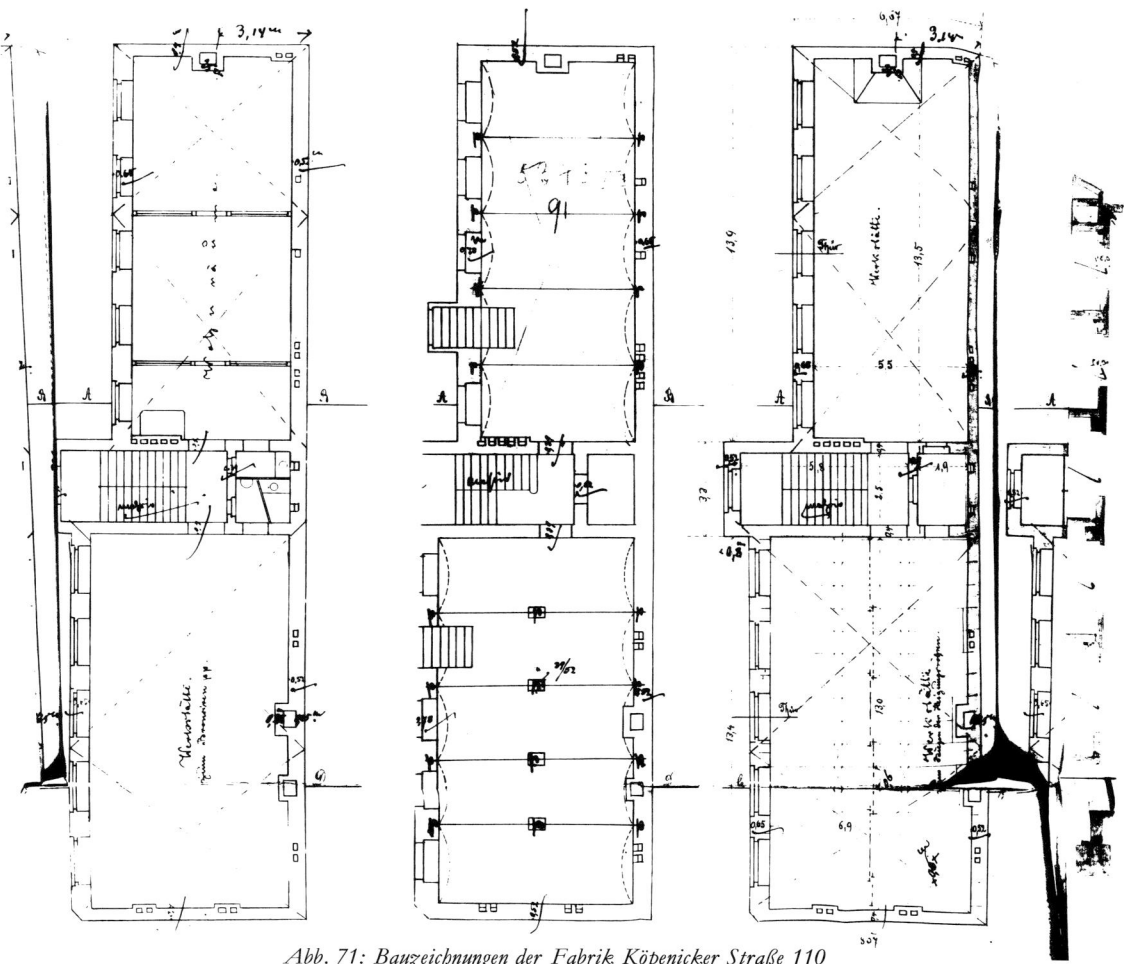

Abb. 71: Bauzeichnungen der Fabrik Köpenicker Straße 110

Mark und würde bald 20 000 erreichen. Längst verfügte er über sieben Drehbänke, zwei Bohrmaschinen und eine Hobelmaschine.[32]

VORSTOSS NACH ENGLAND

Von den wirtschaftlichen Ergebnissen seiner prosperierenden Fabrik getragen wagt Lilienthal einen Vorstoß nach England, in das Mutterland der Dampfmaschine. Gestützt auf seine Erfahrungen mit den Lizenznehmern in Sachsen und Württemberg sucht er zuerst einen Partner und findet ihn in dem Ingenieur William Bashall in Kensington, Middlesex. Gemeinsam beantragen beide am 23. Juni 1886 unter dem Namen Lilienthals zwei Patente, die erteilt werden: No. 8321 für eine Speisewasserpumpe und 8322 für einen Schlangenrohrkessel (Abb. 57, 72). Das letztere Patent bezieht sowohl die Anordnung der zweiten als auch der dritten Variante des hohen Schlangenrohrkessels ein. Über den finanziellen Erfolg eines Nachbaus in England gibt es bis heute noch keine gesicherten Erkenntnisse. Ein später folgender weiterer Patentantrag läßt zumindest lohnende Ansätze vermuten.

Der Ingenieur, im März 1886 Mitglied des ›Deutschen Vereins zur Förderung der Luftschiffahrt‹ geworden, tritt vor diesem schon am 5. Juni mit einem Vortrag in Erscheinung, was großes Interesse an seiner Arbeit widerspiegelt. Leichte Motoren und ihre Verwendung in der Luftschiffahrt sind das Thema.[33]

Zum Antrieb von »Aerostaten«, so der Redner, würde die Kraft der vorhandenen Motore gegenwärtig keinesfalls ausreichen. Und er weist das mit Berechnungen nach. Damit revidiert er seine

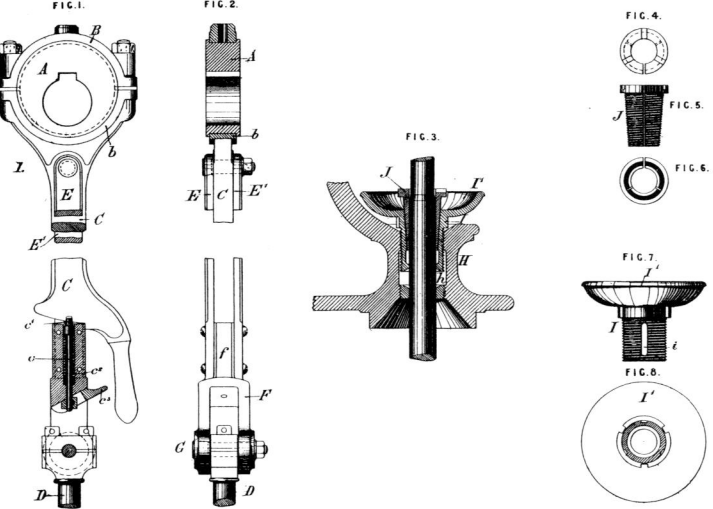

Abb. 72: Speisewasserpumpe, Details des englischen Patents No. 8321, 1886

Offerte aus dem Jahr 1882. Hoffnungsvoller sei es für die »Aviateure«. Zwei von ihm betretene Wege nennt er in diesem Zusammenhang, den Antrieb durch Federkraft und durch Dampfmotoren, die ihm geeigneter erscheinen. Beide habe er erprobt.

Das Protokoll überliefert: »Will man die Dampfmaschine für die Luftschiffahrt verwenden, so gilt es, einen hohen Druck und eine grosse Kolbengeschwindigkeit zu wählen; der Kessel muss so konstruirt sein, dass die Feuerflächen möglichst dünnwandig sind. Wenn man dem Dampferzeuger einen grösseren Querschnitt giebt, so braucht man bei doppeltem Querdurchmesser die doppelte, bei dreifachem Querdurchmesser die dreifache Wandstärke und es ist demgemäss bei gleicher Grösse der Feuerflächen ein umso grösseres Gewicht der Röhren nothwendig, je grösser der Querdurchmesser ist. Hieraus ergiebt sich die praktische Folgerung, dass der Dampferzeuger ein langes dünnes Rohr sein muss. – Auf Grund dieser Berechnungen stellte sich der Vortragende im Jahre 1871 [an anderer Stelle wird von Lilienthal 1872 genannt] einen Dampfmotor her, der bei einem Gewicht von 1500 g eine Leistung von $1/4$ Pferdekraft besass. Dieser Apparat ist ganz analog den durch den Vortragenden für die Zwecke der Industrie gebauten Motoren: in Bezug auf die Wandstärke konnte er auf $1/6$ mm bei einem Durchmesser von 6 mm heruntergehen unter Verwendung von gezogenem Messingrohr. Die Maschine arbeitete mit 10–12 Atmosphären.« Von eigenen Erfahrungen mit Motoren für die Luftschiffahrt ist im Protokoll trotz Ankündigung im Titel nicht die Rede. Offenbar war auch Lilienthals Arbeit zu diesem Zeitpunkt nicht vordergründig darauf gerichtet, diente vielmehr der weiteren Stärkung seines Unternehmens.

Ein Grund, Lilienthal zu dieser Zeit zu dem Vortrag aufzufordern, könnte darin liegen, daß er bereits international Autorität genießt. Franz Josef Pisko, ein österreichischer Physiker, der dem ›Wiener Flugtechnischen Verein‹ seit seiner Gründung angehörte, schrieb 1885 in einem Aufsatz über Luftschiffahrt, »dass für die Luftschiffahrt ohne Gasballon das Gewicht des Motors im Verhältnis zu seiner Leistungsfähigkeit so gering sein müsste, dass es nach dem gegenwärtigen, obwohl sehr fortgeschrittenen Standes des Motorenbaus unmöglich ist, diese Bedingung zu erfüllen.« Konstrukteure in Europa würden jedoch wetteifern, »das Gewicht des Motors für je eine Pferdestärke nach Thunlichkeit zu verringern«. Neben Moy und Shill in Oxford, Abraham in Nürnberg und Temple in Paris wird Lilienthal genannt.[34]

KESSEL WEITER VERVOLLKOMMNET

Erfahrungen mit dem flachen Kessel führen folgerichtig im Lilienthalschen Sinn zu dessen Weiterentwicklung. Diese mündet in ein Patent zur Vervollkommnung des flachen Kesseltyps, das D. R. P. No. 42698 (13) vom 21. September 1887 (Abb. 73). Das Speisewasser wird nun in Rohren der Seitenwände vorgewärmt und erreicht hier bereits Siedehitze. So verdampft es im Innern des Dampferzeugers wesentlich schneller, Einsparung von Brennstoff ist ein Ergebnis, ein zweites: der Kesselstein setzt sich bereits in den Seitenwänden ab und läßt sich schneller entfernen. Eingebaute Feuerzüge verbessern die Umströmung des ausgedehnten Rohrsystems. Als Patentanspruch wird ihm bestätigt:

»1. Ein Schlangenrohrkessel, bestehend aus zwei Bündeln gleicher in hin- und hergehenden Windungen gebogenen, in zwei Bündeln aber in umgekehrter Lage sich befindenden Schlangenrohre, welche so ineinander geschoben sind, dass abwechselnd ein Schlangenrohr des einen Bündels und ein Schlangenrohr des anderen Bündels mit geringem Spielraum neben einander zu liegen kommen und auf diese Weise durch die Windungen der Schlangenrohre Hohlräume eingeschlossen werden [...].« Der grössere untere dient als Feuerraum. Die untersten Rohrgänge bilden den Rost, während die oberen Windungen Hohlräume begrenzen, die den Feuerzug hin- und herführen. Zweiter Anspruch ist die Verbindung der beiden Bündel, die eine Vorwärmung des Wassers ermöglicht.

Noch im gleichen Jahr, am 1. Dezember 1887, erwirbt Lilienthal unter der Nummer 16555 ein analoges Patent in England. Diesmal ist er alleiniger Patentinhaber und wechselt auch das britische Anwaltsbüro. An die Stelle von Phillips & Leigh tritt nun Herbert & Co., London. Gründe sind bislang nicht überliefert, auch nichts über Geschäfte in England. Zumindest Hoffnungen müssen dahintergestanden haben, denn jede Patenterteilung war mit nicht geringen Kosten verbunden.

In Deutschland galten damals nach dem Patentgesetz vom 25. Mai 1877 die folgenden Regelungen: »Die Höhe der Gebühr ist 30 M im ersten, 50 M im zweiten, 100 M im dritten Patentjahr. In jedem folgenden Jahr beträgt sie 50 M mehr als im vorhergehenden.« Die Dauer eines Patents war auf 15 Jahre begrenzt. Zudem bestanden strenge Zahlungsbestimmungen, bei deren Verletzung das Patent verfiel. Prospekte der Firma verweisen dar-

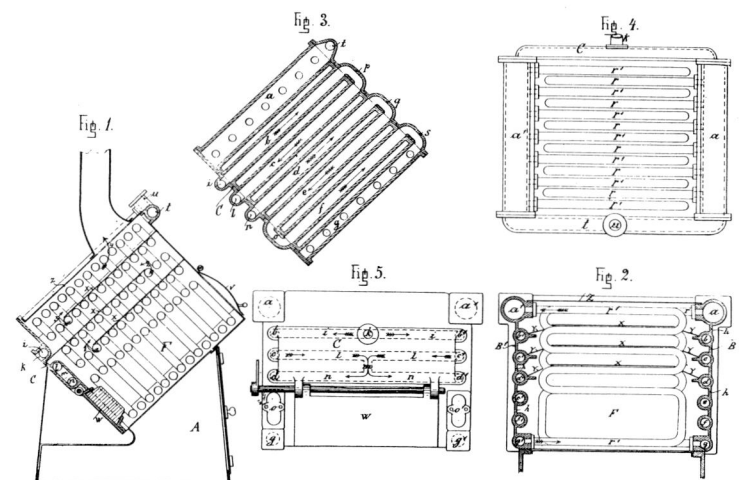

Abb. 73: Die zweite Variante des Flachkessels nach D. R. P. 42698, 1887

auf, daß zumindest einzelne Patente langfristig genutzt wurden. Es muß sich gelohnt haben, denn im zehnten Jahr lagen die Gebühren für ein Patent schon bei 450 Mark, und es waren mehrere zu erhalten.

Die Entwicklung der Grundmodelle von Dampfkesseln fand zu diesem Zeitpunkt für Otto Lilienthal ihren Abschluß. Es war ein Stand erreicht, in der Leistungsklasse kaum zu überbieten, offenbar die Grenze für den Schlangenrohrkessel. Die Arbeit richtete sich nun auf eine breitere Palette von Kesseln unterschiedlicher Größe und Leistungen. Für die Fabrik sollte sich dieses Haupterzeugnis als sicheres Geschäft erweisen, über den Tod des Fabrikanten hinaus. Bis 1887 wurden etwa 170 Wanddampfmaschinen gebaut — die Fabrik zählte mindestens 22 Beschäftigte, im Frühjahr 1890 bereits 320.

Auf der Berliner Gewerbeausstellung 1896 spricht man dann davon, der Ingenieur habe »im Laufe der Zeit seine Kesselkonstruktionen wesentlich verbessert, so dass sie selbst für grössere Leistungen verwertbar sind«.[35] Lilienthals Kessel »ist seiner Zeit als eine Glanzleistung erachtet worden«, hebt der abschließende Ausstellungsbericht in diesem Zusammenhang hervor.[36]

EINE PRESSE FÜR STEINBAUKÄSTEN

Mitte der achtziger Jahre befassen sich die Brüder Lilienthal wieder verstärkt mit dem Steinbaukasten. In seiner Fabrik entwickelt und baut Otto eine Steinpresse, angetrieben von einer Dampfmaschine. Sie ist Grundlage eines Patents, des D. R. P. No. 30903 (80) »Neuerung an Maschinen mit roti-

rendem Tisch, von unten wirkenden Stempeln
und auf- und zuklappenden Formdeckeln zum
Pressen von Steinen«. Angesichts gerichtlicher
Auseinandersetzungen mit dem Käufer der ersten
Steinbaukastenerfindung wird dieses Patent am
7. August 1884 unter dem Namen von Victor
Lenglet in Paris angemeldet, einem Mitarbeiter
von Gustav Lilienthal, der sich zu dieser Zeit ebenfalls dort aufhält (Abb. 74).

Die Presse besteht aus zehn horizontal rotierenden Formen. Nach der Füllung mit der Masse
schließt sich der Deckel, während eines Umlaufs
werden die Steine gepreßt und ausgeworfen, ein
recht komplizierter Mechanismus. Man kann
schon von einem Automaten sprechen, einer im
Grunde meisterlichen mechanischen Leistung.
Formsteine aus Torf, Ton, Lohe, Kohlenklein und
anderen ließen sich herstellen.

›Dingler's Polytechnisches Journal‹ vermerkt,
die Bauart leide unter vielen Schwächen. Diese
Erfahrung muß auch der Konstrukteur machen.
Die Anlage wird im ersten Stock des Hinterhauses
Köpenicker Straße 110 über dem großen Montageraum installiert. Diese Räume dienen hinzuge-
mietet der Steinbaukastenproduktion unter anderem Firmennamen. Otto schreibt an seinen Bruder: »An der Maschine ist selbstverständlich noch
viel nachzustellen, was viel Zeit raubt.«[37] Sie wird
später im Verlauf der Prozesse um den Steinbaukasten gepfändet, während sich der Fabrikant den
dazugehörigen Kessel erhalten kann. Eine zweite
Maschine war nach Paris geliefert worden, wo sie
Gustav betrieb.

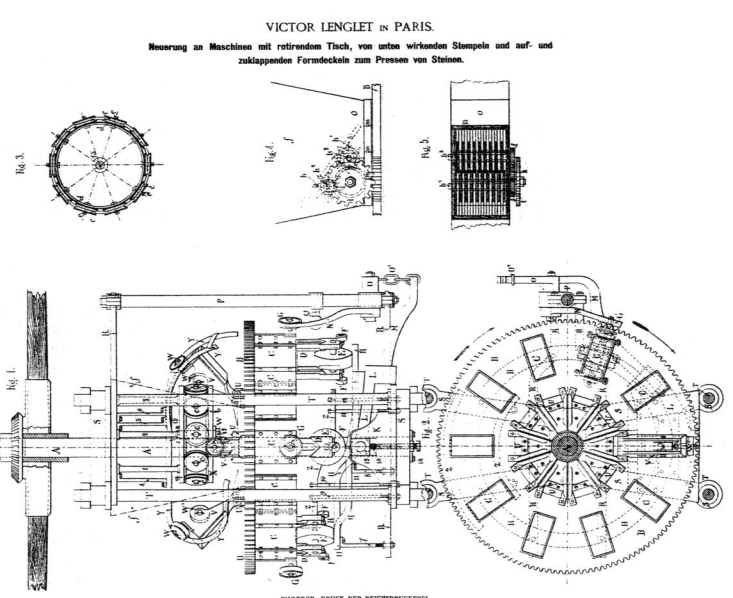

Abb. 74: Die Steinbaukastenpresse, 1884

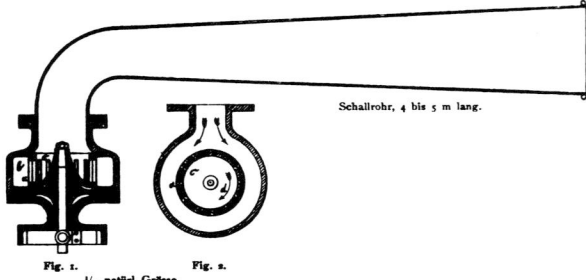

Abb. 75: Die Akkordsirene, um 1889 (Kat.-Nr. 76)

NEBELHORN BRINGT DIE SILBERNE STAATSMEDAILLE

Auch für Lilienthals Fabrik gilt das Wort: Auf
einem Bein kann man nicht stehen. So bringt der
Ingenieur ein neues Produkt auf den Markt. Als
1889 in Berlin die ›Deutsche Allgemeine Ausstellung für Unfallverhütung‹ vom Kaiser eröffnet
wird, befindet sich die Firma Lilienthal unter den
1100 Ausstellern in 22 Sachgruppen. Allein 20
Dampfkessel werden in 11 Kesselhäusern gezeigt,
darunter ein Lilienthalscher Schlangenrohrkessel.
Aber nicht der erregt die besondere Aufmerksamkeit der Öffentlichkeit, sondern vielmehr ein mit
ihm angetriebenes großes Nebelhorn (Abb. 75). Es
ist, wie Chronisten vermerken, über drei deutsche
Meilen zu hören. Sein überzeugender Vorteil liegt
in der schnellen, sofortigen Betriebsbereitschaft.
Andere Geräte brauchten eine längere Anlaufzeit,
ein Mangel, der nachweisbar mehrmals zu Schiffs-
unglücken im Nebel geführt hatte, weil die War-
nung zu spät kam.

Bei diesem Gerät wird Luft durch eine Pumpe
in einem Behälter auf 4 Atmosphären Druck ver-
dichtet, in der Menge für einen 15minütigen Betrieb. In dieser Zeitspanne lädt die Pumpe den
Kessel erneut auf. Dampferzeuger ist der flache
Kesseltyp.

Die Sirene selbst besteht aus einem feststehenden und einem darin drehbar angeordneten Zylinder. Beide haben Schlitze. Die von außen eintre-
tende Luft setzt den inneren Zylinder in Bewegung und erspart so einen gesonderten Antrieb.
Beim Durchströmen der Schlitze entstehen starke
Schallwellen. Mehrere verschiedenartige Schlitz-
reihen bewirken, daß im Gegensatz zur bisherigen
Dampfsirene der Grundton durch zwei Obertöne
ergänzt wird, »die Quinte und die Octave, die
ihrerseits zur Bildung fernerer und höherer Com-
binationstöne« beitragen. Damit war auch ein Unterschied zu den Sirenen der Dampfer vorhanden.

Zahlreiche Aufträge gehen ein. Bei Kiel rüstet
Lilienthal die Station Bülk aus (Abb. 76). Maschi-

Abb. 76: Die Nebelwarnstation Bülk (Kat.-Nr. 77)

nen und Kessel sind in einem Gebäude untergebracht, aus dem die Schallrohre herausragen. Im
Interesse der Betriebssicherheit werden zwei Anlagen eingebaut. Eine weitere Station mit 8 Anlagen
entsteht auf Wangeroog. Das Feuerschiff auf dem
Adlergrund, zwischen Bornholm und Rügen, erhält zwei Nebelhörner, ebenfalls das Eiderleucht-
feuerschiff und das Feuerschiff Borkum-Riff. Die
Anlage wird auch auf der Berliner Gewerbeausstellung 1896 zu einer vielbeachteten Attraktion.

Auf der bereits erwähnten Deutschen Allgemeinen Ausstellung für Unfallverhütung wird ein
Preisgericht gebildet, dem unter anderen Prof.
Hörmann als stellvertretender Vorsitzender angehört. Es schlägt am 2. Juli Reichskanzler Bismarck
die Auszuzeichnenden vor. In Anerkennung der
Leistung erhält die Firma Lilienthal für das ausgestellte Nebelhorn im Oktober 1889 die »Silberne
Staatsmedaille für gewerbliche Leistungen«. Insgesamt war, wie die Auszeichnungsakten der Ausstellung ausweisen, die Verleihung von 7 golde-
nen, 31 silbernen und bronzenen Medaillen ins
Auge gefaßt worden – wie gesagt bei 1100 Ausstellern.[38] Die Medaille schmückt seitdem die Kopfbögen und Prospekte der Firma (Abb. 77).

*Abb. 77: Verdienter Lohn: Briefkopf der Maschinenfabrik Otto
Lilienthal mit der Silbernen Staatsmedaille für gewerbliche Leistungen*

ANDERE PATENTE

Mit wachsender Wirtschaftskraft wendet sich der
Unternehmer und Konstrukteur Lilienthal in stärkerem Maße dem technischen Umfeld seiner Kessel und Dampfmaschinen zu, mit dem sicheren
Instinkt, die Auftragsbücher noch mehr zu füllen.
Immer wieder lockert die Vibration der Dampfmaschine Schraubenverbindungen. Lilienthal verbindet deshalb die Muttern fest mit einem Metallteller,
dessen Rand nach außen aufwärts steht. Nach dem
Festziehen der Mutter wird dieser Rand in einen
oder mehrere Schlitze hineingebogen, die in der
Unterlage für die Mutter eingearbeitet sind. Auf-
biegen oder Wegmeißeln ermöglichen dann das
Lösen. Bei jedem erneuerten Festziehen der Mutter läßt sich diese etwas weiter herunterdrehen.
So kommt die einmal ausgetriebene Beule nicht
wieder vor den Schlitz, sondern an eine andere
Stelle, erklärt die Patentschrift. Schraubensicherung mit am Rande aufzubiegendem Mutterteller
ist der Titel dieses D. R. P. No. 44700 (47) vom
14. Januar 1888 (Abb. 78). Diese Sicherung, so
›Dingler's Polytechnisches Journal‹, sei in vielfäl-
tiger Hinsicht besser als andere neue Lösungen,
und auch zur Sicherung von Rohrverbindungen
gut zu nutzen.[39]

Bei der Montage seiner Dampfmaschinen in
kleinen Gewerberäumen kommt es nicht selten zu
Schwierigkeiten mit der Riemenscheibe, die den
Riemen für die Kraftübertragung aufnimmt. Das
D. R. P. No. 56476 (47) »Riemscheiben mit Zick-
zackspeichen und geteilter Nabe« vom 16. Au-
gust 1890 bringt die neue Lösung (Abb. 79, 80).
Ihr großer Vorteil liegt darin, daß die Riemen-

OTTO LILIENTHAL in BERLIN
Schraubensicherung mit am Rande auszubiegendem Mutterteller.

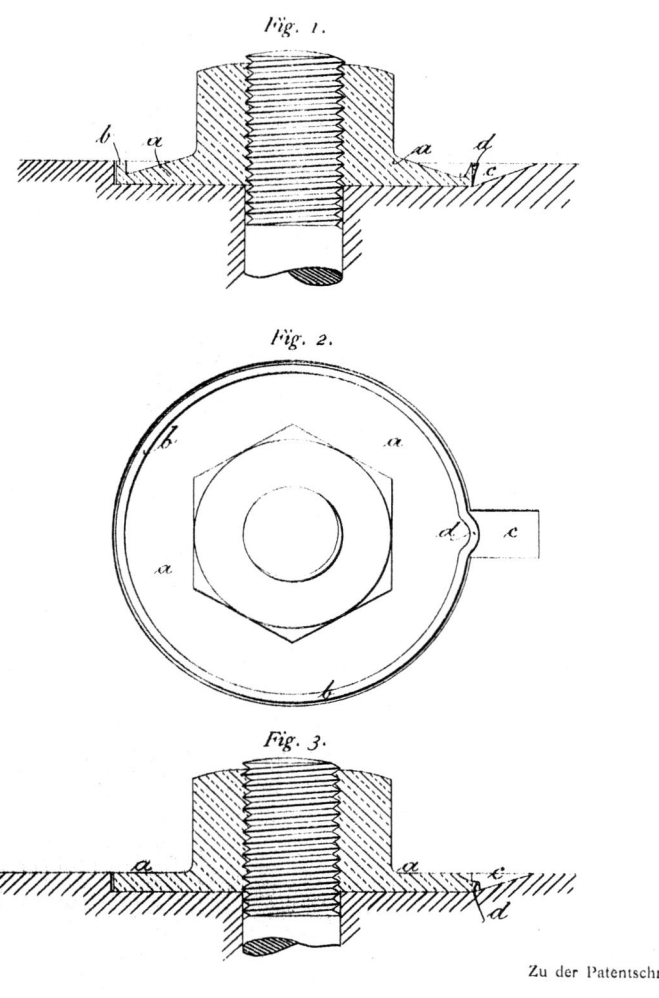

Zu der Patentschrift

№ **44700.**

Abb. 78: Biegsamer Mutterteller, aus der Patentschrift, 1888

scheiben – unverzichtbar für Dampfmaschinenantriebe jener Zeit – zerlegt in kleine Werkstätten selbst in Obergeschosse von Wohnhäusern transportiert werden können; nicht aus einem Stück, wie die herkömmlichen aus Gußeisen oder Holz. Das Patent ist dem Fabrikanten so wichtig, daß künftighin im Leistungsangebot der Firma auch auf deren Kopfbögen die Riemenscheibe ausdrücklich vermerkt wird.

Schmiedeeiserne Halbringe mit angenieteten Speichen aus gleichem Material werden in einen genau kreisrunden Lehrring eingepaßt. Durch Einsetzen und Verschrauben von 4 Nabenteilen erfolgt eine so feste Verbindung, daß die Riemenscheibe kreisrund wird. Man braucht sie nun im Interesse des Rundlaufs nicht mehr abzudrehen. Ein Prospekt nennt die Preise. Sie liegen zwischen 12 und 300 Mark bei Durchmessern von 20 cm bis 2 Meter, und Breiten von 6 bis 50 cm.

Zu den Problemen beim Dampfkesselbetrieb gehört auch die Ableitung des Kesselwassers, nicht zuletzt im Zusammenhang mit der oft noch fehlenden oder nicht ausreichenden Kanalisation. Ein neues Angebot unterbreitet das D. R. P. No. 71479 (85) vom 15. April 1893 mit dem Verfahren zur Überführung von Abwässern in den Erdboden (Abb. 81). Es soll der Ableitung des verbrauchten Kesselspeisewassers dienen, falls die Kanalisation fehlt.

Einfache Röhrenbrunnen sind die Grundlage. Sie setzen sich aber beim Ableiten zu und dann kann kein Wasser mehr abfließen. Ausgehend von zwei oder auch mehr solcher Brunnen werden nach dem Verfahren jeweils die Schlammteile aus einem herausgepumpt. Dann wird aus dem gereinigten Brunnen frisches Wasser gesaugt und das

Abb. 79: Riemenscheiben aus der Maschinenfabrik Otto Lilienthal, um 1890 (Kat.-Nr. 78)

OTTO LILIENTHAL in BERLIN.
Riemenscheiben mit Zickzackspeichen und getheilter Nabe.

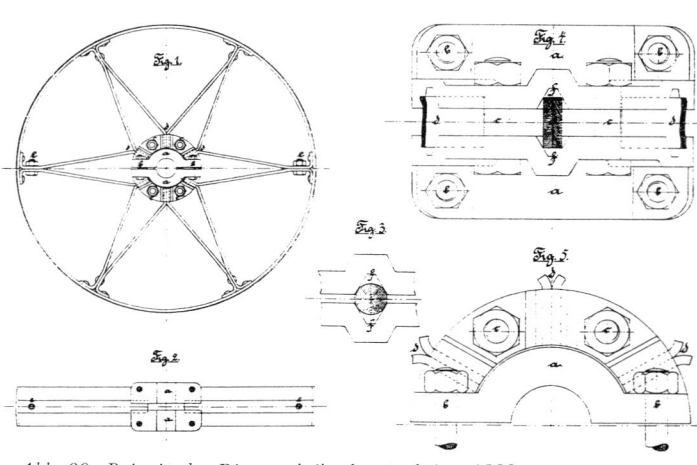

Abb. 80: Prinzip der Riemenscheibenkonstruktion, 1890

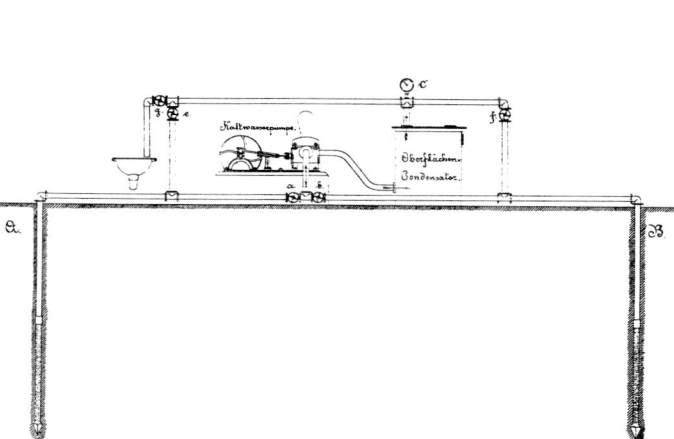

Abb. 81: Verpressung von Abwasser, 1893

alte in einem anderen verpreßt, bis sich die Filter zusetzen. Der Fluß des Wassers geht dabei immer durch den Kondensator der Dampfmaschine. Ein Manometer zeigt an, wenn sich der Brunnen versetzt. Nach einer Pause, der Erfinder empfiehlt die Dauer des Wochenendes, wird der Prozeß in der umgekehrten Reihenfolge weitergeführt.

DAS DAMPFSTRAHLRAD

Nach seinen Vorträgen über den Kraftaufwand beim Vogelflug und seinem Buch über den Vogelflug als Grundlage der Fliegekunst tritt Lilienthal mit einem neuen Maschinenbaupatent hervor, auf der Suche nach einem neuen, leistungsfähigen Wirkprinzip. Das D. R. P. No. 54631 (14) »Dampfstrahlrad mit offenen Hohlschaufeln und feststehenden Gegenschaufeln« gilt ab 11. Januar 1890 (Abb. 82).

Jahre zuvor schon gab es dazu Aufzeichnungen und Berechnungen des Ingenieurs, so im Konstruktionstagebuch vom 7. September 1882. Es ist eine Prinzipskizze.[40] 1883 hatte dann Carl Gustav Patrick de Laval ein einfaches Reaktionsrad vorgestellt. Es arbeitete nach dem Rückstoßprinzip. 1884 trat Charles Algernon Parsons mit der Dampfturbine an die Öffentlichkeit und erhielt ein grundlegendes Patent.[41]

Lilienthal begründet die Wirkung dieser Kraftmaschine mit folgenden Fundamentalversuchen: »Jeder Dampfstrahl nimmt bei seinem Austritt aus einer Oeffnung in die Atmosphäre die Spannung der Atmosphäre selbst an. Die im vorher gespannten Dampf enthaltene gesammte Expansionsarbeit verwandelt sich bei seinem Austritt aus einer Düse in lebendige Kraft, indem sie dem austretenden

Dampfstrahl eine außerordentliche große Geschwindigkeit ertheilt, die bei vorher gespanntem Dampf von z. B. 5 at ca. 800 m, bei 10 at ca. 900 m und bei 15 at ca. 1000 m pro Secunde beträgt.«

Läßt man diesen Dampfstrahl nun tangential in einen Hohlraum blasen, in halbkreisförmig offene Schaufeln, so strömt er »mit fast ungeschwächter, aber entgegengesetzt gerichteter Geschwindigkeit [...] durch gegenüberstehende feste, ebenfalls halbkreisförmige, offene Gegenschaufeln wiederholt in die Radschaufeln nach der Treiberichtung [...]«. Es kommt zu schneller Rotation. Patentiert wird dieses Arbeitsprinzip mit dem kraftaufnehmenden Schaufelrad und die Anordnung, die den treibenden Dampfstrahl zwingt, den Weg einer schrägliegenden Zylinderspirale zwischen den Schaufeln zu nehmen. Der Konstrukteur bietet auch ein Verfahren an, den Druck des Dampfstrahls auf die Wand der Schaufeln mittels Federwaage zu messen.

Wieder ist für den Erfolg das Detail entscheidend. Der Durchmesser der Hohlform muß wenigstens zehnmal so groß sein wie die Dicke des Dampfstrahls. Unter Hohlform versteht Lilienthal die offene Schaufel, nicht einen halbkreisförmig gebogenen Kanal. In Abhängigkeit des Verhältnisses seines Durchmessers zur Stärke des Dampfstrahls wäre nämlich der Widerstand zu hoch, die Geschwindigkeit verlangsamte sich. Von der Kraft des Dampfstrahls will der Ingenieur aber aus energieökonomischen Gründen nichts verlorengehen lassen. Doch das heißt: Der Strahl kommt erst völlig zur Ruhe, wenn die Umfangsgeschwindigkeit des Dampfrades gleich der halben Strahlgeschwindigkeit ist. Bei 5 at und 800 m/s wären das 400 m/s, was »für die praktische Ausführung er-

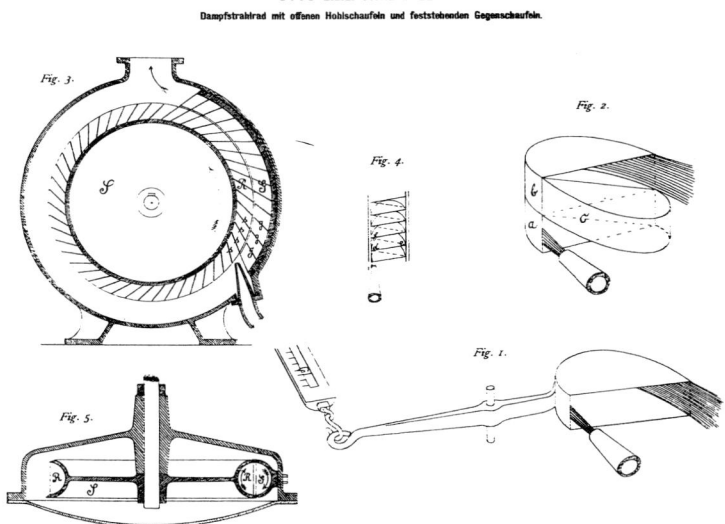

Abb. 82: Dampfstrahlrad nach D. R. P. 54631, 1890

hebliche Schwierigkeiten« bringt, »während andererseits bei wesentlich langsamerer Schaufelge-
schwindigkeit der Dampf noch mit großer leben-
diger Kraft dem Rade ungenützt entströmt.«

Langsames Drehen der Räder und volle Nutzung des Dampfstrahls, der zwischen den Schaufeln rotiert, bis seine Kraft verbraucht ist, das
macht den Wert der Lösung aus. Dem gingen
sicher nicht wenig Berechnungen und Experimente voraus. Selbst der Zwischenraum zwischen
den festen und den sich drehenden Schaufeln ändert daran nichts, weil »der freie spannungslose
Dampfstrahl auch einen vorhandenen Spielraum
ohne wesentlichen Verlust überspringt, weil er nur
als träge Masse wirkt«. Der Strahl einer Flüssig-
keit, so die Patentschrift, läßt sich statt Dampf
verwenden.

Der Ingenieur arbeitet an der Realisierung des
patentierten Prinzips. Aus dem Juli 1890 sind Ver-
suchsaufzeichnungen überliefert. Der Kesseldruck
erreicht dabei 9,5 Atmosphären. Auf der stillste-
henden Schaufel mißt er, die Reibung abgezogen,
bis zu 6,5 Kilogramm Druck und einen Gegendruck von 0,6 Kilogramm.[42] Das Ringen um die
Lösung hat Lilienthal bis zu seinem Lebensende
nicht aufgegeben, wie weitere Aufzeichnungen
vom Juli 1896 beweisen. Sie tragen die Handschrift von ihm sowie von Paul Schauer, einem
befähigten Ingenieur und Konstrukteur, der seit
1884 in der Fabrik arbeitet. Die Diagramme sind
Versuchsergebnisse mit verschiedenen Düsen
(Abb. 83).[43]

Ob diese Entwicklung der Zeit voraus, ihre
Nutzung für den Erfinder nicht lohnend oder die
Nachfrage noch nicht vorhanden war, ist noch

Abb. 84: Lilienthal mit seinen Arbeitern, um 1890

ungeklärt. Bemerkenswert bleibt jedoch ein Satz
des offiziellen Abschlußberichtes der Berliner Gewerbeausstellung von 1896: »Abgesehen von Lilienthal hat die Dampfturbine in Berlin keine
Pflege gefunden.«[44]

DIE NEUE FABRIK

Lilienthals Geschäfte gehen gut. Zu den Arbeitern
und Angestellten hat der Unternehmer ein nahezu
patriarchalisches Verhältnis (Abb. 84). Man hebt
seine Güte und Freundlichkeit hervor. Zugleich
fordert er konsequent am zehnstündigen Arbeits-
tag Leistung, Fleiß, Zuverlässigkeit und Qualität.
Die Arbeitszeit beginnt montags bis sonnabends
früh um 6 Uhr und endet um 18 Uhr bei zwei
Stunden Mittagspause.

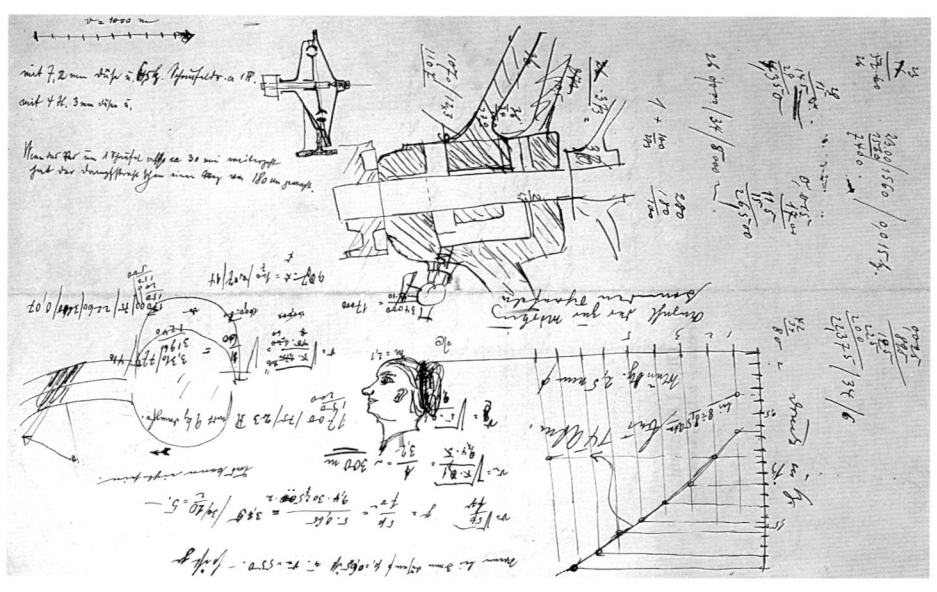

Abb. 83: Versuchsaufzeichnung vom 1. Juli 1896 mit anderen Skizzen (Kat.-Nr. 82)

Am 12. März 1890 veröffentlicht der Fabrikant im Betrieb seine Entscheidung, eine Gewinnbeteiligung für die Beschäftigten einzuführen. Sie entspringt moralisch-humanitären Auffassungen und sicher den eigenen Erlebnissen und Erfahrungen, ist eine bürgerlich-liberale Reaktion auf die soziale Frage, hat aber genauso ökonomische Gründe. Anregungen mag der Fabrikbesitzer auch in Diskussionen des ›Vereins zur Beförderung des Gewerbefleißes in Preußen‹ in den Jahren 1888 und 1890 erhalten haben, dem er seit 1885 angehört. Nach dem heutigen Wissensstand war er der erste Berliner Maschinenfabrikant, der diesen Weg ging.

Ausgangspunkt seiner schriftlichen Mitteilung an die Mitarbeiter ist ein Appell an das Interesse der Arbeiter für den Geschäftsgang und für wachsendes Einkommen. Gesteigerte Umsicht jedes einzelnen Arbeiters könne die Gesamtleistung der Fabrik vermehren. Qualität und verbesserter Kundendienst würden den Absatz vergrößern. Lilienthal annulliert die Akkordlöhne und garantiert die Beibehaltung bisheriger Lohnsätze. Mit 25 Prozent stellt er eine ungewöhnlich hohe Beteiligung am Gewinn der Firma in Aussicht – in anderen Unternehmen waren es meist nur 10 Prozent. Stetigen Fleiß, Schonung von Material und Werkzeug verlangt er dafür; anders gesagt: höhere Produktivität, weniger Kosten.[45] Dabei gibt es für Lilienthal keinen Zweifel, daß dieses auch ihm persönlich spürbar zugute kommen müsse.

Inzwischen ist die Lieferofferte der Maschinenfabrik weiter gewachsen: Dampfanlagen, auch als Antrieb von Generatoren zur Elektroenergieerzeugung, Heizungsanlagen unterschiedlicher Größe, Transmissionen werden als Spezialitäten genannt. Das Produktionsvolumen verlangt nach mehr Fläche, nach modernen Fertigungsbedingungen. Selbst die Übernahme der Räume im 1. Geschoß – in denen Steinbaukästen hergestellt worden waren – reicht nicht aus.

In der Köpnicker Straße 113, nur 3 Häuser weiter, kann Lilienthal 789 Quadratmeter einer neuerbauten, elf Meter hohen Fabrikhalle mieten. Das sind über 450 m² mehr. An der Stirnseite der Halle befinden sich Büroräume mit Telefonanschluß.[46] Von einer Ballustrade aus kann man die Halle übersehen. Schritt für Schritt erfolgt der Umzug bei laufender Produktion, beginnend im zweiten Halbjahr 1891. Ein Schlangenrohrkessel eigener Fertigung, Nr. 218, Baujahr 1891, mit 10 Atmosphären Druck wird installiert.[47] Zuerst gibt er den Keller auf, dann die anderen Räume. Nun trägt eine moderne Fabrik den Namen des erfolgreichen Unternehmers (Abb. 85, 86).

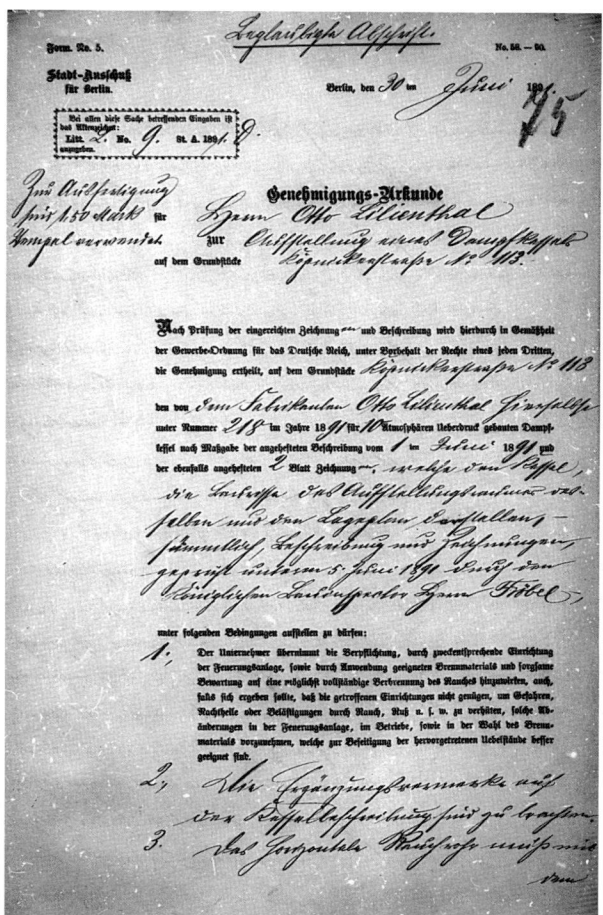

Abb. 85: Polizeiliche Notiz zur Aufstellung eines Dampfkessels vom 30. Juni 1891

Streng abgeteilt und abgeschlossen ist in der Halle ein Raum, in dem Lilienthal – unterstützt von jeweils einem Helfer – seine Flugapparate baut. Bislang hatte er solche Arbeiten in der kleinen Werkstatt auf seinem Wohngrundstück durchgeführt. In der Köpnicker Straße 113 erfolgt

Abb. 86: Blick in die Halle der Fabrik, nach 1892 (Kat.-Nr. 79)

schließlich auch der erste Serienbau von Flugzeugen überhaupt in der Welt.

Handschriftliche Aufzeichnungen und Prospekte geben Aufschluß über die Produktion. Die Auswahl an gefahrlosen Dampfkesseln aus Schlangenrohrelementen ist groß, von 1 bis 100 m² Heizfläche und Grundflächen zwischen 0,60 × 0,40 bis 4 × 1,8 Metern. Die kompletten Kessel sind zwischen 125 Kilogramm und 6 Tonnen schwer. Bei einigen Kesseln geht Lilienthal dazu über, Ober- und Unterkessel anzuwenden, die durch lange Schlangenrohre verbunden sind. »Das aufsteigende Wasser in den Schlangenrohren mündet zunächst in den Oberkessel, in welchem sich der Dampf vom Wasser abscheidet. Letzteres gelangt sonach durch die Rohrstutzen in die untere Wasserkammer zurück, um von hieraus denselben Weg durch die Schlangenrohre zu machen.«

Diese Konstruktion verlangt dann auch umfangreiche Armaturen: »1 Sicherheitsventil, 1 Dampfabsperrventil, 2 Speiserückschlagventil, 1 Ausblasehahn, 1 Wasserstand, 2 Probirhähne,

1 Manometer mit Wassersackrohr, 1 Controllflansch.« Dem Dampfkesselgesetz wurde somit genüge getan. Bemerkenswert für die Kundenfreundlichkeit ist auch die Lieferung von zwei Schlangenrohren als Reserve, deren Auswechslung meist ohne Betriebsstörung erfolgen kann.[48]

Nicht minder umfangreich ist das Angebot an Dampfmaschinen. Sieben Modelle, die »gangbarsten«, bietet die Firma zu Lilienthals Lebzeiten als Standard an. Da gibt es die Modelle I, II und III mit 4, 6 und 12 Pferdestärken, die als Wandmaschine oder liegend geliefert werden. Mit einem Gewicht von 425, 575 bzw. 900 Kilogramm, also bei abnehmendem Verhältnis von Masse und Leistung, kosten sie mit Speisepumpe 1360, 1860 bzw. 2480 Mark. Das 1600 Kilogramm schwere Modell IV mit 18 bis 22 Pferdestärken hat einen Preis von 3380 Mark. Es handelt sich um eine liegende Maschine. Eine Compoundmaschine mit stehenden Zylindern wird schließlich als Modell V, VI und VII offeriert. 30, 50 bzw. 100 Pferdestärken sind als Höchstleistung angegeben, 2200, 3200 und

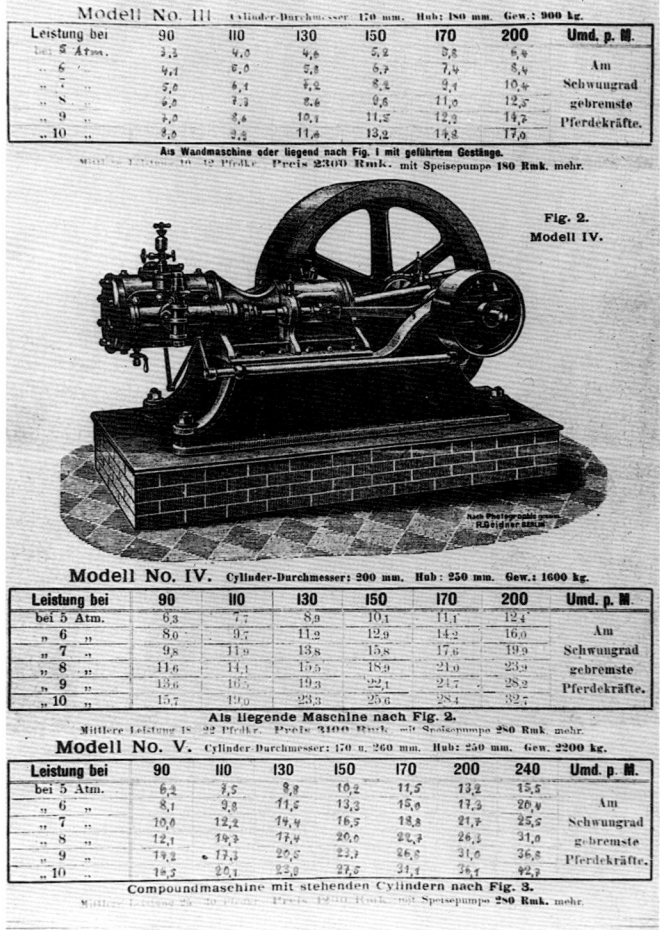

Abb. 87: Aus Prospekten für Lilienthals Dampfkessel   *Abb. 88: Aus Prospekten für Lilienthals Dampfkessel*

4500 Kilogramm als Gewicht. Die Preise liegen zwischen 4480, 5680 und 7280 Mark in einem günstigen Verhältnis zu den kleinen Typen (Abb. 87, 88).[49]

Doch die Fabrik liefert nicht nur Standardvarianten. Im Konstruktionstagebuch sind – nach den datierten Aufzeichnungen – undatierte Notizen über Maschinen enthalten. Sie betreffen einzelne Typen und auch kundengerechte Anpassungen. »1¹/₂ HP Spandau« mit Skizzen zur Installation, »Töpfer in Kösen«, »Heizung Seiler«, »Speisepumpe 15 HP« sind Ausdruck dessen. Auch ein Hebetisch für die Firma Beuntke befindet sich darunter. Eine 2 × 1,45 Meter große Platte wurde über 3 Meter gehoben, bei einer Last von 700 Kilogramm.

Für ein Versammlungsgebäude mit Saal und Orchesterraum, Speisesaal, Billardraum, Garderobe und Buffet in der Berliner Koppenstraße 29 – hier finden 1895 Feste der Freien Volksbühne statt – liefert Lilienthals Fabrik 1894 die zwei Dampfkessel und Dampfmaschinen, an die zwei Dynamomaschinen angeschlossen werden. Das von Paul Schauer signierte Projekt dient der elektrischen Beleuchtung des Hauses.[50] Auch im Ostend-/National-Theater, als dessen Mäzen, Schauspieler und Mit-Direktor Otto Lilienthal wirkt, war er auf technischem Gebiet aktiv. Er bestätigte die Abnahmen der Technik und wirkte auch als Gutachter (Abb. 89).[51]

Wie gefragt der Maschinenbauer nach wie vor ist, unterstreicht auch seine Einladung zu einem Vortrag vor dem Berliner Techniker-Verein. Im Februar 1895 spricht Lilienthal hier über leichte und gefahrlose Dampferzeuger und deren Anwendung in der Flugtechnik. Erneut hebt er die Gefahrlosigkeit des Schlangenrohrkessels hervor, wendet sich gegen das immer noch gültige Dampfkesselgesetz. Entschieden fordert er die Aufhebung der hemmenden Konzessionierung. Er vergißt auch nicht zu erwähnen, daß es nach amtlichen Ermittlungen von 1877 bis 1887 allein im Deutschen Reich 168 Dampfkesselexplosionen gab, bei denen 177 Personen getötet, 97 schwer und 244 leicht verletzt worden waren.

Dampf bezeichnet der Ingenieur als leichtesten Antrieb. Mit nur 500 Kilogramm Gewicht und 20 Atomsphären Druck ist Maxims 360-PS-Flugmotor für den Rechner die »großartigste« Leistung für die Luftfahrt. Pro Pferdestärke habe Maxim für die Heißluftmaschine 100, für den Petroleummotor 25 und für den Dampfmotor vier Kilogramm berechnet. Das sei weniger als für den Elektromotor. Dennoch würde die Flugzeit durch

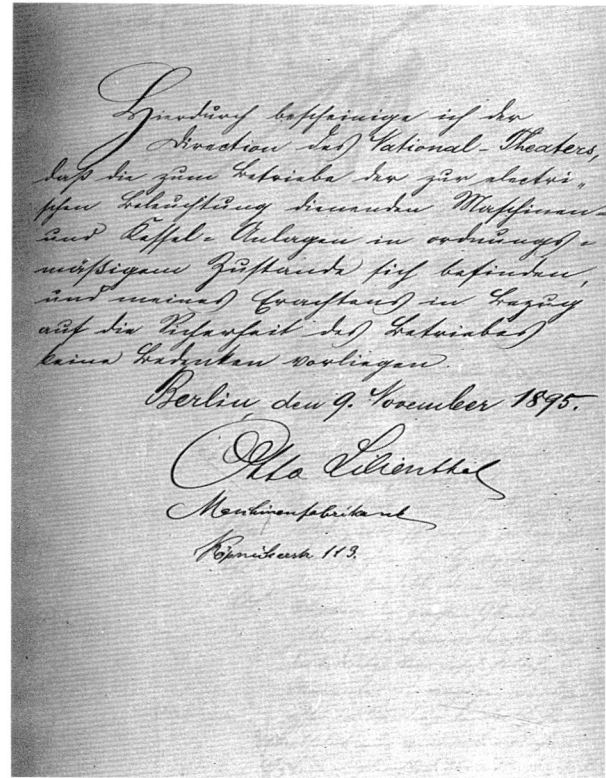

Abb. 89: Bescheinigung Lilienthals für das National-Theater, 1895

die Mitnahme von Wasser und Brennstoff begrenzt. Pro Stunde seien zehn Kilogramm Wasser und Brennstoff erforderlich. Die Ausführungen werden »mit großem Beifall« aufgenommen.[52] Es sei jedoch hier nicht verschwiegen, daß es unter Zeitgenossen glaubwürdige Berechnungen gab, die von dieser abwichen und den Elektromotor, wohl berechtigt, bevorzugten.

Abb. 90: Ausstellungsstand der Fabrik auf der Gewerbeausstellung, 1896 (Kat.-Nr. 80)

BERLINER GEWERBEAUSSTELLUNG 1896

Als im Mai 1896 im Treptower Park die Berliner Gewerbeausstellung ihre Tore öffnet, zählt die Maschinen- und Dampfkesselfabrik Otto Lilienthal zu den 4000 Ausstellern. Über fünf Millionen Besucher werden bis Oktober, dem Ende der Exposition, gezählt, die vom Nachbau des Lloyd-Flaggschiffes »Bremen« über Druckknöpfe bis zu Afrikanern aus den Kolonien nahezu alles bestaunen können. Der Fabrikant ist am Spreeufer mit dem stündlich ertönenden Nebelhorn präsent und hat einen der fast 300 Stände in der Maschinenhalle (Abb. 90). Im Ausstellungskatalog sind die folgenden Exponate verzeichnet: »Dampfmaschine, gefahrlose Dampfkessel, schmiedeeiserne Riemenscheiben, ein Nebelhorn, Schiffsmaschine mit Schlangenrohrkessel.«[35]

Zu diesem Zeitpunkt baut die Firma immer noch, wenn auch in beschränktem Umfang, Schlangenrohrkessel. Unter anderem zeigt sie drei Dampfmaschinen: je eine stehende und eine liegende Verbund-Dampfmaschine von 20 Pferdestärken sowie eine Schiffsmaschine von 15 Pferde-

stärken mit 15 Atmosphären Spannung des Betriebsdampfes. Letztere wiegt dabei nur 300 Kilogramm.[36]

Als Lilienthal während der Ausstellung tödlich verunglückt, heißt es in den »Officiellen Ausstellungs-Nachrichten« vom 12. August: »Das Nebelhorn bleibt wegen des Ablebens seines Erfinders und Ausstellers, des Herrn Fabrikanten und Civilingenieurs Otto Lilienthal, der bekanntlich mit seiner Flugmaschine am Montag verunglückte, bis Freitag Abend ausser Thätigkeit.«

Es ist die Rede davon, daß zu dieser Zeit auf der Spree ein Dampfboot mit Lilienthalscher Schiffsmaschine gefahren ist. In den Ausstellungsberichten läßt sich darüber nichts finden. Überliefert ist jedoch ein Antrag der Maschinen- & Dampfkesselfabrik Otto Lilienthal an den Berliner Stadtausschuß vom 10. September 1896, den Eulitz, Ingenieur bei Lilienthal und Geschäftsführer der Firma nach dessen Tode, unterzeichnete. Ein gefahrloser Dampfkessel aus Stahlrohren mit 10 m² Heizfläche sollte das Dampfboot treiben; er bat um Genehmigung des Kessels. Bei der nachweisbar strengen polizeilichen Aufsicht ist kaum

Abb. 91: Briefbogen der Maschinen- und Dampfkesselfabrik Otto Lilienthal, um 1900 (Kat.-Nr. 84)

anzunehmen, daß das Boot vorher gefahren ist. Das Original der Genehmigung wurde noch nicht gefunden. Wahrscheinlich fuhr das Boot noch vor Ende der Ausstellung.[53]

Am Ende der Ausstellung erhält die Firma von einer Fachjury für ihre Beteiligung ein Ehrenzeugnis, das mit einer Medaille verbunden war.[54] Es muß als eine Hervorhebung gegenüber vielen anderen Ausstellern gewertet werden (Abb. 91).

Die Auftragslage der Fabrik ist zu dieser Zeit günstig. Die Produkte finden, wie Zeitungen berichten, »schlanken Absatz und noch in neuester Zeit hatte er grosse Lieferungen nach Russland übernommen«.[55] Insgesamt handelte es sich um 18 Kessel.[56]

Otto Lilienthal verstirbt während der Ausstellungszeit am 10. August 1896 an den Folgen eines Absturzes mit seinem Gleiter. Die Maschinenfabrik arbeitet nach seinem Tod, allerdings später mit einem anderen Besitzer, noch bis um die Jahrhundertwende, zuletzt in Berlin-Weißensee.

Otto Lilienthal war ein schöpferischer Ingenieur und Konstrukteur sowie auf dem Gebiet des Maschinenbaus ein erfolgreicher Unternehmer. Er setzte fundiertes ingenieurtechnisches Wissen gepaart mit hoher Kreativität systematisch in praktische, auf dem Markt gefragte Lösungen um. Dabei konnte er sich auf Patentrecherchen und solide Kenntnis des technischen Entwicklungsstandes in anderen Ländern stützen. Beständig und zielstrebig arbeitete er an der wissenschaftlich-technischen Vervollkommnung einmal gefundener Prinziplösungen. Seine Risikobereitschaft war stets mit einem schrittweisen praktischen Vorgehen verbunden, was sich als vorteilhaft erwies.

Dieses Herangehen, diese Arbeitsmethode des Ingenieurs Otto Lilienthal ist also keinesfalls nur für seine Leistungen auf dem Gebiet der Luftfahrt charakteristisch, sondern vielmehr ein Grundzug seiner gesamten ingenieurtechnischen Arbeit, seiner Arbeitsweise. Die Vielzahl seiner zumeist tragfähigen Patente kennzeichnen ihn zugleich als einen Repräsentanten des in der Welt geachteten Typs des deutschen Ingenieurs mit solider Ausbildung und als einer aus jener Generation, die zugleich als Unternehmer ihre Ideen erfolgreich umsetzten.

So kann man ihn im besten Sinne als Fortsetzer des Werkes seiner Lehrer betrachten, als einen Verwirklicher ihrer Ideen und Visionen.

ANMERKUNGEN

[1] Mauersberger, Klaus: Jacob Ferdinand Redtenbacher (1809–1863). Ein entscheidender Beitrag zur Verwissenschaftlichung des Maschinenbaus. In: Lebensbilder von Ingenieurwissenschaftlern. Leipzig 1989, S. 43–59.

[2] Siehe Kat.-Nr. 52.

[3] Lilienthal, Otto: Unterirdische Wasserhaltungsmaschine Mathilde-Steinkohlengrube (in Steno), ohne Datum; siehe Kat.-Nr. 53.

[4] Lilienthal, Otto: Beschreibung der zum Projekt zur Aufzugsanlage für den östlichen Anschlußbahnhof der Berliner Stadteisenbahn hinzugefügten Änderungen. Manuskript. 1879; siehe Kat.-Nr. 59.

[5] Lilienthal, Otto: Die Flugmaschine des Mr. Hargrave. In: Zeitschrift für Luftschiffahrt und Physik der Atmosphäre 12 (1893), S. 114–118.

[6] Lilienthal, Gebrüder: Patentgesuch auf eine calorimotorische Maschine vom 23. Dezember 1875 und Antwort vom 4. März 1876. Museum für Verkehr und Technik Berlin. Sammlung Feldhaus, Akten 452.

[7] Slaby, Adolf: Die Kleinmotorenfrage und ihr augenblicklicher Standpunkt. In: Zeitschrift des Vereins Deutscher Ingenieure 24 (1880), S. 498 und 500.

[8] Nach einem Vortrag Otto Lilienthals, ohne Datum. In: Halle, Gerhard: Otto Lilienthal. Düsseldorf 1956, S. 42 ff.

[9] Lilienthal, Otto: Konstruktionstagebuch u. a. für das Dampfstrahlrad (datiert vom 22. April 1881 bis 1883, und Konstruktionstagbuch u. a. für Dampfmaschinen und -kessel (datiert zwischen 21. März 1886 und 26. Juli 1890); siehe Kat.-Nr. 62 u. 69.

[10] Seidel, H.: Die Kettenfräse. In: Prometheus 8 (1897), S. 96 f.

[11] D. R. P. No. 16103 (13): Neuerungen an Dampfkesseln, vom 9. April 1881.

[12] Lilienthal, Otto: Notizen und Berechnungen zum Schlangenrohrkessel Nr. 0 als Dampfquelle für eine Dampfmaschine unter verschiedenen Betriebsverhältnissen. Vermutlich 1881; siehe Kat.-Nr. 60.

[13] Neuerungen an Kleindampfmaschinen. In: Dingler's Polytechnisches Journal (im folgenden DPJ) 245 (1882), S. 315.

[14] Über Neuerungen an Regulatoren. In: DPJ 247 (1883), S. 232.

[15] Lilienthal, Otto: Über Kesselexplosionen. In: Prometheus 4 (1893), S. 395.

[16] Matschoss, Conrad: Die Geschichte der Dampfmaschine. Band II. Berlin 1908, S. 233.

[17] Broszus, I. E.: Der lenkbare Luftballon mit Dampfmaschine. In: Zeitschrift des Deutschen Vereins zur Förderung der Luftschiffahrt 3 (1882), S. 161 ff.

[18] Werner, A.: Das projectirte lenkbare Luftschiff. In: Ebenda, S. 268.

[19] Broszus, I. E.: Zu den »kritisirenden Bemerkungen« von Paul Haenlein. In: Ebenda, S. 284.

[20] Haenlein, Paul: Die Dampfmaschine als Betriebsmotor für den Ballon. In: Ebenda, S. 277.

[21] Prospekte der Maschinen- und Dampfkessel-Fabrik Otto Lilienthal, Weißensee-Berlin, Gäblerstr. 39–40; siehe Kat.-Nrn. 85–87.

[22] Lilienthal, Otto: Beschreibung eines gefahrlosen Schlangenrohrkessels zum Betrieb einer Wanddampfmaschine von ... Pferdekraft. Manuskript; siehe Kat.-Nr. 61.

[23] Schöttler, R.: Mitteilungen von der Ausstellung für Hand-

werkstechnik in Dresden. In: Zeitschrift des Vereins Deutscher Ingenieure 28 (1884), S. 28 ff.

24 Brief des Reichskanzlers Fürst von Bismarck an den Minister für Handel und Gewerbe vom 9. Oktober 1884. In: Zentrales Staatsarchiv Potsdam. 1501 RdI 6221, Bl. 13 und 14.

25 Civilingenieur, 1884, S. 561. Zitiert nach: DPJ 255 (1885), S. 399.

26 Lilienthal, Otto: Inventur Ostern 1884; siehe Kat.-Nr. 63.

27 Lilienthal, Otto: Briefe an ein Hohes Kaiserliches Reichskanzleramt vom 22. und 26. Mai 1883. In: Zentrales Staatsarchiv Potsdam. 1501 RdI 6221, Bl. 1, 2, 6 und 7.

28 Lilienthal, Otto: Brief an das Handelsministerium vom 2. Juni 1890. Ebenda, Bl. 124 f.

29 Brief des Ministers für Handel und Gewerbe vom 2. April 1884 an die Königlichen Regierungspräsidenten. Ebenda, Bl. 18 ff.

30 Werner R.: Neuerungen an der Construction und Ausrüstung von Dampfkesseln. In: Zeitschrift des Vereins Deutscher Ingenieure 29 (1885), S. 896.

31 Schöttler, R.: Mitteilungen von der Ausstellung für Handwerkstechnik in Dresden. In: Ebenda, S. 30 f.

32 Lilienthal, Otto: Brief an Schwester Marie vom 7. Juni 1885. DM, HS 1965-78/26 (masch. Abschrift).

33 Protokoll der Sitzung des Deutschen Vereins zur Förderung der Luftschiffahrt vom 5. Juni 1886. In: Zeitschrift für Luftschiffahrt 7 (1886), S. 222 f.

34 Pisko, Franz J.: Die Luftschiffahrt in der Neuzeit. In: Ebenda 6 (1885), S. 182 ff.

35 Officieller Spezial-Katalog VII. Gruppe XIII und XIV der Berliner Gewerbe-Ausstellung 1896. Maschinenbau, Schiffbau und Transportwesen, Elektrotechnik. Berlin 1896, S. 14.

36 Berlin und seine Arbeit. Amtlicher Bericht der Berliner Gewerbe-Ausstellung 1896 zugleich eine Darstellung des gegenwärtigen Standes unserer gewerblichen Entwicklung. Berlin 1901, S. 539.

37 Lilienthal, Otto: Brief an Bruder Gustav vom 25. Oktober 1886. Archiv Gerhard Halle.

38 Zentrales Staatsarchiv Potsdam. 1501 RMI Sign. 596, Band 1, Bl. 13 f.

39 DPJ 271 (1889), S. 452.

40 Lilienthal: Konstruktionstagebuch (Kat.-Nr. 62), S. 47.

41 Matschoss: Die Geschichte, a. a. O., S. 610 und 615.

42 Lilienthal: Konstruktionstagebuch (Kat.-Nr. 69), S. 75.

43 Lilienthal: Turbinenversuche von 1896; siehe Kat.-Nr. 82.

44 Berlin und seine Arbeit, a. a. O., S. 540.

45 Lilienthal, Otto: Mitteilung an die Mitarbeiter über Gewinnbeteiligung vom 12. März 1890; siehe Kat.-Nr. 42.

46 Notiz der Schutzhauptmannschaft vom 20. März 1894. In: Berliner Stadtarchiv. Rep 10-02, 3739, Bl. 68 und 7367, Vol. I, 1889–1893.

47 Lilienthal, Otto: Antrag zur Aufstellung eines Dampfkessels vom 9. Juni 1891. Ebenda. Rep. 10-02, 7367, Bl. 72–75.

48 Prospekte der Maschinen- u. Dampfkesselfabrik, a. a. O.

49 Ebenda und Lilienthal: Konstruktionstagebuch (Kat.-Nr. 69), S. 79–93.

50 Project einer Dampfmaschinen und Kessel Anlage zur elektrischen Beleuchtung des Versammlungs-Gebäudes auf dem Grundstück Koppenstraße 29, Museum für Verkehr und Technik Berlin. Archiv Acc 107/89 und Berliner Stadtarchiv. 3863. Polizeipräs. Koppenstraße 29 II. 1894.

51 Staatsarchiv Potsdam. Acta des Polizei-Präsidii zu Berlin Acta. 665, Vol. 4. 9/148. Th, 585.

52 Berliner Börsen-Courier Nr. 81 vom 17. Februar 1895. I. Beilage, S. 8.

53 Otto Lilienthal Maschinen & Dampfkesselfabrik. Antrag an den wohllöbl. Stadtausschuß zu Berlin vom 10. September 1896; siehe Kat.-Nr. 83.

54 Berlin und seine Arbeit, a. a. O., S. 664.

55 Berliner Börsen-Zeitung Nr. 374 vom 11. August 1896. Abendausgabe, S. 3.

56 Berliner Zeitung Nr. 188 vom 12. August 1896. Erstes Beiblatt.

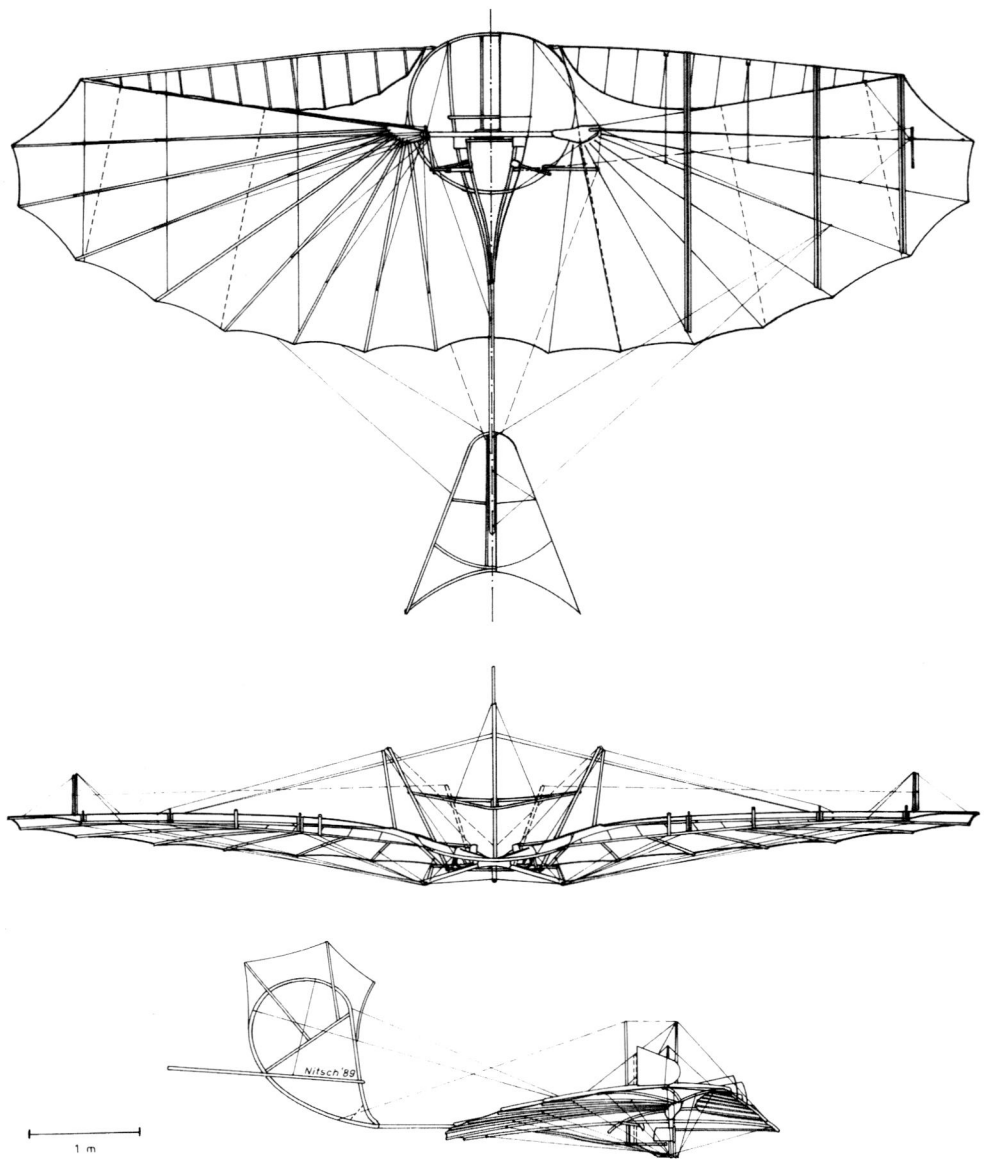

1 m

Abb. 92: Rekonstruktionszeichnung des ›Vorflügelapparats‹ von 1895

STEPHAN NITSCH

Otto Lilienthals Flugzeugkonstruktionen

Die Flugzeuge Otto Lilienthals spiegeln seine Versuche wider, die Erkenntnisse der Grundlagenuntersuchungen für den Menschenflug umzusetzen.

Allgemein bekannt sind nur sein ›Normalsegelapparat‹ und der ›große Doppeldecker‹, doch darüber hinaus gab es eine Vielzahl anderer Gerätetypen und Projekte.

G. Halle hat 1961 erstmals aus Lilienthals Nachlaß eine Übersicht der gebauten und geplanten Apparate zusammengestellt.[1] Dabei wurde eine Klassifizierung eingeführt, die zwar heute noch häufig verwendet wird, aber einige Irrtümer und Lücken aufweist.

Der Autor – selbst Ingenieur und Drachenflieger – beschäftigt sich seit vielen Jahren mit der Rekonstruktion und dem Nachbau von Lilienthals Flugzeugkonstruktionen. Dabei gewonnene Erkenntnisse und Erfahrungen führten zu einer vielfach neuen Sicht der Versuche Lilienthals. Sie werden in einem Buch veröffentlicht und sind hier im Überblick dargestellt.[2]

EXPERIMENTIERGERÄTE

Bereits während der Grundlagenuntersuchungen hat Lilienthal größere Experimentiergeräte für Versuche mit dem eigenen Körper gebaut. So entstand schon 1867 ein einfaches ›Flügelschlag‹-Versuchsgerät, mit dem Muskelkraftversuche auf einem Dachboden gemacht wurden. Nach Angaben des Bruders Gustav Lilienthal hatte das Flügelpaar etwa 6 m Spannweite und Ventilklappen, die sich beim Niederschlag schlossen.[3] Betätigt wurde es durch gleichzeitiges Ausstoßen der Beine, was sich jedoch als nachteilig erwies, weil der Apparat nach jedem Flügelschlag sofort wieder herabfiel.[4]

Das zweite Experimentiergerät entstand 1868 und war wesentlich komplizierter. Ein geteiltes Flügelpaar mit 8 m Spannweite und 15 m² Fläche

wurde durch wechselseitiges Herabtreten der Beine betätigt. Dabei gelangte auf jeder Seite eine gleich große Fläche zum Niederschlag, beim gleichzeitigen Aufschlag des restlichen Flügels öffneten sich Flügelklappen. Dieses Gerät bestand aus Weidenruten mit Tüllbespannung und Kollodiumimprägnierung. An einem Kranausleger hängend gelang es, mit der Vorrichtung die Hälfte des Körpergewichtes zu halten (Abb. 93).

Beide Apparate waren keine Fluggeräte, sondern muskelkraftbetriebene Vorrichtungen, mit denen die Wirkung des Flügelschlages ohne gleichzeitige Vorwärtsbewegung untersucht werden sollte.

Diese Versuche zeigten Lilienthal sehr deutlich, daß es nicht möglich sein würde, sich mit muskelkraftbetriebenen Flügelschlägen vom Boden zu erheben. Andererseits wußte er aus seinen systematischen Untersuchungen des Vogelfluges, daß bei der Umströmung einer profilierten Fläche eine

Abb. 93: Das Flügelschlag-Experimentiergerät Otto Lilienthals, 1868

hebende Kraft erzeugt wird, welche die Vögel zum Segeln nutzen. Der Flügelschlag war dabei das Antriebsmittel, um Höhe zu halten.

Aus diesen einfachen Überlegungen heraus entwickelte Lilienthal sein Konzept für praktische Flugversuche: Mit einfachen Geräten wollte er über Steh- und Laufversuche den Gleitflug von einer Anhöhe erreichen, um dann bei sicherer Beherrschung der Apparate mit Hilfe von Flügelschlägen Höhe zu halten oder sogar zu gewinnen.

GERÄTE FÜR STEHVERSUCHE

Als Lilienthal 1889 sein Grundlagenwerk ›Der Vogelflug als Grundlage der Fliegekunst‹ veröffentlichte, war der erste Punkt seines Konzeptes bereits verwirklicht. Im selben Jahr entstand wahrscheinlich zunächst ein kleiner Apparat, dessen Entwurfszeichnung (Abb. 290) bisher einem früheren Modellversuch zugeordnet wurde. Dieses ›Vormodell‹ hatte 4,4 m Spannweite und 2,6 m² Fläche. Durch eine Flächenaussparung konnte der Kopf gesteckt werden, hinten befand sich eine horizontale Schwanzfläche. Bei Stehversuchen im Wind wollte sich Lilienthal mit diesem Gerät allmählich an den Gebrauch größerer Flächen gewöhnen.

Bis 1891 entstand mindestens ein größerer, ähnlich aussehender Apparat. Es gab mehrere Entwürfe, deren Realisierung nicht eindeutig geklärt werden konnte (Abb. 94). Mit Datum vom 1.7.1890 gibt es ein Protokoll über Stehversuche im Wind.[5] Es war dabei nicht leicht, das Gleichgewicht zu halten, und Lilienthal erkannte die Notwendigkeit einer vertikalen Leitwerksfläche zur Stabilisierung. Das Gerät war auch für Flügelschlagversuche vorgesehen. Ein Mechanismus mit einer Exzenterscheibe sollte die wechselseitigen Tretbewegungen der Beine über Hebel in Flügelschläge umwandeln.

MANNTRAGENDE APPARATE

Alle Gleiter Lilienthals hatten ein stabil verspanntes Holzgestell mit Holmen und mit Rippen aus geschälten Weidenruten, das mit Baumwollstoff bespannt war. Der Pilot befand sich in einer Flächenaussparung im Schwerpunkt des Apparates. Die Unterarme lagen zu beiden Seiten eines Holmkreuzes auf Polstern, und die Hände ergriffen eine davor befindliche Gestellstrebe. Die Beine waren frei für Anlauf und Landung, gesteuert wurde durch Schwerpunktverlagerung des Unterkörpers – Vorwärts- und Rückwärtsbewegungen verkleinerten bzw. vergrößerten den Anstellwinkel, seitliche Verschiebungen brachten die Fläche nach Störungen in die Waagerechte oder bewirkten Kurvenflüge. Dieses einfache Steuerprinzip wurde

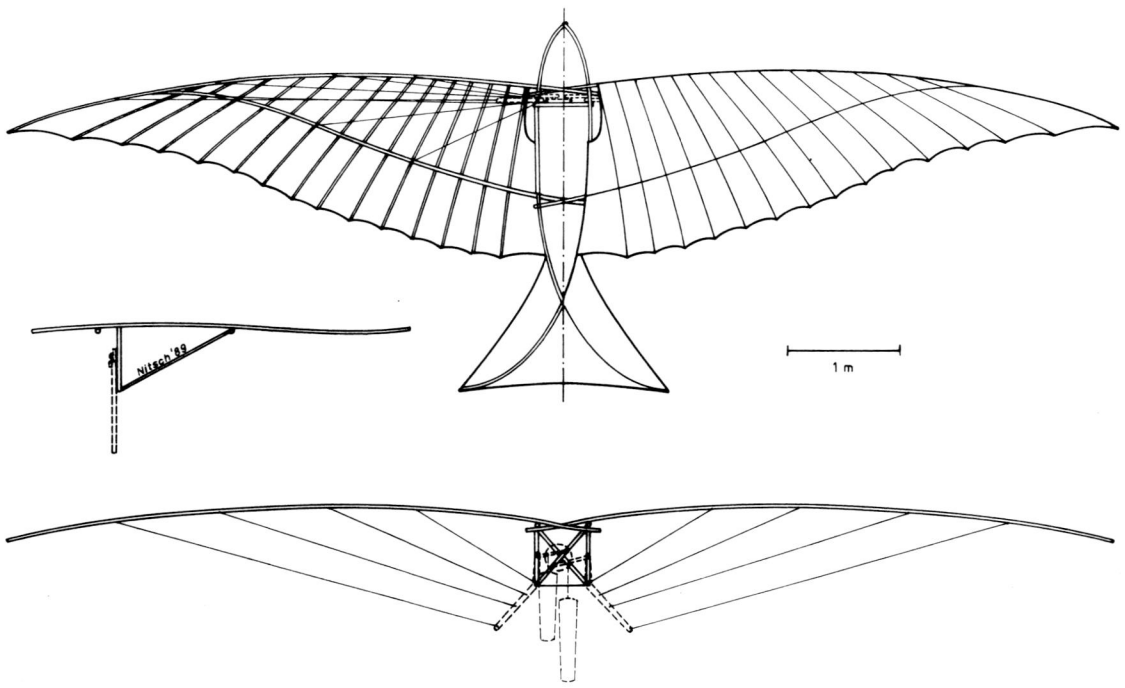

Abb. 94: Rekonstruktionszeichnung des ›Modells Möwe‹ von 1890 mit geplantem Flügelschlagmechanismus (gestrichelt)

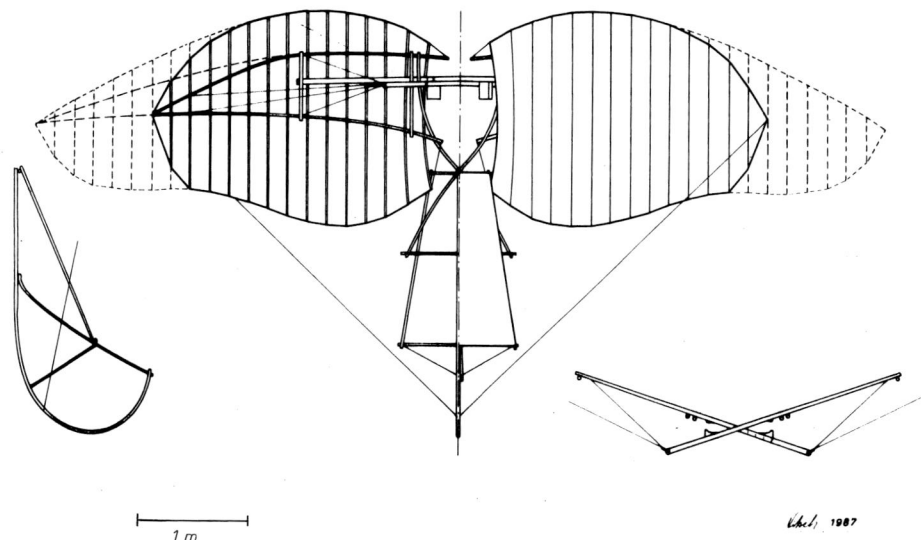

Abb. 95: Rekonstruktionszeichnung des ›Derwitz-Apparats‹ von 1891 (ursprüngliche Form gestrichelt)

durch das geringe Gewicht der Gleiter (etwa 20 kg) ermöglicht. Die Methode der Gewichtskraftsteuerung wird auch heute noch bei modernen Hängegleitern angewendet.

›DERWITZ-APPARAT‹

Lilienthals erster wirklich flugfähiger Apparat entstand im Frühjahr 1891. Es war das erste manntragende Flugzeug der Welt (Abb. 95). Bei den Stehversuchen im Sommer 1890 gelang es nicht, mit dem damaligen Apparat gegen den Wind anzulaufen. Daher verlegte Lilienthal die Versuche in seinen windgeschützten Garten, wo er ungestört Lauf- und Sprungübungen durchführen konnte. Auf einem Laufbrett, das sich bis auf 2 m Höhe einstellen ließ, übte er viele hundert Male Anlauf, Absprung und Aufsetzen. Diese systematischen Übungen befähigten ihn, im Sommer 1891 die Versuche an einem Hügel zwischen Derwitz und Krielow an der Bahnstrecke Berlin–Magdeburg im freien Wind fortzusetzen.

Bei den Versuchen im Garten hatte der Apparat ganz sicher kein Leitwerk, weil es beim Sprung vom Laufbrett hinderlich gewesen wäre. Für die Versuche im Wind verwendete Lilienthal aber nach den Erfahrungen vom Vorjahr eine vertikale Stabilisierungsfläche, die das Einstellen des Apparates in Windrichtung erheblich erleichterte. Eine solche Fläche wurde auch bei allen späteren Apparaten verwendet und zunehmend vergrößert. Die horizontale Schwanzfläche war 1891 anfangs nicht vorhanden. Bei den waagerecht

liegenden Schwanzflächen der vorangegangenen Apparate, die Lilienthal direkt nach dem Vorbild der Vögel gebaut hatte, war wohl kaum eine stabilisierende Wirkung zu spüren gewesen, so daß er glaubte, darauf verzichten zu können.

Mehrere Stürze mit dem um die Querachse sehr instabilen Gleiter brachten Lilienthal darauf, eine horizontale Stabilisierungsfläche mit negativem Anstellwinkel anzubringen. Durch die Hebelwirkung dieser Fläche wurde die Kippneigung der mit $^1/_{10}$ der Tiefe sehr stark profilierten Tragfläche unterdrückt.

Auch diese horizontale Fläche wurde bei allen späteren Apparaten verwendet. Anfangs war sie starr vor der vertikalen Fläche befestigt, später konnte sie um die Vorderkante nach oben ausschlagen, um das Landen zu erleichtern, und ab 1894 vereinigte Lilienthal beide Flächen zu dem heute noch allgemein üblichen Kreuzsteuer.

Der bei Derwitz verwendete Apparat hatte anfangs wieder die Möwenform der vorherigen Geräte mit etwa 7,6 m Spannweite und 10 m² Fläche. Durch Reparaturen wurde der Apparat aber auf 5,5 m/7,8 m² verkleinert und in dieser Form auch mehr fotografiert. Mit diesem sehr einfachen, mehrfach geflickten Flugapparat brachte sich Lilienthal im Sommer 1891 an dem kleinen Hügel bei Derwitz/Krielow Meter für Meter das Fliegen bei und erreichte schließlich Weiten bis 25 m. Das klingt sehr bescheiden, hatte aber historische Bedeutung, denn es waren die ersten, reproduzierbaren Flüge eines Menschen mit einem systematisch entwickelten Flugzeug, das die Erkenntnisse langjähriger Grundlagenforschung verkörperte. Lilienthal hatte mit seinem schrittweisen Vorgehen den einzigen Weg gefunden, auch die zur Erprobung unbedingt notwendige Beherrschung des Fluggerätes zu erlernen.

›SÜDENDE-APPARAT‹

Nach den ersten erfolgversprechenden Gleitflügen baute Lilienthal 1892 sein wohl aerodynamisch günstigstes Flugzeug. Auch hier kam wieder die Möwenform zur Anwendung. Das Gestell wurde auf einer Helling mit Profillehren gebaut und war daher sehr genau und symmetrisch. Die Holme und Rippen aus Weidenholz waren mit lackimprägniertem Baumwollstoff bespannt, der auch $^2/_3$ der Unterseite bedeckte. Wie beim Doppelsegel moderner Drachenflugzeuge, wurde durch diese Verkleidung der Holme schädlicher Widerstand abgebaut.

Der Apparat hatte 9,5 m Spannweite und 15 m² Fläche (Abb. 96). Die Profilierung war mit $^1/_{20}$ der

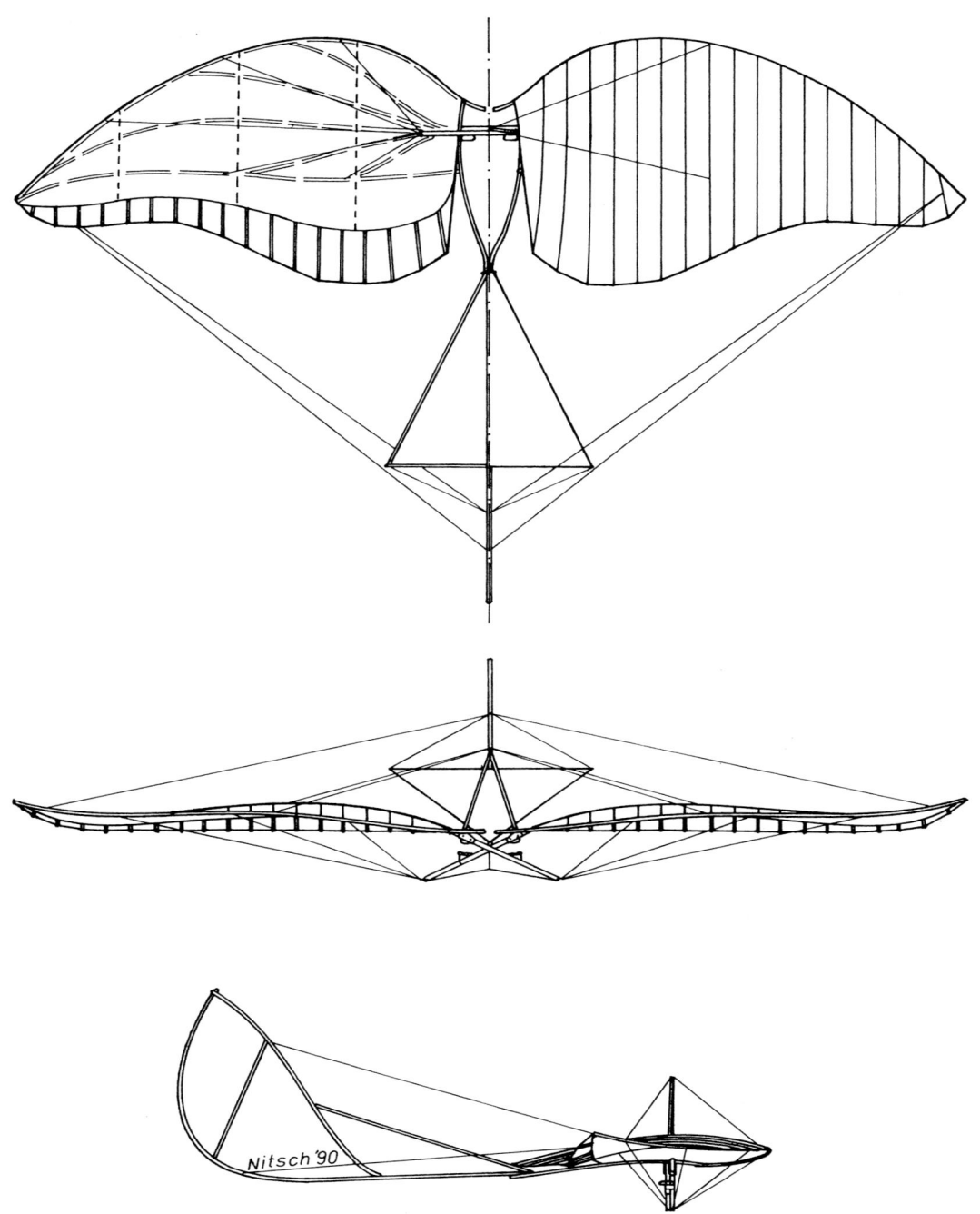

Abb. 96: Rekonstruktionszeichnung des ›Südende-Apparats‹ von 1892 (»über Leergerüst gebauter Segelapparat‹)

Tiefe (nach Zeichnung) deutlich geringer als beim vorangegangenen Modell.

G. Halle vermutete den Bau eines weiteren, sehr ähnlichen Apparates, aber genaue Vergleiche haben gezeigt, daß das Gerät auf den Fotos von 1892 exakt der Entwurfszeichnung entspricht.

Möglich aber nicht wahrscheinlich ist die Realisierung eines kleineren Gleiters mit 8 m Spannweite und 10 m² Fläche, wie ihn Lilienthal in einem Brief skizziert hat (Abb. 97). 1892 fanden die Versuche in Südende bei Berlin statt. Von der 10 m hohen Böschung einer Sandgrube gelangen Lilienthal nach eigenen Angaben bis 80 m weite Flüge.

›MAIHÖHE-RHINOW-APPARAT‹

An dem 1893 neu entwickelten Gerätekonzept wird deutlich, daß es für Lilienthal sehr problematisch war, geeignetes Übungsgelände zu finden und mit den Gleitern auch zu erreichen. Die starren Geräte der Vorjahre mußten direkt im Gelände gelagert werden, weil sie kaum transportiert werden konnten. Bei der provisorischen Lagerung waren die Gleiter zu wenig geschützt, und Lilienthal war auf ein Gelände festgelegt.

Um die Geräte besser transportieren und lagern zu können, wurden sie zusammenlegbar aufgebaut. Das Holmkreuz hatte dazu außen nierenförmige Platten, zwischen denen die strahlenförmig nach außen verlaufenden Rippen drehbar gelagert waren. Die Fixierung erfolgte durch Karabinerhaken, die rechts und links an einem Gestellring eingeklinkt wurden. Nach oben waren die Flächen mit nur je 4 Drähten verspannt, die Unterverspannung verlief von den Holmenden zu den Rippen. Zusammengelegt hatte der Apparat eine Größe von 2 × 2,5 m. Er paßte durch fast jede Tür und konnte problemlos mit der Bahn transportiert werden.

Dieses Konzept hatte aber auch Nachteile. Die Stabilität des Gestells war geringer, und auch die Flugleistungen lagen hinter denen des sorgfältig profilierten Gerätes vom Vorjahr.

Für die Flugversuche mit diesem ersten zusammenlegbaren Gerät errichtete Lilienthal auf der Maihöhe bei Steglitz einen hohen Schuppen, in dem die Geräte gelagert wurden und von dessen Dach er starten konnte. Die Windverhältnisse an der steil aufragenden Schuppenwand waren ungünstig, und auch die Windrichtung paßte in diesem Jahr nur selten.

Daher fuhr Lilienthal so oft er konnte nach Rhinow, 80 km nordwestlich von Berlin. Dort gab

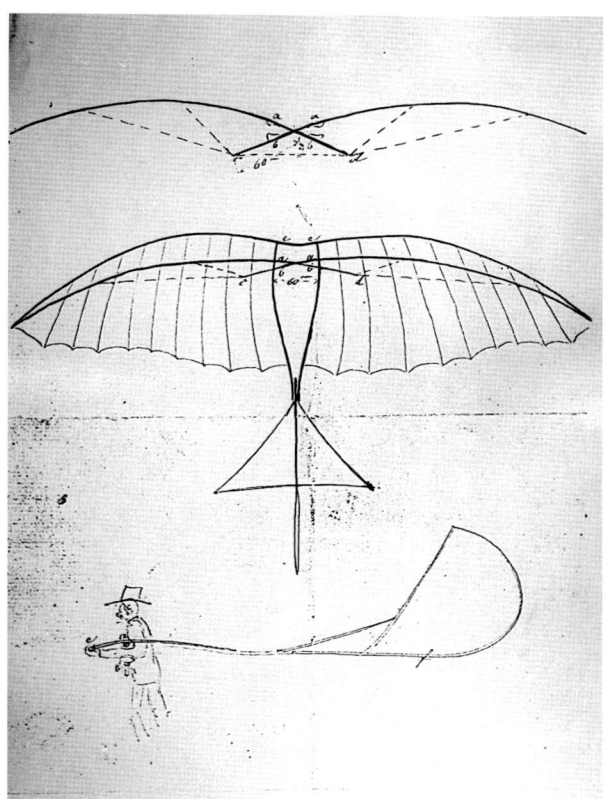

Abb. 97: Skizze eines ›kleinen Gleiters‹, 1892 (Realisierung fraglich)

es 60 m hohe, grasbewachsene Hügel, die ihm sehr eindrucksvolle Flüge ermöglichten. Er erreichte dort bis 250 m Weite. In dem gleichmäßig angeströmten, sanft ansteigenden Gelände waren die Flüge wesentlich ruhiger als am Turmschuppen. Es gelangen sogar Kurvenflüge, die jedoch später nicht weitergeführt wurden, wahrscheinlich war es zu gefährlichen Situationen gekommen.

Das zusammenlegbare Gerät hatte sich offenbar bewährt, denn Lilienthal ließ es sich durch ein Patent schützen und bot es als neues Sportgerät sogar per Annonce zum Kauf an.

Wahrscheinlich wurden von diesem ersten Typ, der noch sieben Rippen pro Fläche hatte, schon einige Exemplare verkauft, und Lilienthal verschickte Konstruktionspläne an Interessenten bis nach Amerika.

Es gab mehrere kleine Korrekturen an dem in Rhinow geflogenen Gerät. Im Laufe der Zeit hatte offensichtlich die Spannung der 1. Rippe vorn nachgelassen, wodurch die gesamte Verspannung schlaff wurde. Eine Verspannung vom Rippenende zum Gestellring über die nach vorn verlängerte Profilrute straffte den Flügel wieder (Abb. 98).

Durch die große mittlere Flächentiefe war das Gerät wahrscheinlich um die Querachse nur

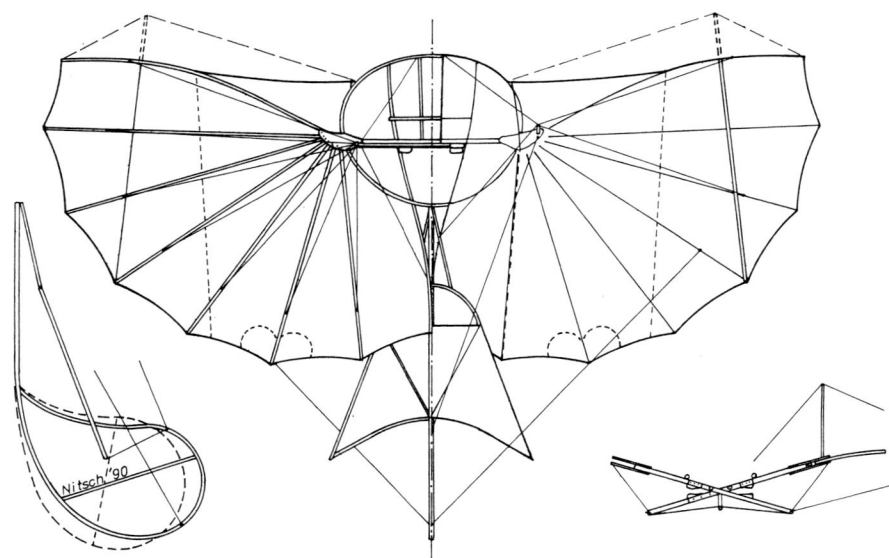

Abb. 98: Rekonstruktionszeichnung des ›Maihöhe-Rhinow-Apparats‹ von 1893

schwer zu steuern, was besonders das Aufrichten bei der Landung erschwerte. Um dem zu begegnen, wurde das Segel einfach rechts und links der 6. Rippe kreisförmig ausgeschnitten.

›KLEINER SCHLAGFLÜGELAPPARAT‹

Lilienthal hatte sehr eingehend den Vogelflug untersucht. Dabei faszinierte ihn besonders das Flügelschlagprinzip als Antriebsmittel ohne schädlichen Luftwiderstand. Es war daher für ihn naheliegender, dieses in der Natur vorhandene Prinzip zu übernehmen, als den zum Flugzeugantrieb noch wenig geeigneten Propeller. Mit stillgehaltenen Schlagflügeln ist ein Gleitflug ohne weiteres möglich, ein stehender Propeller dagegen erzeugt nur schädlichen Widerstand.

Ebenso wie bei den Gleitflugversuchen wollte Lilienthal schrittweise den Schwingenflug erproben, um allmählich die Flugleistungen zu verbessern. Dazu benötigte er noch nicht die für einen ausschließlichen ›Kraftflug‹ berechneten Antriebskräfte.

Nach den Erfolgen bei den Gleitflugversuchen war also die Entwicklung eines Schlagflügelapparates für Lilienthal ein weiterer Schritt zur Verwirklichung des Menschenfluges. Die ersten möwenförmigen Apparate waren bereits für Schlagversuche vorgesehen, bei dem zusammenlegbaren Gerätetyp bedurfte es aber einer gesonderten Konstruktion. Lilienthal hielt sich dabei an die Flügelform der Störche mit aufgefiederten Schwingen. Zum ersten Mal erschien diese Konstruktion im

Flugzeugpatent vom 3. 9. 1893 und wurde über mehrere Entwürfe weiterentwickelt.

Noch im selben Jahr baute Lilienthal einen ›kleinen Schlagflügelapparat‹ mit 6,8 m Spannweite und 12 m² Flügelfläche. Sechs Schlagflächen auf jeder Seite waren so konstruiert, daß sie beim Niederschlag eine möglichst große Fläche bildeten und beim Aufschlag angestellt wurden. Die Schlagbewegungen sollten, ausgehend von einem Motor, über Umlenkhebel an den Holmenden und Spanndrähte auf die Flächen übertragen werden. Gummiseile in der Oberverspannung und die Luftkräfte bewirkten die Rückstellung (Abb. 99).

Dieser Apparat beschäftigte Lilienthal über mehrere Jahre. Zunächst erfolgte die Erprobung im Gleitflug. 1894 entstand ein Motor, denn der ursprünglich vorgesehene Betrieb mit Muskelkraft war wohl kaum möglich, da Lilienthal die Beine zum Steuern benötigte.

Da leistungsfähige Verbrennungsmotoren noch nicht zur Verfügung standen und eine Dampfmaschine zu schwer gewesen wäre, griff Lilienthal auf ein damals übliches Prinzip zurück: der Motor wurde mit komprimierter Kohlensäure (50 at) betrieben. Über einen Repetiermechanismus war sogar ein kontinuierlicher Betrieb möglich (Abb. 100).

Der Motor allein wog 5,5 kg, mit Nebenteilen etwa 10 kg; das erhöhte das Gesamtgewicht des Gleiters deutlich. Angeordnet wurde der Motor in der Flächenaussparung vor dem Piloten, die Druckflasche wurde zum Gewichtsausgleich hinten angebracht. Anfangs waren zwei Flaschen vorgesehen, später sollten mit einer 1-Liter-Flasche in

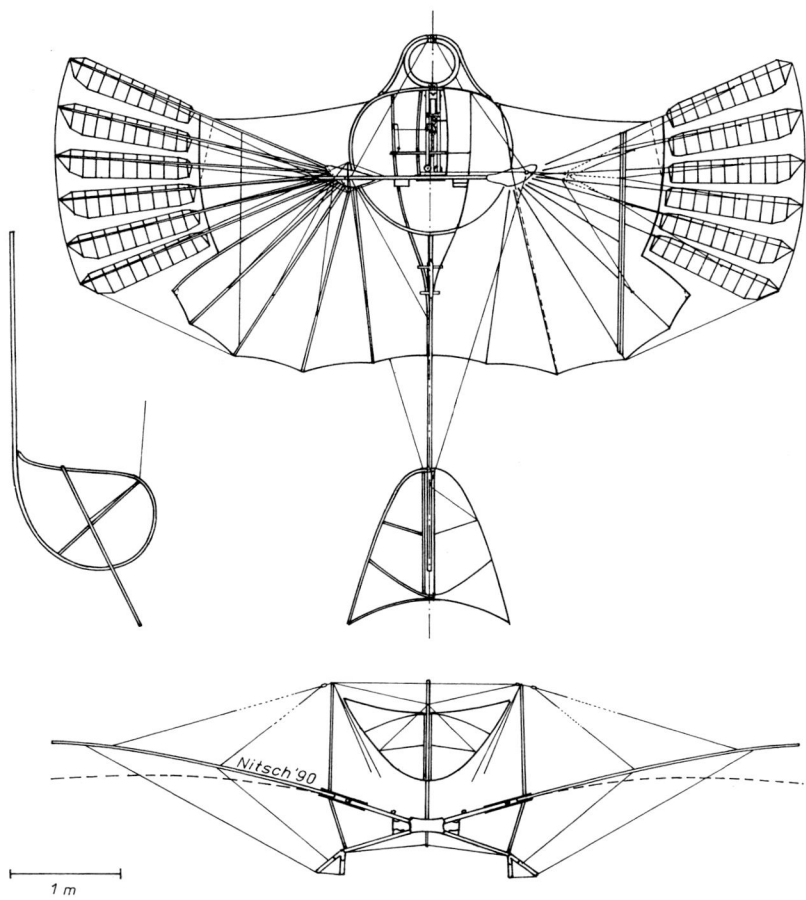

Abb. 99: Rekonstruktionszeichnung des ›kleinen Schlagflügelapparats‹ von 1893

2 Minuten Betriebsdauer 100 Flügelschläge erreicht werden. Es gab jedoch schon bei der Erprobung des Motors Probleme durch Vereisungserscheinungen.

Insgesamt waren die Versuche mit dem ›kleinen Schlagflügelapparat‹ und dem Motor für Lilienthal wohl wenig befriedigend. Auch Änderungen, wie die Entfernung der Vorderfahnen der Schlagflächen, brachten wenig Ergebnis.

1895/96 wurde ein zweiter Kohlensäuremotor entwickelt und in das Flugzeug eingebaut. Der Motor hatte zwei Zylinder, die am Holmkreuz angebracht waren. Er wog mit Druckflasche nur 5 kg. Flugversuche mit diesem Motor sollen nach

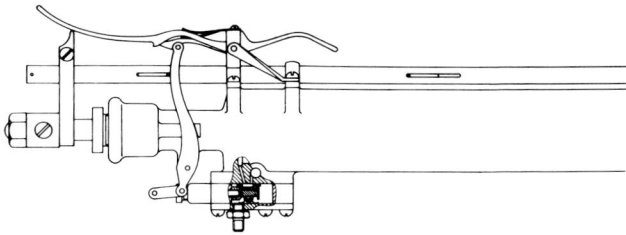

Abb. 100: Rekonstruktionszeichnung des ersten Kohlensäuremotors von 1893

Aussagen des an der Entwicklung beteiligten Ingenieurs Schauer ermutigend gewesen sein.

Die Hauptschwierigkeit bei den Schlagversuchen dürfte die Gleichgewichtserhaltung im Flug gewesen sein, dazu kamen mechanische Probleme. Die zu den Schlagflächen durchgehenden Rippen hatten einen großen Formwiderstand, der zu überwinden war, dazu kamen noch die Kräfte aus der Oberverspannung.

PROJEKT ›GROSSER EINDECKER‹

Im Nachlaß Lilienthals gibt es die Zeichnung eines großen Eindeckers mit 8,4 m Spannweite und 18 m² Fläche (Abb. 101). G. Halle vermutet den Bau dieses Apparates im Herbst 1893, doch Lilienthal schrieb noch Anfang 1895, daß er bisher keinen größeren Apparat gebaut habe. Ein entsprechendes Gerät entstand erst im Frühjahr desselben Jahres. Das Projekt auf der Zeichnung wurde also nicht realisiert.

Der Entwurf weist eine Besonderheit auf. An der Vorderkante ist nicht der sonst übliche Spanndraht, sondern eine zusätzliche Randrippe gezeich-

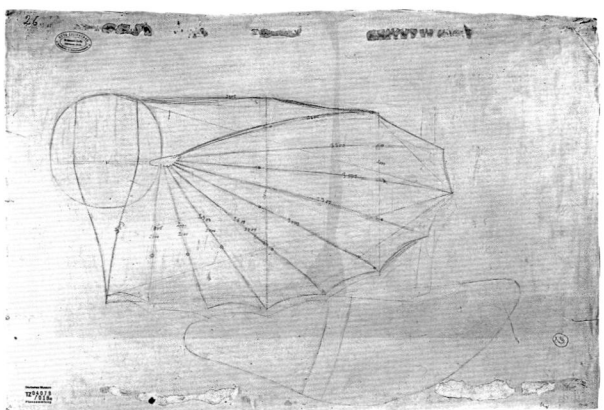

Abb. 101: Zeichnung des Projekts ›großer Eindecker‹ (nicht reali-siert), um 1893 (Kat.-Nr. 234)

net, die von den Profilschienen gespannt werden sollte.

Diese Anordnung wurde bei späteren Apparaten auch realisiert. Sie ist durchaus sinnvoll, denn es entsteht eine durchgehende Anströmkante, und der Flügel hat eine günstigere elliptische Form.

›SEILERS APPARAT‹ – ›MODELL STÖLLN‹

Im Winter 1893/94 entstanden zwei nahezu identische Flugzeuge (Abb. 102). Das ›Modell Stölln‹ wollte Lilienthal selbst verwenden, der andere Apparat war für einen Herrn Seiler aus Liegnitz bestimmt, der bei ihm das Fliegen erlernt hatte.

Beide Apparate hatten 9 Rippen je Fläche und eine schlankere Form als der Maihöhe-Rhinow-Typ. ›Seilers Apparat‹ war mit 7,1 m Spannweite und 13,5 m² Fläche etwas größer als das ›Modell

Stölln‹ (6,7 m/13 m²). Die Form der Leitwerke ist nicht bekannt, da sie auf der Zeichnung fehlen. Es gibt auch keine Fotos der Geräte. Vermutlich hat Lilienthal beim ›Modell Stölln‹ ein vorhandenes Leitwerk verwendet.

Beim ›Maihöhe-Rhinow-Apparat‹ wurde das Profil noch durch einfache, recht willkürlich gebogene Weidenruten gebildet, das ›Modell Stölln‹ hatte erstmalig umgekehrt T-förmig gebogene, sorgfältig berechnete Profilschienen. Sie wurden durch Profilklammern auf den Rippen geschoben und waren leicht austauschbar. So konnte Lilienthal sehr einfach mit verschiedenen Profilformen experimentieren.

Bei derartigen Versuchen mit stärker gekrümmten kreisförmigen Profilen kam es im Frühjahr 1894 am Gollenberg bei Stölln in der Nähe der Rhinower Berge zu einem ernsten Zwischenfall. Die neuen Profile hatten die Schwerpunktlage verändert, so daß sich Lilienthal nach hinten lehnen mußte. Aus dieser ermüdenden Haltung mit gestreckten Armen konnte er sich nicht mehr aufrichten, der Apparat wurde hinten zu sehr belastet, kam in den Strömungsabriß, schmierte nach hinten ab und stürzte nach dem Abkippen nach vorn senkrecht zu Boden. Eine erstmals verwendete Sicherheitseinrichtung, der vor dem Gestellring angebrachte ›Prellbügel‹, fing den Aufprall ab, so daß der Apparat unbeschädigt blieb und Lilienthal mit einer Fleischwunde davonkam.

Die Angriffspunkte für die Hände wurden daraufhin etwas nach hinten verlegt, um den Schwerpunkt den neuen Profilen anzupassen, und es wurden Stützpolster für die Oberarme angebracht.

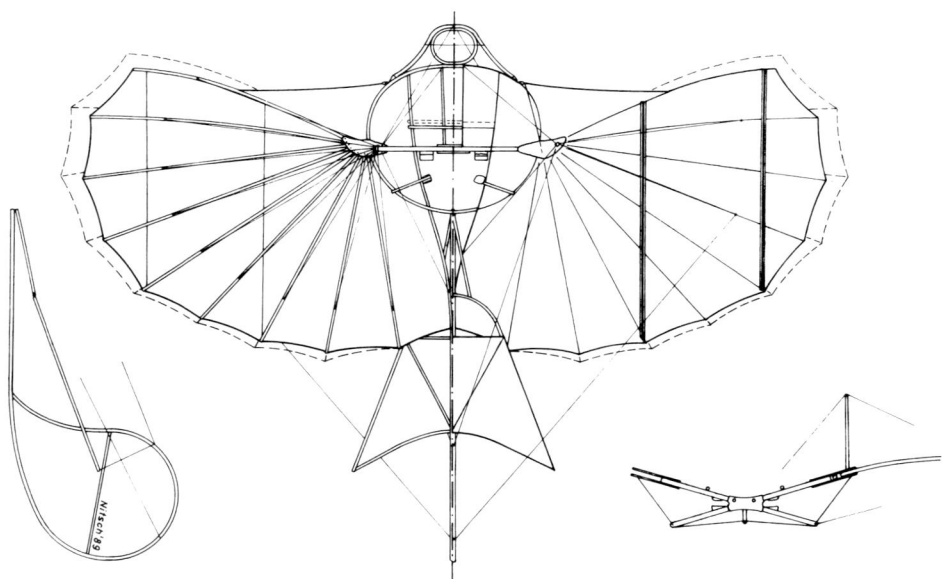

Abb. 102: Rekonstruktionszeichnung des ›Modells Stölln‹ von 1894 (›Seilers Apparat‹ gestrichelt)

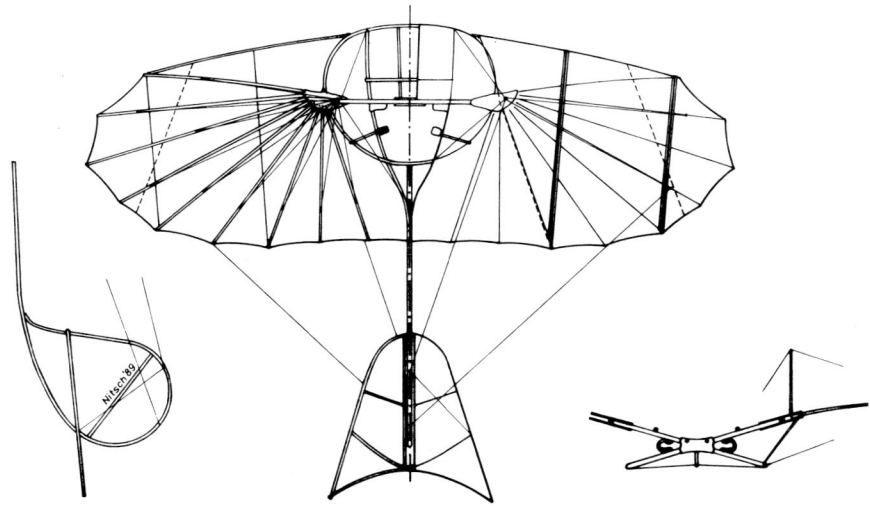

Abb. 103: Rekonstruktionszeichnung des ›Sturmflügelmodells‹ von 1894

›STURMFLÜGELMODELL‹

Im Frühjahr 1894 entstand ein sehr kleiner Eindek-ker (Abb. 103), der für Flüge bei stärkerem Wind vorgesehen war und nur 9,7 m² Fläche bei 6 m Spannweite hatte. Größere Apparate waren bei höheren Windgeschwindigkeiten mit der Körper-gewichtssteuerung nur schwer zu beherrschen.

Am ›Sturmflügelmodell‹ wurde die Randrippe aus dem Eindeckerprojekt realisiert, sie gab dem Gerät ein charakteristisches Aussehen.

Auch hier kann davon ausgegangen werden, daß Lilienthal kein Leitwerk speziell anfertigte, sondern daß vorhandene zum Einsatz kamen.

Das ›Sturmflügelmodell‹ wurde ab 1895 im ›kleinen Doppeldecker‹ verwendet und befindet sich heute im Technischen Museum, Wien, wo es jedoch aufgrund seines Alters durch eine Nachbil-dung ersetzt wurde.

›NORMAL-SEGELAPPARAT‹

Lilienthals Flugversuche hatten ergeben, daß die gewichtskraftgesteuerten Gleiter unter normalen Bedingungen am besten zu beherrschen waren, wenn sie nicht über 7 m Spannweite und 2,5 m Flächentiefe hatten. Diese Geräte, zu denen der ›Maihöhe-Rhinow-Apparat‹, das ›Modell Stölln‹ und ›Seilers Apparat‹ gehören, bezeichnete Lilien-thal als ›Normal Apparate‹. Daraus entwickelte sich der Standard-Typ ›Normal-Segelapparat‹ (Abb. 104), der in Lilienthals Werkstatt von seinem Helfer Beylich ab 1894 in Serie gebaut wurde.

Diese Geräte hatten 6,7 m Spannweite, 13,6 m² Fläche und 2,5 m größte Tiefe. Das Leitwerk war zum Kreuzsteuer vereinigt, jede Fläche hatte 2 Profilschienen und 9 Rippen. Die Unterarmpolster an dem geschränkten Holmkreuz waren manschet-tenförmig, außerdem gab es Stützen für die Ober-arme.

Zum Spannen der sehr straffen Flächen wurde eine in der Mitte des Gestellrings befestigte Schnur verwendet, mit welcher die Karabiner zu den Ösen gezogen werden konnten. Der mit Wachs impräg-nierte Spannstoff war von oben auf den Rippen mit dünnen Streifen aus spanischem Rohr (Peddig-rohr) befestigt und mit Leim auf das Gestell ge-klebt. Die Bespannung war so straff, daß es wie eine Trommel klang, wenn man darauf klopfte. Für die Verspannung wurde 2 mm starker verzink-ter Eisendraht verwendet, die Verspannung des Leitwerkes erfolgte mit Schnüren.

Der erste ›Normal-Segelapparat‹ war wahr-scheinlich das mit einem neuen Kreuzsteuer ausge-rüstete ›Modell Stölln‹. Danach gebaute Geräte dieses Typs, z. B. das ›Modell Lambert‹ differierten noch etwas in der äußeren Form, aber ab 1895 wurde nach einer Standard-Zeichnung gebaut.

Insgesamt entstanden außer dem ›Modell Stölln‹ etwa 9 Geräte, von denen 8 verkauft wur-den: nach Paris, Moskau, New York, Dublin, Ox-ford, Karlsbad, Bayern und in die Schweiz. Vier dieser Apparate existieren (z. T. nur als Frag-mente) noch in München, Moskau, London und Washington. Zusammen mit dem ›Sturmflügelmo-dell‹ in Wien sind also 5 Originalgleiter erhalten geblieben.

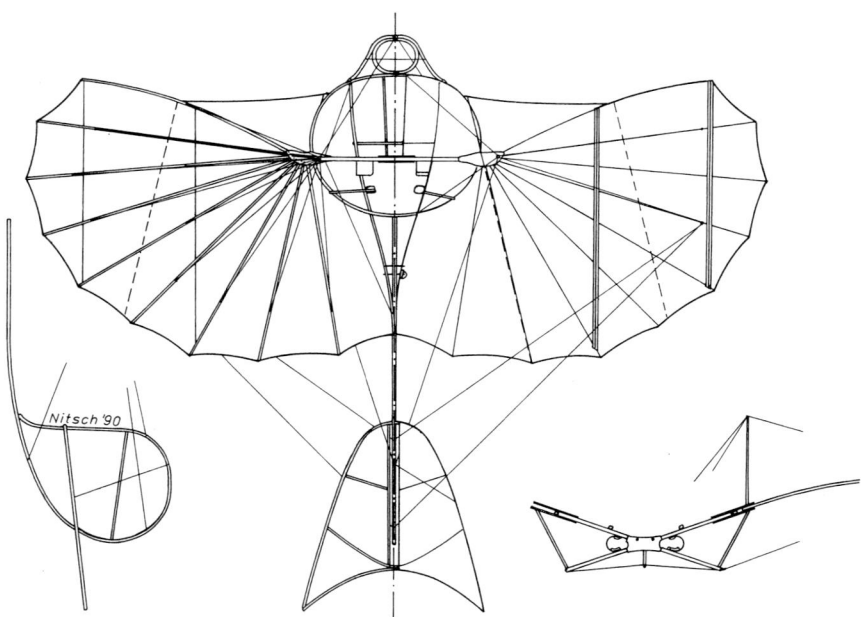

Abb. 104: Rekonstruktionszeichnung des ›Normal-Segelapparats‹ von 1894

Dieser erfolgreiche Standard-Typ regte Flugforscher in der ganzen Welt zu Versuchen und eigenen Konstruktionen an. Dazu trugen auch Publikationen zu den Versuchen Lilienthals in der Presse bei, die mit für die damalige Zeit sensationellen Momentfotografien seiner Flüge illustriert waren.

Im Frühjahr 1894 hatte sich Lilienthal in der Nähe seines Hauses in Lichterfelde bei Berlin einen 15 m hohen künstlichen Hügel aus Ziegeleischutt anlegen lassen. Ein Schuppen mit kegelförmigem Dach bildete die Spitze dieses Hügels und bot Gelegenheit zum Unterstellen der Geräte. An diesem Hügel konnte Lilienthal bei nahezu jeder Windrichtung und auch an Wochentagen üben. Es wurden Flugweiten bis 100 m erreicht. Dieses Flugzentrum wurde bald von Fachleuten aus der ganzen Welt besucht, aber auch schaulustige Berliner wurden von den Flügen angelockt, so daß Lilienthal an Wochenenden lieber in den Rhinower Bergen bzw. am Gollenberg bei Stölln flog.

›VORFLÜGELAPPARAT‹

Nach den mehrjährigen Gleitflugversuchen waren Lilienthal einige Schwächen seiner Flugzeugkonstruktion und des Steuerungsprinzips deutlich geworden.

Durch die Position des Piloten ergab sich ein nur wenig unter der Tragfläche liegender Systemschwerpunkt. Die Gleiter waren daher um die Querachse labil, so daß es immer wieder zu Unterschneidungen (negative Anstellwinkel) und Kopfstürzen kam. Bei der Gewichtskraftsteuerung standen nur die Beine zur Verfügung, größere Flächen ließen sich dadurch schon bei mittleren Winden kaum beherrschen.

An einem größeren Gleiter, der im Frühjahr 1895 entstand, wollte Lilienthal daher verschiedene Experimente zur Verbesserung der Steuerung durchführen.

Auffälligstes Merkmal dieses mit 8,8 m Spannweite und 19 m² Fläche größten Eindeckers waren Flügelklappen an der Vorderkante, die später zur wenig zutreffenden Bezeichnung ›Vorflügelapparat‹ führten (Abb. 92).

Die Flügelklappen konnten sich bei fehlender Anströmung um eine Randrippe drehen und nach unten öffnen. Unterstützt wurde diese Bewegung durch Gummizüge. Lilienthal hatte die Vorstellung, daß sich die Klappen, die im Normalflug geschlossen waren, bei negativer Anströmung öffnen und den Apparat in die Normalfluglage zurückbringen sollten. Wahrscheinlich hätte sich der große Luftwiderstand der Klappen aber eher schädlich auf die dann ohnehin gestörte Gleichgewichtslage ausgewirkt. Über Erfahrungen mit dieser Einrichtung gibt es keine Berichte. Lilienthal hielt die Lösung aber für so wichtig, daß er sie sich wahrscheinlich noch vor der Erprobung patentieren ließ.

Mit dem Gleiter erfolgten im Frühsommer 1895 mehrere Steuerungsexperimente, die durch Briefe und Fotos z. T. erst vor einigen Jahren bekannt wurden. Für die Versuche wurde um den Körper des Piloten ein Leistenrahmen angeordnet, der über ein Hebelsystem die Steuerbewegungen des Unterkörpers auf Steuerhilfen übertrug.

Bei einem Versuch wurden kleine Steuerflächen auf den Tragflächenenden angebracht, die wie Windfahnen um eine senkrechte Achse drehbar waren und als Widerstandsflächen eine Kurvensteuerung unterstützen sollten. Wahrscheinlich gab es auch eine Anordnung mit ähnlichen Flächen, die aufgestellt werden konnten.

Es gab auch Versuche, das vertikale Leitwerk über Hebel und Schnurzüge seitlich zu verdrehen. Der verkürzte Leitwerkträger war dazu drehbar im hinteren Teil der Fläche gelagert und das Leitwerk nach oben vergrößert worden. Die Steuerwirkung war wohl eher gering, da das Leitwerk um den langen Hebelarm des Leitwerkträgers mehr schräg als seitlich gestellt wurde. Es gab später auch ein Projekt zur Ansteuerung des horizontalen Leitwerkes.

Weiterhin erprobte Lilienthal eine Flächenverwindung. Die Spanndrähte der inneren Rippen endeten dabei an Hebeln, die wieder über den Leistenrahmen betätigt wurden. Bei seitlichen Körperverschiebungen ergab sich auf einer Flächenseite eine Anstellwinkelvergrößerung, auf der anderen eine Verringerung, verbunden mit einem entsprechenden Steuereffekt.

Lilienthal schrieb in einem Brief, daß er auch mit Sitzeinrichtungen experimentiert habe.[6] Alle diese Einrichtungen waren sehr einfach ausgeführt und ihre Wirkung gering. Trotzdem waren die Versuche bedeutungsvoll, denn sie zeigen, daß Lilienthal ständig an der Weiterentwicklung seiner Konstruktionen arbeitete und dabei Einrichtungen erprobte, die z. T. erst viel später in die Flugzeugtechnik eingeführt wurden.

Insgesamt war Lilienthal mit den Ergebnissen der Steuerungsexperimente nicht zufrieden. Er hat daher auch in seinen Veröffentlichungen darüber nicht berichtet. Es gab aber einen regen Erfahrungsaustausch mit dem bayerischen Flugpionier Alois Wolfmüller, der ebenfalls an der Verbesserung der Steuerung arbeitete.

Bei einer Veränderung der Schwerpunktlage des Piloten, die allerdings auch eine andere Verbindung mit dem Apparat vorausgesetzt hätte, wäre es Lilienthal eher gelungen, die Steuerbarkeit zu verbessern. Die modernen Drachenflugzeuge zeigen, daß die Gewichtskraftsteuerung bei tief liegendem Systemschwerpunkt sehr wirkungsvoll und sicher sein kann.

›KLEINER DOPPELDECKER‹

Es gelang Lilienthal auf einem anderen Weg, die Flugleistungen ohne Beeinträchtigung der Steuerbarkeit zu verbessern. Er war durch systematische Untersuchungen mit sehr einfachen Flugmodellen auf die guten Flugeigenschaften von Doppeldeckern aufmerksam geworden. Im Juli 1895 übertrug er diese Erfahrungen auf seine Gleiter und kombinierte das Sturmflügelmodell mit einer zweiten Fläche. Diese obere Tragfläche hatte 5,2 m Spannweite. Sie war nicht zusammenlegbar, son-

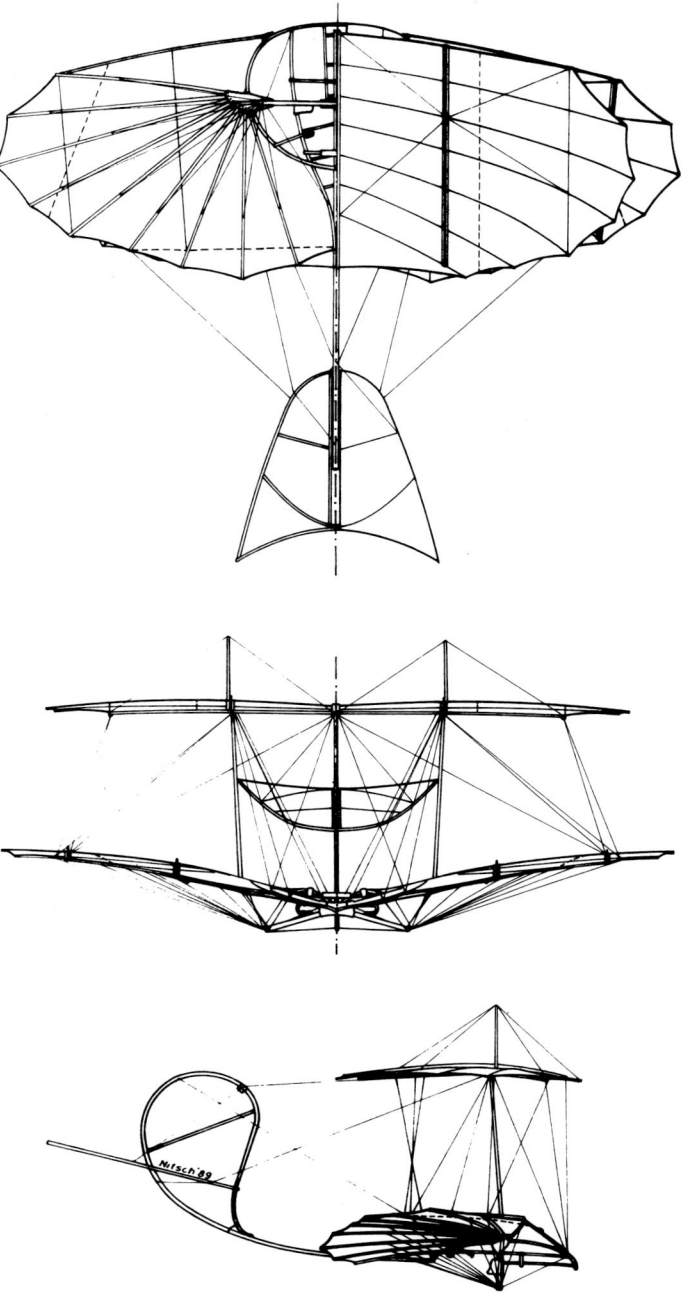

Abb. 105: Rekonstruktionszeichnung des ›kleinen Doppeldeckers‹ von 1895

dern konnte nur in der Mitte geteilt werden. Je 7 Rippen waren etwa parallel an einem mittleren Längsträger angebracht. Eine oben aufgeschobene Profilschiene und eine im äußeren Teil von unten angebundene Rute gaben jeder Seite zusätzliche Stabilität. Die Anbringung der Fläche auf nur zwei Spanntürmen mit Schnurverspannung zur unteren Tragfläche war recht unsicher und brachte Lilienthal die Kritik eines anderen Flugtechnikers ein (Abb. 105). Die Flugergebnisse mit diesem Doppeldecker übertrafen auf Anhieb alle Erwartungen. Der Gleiter ließ sich wie die Eindecker fliegen, war jedoch durch den insgesamt tiefer liegenden Systemschwerpunkt wesentlich stabiler. Die

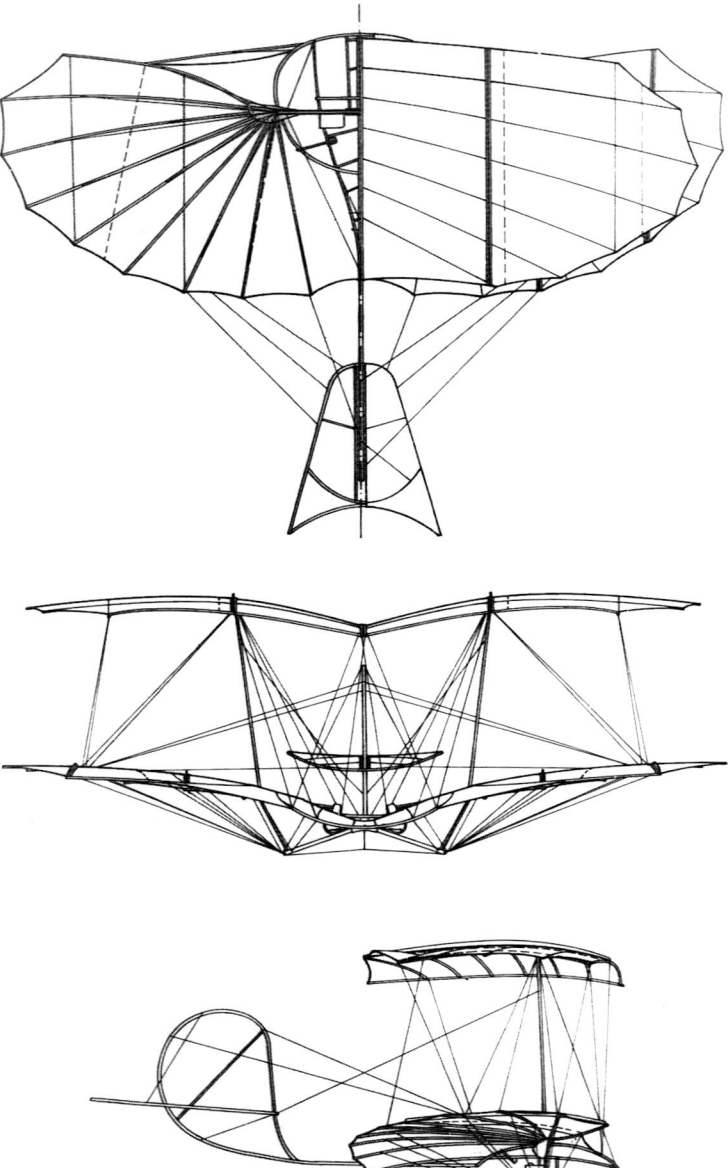

Abb. 106: Rekonstruktionszeichnung des ›großen Doppeldeckers‹ von 1895

mit 19,5 m² sehr tragfähige Fläche ließ sich aufgrund der günstigeren Anordnung bei geringer Spannweite sicher beherrschen. Vom Fliegeberg gelangen Lilienthal auch bei stärkerem Wind sehr hohe und ausgeglichene Flüge.

›GROSSER DOPPELDECKER‹

Lilienthal war so begeistert von den Flugeigenschaften des Doppeldeckers, daß er noch im Sommer 1895 einen neuen, größeren bauen ließ.

Als untere Tragfläche wurde ein ›Normal-Segelapparat‹ mit geringfügig veränderter Kontur verwendet. Die ersten Rippen waren kürzer, danach kamen die äußeren Profilschienen etwas nach innen und lagen unter den äußeren Profilrippen der oberen Fläche. Die Flächentiefe war mit 2,3 m etwas geringer als beim ›Normal-Segelapparat‹ (Abb. 106).

Mit 6,3 m Spannweite war die obere Tragfläche nur wenig kürzer als die untere. Bei einer Gesamtfläche von 24 m² ließ sich der Gleiter bei mittlerem Wind gerade noch sicher beherrschen und ermöglichte Lilienthal die eindrucksvollsten Flüge überhaupt.

Wie Fotos und Berichte belegen, war der ›große Doppeldecker‹ im Juli 1896 in Stölln stationiert. Ein Besucher, der amerikanische Physiker Robert W. Wood, hatte Gelegenheit, das Gerät eine Woche vor Lilienthals Absturz zu erproben und war so begeistert, daß er einen Doppeldecker kaufen wollte. Lilienthal verkaufte aber nur Eindecker, daher sollte Wood eine Woche später in Stölln einen solchen erproben. Es ist möglich und wahrscheinlich, daß der Techniker Beylich dafür die untere Tragfläche des ›großen Doppeldeckers‹ als Eindecker aufbaute. Lilienthal, der einen Tag später, am 9. August, alleine nach Stölln kam, weil Wood verhindert war, ist also wahrscheinlich mit der als Eindecker aufgebauten unteren Tragfläche des ›großen Doppeldeckers‹ abgestürzt. Als Absturzursache wird eine Gleichgewichtsstörung durch thermische Einflüsse angenommen.[7]

Bei der Zuordnung der ›Doppeldecker-Fotos‹ gibt es in der Literatur immer wieder Fehler, und auch G. Halle hatte dabei Probleme.

Der ›kleine Doppeldecker‹ ist an der Kontur der unteren Tragfläche (›Sturmflügelmodell‹) mit der Randrippe vorn und mit einer Naht nahe der Hinterkante, die durch Vergrößerung der Flächentiefe entstand, leicht zu identifizieren. Außerdem war das vertikale Leitwerk stärker als üblich angezogen. Die obere Tragfläche hatte eine deutlich geringere Spannweite als die untere und war oben mit kleinen Spanntürmen versehen.

Beim ›großen Doppeldecker‹ sind die (wie beim ›Normal-Segelapparat‹) schräg zwischen den Profilschienen der unteren Fläche liegenden Stoffnähte charakteristisch, die Nähte in der oberen Fläche liegen dicht parallel neben den Profilen.

Im Deutschen Museum war seit 1906 ein Apparat ausgestellt, der bisher als dritter, mittelgroßer Doppeldecker galt. Das Gerät bestand aus einem von Lilienthal geflogenen ›Normal-Segelapparat‹ (der an einem Flicken links vorn im Gestellring identifiziert werden konnte) und aus der oberen Tragfläche des ›kleinen Doppeldeckers‹.

Die falsche Zusammenstellung entstand aus Unkenntnis nach Lilienthals Tod. Die Verwechslung wurde erst 80 Jahre später zeitgleich von den Mitarbeitern des Deutschen Museums Leonhard Löffler und Hans Holzer und vom Autor entdeckt. Der seit den 50er Jahren in der Ausstellung befindliche Nachbau des falsch zusammengestellten Gerätes wurde inzwischen durch einen originalgetreuen Nachbau des ›kleinen Doppeldeckers‹ ersetzt.

PROJEKT ›KIPPFLÜGELAPPARAT‹

Wie die erwähnten Versuche mit dem ›kleinen Schlagflügelapparat‹ und einem zweiten Kohlensäuremotor zeigen, beschäftigte sich Lilienthal

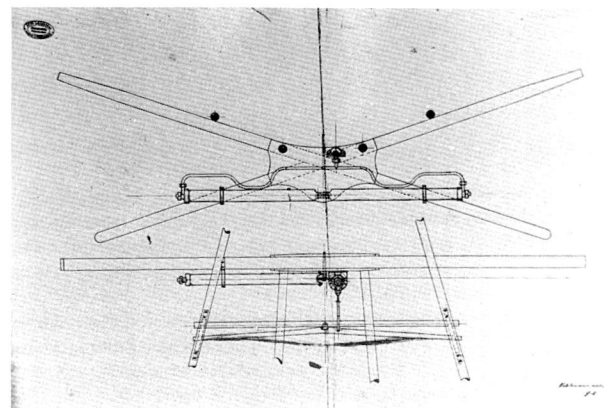

Abb. 107: Zeichnung des Kohlensäuremotors für den großen Schlagflügelapparat, 1896 (Kat.-Nr. 263)

1896 wieder mehr mit dem Schlagflügelantrieb. Es gibt Projekte, die in dieser Zeit entstanden sind und in denen der Einsatz des Motors in geänderter Anordnung (Abb. 107) vorgesehen war.

Wie man an Zeichnungen verfolgen kann, plante Lilienthal zunächst, den ›kleinen Schlagflügelapparat‹ umzubauen und mit größeren Schlagflächen zu versehen. Dafür war dieser Apparat aber wahrscheinlich schon zu mitgenommen.

Es gibt ein Projekt (Abb. 108), das bisher um 1893 eingeordnet wurde, weil es nicht die typische Rumpfkonstruktion mit Gestellring zeigt. Das erst später eingeführte geschränkte Holmkreuz mit Kreuzplatten und die zum 2. Kohlensäuremotor

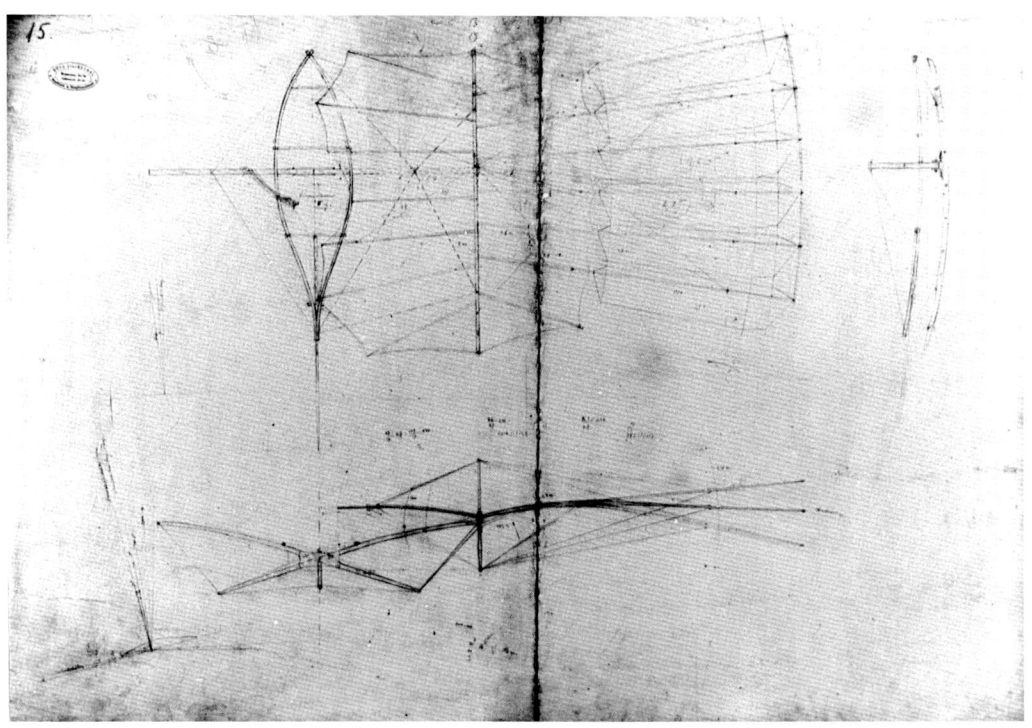

Abb. 108: Projekt ›Kippflügelapparat‹, 1896 (Kat.-Nr. 266)

passende Anordnung der Zugdrähte lassen aber eher das Jahr 1896 als Entstehungszeit vermuten.

Die ovale Anordnung der Längsträger erinnert an die frühen Konstruktionen, kehrt aber im selben Jahr nochmals bei einem realisierten Gerät wieder. Auch die Flügelkonstruktion ist untypisch. Der profilierte Längsträger im Flügel ist die am Holm befestigte Achse, um welche die Fläche wie eine Wippe kippen kann. Beim Niederschlag der Schlagfläche und des äußeren starren Flügelteils macht der innere Teil einen Aufschlag. Die Wirkung wird dadurch teilweise wieder aufgehoben. Das Projekt ist mit ziemlicher Sicherheit nicht realisiert worden.

Aus derselben Zeit gibt es noch die sehr sorgfältig ausgeführte Zeichnung eines dem kleinen Gerät sehr ähnlichen ›Schlagflügelapparates‹ mit großer Flächentiefe und je 6 Schlagflächen, die über ein Scharnier mit der Fläche verbunden sind. Realisiert wurde aber ein Gerät mit etwas anderer Form.

›GROSSER SCHLAGFLÜGELAPPARAT‹

Im Frühjahr 1896 entstand ein ›großer Schlagflügelapparat‹, über dessen Form lange Unklarheit herrschte. Erst ein nach Lilienthals Tod entstande-nes und viel später wieder aufgefundenes Foto zeigte, welches der Projekte realisiert wurde. Die Entwurfszeichnung wurde mehrfach geändert, auf dem Original sind noch schwach die Umrisse des ›kleinen Schlagflügelapparates‹ erkennbar.

In diesem Apparat wurde der zweite Motor in fluchtender Anordnung eingebaut. Die Zugdrähte wirkten über Spannturmhebel auf die Schlagflächen. Diese waren in einem Rahmen angeordnet und über ein Scharnier mit der Fläche verbunden. Der Apparat war mit 8,5 m Spannweite, 2,5 m größter Tiefe und 17 m² Fläche erheblich größer als der ›kleine Schlagflügelapparat‹. Bei der Konstruktion gab es eine interessante Neuheit, die erst nach genauer Auswertung eines zweiten Fotos gedeutet werden konnte. Die Vorderkante wird wieder von einer Randrippe gebildet, an der, ähnlich wie beim ›Vorflügelapparat‹, kleine Rippen angebracht sind. Diese Rippen sind jedoch auf der Ober- und auf der Unterseite vorhanden, so daß sie eine nach vorn gerichtete Stützrippe und die 1. Rippe beidseitig umschließen. Auch die Bespannung ist in diesem Bereich beidseitig. Diese Anordnung entspricht den Forschungsergebnissen Lilienthals, daß ein vorn verdickter und beidseitig profilierter Flügel auftriebsfördernd wirkt (Abb. 109). Es sollte wahrscheinlich das vergrößerte Leitwerk des ›Vorflügelapparates‹ verwendet

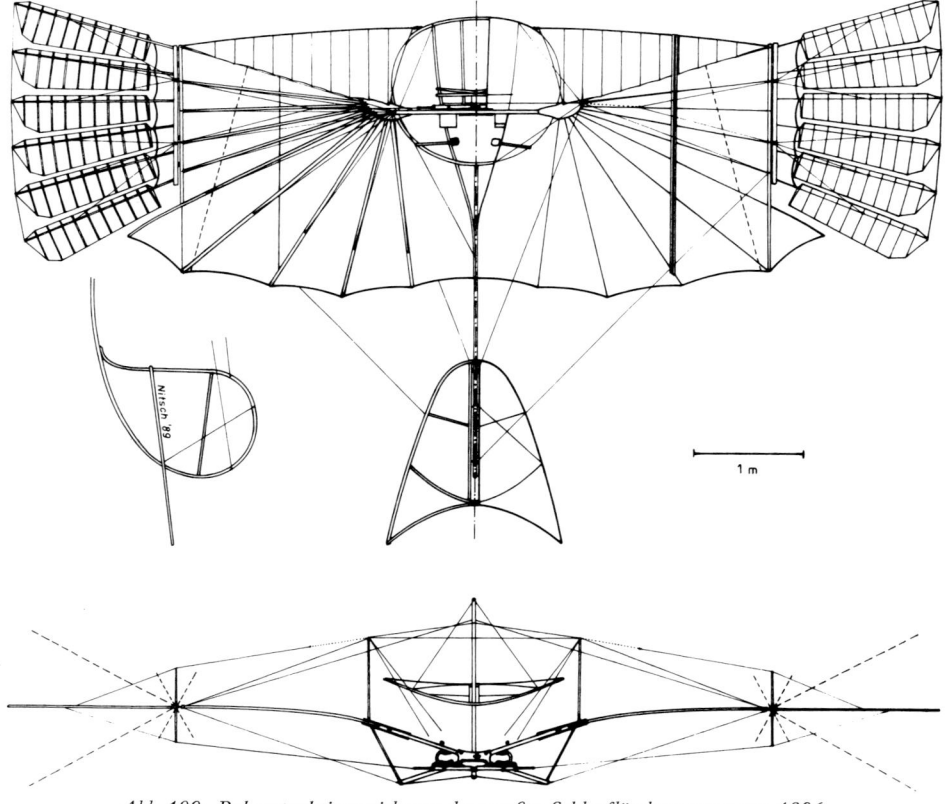

Abb. 109: Rekonstruktionszeichnung des ›großen Schlagflügelapparats‹ von 1896

werden, denn Lilienthal setzte es seiner besseren Wirksamkeit wegen auch am ›Normal-Segelapparat‹ ein. Der Apparat wurde zwar fertig, konnte aber nicht mehr erprobt werden.

›GELENKFLÜGELAPPARAT‹

Über das letzte, im Sommer 1896 gebaute Flugzeug ist nur sehr wenig bekannt. Im März des Jahres hatte Lilienthal in einem Brief geschrieben: »Ich bin gegenwärtig mit der Konstruktion eines Flugapparates beschäftigt, bei dem die Stellung der Flügel während des Fluges derart verändert werden kann, daß die Gleichgewichtserhaltung nicht durch Verlegung des Körpergewichts im Schwerpunkt bewirkt wird. Nach meiner Meinung bedeutet dies einen großen Schritt vorwärts, denn die Sicherheit wird sich dadurch erhöhen.«[8]

Demnach wäre diese letzte Konstruktion sehr bedeutungsvoll, denn das Abgehen von der Körpergewichtssteuerung hätte eine qualitativ neue Stufe bedeutet.

Einen weiteren Hinweis zu dem Gerät gab der Ingenieur Schauer. Er schrieb in einer Veröffentlichung, daß außer dem Schwingenflugzeug, »auch ein Flugzeug mit erheblich verdickten beidseitig bespannten Flügeln fast versuchsfertig war«.[9] Später übergab er dem Deutschen Museum, München, eine zugehörige Zeichnung Lilienthals vom Juni 1896 (Abb. 110).

Auf dieser flüchtigen Skizze scheint nicht viel erkennbar zu sein. Betrachtet man aber andere, frühere Skizzen (Abb. 111), so wird deutlich, daß sich Lilienthal schon länger mit einer entsprechenden Konstruktion beschäftigte.

Offensichtlich sollte das letzte Flugzeug eine Flächensteuerung erhalten, bei welcher die Flügel nach Art der Vögel einknicken können. Dieses Prinzip erscheint uns heute, ebenso wie der Schlagflügelantrieb, sehr ungewöhnlich. Für Lilienthal, der seine Anregungen meistens aus dem Studium des Vogelfluges bezog, war eine solche Steuerungsmethode durchaus wert, erprobt zu werden.

Man kann sich das letzte Flugzeug etwa wie folgt vorstellen: Das Mittelteil war wie beim Projekt ›Kippflügel-Schlagapparat‹ gestaltet. Der innere Teil der Tragfläche hatte zwei Holme, über und unter denen etwa 7 parallele Rippen verliefen. Diese bildeten ein räumliches Profil, waren beidseitig bespannt und liefen vorn und hinten spitz zusammen. Das widersprach zwar Lilienthals früheren Grundsätzen, ließ sich aber mit Weidenruten

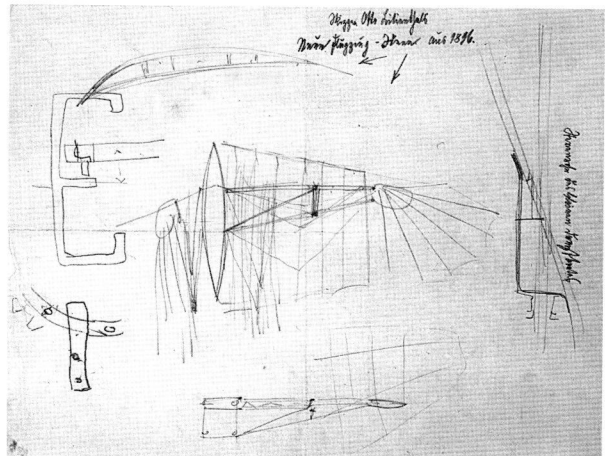

Abb. 110: Skizze zum ›Gelenkflügelapparat‹, um 1896 (Kat.-Nr. 267)

besser realisieren. Die Holme hatten im Flügel Gelenke, so daß sie wie ein Vogelflügel im Ellbogengelenk einknicken konnten. Im äußeren Teil entsprach der Flügel mit 8 strahlenförmigen Rippen etwa dem bisherigen Konstruktionsprinzip. Das Gerät war demnach zusammenlegbar.

Die Erprobung sollte wahrscheinlich noch mit starren Flächen und Körpergewichtssteuerung erfolgen, später war wohl eine Sitzvorrichtung vorgesehen und ein Steuermechanismus, der die Betätigung der Flächenverschiebung mit den Händen erlaubte.

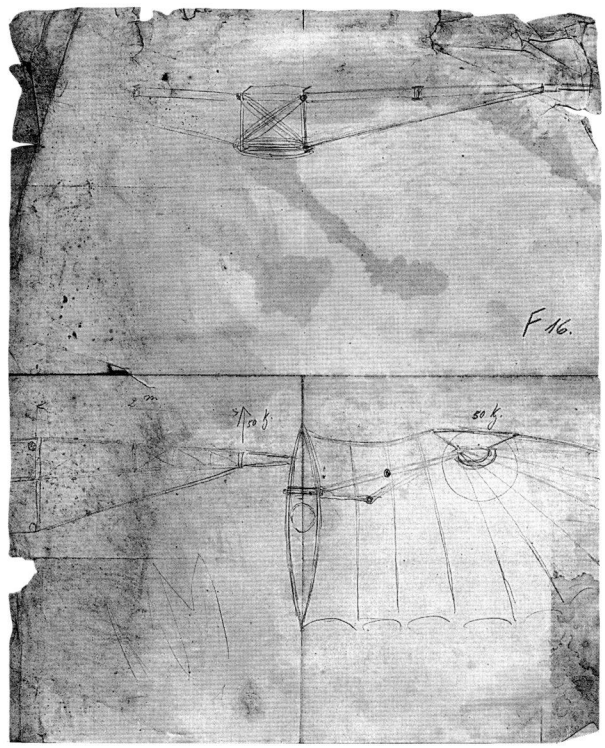

Abb. 111: Frühe Skizze zum ›Gelenkflügelapparat‹, um 1890 (Kat.-Nr. 268)

Eine letzte Skizze Lilienthals enthielt zwei Methoden zur aktiven Anlenkung des horizontalen Leitwerkes. Beim Verzicht auf die Körpergewichtssteuerung wäre ein solches Höhenleitwerk unbedingt erforderlich gewesen. Die eine Methode nutzte die bei der Flächensteuerung entstehenden Körperbewegungen aus. Über eine mehrfache Umlenkung sollte die Leitwerkfläche beim Aufrichten des Oberkörpers angezogen werden. Die andere Einrichtung war für gewichtsgesteuerte Geräte vorgesehen. Ein Hebel im Rücken des Piloten übertrug die Körperbewegungen auf das Höhenleitwerk. Lilienthal soll auch versucht haben, das Leitwerk vom Kopf aus anzulenken, doch bei gewichtsgesteuerten Geräten hätte das eine widersinnige Steuerbewegung ergeben.

Auch der letzte Apparat, der bei Lilienthals Tod annähernd fertig gewesen sein soll, konnte nicht mehr erprobt werden.

LILIENTHALS NACHFOLGER

Fluginteressierte auf der ganzen Welt waren durch die illustrierten Zeitungsberichte auf Lilienthals Versuche aufmerksam geworden, und viele machten mit nachgebauten oder bei Lilienthal gekauften Apparaten selbst Gleitflugversuche.

Nach seinem Tod wurden viele dieser Versuche abgebrochen, aber einige Enthusiasten experimentierten weiter. Von Wolfmüller, Percy Pilcher, Traian Vuia und Gustav Weisskopf wurde versucht, Geräte mit Lilienthals Grundkonstruktion zu motorisieren und mit einem Propeller zu versehen. Wirklich erfolgreich war keiner dieser Versuche, weil den zusammenlegbaren Flächen die nötige Stabilität und Steifigkeit fehlte, um einen schweren Motor zu tragen.

Erst die Einführung einer neuen Grundkonstruktion durch Octave Chanute schaffte die notwendigen Voraussetzungen für die erfolgreiche Motorisierung. Wesentlich war jedoch, daß auch diese Konstruktion nach der Methode Lilienthals erst im Gleitflug erprobt wurde und daß die ersten Motorflieger, die Brüder Wright, sich zunächst die Beherrschung ihrer Apparate im Gleitflug aneigneten. Dieser Weg wurde auch später noch von Motorflugpionieren wie Ferdinand Ferber, Gabriel Voisin, Hermann Dorner und Bruno Hanuschke erfolgreich beschritten.

Andere versuchten, nach Lilienthals Vorbild über Gleitflüge den dauerhaften Segelflug zu verwirklichen. Nach Anfangserfolgen der Brüder Wright gelang das erst bei den Rhönwettbewerben in den 20er Jahren.

Die einfache Flugmethode Lilienthals, die als einzige das ursprüngliche Fluggefühl in der freien Luft vermittelt, erlebt seit den 70er Jahren eine Renaissance in dem sich stürmisch entwickelnden Drachenflug.

ANMERKUNGEN

[1] Halle, Gerhard: Otto Lilienthal und seine Flugzeug-Konstruktionen. München: R. Oldenbourg Verlag, 1962. VDI-Verlag, Düsseldorf. Deutsches Museum München: Abhandlungen und Berichte, 30 (1962) 2.

[2] Nitsch, Stephan: Flugzeugkonstruktionen Otto Lilienthals. Neue Klassifikation, Rekonstruktion (im Druck).

[3] Lilienthal, Gustav: Die Entwicklung. Einleitung zur 2. Auflage Vogelflug, München und Berlin 1910.

[4] Lilienthal, Otto: Der Vogelflug als Grundlage der Fliegekunst. Berlin: R. Gaertners Verlagsbuchhandlung, 1889.

[5] Siehe Kat.-Nr. 150.

[6] Siehe Kat.-Nr. 206.

[7] In Abgrenzung von Schwipps, Werner: Lilienthal. Die Biographie des ersten Fliegers. Gräfelfing: Aviatik Verlag, ²1986, S. 375–390, wird hier der neueste Forschungsstand wiedergegeben.

[8] Lilienthal, Otto: Brief an Means vom 17. 4. 1896; gedruckt im Aeronautical Annual, Boston 1897.

[9] Schauer, Paul: Weitere Erinnerungen an Otto Lilienthal. In: VDI-Nachrichten 33 (1929).

Die Flug- und Experimentiergeräte Otto Lilienthals

Geräte	Jahr	Nummer nach Halle	Spannweite in m	Bemerkungen
Experimentiergeräte:				
Schlaggerät I	1867	–	6	
Schlaggerät II	1868	–	8	
Geräte für Stehversuche:				
Vormodell	1889	–	4,4	Realisierung vermutet
›Modell Möwe‹	1890	2	10	Schlagversuche vorgesehen
Manntragende Apparate:				
›Derwitz-Apparat‹	1891	3	7,6/5,5	bei Reparaturen verkleinert
Entwurf ›kleiner Gleiter‹	1892	–	8	wahrscheinlich nicht realisiert
›Südende-Apparat‹	1892	4	9,5	»Über Leergerüst gebaut …«
›Maihöhe-Rhinow-Apparat‹	1893	6	7	Exemplare/Pläne verkauft
›kleiner Schlagflügelapparat‹	1893–1896	16	6,8	Versuche mit 2 Motoren
Projekt ›großer Eindecker‹	1893	7	8,4	nicht realisiert
›Modell Stölln‹ –	1894/1894	9	6,7	Profilversuche/verkauft an Seiler
›Seilers Apparat‹		8	7,1	
›Sturmflügelmodell‹	1894	10	6	
›Normal-Segelapparat‹	1894	11	6,7	mindestens 9 Exemplare, 8 verkauft
›Vorflügelapparat‹	1895	12	8,8	Steuerungsversuche
›kleiner Doppeldecker‹	1895	13	6,0/5,2	›Sturmflügelmodell‹ verwendet
›großer Doppeldecker‹	1895	14	6,6/6,3	erfolgreichste Flüge
›großer Schlagflügelapparat‹	1896	17	8,5	nicht erprobt
Projekt ›Kippflügel-Schlagapparat‹	1896	–	9	nicht realisiert
›Gelenkflügelapparat‹	1896	18	?	nicht erprobt
Nach Halle:				
Gerät nach Entwurf im ›Vogelflug‹	1889	1		in dieser Form nicht realisierbar
2. ›Südende-Apparat‹	1892	5		nicht existent
›mittlerer Doppeldecker‹	1895	15		1904 falsch zusammengestellt

Abb. 112: Der Gleiter, noch im Besitz des Berliner Patentbüros ›Reichau & Schilling‹, das den Nachlaß Otto Lilienthals verwaltete. Die Aufnahme entstand vor dem Zugang an das Deutsche Museum im August 1904 in Buckow (Märkische Schweiz) (Ingenium, 3|1904)

GERHARD FILCHNER/CHRISTIAN PIEPENBURG

Der ›Normal-Segelapparat‹ von Otto Lilienthal im Deutschen Museum – eine Dokumentation

VORBEMERKUNGEN

Im Bestand des Deutschen Museums befindet sich seit 1904 ein Original-Gleiter von Otto Lilienthal. Infolge von Materialalterung ist er in Stücke zerbrochen. Auch wenn die ursprüngliche Form nicht mehr erhalten ist, so können doch im Detail konstruktive Einzelheiten und die Verarbeitung des Gleiters studiert werden. Der Gleiter wurde 1958 in der Ausstellung durch eine Nachbildung ersetzt. Diese Dokumentation dient dazu, die Detailinformationen verfügbar zu machen.

EINORDNUNG UND GESCHICHTE DES GLEITERS

Der Gleiter, sowohl das Original, als auch die Nachbildung, ist im Deutschen Museum lange Zeit nicht eigenständig in Erscheinung getreten. Er wurde bis 1984 als Teil, genauer als Unterdeck, eines Doppeldeckers angesehen. Kombiniert mit einem Oberdeck, das von einem anderen Typ stammt, dem ›kleinen Doppeldecker‹, war ein Doppeldecker entstanden, wie ihn Lilienthal niemals benützt hat.[1] Die Hintergründe, die zu diesem Tatbestand führten, sind von Hans Holzer in dem Aufsatz ›Die Objekte Otto Lilienthals im Deutschen Museum‹ auf S. 125–137 beschrieben.

Dieses Unterdeck, mit einem Leitwerk versehen, ist aber ein eigenständiger Gleiter. Daß die falsche Kombination mit dem Oberdeck eines anderen Typs leicht möglich war, ist dadurch zu erklären, daß Lilienthal vorhandene Gleiter durch Aufsetzen eines Oberdecks zu Doppeldeckern weiterentwickelt hat.[2] Der Verbleib des Oberdecks und des Seitenleitwerks ist ungeklärt.

Der Gleiter ist ein sogenannter ›Normal-Segelapparat‹. So ist eine Zeichnung von Lilienthal beti-telt, die den Gleiter zeigt.[3] Gerhard Halle, der die erste systematische Übersicht der Gleiter von Lilienthal erstellte, klassifizierte ihn als Typ 11.[4] Dieser Typ gilt als die ausgereifteste Konstruktion von Otto Lilienthal. Mindestens 10 Exemplare wurden von 1894 bis 1896 gebaut, acht davon verkaufte Lilienthal an Interessenten in verschiedene Länder.[5] Vier ›Normal-Segelapparate‹ sind erhalten geblieben. Sie befinden sich im ›National Air and Space Museum‹, Washington, im ›Science Museum‹, London, im ›Shukowski Museum‹, Moskau und im Deutschen Museum. Der ›Normal-Segelapparat‹ ist damit das erste Flugzeug, das in Serie gebaut wurde. Für diese »Segelapparate zur Übung des Kunstflugs« warb Lilienthal sogar mit einer Anzeige in Moedebecks ›Taschenbuch für Flugtechniker und Luftschiffer‹.[6] Der Preis für einen ›Normal-Segelapparat‹ betrug in der Regel 500 Mark.[7]

Unter den ›Normal-Segelapparaten‹ nimmt der im Deutschen Museum erhaltene einen besonders hohen Stellenwert ein, denn dieser wurde von Lilienthal bei seinen Flugversuchen selbst benützt. Anhand eines aufgesetzten Flickens im Gestellring ist der Gleiter auf Fotografien zu identifizieren[8] (Abb. zu Kat.-Nr. 224).

Der Gleiter kam 1904 über das Berliner Patentbüro ›Reichau & Schilling‹, das den Nachlaß Lilienthals verwaltete, mit dem bereits erwähnten Oberdeck und einem Leitwerk in das Deutsche Museum[9] (Abb. 112). Er war dann, als Unterteil eines Doppeldeckers, von 1906 bis in die 1940er Jahre in den Ausstellungen des Deutschen Museums[10] (Abb. 113).

Bei der Wiedereröffnung der Abteilung Luftfahrt 1958 ersetzte man das Original durch eine Nachbildung, da die Originalteile durch Materialalterung morsch und brüchig geworden waren[11] (Abb. 114 und 115).

Abb. 113: In den Ausstellungen des Deutschen Museums war der Gleiter von 1906 bis in die 1940er Jahre als Unterdeck eines Doppeldeckers zu sehen. Fälschlicherweise hatte man ihn mit dem Oberdeck des ›kleinen Doppeldeckers‹ kombiniert

Abb. 114: Materialalterung und die Begleitumstände der Kriegs- und Nachkriegszeit haben ihre Spuren am Gleiter hinterlassen. Die Aufnahme entstand 1956, als der Gleiter für die im Wiederaufbau befindliche Luftfahrtabteilung nachgebaut wurde

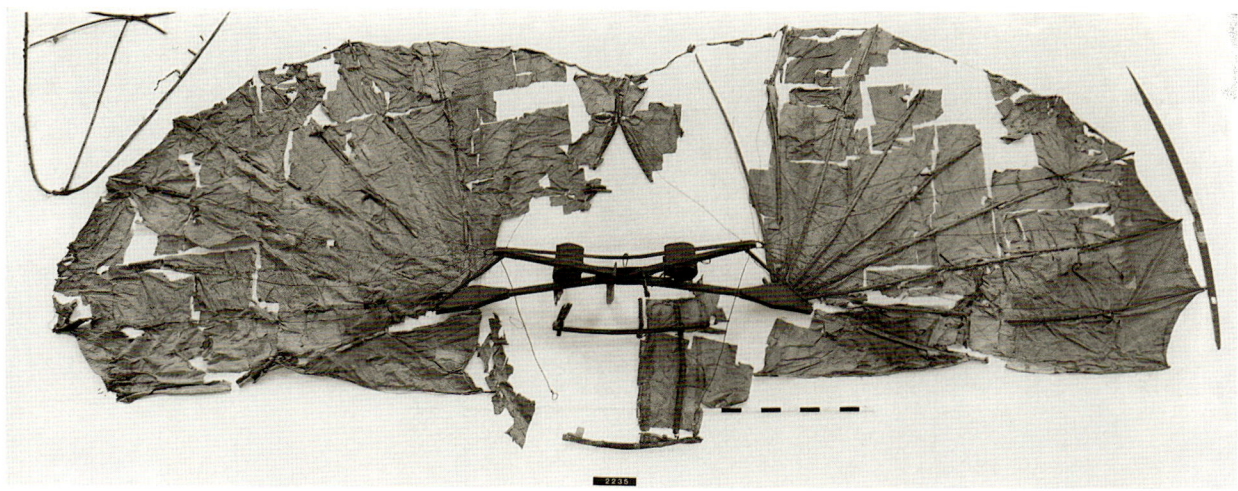

Abb. 115: Ausgebreitet vermittelt der Überrest des Gleiters trotz der Beschädigung wertvolle Hinweise über den konstruktiven Aufbau. Aufnahme aus dem Jahr 1989

ALLGEMEINE BESCHREIBUNG

Aus der Konstruktionszeichnung (Abb. zu Kat.-Nr. 204) gehen die wichtigsten Abmessungen des Gleiters hervor. Nach dieser hat er eine Spannweite von 6,7 m und eine größte Flügeltiefe von 2,4 m. Die Flügelfläche ist mit 13 m^2 angegeben. Die Masse beträgt etwa 20 kg.

Lilienthal wählte diese Abmessungen, um, zusammen mit einem Leitwerk, eine ausreichende Flugstabilität zu erzielen: »Größte Breite der Flügel [Flügeltiefe] nicht über 2^1/$_2$ m, Spannweite von Spitze zu Spitze nicht über 7–8 m, damit durch einfache Schwerpunktverlegungen stabile Flüge erzielt werden können. Ein möglichst weit nach hinten liegendes festes Vertikalsteuer erleichtert die Einstellung gegen den Wind. Ein horizontales Steuer verhindert das Vornüberkippen des Apparates.«[12]

Nach den ersten Flugapparaten, die, wie bei heutigen Flugzeugen üblich, durchgehende Holme hatten, ging Lilienthal 1893 zu einer Bauweise über, die er im wesentlichen bei allen weiteren Gleitern beibehielt. Änderungen ergaben sich in der Anzahl der Rippen, der Abmessungen und der Anordnung der Leitwerke.

Diese Bauweise ermöglichte es, die Apparate zusammenzuklappen: »Die Flügel sind aus strahlenförmig gestellten Rippen gebildet und können ähnlich wie ein Fledermausflügel zusammengelegt werden. Ich erzielte hierdurch eine bessere Transportfähigkeit und die Möglichkeit der Aufbewahrung in jedem beliebigen Raum.«[13] An anderer Stelle führt er aus: »Alle neueren Apparate sind so eingerichtet, dass dieselben durch eine 2 m hohe

und 1 m breite Thür transportirt werden können. Das Entfalten und Zusammensetzen des Flugzeugs dauert nur etwa zwei Minuten.«[14]

Die Gleiter waren so gebaut, »dass dieselben in allen Theilen einem Sprengwerke gleichen, dessen einzelne Glieder nur auf Zug und Druck beansprucht werden, um dadurch die größte Festigkeit mit der grössten Leichtigkeit zu verbinden«.[15]

In dem Patent (Abb. 116) aus dem Jahr 1893 ist der allgemeine Aufbau, wie er im wesentlichen für den späteren Apparat im Deutschen Museum gilt, beschrieben:

»Der Apparat besteht aus einer leicht gewölbten Fläche, die aus einem Holzgerüst mit Stoffbespannung hergestellt ist. [...] Die Construction des Apparates ist folgende: Zwei ein spitzwinkliges Kreuz bildende Hölzer a tragen an ihren oberen Enden b durch zwei Brettchen hergestellte Taschen d. In diesen sind die hölzernen Flügelrippen e drehbar befestigt. Eine an den Spitzen der Rippen herumführende Schnur f und ein Draht g, der an der ersten Flügelrippe befestigt und an dem Bügel h eingehakt ist, spannen diese Rippen in Horizontalrichtung. Die Spannung nach unten erhalten die Rippen durch Drähte i, die von den Punkten k derselben nach den untersten Enden c des Kreuzholzes a führen, so dass ein umgekehrtes Hängewerk gebildet wird. Zwischen den Kreuzhölzern a sind die Polster l befestigt. Ausserdem sind mit dem Kreuzholz a der Bügel h in den Taschen d und Vernageln und Verleimen, sowie die Stangen m fest verbunden, an welche letztere wieder vorn das Querholz n [Griffholz] mit den Stäben o und hinten zwei divergierende Stäbe p [diese fehlen beim ›Normal-Segelapparat‹] befestigt sind.«[16]

OTTO LILIENTHAL in BERLIN.
Flugapparat.

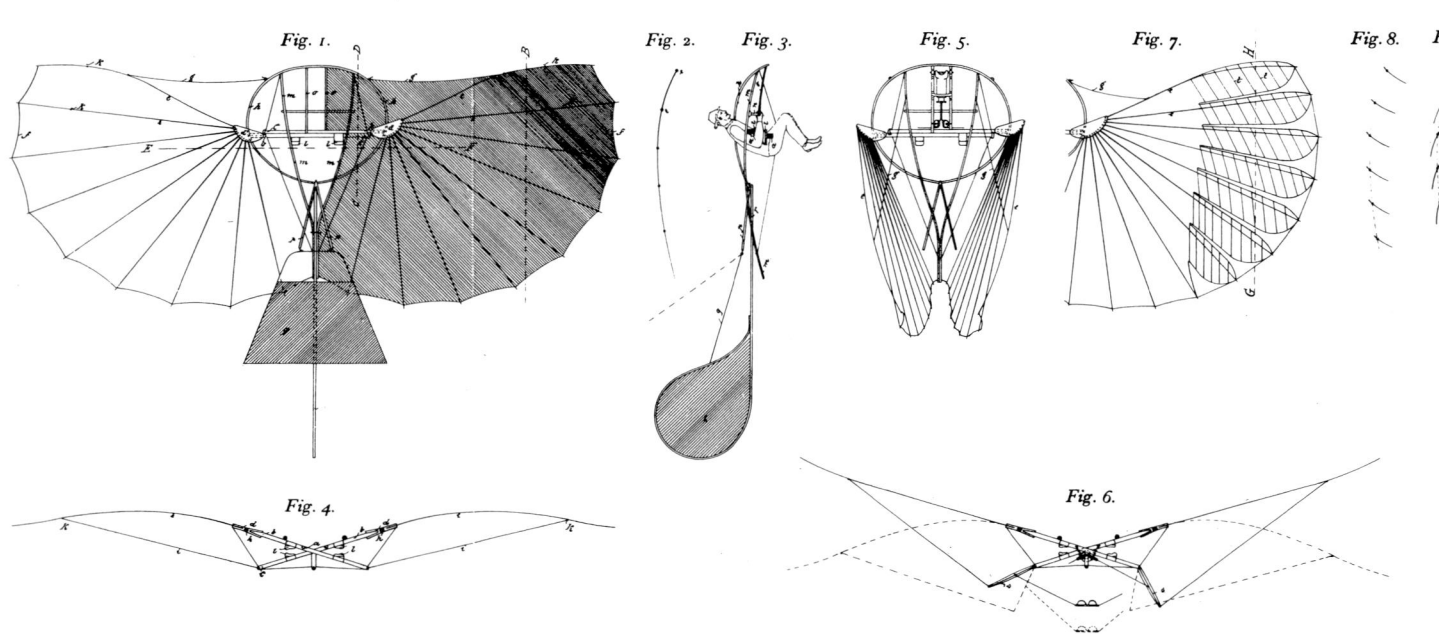

Abb. 116: Zeichnungen zur Patentschrift »Flugapparat« vom 3. 9. 1893, D. R. P. 77916

Eine Anleitung zum Montieren des Gleiters gibt Lilienthal in einem Brief an Alois Wolfmüller (Abb. 334 u. 335), der einen ›Normal-Segelapparat‹ erworben hat: »Die Karabinerhaken [an den Drähten der horizontalen Abspannung] werden an den Ösen [an den Stangen m] gelöst, die Flügel entfaltet und die Karabinerhaken hierauf in den Ösen am vorderen Bügelrand eingehakt. Zum Anziehen der Haken bedient man sich der Schnur, die in der Mitte des vorderen Bügels befestigt ist. Hierauf werden die Spreizen [Spanntürme] auf jedem Flügel aufgestellt, indem sie mit dem unteren Zapfen in die blau umränderten Löcher der Scharnierplatten eingesetzt werden. Alsdann ist der Schweif mit dem Kreuzsteuer anzubringen. Möglichst ohne Lösung der Schnüre wird das Horizontalsteuer mit seinem Schlitz über das Vertikalsteuer gelegt und durch einen Stift ›a‹ verbunden, so daß die Anordnung wie skizziert wird. Durch die Schnüre ›b‹ wird das Horizontalsteuer so aufgehängt, daß das hintere Ende etwas höher liegt als der Drehpunkt. Die Pfeilrichtung muß etwa auf das Gestellkreuz gerichtet sein. Durch Zapfen ›c‹ und Stift ›d‹ wird der Schaft befestigt. Die Haken ›e‹ hängt man dann noch in die Schnurösen am oberen Ende der Spreizen.

Der Apparat wird mit seinen Flächen in der richtigen Form gehalten, indem man die Profilstangen einschiebt, und zwar von vorn nach hinten durch die über den Rippen angebrachten Eisen. Die vorderen Enden der Profilstangen werden durch die Wirbel ›f‹ befestigt. Dadurch ist der Apparat zum Gebrauch fertig.«[17] Auf jeder Fläche werden zwei gebogene Profilstangen, die die Wölbung des Flügels bestimmen, parallel zur Flugrichtung montiert. Da die Profilstangen auswechselbar waren, konnte die Wölbung variiert werden. Lilienthal nutzte diese Möglichkeit oft, um sich Gewißheit über die beste Form zu verschaffen.[18] »Die Pfeilhöhe der Flügelkrümmung ist aus Stabilitätsrücksichten unter $1/12$, am besten $1/18$–$1/15$ der Flügelbreite [Flügeltiefe] zu nehmen.«[19]

Die Art und Weise, wie der Gleiter vom ›Piloten‹ zu handhaben ist, beschreibt das Patent: »Zur Benutzung des Apparates bringt man die Unterarme zwischen die an dem Kreuzholz a, Fig. 3, befestigten Polster l und umfasst mit den Händen das Querholz n, so dass man in sehr bequemer Weise, ohne die aufrechte Körperhaltung zu verändern, sowohl beim Anlauf den Apparat tragen und einstellen kann, als auch beim Fluge in dem Apparat hängend durch entsprechende Bewegungen des Körpers (Verschiebung des Körperschwerpunkts) den Apparat im Gleichgewicht halten und lenken kann. Da hierbei die Beine stets frei nach unten hängen, so ist auch die Landung durch Aufsetzen der Füsse sicher zu bewirken.«[20]

BESCHREIBUNG DER KONSTRUKTIVEN EINZELHEITEN

Die verwendeten Bezeichnungen entsprechen im wesentlichen der Nomenklatur, wie sie in der Patentschrift und in den Briefen Lilienthals verwendet wird.

Das Gestellkreuz

Das Gestellkreuz (Abb. 117, 118) ist das zentrale Element des Gleiters: in ihm hängt der Pilot, die Flügel sind daran befestigt. Es besteht aus zwei gekreuzten Hölzern (Kiefer, quadratischer Querschnitt mit 35 mm Kantenlänge). Die verleimte einfache Überblattung ist beidseitig mit aufgenagelten

Brettern (vierlagiges Birkensperrholz) versteift (Abb. 119).

An den oberen Enden des Gestellkreuzes, die Hölzer sind dort auf eine Stärke von 20 mm abgehobelt, sind die Taschen zur Befestigung der Rippen angebracht. An den unteren Enden des Gestellkreuzes sind Drahtringe befestigt, an denen die Unterverspannung angreift (Abb. 121). Die Zugkräfte, die aus der Unterverspannung resultieren, werden durch ein Bandeisen zwischen den beiden unteren Enden des Gestellkreuzes abgefangen. Das Bandeisen wird durch eine Drahtschlinge zur Kreuzmitte gespannt (Abb. 120). Zur Aufnahme der Zug- und Druckkräfte zwischen den oberen und unteren Kreuzenden dienen Streben (Weidenholz) und parallel dazu eine Drahtverspannung (Abb. 121).

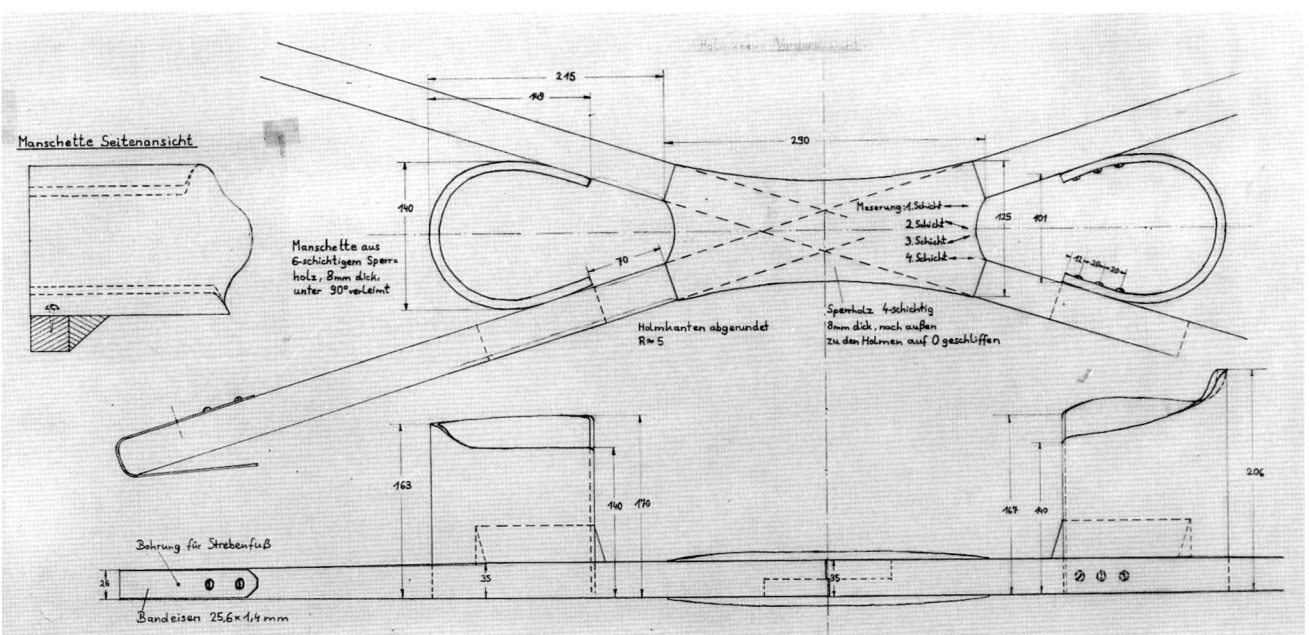

Abb. 117: Gestellkreuz. Rekonstruktionszeichnung 1989

Abb. 118: Das Gestellkreuz und die Reste des Gestellrings von vorne gesehen. Zu beachten ist, daß der Gleiter auf dem Rücken liegt

Die Taschen

Jede Tasche (Abb. 122–125 und 357) besteht aus
zwei Brettern (fünflagiges Birkensperrholz), die an
den oberen Enden des Kreuzes oben und unten an
die Hölzer geleimt und genagelt sind. Dadurch beträgt der Abstand zwischen den Brettern 20 mm.
Zwischen den Brettern lagern schwenkbar die Flügelrippen, die durch Eisenstifte mit ihnen vernietet
sind. Der Umriß der Bretter und die Position bezüglich des Kreuzes wurden bei der Herstellung mit
Schablonen festgelegt. Die für die ›Normal-Segelapparate‹ und auch für den ›Sturmflügelapparat‹
verwendete Schablone ist im Deutschen Museum
erhalten (Abb. 359).

Die Flügelrippen

Jeder Flügel hat 9 Rippen. Die Rippen sind ge-
schälte Weidenruten mit Längen zwischen
1740 mm und 2390 mm. Die größte Dicke an der
Wurzel beträgt vor der Bearbeitung etwa 28 mm,
an der Spitze sind die Rippen etwa 14 mm dick.

Am dicken Ende sind sie auf einen quadratischen
Querschnitt der Kantenlänge 20 mm zugehobelt.
Damit ist eine enge Führung in den Taschen ge-
währleistet. Seitlich sind die Rippen so zugespitzt,
daß sie sich gegenseitig beim Entfalten des Flügels
nicht behindern (Abb. 357).

An den Spitzen sind die Rippen rundum einge-
kerbt, um der Umfassungsschnur Halt zu geben
(Abb. 126). Erhalten, wenn auch zerbrochen, sind
im wesentlichen die Rippen des rechten Flügels,
von denen des linken Flügels sind nur noch wenige
Bruchstücke vorhanden.

Der Gestellring

Der Gestellring besteht aus einem Ring aus Weiden-
ruten, versteift durch Stangen in Längsrichtung.
Er liegt in den Taschen an den oberen Enden des
Gestellkreuzes auf und ist dort mit den Taschen
und dem Gestellkreuz vernagelt und verleimt
(Abb. 120). Die Dicke des Rings beträgt an dieser
Stelle 20 mm, entsprechend der Weite der Taschen.

Der Gestellring ist nicht mehr vollständig erhalten. Es existieren die Abschnitte in den Taschen und
der vordere Bügel (Abb. 118).

Vom vorderen Bügel führen symmetrisch auf jeder Seite zwei Stangen nach hinten. Die Stangen
sind stumpf am Gestellring angesetzt, genagelt
und werden von einer Drahtschlaufe gehalten

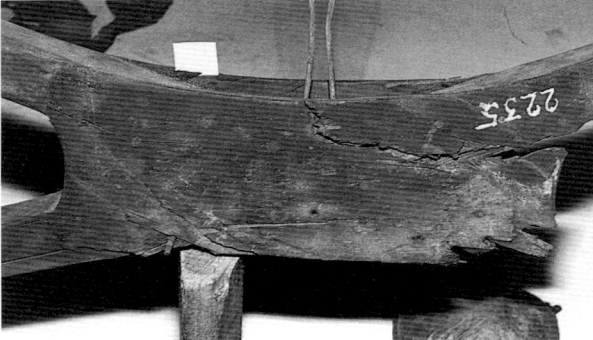

Abb. 119: Die einfache Überblattung der beiden Hölzer, die das
Gestellkreuz bilden, ist beidseitig mit aufgenagelten Brettern versteift

Abb. 122: Die linke Gelenktasche von hinten gesehen. Die Verleimung
der Sperrholzbretter hat sich teilweise gelöst. Links ein Eisenstift,
mit dem eine Rippe mit den Brettern schwenkbar vernietet war. Rechts
ein Stück des Gestellrings, der durch die Tasche läuft

Abb. 125: Die rechte Gelenktasche von unten. Von den ursprünglich
neun Rippen sind nur noch sieben zu erkennen. Die Spitzen der Rippen
sind auf einen quadratischen Querschnitt zugehobelt

Abb. 128: Die äußeren Stangen, hier die Reste der linken Stange,
sitzen auf den oberen Armen des Gestellkreuzes auf. Die Verbindung
ist genagelt. Die Stange wurde nach einem Bruch repariert. Diese
Reparatur ist auch in Abb. 112 zu erkennen

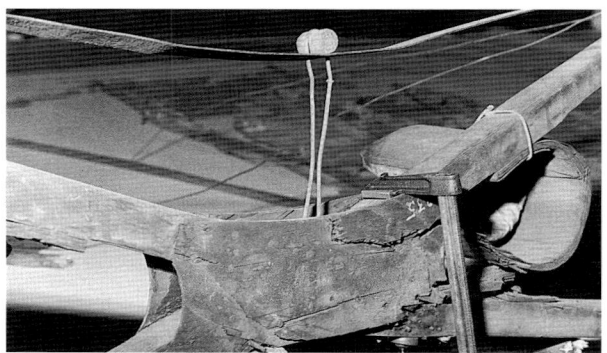

Abb. 120: Das Bandeisen zwischen den beiden unteren Kreuzenden nimmt die Zugkräfte der Unterverspannung auf. Es wird durch eine Drahtschlinge zur Kreuzmitte gespannt

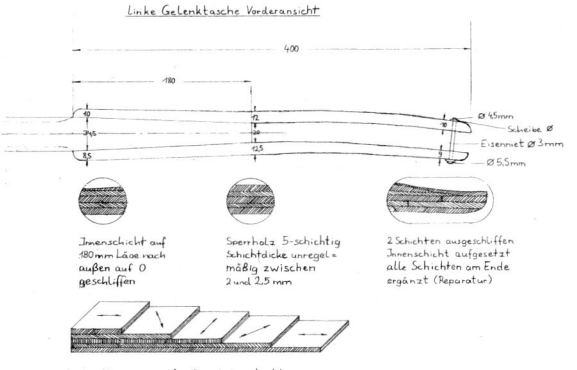

Abb. 123: Gelenktasche. Rekonstruktionszeichnung 1989

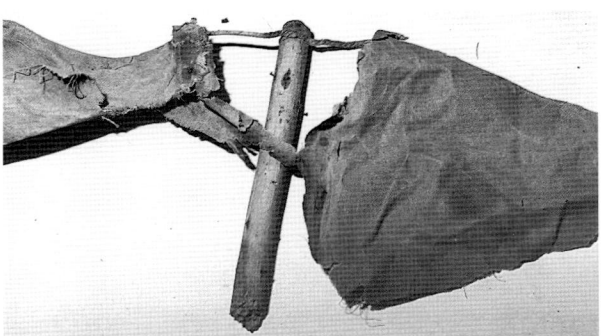

Abb. 126: Rippenende mit Einkerbung und verknoteter Umfassungsschnur

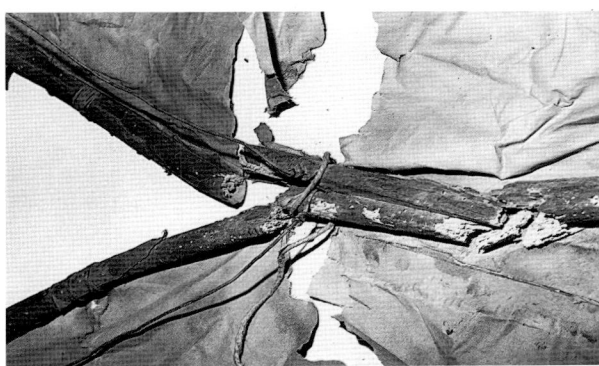

Abb. 129: Hinter dem Gestellkreuz laufen die beiden äußeren Stangen zusammen. Sie sind durch Drähte, die an den Stangen angewickelt sind, zu den unteren Kreuzenden abgespannt

Abb. 121: An den unteren Enden des Gestellkreuzes sind an Drahtringen die Drähte der Unterverspannung befestigt. Eine Strebe und dazu parallele Drähte nehmen Druck- und Zugkräfte zwischen den oberen und unteren Kreuzenden auf

Abb. 124: Die rechte Gelenktasche von oben gesehen. Auf der Oberseite (linke Taschenhälfte) wurde bei der Fertigung der Verlauf des Gestellrings angezeichnet, ein Stück davon ragt aus der Tasche heraus. In das ausgefranste Loch (rechte Taschenhälfte) wird der Dorn der Spreize gestellt

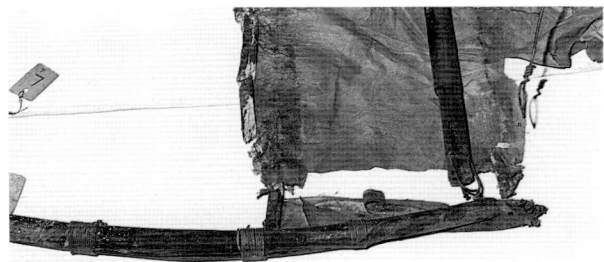

Abb. 127: Das Reststück des vorderen Bügels, an dem die beiden rechten Stangen befestigt sind. Rechts der Draht, mit dem der Bügel zum unteren Kreuzende abgespannt ist

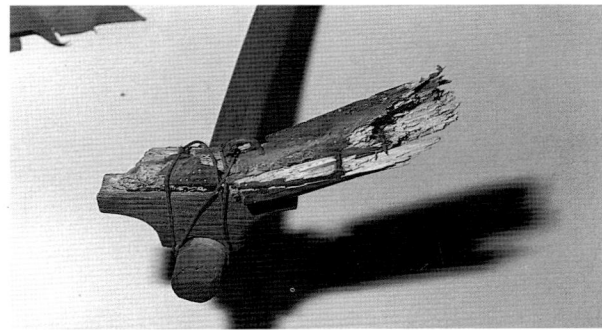

Abb. 130: Das Querholz, das der ›Pilot‹ mit seinen Händen umgreift, ist mit einem Sockel unter die äußeren Stangen gesetzt und wird mit einer Drahtwicklung gehalten

(Abb. 127). Die äußeren Stangen sitzen auf den oberen Armen des Gestellkreuzes auf, kreuzen den Gestellring und laufen dann zusammen. Erhalten ist die genagelte Verbindung mit dem Gestellkreuz (Abb. 128) und der Abschnitt, an dem die Längsstangen zusammenlaufen (Abb. 129). Von anderen Gleitern ist bekannt, daß diese Verbindung durch eine Schnurwicklung hergestellt ist. Die inneren Stangen laufen zum Gestellkreuz und sind mit ihm stumpf vernagelt.

Das Querholz (Weidenholz), das der ›Pilot‹ mit seinen Händen umgreift, ist im Abstand von einer Unterarmlänge vom Kreuz mit einem Sockel unter die äußeren Längsstangen gesetzt. Gehalten wird die Verbindung durch eine Drahtwicklung (Abb. 130).

Die Manschetten

In den Winkeln zwischen den oberen und unteren Armen des Gestellkreuzes sind die Manschetten (Abb. 117, 131, 132) befestigt. In ihnen stützt sich der ›Pilot‹ mit seinen Unterarmen im Gleiter ab. Die Manschetten sind U-förmig gebogene Bretter (sechslagiges Birkensperrholz), die mit den oberen und unteren Armen des Kreuzes verschraubt sind. Zusätzlich werden sie durch Holzklötze mit dreieckigem Querschnitt gegen die unteren Arme abgestützt. Die Manschetten schließen vorn bündig mit dem Kreuz ab. Gepolstert sind sie mit Kissen aus Nesselstoff, gefüllt mit Werg.

Die Bespannung

Die Bespannung des Flügels besteht aus einem Baumwollstoff (Shirting), der mit Wachs imprägniert wurde. Die Stoffdicke beträgt 0,2 mm, der Stoff ist dicht gewebt mit 33 Fäden (Kett) und 31 Fäden (Schuß) pro Zentimeter Stoff. Die Stoffbahnen sind 125 cm (50 Zoll) breit. Für jeden Flügel sind zwei Bahnen, die parallel zur Flugrichtung verlaufen, verwendet. Die Bahnen sind durch eine geklebte Überlappung, die mit einer weitmaschigen einfachen Handnaht gesichert ist, zusammengesetzt. Die Bespannung ist auf die Rippen geklebt und an den Rippen 1 bis 7 zusätzlich mit zwei Peddigrohrstreifen angenagelt. Um die Umfassungsschnur, die die Rippenspitzen miteinander verbindet und im entfalteten Zustand für den richtigen Abstand der Rippen sorgt, ist die Bespannung nach unten umgeschlagen, geklebt und mit einer Handnaht gesichert (Abb. 133).

Abb. 131: Die Manschetten, in denen sich der ›Pilot‹ mit seinen Unterarmen im Gleiter abstützt, sind mit den unteren und oberen Armen des Gestellkreuzes verschraubt (Ansicht der linken Manschette von vorne)

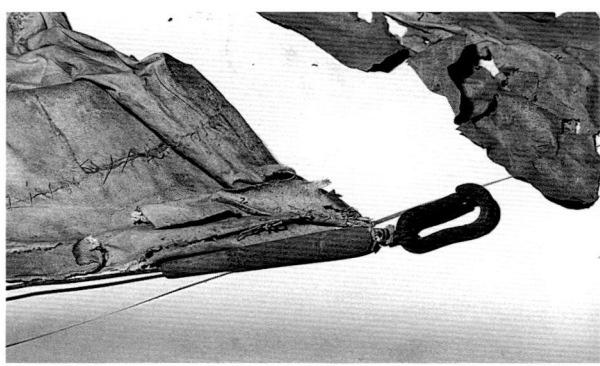

Abb. 134: Mit dem Karabinerhaken wird die horizontale Verspannung des Flügels in eine Öse am Gestellring eingehängt. Das Griffholz erleichtert das Zupacken

Abb. 136: Mit Spannschlössern wird die Unterverspannung gespannt. Die Gewindestangen der Schlösser sind unlösbar in die Ösen eingewickelt. Eine Schnurwicklung verhindert, daß die Ösen an den Rippen verrutschen

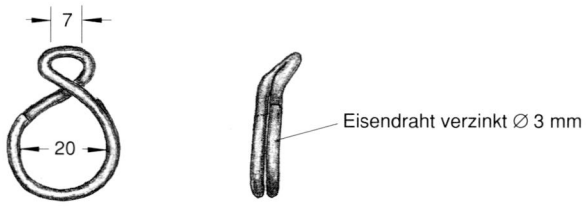

Eisendraht verzinkt ⌀ 3 mm

Abb. 139: Drahtwicklung mit einer Öse an Rippe 1 zur Befestigung der horizontalen Flügelabspannung. Rekonstruktionszeichnung 1989

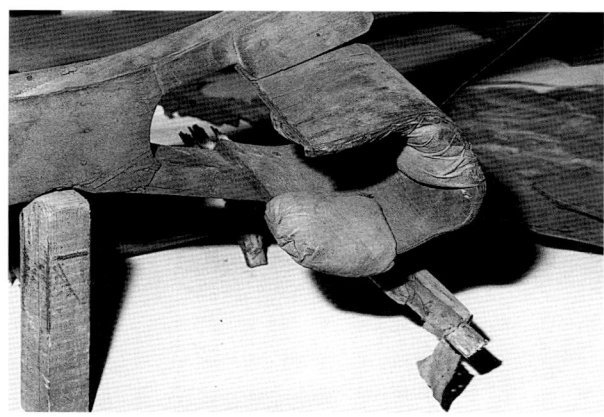

Abb. 132: Die linke Manschette von hinten gesehen. Die Kanten der Manschetten sind mit Kissen gepolstert

Abb. 133: Die Nähte, hier die Befestigung der Bespannung an der Umfassungsschnur zwischen den Rippen, sind weitmaschig von Hand ausgeführt

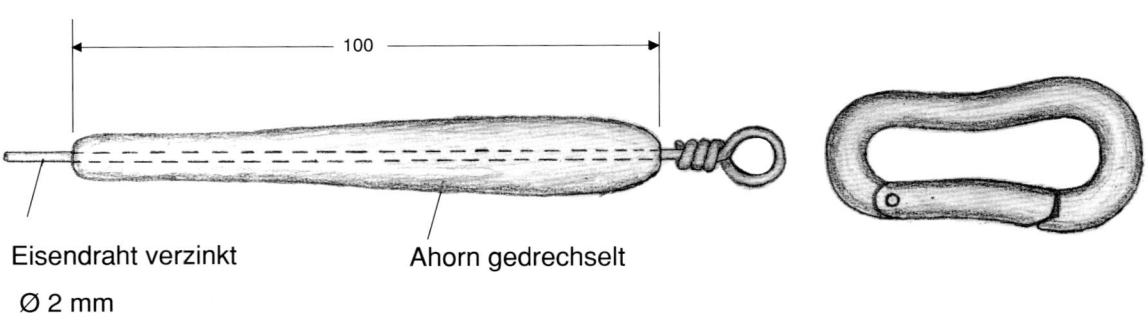

Eisendraht verzinkt

Ø 2 mm

Ahorn gedrechselt

Abb. 135: Karabinerhaken und Griffholz. Rekonstruktionszeichnung 1989

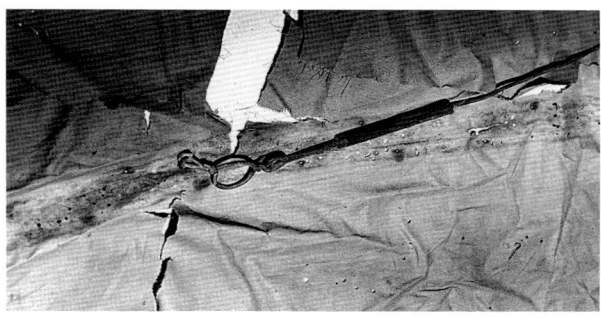

Abb. 137: Die Ösen an den Rippen sind Drahtwicklungen um die Rippen. Hier ist die Rippe nicht mehr erhalten. Die Wicklung weist hier zwei Ösen auf, jeweils eine für die Ober- und Unterverspannung

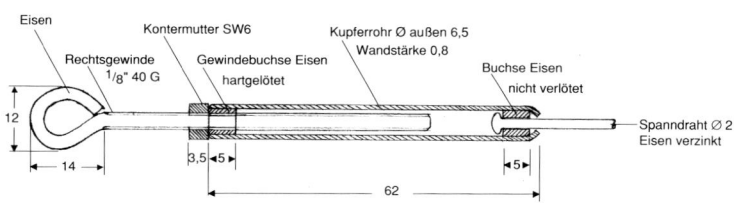

Abb. 138: Spannschloß. Rekonstruktionszeichnung 1989

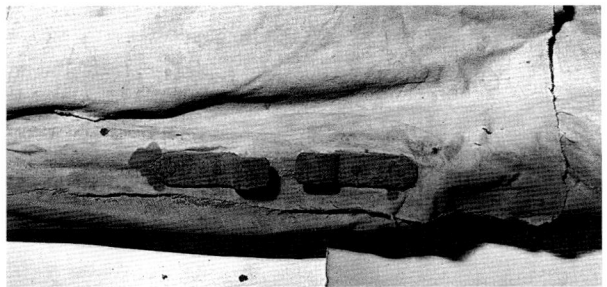

Abb. 140: Zweiteilige Klammern halten die Profilstangen auf der Oberseite der Flügel (Klammer der rechten äußeren Profilstange an der dritten Rippe)

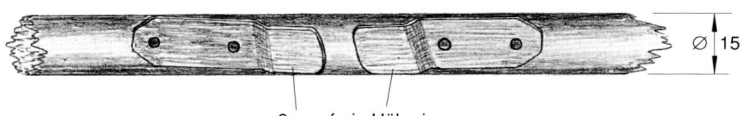

6 mm freie Höhe innen

Abb. 141: Klammer zur Befestigung der rechten äußeren Profilstange an Rippe 4. Rekonstruktionszeichnung 1989

Die Verspannung

Die Flügel sind in der horizontalen Ebene nach vorn durch jeweils einen Draht (Durchmesser 2,0 mm) gespannt, der etwa von der Mitte der ersten Rippe aus zum Gestellring führt. An diesen Drähten wird gezogen, wenn bei der Montage die Flügel entfaltet werden. Mit einem Karabinerhaken hängt man die Abspannung in eine Öse am Ring ein. Um das Zupacken zu erleichtern, ist der Draht mit einem Griffholz (gedrechseltes Ahornholz) versehen (Abb. 134, 135). Die Bespannung des Flügels ist bis zu dem Spanndraht vorgezogen.

Vertikal sind die Flügel nach unten und nach oben in Form eines Sprengwerks abgespannt. Als Spannturm nach unten dient das Gestellkreuz, nach oben Spreizen. Die Oberverspannung ist nicht erhalten.

Als Unterverspannung sind verzinkte Eisendrähte (Durchmesser 2,0 mm) verwendet, die von Ösen an den Rippen, deren Lage in Abb. 333 durch Kreuze markiert ist, zu den unteren Enden des Gestellkreuzes führen. Dort sind sie durch Verdrillen an Drahtringen befestigt (Abb. 121). Die Drahtringe sind kreisförmige Drähte (Durchmesser 4,0 mm), deren Enden durch zwei in das Kreuz gebohrte Löcher gesteckt, umgebogen und in das Holz geschlagen sind. Um die Spannung einstellen zu können, sind Spannschlösser (Abb. 136–138) verwendet. Die Gewindestangen der Schlösser sind unlösbar in die Ösen an den Rippen eingewickelt.

Die Ösen an den Rippen (Abb. 139), an denen die Verspannung angreift, sind Drahtwicklungen (horizontale Abspannung: Durchmesser 3,0 mm, vertikale Abspannung: 2,2 mm). An Stellen, wo sowohl die Ober- als auch die Unterverspannung befestigt ist, haben die Wicklungen zwei Ösen, eine zeigt nach oben, eine nach unten. Eine Schnurwicklung verhindert, daß die Ösen verrutschen.

Der Gestellring ist ebenfalls nach unten abgespannt. Von den Enden des Gestellkreuzes sind Drähte zu den Ansatzpunkten der Längsstangen geführt, um den Ring gewickelt und verdrillt (Abb. 118). Zwei weitere Drähte halten hinten die beiden Längsstangen. Dort, wo die Stangen zusammenlaufen, sind sie um diese gewickelt und gedrillt (Abb. 129). Zur Demontage des Gleiters werden die Befestigungen der vertikalen Verspannung nicht gelöst. Lediglich die Spreizen werden entfernt, die aufgestellt für die Spannung sorgen.

Die Befestigung der Profilstangen

Jeder Flügel wird von zwei gewölbten Profilstangen, die parallel zur Flugrichtung liegen, in Form

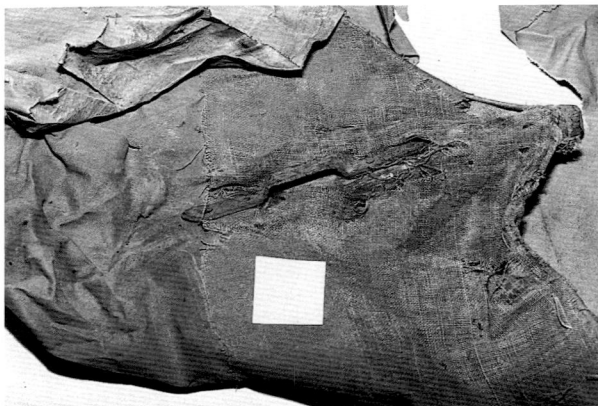

Abb. 142: Einteilige Klammern, in die die Enden der Profilstangen geschoben werden, bilden den hinteren Anschlag. Sie verhindern, daß die Profilstangen weitergeschoben werden (Klammer der linken inneren Profilstange an Rippe 7)

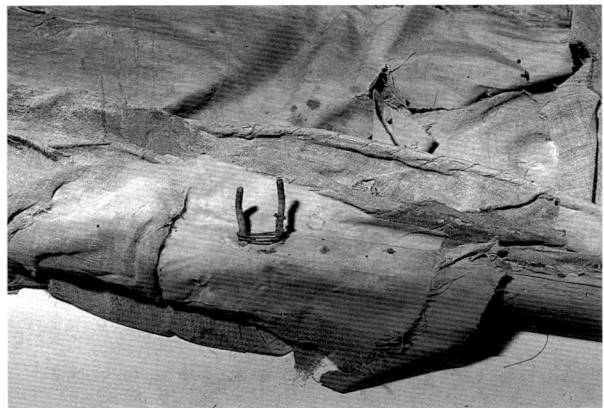

Abb. 144: Drahtwirbel an den vordersten Rippen verriegeln die Profilstangen, wenn sie eingeschoben sind. Die abgebildeten Drahtwirbel halten die rechte innere Profilstange an Rippe 1

gehalten. Die äußeren Profilstangen verbinden die Spitzen der ersten (vordersten) Rippe mit dem Ende der Rippe 5, die inneren gehen von der Mitte der ersten Rippe zu dem Ende der Rippe 7. Die Profilstangen werden von vorne auf die Flügeloberseite aufgeschoben. Gehalten werden sie von Klammern (Eisenblech, 1,5–1,8 mm dick), die auf die Rippen aufgenagelt sind. Die Klammern auf den Rippen 2 bis 4 (äußere Stangen) und auf den Rippen 2 bis 6 (innere Stangen) sind zweiteilig. Sie klemmen den Gurt der Profilstangen, die die Form eines umgekehrten ›T‹ haben, ein (Abb. 140, 141). Die Klammern an den Profilstangenenden sind einteilig, bilden den hinteren Anschlag und verhindern, daß die Profilstangen weitergeschoben werden können (Abb. 142, 143). Drahtwirbel an den vordersten Rippen verriegeln die Profilstangen, wenn sie eingeschoben sind (Abb. 144–146). Die passenden Profilstangen fehlten bereits bei dem Zugang des Gleiters.

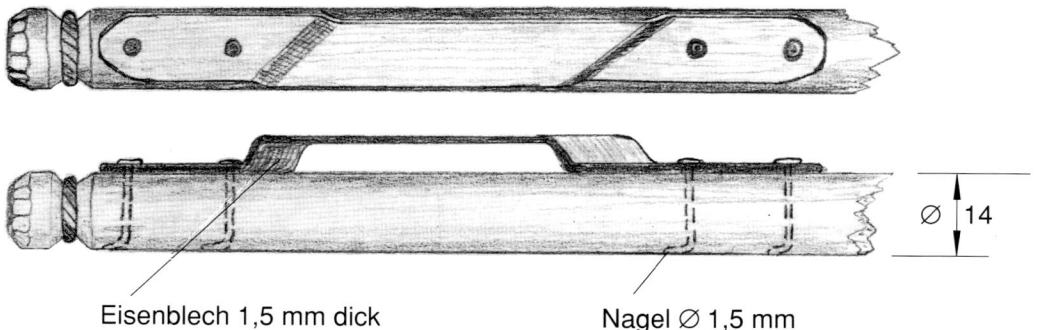

Eisenblech 1,5 mm dick   Nagel ∅ 1,5 mm

∅ 14

Abb. 143: Klammer zur Befestigung des hinteren Endes der linken inneren Profilstange an Rippe 7. Rekonstruktionszeichnung 1989

Abb. 145: Die Köpfe der Drahtwirbel sind auf der Rippenunterseite mit einem Eisenblech gesichert

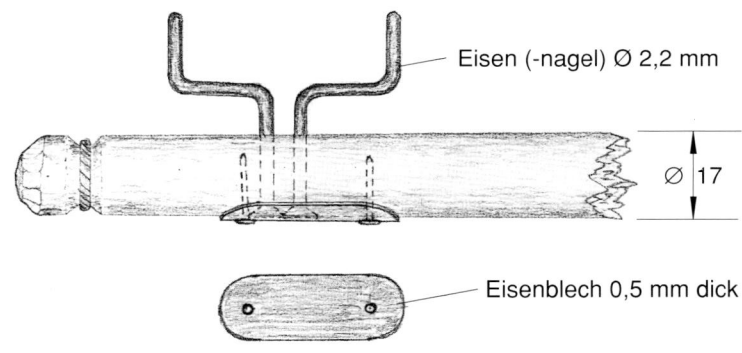

Eisen (-nagel) ∅ 2,2 mm

∅ 17

Eisenblech 0,5 mm dick

Abb. 146: Drahtwirbel zur Verriegelung der vorderen Enden der linken äußeren Profilstange an Rippe 1. Rekonstruktionszeichnung 1989

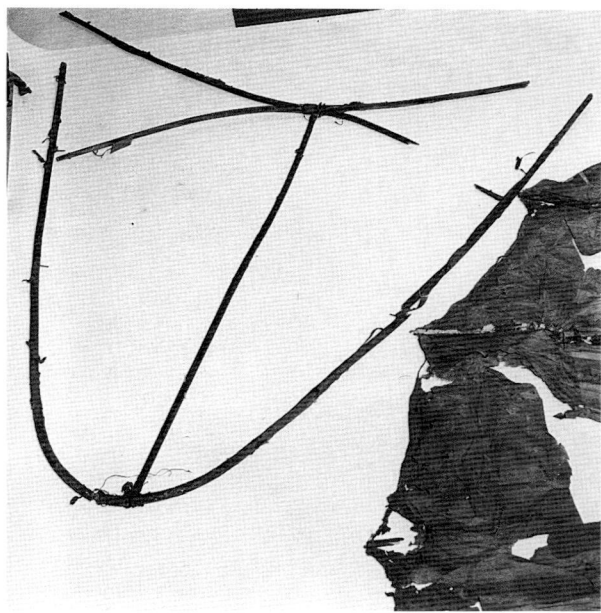

Abb. 147: Das Horizontalsteuer ist eine ebene Platte aus einem mit Stoff bespannten Rahmen aus Weidenruten. Es fehlen eine Längsstange, die mittlere Querstange und die Bespannung

Abb. 148: Die Längsstange (oben) ist mit den hinteren Querstangen stumpf vernagelt und durch eine Wicklung gehalten

Abb. 149: Die zwei gewickelten Ösen an der Nase des horizontalen Steuers, eine davon ist abgefallen, bilden das Lager für die Befestigung am Vertikalsteuer. Durch die beiden Ösen und durch eine entsprechende Bohrung am dazwischenliegenden Vertikalsteuer wird ein Drahtstift gesteckt

Das Leitwerk

Das Horizontalsteuer ist größtenteils vorhanden (Abb. 147). Das Vertikalsteuer fehlt.

Das Horizontalsteuer ist als ebene Platte aus Weidenruten aufgebaut. Die Längsstangen, von der eine fehlt, sind mit den Querstangen stumpf vernagelt und durch eine Wicklung gehalten (Abb. 148).

Zwischen den Längsstangen befindet sich im montierten Zustand das Vertikalsteuer. Das Horizontalsteuer ist gelenkig vorne am Vertikalsteuer befestigt, so daß es hochschlagen kann. Zwei gewikkelte Drahtösen an der Nase des Horizontalsteuers, durch die ein Drahtstift gesteckt wird, bilden das Lager (Abb. 149).

ANMERKUNGEN

[1] Hans Holzer/Leonhard Löffler: Otto Lilienthals letzte Flugapparate. In: Kultur & Technik, 4/1986, S. 260–265. Stephan Nitsch: Flugzeugkonstruktionen Otto Lilienthals, unveröffentlichtes Manuskript, Magdeburg 1985, S. 61.

[2] Werner Schwipps: Der Mensch fliegt. Koblenz 1988, S. 149 und 161.

[3] Zeichnung, datiert 4.2.95, Deutsches Museum, BN 7107; siehe Kat.-Nr. 204.

[4] Gerhard Halle: Otto Lilienthal und seine Flugzeug-Konstruktionen. München 1962.

[5] Siehe Anm. 2, S. 123.

[6] Taschenbuch für Flugtechniker und Luftschiffer. Hrsg. von Herrmann Moedebeck, Berlin 1895.

[7] Brief an Alois Wolfmüller vom 26. Sept. 1894, Deutsches Museum, HS 1932/1-11; siehe Kat.-Nr. 206.

[8] Flugaufnahme vom Fliegeberg, Deutsches Museum, BN 4450; siehe Kat.-Nr. 224.

[9] Deutsches Museum, Inventarkarte 2235.

[10] Deutsches Museum, Führer durch die Sammlungen. München 1907.

[11] Konstruktionszeichnung der Nachbildung, Deutsches Museum, Plansammlung TZ 004083/1.

[12] Otto Lilienthal: Der Kunstflug. In: Taschenbuch für Flugtechniker und Luftschiffer, hrsg. von Herrmann Moedebeck, Berlin, 1895.

[13] Otto Lilienthal: Die Tragfähigkeit gewölbter Flächen beim praktischen Segelfluge. In: Zeitschrift für Luftschiffahrt und Physik der Atmosphäre 11/1893.

[14] Otto Lilienthal: Fliegesport und Fliegepraxis. In: Prometheus, Wochenschrift über die Fortschritte der angewandten Naturwissenschaften Nr. 322, Dezember 1895.

[15] Ebd.

[16] Patentschrift Nr. 77916, Klasse 77: Sport, vom 3. Sept. 1893, Kaiserliches Patentamt.

[17] Brief an Alois Wolfmüller vom 13. Dez. 1894, Deutsches Museum, HS 1932/1-11; siehe Kat.-Nr. 206.

[18] Siehe Anm. 13.

[19] Siehe Anm. 12.

[20] Siehe Anm. 16.

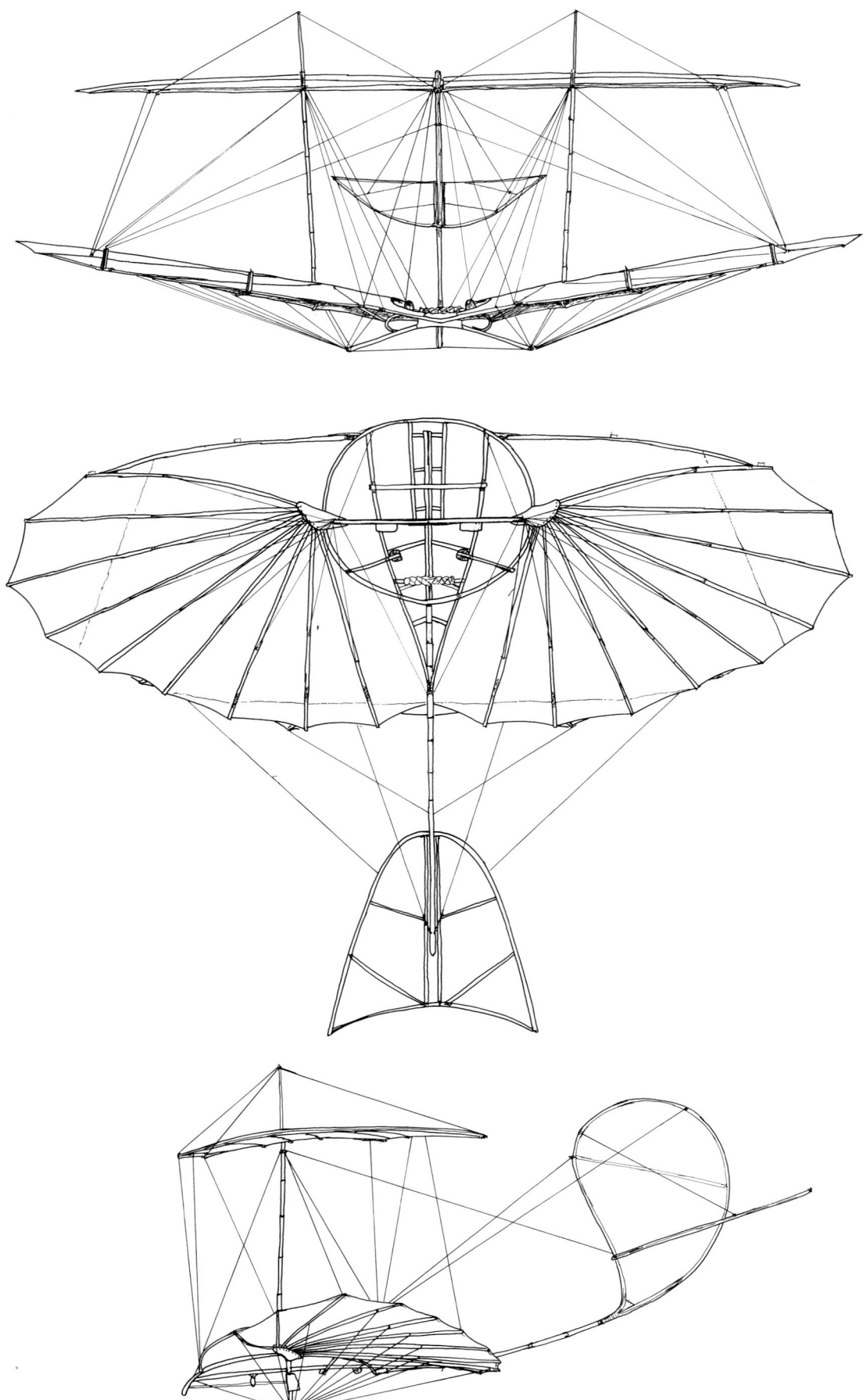

Abb. 150: Rekonstruktionszeichnungen des kleinen Doppeldeckers

CHRISTAN PIEPENBURG

Die Rekonstruktion von Lilienthals ›kleinem Doppeldecker‹ im Deutschen Museum

Im Jahr 1984 stellte sich aufgrund von Nachforschungen, die Leonhard Löffler und Hans Holzer im Deutschen Museum und Stephan Nitsch, Magdeburg, führten, heraus, daß der in der Sammlung ausgestellte Lilienthal-Doppeldecker in dieser Form nicht existiert hatte. Irrtümlicherweise war das Oberdeck des ›kleinen Doppeldeckers‹ mit einem ›Normal-Segelapparat‹ (Eindecker) als Unterdeck kombiniert worden.

Meine Aufgabe war es nun, den kleinen Doppeldecker zu rekonstruieren (Abb. 150). Der Apparat mit einer Spannweite von 5,9 m und 18 m² Flügelfläche entstand im Jahr 1895 aus einem Eindecker, den Lilienthal als ›Sturmflügelmodell‹[1] gebaut hatte. Zur gleichen Zeit hatte er einen ›großen Doppeldecker‹ von 25 m² Flügelfläche in Gebrauch, der für ruhiges Wetter vorgesehen war.

VORLAGEN

Als Vorlage der Rekonstruktion diente das Original-Unterteil des kleinen Doppeldeckers, das im ›Technischen Museum für Industrie und Gewerbe‹ in Wien erhalten ist. Die Bauausführung dieses von Lilienthal als Sturmflügelmodell gebauten Eindeckers gleicht bis auf wenige Ausnahmen dem Normal-Segelapparat, der sich als Fragment im Deutschen Museum befindet.

Das Leitwerk des Sturmflügelmodells scheint ein Nachbau des österreichischen Flugpioniers Igo Etrich zu sein.[2] Der Apparat war einige Zeit in Etrichs Besitz, ehe er ihn dem Wiener Museum übergab. Das Leitwerk weicht von der üblichen Bauweise Lilienthals ab und war unkorrekt angebaut.

Das Original in Wien wurde vermessen, Skizzen wurden gezeichnet und Detailfotos aufgenommen. Auf diese Weise konnten wertvolle Informationen über Material und Verarbeitung gewonnen werden. Konstruktive Detaillösungen konnten an

Exponaten des Deutschen Museums studiert werden. In dessen Sammlung befinden sich: ein Normal-Segelapparat, Profilschienen und Schablonen für Gelenktaschen. Weitere Informationen wurden Originalzeichnungen, Stand- und Flugfotos entnommen.[3]

BESTIMMUNG UND BESCHAFFUNG DER MATERIALIEN

Franz Huber, der Leiter der Modellbauwerkstatt des Deutschen Museums, bestimmte durch mikroskopische Analysen die von Lilienthal verwendeten Holzsorten. Es stellte sich heraus, daß Lilienthal dieselben Materialien verwendet hatte wie beim Bau des Normal-Segelapparats.

a) Holmkreuz:	Kiefernholz	35 × 35 mm
b) Kreuzplatten:	Birkensperrholz 5schichtig	9 mm stark
Armmanschetten:	Birkensperrholz 4schichtig	6 mm stark
Gelenktaschen:	Birkensperrholz 5schichtig	12 mm stark
Profilschienengurt:	Birkensperrholz 3schichtig	5 mm stark
c) Profilschienensteg:	Erlenholz	5 mm stark
		größter Durchmesser
d) Gestellring:	Weidenruten 2–4jährig	27 mm
Längsstangen:	Amerikanerweide	25 mm
Flügelrippen:	Uralweide	28 mm
Seitenflosse:	gelbe Wingertsweide	17 mm
Höhenflosse:	gelbe Wingertsweide	20 mm
Griffholz:	gelbe Wingertsweide	25 mm
Beckenstütze:	gelbe Wingertsweide	20 mm
Oberarmstütze:	gelbe Wingertsweide	23 mm
e) Zuggurt zwischen unteren Holmenden:	Stahlband	26 mm breit, 1,5 mm stark
Profilschienenklammern auf Flügelrippen:	Stahlband	12 mm breit, 1,5 mm stark
Griffholzhalterung:	Stahlband	18 mm breit, 2,0 mm stark

f) Spanndrahtring an unteren Holmenden:	Stahldraht verzinkt	$\varnothing$ 4 mm
Armmanschettensicherung:	Stahldraht verzinkt	$\varnothing$ 3 mm
Abspannung Zuggurt zum Holmkreuz:	Stahldraht verzinkt	$\varnothing$ 3 mm
Gesamte Flügelunterverspannung:	Stahldraht verzinkt	$\varnothing$ 2 mm
Befestigungsösen an Flügelspieren:	Stahldraht verzinkt	
g) Spannschlösser für Unterseitenverspannung:	Kupferrohr Buchsen aus Stahl	$\varnothing$ außen 6,5 mm, Wandstärke 0,8 mm
	Gewindeauge aus Rundstahl	$\varnothing$ 3 mm
h) Bespannung:	Baumwollstoff	
i) Manschettenpolster:	Nessel und Werg	
j) Nagelstreifen zur Befestigung der Bespannung:	Wickelschiene aus Peddigrohr	5 mm breit
k) Schnur für Wicklungen und Verspannung des Oberdecks:	Hanf $\varnothing$ 1,5 mm 2fach $\varnothing$ 2 mm u. 3 mm 2fach	
l) Verleimungen:	Knochenleim	

Durch das freundliche Angebot eines Großgärtners bekam das Deutsche Museum ein für den Nachbau bei weitem ausreichendes Bündel geschälter Weidenruten geschenkt.

Die Birkensperrhölzer mußten selbst verleimt werden, um die gewünschten Schichtdicken zu erzielen, die heute nicht mehr erhältlich sind.

Als geeigneter Bespannstoff stellte sich nach Vergleichen der noch heute gebräuchliche Maco-Baumwollstoff für Motorflugzeuge heraus. Die Bespannung wurde an den Rändern mit Neodon Kautschukkleber an das Weidengerippe geklebt.

Für alle Verleimungen wurde der einfacheren Verarbeitung wegen Weißleim an Stelle von Knochenleim verwendet.

HERSTELLUNG DER EINZELNEN BAUGRUPPEN

Da keine Erfahrungen in der Be- und Verarbeitung von Weidenruten vorlagen, wurde der Rat von geübten Korbflechtern eingeholt. So konnte in Erfahrung gebracht werden, daß geschnittene Weidenruten möglichst noch im nassen Zustand geschält werden sollten und die beste Zeit zum Biegen ein paar Stunden nach dem Schälen ist, d. h. wenn sich die Stücke halbtrocken anfühlen.

Bereits getrocknete Ruten können durch fünftägiges Einweichen in Wasser wieder formbar gemacht werden.

Um mit der Materie vertraut zu werden, wurden Biegeversuche mit Weidenruten unternommen.

Dann wurden Klotzschablonen für den Gestellring sowie für das Seiten- und Höhenleitwerk vorbereitet und die entsprechenden Weidenstücke zum Biegen und anschließendem Trocknen eingespannt (Abb. 151). Während die Biegeteile trockneten, wurde das Holmkreuz gefertigt. Dabei wurde die Oregon-Kiefer verwendet, die dem von Lilienthal gebrauchten Kiefernholz am nächsten kommt. Die Kreuzung ist eine einfache verleimte Überblattung, die beidseitig mit verleimten und vernagelten Sperrholz-Kreuzplatten verstärkt ist. Der Winkel, oben zwischen den Holmen gemessen, beträgt 146°.

Für die Herstellung der Sperrholzgelenktaschen, in denen die Flügelrippen schwenkbar gelagert sind, existieren im Deutschen Museum Originalschablonen, die als Information »aus erster Hand« sehr hilfreich waren.[4] Die Gelenktaschen bestehen je aus zwei Sperrholzplatten, die von oben und unten gegen die oberen Holmenden geleimt und genagelt sind. Die oberen Holmenden verjüngen sich im Bereich der Gelenktaschen und stoßen auf den Gestellkreis aus Weide, der zwischen den Taschenplatten hindurchläuft.

Die untenliegenden Holmenden sind gegeneinander mit einem 26 mm breiten und 1,5 mm dicken Stahlband verspannt, das von unten um die Enden läuft und auf den Holmoberseiten je dreifach verschraubt ist. Dieses Stahlband wird seinerseits mittig mit einer Drahtschlaufe (Drahtdurchmesser 3 mm) zur Holmkreuzmitte gespannt.

An den unteren Holmenden befindet sich je eine große Ringöse aus 4 mm-Draht, von der die Tragflächenspanndrähte ausgehen. Außerdem sind von hier aus der vordere Gestellkreis und die hinteren Längsstangen mittels 2 mm starkem Draht abgespannt. Somit dienen die unteren Holme als umgekehrte Spanntürme für die gesamte Unterverspannung des Apparates.

Zur Anfertigung der Armmanschetten war ein spezielles Biegewerkzeug erforderlich, in dem die weichgekochten Holzlagen in nassem Zustand vorgebogen wurden und nach deren Trocknung die Lagen zum Sperrholzformteil verleimt wurden. Dieses Formteil wurde in zwei Teile geschnitten und die Kontur zu einer rechten und einer linken Manschette herausgearbeitet. Die Manschetten sind mit je 6 Schrauben am oberen und unteren Holm befestigt. Eine zusätzliche Sicherung wird durch die 3 mm starke Drähte erreicht, die den oberen und unteren Holm verbinden und sich außen um die Manschette legen.

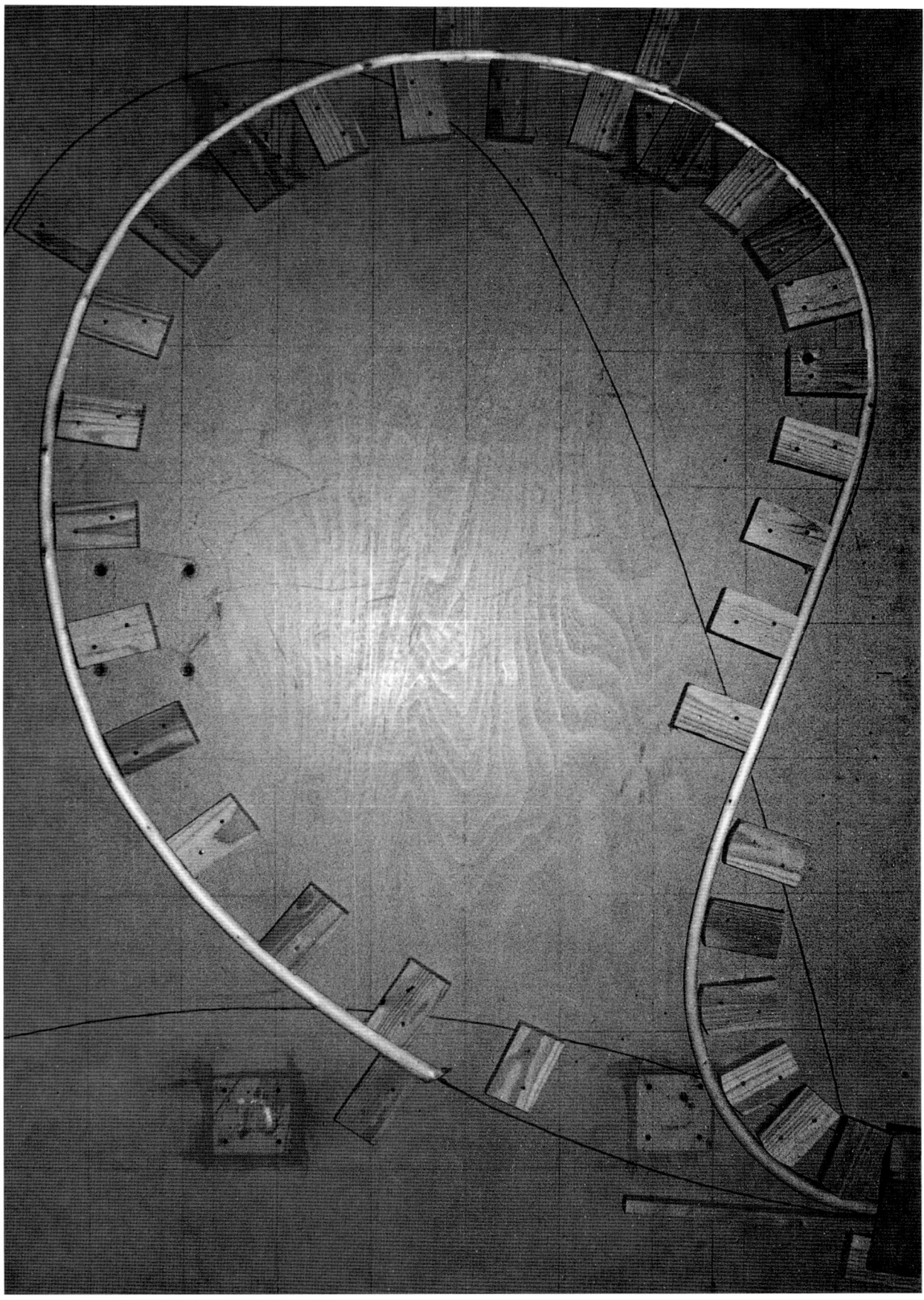

Abb. 151: Weidenrute in Schablone

Die Manschetten sind innen und an der Oberkante gepolstert. Die Polster bestehen aus werggefüllten Kissen aus Nesselstoff (gröber gewebt als Bespannstoff), die in und um die Manschetten genagelt sind.

Die Profilschienen an den Tragflächenoberseiten bestehen aus dem bogenförmigen Profilsteg aus Erlenholz und dem Profilgurt aus Birkensperrholz. Diese beiden Teile sind miteinander verleimt und vernagelt. Die Unterdeckprofilschienen sind herausziehbar um das Zusammenfalten des Apparates zu ermöglichen. Der Gurt hat am vorderen Ende beiderseits des Steges je eine Aussparung in die die Drahtwirbel des Vorderkantenstabes eingreifen. Am hinteren Ende ist der Gurt seitlich abgeschrägt und der Steg geschlitzt, um der Profilschiene in der letzten Klammer festen Halt und Anschlag zu geben.

Die Profilschienen für das Oberdeck sind fest vernagelt. Deshalb haben sie keine Aussparungen für Halterungen, sondern in jedem Stegende lediglich eine Bohrung für eine Spannschnur.

Nach dem Bau der Profilschienen wurden die vorgebogenen Weidenstücke zum Gestellring zusammengesetzt. Die Weidenstücke wurden durch 12 cm lange Schäftungen mit geleimten Schnurwicklungen verbunden. Drei Stücke wurden in Klotzschablonen gebogen, das vordere Mittelstück entstand aus einer Astgabel, von der ein Schenkel abgesägt wurde.[5] Daraus ergab sich die charakteristische V-Form des Gestellrings in der Vorderansicht (Abb. 152 u. 153). Zum Aufbau wurde der Gestellring über das Holmkreuz gesetzt, an dem schon die unteren Gelenktaschen

platten montiert waren. Diese Teile wurden zueinander ausgerichtet und das Ganze durch Aufleіmen und Aufnageln der oberen Gelenktaschenhälften fixiert.

Der Verbund wurde durch zwei Längsstangen, die die Seitenbegrenzung der Öffnung für den Piloten bilden, ergänzt. Hier sind die verschiedenen Verbindungsarten bemerkenswert. Die T-Verbindung zum Gestellring wird mit Nagel und Drahtschlaufe hergestellt.

Die Kreuzung der Längsstangen über die Holme ist lediglich genagelt, wobei die herausragende Nagelspitze umgebogen und ins Holz zurückgeschlagen wird. Diese Art der »Montage« begegnete mir ebenso bei den Klammern für die Profilschienen.

Die hintere Kreuzung über dem Gestellring ist mit einer Schnurwicklung versehen. Schließlich laufen beide Längsstangenenden nebeneinander nach hinten zu einer Spitze aus. Wiederum besteht die Verbindung aus einer Schnurwicklung, die mit Leim überstrichen ist.

In der vorderen Hälfte des Gestellringes wurden noch zwei Längsstangen eingesetzt, die die seitlichen Ränder der »Einstiegöffnung« und des »Landefensters« bilden. Darauf erfolgte die Montage des Griffholzes vor dem Holmkreuz und der gepolsterten Manschetten links und rechts des Holmkreuzes (Abb. 154 u. 155).

Nun war das Mittelteil soweit vorbereitet, daß an die Herstellung der Flügelrippen gegangen werden konnte. Für die Rippen wurden 18 möglichst gerade gewachsene Weidenstücke ausgesucht, die eine Mindestlänge von 2,3 m und am

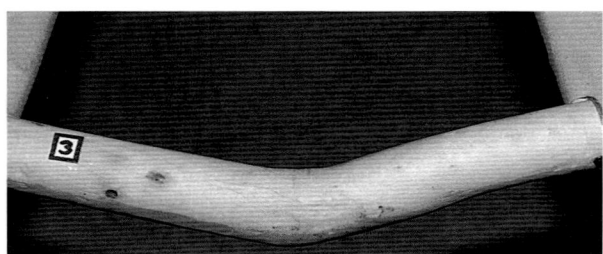 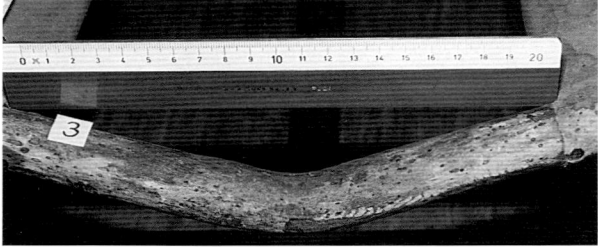

Abb. 152 und 153: Vergleich des Knicks im Gestellring von Original und Nachbildung des kleinen Doppeldeckers

Abb. 154 und 155: Vergleich der Befestigung des Griffholzes von Original und Nachbildung des kleinen Doppeldeckers

dicken Ende einen Durchmesser von 26–28 mm hatten. Das dicke Ende wurde auf einen quadratischen Querschnitt mit 20 mm Kantenlänge gehobelt und auf einer Länge von 70 mm seitlich angespitzt. Auf diese Weise können die Rippen in die Gelenktaschen gut eingeführt werden und haben den zum Auffalten des Flügels nötigen Schwenkbereich. Als Drehpunkte der Rippen in den Gelenktaschen dienten vernietete Nägel, die auf die passende Länge geschnitten und durch die Bohrung von Gelenktaschen und Rippe geschoben wurden. Der endgültigen Vernietung gingen umfangreiche Versuche voraus. Lange dünne Nägel, die sich beim Nieten leicht verbiegen, erwiesen sich schließlich am besten geeignet.

Nun konnten die beiden Vorderkantenstäbe der Flügel montiert und die Rippenspitzen mit der Kantenschnur verbunden werden. Die Unterverspannung aus Draht läuft von den Rippen zu den zwei unteren Holmenden. An jeder Rippe hängt ein Spannschloß, mit dem der jeweilige Spanndraht in der Länge verstellt werden kann. So ist es möglich, die Flügelfläche verwindungsfrei einzustellen.

Die unteren Holmenden sind gegenseitig mit einem Blechband verspannt.

In diesem Stadium konnten die Rippen aufgespreizt werden und der Flügelfaltvorgang war nachvollziehbar. Dazu wurden die Karabinerhaken an den Vorderkantenstäben in die jeweiligen Ösen des vorderen Gestellringes gehängt. Nun war das erste Mal die Flügelgeometrie sichtbar (Abb. 156).

Das Anfertigen der Blechklammern, die die herausziehbaren Profilschienen auf den Flügelrippen halten, war eine zeitaufwendige Arbeit. Jedes Klammernpaar muß dem speziellen Kreuzungswinkel zwischen Flügelrippe und Profilschiene entsprechen. Langwierige Biegeversuche waren nötig, um die gewünschte Form zu erhalten. Das Aufnageln der Klammern und montieren der Profilschienen auf die Flügel erfolgte nach dem Bespannen.

Das Geripp des Oberdecks konnte vom bisher im Deutschen Museum ausgestellten Doppeldecker übernommen werden. Profilschienen und Bespannung wurden abgenommen und das Gerüst abgebeizt. Da das 1958 nachgebaute Oberdeck zu stark gepfeilt war, wurden sämtliche Schnurwicklungen und Verleimungen gelöst und das Gerüst nach der Originalzeichnung von Otto Lilienthal in den ursprünglichen Maßen neu verleimt.

Nicht geringe Probleme bereitete das Leitwerk. Die Flugaufnahmen lassen erkennen, daß das Leit-

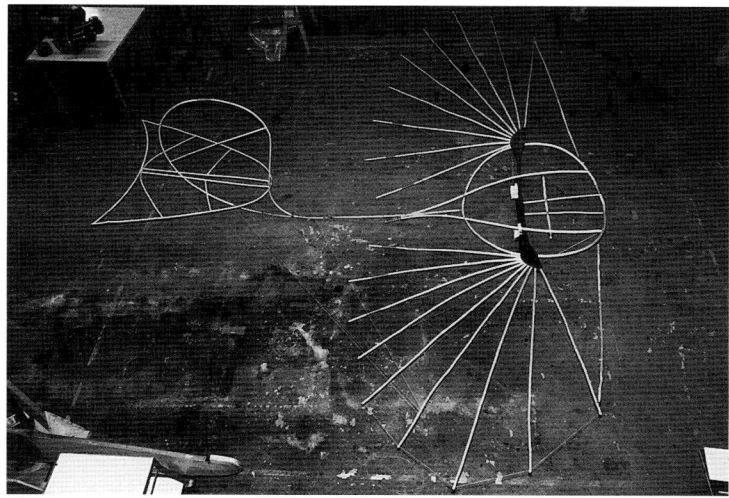

Abb. 156: Gleiter im Rohbau

werk des Lilienthalschen kleinen Doppeldeckers sich von dem des Sturmflügelmodells im Wiener Technischen Museum unterscheidet.

Auch die Art der Verarbeitung weicht von der bekannten Bauweise Lilienthals ab. Beispielsweise sind mit Maschinennaht verbundene Stoffbahnen zu finden und das Höhenleitwerk ist beidseitig bespannt. Auffällig ist weiterhin, daß das Leitwerk direkt mit einem Art Blechtrichter auf das spitz zulaufende Ende der Längsstangen des Apparates gesteckt war und nicht an dem bisher bekannten Bambus-Leitwerkausleger saß.

Außerdem ist das Seitenleitwerk in der vergrößerten gezackten Form gebaut, das aber in ähnlicher Form nach bisherigen Erkenntnissen von Lilienthal nur auf dem Normal-Segelapparat und Vorflügelapparat geflogen wurde.[6]

Meine Vermutung ist, daß Igo Etrich, der Vorbesitzer des Flugzeugs, vom Patentbüro ›Reichau & Schilling‹ irrtümlicherweise zum Sturmflügelmodell das Leitwerk des Normal-Segelapparats erhalten und dieses nachgebaut hat, nachdem es zu Bruch gegangen war. Ich habe mich beim Nachbau des Leitwerks an die Flugfotos des kleinen Doppeldeckers und die Zeichnung von Stephan Nitsch gehalten. Die Größen der Leitwerksflächen entsprechen den auf der Zeichnung des Normal-Segelapparats dargestellten Größen.

Als Leitwerksträger dient ein Bambusrohr von 25 mm größter Dicke und 218 cm Länge, das in den Seitenleitwerkbogen hineinreicht und dort mit dem zweiteiligen Weidenbogen verschäftet ist. Der Seitenleitwerkrahmen wird mit einer Diagonalrippe (14 mm Durchmesser) verstärkt.

Die zwei Bogenteile sind durch Schäftung und Schnurwicklung miteinander und mit dem Bambusträger verbunden.

Das parabelförmige Höhenleitwerk besteht aus acht Weidenstücken mit 14–18 mm Durchmesser. Dabei wird der äußere Bogen aus zwei Stücken geschäftet. Entlang der Mitte des Höhenleitwerks befindet sich ein Spalt, durch den die Seitenflosse ragt.

Drei Rippen aus Weide sorgen für die Aussteifung der Fläche. Alle T-Verbindungen der Leitwerksteile bestehen aus einem Nagel, der horizontal durch eine Weidenrute getrieben wird und ins Mark des stumpf auftreffenden Teiles greift. Diese Verbindung wird vom Bespannstoff zusammengehalten.

Für alle gebogenen Leitwerksteile wurden Klotzschablonen angefertigt, die die gewässerten Weidenstücke in die gewünschte Form brachten.

Die Höhenflosse weist vorne zwei nach innen gerichtete Drahtösen auf, die den Scharnierstift aufnehmen, der durch die mit 2 Ansatzstücken verdickte Vorderkante der Seitenflosse ragt.

BESPANNUNG

Mit bangen Erwartungen ging ich an das Bespannen des Unter- und Oberdecks und der Leitwerksflächen.

Vor der Verarbeitung wurde der Baumwollstoff gewaschen und gemangelt, um ihn von Appretur zu befreien und vorzuschrumpfen. An den relativ kleinen Leitwerksflächen war der Beginn der Bespannarbeit nicht schwer. Die Unterdecksbespannung setzt sich, pro Seite, aus zwei in Längsrichtung verklebten und vernähten Außenbahnen und einer auf Rippe 7 verklebten Innenbahn zusammen.

Vor dem Bespannen sollten beide Tragflächen in der späteren Form provisorisch fixiert werden,

Abb. 157: Aufziehen der Bespannung

Abb. 158: Montage des Gleiters, gefaltet

um zu verhindern, daß es beim Aufbau Falten gibt. Dazu wurden die Profilschienen an den jeweiligen Positionen auf der Flügelunterseite mit Schnur befestigt. So war die Oberseite frei, um das Tuch darüberzuspannen. Mit Fixklemmen war es möglich, den Stoff faltenfrei über die Fläche zu spannen, bevor er über die Kanten geklebt und um die Randschnur festgenäht wurde (Abb. 157).

Das Oberdeck wurde in ähnlicher Weise wie das Unterdeck bespannt. Da sich dieses Oberdeck wegen der wenig steifen Konstruktion leicht verzieht, durfte das Tuch nur leicht gespannt werden. Entlang der Flügelrippen ist der Stoff durch je zwei aufgenagelte Peddigrohrstreifen befestigt.

Nach dem Bespannen wurden die Halteklammern auf die Rippen des Unterdecks genagelt, die die herausziehbaren Profilschienen aufnehmen.

Die Profilschienen spannen die Flügelfläche auf und geben ihr die gewünschte Wölbung.

Das Oberdeck besteht aus zwei starren Flächenhälften, die um die Längsachse faltbar sind. Deshalb sind die Profilschienen hier fest mit den Rippen vernagelt bzw. verbunden.

Für die Anordnung des Oberdeck zum Unterdeck standen nur einige Stand- und Flugfotografien zur Verfügung, die den Gleiter aus verschiedenen Blickwinkeln zeigen. Am Original des Wiener Technischen Museums finden sich keine Hinweise auf die Verspannung.

Das zentrale Element der Verspannung ist das, schon erwähnte, 26 mm breite und 1,5 mm dicke Stahlblechband (Zuggurt), das die unteren Enden des Holmkreuzes zusammenspannt. In diesen Holmenden sammeln sich die Zugkräfte der Drahtverspannung zum vorderen Gestellring, den hinteren Längsstangenenden und zu allen Flügelrippen.

Abb. 159: Montage des Gleiters, halb geöffnet

Abb. 160: Aufschieben der Profilschienen

Es ist anzunehmen, daß die Verspannung zwischen Ober- und Unterdeck aus Schnüren, nicht aus Draht bestand. Für diesen Zweck wurden 2,6 mm dicke, zweifach gedrehte Hanfschnüre verwendet. Für den Aufbau wird das Unterdeck aufgespannt (Abb. 158–160). Anschließend werden die zwei Bambusstreben mit ihren Eisendornen in die Bohrungen der Gelenktaschen gesetzt und mit je vier Spannschnüren aufgestellt.

Das Oberdeck mit seinen zwei Blechhülsen wird auf die Streben gesetzt. Dabei werden die Hülsen in das Bambusrohr geschoben und mit einem Stift, der durch Bambus und Hülse führt, gesichert (Abb. 161 u. 162). Die Winkel- und Flächeneinstellung findet mit 12 Spannschnüren statt, die an verschiedenen Punkten des Unterdecks angreifen.

Etwa in Verlängerung der Bambusstreben, auf den zwei Profilschienen des Oberdecks, sitzen zwei kurze Spanntürme aus Weide. Je zwei der von hier ausgehenden Schnüre halten die Vorderkanten des Oberdecks hoch.

Abb. 161: Auffalten des Oberdecks

Zur Fertigstellung muß das Leitwerk angesetzt werden (Abb. 163). Der Bambusausleger der Seitenflosse wird von oben zwischen die Längsgurte des Flügelmittelteils geführt und mit dem Eisendorn in die Bohrung des Gestellringes gesteckt. Ein Stift durch Längsgurte und Bambusrohr sichert das Leitwerk vor dem Herausrutschen.

Die Höhenflosse wird über die Seitenflosse gefädelt und mit dem vorderen Scharnierstift und den zwei hinteren Halteschnüren eingehängt.

Abschließend wird das Leitwerk zu den unteren Flügeln und den oberen Enden der Flügelstreben hin abgespannt. Nach einer letzten Sichtkontrolle, bei der auch Flügel- und Leitwerkseinstellung überprüft wird, ist der Doppeldecker »startklar« (Abb. 164).

Abb. 162: Aufsetzen des Oberdecks

Abb. 163: Anbau des Leitwerks

Abb. 164: Der kleine Doppeldecker mit dem Verfasser

SCHLUSSBEMERKUNGEN

Das Studium der Originalgleiter im Deutschen Museum in München und im Technischen Museum in Wien zeigt, daß Otto Lilienthal mit den seinerzeit leicht erhältlichen Baumaterialien ein sehr gutes Gewichts-Festigkeitsverhältnis erreichen konnte. Die Bauweise (z. B. Schnurwicklungen an Kreuzverbindungen und Schäftungen) war zweckmäßig in der Ausführung und nicht immer auf »optische Schönheit« ausgerichtet; vermutlich hieß es auch damals schon »Zeit ist Geld« und seine Apparate waren in erster Linie Experimentiergeräte. Besonders die Holzteile des Sturmflügelmodells in Wien sind noch recht gut erhalten und zeigen zum Teil typische Verarbeitungsspuren, wie z. B. Stauchmarken vom Richten bzw. Biegen der Weidenstücke.

Der Gleiter weist außerdem etliche Reparaturstellen an Holmen, Gelenktaschen, Längs- und Flügelrippen auf, die beweisen, daß nicht jede Landung Lilienthals glatt verlief.

Eine Schwachstelle scheinen die Gelenktaschen gewesen zu sein, die zum Teil erhebliche Hebelkräfte der Flügelrippen aufzunehmen hatten. Es ist vorgekommen, daß Rippenvernietungen, besonders der ersten Rippen, ausbrachen und Gelenktaschen außen splitterten. Bei der Reparatur dieser Schäden am Sturmflügelmodell entfernte Lilienthal die nach innen gewandte Sperrholzschicht der oberen äußeren Gelenktaschenhälften und setzte je ein 2 mm dickes Blech ein, das für die Nieten der Rippen 1–3 vorgebohrt war.

Beim Nachbau des Sturmflügelmodells stellte sich heraus, daß am Original die hintere Spitze, die aus den beiden Längsholmen gebildet wird,

abgebrochen war und durch ein um 18 cm zu kurzes Stück ersetzt worden war, das auf sehr einfache Weise mittels Holzschienen und Drahtwicklung befestigt ist.

Das ursprüngliche Originalmaß der hinteren Spitze ist auf der Sturmflügelzeichnung Lilienthals abnehmbar.

Außerdem ist anzunehmen, daß Lilienthal durch verschiedene Umbaumaßnahmen eine Vorverlegung des Schwerpunktes am Gleiter erreicht hat. Hinweise dafür sind folgende:
– Vergrößerung der Flügel nach hinten durch Verlängerung der inneren Flügelrippen Nr. 7, 8, 9 um ca. 20 cm,
– um 11,5 cm schmälere Armmanschetten als der Normal-Segelapparat im Deutschen Museum (möglicherweise nachträglich gekürzt),
– um 9 cm vorverlegtes Griffholz (frühere Position am Original erkennbar) (Abb. 153 u. 154),
– um etwa 7 cm vorverlegte Oberarmpolster (frühere Position am Original erkennbar),
– zusätzliche Beckenstütze 11 cm vor dem Gestellkreisende (diente zum Abstützen des Gleiters im Stand).

Da die Maße der Gestellkreise und des Holmkreuzes von Normal-Segelapparat und Sturmflügelmodell nahezu gleich sind, vermute ich, daß Otto Lilienthal für diese Teile Biegeschablonen hatte, mit deren Hilfe er nach Bedarf quasi Normteile herstellen konnte. Ähnlich verhielt es sich wohl bei den Leitwerksteilen.

Lediglich die Seitenflosse ist von Lilienthal beim Normal-Segelapparat und beim Vorflügelapparat der besseren Wirkung wegen durch Ansetzen von strahlenförmigen Rippen und zusätzlicher Bespannung vergrößert worden.

ANMERKUNGEN

1 Siehe Kat.-Nr. 235.

2 Siehe Kat.-Nr. 236 und unten S. 122.

3 Kat.-Nr. 243–249; Zeichnung Oberdeck, Museum Anklam; Zeichnung Lilienthal-Gleiter, Technisches Museum für Industrie und Gewerbe, Wien, Dipl.-Ing. Keimel 1973; Schwipps: Der Mensch fliegt, Bild-Nr. 172–177.
In bezug auf die Bearbeitung waren sechs Fotos hilfreich, die vom Londoner »Science-Museums« zur Verfügung gestellt wurden; sie zeigen den an T. J. Bennett verkauften Normal-Segelapparat.

4 Siehe Kat.-Nr. 230.

5 Hierbei handelt es sich um typische Merkmale des Originalgleiters im Technischen Museum, Wien. Die passende Astgabel für den Mittenknick des Gestellkreises wurde in den Isarauen bei Ismaning gefunden.

6 Siehe Kat.-Nr. 212 u. 213.

Abb. 165: Die Lilienthal-Apparate im Deutschen Museum vor 1945

HANS HOLZER

Die Objekte Otto Lilienthals im Deutschen Museum

EINLEITUNG

Nach Otto Lilienthals plötzlichem Unfalltod im August 1896 – er wurde ein Opfer seiner Flugversuche – gab es in Deutschland nur wenige Personen, die sich dem Vermächtnis Lilienthals verpflichtet fühlten.

Die Lehren und Erkenntnisse waren schnell vergessen; man wandte sich der Luftschiffahrt zu. Im Ausland, wie z. B. in Frankreich, Rußland oder den USA, wurde das Erbe Lilienthals besser verwaltet als in seiner Heimat. In einer Stellungnahme des Luftschiffer-Bataillons vom 13. August 1908, also in einer Zeit, als in Europa die ersten, zaghaften Versuche mit motorgetriebenen ›Flugzeugen‹ begannen, wurde die Situation nach Lilienthals Tod folgendermaßen charakterisiert: »Im Gegenteil ist Deutschland auf diesem Gebiet [die Flugtechnik] durch die Studien und die praktischen Versuche Lilienthals geradezu bahnbrechend gewesen. Lilienthal kann als Begründer der jetzigen Entwicklung betrachtet werden. Dieses wird sogar von den Franzosen anerkannt. Wenn in Deutschland nach dem Tode Lilienthals ein gewisser Stillstand in der Weiterentwicklung eingetreten ist, so liegt dieses wohl daran, daß man erkannt hat, daß diese Gattung von Flugmaschinen sich zunächst nur für sportliche Zwecke eignet, und in Deutschland von jeher mehr Interesse für die Motorluftschiffahrt als für die Flugtechnik vorhanden war.«[1]

Was geschah nun konkret mit dem Nachlaß Lilienthals? Seine Fabrik, die ›Maschinen- und Dampfkessel Fabrik‹, wurde nach seinem Tode von Paul Schauer (1870–1958), einem Ingenieur in Lilienthals Maschinenfabrik, noch bis zum Jahre 1900 geführt. Dann übernahm sie Hugo Eulitz (1870–1947), der bereits in den Jahren 1889 bis 1894 in der Fabrik gearbeitet und Lilienthal 1891 bei dessen Flugversuchen in Derwitz assistiert

hatte. Im Sommer 1905 wurde die Fabrik verkauft, existierte jedoch noch unter ihrem alten Namen bis Ende des Ersten Weltkrieges. Der flugtechnische Nachlaß Otto Lilienthals, Dokumente und Objekte, zählt zu den umfangreichsten und interessantesten, die wir aus dem 19. Jahrhundert von Flugpionieren kennen. Dieser Nachlaß ist für die Luftfahrt-Geschichte von außerordentlicher Bedeutung, war doch Otto Lilienthal der ›erste‹ erfolgreiche Flugpionier!

Das Deutsche Museum kann sich heute als glücklicher Besitzer eines Großteils des bisher bekannten Lilienthal-Nachlasses betrachten. Der ›Nachlaß‹ umfaßt Pläne, Skizzen, Briefe, Fotografien, aber auch sogar noch Original-Objekte seiner flugtechnischen Versuche.

Dieser Artikel beschreibt das Schicksal der im Deutschen Museum befindlichen Objekte Lilienthals.

VERSUCHSFLÄCHEN

Das Deutsche Museum besitzt drei Original-Versuchs- bzw. Meßflächen; sie stammen von Lilienthals Rundlaufversuchen aus dem Jahre 1888. Rein äußerlich unterscheiden sie sich durch verschiedene Materialien: Holz, Messing und eine Kombination aus Weidenruten und Papier.

Die Versuchsfläche aus Holz besteht aus ›Elsenholz‹ (Erlenholz), die metallene aus 0,5 mm starkem, hart gehämmertem Messingblech, das zur Erhöhung der Steifigkeit mit einem 4 mm starken Stahldraht eingefaßt ist. Die dritte Meß- bzw. Versuchsfläche besitzt ein Gerippe aus Weidenruten und ist mit Papier bespannt. Nach der Beschreibung in Lilienthals Buch[2] ist an der Vorderkante eine starke, nach beiden Seiten spitz zulaufende Weidenrute eingelegt, an die gekrümmte Querrippen angesetzt wurden. Beide Seiten der Meßfläche wurde dann mit Papier bespannt, so daß sie eine glatte Flächen bildeten.

Die Fläche beträgt 0,5 m². (Am Rotationsapparat Lilienthals wurden jeweils zwei Flächen verwendet, so daß Lilienthal mit 1 m² Fläche rechnen konnte.) Jede der Versuchsflächen hat eine Breite von 0,4 m und eine Länge von 1,8 m.

Otto Lilienthal hat über die Versuche mit den Meß- bzw. Versuchsflächen in seiner Publikation ›Der Vogelflug als Grundlage der Fliegekunst‹ (Kapitel 28: ›Luftwiderstand des Vogelflügels, gemessen an rotierenden Flächen‹) berichtet.

Diese drei noch existierenden Versuchsflächen fanden den Weg ins Deutsche Museum über die erste ›Internationale Luftschiffahrt-Ausstellung‹ (ILA) 1909 in Frankfurt a. M.

Solch eine Ausstellung hatte bereits ein Jahr vorher Paul Gans-Fabrice (1866–1915) für die Stadt München angeregt. Leider erfolglos, so daß er sich im November 1908 an die Stadt Frankfurt wandte. Dessen Oberbürgermeister, Franz Adikkes, griff den Vorschlag auf, und bald darauf wurde mit den Vorbereitungen zur Durchführung der Luftschau begonnen, die für den Zeitraum Juli bis Oktober 1909 festgelegt wurde. Die Organisationsleitung hatte Major Georg von Tschudi (1862–1928) inne.

Zum Gedenken und zur Würdigung der flugtechnischen Pionierleistung stellte die Redaktion der weitverbreiteten flugtechnischen Zeitschrift ›Flugsport‹ auf der Ausstellung einen ›Lilienthal‹-Obelisken auf.[3] Am Sockel waren die drei Versuchsflächen, die heute im Deutschen Museum zu sehen sind, angebracht (Abb. 166). Sie waren von Gustav Lilienthal (1849–1933), dem Bruder Otto Lilienthals, zur Verfügung gestellt worden.

Abb. 166: Die Versuchsflächen Otto Lilienthals auf der »Internationalen Luftschiffahrt-Ausstellung in Frankfurt, 1909

Die Versuchsflächen sollten nach Ende dieser ersten und überaus erfolgreichen Luftfahrtausstellung in Deutschland in einem Frankfurter Luftfahrtmuseum ihre endgültige Bleibe finden: »So wird die ILA, wenngleich sie nunmehr aufhören wird, zu bestehen, fortleben in der Sammlung, die aus den Ausstellungsgegenständen zu einem Luftschiffahrtsmuseum gestaltet werden soll«, heißt es in der offiziellen Denkschrift der ILA. Die Verfasser der Denkschrift mußten in einer kommentierenden Fußnote freilich eingestehen: »Diese Hoffnung hat sich leider nicht erfüllen lassen, da es, um Zersplitterungen zu vermeiden, zweckmäßig erschien, zugunsten des Deutschen Museums in München zurückzutreten und nur eine Anzahl erworbener oder geschenkter Gegen-

Abb. 167: Versuchsflächen Otto Lilienthals für die Luftkraftmessungen am großen Rundlaufapparat (Kat.-Nr. 103)

 stände den Frankfurter Sammlungen einzuverleiben.«[4]

Gustav Lilienthal schrieb daraufhin an das Deutsche Museum in München: »Sollte in Frankfurt keine Luftschiffahrt Sammlung zu Stande kommen so können Sie die dort ausgestellt gewesenen 3 historischen gewölbten Messflächen auch erhalten.«[5]

Am 17. September 1910 kamen die drei Versuchsflächen als Stiftung des ›Flugtechnischen Vereins, Frankfurt‹ in den Besitz des Deutschen Museums (Abb. 167).[6]

FLUGAPPARAT VON CHARLES BROWN

Zu denjenigen Zeitgenossen, die sich für Lilienthals Gleitflugapparate interessierten (Otto Lilienthal verkaufte seinen ›Normal-Segelapparat‹ an Interessenten), gehörte auch der Industrielle Charles E. L. Brown (1863–1924) (Abb. 168).

Brown, der Mitbegründer der heute weltbekannten Firma ›Brown, Boverie & Cie‹, erwarb 1895 von Lilienthal einen ›Normal-Segelapparat‹. Der Sohn, Charles Brown jun., soll 1917 berichtet haben, daß sein Vater mit Lilienthal korrespondiert und allen Fragen der Flugtechnik ein reges Interesse entgegengebracht habe. Bedauerlicherweise haben sich bis heute weder Flugaufnahmen Browns mit seinen Lilienthalgleitern noch Dokumente über den Briefwechsel Brown–Lilienthal finden lassen.[7]

Ein gewisser Martin Hug aus Zürich schrieb dem Deutschen Museum 1935, daß Brown an den Hängen des Kreuzliberges Gleitflugversuche unternommen habe.[8]

Ch. Brown berichtete jedoch dem Deutschen Museum: »[...] teile ich Ihnen mit, dass ich keinen neuen Flugapparat konstruiert, sondern einfach denjenigen von Lilienthal erworben und für Versuche benutzt habe [...] Derselbe hat zwar bei den Versuchen etwas gelitten, dürfte aber trotzdem vielleicht für Ihre Zwecke von etwelchem Interesse sein.«[9]

Jedenfalls schenkte Ch. Brown seinen von Lilienthal erworbenen Gleiter im Jahre 1905 dem Deutschen Museum.[10] Das Deutsche Museum zeigte ihn jedoch nicht in der ständigen Ausstellung, sondern stellte ihn verschiedenen Sonderausstellungen zur Verfügung: So ging der Apparat im Jahr 1906 auf Anregung des ›Reichsamts des Inneren‹ zur Internationalen Ausstellung nach Mailand.[11]

Auch bei der spektakulären und beeindruckenden ›ILA‹, der ›Internationalen-Luftschiffahrt

Abb. 168: Charles E. L. Brown (1863–1924), Schweizer Industrieller

Ausstellung‹ 1909 war der ehemalige Brownsche Lilienthalgleiter als Leihgabe des Deutschen Museums zu sehen. Der ILA-Ausstellungs-Katalog verzeichnet unter der Position ›C 42‹: »Deutsches Museum v. Meisterwerken der Naturwissenschaft u. Technik, München. Lilienthal's-Eindecker, einer der ersten Lilienthal'schen-Original-Apparate (überlassen vom Deutschen Museum).«[12]

Zwei Jahre später, 1911, war der Brownsche Gleitflugapparat auf der ›Internationalen Industrie- und Gewerbeausstellung‹ in Turin[13] und 1917 auf der ›Luftfahrzeug-Ausstellung‹ des Deutschen Luftflotten-Vereins in Augsburg.

Zu dieser Zeit muß der Lilienthal-Apparat jedoch bereits starke bzw. erhebliche Alterungserscheinungen aufgewiesen haben. Oskar von Miller, der Leiter des Museums, bat nämlich den Leiter dieser Ausstellung, Herrn Presuhn, den Gleiter »imprägnieren zu lassen, um ihn vor weiterem Verfall zu schützen«.[14] Der Vizewachtmeister Presuhn konnte jedoch dem Wunsch Oskar von Millers nicht entsprechen und sah eine Imprägnierung des Apparates für aussichtslos an. »Der Wurmfraß ist zu weit vorangeschritten. Die einzelnen Holzteile fallen bei Berührung fast zusammen [...] Die Tragflächenbespannung (Stoff) ist dermaßen zermürbt, das sie wie Zunder auseinanderfällt.«[15]

Der Gleitflugapparat Browns war bis 1922 in den Beständen des Deutschen Museums; er wurde, wie bereits erwähnt, nicht in der Sammlung ausgestellt, vermutlich deshalb, weil sein Zustand schlecht war und bereits ein Lilienthal-Doppeldecker in der Ausstellung zu sehen war. Aus dem Objekt-Bestand des Deutschen Museums verschwand der Gleiter ziemlich unauffällig. Lediglich eine kurze Notiz auf dessen Inventar-Karte vermerkt sein Schicksal: »17. 11. 22 vernichtet«.[16]

Der Grund, diesen morschen Apparat endgültig auszusondern (»vernichten«), lag wohl in der Verlegung der Luftfahrtsammlung des Deutschen Museums von seinen provisorischen Standorten zu dem endgültigen Standort des Deutschen Museums auf einer Isar-Insel, der sogenannten ›Kohleninsel‹ im selben Jahr.

LILIENTHAL-DOPPELDECKER

Über Jahrzehnte war ein Lilienthal-Doppeldecker, d.h. ein Gleitflugapparat mit zwei Tragflächen, das markante Ausstellungsstück in der Luftfahrt-Ausstellung im Deutschen Museum. Er wurde zu den bedeutendsten Exponaten im Bestand des Deutschen Museums gezählt und deshalb sehr häufig in der Luftfahrt-Literatur abgebildet.

Mit diesem Lilienthal-Flugapparat in Doppeldecker-Version ist eine komplizierte Geschichte verbunden, die ihren Anfang bei dem Berliner Patentbüro ›Reichau & Schilling‹ nahm. Dieses Patentbüro scheint nach dem Tod Otto Lilienthals dessen Flugapparate übernommen zu haben. Weshalb und unter welchen Umständen dieses Patentbüro in den Besitz einer Reihe von Lilienthal-Flugapparaten kam, ist bis heute unbekannt.

Das Patentbüro stellte diese Flugapparate Ausstellungen zur Verfügung und veräußerte sie auch.

Erster Kaufinteressent bei ›Reichau & Schilling‹ war der Österreicher Igo Etrich, der später durch die Konstruktion der populären ›Tauben‹-Flugzeuge berühmt wurde. Er erwarb 1898 von ihnen einen Gleitflugapparat, einen Eindecker.[17] Das Deutsche Museum kaufte im Jahre 1904 zu einem Preis von 300 Mark vom Patentbüro ›Reichau & Schilling‹ ebenfalls einen Original-Lilien-thal-Gleitflugapparat, und zwar einen Doppeldecker.[18]

Über die Höhe des Preises konnte man sich jedoch nicht gleich einigen. Das Deutsche Museum bot 300 Mark.[19] Das Patentbüro dagegen taxierte den Wert ihres gelieferten Lilienthal-Doppeldeckers mit »mindestens 1000 Mark«[20] und teilte mit: »Von Amerika ist uns für den Apparat mehr geboten und können ihn daher leider nicht unter 600 Mark abgeben [...].«[21] Erst im April 1905 akzeptierte das Patentbüro das Kaufangebot des Museums. A. Reichau vom Patentbüro: »Ich bin jedoch bereit, mich mit den von Ihnen angebotenen 300 Mark zu begnügen, sofern Sie den übrigen Wert von 700 Mark als Geschenk von mir annehmen [...].«[22]

Das Patentbüro sandte schon 1904 die Originalteile an das Deutsche Museum, wo sie auf Veranlassung des Deutschen Museums in der ›Königlichen Artilleriewerkstätte‹ zusammengebaut wurden. Als Vorlage dienten hauptsächlich Fotos von den Flugversuchen Lilienthals, die Gustav Lilienthal dem Museum aufgrund einer Bitte zur Verfügung gestellt hatte.

Otto Lilienthal hatte in seinen Publikationen berichtet, daß er auch zwei Doppeldecker-Versionen, sozusagen einen kleinen und großen, für seine Gleitflugversuche benützt hatte. Lilienthal: »Ich baute mir zunächst einen Doppelapparat, bei dem jede Fläche 9 qm besitzt [...]. Ich habe dann noch einen grösseren Doppelapparat von zusammen 25 qm Segelfläche angefertigt.«[23]

Der nun seit dieser Zeit im Bestand des Deutschen Museums befindliche, vom Patentbüro angekaufte Original-Lilienthal-Doppeldecker ist jedoch unglücklicherweise eine Zusammenstellung aus Teilen von Lilienthal gebauten Gleitern. Es

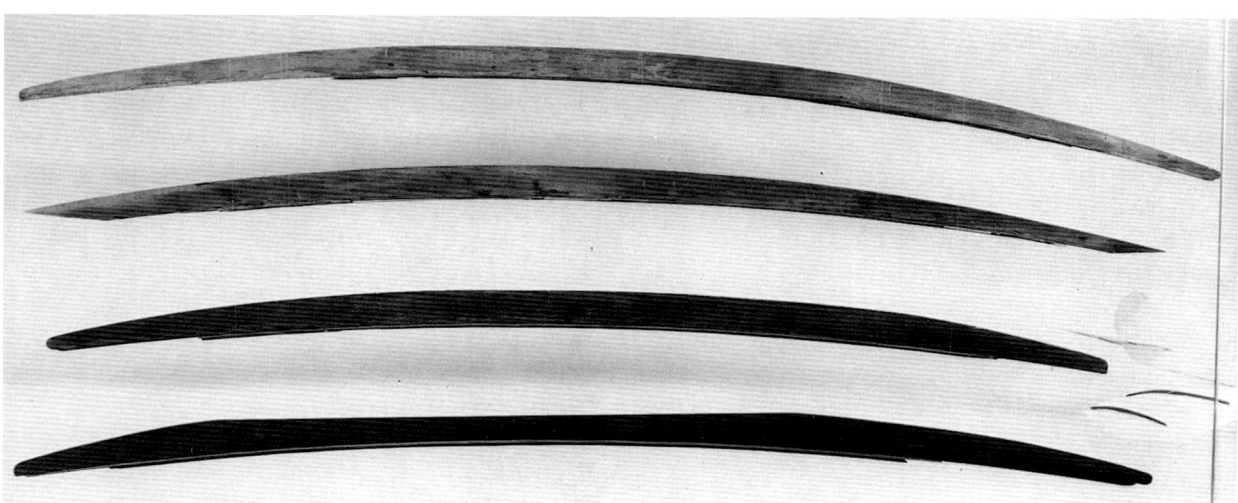

Abb. 169: Original-Profilschienen für das Sturmflügelmodell, 1894 (Kat.-Nr. 237)

Abb. 170: Postkarte mit dem unkorrekten Doppeldecker Lilienthals in der provisorischen Ausstellung des Deutschen Museums, 1909

wurde somit unbeabsichtigt ein ›neuer‹, historisch nicht authentischer Lilienthal-Doppeldecker geschaffen! Dieser Doppeldecker hatte folgende Konfigurationen: das Unterdeck ein Eindecker der Version ›Normal-Segelapparat‹, das Oberdeck (die obere Tragfläche) vom ›kleinen‹ Doppeldecker stammend. Dieser Fehler wurde leider nicht bemerkt und der Doppeldecker nun als Original-Lilienthal-Gleitflugapparat bezeichnet.[24] Es waren zwar die Teile original, jedoch das Erscheinungsbild nicht authentisch. Die Ursache lag darin begründet, daß das Deutsche Museum bereits vom Patentbüro ›Reichau & Schilling‹ nicht die richtigen Teile geliefert bekommen hatte.

So entstand in München der ›falsche‹ Doppeldecker, trotz der Originalteile! In diesem Zusammenhang ist es auch erwähnenswert, daß die gelieferten Profilschienen[25] (sie dienten Lilienthal zur Fixierung der Wölbung bzw. des Profils der Tragflächen seiner Gleitflugapparate) für das kleine Unterdeck, also für den ›kleinen‹ Doppeldecker gepaßt hätten (Abb. 169). Für das gelieferte große Unterdeck waren sie natürlich zu kurz. Ein Charakteristikum des jahrzehntelangen ausgestellten

Doppeldeckers in der Sammlung des Deutschen Museums waren deshalb die zu kurzen Profilschienen sowie ein unkorrekter Prellbügel. Das richtige Unterdeck zum gelieferten Oberdeck des kleinen Doppeldeckers ist das sogenannte ›Sturmflügelmodell‹. Es entspricht dem ›Normal-Segelapparat‹, hat aber eine geringere Spannweite.

Es existiert noch und befindet sich in Besitz des Technischen Museums in Wien, ohne die Profilschienen natürlich, da diese, wie oben erwähnt, beim Doppeldecker des Deutschen Museums benützt wurden! Das ›Sturmflügelmodell‹ ist derjenige Lilienthalgleiter, den Igo Etrich von eben diesem Patentbüro erwarb und später dem Technischen Museum in Wien übergab.

Der Lilienthal-Doppeldecker des Deutschen Museums war erstmals bereits in der seit Ende 1906 bestehenden provisorischen Ausstellung in der Maximilianstraße 26, dem alten Nationalmuseum, in der Halle ›Landtransportmittel‹ ausgestellt.[26] Mit der Eröffnung der ›Abteilung II‹ der provisorischen Ausstellung in der ehemaligen ›Schweren Reiterkaserne‹ in der Zweibrückenstraße 12 am 2. Januar 1909 war der Gleiter in der Abteilung für ›Luftschiffahrt‹ zu sehen (Abb. 170).[27] Er zählt seither zu den wichtigsten Ausstellungsobjekten in der Luftfahrt-Sammlung.

Als 1925 am 7. Mai das Deutsche Museum nach langer, durch den Ersten Weltkrieg stark verzögerter Bauzeit die Pforten seines Museumsbaues auf der Isarinsel für die Besucher öffnete, war auch der Doppeldecker wieder zu sehen.

In einem früheren Ausstellungs-Führer ist zu lesen: »Das bemerkenswerteste Stück dieser Gruppe (schwerer als Luft) ist ein Original-Flugapparat von Otto Lilienthal (Doppeldecker mit einer lebensgroßen Figur)« (Abb. 171).[28]

Das Ende dieses Flugapparates kam Anfang der vierziger Jahre, also während der Zeit des Zweiten Weltkrieges. Aufgrund des mittlerweile sehr schlechten bzw. brüchigen Zustandes (Wurmfraß!) wurde er endgültig aus der Sammlung entfernt. Das Unterdeck existiert noch heute in einem ›fragmentarischen‹ Zustand[29]; das Seitenleitwerk und das Oberdeck sind verschollen.

Als Mitte der fünfziger Jahre mit der Konzipierung des Wiederaufbaues der Luftfahrt-Ausstellung des Deutschen Museums begonnen wurde, wollte man wieder einen Lilienthal-Apparat in der Ausstellung dem Publikum zeigen. Es wurde deshalb in den Werkstätten des Deutschen Museums ein Nachbau des früheren Doppeldeckers angefertigt.[30] Die Leitwerks-Form wurde jedoch geändert. Während der frühere Doppeldecker noch ein ›gezacktes‹ Leitwerk besaß, wurde bei der Neuanfertigung diejenige Form gewählt, die Lilienthal im allgemeinen verwendete (Abb. 172). 1958, bei der Wiedereröffnung der Luftfahrtsammlung, war für den Besucher auch wieder der bekannte Lilienthal-Doppeldecker zu sehen, doch nun in Form einer Nachbildung.

Im Rahmen des Baues dieses Doppeldeckers wurde auch eine Konstruktions-Zeichnung erstellt.[31]

Erst im Jahre 1990 wurde dieser Doppeldecker-Nachbau, der ja wie der frühere eine unkorrekte Typen-Version darstellte, durch einen neuen Gleiter-Nachbau ersetzt.

Diese, in den Jahren 1989/90 gefertigte Nachbildung[32] entspricht nun, so exakt wie rekonstruierbar, einem der beiden von Lilienthal entworfenen Doppeldecker-Typen, nämlich dem ›kleinen‹ Doppeldecker.

Der in den Werkstätten des Deutschen Museums gebaute ›Doppeldecker-Gleitflugapparat‹ ist quasi der Nachfolger des 1904 vom Berliner

Abb. 171: Lilienthals unkorrekter Doppeldecker in der provisorischen Ausstellung, um 1920; im Vordergrund links die drei Versuchsflächen Lilienthals

Abb. 172: Fertigstellung des Doppeldecker-Nachbaus, 1957

Abb. 173: Der 1990 angefertigte Nachbau des kleinen Doppeldeckers

Patentbüro erworbenen Lilienthal-Gleitflugappa-
rates, jetzt aber historisch so exakt wie möglich.
So wird auch in Zukunft in der Ausstellung als
markantes Beispiel der Nachbau eines Lilienthal-
Doppeldecker-Apparats den Beginn des Menschenfluges dokumentieren (Abb. 173).

Von dem von 1958 bis 1990 in der Ausstellung
befindlichen Doppeldecker wurde das Oberdeck
entfernt; er stellt nun einen Eindecker der Version
›Normal-Segelapparat‹ dar.

In diesem Zusammenhang noch einige Anmerkungen zu dem Berliner Patentbüro ›Reichau &
Schilling‹: Dieses Patentbüro, laut Angabe im
›Braunbeck's Sportlexikon‹: »Konstrukt. v. Flugzeugen u. Propellern, Berlin NW.7, Mittelstr. 23,
gegr. 1877. Gründ.: Ing. Dieckmann; Inh.: W.
Reichau«[33], hatte, wie bereits erwähnt, offensichtlich nach dem Tod Otto Lilienthals seine nun ver-
waisten Flugapparate (der Absturzapparat wurde,
so Gustav Lilienthal, »in der Fabrik Köpenicker
Straße 113 [...] eines Tages dort wegen Platzman-
gel verbrannt)«[34] übernommen und sie teils wieder
weiterveräußert.

Gustav Lilienthal, Ottos Bruder, schrieb lediglich lapidar, als Etrich vergeblich von ihm einen
Original-Lilienthal-Gleiter erwerben wollte, über
dieses Büro: »Es gelang ihm (Etrich), bei einem
Patentanwalt in Berlin noch einen Lilienthal-Gleit-
flieger aufzutreiben [...].«[35]

Das war eine ›Untertreibung‹, da Gustav sicherlich bekannt war, wo die Originalgleiter nach dem
Tode Ottos verblieben. ›Reichau & Schilling‹ teilte
ihm z.B. 1905 den Verkauf des vermeintlichen
Doppeldeckers an das Deutsche Museum mit:
»Den Flugapparat Ihres Herrn Bruders haben wir
dem Museum von Meisterwerken der Naturwissenschaft und Technik in München überwiesen.«[36]

Konkrete Details über dieses Patentbüro bzw.
seiner Mitarbeiter sind bis heute so gut wie unbekannt. Interessant ist, daß das Büro sogar eine
Broschüre mit dem Titel ›Otto Lilienthal‹ publi-
zierte.[37] Außerdem gab es die Wochen-Zeitschrift
›Ingenium‹[38] heraus, in der Reichau selbst, u.a.
über flugtechnische Fragen, Artikel schrieb.

Für Ausstellungen stellte das Patentbüro eben-
falls die Lilienthal-Flugapparate zur Verfügung:
Ein ›Flügelschlagapparat‹ Lilienthals wurde von
›Reichau & Schilling‹ bei der ›Internationalen
Sport-Ausstellung Berlin 1907‹ ausgestellt. Der
Ausstellungs-Katalog: »Patent-Bureau Reichau &
Schilling, Berlin 7, Mittelstr. 23. Lilienthal's (abge-
stürzt 1896) Motorflugapparat, mit dem er 1896
kurze Strecken horizontal flog.«[39] Der Briefkopf
der Schreiben des Patentbüros kündigte weitere

Aktivitäten mit dem ›Motorflieger‹ an: eine Beteiligung an der Industrieausstellung vom 15.6. bis
15.9.1907 im Ausstellungspalast Zoo und an der
Weltausstellung Berlin 1913.[40]

Auch einen weiteren, von Lilienthal gebauten
(jedoch von ihm nicht mehr benützten) ›Flügelschlagapparat‹ hatte dieses Patentbüro in seinem
Besitz.

Nach dem bisherigen Stand der Erkenntnisse
verfügte es über folgende Original-Lilienthal-
Apparate: Eindecker ›Sturmflügelmodell‹ (das
Unterdeck des ›kleinen‹ Doppeldeckers); Eindek-
ker ›Normal-Segelapparat‹; Oberdeck des ›kleinen‹ Doppeldeckers; ›Flügelschlagapparat‹, mit
Gummizügen betätigte ›Schwungfedern‹; ›Flügelschlagapparat‹, an Scharnieren drehbare bzw. betätigte Schwingen.

ERLÄUTERUNGEN ZU VERMUTUNGEN ÜBER WEITERE LILIENTHAL-OBJEKTE IN DEN BESTÄNDEN DES DEUTSCHEN MUSEUMS

In der Fachliteratur tauchten in der Vergangenheit
vereinzelt Hinweise bzw. Mutmaßungen über weitere Original-Lilienthal-Exponate auf, die angeblich in das Deutsche Museum gekommen sein sollen:[41] So soll der ›Flügelschlagapparat‹, Version
›Schwungfedern‹ mit Gummizügen, der, wie bereits erwähnt, im Besitz von ›Reichau & Schilling‹
war, später angeblich ins Deutsche Museum gekommen und während einer Entleihung zur Weltausstellung 1910 in Brüssel verbrannt sein. Diese
Annahme ist jedoch falsch. In der Brüsseler Weltausstellung war kein Lilienthalgleiter als Leihgabe
des Deutschen Museums ausgestellt.

In einem Schreiben des Museums an den »Direktor der Luftschiffahrt-Abteilung der Weltausstellung Brüssel 1910, Herrn Oberstleutnant z.D.
W.L. Moedebeck, Berlin«, stellte das Museum un-
mißverständlich fest, »daß wir bei der nächstjähri-
gen Weltausstellung uns nicht beteiligen werden«.[42] Bei der Weltausstellung gab es tatsächlich
einen Brand, dem verschiedene Ausstellungen
zum Opfer fielen, jedoch nicht die Deutschlands.

Auch der zweite ›Flügelschlagapparat‹ Lilienthals, Version Schwingen mit Scharnieren, soll angeblich in den Exponats-Bestand des Deutschen
Museums gekommen sein.

Dieser Gleiter wurde im Jahr 1902 vom Patentbüro ›Reichau & Schilling‹ Raimund Nimführ,
einem Meteorologen und Vorkämpfer des Flugge-
dankens in Österreich, überlassen.[43] Zwei Jahre

Abb. 174: Der große Schlagflügelapparat und das Sturmflügelmodell bei Igo Etrich in Trautenau, 1905 (Kat.-Nr. 259)

später, 1904, soll er dann letztendlich in das Deutsche Museum gekommen sein.

Dieser Apparat wurde tatsächlich von Nimführ 1904 von Wien nach München geschickt. Er muß zu diesem Zeitpunkt noch oder wieder im Besitz des Berliner Patentbüros gewesen sein, da es dem Deutschen Museum die Möglichkeit des Kaufes offerierte.[44]

Dieser ›Schlagflügelapparat‹ war zur gleichen Zeit in München wie der aus Berlin gekommene Doppeldecker-Apparat (den dann das Deutsche Museum übernahm), so daß das Deutsche Museum die Möglichkeit hatte, den für seine Zwecke wichtigeren Apparat auszuwählen.

Das Deutsche Museum wandte sich nun an einen seiner zwei Referenten für Luftschiffahrt, General Karl Neureuther, um Rat. (Der zweite Referent war der Münchner Ordinarius Sebastian Finsterwalder.) Man konnte wenig später dem Patentbüro ›Reichau & Schilling‹ in Berlin folgendes mitteilen: »Nach eingehender Besichtigung der beiden uns von Ihnen angebotenen Lilienthalschen Flugapparate teilt uns Herr General Neureuther mit, das der grössere der beiden Apparate (der ›Schlagflügelapparat‹) für unser Museum keinen erheblichen Wert hat, da derselbe nur eine Versuchsform darstellte, die sich praktisch nicht bewährt habe.«[45]

Der ›Schlagflügelapparat‹ wurde deshalb weiter nach Oberaltstadt bei Trautenau zu Igo Etrich geschickt (Abb. 174).[46] Er kam also weder in den Besitz des Deutschen Museums, noch verblieb er bei General Neureuther. Auch die Vermutung, daß der Antrieb der letzten Lilienthalflugapparate, der Kohlensäuremotor, ins Deutsche Museum gekommen sein soll, entbehrt jeder Grundlage. Es gibt keine Hinweise oder Indizien dafür.

NACHBILDUNG DES LILIENTHAL-APPARATES DURCH HANS RICHTER

Nach der Ära Lilienthal schlüpfte ein Artist in dessen Rolle. Der Mann hieß Hans Richter und baute in den zwanziger Jahren Lilienthalgleiter nach, wahrscheinlich insgesamt 5 Stück, die er für Schauzwecke flog.

Hans Richter wurde 1891 geboren. Er erlernte das Bankfach, nannte sich aber später Ingenieur und Flugzeugkonstrukteur. Im Jahre 1908, als siebzehnjähriger, begann Richter mit Gleitflugversuchen. Zwischen 1910 und 1924 soll er auf den Stöllner Bergen, dem Absturzort Lilienthals, Gleitflugversuche durchgeführt haben.[47]

1920 wurde Richter einer breiteren Öffentlichkeit bekannt mit Schauflügen zugunsten eines Denkmalfonds für Lilienthal, bei denen er bei einem Absturz erheblich verletzt wurde. 1924 trat er, als Lilienthal verkleidet, in einem Film auf, den er auch selbst vertrieb. »Ich selbst habe in der Maske von Otto Lilienthal einen Lilienthalfilm heraus gebracht, der die Montage, den Transport und andere Scenen aus dem Leben Lilienthals zeigt. Ein Teil ist von der Deulig Film Gesellschaft angekauft worden für die Wochenschau. Der Film ist ca. 125 Meter lang. Die Tochter Otto Lilienthals sagte mir seiner Zeit, dass ich so natürlich Ihren Vater gespielt hätte, als ob er es selbst sei. Der Film ist in den Stöllner Bergen gedreht worden.«[48] 1936 kauft das Deutsche Museum eine Kopie dieses Films zum Preis von 60 Reichsmark.[49]

Im Zweiten Weltkrieg trat Richter unter dem Namen ›Ernin‹ als ›Zauberkünstler und Manipulator‹ und als Truppenbetreuer auf; dann verliert sich die Spur Hans Richters.[50] Im Jahre 1923 hatte er von Gustav Lilienthal leihweise die Originalzeichnung Ottos von dessen ›Normal-Segelapparat‹ erhalten und die Erlaubnis, nach dieser Zeichnung den Apparat nachzubauen und zu verkaufen. Er gründete deshalb die Firma ›Gleit- und Segelflieger H. Richter‹ in Berlin und bot Lilienthal-Apparate zum Verkauf an.

Ein Lilienthal-Doppeldecker aus der Werkstatt Hans Richters wurde nach einem Absturz zu einem Eindecker umgebaut (Abnahme des Oberdecks) und an die Berliner Firma ›Zoellner Werke A. G.‹ abgegeben, die ihn wiederum dem Berliner ›Zeughaus‹ schenkte.[51]

Das Berliner ›Zeughaus‹ bot 1936 den Gleiter dem Deutschen Museum an. »Für das originalgroße, seiner Zeit von den Zoellnerwerken dem Zeughaus geschenkweise überlassene Modell ist bei der Neuaufstellung der Sammlung kein Platz mehr.«[52]

Dieser Gleiter wurde tatsächlich vom Deutschen Museum erworben: »Der Gleitflieger wurde von der Firma Zoellner Werke A. G., für Farben und Lackfabrikation, Berlin-Neukölln dem Zeughaus Berlin gestiftet und vom Deutschen Museum gegen ein Objekt im Werte von RM 100,– eingetauscht.«[53] Gegenwärtig befindet er sich als Leihgabe des Deutschen Museums im Luftwaffen-Museum Uetersen.

LILIENTHAL-APPARAT VON PAUL BEYLICH

Paul Beylich (1874–1965) war Otto Lilienthals Gehilfe bei den Flugversuchen in der Zeit von 1894 bis zu dessen Tod 1896.

Er baute auch die Flugapparate Otto Lilienthals nach Zeichnung bzw. Vorlage. Kurz vor seinem Tod, 1962, baute Beylich nochmals einen Lilienthalschen Gleitflugapparat in Originalgröße nach dem Gedächtnis (Abb. 175). Dieser Apparat war einige Jahre in der Ausstellung am ›Fliegeberg‹ in Berlin, die sich ›Deutsche Luftfahrtsammlung‹ nannte, zu sehen.

Deren Besitz wurde 1976 vom Deutschen Museum übernommen. Somit ging auch dieser Gleiter, eine Kopie des ›Normal-Segelapparates‹, in den Besitz des Deutschen Museums über.[54] Anfang 1984 wurde der Apparat von Klaus Heyn aus Eislingen/Fils, einem Fachbeiratsmitglied der Luft- und Raumfahrtabteilung des Deutschen Museums, restauriert. Seit Mai 1984, der Eröffnung der neuen Luft- und Raumfahrthalle, befindet sich der Gleiter in der Ausstellung des Deutschen Museums.

TRAGFLÄCHE EINES FLUGAPPARATES VON LILIENTHAL

Ernst Valentin (1874–?), Geschäftsführer von ›Ikarus, Gesellschaft zur Veranstaltung von Kunst- und Schauflüge m. b. H.‹, Berlin, sowie Schriftführer und Mitbegründer der ›Automobil- und Flugtechnischen Gesellschaft‹, teilte dem Deutschen Museum Anfang 1912 mit, »dass ich ein Stück von einem der von Otto Lilienthal zu seinem Gleit- und Schwebeflügen benutzten Apparate besitze, das sowohl konstruktiv als auch historisch sehr interessant ist; für die Echtheit des Stückes, habe ich zuverlässige Beweise. Das Stück ist etwa 80 cm lang, 70 cm breit und 5 cm hoch.«[55]

Oskar von Miller nahm das Angebot an, und Valentin sandte daraufhin dieses Objekt an das Deutsche Museum, wo es am 6. 2. 1912 inventarisiert wurde.

Das weitere Schicksal des Objekts im Deutschen Museum ist unbekannt. Auf der Inventarkarte ist lapidar vermerkt: »Objekt abgeschrieben 13. 2. 1958.«[56] Vermutlich ist diese Tragfläche während der Zeit des Zweiten Weltkrieges oder unmittelbar danach zerstört, eventuell wegen Morschheit oder anderweitiger Gründe verschwunden. Die Tragfläche war 1958, als die neue wiederaufgebaute Luftfahrtabteilung eröffnet wurde – sie war durch Bombenschäden während des Zweiten Weltkrieges erheblich in Mitleidenschaft gezogen worden –, nicht mehr auffindbar.

Es existiert bedauerlicherweise weder eine Beschreibung noch eine Fotografie dieses Stückes, so daß eine technische wie historische Zuordnung unmöglich ist!

EINE BALLONWINDE OTTO LILIENTHALS

Richard Aßmann vom ›Königlich Preuß. Aeronautischen Observatorium‹ in Lindenberg bei Beeskow bot im April 1910 dem Deutschen Museum eine Reihe von Objekten aus dem Bereich der Luftfahrttechnik, wie z. B. Drachen und Ballonteile, an.

Aßmann (1845–1918) gründete und leitete das ›Aeronautische Observatorium‹ von 1899 bis 1914. Er förderte die Verbreitung der Wetterkunde, u. a. durch die Zeitschrift ›Das Wetter‹, die er bis 1918 herausgab. Er machte sich mit der meteorologischen Erforschung der höheren Schichten der Atmosphäre einen Namen. 1902 entdeckte er (gleichzeitig mit dem Franzosen de Bort) die Temperaturkonstanz oberhalb 11 km und da-

Abb. 175: Otto Lilienthals Gehilfe Paul Beylich vor seinem 1962 angefertigten Nachbau des Normal-Segelapparats

mit die Stratosphäre. Aßmann ist auch der Erfinder des ›Aspirations-Psychrometer‹, dem Standardinstrument für einwandfreie Temperatur- und Feuchtemessung.

Unter den angebotenen Objekten war auch eine, so Aßmann, »von Otto Lilienthal im Jahre 1890 gebaute und mir geschenkte Ballonwinde«.[57] Im ›Aeronautischen Observatorium‹ wurden Winden für die Drachen- und Ballonaufstiege benützt. Es ist anzunehmen, daß auch sie für diese Zwecke verwendet wurde. Übrigens wurde später, nach Lilienthals Tod, am Observatorium eine Motorwinde verwendet, die von der »Maschinenfabrik von Hugo Eulitz, Berlin S 59, Schinkestr. 8/9, neuerdings für das Drachenautomobil des Observatoriums«[58] gebaut wurde (Abb. 176).

Hugo Eulitz (1870–1947), der Vetter von Agnes Lilienthal, hatte von 1889 bis 1894 in Lilienthals Fabrik gearbeitet und war ihm für eine gewisse Zeit bei seinen Flugversuchen behilflich. Später, vom Jahr 1900 bis 1905 leitete Eulitz die Lilienthalsche Fabrik, dann eröffnete er in Berlin-Kreuzberg eine eigene Fabrik.

Aßmann hatte persönlichen Kontakt zu Otto Lilienthal, war er doch von 1888 bis 1900 Vorsitzender des ›Deutschen Vereins zur Förderung der Luftschiffahrt‹, in dessen Sitzungen Otto Lilienthal Vorträge über seine Flugversuche hielt.[59]

Diese Ballonwinde wurde, mit den anderen angebotenen Objekten, noch im gleichen Jahr, 1910,

in die Bestände des Deutschen Museums aufgenommen.[60] Laut Inventar-Karte hatte es die Abmessung von 310 × 30 × 115 cm.

Das Original aus der Hand Lilienthals wurde 1963 an das ›Verkehrsmuseum‹ in Berlin ausgeliehen. Leider ging es dort verloren und ist seitdem verschollen. Es existiert auch kein Foto über dieses interessante Exponat, so daß über Form und Aussehen nicht einmal Mutmaßungen angestellt werden können.

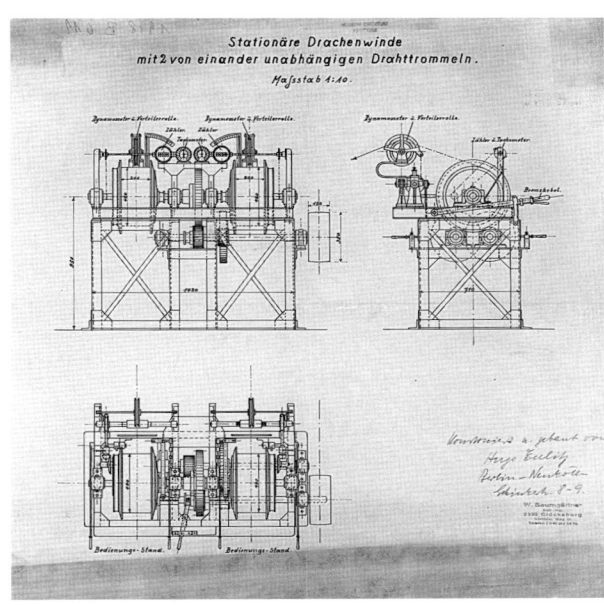

Abb. 176: Konstruktionszeichnung der Drachenwinde von Eulitz

Die Lilienthal-Exponate im Bestand des Deutschen Museums (Stand 1990)

Exponat	Jahr	Status	DM-Inv.-Nr.	Standort 1990	Bemerkung
Versuchsflächen	1888	O	25134, 25135 und 25136	Ausstellung Luftfahrtsammlung	
Profilschienen	1894	O	79806	Ausstellung Luftfahrtsammlung	Profilschienen für ›Sturmflügelmodell‹
Eindecker ›Normal-Segelapparat‹	1894	O	2235	Studiensammlung Depot	Bis in die 40er Jahre Unterdeck Doppeldecker
Eindecker ›Normal-Segelapparat‹	1894	N	80606	Studiensammlung Depot	Nachbau 1957/58; bis 1990 Unterdeck Doppeldecker
Eindecker ›Normal-Segelapparat‹	1894	N	1976/817	Ausstellung Luftfahrtsammlung	Nachbau 1962 von Paul Beylich
Eindecker ›Normal-Segelapparat‹	1894	N	67799	Entliehen an Museum Uetersen	Nachbau ca. 1930 von Hans Richter
Doppeldecker ›kleine‹ Version	1895	N	1990/515	Ausstellung Luftfahrtsammlung	Nachbau 1990 von Deutsches Museum

Status: O = Original; N = Nachbau

ANMERKUNGEN

[1] Die Militärluftfahrt bis zum Beginn des Weltkrieges 1914. Anlagenband, Anlage Nr. 59, S. 114.

[2] Otto Lilienthal: Der Vogelflug als Grundlage der Fliegekunst, Berlin 1889, S. 95.

[3] Zeitschrift ›Flugsport‹. Jahrgang 1909, S. 471–472.

[4] Denkschrift der ersten Internationalen Luftschiffahrt-Ausstellung (ILA) zu Frankfurt am Main 1909. Bd. II. Ergebnisse der Ausstellung. Berlin 1911, S. 38.

[5] Brief von Gustav Lilienthal an das Deutsche Museum vom 5.4.1910.

[6] Deutsches Museum, Inventar-Karten: Nr. 25134, 25135 und 25136; siehe Kat.-Nr. 103.

[7] Schwipps, Werner: Der Mensch fliegt. Koblenz 1988, S. 130.

[8] Brief von Martin Hug an das Deutsche Museum vom 28.12.1935.

[9] Brief von Ch. Brown an das Deutsche Museum vom 15.12.1904.

[10] Deutsches Museum, Inventar-Karte: 2749.

[11] Brief des Generalkommissars des Reichs an das Deutsche Museum vom 23.1.1907.

[12] Offizieller Katalog der ›Internationalen Luftschiffahrt-Ausstellung‹ zu Frankfurt a.M., 1909.

[13] Brief des Deutschen Museums an die ›Internationale Industrie- und Gewerbeausstellung‹, Turin, vom 16.2.1911.

[14] Brief des Deutschen Museums an Herrn Presuhn, Augsburg, vom 25.5.1917.

[15] Brief von der ›Kriegs-Luftfahrt-Ausstellung‹, Gotha, an das Deutsche Museum vom 19.6.1917.

[16] Deutsches Museum, Inventar-Karte: 2749.

[17] Etrich, Igo: Die historische Entwicklung des Taubenprinzips und dessen Bedeutung für die Zukunft. O.O., o.D. (1929).

[18] Deutsches Museum, Inventar-Karte 2235.

[19] Brief vom Patentbüro ›Reichau & Schilling‹, Berlin, an das Deutsche Museum vom 26.11.1904.

[20] Brief vom Patentbüro ›Reichau & Schilling‹, Berlin, an das Deutsche Museum vom 5.4.1905.

[21] Brief vom Patentbüro ›Reichau & Schilling‹, Berlin, an das Deutsche Museum vom 28.11.1904.

[22] Brief vom Patentbüro ›Reichau & Schilling‹, Berlin, an das Deutsche Museum vom 5.4.1905.

[23] Zeitschrift für Luftschiffahrt und Physik der Atmosphäre, Berlin 1895 (siehe O. Lilienthal: Über die Ermittlung der besten Flügelform).

[24] Sogenannter ›Typ 15‹ nach Gerhard Halle. Siehe: Halle, Gerhard: Otto Lilienthal und seine Flugzeug-Konstruktionen. Reihe: Deutsches Museum – Abhandlungen und Berichte, Heft 2, 1962.

[25] Deutsches Museum, Inventar-Karte: 79806.

[26] Deutsches Museum: Führer durch die Sammlungen, München, Maximilianstraße 26, ca. 1907.

[27] Deutsches Museum: Rundgang durch die Sammlungen, ca. 1910.

[28] Deutsches Museum: Amtlicher Führer durch die Sammlungen. München 1928.

[29] Filchner, Gerhard/Christian Piepenburg: Der ›Normal-Segelapparat‹ von Otto Lilienthal im Deutschen Museum – eine Dokumentation, S. 100–112.

[30] Deutsches Museum, Inventar-Karte 80606.

[31] Deutsches Museum, Sondersammlung: DM 1146 und DM 1629 (Anfertigung der Zeichnung: 1957).

[32] Deutsches Museum, Inventar-Karte: 1990/515.

[33] Braunbeck's Sport-Lexikon, Berlin 1910.

[34] Anna und Gustav Lilienthal: Die Lilienthals. Stuttgart und Berlin, 1930, S. 87.

[35] Ebd., S. 88.

[36] Brief von Patentbüro ›Reichau & Schilling‹, Berlin, an Herrn Baumeister Lilienthal, Berlin, vom 11.4.1905 (Abschrift).

[37] Siehe Briefkopf des Patentbüros ›Reichau & Schilling‹ (1907): »Broschüre: Otto Lilienthal, reich illustriert, Preis 50 Pfennig.«

[38] Deutsches Museum, Bibliothek-Standnummer: ZC 1563.

[39] Katalog der ›Internationalen Sport-Ausstellung‹, Berlin 1907.

40 Briefkopf des Patentbüros ›Reichau & Schilling‹, Berlin (1907).

41 Für eine ausführliche Beschreibung siehe: Otto Lilienthals letzte Flugapparate. In: Kultur & Technik, Heft 4/1986, S. 260–265.

42 Brief des Deutschen Museums an W. L. Moedebeck, Berlin, vom 8. 7. 1909.

43 Nimführ, Raimund: Wie alle Menschen fliegen werden. Wien, 1923, S. 48.

44 Postkarte vom Patentbüro ›Reichau & Schilling‹ an das Deutsche Museum vom 25. 8. 1904.

45 Brief des Deutschen Museums an ›Reichau & Schilling‹ vom 26. 11. 1904.

46 Brief des Deutschen Museums an ›Reichau & Schilling‹ vom 7. 12. 1904.

47 Brief von Werner Schwipps, Köln, an das Deutsche Museum vom 3. 6. 1980.

48 Brief von Hans Richter an das Deutsche Museum vom 29. 6. 1936.

49 Deutsches Museum, Sonderslg.: Filmarchiv, Film-Nr. 372.

50 ›Berliner illustrierte Nachtausgabe‹ vom 9. 6. 1941: Auf den Spuren Otto Lilienthals – Gleitflugpionier und Zauberer zugleich.

51 Brief von Hans Richter an Gustav Lilienthal vom 12. 10. 1932.

52 Brief des ›Direktor des Zeughauses‹, Berlin, an das Deutsche Museum vom 4. 6. 1936.

53 Deutsches Museum, Inventar-Karte 67799.

54 Deutsches Museum, Inventar-Karte: 1976/817.

55 Brief von Ernst Valentin, Berlin, an das Deutsche Museum vom 22. 1. 1912.

56 Deutsches Museum, Inventar-Karte: 34254.

57 Brief von Richard Aßmann an das Deutsche Museum vom 9. 3. 1910.

58 Tetens, Otto: Die Drachentechnik am Königlichen Aeronautischen Observatorium. O. O. 1913.

59 Zeitschrift für Luftschiffahrt und Physik der Atmosphäre.

60 Deutsches Museum, Inventar-Karte 23234.

DEUTSCHES MUSEUM
VON MEISTERWERKEN DER NATURWISSENSCHAFT UND TECHNIK

Poſtſcheckkonto No. 1944

MÜNCHEN, 27.März 1933.
Museumsinsel 1 — Rufnummer 22856
Studienbau 26764

Hochwohlgeboren

Herrn Gerhard H a l l e ,

BERLIN - LICHTERFELDE
==========================
Marthastr. 5.

Betr.: Bibliothek/Sondersammlungen.
Hä./Gsch. 3686

      Im Anschluß an unser Schreiben vom 25.d.M., dem wir die
von Ihnen gewünschten Abschriften Ihres freundlichst zusammenge=
stellten Gesamtverzeichnisses des schriftlichen und zeichneri=
schen Nachlasses von Otto LILIENTHAL sowie Ihr handschriftliches
Original hiezu beifügten, erlauben wir uns, Ihnen zunächst für
Ihre gütige Zusage, den von Ihnen unter eingehenden Bemühungen
zusammengestellten umfangreichen Nachlaß von Otto Lilienthal aus
dem Besitz Ihrer Frau Schwiegermutter und mit deren Einverständnis
dem Deutschen Museum zu stiften, unseren Dank auszusprechen.

      Wir werden uns gestatten, Ihrer Frau Schwiegermutter für
ihre liebenswürdige Bereitwilligkeit, die Stücke für die Urkun=
den- und Handschriftensammlung sowie die Plansammlung unserer
Bibliothek zur Verfügung zu stellen, unseren ganz besonderen Dank
auszusprechen.

      Wir sind gern damit einverstanden, daß Sie den Nachlaß,
gemäß Ihrer Aufstellung geordnet, zu einer Sendung zusammenfassen,
für deren Bahnversand wir Ihnen in der Anlage einen Freifracht=
brief zur gefälligen Verwendung übergeben.

      Aus Ihren Mitteilungen haben wir weiterhin entnommen, daß
Sie die Güte haben, festzustellen, welche der in Berlin an ver=
schiedenen Stellen vorhandenen Photographien von Lilienthalschen
Versuchen in unseren Sammlungen fehlen, und daß Sie bemüht sein
werden, diese für uns wichtigen Ergänzungen in geeigneter Weise
zu beschaffen. Ebenso haben Sie gütigst zugesagt, auf den 38 Ihnen
übersandten Kopien der Photographien, die wir in unseren Sammlun=
gen besitzen, die nötigen geschichtlichen und technischen Angaben
nachzutragen, womit Sie uns ebenfalls einen sehr erwünschten
Dienst erweisen.

b.w.

Vorderseite

      Wir danken Ihnen nochmals verbindlichst für die umfa
reiche Mühewaltung, der Sie sich im Interesse des Deutschen
Museums wiederum unterzogen haben und sehen Ihren gefl.weiteren
Nachrichten mit großem Interesse entgegen.

In ausgezeichneter Hochachtung
Deutsches Museum

Beilage:
1 Freifrachtbrief.

Rückseite

Abb. 177: Brief Oskar von Millers an Gerhard Halle, 27.3.1933

RUDOLF HEINRICH

Der Lilienthal-Bestand in den Sondersammlungen des Deutschen Museums

Dem einen oder anderen Leser ist vielleicht aufgefallen, daß in diesem Katalog immer dann, wenn es um die Gesamtheit der Lilienthal-Handschriften, -Zeichnungen und -Fotos im Deutschen Museum geht, von einem *Bestand* und nicht von einem *Nachlaß* die Rede ist. Der Grund dafür liegt in der Art und Beschaffenheit der Unterlagen, welche eine Subsumierung unter den engen Begriff ›Nachlaß‹ nicht zulassen.

Unter einem (echten) Nachlaß versteht der Archivar nämlich »die durch das Ableben des Registraturbildners in einen Schriftnachlaß verwandelte Privatregistratur eines Mannes, dessen nachgelassene Papiere der dauernden Verwahrung wert sind«.[1]

Für die Praxis eignet sich diese komplizierte Definition allerdings weniger, außerdem vermag sie logisch nicht recht zu befriedigen, weil hier ein Begriff (»Nachlaß«) quasi durch sich selbst erklärt wird (durch den nicht näher erläuterten »Schriftnachlaß« und durch »nachgelassene Papiere«). In unserer Abteilung ›Sondersammlungen und Archive‹ sprechen wir deshalb meist ganz schlicht von »Schriftstücken, die sich beim Tod einer Person in deren Besitz befinden«, wobei wir natürlich voraussetzen, daß sie »der dauernden Verwahrung wert« sind.

In unserem Fall dürfen somit nur Lilienthals Manuskripte und Zeichnungen sowie die an ihn gerichteten Briefe als Nachlaß bezeichnet werden, nicht dagegen seine eigenen Briefe und auch nicht diejenigen fotografischen Aufnahmen seiner Flugversuche, welche sich zur Zeit seines Todes im Besitz von anderen Personen befanden und erst nachträglich im Deutschen Museum zusammengeführt wurden. In der Archiv-Terminologie liegt hier ein *angereicherter Teilnachlaß* vor, und dieser ist gemeint, wenn im Katalog von einem *Bestand* die Rede ist.

Wann und durch wen sind nun aber diese technikhistorisch so bedeutsamen Dokumente in das Deutsche Museum gelangt? Normalerweise sollten darüber die Zugangsbücher der Sondersammlungen Auskunft geben, doch erwiesen sich diese leider als recht unergiebig. So wurde bis 1930 bei den Autographen und Zeichnungen das Erwerbungsjahr meist nicht vermerkt; oft fehlt sogar die Herkunft oder es heißt nur lapidar »aus eigenen Beständen«. Erst ab 1931, als statt der bisher fortlaufenden Numerierung die Jahrgangszählung eingeführt wurde, entspricht die Inventarisierung im großen ganzen den heutigen Ansprüchen.

Es lag nahe, die fehlenden Informationen in der einschlägigen Korrespondenz zu suchen, doch hier stellte sich die zweite Enttäuschung ein: Von den Akten der Sondersammlungen bis etwa 1930 ist fast nichts mehr vorhanden. Da der Bibliotheksbau von Kriegsschäden weitgehend verschont geblieben ist, muß es für diesen Verlust andere Gründe geben. In der Tat spricht vieles dafür, daß bei einer großen »Verdichtungs«-Aktion, die Ende der sechziger Jahre in der Bibliotheks-Registratur stattfand, auch die Alt-Akten der organisatorisch zugehörigen Sondersammlungen in Mitleidenschaft gezogen wurden. Glücklicherweise ist aber die Registratur des Bereiches ›Sammlungen‹, also des Museums im engeren Sinne, seit der Gründung im Jahre 1903 vollständig erhalten geblieben; da die Trennung zwischen zwei- und dreidimensionalen Objekten (erstere zur ›Bibliothek‹, letztere zu den ›Sammlungen‹ gehörig) in den ersten Jahrzehnten noch nicht so streng wie heute eingehalten wurde, haben dort auch einige Schriftstücke mit Bezug auf Lilienthal-Pläne und Fotografien »überlebt«. Wertvolle Hinweise verdanke ich schließlich Frau Anna Sabine Halle, der Enkelin bzw. Tochter der beiden Hauptstifter Gustav Lilienthal (1849–1933) und Gerhard

Halle (1893–1966), sowie Herrn Dr. Klaus Kopfermann, dem ältesten Enkel Otto Lilienthals. Alle verfügbaren Informationen zusammengenommen läßt sich über die Erwerbung des Lilienthal-Bestandes, wie er sich heute in den Sondersammlungen präsentiert, etwa folgendes sagen:

Den ältesten Teil bilden 11 Fotos, welche Gustav Lilienthal als Verwalter des Nachlasses seines Bruders Otto bereits 1905 dem Museum zur Reproduktion leihweise übersandt hatte. 1909 zeigte er sie auf der ILA in Frankfurt (ILA-Katalog Nr. 406–416) und stiftete sie anschließend in Form eines (heute nicht mehr existierenden) Tableaus, nachdem sich der Plan eines Frankfurter Flugtechnischen Museums zerschlagen hatte. Die Aufnahmen stammen von Ottomar Anschütz (1), Alex Krajewsky (3), Dr. Richard Neuhauss (4, davon 2 Diapositive), A. Regis (2) und von einem unbekannten Fotografen (1).

Bereits im April 1909 hatte Prof. Carl Kassner sechs von ihm angefertigte Fotos der Flüge Lilienthals von 1891/92 in Derwitz, die er mit Recht als die »ersten Aufnahmen eines fliegenden Menschen« bezeichnete, dem Museum gestiftet. Auch sie wurden auf der ILA ausgestellt, wo sie unter den Nummern 400 bis 405 schon als Eigentum des Deutschen Museums figurierten. Weitere sechs Aufnahmen von Ottomar Anschütz und zwei von Alex Krajewski sind im Zugangsbuch der Plansammlung unter den Nummern 6258 und 6266 verzeichnet, leider ohne Zugangsjahr; bei den Anschütz-Bildern fehlt auch der Herkunftsvermerk, während als Stifter der Krajewski-Fotos der bayerische Generalmajor Karl Neureuther genannt ist, der erste ›Luftfahrtreferent‹ des Deutschen Museums. Da die Firma Anschütz dem Museum Anfang 1910 ihr ebenfalls auf der ILA gezeigtes ›Storch-Tableau‹ (13 Aufnahmen fliegender Störche aus dem Jahr 1884, Inventarnummer 21985) überließ, hat die Vermutung wohl einiges für sich, daß sie auch die sechs Fotos stiftete, von denen hier die Rede ist. Nimmt man hinzu, daß die Zeichnungen mit der Zugangsnummer 6257 eindeutig im Jahre 1910 in die Plansammlung kamen (s. nächster Abschnitt), so wird man für die benachbarten Foto-Nummern 6258 und 6266 etwa den gleichen Zeitpunkt ansetzen dürfen.

Mit den Fotos gab sich Oskar von Miller aber keineswegs zufrieden, war es doch sein erklärtes Ziel, den ganzen Nachlaß Otto Lilienthals im Deutschen Museum zu vereinen. Als nächstes gelang es ihm, Gustav Lilienthal zur Stiftung von 27 Blättern mit Konstruktionszeichnungen seines Bruders zu bewegen, die im Zugangsbuch der

Plansammlung unter der Nummer 6257 eingetragen wurden. Zwar fehlt auch hier jeder Herkunftsvermerk, aber in der Museumsregistratur fand sich die zugehörige Korrespondenz: Auf einer undatierten Postkarte mit Eingangsvermerk vom 26. 11. 1909 kündigt Gustav Lilienthal die Übersendung »einer Anzahl alter Constructionszeichnungen von Gleitfliegern« an. Nach einer Mahnung Oskar von Millers am 15. 3. 1910 scheinen diese dann im Laufe des März 1910 eingetroffen zu sein, denn es schlossen sich je ein Brief Gustav Lilienthals und Oskar von Millers vom 3. 4. und 13. 4. 1910 an, in denen es schon um Detailfragen der Archivierung geht. Demnach wurde »die auf den Blättern angegebene Numerierung [...] von den Nachfolgern der Firma ›Otto Lilienthal‹ vorgenommen und bezieht sich auch auf Blätter welche keinen Wert für die Aviatik haben« (Brief Gustavs vom 3. 4. 1910).

Bei den Autographen dauerte es dagegen erheblich länger, bis die erste größere Lieferung eintraf. Im Zugangsbuch der Handschriftensammlung tragen die Manuskripte, Notizhefte und Skizzen zwar die Nummern 6251 bis 6283, also ganz ähnliche wie die bereits 1909/10 eingegangenen Fotos und Pläne, doch täuscht die – wohl aus Analogie-Gründen gewählte – Numerierung einen so frühen Zugang nur vor; die fehlende Jahresangabe trägt noch dazu bei, den wahren Sachverhalt zu verschleiern. Dabei nannte das Zugangsbuch sogar den Stifter samt Adresse, allerdings nicht etwa Gustav Lilienthal, sondern Gerhard Halle in Berlin, Marthastr. 5. Wenn man, wie die niedrige Zugangsnummer nahelegte, ein Erwerbungsdatum um 1910 annahm, so konnte diese Angabe schwerlich stimmen. Damals war der flugbegeisterte junge Mann ja kaum 17 Jahre alt und hatte seinen späteren Schwiegervater gerade erst kennengelernt. Außerdem lebte er erst ab 1920 nach seiner Verheiratung mit Gustavs Tochter Olga in der Marthastraße. Wie hätte er da schon 1910 in den Besitz der wertvollen Dokumente gelangt sein sollen, zumal Gustav Lilienthal zur gleichen Zeit selbst mit dem Museum korrespondierte?

Das Rätsel löste sich erst, als in den Unterlagen, die Halle kurz vor seinem Tod dem Museum überließ, ein ausführlicher Brief Oskar von Millers vom 27. 3. 1933 entdeckt wurde, dessen wichtigste Passage lautet: »[...] erlauben wir uns, Ihnen [...] für Ihre gütige Zusage, den von Ihnen unter eingehenden Bemühungen zusammengestellten umfangreichen Nachlaß von Otto Lilienthal aus dem Besitz Ihrer Frau Schwiegermutter mit deren Einverständnis dem Deutschen Museum zu stiften, unseren Dank auszusprechen. Wir werden uns gestatten, Ihrer Frau Schwiegermutter für ihre liebenswürdige Bereitwilligkeit, die Stücke für die Urkunden- und Handschriftensammlung sowie die Plansammlung unserer Bibliothek zur Verfügung zu stellen, unseren ganz besonderen Dank auszusprechen. Wir sind gern damit einverstanden, daß Sie den Nachlaß, gemäß Ihrer Aufstellung geordnet, zu einer Sendung zusammenfassen, für deren Bahnverstand wir Ihnen in der Anlage einen Freifrachtbrief zur gefälligen Verwendung beilegen« (Abb. 177).

Der überaus zuvorkommende Tenor des ganzen Briefes kam natürlich nicht von ungefähr: Für den scheidenden Museumsgründer mußte es eine große Genugtuung sein, mit einer seiner letzten Amtshandlungen die langjährigen Bemühungen um den Nachlaß Otto Lilienthals erfolgreich abschließen zu können. Wie aus der inzwischen aufgefundenen umfangreichen Korrespondenz zwischen Gerhard Halle und dem damaligen Leiter der Sondersammlungen, Walter Häfner, in den Jahren 1932/33 hervorgeht, hatte es einiger Überredungskünste bedurft, Gustav Lilienthal kurz vor seinem Tod (1. 2. 1933) zu dieser Schenkung zu bewegen, die dann von Halle abgewickelt wurde. Auffällig ist, daß der gesamte Bestand keinen einzigen an Otto Lilienthal gerichteten Originalbrief enthält (normalerweise Hauptteil eines echten Nachlasses). Wo diese Briefe geblieben sind, von denen es sehr viele gegeben haben muß, ließ sich bisher nicht ermitteln.

Ein von Gerhard Halle angelegtes handschriftliches Verzeichnis aus dieser Zeit »Neue Zugänge an Zeichnungen von Otto Lilienthal« enthält 5 Positionen, darunter die Konstruktionszeichnung des Normal-Segelapparates, welche Gustav Lilienthal dem Berliner Gleitflieger Hans Richter für mehrere Nachbauten exklusiv zur Verfügung gestellt hatte.[2]

Mit der großen Schenkung des Jahres 1933 war der Aufbau des Bestandes im wesentlichen abgeschlossen. Er umfaßte zu diesem Zeitpunkt bereits zwei Gruppen: 1) einen ›echten‹ (Teil-)Nachlaß mit den Autographen, Plänen und Fotos aus dem Besitz Gustav Lilienthals und 2) Anreicherungen wie die von Anschütz und Neureuther gestifteten Fotos und die elf Briefe Otto Lilienthals an Alois Wolfmüller (Zugangsnummer 1932-1, Kat.-Nr. 206). Möglicherweise befanden sich damals auch schon die sieben Briefe an Eugen Kreiß (Zugangsnummer 1939-8, Kat.-Nr. 141) in den Sondersammlungen, denn ein entsprechendes Angebot von Eugen Kreiss jr. datiert vom 26. 5. 1932.[3]

In den folgenden vier Jahrzehnten bis 1979 kam noch eine ganze Reihe bedeutsamer Ergänzungen hinzu, die teils aus Privatbesitz, teils auf Auktionen erworben wurden. Es würde zu weit führen, sie hier alle aufzuzählen, zumal es sich meist um Einzelstücke handelt.

Den bedeutendsten Lilienthal-Zuwachs nach dem Zweiten Weltkrieg verdankte das Museum wiederum dem unermüdlichen Gerhard Halle, der ab 1960 eine lebhafte Korrespondenz mit dem Leiter der Luftfahrtabteilung, Wilhelm Jäckle, führte. 1962 erschien Halles grundlegende Abhandlung »Otto Lilienthal und seine Flugzeug-Konstruktionen« in der Reihe ›Abhandlungen und Berichte des Deutschen Museums‹ als Heft 2 des Jahrgangs 30, und im gleichen Jahr sorgten er und sein jüngerer Kollege Werner Schwipps dafür, daß viele interessante Unterlagen aus dem Nachlaß des 1958 verstorbenen Lilienthal-Mitarbeiters Paul Schauer in das Deutsche Museum gelangten. Die Stiftung von Schauers Witwe enthielt unter anderem eine ganze Reihe von Originaldokumenten Otto Lilienthals, und zwar hauptsächlich Skizzen und Notizhefte (Zugangsnummern 1965-61 bis 1965-72, Kat.-Nr. 59–61, 68, 70–74, 79–81 u. 267). Wegen ihres flüchtigen Charakters und der vielfach verwendeten Stenographie (s. unten) bereitet ihre Datierung und Erschließung zwar Schwierigkeiten, doch werden diese mehr als aufgewogen durch den unmittelbaren Einblick, den sie in die geistige Werkstatt dieser einzigartigen Persönlichkeit ermöglichen.

Von den direkten Nachkommen Otto Lilienthals war bisher überhaupt noch nicht die Rede. In der Tat haben sie nach derzeitigem Erkenntnisstand bis in die jüngste Zeit zum Aufbau des Bestandes im Deutschen Museum nichts beigetragen, und zwar einfach deshalb, weil sie selbst nicht viele und vor allem keine technischen Unterlagen besaßen. Wieso eigentlich nicht? Schließlich hatte die Witwe doch die Fabrik und damit zumindest einen Großteil dieser Unterlagen geerbt! Es gab aber offensichtlich eine von allen Familienmitgliedern respektierte mündliche Vereinbarung der beiden Brüder, nach der sie sich gegenseitig zu Testamentsvollstreckern eingesetzt hatten, und Frau Agnes, die für vier unmündige Kinder zu sorgen hatte, scheint eher froh darüber gewesen zu sein, daß ihr Schwager Gustav sie von dem Papier-Ballast befreite. An einen Verkauf der Unterlagen dachte ohnehin niemand, er hätte damals – in krassem Gegensatz zu heute – auch kaum etwas eingebracht. So behielt Agnes von ihrem Mann im wesentlichen nur familiäre Andenken, insbesondere die ›Brautbriefe‹ aus Wieliczka und die von ihrer Schwiegermutter Caroline gesammelten Karten und Briefe aus dem Deutsch-Französischen Krieg 1870/71, dazu noch einige künstlerische Zeichnungen und diverse Familienfotos. Ein Teil der Frankreich-Briefe war zwar an Gustav gerichtet gewesen, doch hat dieser sie wohl schon frühzeitig seiner Mutter überlassen und sie später auch von Agnes nicht zurückverlangt. Als Grund wäre denkbar, daß Otto ihn gebeten hatte, alle Briefe zu sammeln und aufzuheben, weil er sie als eine Art Kriegstagebuch betrachtete.[4]

Es konnte nicht ausbleiben, daß im Vorfeld der Lilienthal-Feiern auch diese eher persönlichen Dokumente das Interesse der Historiker erweckten. Wir sind Herrn Dr. Kopfermann deshalb sehr dankbar, daß er sie dem Deutschen Museum als Depositum übergeben hat, weil sie damit erstmals einem größeren Forscherkreis zugänglich sein werden.

Zum Schluß mögen noch ein paar Anmerkungen zum äußeren Erscheinungsbild und zur Erschließung der Dokumente am Platze sein.

Eine harte Nuß gab den Historikern bisher die Angewohnheit Otto Lilienthals zu knacken, viele Anmerkungen, ja ganze Hefte in Stenographie zu notieren. Er benutzte dazu die ältere Stolze-Schrift (das vereinfachte System Stolze-Schrey wurde erst 1897 eingeführt), wobei zahlreiche persönliche Kürzel die Lesung noch erschweren.

Schon Gerhard Halle hatte die Entzifferung dringend empfohlen, aber keinen geeigneten ›Übersetzer‹ gefunden. Im Zuge der Vorbereitungen zum Lilienthal-Jahr ist es nun mit Hilfe der GDL und ihres rührigen Vorsitzenden Gerhard Patt gelungen, einen der wenigen Fachleute auf diesem Gebiet, Herrn Hans Gebhardt in Eckersdorf, ausfindig zu machen und ihn mit der Übersetzung zu betrauen. Der Großteil der Notizen ist inzwischen bereits entziffert, der Rest soll im Laufe des Jahres 1991 folgen, so daß dann erstmals alle im Deutschen Museum befindlichen Lilienthal-Texte der Forschung zur Verfügung stehen werden.

Die Papierqualität entspricht dem Stand der Technik in den letzten Jahrzehnten des vorigen Jahrhunderts, sie ist also wegen des hohen Holzschliff-Anteils eher schlecht. In Anbetracht dessen haben sich die Autographen und Pläne, von Gebrauchsspuren wie Einrissen oder Flecken abgesehen, recht gut erhalten. Dazu dürfte der Umstand beigetragen haben, daß sie in den Sondersammlungen von Anfang an in lichtdichten Schränken und säurefreien Mappen aufbewahrt worden sind. Um unnötige Gefährdungen zu vermeiden, werden sie den Benutzern heute normalerweise auch nicht mehr im Original vorgelegt, sondern in mikroverfilmter Form. Den Anfang machten die besonders empfindlichen Pläne, inzwischen sind auch die Autographen verfilmt, so daß der Bestand wenigstens inhaltlich gesichert ist. Von jedem Plan und Autograph wurde darüber hinaus mindestens eine fotografische Reproduktion angefertigt. Die Originalfotos – es handelt sich durchweg um Abzüge und Diapositive – sind ebenfalls in gutem bis sehr gutem Zustand. Auch sie wurden für die Ausstellung, soweit dies nicht schon früher geschehen war, auf hochwertigen 13 × 18-cm-Platten reproduziert.

Für den Ausstellungskatalog wurden in einer ›konzertierten Aktion‹ der zuständigen Sachbearbeiter alle Dokumente in der Datenbank des abteilungseigenen PC-Netzwerks gespeichert, so daß künftig ganz allgemein erheblich schnellere und vielfältigere Recherchen möglich sind. Auch Korrekturen und Ergänzungen – etwa aufgrund der Entzifferung von stenographischen Texten – lassen sich wesentlich leichter durchführen als bei den traditionellen Karteien. Die Vorteile bei der Erstellung des Ausstellungskatalogs schließlich sind so offensichtlich, daß sie keiner näheren Erläuterung bedürfen.

Dem Jubiläum verdankt der Lilienthal-Bestand im Deutschen Museum also nicht nur einen erheblichen Zuwachs an Attraktivität, sondern auch eine deutlich verbesserte ›Infrastruktur‹, die sowohl den Benutzern als auch den Dokumenten selbst zugute kommen wird.

ANMERKUNGEN

[1] Wolfgang A. Mommsen: Die Nachlässe in den Deutschen Archiven, Bd. 1. Boppard 1971, S. xiv.

[2] Einer dieser Gleiter gelangte 1936 als Stiftung des Berliner Zeughauses ins Deutsche Museum, einen weiteren hatte Richter für seinen um 1930 gedrehten Lilienthal-Film »Das Flugzeug Otto Lilienthals« gebaut, von dem das Museum eine Kopie besitzt. Der Film hat eine gewisse Berühmtheit erlangt, weil Hans Richter in Kleidung und Maske seinem Vorbild so ähnlich sieht, daß manche Betrachter schon glaubten, es handle sich um einen Originalfilm aus der Zeit Lilienthals. Da die ersten Filme 1895 gedreht wurden, hätte eine solche Möglichkeit ja auch theoretisch bestanden, doch gibt es bisher keinen ernstzunehmenden Hinweis auf Anregungen oder Versuche Lilienthals in dieser Richtung.

[3] Dem scheint allerdings die spätere Zugangsnummer 1939-8 zu widersprechen, doch konnten gelegentlich zwischen dem Eintreffen eines Dokuments und seiner Inventarisierung mehrere Jahre vergehen.

[4] Siehe Brief Kat.-Nr. 26 vom 21. 4. 1871.

Katalog

In den Formalbeschreibungen wurden folgende Abkürzungen verwendet:

BN   Bildstellennummer, Nummer der fotografischen Reproduktion in der Bildstelle des Deutschen Museums

HS   Handschrift, Nummer des Originals in der Handschriftensammlung des Deutschen Museums

TZ   Technische Zeichnung, Nummer der Zeichnung in der Plansammlung des Deutschen Museums

Kat.-Nr.   Katalog-Nummer

Inv.-Nr.   Inventar-Nummer für dreidimensionale Objekte aus den Sammlungen des Deutschen Museums

Sign.   Signatur: sie bezeichnet Randbemerkungen oder ergänzende Informationen auf einem Original.

Die Bemerkungen auf Zeichnungen und Handschriften stammen häufig nicht von Otto Lilienthal, sondern wurden nachträglich von Gustav Halle, teilweise auch von Lilienthals Mitarbeiter Paul Schauer angebracht.

Undatierte Originale wurden anhand von Nebenstücken zeitlich eingeordnet. Nicht gesicherte Datierungen sind durch die Zusätze »ca.«, »ungefähr«, »um« oder »vermutlich« als solche gekennzeichnet. Die Datierung der Flugaufnahmen geht überwiegend auf Werner Schwipps (Der Mensch fliegt. Lilienthals Flugversuche in historischen Aufnahmen. Bernhard & Graefe Verlag: Koblenz 1988) zurück, ebenso die Zuordnung der Fotografen (in den Formalbeschreibungen in Klammern gesetzt).

Die Maßangaben sind in der Reihenfolge Höhe × Breite in cm angegeben.

Querverweise dienen dazu, die durch die teils chronologische, teils systematische Gliederung bedingte Auflösung des Gesamtzusammenhangs der Dokumente so weit wie möglich wiederherzustellen.

Bildstelle, Handschriftensammlung und Plansammlung sind Bestandteile der Sondersammlungen und Archive des Deutschen Museums. Die Formalbeschreibungen wurden von dem Leiter der Sondersammlungen, Rudolf Heinrich (Handschriften), und seinen Mitarbeitern Albert Limmer (Fotos) und Herbert Studtrucker (Pläne) erstellt und von den Mitarbeitern der Abteilung Luft- und Raumfahrt (Gerhard Filchner, Werner Heinzerling, Hans Holzer, Matthias Knopp und Helmuth Trischler) überprüft und durch Kommentare ergänzt.

Abb. 178: Geburtshaus von Otto Lilienthal in Anklam (Kat.-Nr. 1)

1   Abb. 178

Geburtshaus von Otto Lilienthal in Anklam

Fotografie, 16,5 × 12 cm; Sign.: Carl Fernstädt, Presse-Illustrations-Verlag, Berlin N. 24, Prinz-Friedrich-Karls-strasse 3; 1574. BN 46503

Das Geburtshaus Otto Lilienthals in Anklam, Peenstraße 8, Ecke Wollweberstraße, lag direkt neben der Nikolaikirche. Die Geschäftsräume des elterlichen Tuchhandels befanden sich im Erdgeschoß des Hauses. Die beiden Obergeschosse hatten acht beheizbare Räume. Die Wohnung war somit, für bürgerliche Verhältnisse in der Mitte des 19. Jahrhunderts, ungewöhnlich groß. Otto Lilienthal wohnte in diesem Haus mit seinen Eltern und Geschwistern bis 1852.

2   Abb. 179

Otto Lilienthals Mutter Caroline, 1852

Fotografie, 7,5 × 5,5 cm und 17,3 × 12,3 cm; Sign.: (Gerhard Halle, Berlin-Lichterfelde West). BN 46508

Mutter Otto Lilienthals im Alter von 27 Jahren; das Kleinkind im Arm ist eines der früh verstorbenen Geschwister Ottos.

Abb. 180: Wohnhaus Otto Lilienthals in Anklam von 1852 bis 1864 (Kat.-Nr. 3)

Caroline Pohle wurde 1826 als Tochter eines Militärarztes in Charlottenburg geboren. Nach einer Gesangsausbildung in Berlin und Dresden heiratete sie 1847 den Tuchhändler Carl Friedrich Gustav Lilienthal. Ihre künstlerische Veranlagung findet sich in ihren Kindern wider.
Elf Jahre nach dem frühen Tod ihres Mannes starb Caroline Lilienthal am 6. Februar 1872 an einer Lungenentzündung.

3   Abb. 180

Wohnhaus Otto Lilienthals in Anklam von 1852 bis 1864

Fotografie; Sign.: (Gerhard Halle, Berlin-Lichterfelde West). BN 46507

Die Familie Otto Lilienthals wohnte ab 1852 in der Peenstraße 362 (heute 35), nahe der Post von Anklam.
Anfang der 1850er Jahre geriet das elterliche Tuchgeschäft in große wirtschaftliche Schwierigkeiten. Die Familie war gezwungen, in ein kleineres Haus umzuziehen. Dennoch ließ sich der Konkurs nicht

Abb. 179: Otto Lilienthals Mutter Caroline, 1852 (Kat.-Nr. 2)

aufhalten; Geschäft und Haus wurden zwangsver-
steigert. Zwei Jahre später konnte die Familie das
Haus mit finanzieller Hilfe der Großmutter (geb.
von Tigerström) zurückerwerben.
Otto Lilienthal wohnte bis zum Herbst 1864 in
diesem Haus, als er seine Heimatstadt Anklam
verließ, um in Potsdam die ›Provinzial-Gewerbeschule‹ zu absolvieren.

4   Abb. 9

Anklam, Geburtsstadt von Otto Lilienthal, 1885

Fotografie nach Bleistiftzeichnung; Sign.: Gerhard Halle,
Berlin-Lichterfelde. BN 46501

Anklam in Vorpommern an der Peene wurde bereits vor 1243 von deutschen Siedlern angelegt
und erhielt um 1292 Lübecker Stadtrecht. Nach
dem Ende des Dreißigjährigen Krieges wurde
Anklam schwedisch, ehe die Stadt 1720 zu Preußen geschlagen wurde. Zur Mitte des 19. Jahrhunderts, als Otto Lilienthal geboren wurde, war Anklam eine wirtschaftlich nicht besonders günstig
gelegene Kleinstadt.

5   Abb. 181

Zeichnung Otto Lilienthals von seiner Heimatstadt Anklam

Fotografie. BN 46502

Die Fotografie nach einer eigenhändigen Kohle-
zeichnung Otto Lilienthals zeigt Anklam vom Sol-
datenfriedhof aus gesehen. Die Zeichnung ist
nicht datiert; sie wurde von Otto vermutlich gegen
Ende der 1850er Jahre gemacht.

6   Abb. 182

Bleistiftzeichnung Otto Lilienthals, Dezember 1858

Bleistift auf Papier, 17,9 × 24,7 cm; Sign.: OL. 18 12 58.
BN 46673; Sammlung Kopfermann

Dieses ländliche Anwesen zeichnete Otto Lilienthal im Alter von 10 Jahren. Seine ausgeprägte
künstlerische Begabung ist an der sicheren Strich-
führung erkennbar.

7   Abb. 183

Bleistiftzeichnung des 10jährigen Otto Lilienthals, Weihnacht 1858

Bleistift auf Papier, 23,7 × 30,8 cm; Sign.: O. Lilienthal, Weihnacht 1858. BN 46677; Sammlung Kopfermann

8   Abb. 184

Bleistiftskizzen Otto Lilienthals, undatiert

Bleistift auf kariertem Papier, 7,5 × 13,9 cm. BN 46684 (v),
46697 (r); Sammlung Kopfermann

Die Vorderseite des karierten Blattes zeigt die
Skizze eines Hauses, auf der Rückseite ist ein Hun-
dekopf skizziert.
Diese Zeichnungen, wie auch die Kat.-Nrn. 9–12,
sind nicht signiert. Sie lassen sich aber mit großer
Sicherheit Otto Lilienthal zuordnen.

Abb. 181: Zeichnung Otto Lilienthals von seiner Heimatstadt Anklam (Kat.-Nr. 5)

Abb. 182: Bleistiftzeichnung Otto Lilienthals, Dezember 1858 (Kat.-Nr. 6)

Abb. 183: Bleistiftzeichnung des 10jährigen Otto Lilienthal, Weihnacht 1858 (Kat.-Nr. 7)

Abb. 184: Bleistiftskizzen Otto Lilienthals (Kat.-Nr. 8)

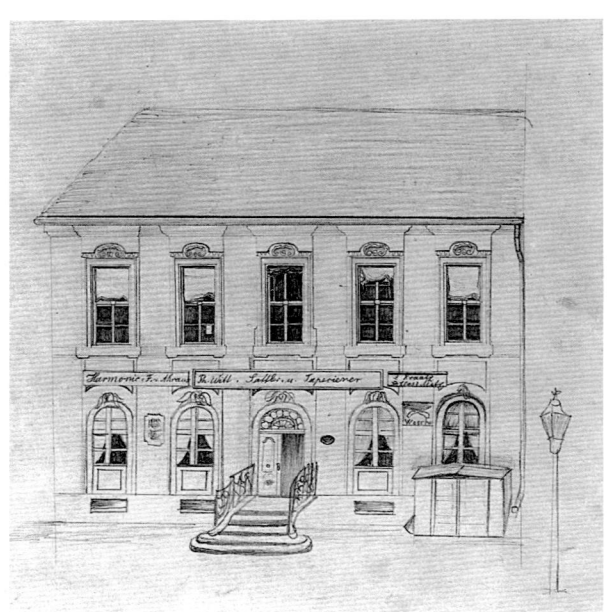

Abb. 185: Zeichnung eines Geschäftshauses (Kat.-Nr. 9)

9   Abb. 185

Zeichnung eines Geschäftshauses, undatiert

Bleistift auf Papier, 17,8 × 21,7 cm. BN 46682; Sammlung Kopfermann

Ansicht eines Geschäftshauses von der Straßenseite; vermutlich in Anklam gelegen.

10   Abb. 186

Zeichnung eines am Wasser gelegenen Dorfes, undatiert

Bleistift auf Papier, 9 × 15 cm. BN 46676; Sammlung Kopfermann

Ansicht eines am Fluß oder See gelegenen Dorfes mit Kirchturm; im Vordergrund der Zeichnung ist ein Segelkahn mit einem kleinen Boot im Schlepptau zu sehen.

11   Abb. 187

Landschaftszeichnung Otto Lilienthals, undatiert

Bleistift auf Papier, 7,6 × 14,4 cm; Sign.: Granatenberg, Mt. Valerien. BN 46681; Sammlung Kopfermann

Die Anhöhe im Vordergrund ist mit »Granatenberg« bezeichnet, der Hügel im Bildhintergrund rechts von der Silhouette einer Kirche mit »Mt. Valerien«. Es ist nicht bekannt, wo sich die von Lilienthal gezeichnete Landschaft befindet.

Abb. 186: Zeichnung eines am Wasser gelegenen Dorfes (Kat.-Nr. 10)

Abb. 187: Landschaftszeichnung Otto Lilienthals (Kat.-Nr. 11)

Abb. 188: Zeichnung eines ländlichen Genres (Kat.-Nr. 12)

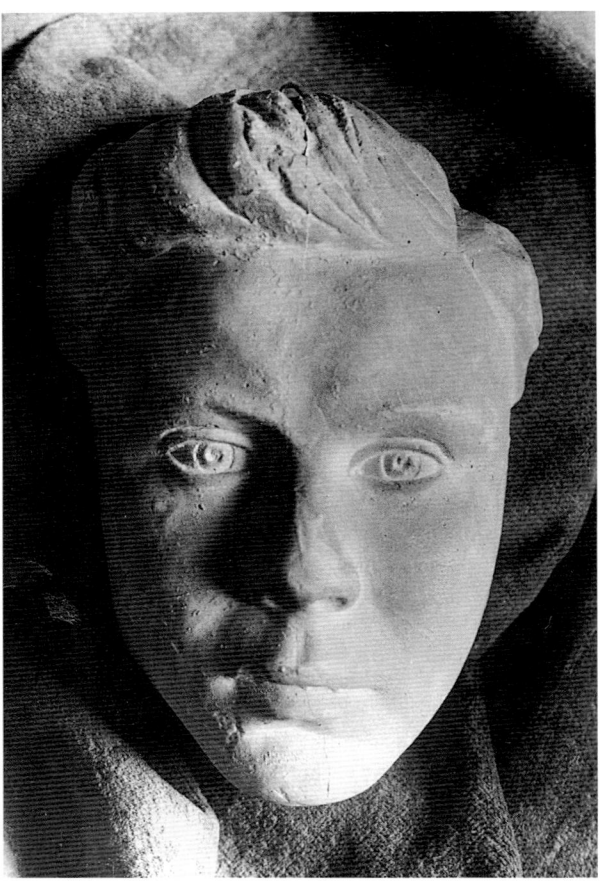

Abb. 189: Selbstporträt (Vorderansicht), 1862 (Kat.-Nr. 13)

12   Abb. 188

Zeichnung eines ländlichen Genres, undatiert

Bleistift auf Karton (Rückseite: Tusche), 21 × 15,3 cm.
BN 46685; Sammlung Kopfermann

Die Bleistiftzeichnung eines Liebespaares wurde von Otto Lilienthal im Stil ländlicher Genrebilder gehalten. Die Rückseite zeigt ein mit Tusche gezeichnetes geometrisches Muster in Form eines verzierten Stabes.

13   Abb. 189

Selbstporträt Otto Lilienthals als Plastik (Vorderansicht), 1862

Fotografie, 23,5 × 17,5 cm. BN 47213; Sammlung Kopfermann

Otto Lilienthal hatte von seiner Mutter eine ausgesprochen künstlerische Begabung vererbt bekommen. Er liebte es zu musizieren, zu zeichnen oder zu malen. Insbesondere lag ihm jedoch das Modellieren.
Die in Abb. 189 in der Vorderansicht als Fotografie abgebildete Maske aus Ton wurde von ihm als Selbstporträt im Alter von 14 Jahren vor einem Spiegel gefertigt.
Die nicht mehr erhaltene Maske fiel so gut aus, daß seine Mutter eine Zeit lang ernsthaft erwog, ihn Bildhauer werden zu lassen. Der Plan mußte jedoch aus Geldmangel fallengelassen werden; siehe dazu Gerhard Halle: Otto Lilienthal, der erste Flieger. Berlin 1936, S. 7.

14   Abb. 50

Selbstporträt Otto Lilienthals als Plastik (Seitenansicht), 1862

Fotografie, 23,5 × 17,5 cm. BN 47212; Sammlung Kopfermann

Seitenansicht der von Otto Lilienthal 1862 gefertigten Tonmaske.

15   Abb. 28

Otto und sein jüngerer Bruder Gustav Lilienthal, ca. 1862

Fotografie auf Schmuckkarton, 10,4 × 6,5 cm; Sign.: Regis, Berlin S. Prinzen-Str. 44. BN 46510

Jugendbildnis der Gebrüder Otto und Gustav Lilienthal. Das Photo wurde kurz nach dem Tode des Vaters aufgenommen, etwa 1862.
Zum Verhältnis der Brüder, in dem Otto, wie diese Fotografie andeutet, zeitlebens der dominante Teil war; siehe: Schwipps: Lilienthal, Seite 44–52, und

den Artikel von Kopfermann: Otto Lilienthal, Seite 27.

16   Abb. 190

Otto Lilienthals Schwester Marie, ca. 1863

Fotografie, 8,7 × 5,2 cm; Sign.: H. Fuchs Anclam.
BN 46511; Sammlung Kopfermann

Marie Lilienthal im Alter von etwa sieben Jahren im Heimatort Anklam. Die Schwester Otto und Gustav Lilienthals wurde am 3. September 1856 geboren. Sie war ihren Brüdern bei den flugtechnischen Experimenten des Jahres 1874 behilflich.
Die ausgebildete Lehrerin ging 1878 als Erzieherin nach Dublin, im Jahr darauf wanderte sie gemeinsam mit Gustav nach Australien aus. Während Gustav 1885 nach Deutschland zurückkehrte, blieb Marie auf dem fünften Kontinent. Im Dezember 1884 heiratete sie den Farmer George W. Squire, den sie auf der langen Reise nach Übersee kennengelernt hatte.
Otto hatte, wie sein Briefwechsel zeigt (siehe Kat.-Nr. 27), stets ein enges Vertrauensverhältnis zu seiner jüngeren Schwester. Er unterstützte sie und ihren Mann mehrfach mit Geldzahlungen, um ihnen den Ausbau der Farm in Neuseeland zu erleichtern. Marie Squire starb am 30. Juni 1912 in Timaru/Neuseeland.

17   Abb. 32

Caroline Lilienthal, Otto Lilienthals Mutter, 1864

Fotografie. BN 46509

Caroline Lilienthal im Alter von 39 Jahren. An der linken Hand trägt die Witwe den Ring ihres 1861 verstorbenen Ehemanns. In ihrem Tagebuch schrieb sie in dem Jahr, als diese Aufnahme entstand: »Mein größtes Glück liegt in meinen drei Kindern Otto, Gustav und Marie.«

Abb. 190: Otto Lilienthals Schwester Marie, ca. 1863 (Kat.-Nr. 16)

18 Abb. 29

Reifezeugnis Otto Lilienthals von der Provinzial-Gewerbeschule in Potsdam, 1866

Druckexemplar des Reifezeugnisses der Provinzial-Gewerbeschule zu Potsdam, datiert; Doppelblatt (4 Seiten), 35 × 21,5 cm; mit Tinte ausgefüllt. BN 46935–46938

Otto Lilienthal besuchte die Potsdamer ›Provinzial-Gewerbeschule‹ vom Oktober 1864 bis Ende August 1866. Er absolvierte sie mit dem besten Examen, das dort jemals abgelegt worden war. Direktor Langhoff attestierte Lilienthal in dem am 1. September 1866 ausgestellten Abgangszeugnis »einen rühmlichen Fleiß«.

19 Abb. 191

Arbeitszeugnis der Maschinenfabrik L. Schwarzkopff für Otto Lilienthal, 13. 9. 1867

Zeugnis, datiert; 1 Seite 33 × 20 cm, handschriftlich mit Tinte. BN 46942; Sammlung Kopfermann

Nach dem Besuch der Provinzial-Gewerbeschule zog Otto Lilienthal im Herbst 1866 von Potsdam nach Berlin um. Um das Studium an der Berliner Gewerbe-Akademie aufnehmen zu können, mußte er vorab ein einjähriges Praktikum absolvieren. Am 6. September 1866 trat er in die Maschinenfabrik von L. Schwartzkopff ein, die durch den Bau von Lokomotiven und Eisenbahnzubehör überregional bekannt war. Da er sich, wie es in dem Arbeitszeugnis des zuständigen Meisters der Fabrik hieß, »als ein umsichtiger fleißiger und zuverlässiger Arbeiter« erwies, wurde ihm die Gelegenheit geboten, im Konstruktionsbüro des Unternehmens mitzuarbeiten. Auf diese Weise erwarb sich Otto bereits zu diesem frühen Zeitpunkt seiner Ausbildung Kenntnisse, die für seine berufliche Karriere von großer Bedeutung sein sollten.

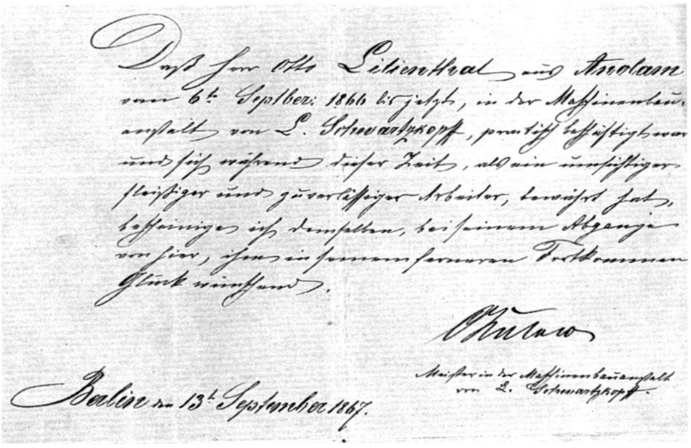

Abb. 191: Arbeitszeugnis für Lilienthal, 13. 9. 1867 (Kat.-Nr. 19)

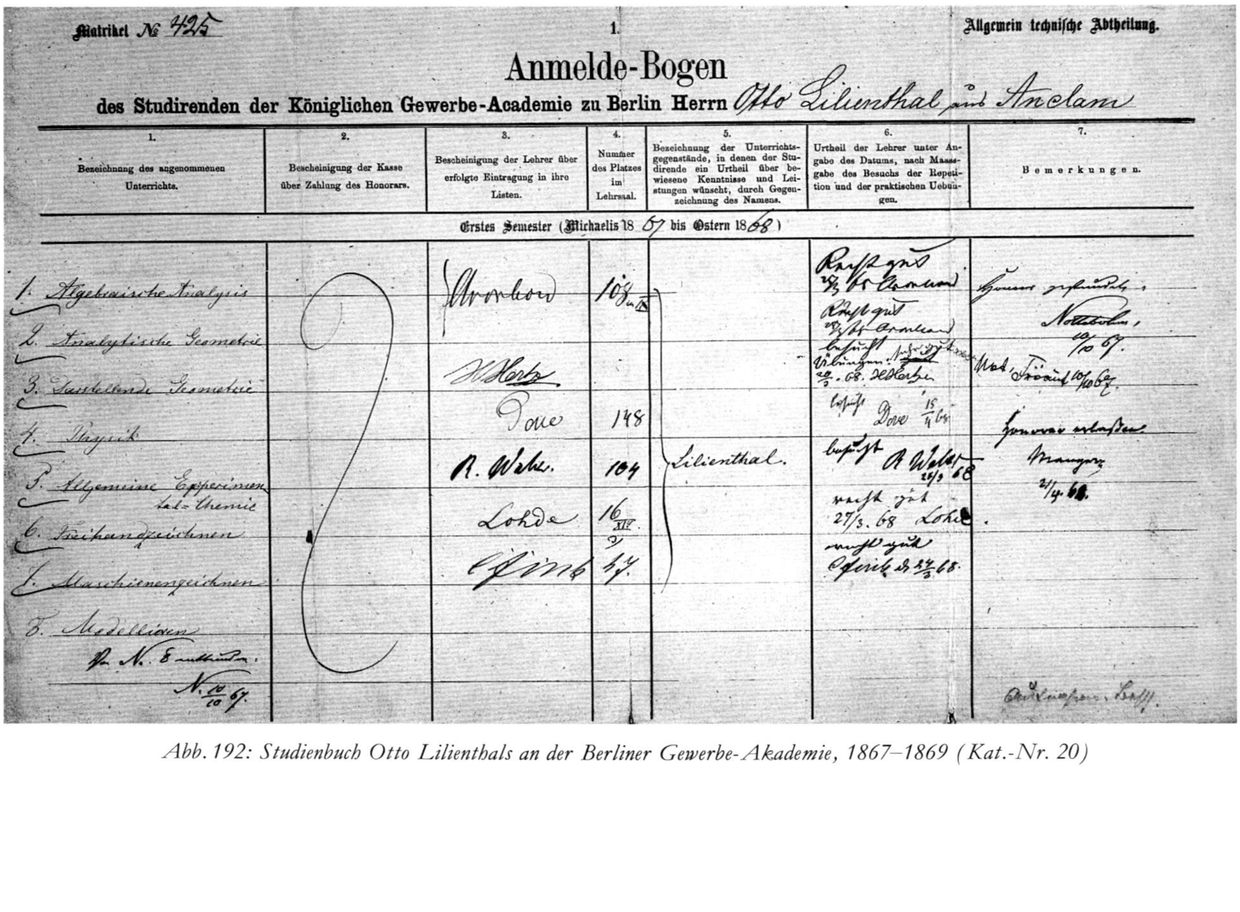

Matrikel № 425 — 1. — Allgemein technische Abtheilung.

Anmelde-Bogen

des Studirenden der Königlichen Gewerbe-Academie zu Berlin Herrn Otto Lilienthal aus Anclam

1. Bezeichnung des angenommenen Unterrichts.	2. Bescheinigung der Kasse über Zahlung des Honorars.	3. Bescheinigung der Lehrer über erfolgte Eintragung in ihre Listen.	4. Nummer des Platzes im Lehrsaal.	5. Bezeichnung der Unterrichtsgegenstände, in denen der Studirende ein Urtheil über bewiesene Kenntnisse und Leistungen wünscht, durch Gegenzeichnung des Namens.	6. Urtheil der Lehrer unter Angabe des Datums, nach Maassgabe des Besuchs der Repetition und der praktischen Uebungen.	7. Bemerkungen.

Erstes Semester (Michaelis 18 67 bis Ostern 18 68)

Abb. 192: Studienbuch Otto Lilienthals an der Berliner Gewerbe-Akademie, 1867–1869 (Kat.-Nr. 20)

20   Abb. 192

Studienbuch Otto Lilienthals an der Berliner Gewerbe-Akademie, 1867–1869

Druckexemplar der Anmeldebögen der Königlichen
Gewerbe-Akademie zu Berlin, datiert; 2 Doppelblatt
(6 beschriebene Seiten), 22,5 × 37,5 cm; mit Tinte ausgefüllt.
BN 46945–46950; Sammlung Kopfermann

Die Anmeldebögen führen die von Otto Lilienthal
besuchten Lehrveranstaltungen des 1.–3. Semesters in der allgemeinen technischen Abteilung
und des 4.–6. Semesters in der Fachabteilung für
Mechaniker der Berliner Gewerbe-Akademie an.
Lilienthal trug die Matrikel-Nummer 425. Sein
Studium dauerte vom 1. Oktober 1867 bis 29. Juli
1870.
Abb. 192 zeigt die erste Seite des Anmeldebogens.

21   Abb. 193

Vorlesungsmitschriften Otto Lilienthals aus der Studienzeit an der Berliner Gewerbe-Akademie, 1867–1869

3 Kolleghefte, undatiert; 8, 33, 80 Seiten, 20 × 17,5 cm; K1
und K2 in Stenographie (1989/90 von Hans Gebhardt transkribiert). BN 46659; HS 6278

Drei Kolleghefte Otto Lilienthals aus der Studienzeit an der Königlichen Gewerbe-Akademie in
Berlin; K1 und K2 sind stenographische Mitschrif-
ten (System »Stolze«) der Vorlesungen »Brücken-

bau« und »Kraftmaschinen Heft IV«, K3 ist die
Mitschrift der Vorlesung »Mechanik II«.
Die Vorlesung »Maschinenelemente« wurde von
Franz Reuleaux (1829–1905) gehalten, Direktor
und Leiter der Abteilung Maschinenbau und Ingenieurwesen der Gewerbe-Akademie. Lilienthal
studierte bei Reuleaux die Fächer »Maschinenelemente« und »Entwerfen von Maschinenelementen«.
Reuleaux, der Begründer der »wissenschaftlichen
Kinematik«, übte auf Otto Lilienthal einen prä-
genden Einfluß aus. Lilienthal wiederum empfahl
sich seinem Lehrer durch hervorragende Leistungen, der ihm infolgedessen eine Assistentenstelle
anbot. Lilienthal lehnte jedoch diese Offerte ab,
da ihm der theoretische Zugriff nicht geeignet
schien, die flugtechnischen Probleme zu lösen;
siehe dazu die Beiträge von Seifert, Seite 47 u. 55.
Abb. 193 zeigt die erste Seite des Heftes K1.

22   Abb. 10

Otto und Gustav Lilienthal, 1870

Fotografie, 2 mal 7,5 × 5 cm und 2 mal 12 × 8 cm; Sign.:
(Gerhard Halle, Berlin-Lichterfelde West). BN 46512

Die Fotografie zeigt Otto (links) und Gustav
(rechts) im Alter von 22 bzw. 20 Jahren. Die Aufnahme entstand noch vor Ottos Militärdienst, den
er am 22. Juli 1870 bei den Garde-Füsilieren antrat.

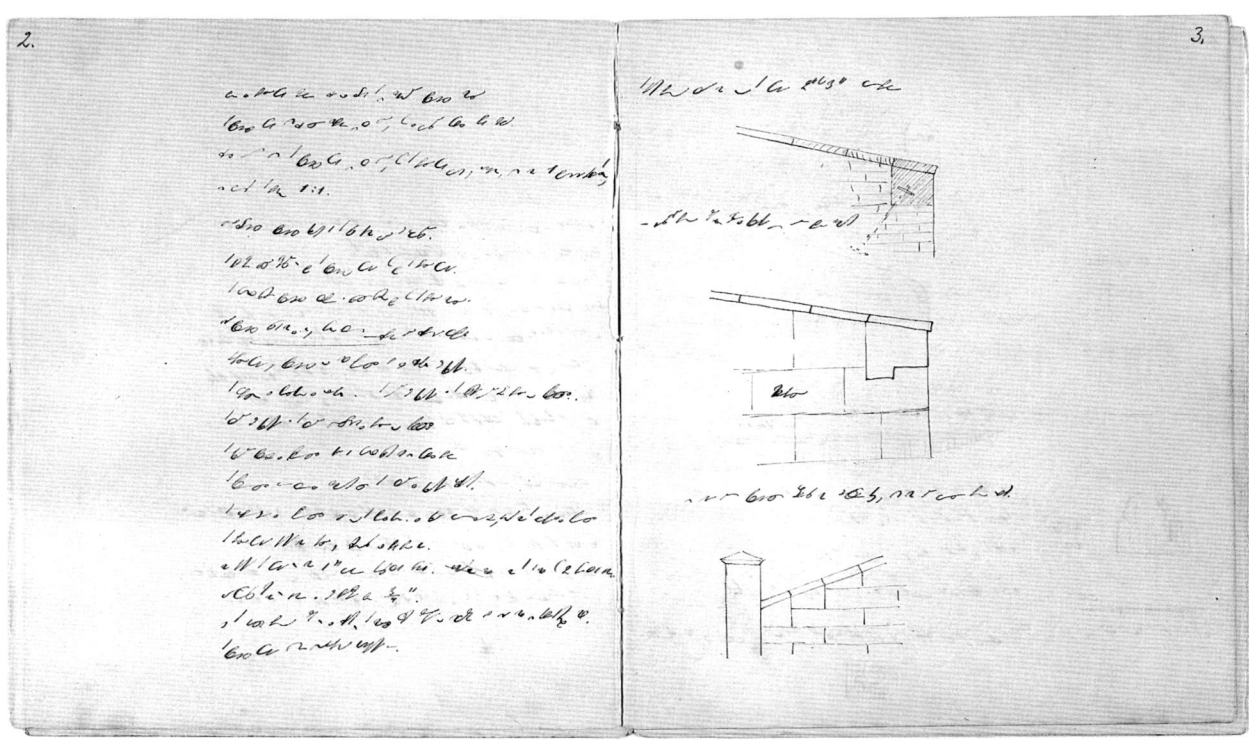

Abb. 193: Vorlesungsmitschriften aus der Studienzeit an der Gewerbe-Akademie, 1867–1869 (Kat.-Nr. 21)

23   Abb. 194

Otto Lilienthals Schwester Marie, um 1870

Fotografie, 17,3 × 12,5 cm. BN 46518

Die undatierte Aufnahme dürfte um 1870 entstanden sein. Sie zeigt Marie Lilienthal im Alter von etwa 14 Jahren.

24   Abb. 195

Abgangszeugnis Otto Lilienthals von der Berliner Gewerbe-Akademie, Juli 1870

Zeugnis der Königlichen Gewerbe-Akademie zu Berlin, datiert; Doppelblatt (3 beschriebene Seiten), 21 × 35 cm. BN 46939–46941; Sammlung Kopfermann

Nach sechs Semestern Studium machte Otto Lilienthal an der Berliner Gewerbe-Akademie sein Examen. In den für seinen Berufsweg besonders wichtigen Fächern »Maschinenelemente«, »Entwerfen von Maschinenelementen«, »Entwerfen von Kraftmaschinen« und »Entwerfen von Arbeitsmaschinen« erreichte er die Bestnote »vorzüglich«.
Das Abgangszeugnis wurde von Direktor Franz Reuleaux am 29. Juli 1870 ausgestellt.
Abb. 195 zeigt die erste Seite des Zeugnisses.

Abb. 195: Abgangszeugnis Otto Lilienthals von der Gewerbe-Akademie, Juli 1870 (Kat.-Nr. 24)

25   Abb. 196

Feldpostbriefe Otto Lilienthals an seine Mutter, 25. 9. 1870 bis 17. 5. 1871

44 Briefe (1 als Photokopie, je 1 mit Nachschrift von Caroline und Marie an Gustav Lilienthal) und 1 Korrespondenz-Feldpostkarte aus Groslay, St. Denis und anderen Orten in Frankreich, alle datiert; zusammen 166 Seiten, Briefe ca. 19–23 × 13,5–14 cm, Karte 11 × 16,5 cm; 2 Briefe mit Tinte, alle übrigen und die Karte mit Bleistift geschrieben. Beilage: 2 Kuverts (1 leer, 1 mit Scherenschnitt). BN 46921–46926 (25. 9., 15. 10. und 31. 10. 1870); Sammlung Kopfermann

Schreiben privaten und familiären Inhalts aus dem Deutsch-Französischen Krieg von 1870/71.
In seinen Feldpostbriefen berichtete Otto Lilienthal ausführlich über die Kriegshandlungen in Frankreich. Durch häufige Berichte über sein Wohlergehen versuchte er, der Mutter die Sorgen um den Sohn zu nehmen. Gleichwohl gehen aus seinen Schilderungen der zerstörten französischen Dörfer und Städte die Schrecken des Krieges deutlich hervor.

Abb. 194: Otto Lilienthals Marie, um 1870 (Kat.-Nr. 23)

Abb. 196 zeigt die Vorderseite der Feldpostkarte vom 25. 9. 1870

Auszug aus dem Brief Ottos an seine Mutter   Groslay, 2. 1. 1871
»Der Krieg fängt an, sehr langweilig zu werden, es scheint als müßten wir ganz Frankreich Stadt für Stadt erobern. Am Ende ist der Krieg noch nicht vorbei wenn auch Paris gefallen ist und so werden wir noch Spanien und das Mittelländische Meer zu sehen bekommen. Erst müssen wir aber Paris haben.«

Auszug aus dem Brief Ottos an seine Mutter
Aubervillers, 3. 1. 1871
»Es machte einen eigenthümlichen Eindruck wie wir mit Musik durch die geschlossene Vorpostenlinie rückten. Le Bourget sieht grauenvoll aus und es ist buchstäblich kein Haus in das nicht mehrere Granaten eingeschlagen sind, theils von unserer, theils von französischer Seite aus.
Einige Häuser sind so zerschossen, daß sie nicht blos eingefallen, sondern förmlich umgefallen waren, keine einzige Fensterscheibe war mehr zu sehen.«

Abb. 196: Feldpostkarte Otto Lilienthals an seine Mutter, 25. 9. 1870 (Kat.-Nr. 25)

26   Abb. 31 und 197

Briefe Otto Lilienthals an seinen Bruder Gustav, 1. 9. 1870 bis 9. 6. 1871

11 Korrespondenz-Feldpostkarten (1 mit Nachschrift von Gustav an Caroline Lilienthal) und 31 Briefe (2 unvollst.) aus Groslay, St. Denis und anderen Orten in Frankreich, alle datiert; zusammen 112 Seiten, Karten 11 × 16,5 cm, Briefe ca. 19–23 × 13,5–14 cm; 5 Karten und 2 Briefe mit Tinte, die übrigen mit Bleistift geschrieben. BN 46915–46920 (1. 10. 1870, 12. 3. und 21. 4. 1871); Sammlung Kopfermann

Außer seiner Mutter Caroline schrieb Otto Lilienthal während des Deutsch-Französischen Krieges vor allem seinem Bruder Gustav.
Nach der französischen Kapitulation wandten sich seine Gedanken wieder ganz dem Flugproblem zu. In seinen Briefen berichtete er Gustav über seine neue Theorie zum Vogelflug und seine Pläne für künftige flugtechnische Experimente.
Abb. 31 zeigt den Brief vom 12. 3. 1871, Abb. 197 die erste und letzte Seite des Briefes vom 1. 10. 1870.

Auszug aus dem Brief von Otto an seinen Bruder Gustav
St. Denis 10. 3. 1871
»Ich habe den ganzen Gedankengang, der mich bei meinen Versuchen geleitet hat aufnotirt, um Ordnung in das Ganze zu bringen und so arbeite ich auf dem Papier immer weiter. Um aber zu festen Resultaten zu kommen, werde ich noch unzählige Versuche machen müssen. Wie steht es den mit allen meinen Apparaten? Der Apparat mit den 4 Spiralfedern ist wohl entzwei gegangen, denn er war wirklich zu leicht gearbeitet.
Ich möchte meine Versuche nach einer Richtung hin besonders ausdehnen, wie sich die hebende Wirkung ändert, wenn der Apparat sich beim Schlagen mit den Flügeln auch zugleich vorwärts bewegt.«

Auszug aus dem Brief von Otto an Gustav   St. Denis 12. 3. 1871
»Dir sind ja alle meine Versuche bekannt und diese hab ich jetzt alle einmal zu Papier gebracht und die Beobachtungen noch hinzugefügt die ich späther machte. Dadurch bin ich zu eigenthümlichen Schlußfolgerungen gelangt und genauere Rechnungen haben dann ergeben, daß ich das Ziel meiner Wünsche vollständig erreicht habe. Endlich bin ich dahin gelangt, anzugeben, was den Vogel zum fliegenden Individuum macht. Wir haben die ganze Sache schon vorher erkannt bis auf eine Erscheinung und diese gerade hat, nachdem ich sie genauer untersucht, mich zum Ziele geführt, das heißt sie hat mich den Vogelflug verstehen lassen. [...]
Wir haben immer ausgerechnet, daß der Vogel nicht die mechanische Arbeit leistet, die sein Flugapparat erfordert, um ihn zu heben, d. h. ihn in derselben Entfernung von der horizontalen Erdoberfläche zu halten oder wir fanden, daß größere Vögel, bei denen man die Geschwindigkeit der Flügel überhaupt nur annähernd messen kann, letztere viel zu langsam bewegen um einen Luftwiderstand zu erzeugen, dessen Resultate gleich ihrem Gewichte ist. Letzteres muß aber der Fall sein. Wir standen mithin vor einem Widerspruche, der unbedingt seinen Ursprung darin hat, daß ein Hauptmoment unberücksichtigt geblieben ist, oder daß die bisher bekannten Gesetze des Luftwiderstandes unrichtig sind. Jetzt weiß ich, daß alles mit rechten Dingen zugeht und Du wirst es auch bald einsehen.
Jetzt weiß ich auch warum der Flügel der Vögel seine größte Breite nicht am Ende hat, während wir nach unseren früheren Theorien den Flügel unserer Apparate gerade am Ende am breitesten machten, und warum ein Löschblatt, das einem beim Schreiben vom Tische fällt, erst nach längerer Zeit den Fußboden erreicht, ehedem es mehrere Male in der Luft hin und her geflogen ist.
Du wirst wohl schon wissen, worauf ich hinaus will und sollst Dir auch alleine den Weg dazu suchen. Ich will Dir nur eine Andeutung geben, und diese ist:
1. Der Vogel fliegt mit einer großen Geschwindigkeit vorwärts und
2. Der Luftwiderstand wirkt immer normal zur Oberfläche.«

27   Abb. 198

Briefe Otto Lilienthals an seine Schwester Marie, 23. 4. und 25. 5. 1871

2 Briefe aus St. Denis, datiert; 4 und 4 Seiten, 21 × 13 cm; 1 mit Bleistift, 1 mit Tinte geschrieben. BN 46927–46928 (25. 5. 1871); Sammlung Kopfermann

Otto Lilienthals Hoffnungen, nach der Niederlage Frankreichs rasch in die Heimat zurückkehren zu können, zerschlugen sich, da die deutschen Truppen infolge des Aufstands der ›Pariser Commune‹ in der Nähe von Paris verblieben.

Otto berichtete in seinen Briefen der Schwester über den Bürgerkrieg aus der Sicht der deutschen Soldaten.

Auszug aus dem Brief von Otto an seine Schwester Marie
St. Denis 23. 4. 1871

»In Paris ist schon seit einigen Tagen der fürchterlichste Straßenkampf, alle Augenblicke hört man fürchterliche Explosionen. Tag und Nacht wird unaufhörlich geschossen.
Des der hier herrschenden Windstille ist Paris bedeckt von Rauch und Qualm, der die Sonne verfinstert und einer Unmasse von Feuerbrünsten entspringt, die sich noch schauerlicher des Nachts ausnehmen. Gestern Vormittag lagen wir auf den Straßen in der Sonne als wir durch einen mehrere Sekunden lang anhaltenden krachenden Donner aufgeschreckt wurden. Ein fürchterlicher Pulverdampf stieg pfeilschnell hinter dem Montmarte empor und dehnte sich zu einer Wolke aus, die den ganzen Berg bedeckte. Es hatte eine Explosion von den größten Dimensionen stattgefunden, wie man hört soll das Hôtel de ville in die Luft gesprengt sein.«

28

Brief von Caroline Lilienthal an ihren Sohn Otto, 1871

Brief (Schluß fehlt), ohne Ort und Datum; 1 Seite, 22,5 × 14 cm. Beilage: Brief von Caroline Lilienthal an ihren Sohn Gustav, Anklam 4. 9. 1871, 4 Seiten, den Hausverkauf in Anklam betreffend. BN 46936–46937; Sammlung Kopfermann

Familien-Nachrichten; auf der Rückseite Berechnungen, wohl von Otto Lilienthal.

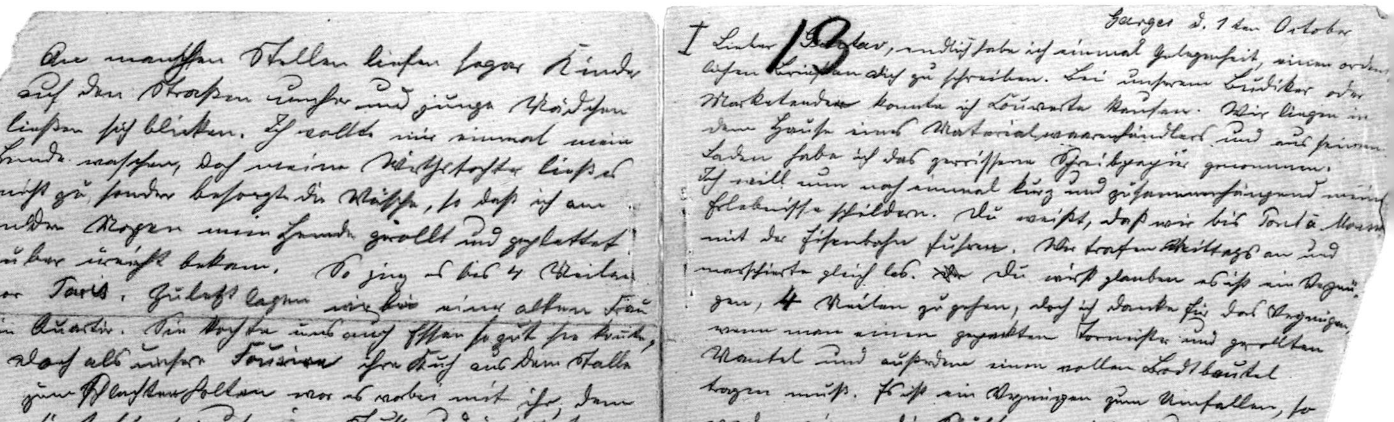

Abb. 197: Brief Otto Lilienthals an seinen Bruder Gustav (S. 1 und 4), 1. 10. 1870 (Kat.-Nr. 26)

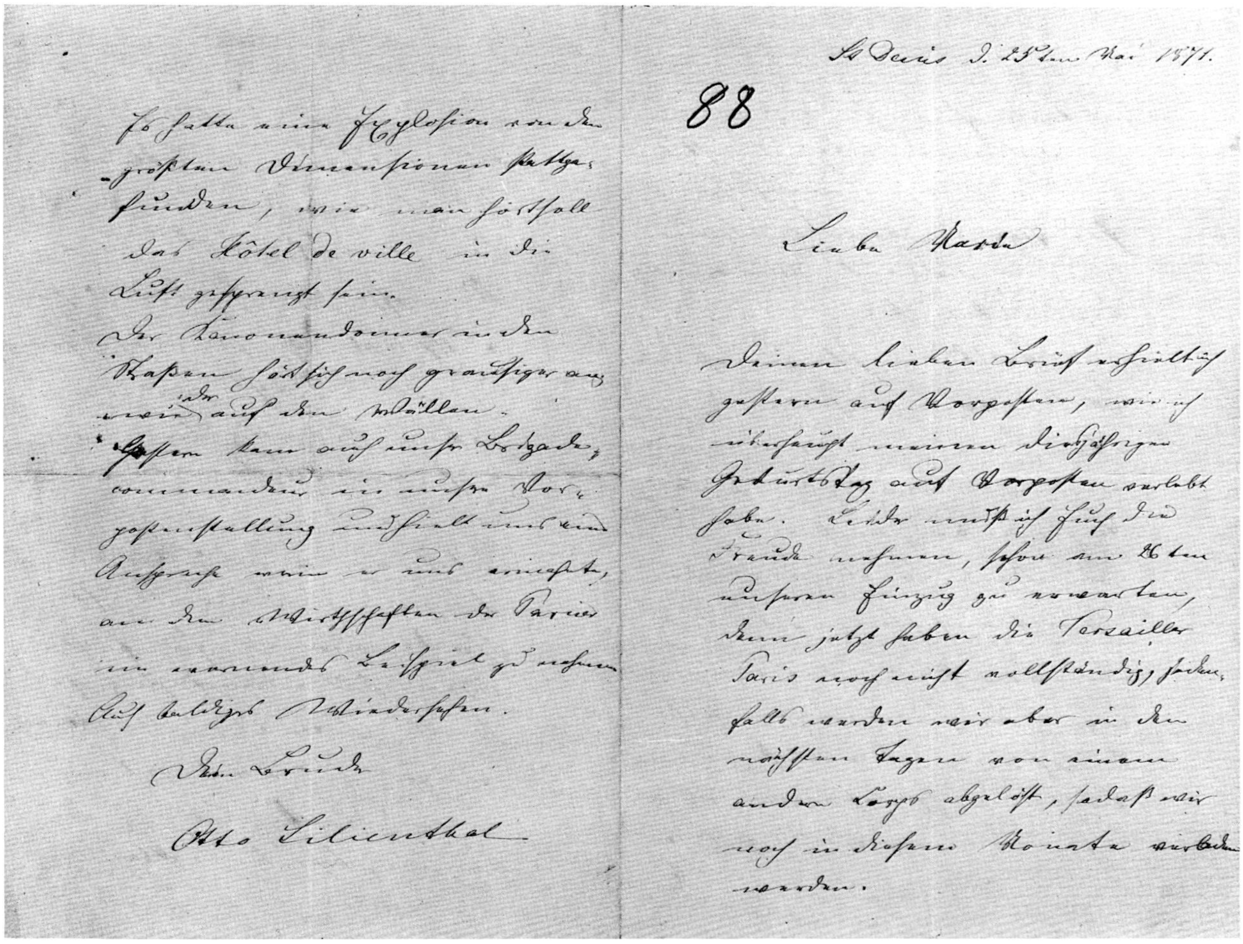

Abb. 198: Brief Otto Lilienthals an seine Schwester Marie, 25. 5. 1871 (Kat.-Nr. 27)

29   Abb. 199

Hermann C. Fischer, Schwiegervater Otto Lilienthals

Fotografie auf Karton, 10,3 × 6,3 cm und 17,3 × 11,8 cm;
Sign.: Regis, Berlin S. Prinzenstr. 44. BN 46516

Abb. 199: Hermann C. Fischer, Schwiegervater Otto Lilienthals

Während seiner Tätigkeit für die Maschinenfabrik C. Hoppe im sächsischen Steinkohlenbergbau lernte Otto Lilienthal Hermann Carl Fischer kennen, in dessen Haus er einige Zeit wohnte. Der Obersteiger des Königlichen Steinkohlenbergwerks Zaukeroda zeigte großes Interesse an Lilienthals leichter Handschrämmaschine.
Fischers Tochter Agnes wurde später Otto Lilienthals Frau.

30

Briefe Otto Lilienthals an seine Verlobte Agnes Fischer, 16. 10. 1877 bis 28. 2. 1878

18 Briefe aus Krakau und Wieliczka, alle datiert; zusammen 78 Seiten, 21–22,5 × 13,5–14 cm; 17 Briefe mit Tinte, 1 mit Bleistift geschrieben. Beilage: Brief von Ottos Cousine Therese Lilienthal an die »3 Räder nebst Hemmschuh«, Baggendorf bei Grimmen, 5. 1. 1878, 4 Seiten. BN 46927 bis 46928; Sammlung Kopfermann

Im Winter 1877/78 erprobte Otto Lilienthal Schrämmaschinen im Steinsalzbergwerk Wieliczka bei Krakau. Während der Trennung schrieb er Agnes Fischer, mit der er sich am 5. Oktober 1876 verlobt hatte, eine Reihe von Briefen, in denen er ihr über seine berufliche Tätigkeit sowie über Land und Leute berichtete.
Der an die »3 Räder nebst Hemmschuh« gerichtete Brief von Therese Lilienthal zeigt die Rollenverteilung in der Familie Otto Lilienthals. Seine Mutter Caroline hatte alle Hände voll zu tun, um den Tatendrang ihrer Kinder zu bremsen.

Auszug aus Otto an Agnes   *Krakau den 30. 11. 1877*
»Krakau hat eigentlich zwei Publicümmer; eins was am Tage die Straßen bevölkert und sich durch die ewig wechselnde moderne Tracht auszeichnet und eins, was mehr die Dunkelheit aufsucht und durch die sich ewig gleichbleibende Tracht der Polnischen Armen und Juden glänzt. Es fällt einem sofort die scharfe Trennung von Reich und Arm auf, der Mittelstand muß hier wenig vertreten sein, er beschränkt sich auf wenige Beamte.«

Auszug aus Otto an Agnes   *Wieliczka den 6. 12. 1877*
»Morgen fährt der Oberbergrath Leo und alle höheren Beamten von hier mit mir ein, um meinen Schneideversuchen beizuwohnen. Es ist die Anwendung eines Instrumentes, was ich in Potschappel gebaut und schon bei Euch angewendet habe, und durch welches ich den Widerstand beim Zerschneiden von Kohle und Salz messe, und was die Fundamentalversuche abgiebt für jede Schrämmaschinenberechnung. Die Wichtigkeit dieses Umstandes hat man hier sehr wohl erkannt und deshalb mache ich mit diesem dummen Dinge mehr Furore, als Hoppe mit seiner großen Maschine. Hoppe selbst kann dieses Instrument nicht leiden, weil ich durch dasselbe ihm von Sachsen aus bewiesen habe, daß seine Schrämmaschine ein Unsinn ist, drum werde ich seinen Zorn auch erst garnicht reizen, und meine Versuchsresultate für mich behalten.«

Auszug aus Otto an Agnes   *Wieliczka den 4. 2. 1878*
»Ich komme immer mehr zu der Überzeugung, daß mein Maschinensystem nicht übertroffen werden kann. Man ist hier ganz begeistert davon und morgen wird die Handschrämmaschine hier in ständigen Gebrauch genommen; wenn sie einige Wochen lang mit demselben Erfolg arbeitet wie bis jetzt einige Tage, was natürlich der Fall ist, so will man gleich mehrere

bestellen. Von einem hiesigen Beamten ist auch eine Maschine construirt, die in Prag gebaut wird, zu der man aber alles Vertrauen verloren hat noch ehe sie fertig ist, indem man meine Maschine arbeiten gesehen hat.«

Auszug aus Otto an Agnes   *Wieliczka 24.2.1877*
»[...] von hier scheide ich mit dem beruhigenden Bewußtsein, meine Zeit nach besten Kräften ausgenützt zu haben. Herrn Hoppe habe ich die Überzeugung beigebracht, daß seine Maschine unbrauchbar ist, und spare ihm die Kosten noch späterer Versuche, für ihn ist der Vortheil daher freilich nur ein indirecter. Mein östreich. Patent habe ich eingereicht und Geschäftsverbindung mit Wieliczka und benachbarten Gruben angeknüpft. Vorläufig habe ich eine Bestellung und die Zuversicht späterer Wiederholung von Bestellungen; und dann beeilt man sich möglichst viel Geschrei von meiner Erfindung zu machen, für mich auch kein Schaden.«

31

Brief Otto Lilienthals an seine spätere Schwiegermutter Ernestine Fischer, 15.12.1877

Brief, datiert; 4 Seiten, 22 × 14 cm. Beilagen: Je 1 Brief von Marie und Gustav Lilienthal an Ottos Braut Agnes Fischer zum Geburtstag (Berlin, 3.5. und 4.5.1877, 2 und 4 Seiten). BN 46931–46932; Sammlung Kopfermann

Otto Lilienthal hoffte, während seines Weihnachtsurlaubs 1877 seine Verlobte Agnes Fischer in Berlin treffen zu können. Der Brief ist als Versuch zu verstehen, seine spätere Schwiegermutter Ernestine Fischer (geb. Preißler) dazu zu bewegen, trotz ihrer Erkrankung ihre Tochter auf der Reise nach Berlin zu begleiten.

32   Abb. 34

Otto Lilienthals Frau Agnes, undatiert

Fotografie, 17,3 × 11,8 cm. BN 46517

Agnes Lilienthal, geb. Fischer, kam am 5. Mai 1867 in Loßnitz zur Welt. Ihre Kindheit verbrachte sie in Zaukeroda, Döhlen und Potschappel in Sachsen.
Otto lernte Agnes im Haus ihres Vaters Hermann C. Fischer im Herbst 1876 kennen. Die gemeinsame Liebe zur Musik brachte sie einander rasch näher. Bereits am 5. Oktober 1876 wurde ihre Verlobung gefeiert.
Nach Otto Lilienthals Rückkehr aus Wieliczka Ende Februar 1878 wurden die Vorbereitungen für die Hochzeit getroffen. Am 11. Juni 1878 wurde das Paar in der alten Kirche zu Döhlen im Plauenschen Grund getraut.
Nach dem tödlichen Unfall ihres Mannes im August 1896 führte Agnes die Maschinenfabrik Otto Lilienthal bis 1905 weiter. Sie starb 1920 in Berlin-Lichterfelde.

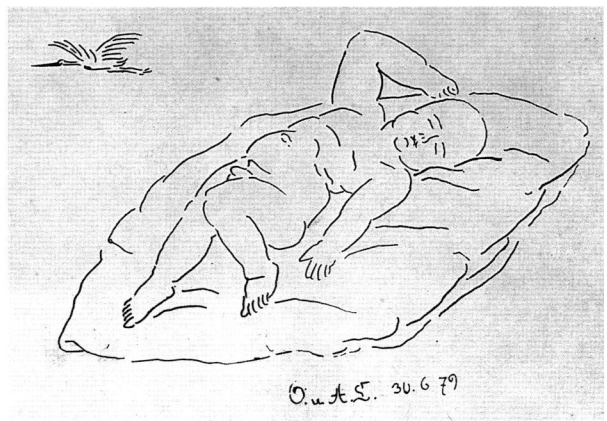

Abb. 200: Tuschezeichnung Otto Lilienthals von seinem neugeborenen Sohn Otto, 1879 (Kat.-Nr. 33)

33   Abb. 200

Tuschezeichnung Otto Lilienthals von seinem neugeborenen Sohn Otto, 1879

Tusche auf Karton, 9,4 × 12,7 cm; Sign.: O. u A.L. 30.6.79. BN 46689; Sammlung Kopfermann

Die Signatur läßt darauf schließen, daß es sich um eine von Otto Lilienthal gezeichnete Karte

Abb. 201: Otto Lilienthals Sohn »Ottchen«, 1880 (Kat.-Nr. 34)

handelt, mit der er gemeinsam mit seiner Frau Agnes Verwandte oder Freunde von der Geburt seines ersten Kindes benachrichtigte.

Der am 30. Juni 1879 geborene Sohn wurde, bürgerlichem Brauch entsprechend, nach dem Vater Otto getauft.

Otto Lilienthal jun. war äußerst begabt. Er konnte schreiben, noch bevor er zur Schule ging und war in der Schule, zum Stolz seiner Eltern, der Beste. Im Alter von 15 verließ er das Gymnasium und trat in die Maschinenfabrik des Vaters ein. Nach dem Tod seines Vaters wurden erste Anzeichen einer Nervenkrankheit erkennbar. Während des Ersten Weltkrieges wurde er in eine Nervenheilanstalt eingeliefert, wo er am 16. Juni 1916 im Alter von 37 Jahren verstarb.

34   Abb. 201

Otto Lilienthals Sohn »Ottchen«, 1880

Bleistift auf Papier, 15,6 × 9,8 cm; Sign.: Ottchen Lilienthal, 1 Jahr alt. BN 46683; Sammlung Kopfermann

Das Bild wurde von Otto Lilienthal anläßlich des ersten Geburtstages seines Sohnes »Ottchen«, am 30. Juni 1880, gezeichnet.

35   Abb. 202

Otto Lilienthal als selbständiger Maschinenbauunternehmer, 1885

Fotografie. BN 37523

Im Jahre 1883 eröffnete Otto Lilienthal in Berlin eine eigene Werkstatt zum Bau des von ihm kon-

Abb. 202: Otto Lilienthal als selbständiger Maschinenbauunternehmer, 1885 (Kat.-Nr. 35)

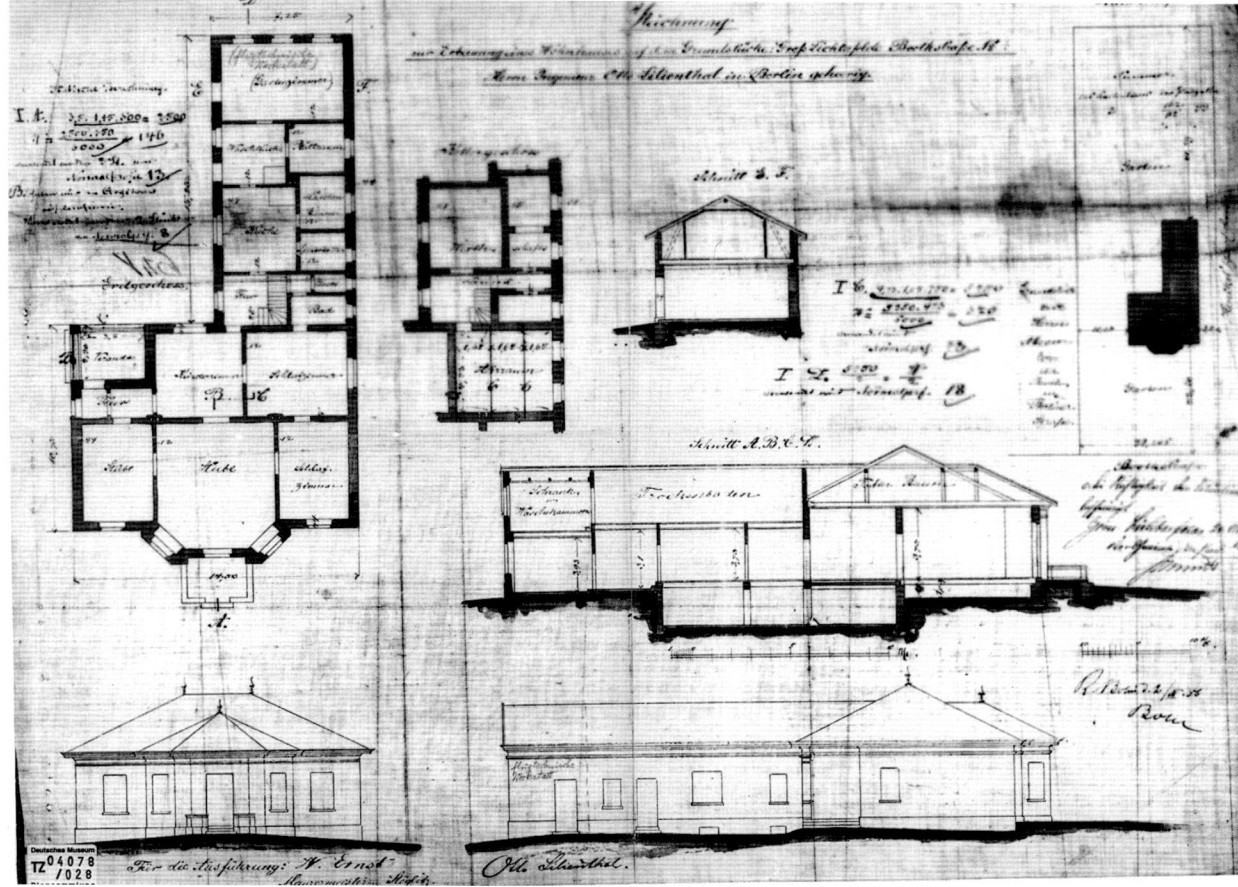

Abb. 203: Bauzeichnungen für Otto Lilienthals Wohnhaus in Groß-Lichterfelde, 1886 (Kat.-Nr. 36)

struierten ›Schlangenrohrkessel‹. Die angestrebte berufliche Selbständigkeit war damit erreicht. Die 1885 aufgenommene Fotografie zeigt Otto Lilienthal als Besitzer einer Maschinenfabrik mit rund 15 Beschäftigten.

36   Abb. 203

Bauzeichnungen für Otto Lilienthals Wohnhaus in Groß-Lichterfelde, 1886

Lichtpause (schwarz auf weiß) mit Bleistiftnotizen, datiert; 47 × 62,5 cm (Original beschnitten). BN 46597

Otto Lilienthals Maschinenfabrik ging so gut, daß er bereits wenige Jahre nach der Unternehmensgründung an den Bau eines eigenen Wohnhauses denken konnte. 1885 erwarb er in dem Berliner Vorort Groß-Lichterfelde ein Grundstück von 2500 m² zum stattlichen Preis von 9300 Mark. Die Baupläne entwarf der kurz zuvor aus Australien zurückgekehrte Bruder Gustav. Der Bau wurde von dem Steglitzer Architekten und Maurermeister W. Ernst durchgeführt, einem Studienkollegen Ottos auf der ›Gewerbe-Akademie‹. Das einstöckige Landhaus in der Boothstraße 17

hatte fünf Zimmer, Küche, Giebelkammer und Veranda. Zur Gartenseite hin wurde eine geräumige Werkstatt angebaut. Im Garten des Hauses übte Lilienthal im Frühjahr 1891 mit seinem Gleiter von einem Sprungbrett aus den Absprung, ehe er in Derwitz die ersten Gleitflüge versuchte.

37   Abb. 16

Wohnhaus der Familie Otto Lilienthals in Groß-Lichterfelde, 1887

Fotografie auf Karton, 24,4 × 27 cm; Sign.: Gr. Lichterfelde, Boothstr. 17, Sept. 1887. BN 46674; Sammlung Kopfermann

Vorderansicht des Wohnhauses in der Boothstraße 17. Am linken Bildrand ist Sohn Otto auf einem Zweirad zu erkennen, das von seinem Onkel Gustav Lilienthal stammt; am rechten Bildrand Mutter Agnes mit Tochter Anna und dem jüngeren Sohn Fritz.

38

Gustav Lilienthal, 1887

Fotografie; 3 Abzüge 10,4 × 7,3 cm, 17,8 × 12,5 cm und 17,9 × 12,5 cm. BN 46514

Gustav Lilienthal war im Juni 1885 nach fünfjähri-
gem Aufenthalt in Australien nach Berlin zurückgekehrt. 1887 weilte er in Paris, wo er seit Anfang
August 1886 gemeinsam mit dem befreundeten
Patentanwalt Dittmar den Verkauf von Steinbaukästen betrieb und Vorbereitungen für eine eigene
Produktion der Baukästen traf. Für kurze Zeit
trug er sich mit dem Gedanken, im Herbst 1887
nach New York zu gehen, um den vielversprechen-
den Absatzmarkt der USA für die Steinbaukästen
zu erschließen.

Ottos Bruder Gustav wurde am 9. Oktober 1849
in Anklam geboren. Abgesehen von den frühen
gemeinsamen flugtechnischen Untersuchungen,
der Entwicklung des Steinbaukastens und dem
sozialreformerischen Engagement ging Gustav eigene Wege: Lehre als Maurer, zweijähriges Studium an der Berliner Bauakademie ohne Examen,
Bauleiter in Prag und London, reformatorische
Bemühungen um das Kunstgewerbe, Baumeister
bei der staatlichen Eisenbahn Australiens, Gründung der gemeinnützigen Baugenossenschaft »Die
Freie Scholle« in Berlin; in seinen späteren Jahren
wiederum flugtechnische Versuche, die er als Ein-
zelgänger betrieb.
Gustav starb im Alter von 83 Jahren am 1. Februar
1933 an einem Herzschlag, zwei Tage nach der
nationalsozialistischen Machtergreifung.

39   Abb. 204

Gustav Lilienthal, undatiert

Fotografie mit Schmuckrand. BN 46515

Abb. 204: Gustav Lilienthal, undatiert (Kat.-Nr. 39)

Abb. 205: Otto Lilienthal mit Frau und Kindern, ca. 1889 (Kat.-Nr. 41)

40   Abb. 27

Otto Lilienthal im Alter von 40 Jahren, 1888

Fotografie. BN 37522

Das Foto wurde 1888, vermutlich anläßlich des 40. Geburtstages Otto Lilienthals, aufgenommen. Er zeigt ihn zu einer Zeit, als er nach langen Jahren der Konzentration auf seinen Beruf als Maschinenbauingenieur seine flugtechnischen Experimente von neuem aufgriff und begann, öffentliche Vorträge über den Vogelflug zu halten.

41   Abb. 205

Otto Lilienthal mit Frau und Kindern, ca. 1889

Fotografie. BN 46513

Familienaufnahme, vermutlich aus dem Jahr 1889; Otto und Agnes Lilienthal mit ihren vier Kindern Otto (geb. 1879), Anna (geb. 1884), Fritz (geb. 1885) und Helene (geb. 1887).

42   Abb. 35

Einführung einer Gewinnbeteiligung in Otto Lilienthals Maschinenfabrik, 1. März 1890

Druckexemplar, datiert; 1 Seite, 29 × 21 cm. BN 46944; Sammlung Kopfermann

Seit den 1870er Jahren propagierten führende deutsche Sozialreformer die Idee einer freiwilligen Selbstbeschränkung der Macht der Unternehmer in ihren Betrieben. Auf dem Höhepunkt der Sozialreform des Kaiserreichs, zu Beginn der 1890er Jahre, griff Otto Lilienthal diese Gedanken auf. Seit dem 1. März 1890 gewährte er seinen Beschäftigten eine Gewinnbeteiligung von 25% des Reingewinns, bedeutend mehr als andere fortschrittliche Arbeitgeber wie Heinrich Freese oder Ernst Abbe. Gleichzeitig schaffte er die Akkordarbeit ab und führte den Achtstundentag ein.

Siehe allgemein zum sozialen Engagement Otto Lilienthals den einleitenden Aufsatz von Trischler, S. 16 f.

Abb. 206: Bleistiftzeichnung Otto Lilienthals von Weißenfels, 1890 (Kat.-Nr. 43)

43   Abb. 206

Bleistiftzeichnung Otto Lilienthals von Weißenfels, 1890

Bleistift auf Papier, 11 × 16,5 cm; Sign.: Weißenfels an der Saale (Rückseite: Mittlere Temperatur a. 31. August 1890. Von 1 Uhr mittag. 1 Uhr. 11 ³/₄° Reaumur). BN 46687; Sammlung Kopfermann

Die von René Antoine Ferchault de Réaumur (1683–1757) 1730 entwickelte Temperaturskala teilt den Bereich zwischen dem Gefrierpunkt und dem Siedepunkt des Wassers in 80 Abschnitte ein. 1° Réaumur entspricht ⁵/₄° Celsius. Die auf der Rückseite genannte Temperatur entspricht somit ca. 15 °C. Das Bein am unteren Bildrand deutet auf eine unter freiem Himmel gefertigte Skizze nach der Natur hin.

44   Abb. 207

Landschaftliches Stimmungsbild Otto Lilienthals, undatiert

Farbiges Aquarell auf Karton, 24,6 × 19,2 cm; Sign.: Stimmung aus der Jungfernhaide. BN 46693; Sammlung Kopfermann

Das Aquarell dürfte von Otto Lilienthal in den späten 1880er oder frühen 1890er Jahren gemalt worden sein. Es zeigt einen Kahlschlag in der Jungfernhaide bei Berlin.

45   Abb. 1

Otto Lilienthals Schwur zur Gründung einer Volksbühne, 1892

Fotografie, 15,2 × 11,1 cm und 17,3 × 14,8 cm; Sign.: (Gerhard Halle, Berlin-Lichterfelde West). BN 46519

Otto Lilienthal kam 1892 im Zusammenhang mit der Lieferung einer Heizungsanlage mit dem Berliner Ostend-Theater in Verbindung. Gemeinsam mit Theaterdirektor Max Samst faßte er den Plan, das Theater in eine Volksbühne umzuwandeln. Die Stücke des klassischen Theaters sollten durch geringe Eintrittspreise nicht nur einer privilegierten Oberschicht, sondern dem breiten Volk zugänglich gemacht werden.
Das im Sommer 1892 entstandene Foto zeigt Otto Lilienthal, eingerahmt von Theaterdirektor Max Samst (links) und Richard Oeser, Schauspieler und später Kammersänger, beim feierlichen Schwur, eine Volksbühne zu gründen.

46   Abb. 208

Werbeflugblatt für die Volksvorstellungen des Nationaltheaters, 1893

Flugblatt, Doppelblatt (3 bedruckte Seiten), 26,5 × 18 cm. BN 46943; Sammlung Kopfermann

Lilienthals Vorstellung eines Volkstheaters wurde im 1892 in Nationaltheater umbenannten Ostend-

Abb. 207: Landschaftliches Stimmungsbild Otto Lilienthals (Kat.-Nr. 44)

Theater verwirklicht. Bei Eintrittspreisen von 10 bis 50 Pfennigen wurde der Theaterbesuch auch für die einkommensschwachen Schichten erschwinglich. Trotz des großen Zustroms zu den Volksvorstellungen blieb es ein schwieriges Unterfangen, die Kosten zu decken, ohne staatliche Zuschüsse in Anspruch zu nehmen.

Das von der B. Berkowitz'schen Buchdruckerei in Berlin gedruckte Flugblatt sollte die Volksvorstellungen des Nationaltheaters in der breiten Öffentlichkeit bekannt machen und auf diese Weise dafür sorgen, daß das Haus stets bis auf den letzten Platz besetzt sei. Der Text wurde höchstwahrscheinlich von Otto Lilienthal verfaßt.

Abb. 208 zeigt das Deckblatt.

Wie ein Brief Lilienthals an das Preußische Kultusministerium (»Königliches Ministerium für geistliche, Unterrichts- und Medicinal-Angelegenheiten«) vom 17.7.1893 zeigt, bemühte er sich aber auch um staatliche Zuschüsse. Das Original des Briefes liegt in der Staatsbibliothek Preußischer Kulturbesitz Berlin, Handschriftenabteilung, Slg. Damstädter, K 1890 (8). Im folgenden wird der stenografische Entwurf des Briefes (HS 6279, Kat.-Nr. 128) transkribiert in Auszügen wiedergegeben:

»Die Direktion des National-Theaters [das Wort ›Theater‹ fehlt im Stenogramm] erlaubt sich nun, einem hohen Ministe-

Abb. 208: Werbeflugblatt für die Volksvorstellungen des National-theaters, 1893 (Kat.-Nr. 46)

rium im weiteren Verfolg einer Bestrebung, den weitesten Schichten des Volkes den erzieherischen Einfluß charakterbildender Werke zugänglich zu machen, seine Dienste anzubieten. Die Direktion würde zu diesem Behuf in der Lage sein, die würdige Aufführung auch größerer Werke zu inszenieren und dadurch jedem vorgeschriebenen Repertoire zu genügen. Durch seine Lage sowohl als durch seine Größe, das Theater ist eines der größten in Berlin und faßt 1200 Sitzplätze, würde das Nationaltheater alsbald für den genannten Zweck bereitstehen.

Zur Beurteilung der infrage kommenden Kosten sei erwähnt, daß unter Heranziehung besserer dramatischer Kräfte und sorgfältiger Dekorationsausstattung die durchschnittlichen täglichen Ausgaben des Theaters sich auf 450 Mark belaufen, während die Einnahmen bei den bisherigen Volkspreisen bei ausverkauftem Hause sich ebenfalls auf 450 Mark stellen.

Für den Fall also, daß das Theater ausschließlich den genannten Zwecken dienen sollte, würde nur in den Zeiten, in welchen der Theaterbesuch überhaupt gering ist, einen gewissen Zuschuß erfordern, da anzunehmen ist, daß das Interesse im Volke sich weiterhin vermehrt, sobald eine hohe Regierung ihre Unterstützung verleiht.«

47   Abb. 49

Otto Lilienthal als Schauspieler, ca. 1893

Fotografie auf Schmuckkarton, 16,6 × 10,8 cm; Sign.: B. Kliemeck, Gross-Lichterfelde. BN 46672; Sammlung Kopfermann

Otto Lilienthal als Räuberhauptmann in dem Volksstück »Preciosa«, vermutlich 1893.

Lililenthal hatte bereits im Winter 1889/90 bei Gottfried Weiß einen Kursus in Sing- und Sprechgymnastik absolviert. Um Kosten zu sparen, spielte er in den Volksvorstellungen des Nationaltheaters selbst mit. Sein Debüt gab er 1893 als Herold in der »Jungfrau von Orléans«.

Seine Lieblingsrolle war die des Räuberhauptmanns in dem Stück »Preciosa«, eine Prosa-Komödie frei nach dem 1659 in Paris uraufgeführten Einakter von Molière (1622–1673) »Les précieuses ridicules« (»Die lächerlichen Preziösen«).

48   Abb. 209

Von Otto Lilienthal begonnene Chronik seiner Familie, ca. Ende 1894

Haus- und Familien-Chronik, herausgegeben und zusammengestellt von Martin Gerlach, Verlag von Gerlach & Schenk, Wien, undat.; in Leder gebunden, an den Ecken mit Messing beschlagen; 104 Seiten, davon 26 mit Tinte (letzte Seite teilweise mit Bleistift) beschrieben; 30 × 25 cm; Beigefügt: 1 Brief von W[ilhelm] Lilienthal an Otto Lilienthal, 22.11.1885; 5 Seiten, 22 × 14 mit eingeklebtem Wappen der Linie Philipp von Lilienthal. 1 Blatt (2 Seiten) stenographische Skizzen von Otto Lilienthal, in der Mitte gefaltet, undat.; 32 × 21 cm. BN 46953; Sammlung Kopfermann

Otto Lilienthal zeigte zeitlebens großes Interesse an der Genealogie seiner Familie. Mitte der 1880er

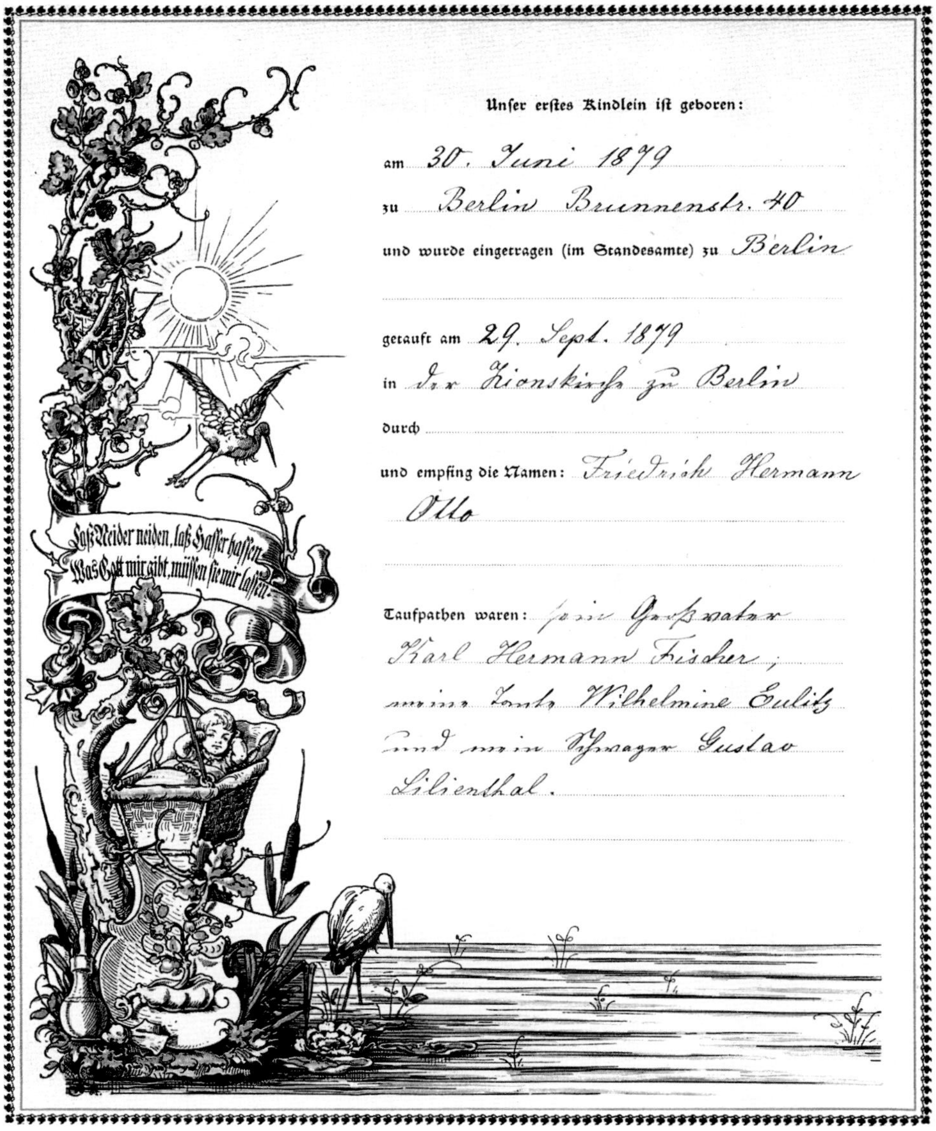

Abb. 209: Von Otto Lilienthal begonnene Chronik seiner Familie, ca. Ende 1894 (Kat.-Nr. 48)

Jahre bat er seinen Onkel Wilhelm Lilienthal, ihm Näheres über die Abkunft ihrer Familie mitzuteilen. Die mit der Genealogie der Familie am besten vertraute Nichte seiner Großmutter, Fritze von Homeyer, lieferte Otto die Angaben, mit deren Hilfe er Ende 1894 die Chronik begann. Die Beschreibung seines eigenen Lebens reicht bis zur Erfindung des Steinbaukastens 1879/80.

Seine Frau Agnes setzte die Chronik bis zum Verkauf der Fabrik im Juli 1905 fort. Ottos Sohn Fritz fügte später einige Zeilen über die Entwicklung des aus dem Verkauf erzielten Erlöses hinzu.

Lilienthal verwendete eine in Leder gebundene und an den Ecken mit Messing beschlagene Chronik des Wiener Verlages Gerlach & Schenk. Abb. 209 zeigt die Seite mit den Eintragungen zur Person Otto Lilienthals.

49   Abb. 210

Otto Lilienthal kurz vor seinem Tod, 1896

Fotografie; Sign.: (Regis, Berlin). BN 2213

Die Fotografie ist das letzte erhaltene Porträt Otto Lilienthals vor seinem tödlichen Absturz am 9. August 1896 am Gollenberg bei Stölln.

50   Abb. 21

Absturzapparat Otto Lilienthals auf dem Hof des Stöllner Gasthofs, 1896

Fotografie, Sign.: A. Regis (vermutlich). BN 4639

Das Foto des Unglücksapparats wurde auf dem Hof des Stöllner Gasthofs einige Tage nach seinem Tod aufgenommen. Lilienthal war am 9. August 1896 am Gollenberg bei Stölln abgestürzt und

Abb. 210: Otto Lilienthal kurz vor seinem Tod, 1896 (Kat.-Nr. 49)

tags darauf an den Folgen des Bruchs des dritten Halswirbels in der Bergmannschen Klinik gestorben.

Es kann auch heute nicht mit letzter Sicherheit entschieden werden, ob es sich bei dem abgebildeten Fluggerät um einen ›Normal-Segelapparat‹ oder um das Unterdeck des ›großen Doppeldeckers‹ handelt.

Die Forschung geht mittlerweile davon aus, daß Lilienthal am Unglückstag das Unterdeck des großen Doppeldeckers als Eindecker benützte.

Nach Gustav Lilienthal wurde der Absturzapparat auf seine Anordnung hin verbrannt. In einem undatierten, um die Mitte des Jahres 1905 stammenden Brief an das Deutsche Museum schilderte Gustav die Begleitumstände des Absturzes aus seiner subjektiven, nicht immer der Realität entsprechenden Perspektive. Der verlorengegangene Brief wird im folgenden nach einer von Alois Wolfmüller am 14. April 1907 angefertigten Abschrift auszugsweise zitiert:

»Die Apparate haben einen horizontalen und einen verticalen Schweif. Der verticale Schweif hat den Zweck die Flügel immer entgegengesetzt der Windrichtung zu steuern, der horizontale dagegen die horizontale Lage in der Richtung nach vorn und hinten zu sichern.

Der horizontale Schweif war sogar etwas aufwärts gerichtet, um etwaige Tendenz nach vorn über möglichst auszugleichen, denn der Luftwiderstand gegen den menschlichen Körper, soweit derselbe über dem Luftwiderstandspunkt des Apparates liegt, bewirkt ein Anheben der hinteren Flügelränder und diesem entgegen wirkte der aufwärts gerichtete Horizontalschweif. In der Höhe des Landungspunktes in einer Höhe von 4 bis 5 Meter über dem Boden nimmt die Stärke des Windes so erheblich ab, daß der Apparat schnell sinkt. Hierbei würde der horizontale Schwanz einen Luftwiderstand hervorrufen, wodurch die Vorderkanten der Flügel schneller sinken würden als die Hinterkanten. Um dies zu vermeiden war der horizontale Schwanz so eingerichtet, daß er bei einem Luftwiderstand von unten ganz nach oben klappen konnte. Die Gefahr des Nachvornüberkippens war von uns stetig empfunden worden und wurde daher den Apparaten ein sogenannter Prellbügel vorgesetzt, bestehend aus einem verspreizten Reifen von cirka 60 ctm Durchmesser.

Dieser Prellbügel war in der Mitte zwischen den Vorderkanten beider Flügel so angebracht, daß bei einem Absturz derselbe zuerst den Boden erreichte und den ersten Stoß aufhielt.

Der Prellbügel war bereits im Jahre 1895 einmal zu wirksamer Anwendung gekommen, als bei einem Versuch in Stöllen inmitten der Flugbahn eine der Armstützen des Apparates abbrach und der Apparat, völlig aus dem Gleichgewicht gekommen, mit der Vorderkante nach unten hinabstürzte.

Der Prellbügel bewirkte bei dieser Gelegenheit, daß sich der Apparat beim Aufsetzen nicht überschlug sondern flach hinlegte.

Mein Bruder erhielt hierbei nur eine leichte Verwundung an der Stirn.

Um noch mehr ein Vornüberkippen verhindern zu können hatte mein Bruder mittels einer Schnur, die am Hinterende des Horizontalschweifes befestigt war und deren anderes Ende in eine Bandage auslief, welche um die Stirn gelegt war, es in der Gewalt durch mehr oder mindere Neigung des Kopfes den Horizontalschweif mehr oder weniger aufzurichten.

Dieser Versuch wurde an dem unglücklichen 10. August 1896 auf den Stöllener Bergen zum ersten Mal gemacht. Ein Prellbügel war bei diesem Versuch nicht befestigt worden. Der Wind war bei teilweise bewölktem Himmel puffig und unstät.

Hierbei entstanden so variierende Geschwindigkeiten, daß es schwer war das Gleichgewicht herzustellen.

Wahrscheinlich verließ sich mein Bruder zu sehr auf die Wirkung der neuen Einrichtung und vernachläßigte zu sehr die Schwerpunktverschiebungen mit den Beinen. Der Apparat stütze von etwa 12 m Höhe vornüber, schlug mit der Vorderkante der Flügel auf den Erdboden und überschlug sich. Mein Bruder, welcher den Kopf scharf nach vor

gebeugt hatte, wurde mitgerissen und ihm dabei der Nackenwirbel ausgerenkt, was den Tod nach 24 Stunden verursachte.

Der benützte Apparat war von Typ 2 [Doppeldekker].«

51   Abb. 211

Todesanzeige der Hinterbliebenen Otto Lilienthals, 1896

Handzettel mit Trauerrand, 20,5 × 13 cm; Sign.: J. Unverdorben, Gr.-Lichterfelde. BN 46550

Die Todesanzeige der Hinterbliebenen datiert vom 12. August 1896. Bereits am Todestag, dem 10. August, hatten Bruder Gustav und Otto Eulitz als Vertreter der Maschinenfabrik den Tod Otto Lilienthals angezeigt. Sie hatten damit den Geschäftsfreunden bekannt gegeben, daß die Fabrik in der bisherigen Weise weitergeführt werden sollte.

Ein Exemplar der letztgenannten Anzeige ist als Beilage zur Kat.-Nr. 97 erhalten. Sie ist in Schwipps: Otto Lilienthal, S. 386, abgebildet.

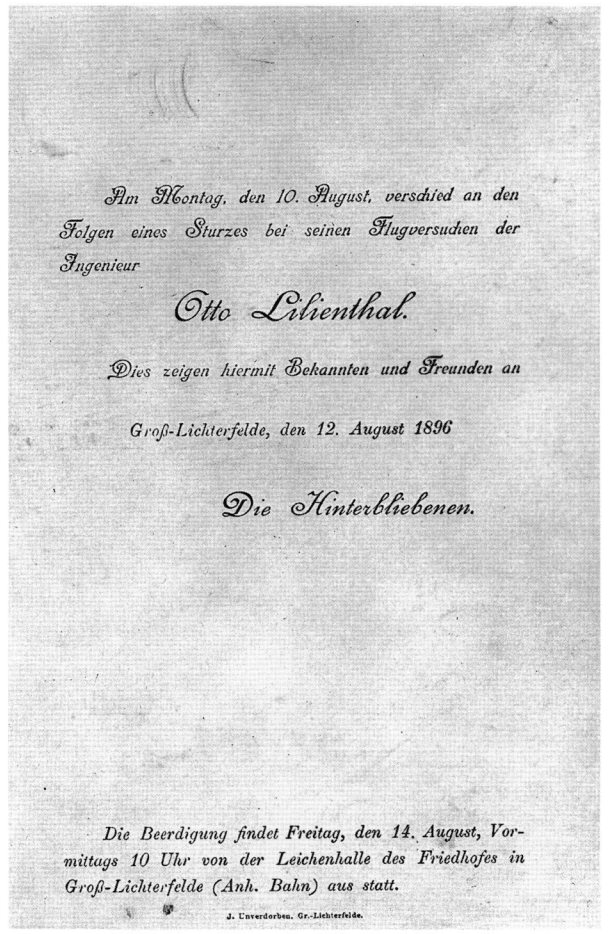

Abb. 211: Todesanzeige der Hinterbliebenen Otto Lilienthals, 1896 (Kat.-Nr. 51)

TÄTIGKEIT ALS ANGESTELLTER INGENIEUR, 1871–1880

52   Abb. 212

Montageinstruktion einer Streckenfördermaschine für den Eislebener Bergbau, 1875

Manuskript, datiert: Doppelblatt (4 Seiten). 30 × 21 cm: letzte Seite in Stenographie. BN 46901

Auflistung der Bedingungen über die Lieferung und Montage einer Streckenfördermaschine für die Berg- und Hüttendirektion Mansfeld.

Im Frühjahr 1872 trat Otto Lilienthal als Konstruktionsingenieur in die renommierte Berliner Maschinenfabrik von Carl Hoppe ein. Das Unternehmen war auf einer Fülle von maschinenbautechnischen Gebieten tätig. Vielseitigkeit war gefragt. Die »Montageinstruction zur Aufstellung der Streckenfördermaschine« ist der früheste Beleg für Lilienthals bergbautechnische Arbeiten.

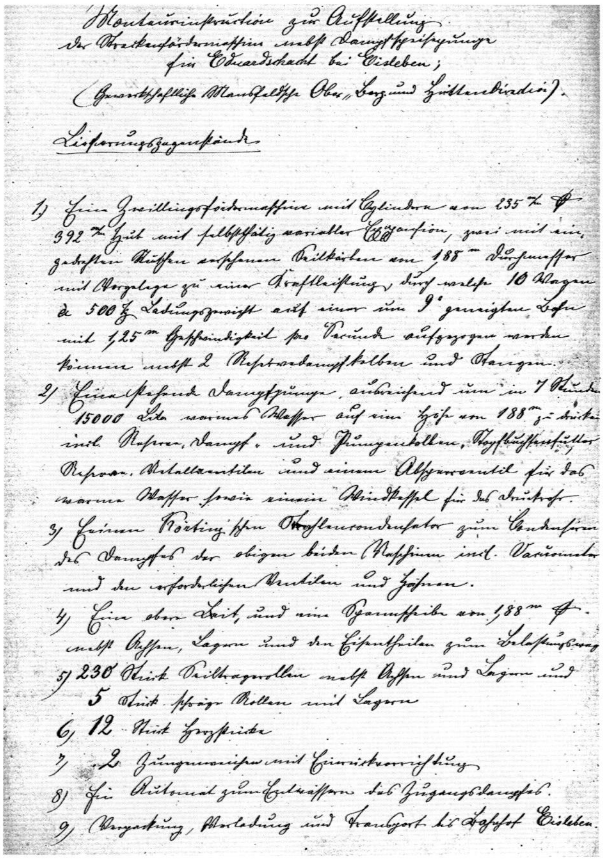

Abb. 212: Montageinstruktion einer Streckenfördermaschine für den Eislebener Bergbau von Otto Lilienthal, 1875 (Kat.-Nr. 52)

Die Maschinierung der Streckenförderung war eine der frühesten Maßnahmen in der um 1870 allmählich einsetzenden Mechanisierung des Bergbaus. Mit der von Lilienthals konstruierten dampfgespeisten Fördermaschine konnten zehn mit je 500 kg beladene Wagen mit einer Geschwindigkeit von 4,5 km/h von den Füllörtern zum Förderschacht gezogen werden. Lilienthal dürfte die am 28. Oktober 1875 begonnene Montage im Eduardschacht bei Eisleben vor Ort beaufsichtigt haben. Abb. 212 zeigt die erste Seite des Manuskripts.

53   Abb. 59

Wasserhaltungsmaschine für den Steinkohlebergbau, ca. 1875

Manuskript mit Skizzen und Berechnungen, undatiert; 10 zusammengeklebte Blätter (18 beschriebene Seiten), 36 × 21,5 cm; Bl. 1–9 mit Bleistift. Bl. 10 mit Bleistift und Tinte geschrieben. Text z. T. in Stenographie. BN 46902

Manuskript von Otto Lilienthal zur Konstruktion einer unterirdischen Wasserhaltungsmaschine für die Grube ›Mathilde‹ im Zwickauer Steinkohlebergbau.
Die Maschine erforderte eine 10 m lange Grundplatte mit einem Gewicht von 48,5 t.

54   Abb. 63

Konstruktionsskizze der Schrämmaschine von Otto Lilienthal, 1875

Detailzeichnung mit farbiger Tusche, 1 Kartonblatt, 47 × 21 cm; Sign: zur Schrämmaschine II Berlin, d./75. BN 47116; HS 6264b

Die Zeichnung (Rückseite von Kat.-Nr. 97) entstammt ebenfalls Otto Lilienthals Beschäftigung mit Bergbaumaschinen während seiner Tätigkeit für die Maschinenfabrik C. Hoppe. Sie zeigt die senkrecht angeordnete Handkurbel der von Lilienthal konstruierten Handschrämmaschine, mit der das waagrecht liegende Schrämrad angetrieben wurde.
Im Gegensatz zu den von Hoppe gebauten schweren, unhandlichen Maschinen zeichnete sich Otto Lilienthals Erfindung durch Einfachheit in der Installation und Bedienung aus. Gemeinsam mit seinem Bruder Gustav erprobte er sie 1876 in einem toten Stollen des Opelschachtes in Zaukeroda. Am 10. November 1876 meldete er die Schrämmaschine unter dem Namen seines Bruders

Abb. 213: Gruppenbild von Bergbeamten der Steinkohlenzeche Zaukeroda (Kat.-Nr. 55)

zur Patentierung im Königreich Sachsen an. Im Januar 1877 wurde das Patent erteilt; siehe K.-D. Seifert: Der Maschinenbauingenieur und Fabrikant Otto Lilienthal, S. 55 f.

55   Abb. 213

Gruppenbild von Bergbeamten der Steinkohlezeche Zaukeroda

Fotografie unter ovalem Passepartout, 23 × 27,5 cm. BN 46663; Sammlung Kopfermann

Das Bild zeigt Bergbeamte der sächsischen Steinkohlezeche Zaukeroda. Otto Lilienthal führte 1876 auf dieser mit 1400 Beschäftigten größten Zeche Sachsens Experimente zur Erprobung der von ihm entwickelten Handschrämmaschine durch.
In der vorderen Reihe, 2. von rechts Hermann C. Fischer, Otto Lilienthals Schwiegervater.

56   Abb. 214

Übertagebauten eines Bergwerks mit Bergarbeitern

Fotografie, 20,8 × 26 cm. BN 46675; Sammlung Kopfermann

Die Aufnahme zeigt die Übertagebauten eines Bergwerks mit Teilen der Belegschaft. Es ist anzunehmen, daß es sich um eine Zeche im sächsischen Kohlebergbau handelt, auf der Otto Lilienthal 1876 für seinen damaligen Arbeitgeber C. Hoppe Schrämmaschinen einführen sollte. Die Abb. 214 dürfte um 1876 entstanden sein.

57

Übertagebauten eines Bergwerks mit Bergarbeitern

Fotografie, 21,5 × 26,6 cm. BN 46688; Sammlung Kopfermann

58   Abb. 215

Otto Lilienthal in Bergmannskleidung, ca. 1876

Fotografie. BN 4102

Otto Lilienthal in der typischen Arbeitskleidung eines Bergarbeiters. Diese Aufnahme diente 1952 als Vorlage für eine 5-Pfennig-Briefmarke der Deutschen Post Berlin in der Gedenkausgabe »Große Männer aus der Geschichte Berlins«.

Abb. 214: Übertagebauten eines Bergwerks mit Bergarbeitern (Kat.-Nr. 56)

Abb. 215: Otto Lilienthal in Bergmannskleidung, ca. 1876 (Kat.-Nr. 58)

Lilienthals Bemühungen, seine Handschrämma-schine im Steinkohlebergbau einzuführen, erfor-derten es, daß er unter Tage am Flöz arbeitete. Die Arbeitsbedingungen der Bergleute vor Ort waren extrem: schmutzig, staubig, eng, naß, warm und erforderten daher eine besondere Kleidung.

In den Briefen an seine Verlobte Agnes Fischer (Kat.-Nr. 30) berichtet Otto Lilienthal mehrfach über seine Tätigkeit unter Tage.

59   Abb. 216

Ergänzungen zur Projektbeschreibung einer Aufzugsanlage, 27. 11. 1879

Manuskript, datiert; 3 zusammengeklebte Doppelblätter (11 beschriebene Seiten), 35,5 × 21,5 cm, Sign. siehe unten. BN 46903.

Die Abb. 216 zeigt Seite 1 des Manuskripts.

Das Manuskript ist betitelt: »Beschreibung der zum Projekt zur Aufzugsanlage für den östlichen Anschlußbahnhof der Berliner Stadteisenbahn hinzugefügten Änderungen«. Es wird Bezug ge-

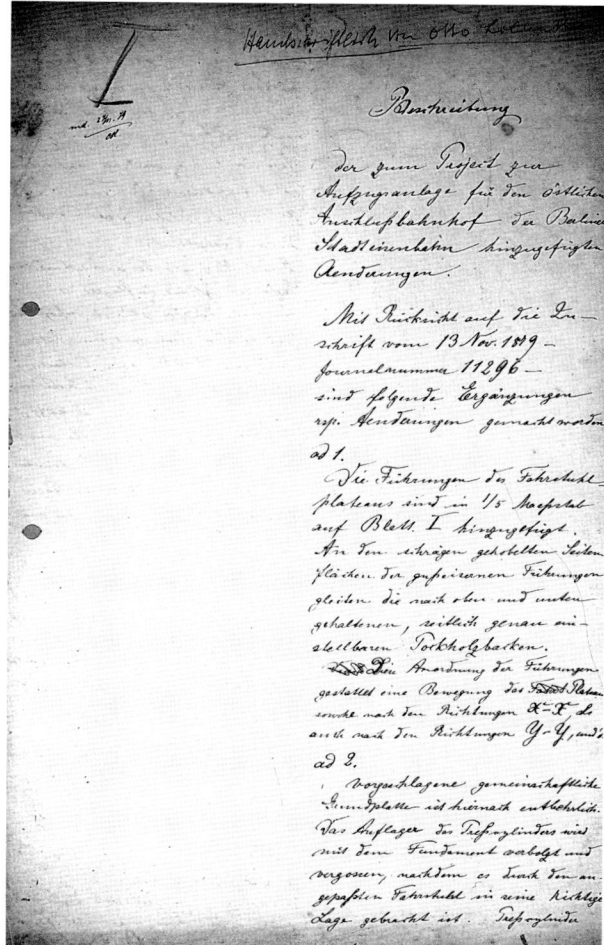

Abb. 216: Projektbeschreibung einer Aufzugsanlage (S.1), 1879
(Kat.-Nr. 59)

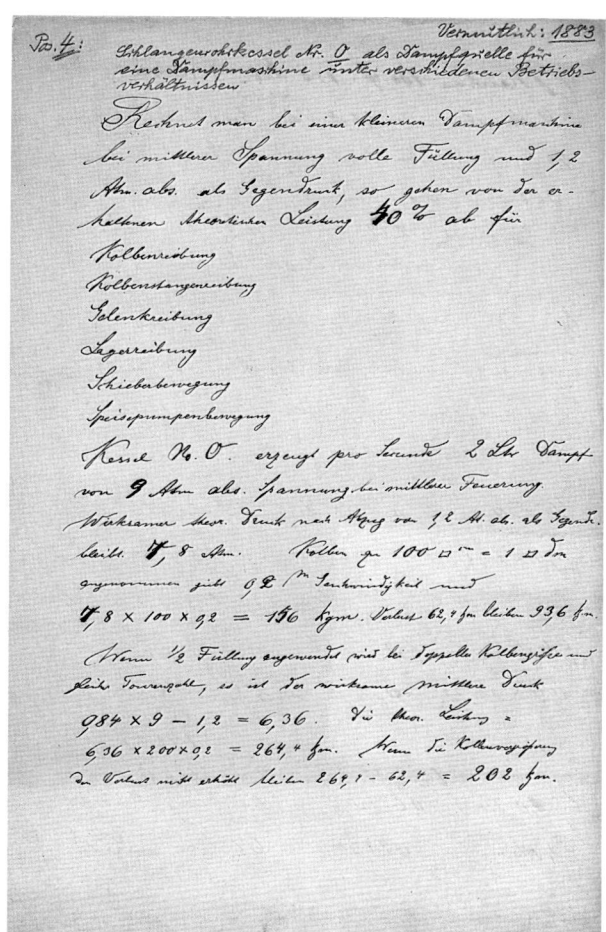

Abb. 217: Notizen und Berechnungen zum Schlangenrohrkessel
Nr. 0 (S.1), um 1881 (Kat.-Nr. 60)

nommen auf die »Zuschrift vom 13. Nov. 1879,
Journalnummer 11296« der Maschinenfabrik Carl
Hoppe, deren Angestellter Lilienthal zu dieser
Zeit ist. Lilienthal bestätigt oder korrigiert die
vorgelegte Lösung im Detail und verweist auf
seine Erfahrung bei Fahrstuhlsteuerungen. (Siehe
hierzu wie auch zu den folgenden Kat.-Nr. den
Aufsatz von K.-D. Seifert: Der Maschinenbauingenieur und Fabrikant Otto Lilienthal, Seite 54 ff.)

Die Abb. 217 zeigt Seite 1 des Manuskripts. Die
Notizen geben nähere Auskunft über den Musterbau eines Schlangenrohrkessels, den Lilienthal
selbst »Kessel No. 0« nennt.
Es werden detaillierte physikalische Leistungsda-
ten des Kessels unter verschiedenen Betriebsbe-
dingungen berechnet. Der Kessel war für die Verwendung als Dampfquelle für kleinere Kolben-
dampfmaschinen verschiedener Ausführung und
Größe gedacht.

TÄTIGKEIT ALS SELBSTÄNDIGER
UNTERNEHMER, 1881–1896

60   Abb. 217

Notizen und Berechnungen zum Schlangen-
rohrkessel Nr. 0, vermutlich um 1881

Manuskript Otto Lilienthals, undatiert; Doppelblatt
(4 Seiten), 33 × 21 cm; Titel von Gerhard Halle hinzugefügt.
BN 46624; HS 1965-71

61   Abb. 68

Beschreibung eines gefahrlosen Schlangen-
rohrkessels, 8. 12. 1883

Manuskript Otto Lilienthals mit Datum und Unterschrift;
Bemerkung auf der ersten Seite oben von Gerhard Halle ange-
fügt, 1 Blatt (2 Seiten), 33 × 21 cm. BN 46622; HS 1965-70

Die Abb. 68 zeigt Seite 1 des Manuskripts.
Das Manuskript ist betitelt: »Beschreibung eines
gefahrlosen Schlangenrohrkessels zum Betrieb einer Wanddampfmaschine von ... Pferdekraft.« Vor

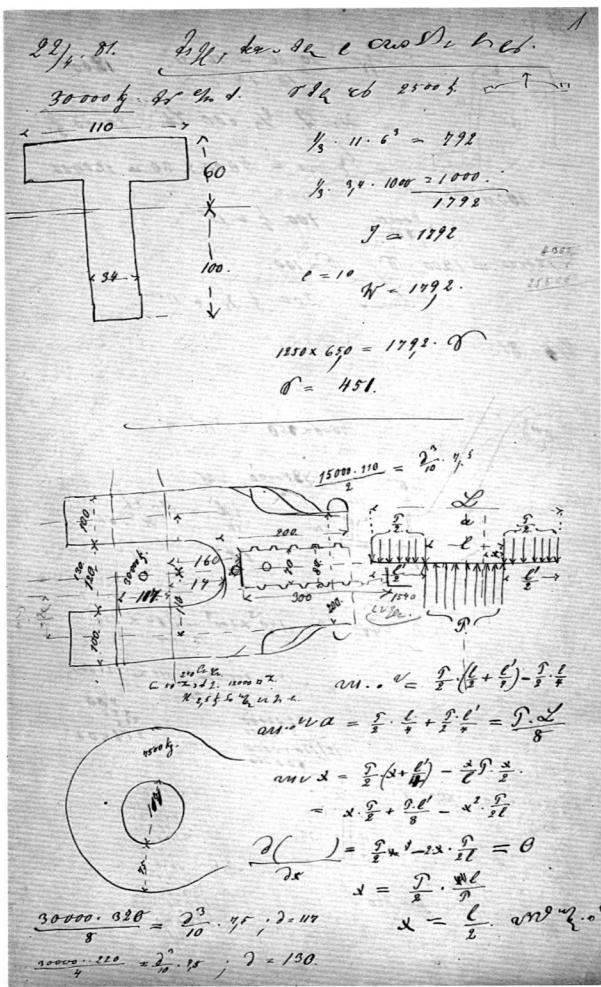

Abb. 218: Konstruktionstagebuch Otto Lilienthals 1881–1883, S. 1: Eintragung vom 22.4.1881 (Kat.-Nr. 62)

Abb. 219: Paul Schauer (1870–1958), Ingenieur bei Otto Lilienthal (Kat.-Nr. 64)

dem Wort »Pferdekraft« hat Otto Lilienthal offensichtlich Platz gelassen, um später je nach Dampfkesselausführung die aktuelle Leistungsangabe in »Pferdestärken« einzusetzen. Diese Beschreibung bezieht sich auf die Dampfkessel mit den Nummern 21 bis 40, deren Daten auf der zweiten Seite des Manuskripts in einer Tabelle aufgeführt sind.

62   Abb. 218

Konstruktionstagebuch Otto Lilienthals (Dampfkessel, Dampfstrahlrad), 1881–1883

Heft Otto Lilienthals mit Berechnungen, Skizzen und stenographischen Aufzeichnungen, 1. Teil bis S. 52 datiert: 22.4.1881–21.12.1882, 2. Teil ab 23.3.1883 ohne weitere Zeitangaben; 100 beschriebene Seiten, 36 × 22 cm. BN 46614; HS 1965-64.

Die Abb. 218 zeigt Seite 1 des Konstruktionstagebuchs.

Das vorliegende Konstruktionstagebuch enthält im ersten Teil eine Reihe von Berechnungen sowie Materiallisten mit exakter Kostenaufstellung, die sich wahrscheinlich auf die Herstellung von Dampfkesseln bezieht. Der zweite Teil ab S. 47 enthält hauptsächlich Berechnungen und Skizzen zum Dampfstrahlrad (Dampfturbine). Otto Lilienthals Bemühungen führten schließlich 1890 zur Erteilung des DRP Nr. 54631(14).

Sämtliche Aufzeichnungen liegen in stenographischer Form vor. Das ›Bayer. Landesamt für Kurzschrift‹ (Korrespondenz mit Werner Schwipps, 5.10.1967) hat die Lilienthalschen Stenogramme als zum System Stolze zugehörig klassifiziert. Diese Schrift kann nur noch von wenigen Fachleuten entziffert werden.

63

Inventur der Maschinenfabrik Otto Lilienthal von Ostern 1884

Manuskript Otto Lilienthals mit Datum und Unterschrift (S. 2 in Stenographie); Sign.: Inventur von Ostern 1884. Otto Lilienthal, 3 Seiten, 33 × 21 cm. BN 46617; HS 6280

Die Inventuraufnahme von Ostern 1884 gibt Aufschluß über den Stand der »Maschinen- und Dampfkesselfabrik Otto Lilienthal« in der Köpenickerstraße 110 in Berlin. Zu diesem Zeitpunkt wurden etwa zehn Arbeiter in der Maschinenfabrik beschäftigt. Die Aufstellung (S. 3) weist Aktiva in Höhe von mehr als sechzehntausend Mark auf.

(Siehe Bemerkungen über Stenogramme bei Kat.-Nr. 62.)

Abb. 220: Zeichnung Otto Lilienthals von einem Fabrikgebäude in Berlin, 1885 (Kat.-Nr. 65)

64	Abb. 219

Paul Schauer (1870–1958), Ingenieur bei Otto Lilienthal

Fotografie, 14,7 × 10,5, Sign.: (Gerhard Halle, Berlin-Lichterfelde West). BN 46523

Paul Schauer trat als Konstruktionsingenieur in Lilienthals Maschinenfabrik ein. Er fertigte fortan nach eigener Aussage alle Konstruktionszeichnungen an und half beim Bau der einzelnen Flugapparate mit.

Nach dem Tode Lilienthals war er bis zum Jahre 1900 technischer Leiter der Fabrik.

65	Abb. 220

Zeichnung Otto Lilienthals von einem Fabrikgebäude in Berlin, 1885

Originalzeichnung von Otto Lilienthal, Bleistift auf Papier, 30,2 × 22,4 cm, Sign.: O. L. s. Berlin 1885. BN 46680; Sammlung Kopfermann.

Die Zeichnung zeigt die Ansicht von Lilienthals Wohnung in der Köpenickerstraße 126 (heute Berlin-Mitte) mit verschiedenen Fabrikbauten im Hintergrund. Die Fabrik Lilienthals in der Köpenickerstraße 110 lag ganz in der Nähe seiner Wohnung auf der gleichen Straßenseite.

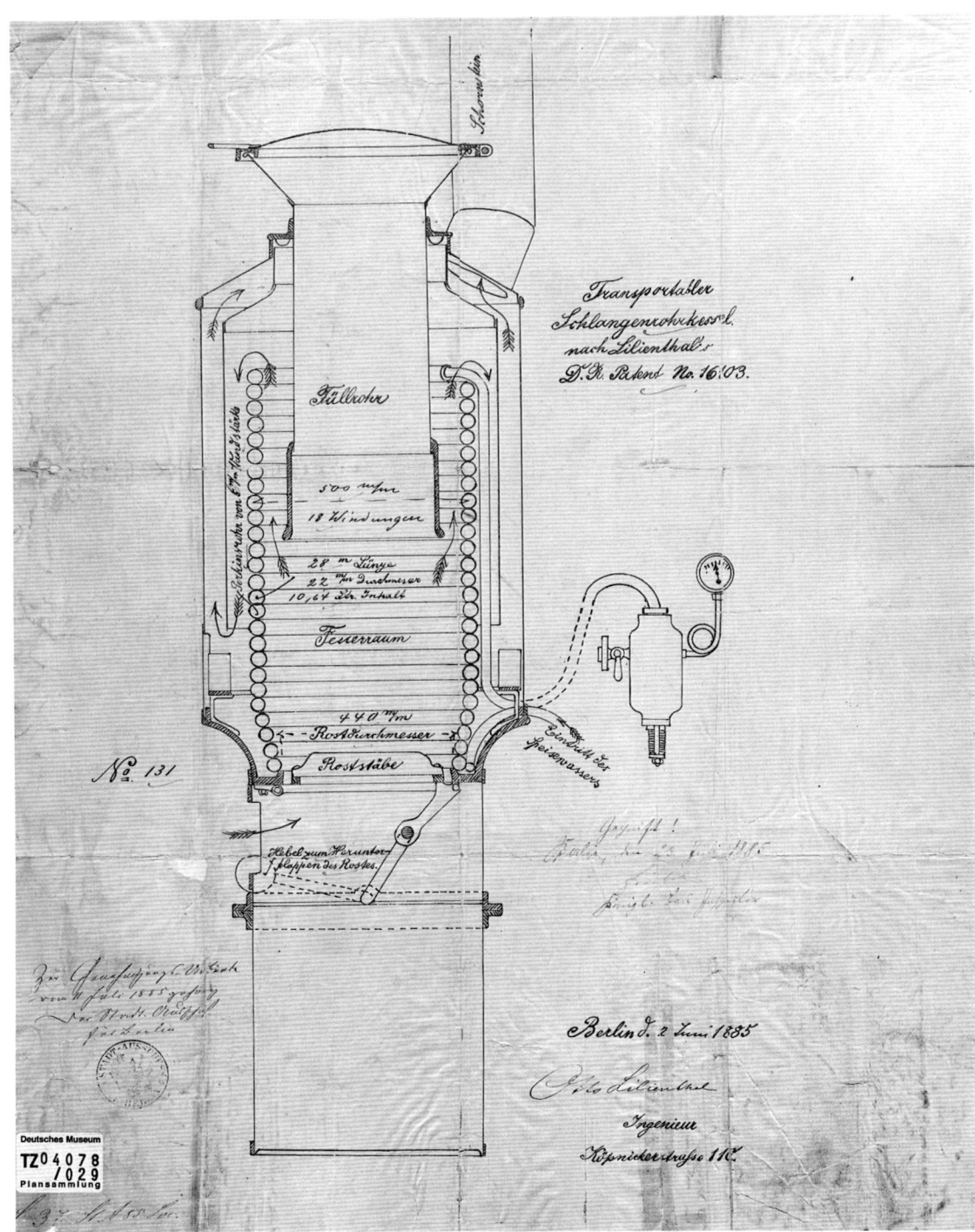

Abb. 221: Zeichnung eines transportablen Schlangenrohrkessels, 1885 (Kat.-Nr. 66)

66   Abb. 221

**Zeichnung eines transportablen Schlangen-
rohrkessels, 2. 6. 1885**

Datierte Tuschezeichnung auf Karton, von Lilienthal signiert;
51,5 × 38,5 cm. BN 46607; TZ 04078.029

Die Zeichnung ist signiert oben rechts: »Transpor-
tabler Schlangenrohrkessel nach Lilienthals D. R.

Patent No. 16103«, rechts unten: »Berlin d. 2. Juni
1885, Otto Lilienthal, Ingenieur Köpenickerstraße
110« und links: »No. 131«.
Die Zeichnung selbst wurde vermutlich von einem Konstruktionszeichner seiner Fabrik angefertigt. Sie diente zur Vorlage beim Stadt-Ausschuß
Berlin und wurde mit Genehmigungsvermerken
vom 23. Juni 1885 dieser Behörde ausgestattet.

Abb. 222: Wanddampfmaschine aus der Maschinenfabrik Otto Lilienthal, nach 1892 (Kat.-Nr. 67)

67   Abb. 222

Wanddampfmaschine aus der Maschinenfabrik Otto Lilienthal, nach 1892

Fotografie eines Firmenprospekts, 12,2 × 8,5 cm, Sign.: (R. Geldner, Berlin). BN 46527

Die meist mit dem Schlangenrohrkessel gelieferte Wanddampfmaschine arbeitete mit einem Dampfdruck von bis zu 10 Atmosphären.

Links befindet sich ein Schwungrad. Bemerkenswert ist die Befestigung der Regulatoren direkt auf der Schwungwelle, und zwar innerhalb eines rechts sichtbaren Schutzringes, der zugleich als Riemenscheibe dient. Auf einen direkt wirkenden Regulator wurde Lilienthal ein Patent (DRP Nr. 18471(60), 9. 4. 1881) erteilt. Rechts am Zylinder befindet sich die Kesselspeisepumpe. Siehe auch britische Patentschrift No. 8321 vom 23. 6. 1886.

68   Abb. 223

Kessel und Wanddampfmaschine aus der Maschinenfabrik Otto Lilienthal, um 1886

Fotografie auf Karton (Originalabzug vorhanden),
15,8 × 24,2 cm. BN 46526

Eine Wanddampfmaschine aus Lilienthals Fabrik
ist hier komplett mit entsprechendem Dampfkes-
sel in betriebsbereitem Zustand abgebildet. Der
Standort ist nicht bekannt.
Links ist der Dampfkessel zu erkennen. Das große
Schwungrad links wird hier gleichzeitig als Rie-
menscheibe (früher sagte man »Riemscheibe«) ver-
wendet. Das vom Kessel oben abzweigende große
Rohr ist der Rauchabzug, die beiden kleineren
Rohre unten am Kessel sind die Dampfzuleitun-
gen.
Siehe Kat.-Nr. 67 zum Vergleich.

69   Abb. 224

**Konstruktionstagebuch Otto Lilienthals
(Dampfmaschinen, Dampfkessel, Dampfstrahlrad), 1886 bis ca. 1890**

Heft Otto Lilienthals mit Berechnungen (z. T. in Stenographie) und Skizzen, teilweise datiert: Titel auf Einband mit
falscher Datierung von Gerhard Halle; 93 beschriebene
Seiten, 20 × 16,5 cm. Zur Datierung: Vor S. 1 Eintrag
»21. 3. 1886«, auf S. 75 Erwähnung der Versuche vom 19.
und 26. 7. 1890 mit dem Dampfstrahlrad. BN 46664; HS 1965-69

Die Abb. 224 zeigt die erste Doppelseite des Konstruktionstagebuchs.
Es handelt sich vorwiegend um Dampfmaschinen
und Dampfkessel, deren Leistungsparameter Lilienthal immer sehr genau und sorgfältig berechnet hat. Auf S. 75 werden die Versuche vom 19.
und 26. 7. 1890 mit dem Dampfstrahlrad (Dampfturbine) erwähnt.
Siehe Bemerkungen über Stenogramme bei Kat.-
Nr. 62.

70   Abb. 225

**Firmenprospekt der Maschinenfabrik Lilien-
thal »Gefahrloser Dampfkessel«, um 1892**

Druck auf bräunlichem Papier, 2 Seiten, 30 × 20,5 cm
(beschnitten). BN 46598

Der von Otto Lilienthal erfundene Schlangenrohrkessel wurde in verschiedenen Ausführungen
in seiner Maschinenfabrik gebaut und war die
Grundlage seiner wirtschaftlichen Selbständigkeit. Durch mehrere in -und ausländische Patente
sicherte sich Lilienthal seine Erfinderrechte.
Die Abbildung zeigt einen Dampfkessel, bestehend aus Schlangenrohrelementen mit anmontier-

Abb. 223: Kessel und Wanddampfmaschine aus der Maschinenfabrik Otto Lilienthal, um 1886 (Kat.-Nr. 68)

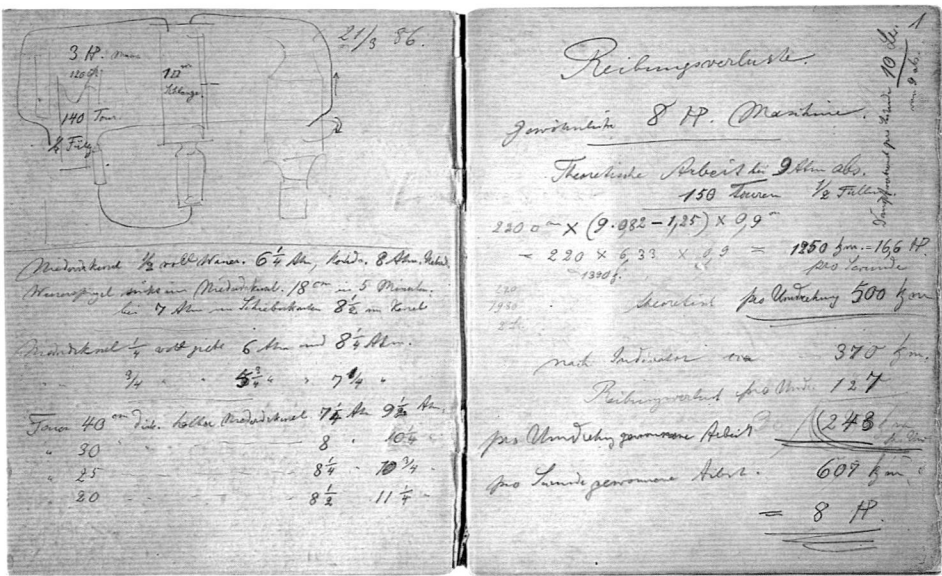

Abb. 224: Konstruktionstagebuch Otto Lilienthals 1886 bis ca. 1890, S. 1: Eintragung vom 21. 3. 1886 (Kat.-Nr. 69)

ten Speisevorrichtungen. Rechts und links sind die Vorzüge dieses Kessels aufgeführt. Auf der Rückseite des Prospekts befindet sich eine Beschreibung sowie eine Tabelle mit Angaben über Heizfläche, Dimension, Gewicht und Preis der Kessel. Auf dem Kopf des Firmenprospekts ist die »Silberne Staatsmedaille für gewerbliche Leistungen« abgebildet, die der Firma Lilienthal im Oktober 1889 für das von ihr produzierte Nebelhorn (Kat.-Nr. 76) verliehen wurde.
Siehe Kat.-Nr. 85–87 zum Vergleich.

71

Vorarbeiten zum Dampfstrahlrad, um 1889

Skizzen und stenographische Notizen Otto Lilienthals, undatiert; Doppelblatt (2 beschriebene Seiten), 33 × 21 cm; alles mit Bleistift ausgeführt. BN 46647 und 46648; HS 1965-67

Das Doppelblatt zeigt auf der ersten Seite einige skizzenhaft angedeutete Dampfschaufeln. Die zweite Seite ist ausschließlich mit stenographischen Notizen beschrieben. Lilienthal beschreibt detailliert, wie sich der Dampfdruck ökonomischer ausnutzen läßt. Er erwähnt auch den versuchsweisen Betrieb einer Turbine in seiner Werkstatt. Für die Kraftübertragung und Untersetzung der hohen Drehzahl verwendet er verschiedene Riemenscheiben.
Vermutlich handelt es sich um Vorarbeiten zu seiner Patentschrift über das Dampfstrahlrad (DRP Nr. 54631 (14) vom 11. 1. 1890).
Siehe Bemerkungen über Stenogramme bei Kat.-Nr. 62.)

72   Abb. 226

Entwurf der Patentschrift zum Dampfstrahlrad, um 1889

Beschreibung, Skizze und stenographische Anmerkungen Otto Lilienthals, undatiert; Doppelblatt (4 Seiten, auf S. 1 nur Vermerk »PA«), 33 × 21 cm; Beschreibung und Skizze mit Bleistift, Anmerkungen mit Tinte. BN 46609; HS 1965-66

Die Abb. 226 zeigt die Doppelseite 2 und 3. Es handelt sich um den Entwurf der Patentschrift für

Abb. 225: Vorderseite des Firmenprospekts »Gefahrloser Dampfkessel« der Maschinenfabrik Lilienthals, um 1889 (Kat.-Nr. 70)

das DR-Patent Nr. 54631 (14) vom 11.1.1890, die unter dem Titel »Dampfstrahlrad mit offenen Hohlschaufeln und feststehenden Gegenschaufeln« vom Kaiserlichen Patentamt veröffentlicht wurde.

Die beiden Skizzen erscheinen in der Patentschrift als Fig. 1 und 2. Siehe Kat.-Nr.73 und 75.

73   Abb. 227

Skizzen zur Patentanmeldung des Dampfstrahlrades, um 1889

5 Skizzen Otto Lilienthals mit Tinte, undatiert; Bemerkung rechts oben von Gerhard Halle (»Pos. 4«); 1 Blatt, 1 Seite, 22 × 14 cm. BN 46661; HS 1965-68

Es handelt sich um 5 Skizzen, die Details des Dampfstrahlrades zeigen. Bei diesen Skizzen soll vor allem das Funktionsprinzip bzw. das Verhalten bei Eintritt von Dampf in die Schaufeln verdeutlicht werden. Die mit Nummern versehenen Skizzen findet man wieder in der Patentschrift Nr. 54631 vom 5.12.1890 (s. Kat.-Nr. 75).

74   Abb. 228

Manuskript »Beschreibung einer neuen Dampfstrahlmaschine«, um 1889

Manuskript von Otto Lilienthal mit Reinschrift (S. 1 und 2) und z. T. stenographischen Notizen (S. 4), undatiert, Notizen

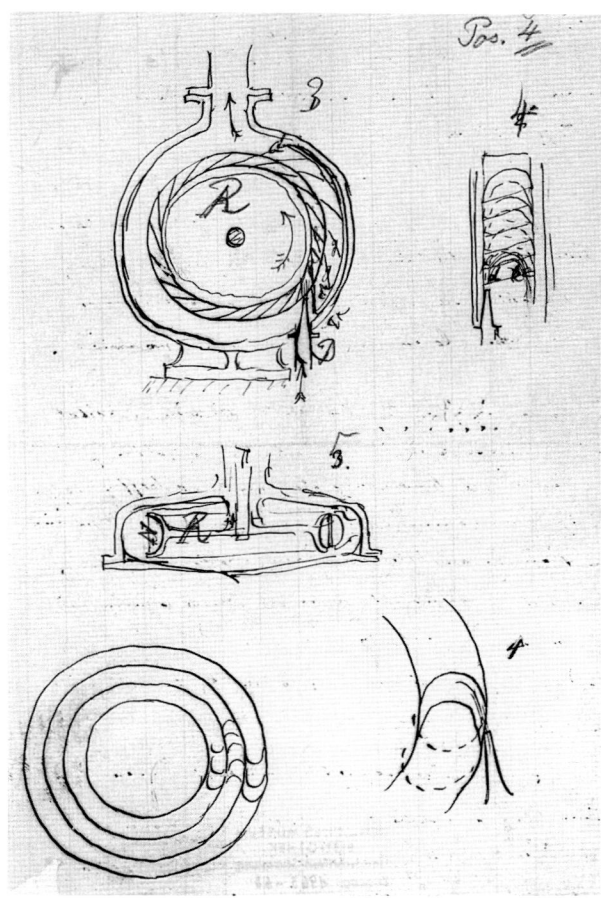

Abb. 227: Skizzen zur Patentanmeldung, um 1889 (Kat.-Nr. 73)

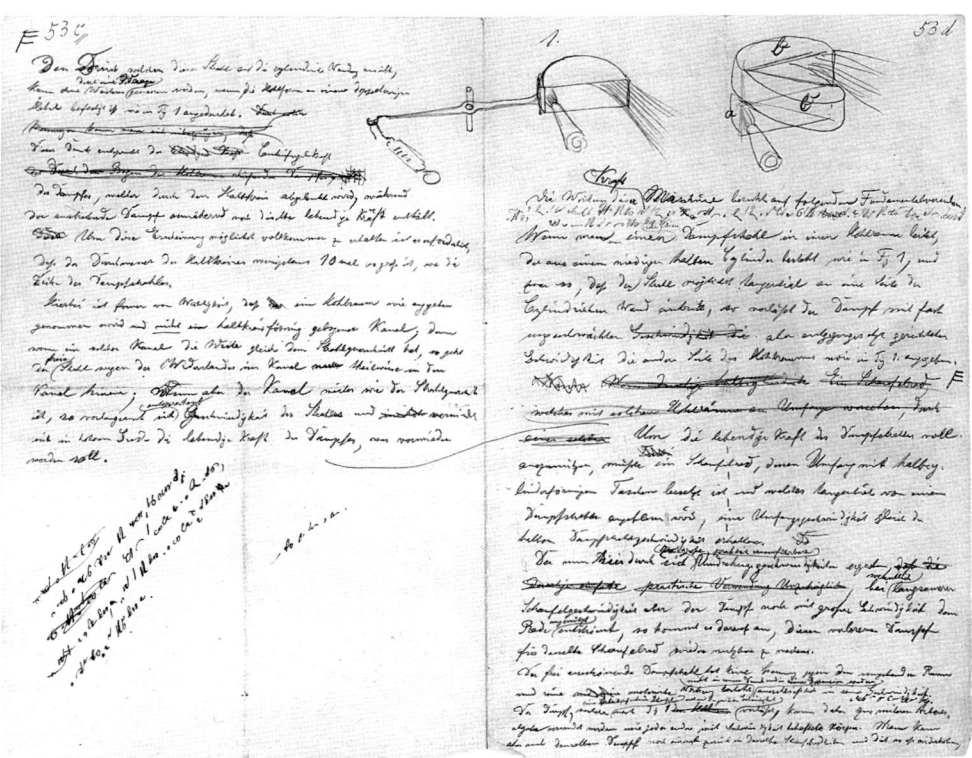

Abb. 226: Entwurf der Patentschrift zum Dampfstrahlrad (S. 2 und 3), um 1889 (Kat.-Nr. 72)

z. T. mit Bleistift geschrieben; Bemerkung rechts oben auf
Seite 1 (»Pos. 1«) von Gerhard Halle; Doppelblatt (3 beschriebene Seiten), 33 × 21 cm. BN 46611; HS 1965-65

Die Abb. 228 zeigt Seite 1 des Manuskripts. Die
ursprüngliche Bezeichnung »Dampfturbine« ist
von Lilienthal selbst durch »Dampfstrahlmaschine« ersetzt worden. Das Manuskript beschreibt eine neue Dampfmaschine, die mit seinem
patentierten Dampfstrahlrad (s. Kat.-Nr. 75) betrieben werden sollte. Zu Lebzeiten Lilienthals
ist es nicht mehr zur Produktion einer solchen
Maschine gekommen.

75   Abb. 229

Patent-Urkunde Nr. 54631 ausgestellt vom
Kaiserlichen Patentamt, 5. 12. 1890

7 Seiten, 1 Bl. Zeichnungen. 29 × 20 cm. BN 46662, HS 1965-
63

Die Abb. 229 zeigt die erste Seite der Patentur-
kunde mit Siegel. Als Gegenstand des Patents wird
aufgeführt: »Dampfstrahlrad mit offenen Hohlschaufeln und feststehenden Gegenschaufeln.« Die

Abb. 228: Seite 1 des Manuskripts »Beschreibung einer neuen
Dampfstrahlmaschine«, um 1889 (Kat.-Nr. 74)

Patentschrift wurde vom Kaiserlichen Patentamt
veröffentlicht. Die Urkunde wurde am 5. 12. 1890
ausgestellt und patentiert Lilienthals Dampfstrahlrad mit Wirkung vom 11. 1. 1890.
Nachfolgend versuchte Lilienthal, sein patentier-
tes Prinzip zu realisieren und eine brauchbare
Dampfturbine zu bauen.
Siehe Kat.-Nr. 71, 72 u. 73.

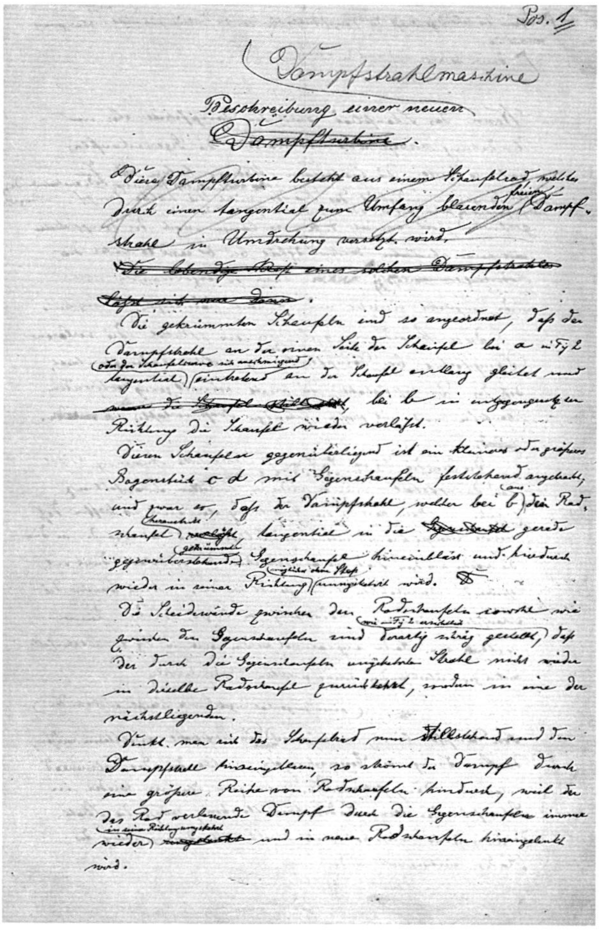

76   Abb. 75

Akkordsirene, um 1889

Fotografie einer Zeichnung (gedruckt), 8,3 × 14,7 cm.
BN 46524.

Die Zeichnung stammt wahrscheinlich aus dem
Artikel »Das Nebelhorn« von Otto Lilienthal für
die Zeitschrift »Prometheus« (Nr. 19, 1890, S.
292).
Es handelt sich um 2 Querschnitte einer Warnsi-
rene für die Küstenschiffahrt. Das Schallrohr hatte
eine Länge von 4–5 m.
Die Lilienthalsche Akkordsirene verwendete man
in den neunziger Jahren in Schiffahrt und Küsten-
dienste neben der bis dahin gebräuchlichen Ein-
tonsirene. Der Vorteil des mehrstimmigen Klan-
ges war, daß er sich gut von den üblichen Dampf-
heulern der Schiffe absetzte und etwa zwanzig
Kilometer weit zu hören war.
Für dieses Nebelhorn wurde die Firma Lilienthal
im Oktober 1889 mit der »Silbernen Staatsmedaille
für gewerbliche Leistungen« ausgezeichnet; s.
auch Kat.-Nr. 77.

77   Abb. 76

Nebelhornanlage aus der Maschinenfabrik
Otto Lilienthal, um 1890

Fotografie nach einer Zeichnung Otto Lilienthals
(gedruckt), 8 × 12 cm. BN 46678

Das Bild zeigt eine Nebelhornanlage der Maschi-
nenfabrik Otto Lilienthal am Leuchtturm von
Bülk bei Kiel. Die Zeichnung wurde von Otto
Lilienthal angefertigt zur Illustration des Artikels
»Das Nebelhorn« in der Zeitschrift Prometheus
(Nr. 19, 1890, S. 292). Die beiden Schallrohre
ragen waagerecht in Richtung See aus dem Ge-
bäude heraus. Siehe auch Kat.-Nr. 75 u. 79.

78   Abb. 79

Schmiedeeiserne Riemenscheiben aus der
Maschinenfabrik Otto Lilienthal, um 1890

Fotografie, 10,5 × 14,6 cm, Sign.: (Gerhard Halle,
Berlin-Lichterfelde West). BN 46530

Abb. 229: Deckblatt der Patent-Urkunde für Lilienthals Dampfstrahlrad, 1890 (Kat.-Nr. 75)

Die Riemenscheiben (auch Riemscheiben) mit
Zickzackspeichen waren eine besondere Erfindung Otto Lilienthals. Am 16. Aug. 1890 wird ihm
ein Patent – DRP Nr. 56476 (47) – hierfür erteilt.
Der Vorteil bzw. die Neuerung liegt in der Zerleg-
barkeit der Riemenscheiben.

79   Abb. 86

Innenansicht der Maschinenfabrik Otto Lilienthal in Berlin-Köpenick, nach 1892

Fotografie (nach Fotografie aus dem Nachlaß von Hugo Eulitz), 12,6 × 17,6 cm, Sign.: (Gerhard Halle, Berlin-Lichterfelde West). BN 46529

Das Bild zeigt die Maschinenfabrik Otto Lilienthal
in Berlin, Köpenickerstraße 113. Nur drei Häuser
von seiner alten Fabrik entfernt mietete Lilienthal
1891 eine neue Halle an, nachdem die Räumlich-
keiten in der Köpenickerstraße 110 zu klein geworden waren.
Die neuerbaute 11 m hohe Fabrikhalle war insgesamt ca. 800 m² groß. Seine Flugapparate baute
Lilienthal in einem streng abgeteilten und abge-
schlossenen Raum der Halle.
(K.-D. Seifert: Der Maschinenbauingenieur und
Fabrikant Otto Lilienthal, S. 55–80.)

80   Abb. 90

Ausstellungsstand der Maschinenfabrik Otto Lilienthal auf der Berliner Gewerbe-ausstellung, 1896

Fotografie auf Karton, 22,8 × 28,8 cm. BN 46528

Auf dem Ausstellungsstand der Berliner Gewerbeausstellung zeigte die Firma Otto Lilienthal von
Mai bis Oktober 1896 (laut Ausstellungskatalog):
eine Dampfmaschine, einen gefahrlosen Dampfkessel, eine Schiffsmaschine mit Schlangenrohrkessel und schmiedeeiserne Riemenscheiben.
Über 5 Millionen Besucher wurden bis zum Ende
der Ausstellung gezählt. (Siehe Beitrag von K.-D.
Seifert: Der Maschinenbauingenieur und Fabrikant Otto Lilienthal, Seite 55 f.)

81   Abb. 230

Graphische Auswertung der Turbinen-versuche vom 7.7. und 11.7.1896

2 Diagramme von Otto Lilienthal und Paul Schauer, datiert;
Doppelblatt (2 beschriebene Seiten), 33 × 21 cm; mit Bleistift
und farbiger Tinte gezeichnet, Schrift teils von Lilienthal,
teils von Schauer; Bemerkung oben von Gerhard Halle.
BN 46657 und 46658; HS 1965-62

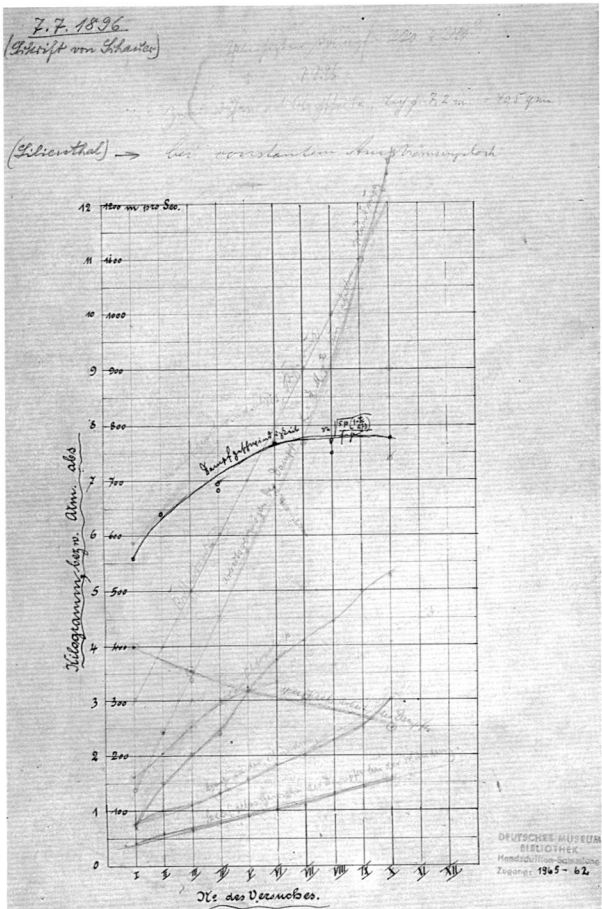

*Abb. 230: Diagramm zur Auswertung der Turbinenversuche vom
7.7.1896 (Kat.-Nr. 81)*

Die Abb. 230 zeigt Seite 1 des Doppelblatts. Otto
Lilienthal unternahm zusammen mit Paul Schauer
viele Versuche zur Realisierung einer Dampfturbine. Die zwei Diagramme zeigen Versuchsergebnisse mit verschiedenen Düsentypen. Siehe Kat.-
Nr. 82 zum Vergleich.

82   Abb. 83 u. 231

Dampfturbinenversuche, Juni/Juli 1896

Skizzen und Berechnungen von Paul Schauer, 3 Seiten,
33 × 21 cm. BN 46668 bis 46670; HS 1965-61

Die Abb. 231 zeigt Seite 1, Abb. 83 Seite 2 der
Aufzeichnungen.
Es handelt sich um Skizzen und Berechnungen
zu den Versuchen vom 24.6. und 1.7.1896 mit
gesättigtem und übersättigtem Wasserdampf. Sie
dienten zur Entwicklung einer Dampfturbine (s.
Kat.-Nr. 75). Dem Schrifttyp nach zu urteilen,
wurden die Aufzeichnungen nicht von Lilienthal
sondern von seinem Ingenieur Paul Schauer angefertigt. Vergleiche Manuskripte Lilienthals aus
dem Jahr 1895 u. 1896, z. B Kat.-Nr. 145–148.

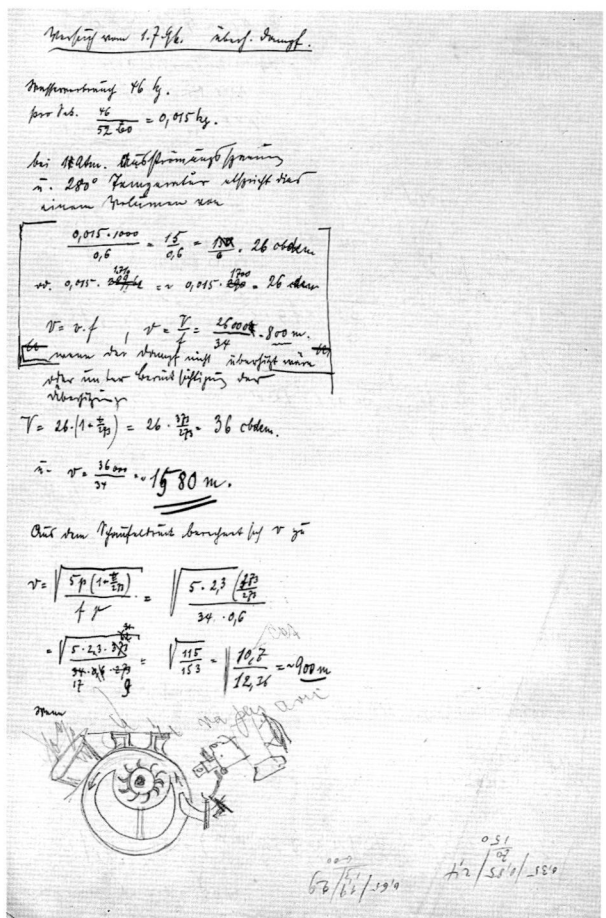

Abb. 231: Seite 1 der Skizzen und Berechnungen über die Dampf-turbinenversuche vom 1. 7. 1896 (Kat.-Nr. 82)

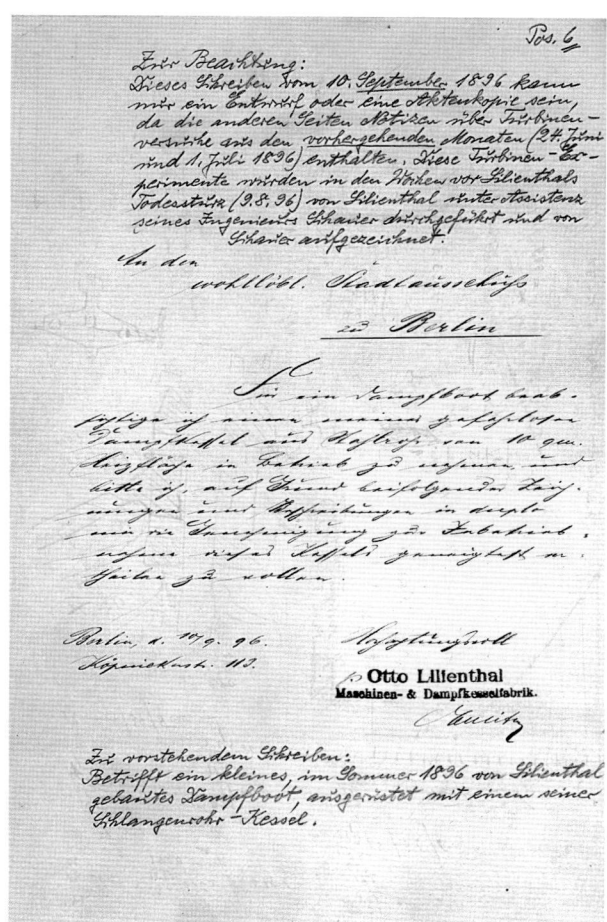

Abb. 232: Briefentwurf für ein Gesuch an den Stadtausschuß Berlin, 1896 (Kat.-Nr. 83)

83 Abb. 232

Briefentwurf für ein Gesuch an den Stadtaus-schuß Berlin um Betriebsgenehmigung für ein Dampfboot mit Schlangenrohrkessel, 1896

Unterzeichnet von Otto Eulitz, 10. 9. 1896; 1 Seite.
Bemerkungen oben und unten von Gerhard Halle, Doppelblatt, 33 × 21 cm. BN 46667; HS 1965-61

Diese Genehmigung betrifft eine Dampfmaschine betrieben mit einem Schlangenrohrkessel, die ein kleines Dampfboot antreiben sollte. Es gibt Ver-mutungen (siehe Beitrag von K.-D. Seifert: Der Maschinenbauingenieur und Fabrikant Otto Li-lienthal, S. 76), daß ein entsprechendes Boot wäh-rend der Berliner Gewerbeausstellung 1896 auf der Spree gefahren sein soll.

84 Abb. 91

Briefbogen der Maschinen- und Dampfkessel-fabrik Otto Lilienthal, um 1900

Blaudruck, liniert, gelocht; 29 × 22,5 cm (Doppelbogen).
BN 46606

Die Maschinen- und Dampfkesselfabrik wurde auch nach Lilienthals Tod 1896 unter seinem Na-men weitergeführt.
Der Briefbogen zeigt am linken Rand eine der in der Fabrik Lilienthal hergestellten Dampfmaschi-nen. Darunter sind abgebildet eine Medaille der Berliner Gewerbeausstellung (1896) und die Sil-berne Staatsmedaille für gewerbliche Leistungen (1889), die der Fabrik Lilienthal für das Nebelhorn (s. Kat.-Nr. 76) verliehen wurde.

85 Abb. 233

Firmenprospekt der Maschinenfabrik Otto Lilienthal »Explosionssichere Dampf-kessel«, nach 1900

Druck, 2 Seiten; 28 × 21 cm. BN 46604 und 46605

Der Prospekt zeigt drei verschiedene Dampfkessel aus der Fabrik Lilienthal. Die große Betriebssi-cherheit der Schlangenrohrkessel war ein entschei-dender Vorteil gegenüber normalen Dampfkes-seln.

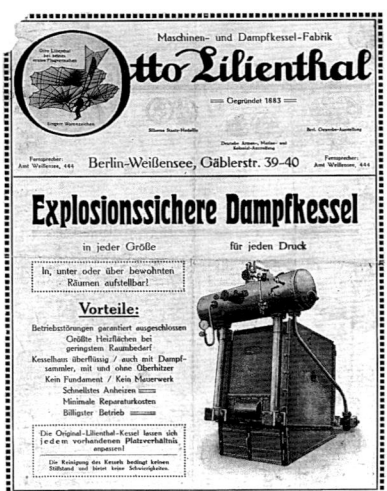

Abb. 233: Vorderseite des Firmenprospekts »Explosionssichere Dampfkessel« der Maschinenfabrik Otto Lilienthal, nach 1900 (Kat.-Nr. 85)

Der Prospekt stammt aus der Zeit nach dem Tode Lilienthals. Das eingetragene Warenzeichen zeigt Lilienthal mit dem Doppeldecker, den er 1895 erstmals flog. Daneben sind verschiedene Medaillen abgebildet. Die Maschinenfabrik Lilienthals zog nach 1900 nach Berlin-Weißensee, Gäblerstr. 39–40, um; Abb. 233 zeigt die Vorderseite des Prospekts. Siehe auch Kat.-Nr. 70.

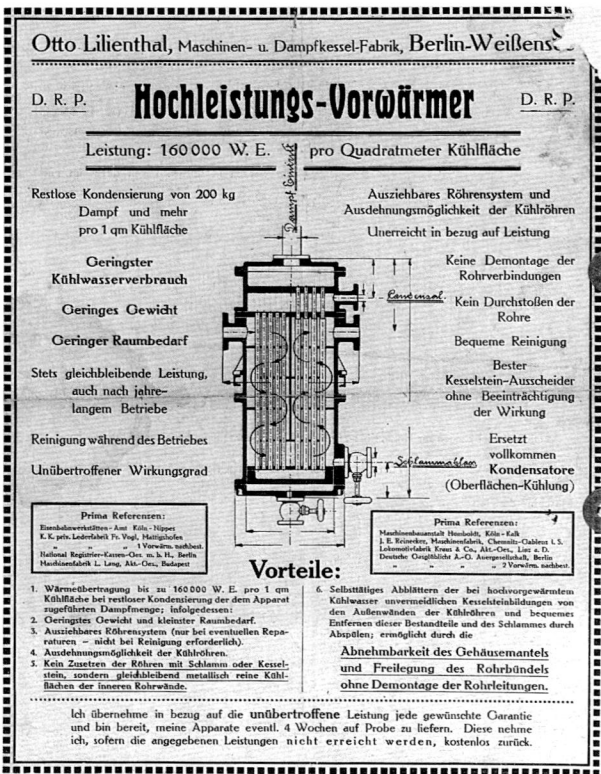

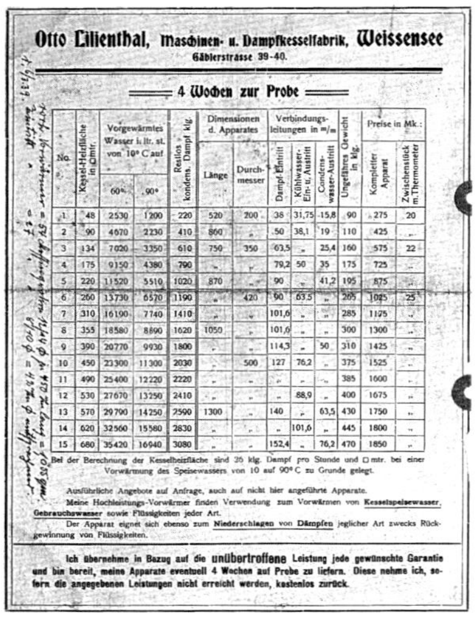

Abb. 234: Vorderseite des Firmenprospekts »Hochleistungs-Vorwärmer« der Maschinenfabrik Otto Lilienthal, nach 1900 (Kat.-Nr. 86)

86 Abb. 234

Firmenprospekt der Maschinenfabrik Otto Lilienthal »Hochleistungs-Vorwärmer« und »Original-Lilienthal-Kessel«, nach 1900

Druck, 2 Seiten, 28 × 21 cm. BN 46601 und 46600

Auf Seite 1 (Abb. 234) ist ein Hochleistungs-Vorwärmer abgebildet. Das ist ein Wärmeübertrager, der die im Dampf gespeicherte Wärmeenergie an ein Röhrensystem überträgt, das von Kühlwasser durchströmt wird. Bei der Wärmeabgabe kondensiert der Dampf und geht wieder in den flüssigen Zustand über.
Auf Seite 2 ist ein Dampfkessel ohne direkte Feuerung abgebildet. Mit diesem Kessel konnte man die Wärme von Abgasen zur Vorwärmung von Wasser bzw. zur Dampferzeugung verwenden. Beide Prospekte geben Firmen an, die einen Vorwärmer bzw. einen Dampfkessel von der Firma Lilienthal erworben haben. Sie sollten als Referenz für die Anwerbung weiterer Kunden dienen.

87 Abb. 235

Firmenprospekt der Maschinenfabrik Lilienthal »Hochleistungs-Vorwärmer D. R. P.«, nach 1900

Druck mit handschr. Maßeintragungen, 2 Seiten, 28,5 × 21 cm. BN 46603 und 46602

Auf Seite 1 ist ein Hochleistungs-Vorwärmer abgebildet wie in Kat.-Nr. 86 beschrieben. Zusätzlich wurden auf dem Prospekt handschriftliche Maßeintragungen vorgenommen. Seite 2 (Abb. 235) ist eine genaue Aufstellung der lieferbaren Kessel mit Angabe der wichtigsten Größen. Die Preise lagen je nach Kessel zwischen 275 und 1850 Mark.

Otto Lilienthal, Maschinen- u. Dampfkesselfabrik, Weissensee
Gäblerstrasse 39-40.

4 Wochen zur Probe

No.	Kessel-Heizfläche in □mtr.	Vorgewärmtes Wasser i. ltr. st. von 10° C auf 60°	90°	Restlos kondens. Dampf klg.	Dimensionen d. Apparates: Länge	Durchmesser	Verbindungsleitungen in m/m: Dampf-Eintritt	Kühlwasser-Ein- u. Austritt	Condenswasser-Austritt	Ungefähres Gewicht in klg.	Preise in Mk.: Kompletter Apparat	Zwischenstück m. Thermometer
1	48	2530	1200	220	520	200	38	31,75	15,8	90	275	20
2	90	4670	2230	410	860	"	50	38,1	19	110	425	"
3	134	7020	3350	610	750	350	63,5	"	25,4	160	575	22
4	175	9150	4380	790	"	"	79,2	50	35	175	725	"
5	220	11520	5510	1020	870	"	90	"	41,2	195	875	"
6	260	13730	6570	1190	"	420	90	63,5	"	265	1025	25
7	310	16190	7740	1410	"	"	101,6	"	"	285	1175	"
8	355	18580	8890	1620	1050	"	101,6	"	"	300	1300	"
9	390	20770	9930	1800	"	"	114,3	"	50	310	1425	"
10	450	23300	11300	2030	"	500	127	76,2	"	375	1525	"
11	490	25400	12220	2220	"	"	"	"	"	385	1600	"
12	530	27670	13250	2410	"	"	"	88,9	"	400	1675	"
13	570	29700	14250	2590	1300	"	140	"	63,5	430	1750	"
14	620	32560	15580	2830	"	"	"	101,6	"	445	1800	"
15	680	35420	16940	3080	"	"	152,4	"	76,2	470	1850	"

Bei der Berechnung der Kesselheizfläche sind 25 klg. Dampf pro Stunde und □mtr. bei einer Vorwärmung des Speisewassers von 10 auf 90° C zu Grunde gelegt.

Ausführliche Angebote auf Anfrage, auch auf nicht hier angeführte Apparate.
Meine Hochleistungs-Vorwärmer finden Verwendung zum Vorwärmen von Kesselspeisewasser, Gebrauchswasser sowie Flüssigkeiten jeder Art.
Der Apparat eignet sich ebenso zum Niederschlagen von Dämpfen jeglicher Art zwecks Rückgewinnung von Flüssigkeiten.

Ich übernehme in Bezug auf die unübertroffene Leistung jede gewünschte Garantie und bin bereit, meine Apparate eventuell 4 Wochen auf Probe zu liefern. Diese nehme ich, sofern die angegebenen Leistungen nicht erreicht werden, kostenlos zurück.

Abb. 235: Rückseite des Firmenprospekts »Hochleistungs-Vorwärmer D.R.P.«, nach 1900 (Kat.-Nr. 87)

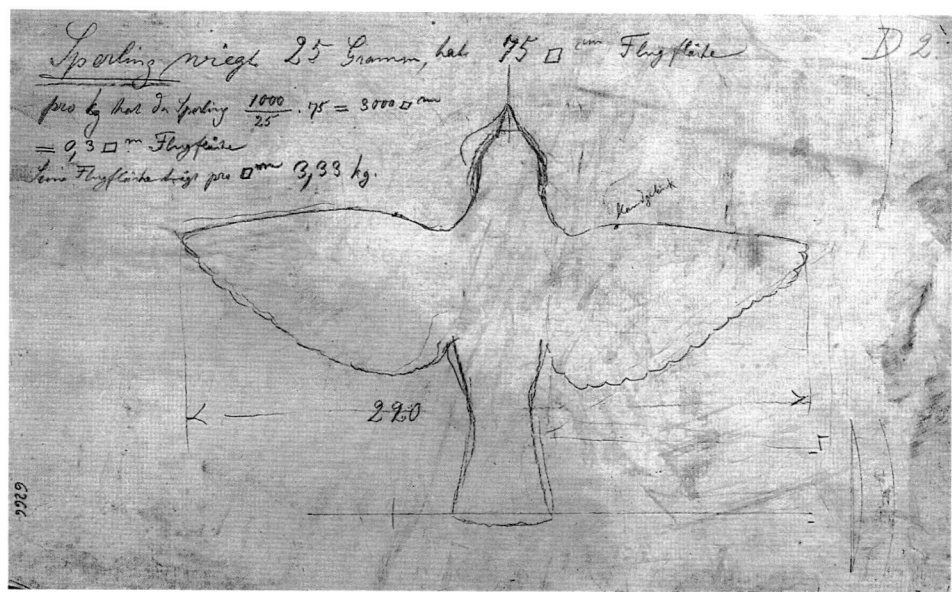

Abb. 236: Studie zum Sperlingsflügel, vor 1889 (Kat.-Nr. 89)

STUDIEN ZUM VOGELFLUG

88   Abb. 38

Zeichnung von zwei Störchen, ein Nest auf einem Dachfirst umkreisend, ca. 1889

Originalzeichnung von Otto Lilienthal, Bleistift auf Papier, 18,1 × 23,5 cm; Sign.: siehe unten. BN 46686; Sammlung Kopfermann, Archiv-Nr. 2 b
Vermerke auf der Rückseite der Zeichnung: Handzeichnung Otto Lilienthals. Offensichtlich der Giebel seines Hauses in Berlin-Lichterfelde, Boothstraße 17. Gezeichnet in den 18-hundert-achtziger Jahren.

In der Sammlung Kopfermann befindet sich unter Archiv-Nr. 2a ein Stahlstich auf Papier, 14,7 × 16,6 cm, BN 46696, mit exakt dem gleichen Motiv.
Der Flug der Störche war wohl der Auslöser und das große Vorbild für Lilienthals flugtechnische Arbeiten. Im Sommer 1889 z. B. hielt Lilienthal junge Störche in seinem Garten in Groß-Lichterfelde, um ihre Flugbewegungen genau studieren zu können. Agnes Lilienthal zu Otto nach dem Wegflug seiner Störche: »Hättest du gesehen, wie schön unsere Störche geflogen sind, wie sie sich in den letzten Tagen in der Luft wiegend höher und höher erhoben, du hättest es selbst nicht übers Herz gebracht, sie eingesperrt zu halten und an

diesen herrlichen Bewegungen zu hindern, nach denen ihr bittender Blick aus ihren sanften schwarzen Augen verlangte« (Otto Lilienthal: Der Vogelflug als Grundlage der Fliegekunst, S. 153).

89   Abb. 236

Studie zum Sperlingsflügel, vor 1889

Beschriftete Skizze, Bleistift auf Papier, 1 Blatt (Rückseite: Kat.-Nr. 118), 21 × 33 cm, undatiert; Sign.: siehe unten. BN 46911; HS 6266a (Rückseite: 6266b)

Dargestellt ist die maßstäbliche Skizze eines Sperlings mit ausgebreiteten Flügeln (Spannweite = 220 mm; Masse = 25 g; Flügelfläche = 75 cm². Lilienthal berechnet, daß 1 kg Sperling 0,3 m² Flügelfläche benötigt, und daß 1 m² Sperlingsflügel 3,33 kg tragen kann.
In Anlehnung daran erwähnt Lilienthal den Sperling in seinem Buch »Der Vogelflug als Grundlage der Fliegekunst« auf Seite 74: »1 kg Sperling hat zusammen 0,25 m² Flugfläche, die Flügel von 1 kg Libellen besitzen dagegen 2,5 m² Fläche. Aus diesem Grunde dürfen wir auch die Insektenwelt beim Fliegen nicht als Vorbild wählen, sondern haben uns an die möglichst großen Flieger zu halten, bei denen das Verhältnis von Flugfläche zum Gewicht ein möglichst ähnliches von dem ist, welches der Mensch für sich ausführen müßte.«

90   Abb. 237

Skizzen und Berechnungen zum Tauben-
flügel, um 1888

Beschriftete Skizze, Bleistift auf Papier, Einzelblatt (2 Seiten),
21 × 33 cm, undatiert. BN 46907 (Vorderseite), BN 46908
(Rückseite); HS 6267

Die Skizze zeigt neben Text und Berechnungen auf
der Vorderseite die Umrisse eines Taubenflügels
(siehe Abb. 237) und eines Taubenschwanzes
(Rückseite).
Ausgehend von Gewicht, Flügelfläche und Flü-
gelschlagfrequenz berechnet Lilienthal näherungs-
weise die Luftkräfte und die Flügelschlagarbeit
beim senkrechten Auffliegen sowie beim schnellen
Vorwärtsflug der Taube. Es wird gezeigt, daß die
Kräfte bei der schnellen Flügelschlagbewegung
des Taubenflügels um ein mehrfaches größer sein
müssen als bei gleichmäßiger Bewegung des Flügels, ein sehr früher Hinweis auf den instationären
Charakter der Umströmung eines schlagenden
Flügels. Zur Veranschaulichung ist die Größe
der vom plötzlichen Herabschlagen des Flügels
»in Mitleidenschaft gezogenen« Luftsäule abgeschätzt.

91   Abb. 238

Studie zum horizontalen Schwebeflug
einer Taube, um 1888

Zeichnung mit (z. T. roter) Tinte auf Pausleinwand, 1 Seite,
mehrfach gefaltet, 32 × 100 cm, undatiert; Sign.: Horizontaler
Schwebeflug einer Taube bei 18 Meter Anfangsgeschwindigkeit. BN 46913; HS 6268

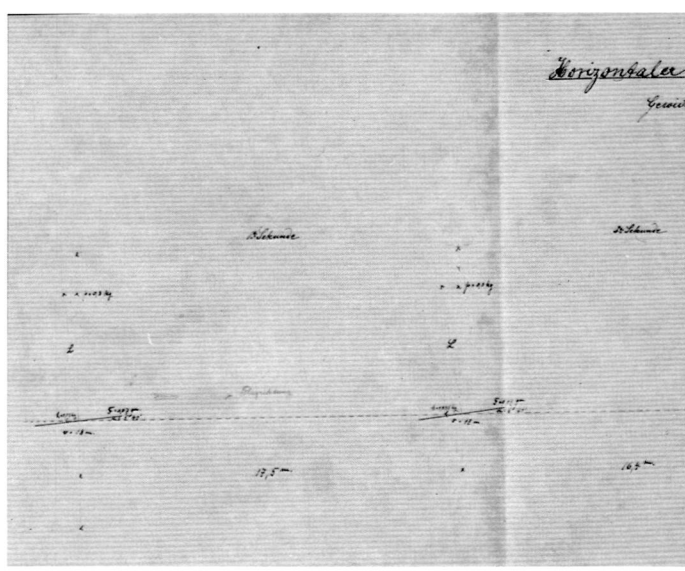

Die 7 Zeichnungen geben für eine Taube mit
0,3 kg Masse und 0,07 m² Flügelfläche für eine
Anfangsgeschwindigkeit von 18 m/s die Luftkräfte, Fluggeschwindigkeiten, Anstellwinkel und
Flugstrecken beim horizontalen Ausschweben jeweils im Abstand von 1 Sekunde wieder.
Unter der Annahme eines dünnen ebenen Flügels
ist die resultierende Luftkraft im Gleitflug mit
einer einfachen Näherungsformel berechnet. Die
Angriffsrichtung der Luftkraft ist dabei jeweils
senkrecht zur Flügelfläche angenommen. Der zusätzliche Widerstand des Vogelkörpers ist als ver-
nachlässigt angegeben. Es sind jeweils Gleichge-
wichtszustände zwischen Gewicht und Auftrieb

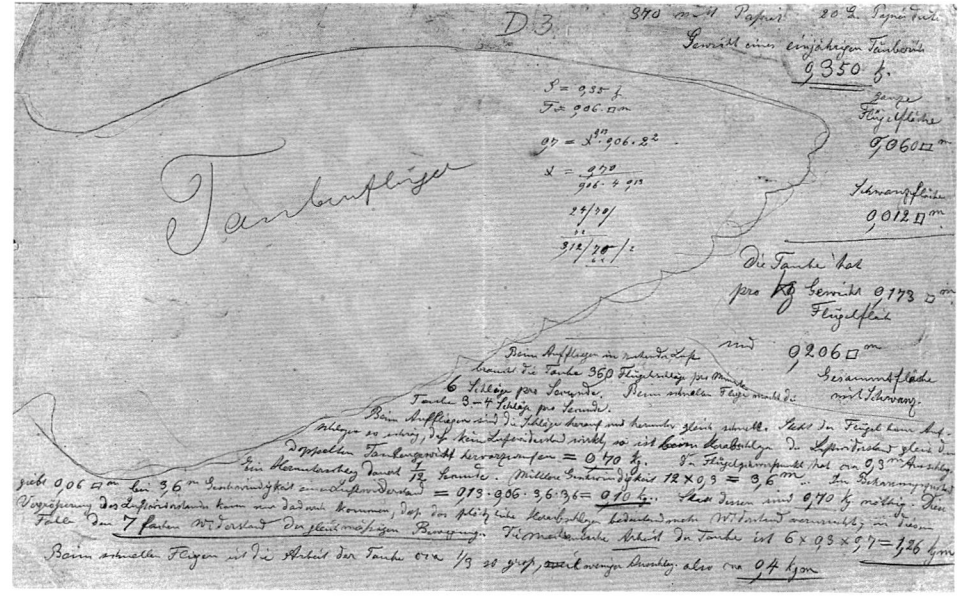

Abb. 237: Skizzen und Berechnungen zum Taubenflügel, um 1888 (Kat.-Nr. 90)

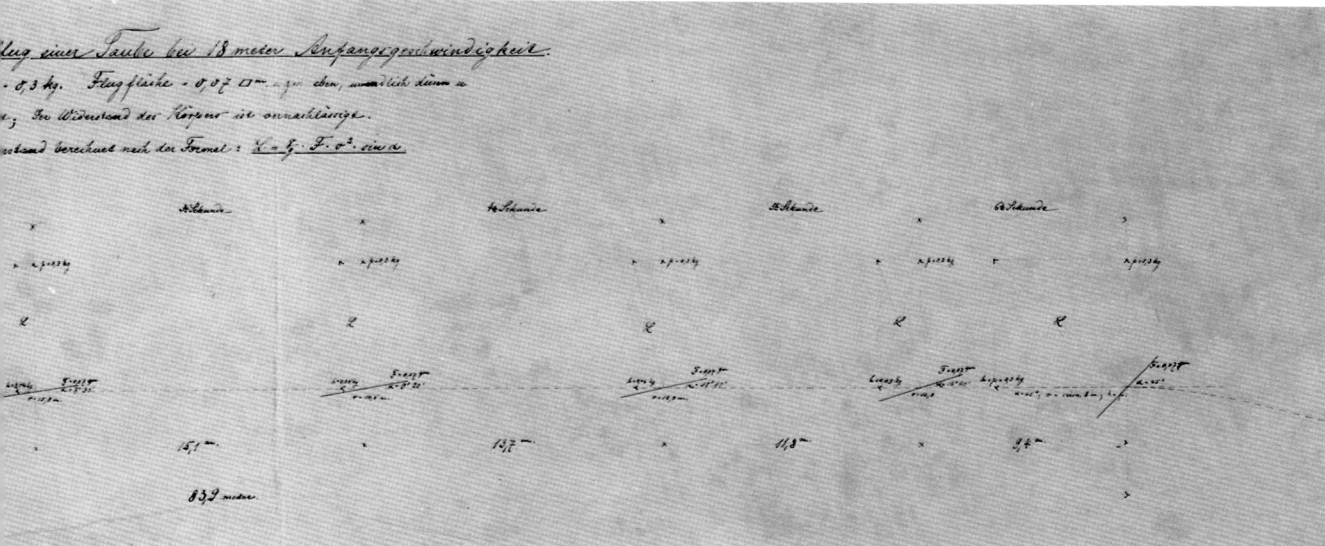

Abb. 238: Studie zum horizontalen Schwebeflug einer Taube, um 1888 (Kat.-Nr. 91)

bei der jeweiligen Geschwindigkeit gezeichnet. Innerhalb der Flugzeit von 6 Sekunden verringert sich demnach die Fluggeschwindigkeit der Taube und vergrößert sich der notwendige Anstellwinkel so weit, daß zuletzt der hemmende Widerstand etwa so groß wie der tragende Auftrieb ist. Die weitere Flugbahn ist nach abwärts gekrümmt gezeichnet, d. h. von da an ist ein weiterer Horizontalflug nicht mehr möglich. Diese quantitative Analyse des Ausschwebevorgangs zeigt anschaulich, daß ein horizontaler Schwebeflug ohne Unterstützung durch einen Antrieb oder durch Aufwind nur für eine begrenzte Zeit möglich ist. Vergleiche auch Kat.-Nr. 92.

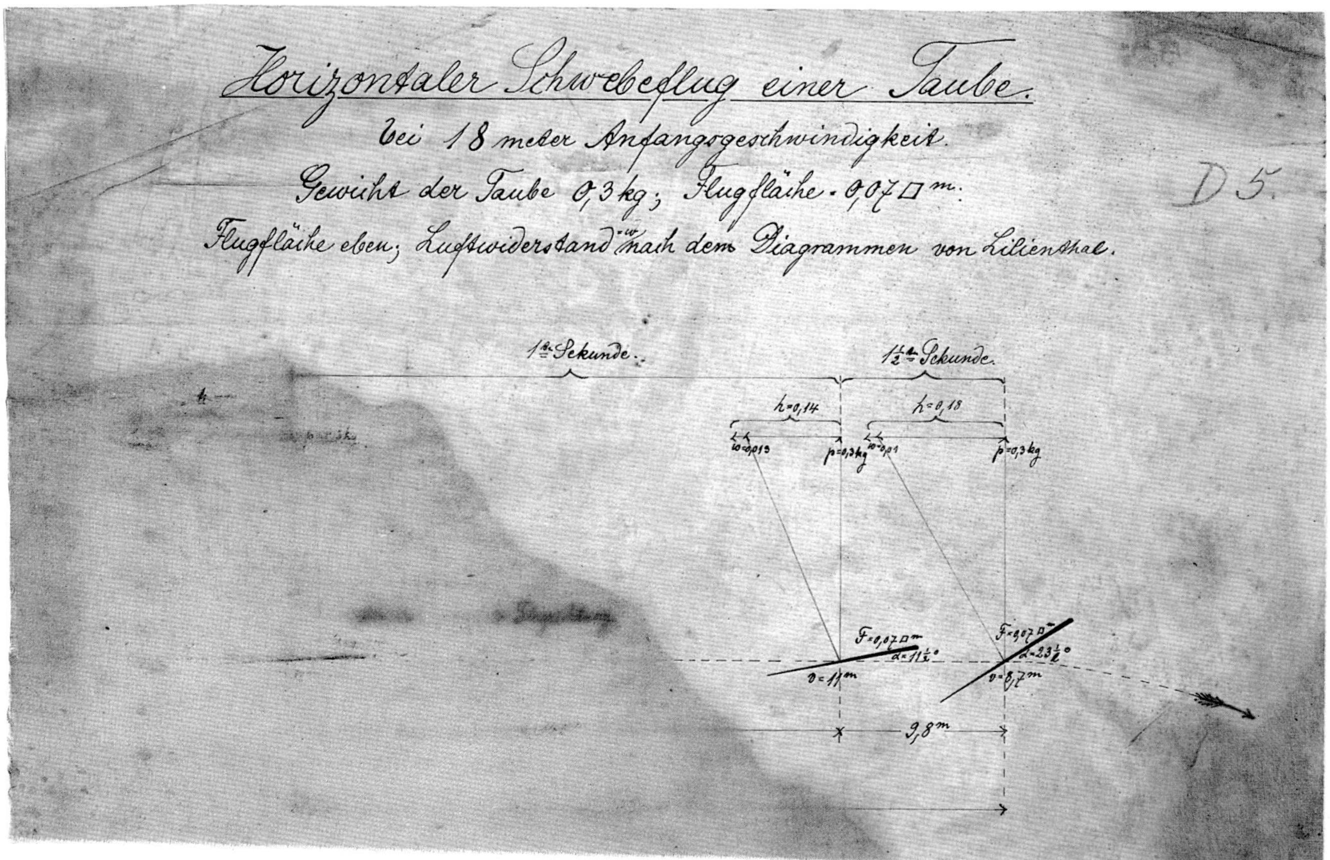

Abb. 239: Studie zum horizontalen Schwebeflug einer Taube, um 1888 (Kat.-Nr. 92)

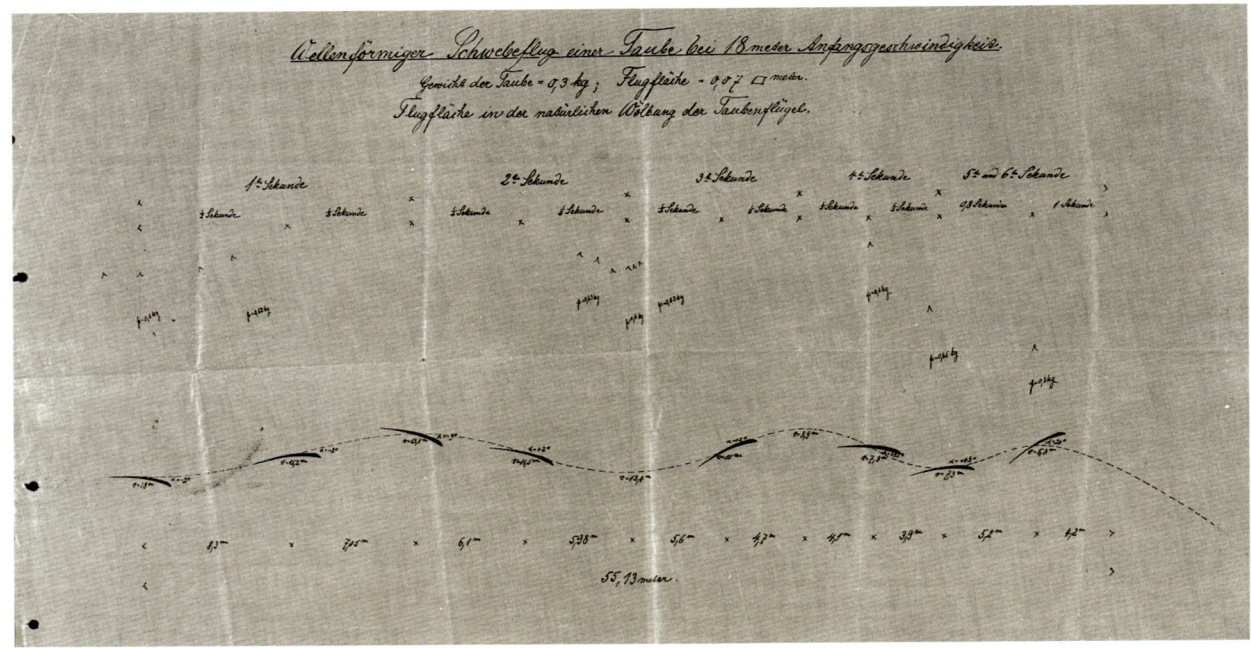

Abb. 240: Studie zum wellenförmigen Schwebeflug einer Taube, um 1888 (Kat.-Nr. 93)

92   Abb. 239

Studie zum horizontalen Schwebeflug einer Taube, um 1888

Zeichnung mit (z. T. roter) Tinte auf Pausleinwand, links unten stark verwaschen, 1 Seite, 23 × 35 cm, undatiert; Sign.: Horizontaler Schwebeflug einer Taube. BN 46633; HS 6269

Die Zeichnungen geben für eine Taube mit den Daten von Kat.-Nr. 91 für eine Anfangsgeschwindigkeit von 18 m/s die Luftkräfte, Fluggeschwindigkeiten, Anstellwinkel und Flugstrecken beim horizontalen Ausschweben wieder. (Die Zeichnung von der Ausgangssituation ist vollständig verwaschen.)

Die Luftkräfte sind hier jedoch Lilienthals Luftwiderstand-Diagramm für ebene Tragflächen aus dem Buch »Der Vogelflug« entnommen. Im Vergleich zu Kat.-Nr. 91 findet infolge des andersartigen Ansatzes für die Luftkräfte eine raschere Verzögerung durch mehr Widerstand bei gleicher Auftriebskraft statt. Nach 2,5 Sekunden Flugzeit ist der Widerstand schon fast so groß wie der Auftrieb, und ein horizontaler Schwebeflug ist nicht viel länger möglich. Vergleiche Kat.-Nr. 91.

93   Abb. 240

Studie zum wellenförmigen Schwebeflug einer Taube, um 1888

Zeichnung mit (z. T. roter) Tinte auf Pausleinwand, 1 Seite, mehrfach gefaltet, 43 × 70 cm, undatiert; Sign.: Wellenförmiger Schwebeflug einer Taube bei 18 Meter Anfangsgeschwindigkeit. BN 46914; HS 6270

Die 9 Zeichnungen geben für eine Taube mit den Daten von Kat.-Nr. 91 die Luftkräfte, Fluggeschwindigkeiten, Flugstrecken und die Flugbahn beim horizontalen Ausschweben im zeitlichen Abstand einer halben Sekunde wieder. Der Anstellwinkel ist zyklisch so vergrößert und verkleinert, daß eine wellenförmige Flugbahn entsteht. Nach etwas mehr als zwei Zyklen ist die Fluggeschwindigkeit so weit vermindert, daß kein weiterer Horizontalflug mehr möglich ist. Die Luftkräfte sind für eine »Flugfläche in der natürlichen Wölbung der Taubenflügel« angesetzt.
Vergleiche auch Kat.-Nr. 91 u. 92.

94   Abb. 241

Studie zum Gleit- und Kreisflug eines Vogels, um 1889

Skizzen und Berechnungen, Bleistift auf Papier, 1 Blatt (2 Seiten), gefaltet, 21 × 33 cm, undatiert. BN 46620 (Vorderseite), 46621 (Rückseite); HS 6271

Die Vorderseite (Abb. 241) zeigt oben für einen Körper mit 1 m² Flügelfläche und 5 kg Masse die für den Horizontalflug notwendige Geschwindigkeit bei verschiedenen Anstellwinkeln. Unter Verwendung der dazu ermittelten »hemmenden Komponente« wird jeweils eine Sinkgeschwindigkeit und ein Gleitwinkel abgeschätzt.

Darunter ist die Flugbahn eines bei Seitenwind kreisenden Vogels in einer Draufsicht dargestellt (siehe auch Lilienthal: Der Vogelflug, S. 102–107). Die Rückseite (BN 46621) zeigt eine grafische Dar-

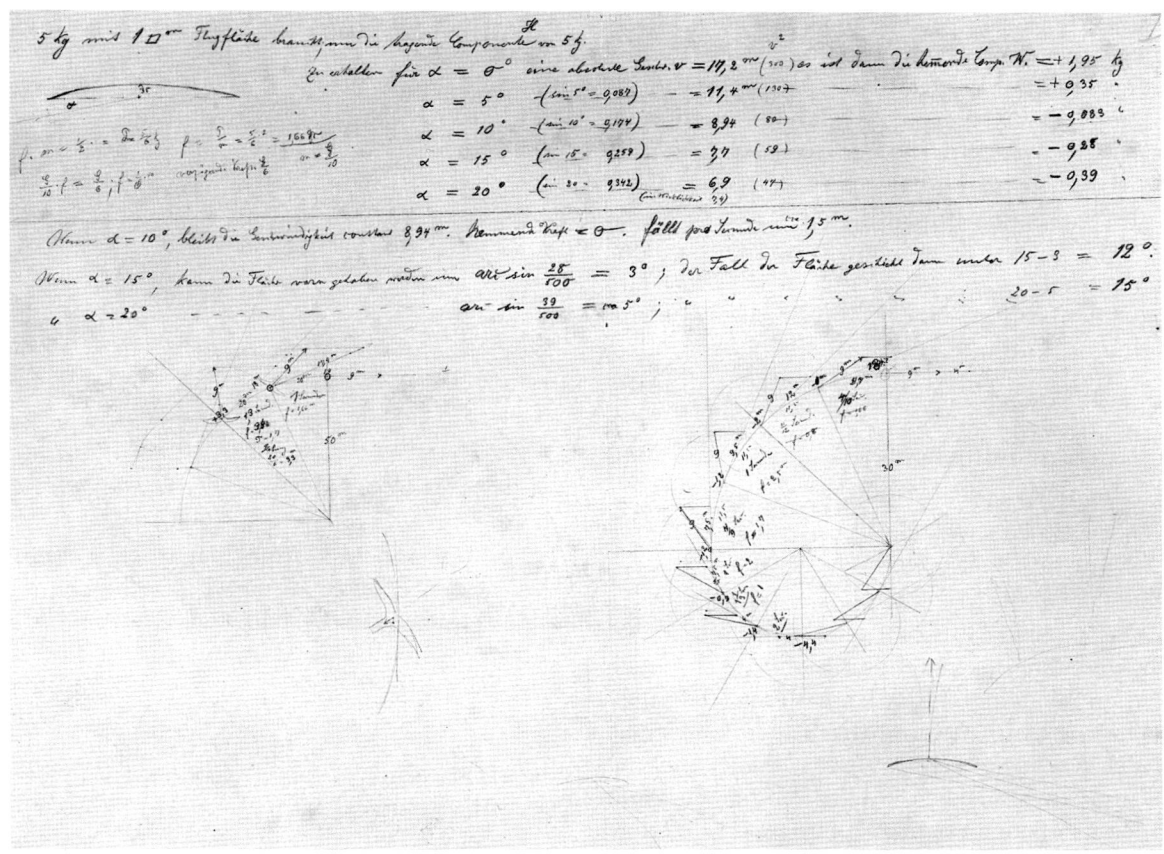

Abb. 241: Studie zum Gleit- und Kreisflug eines Vogels, um 1889 (Kat.-Nr. 94)

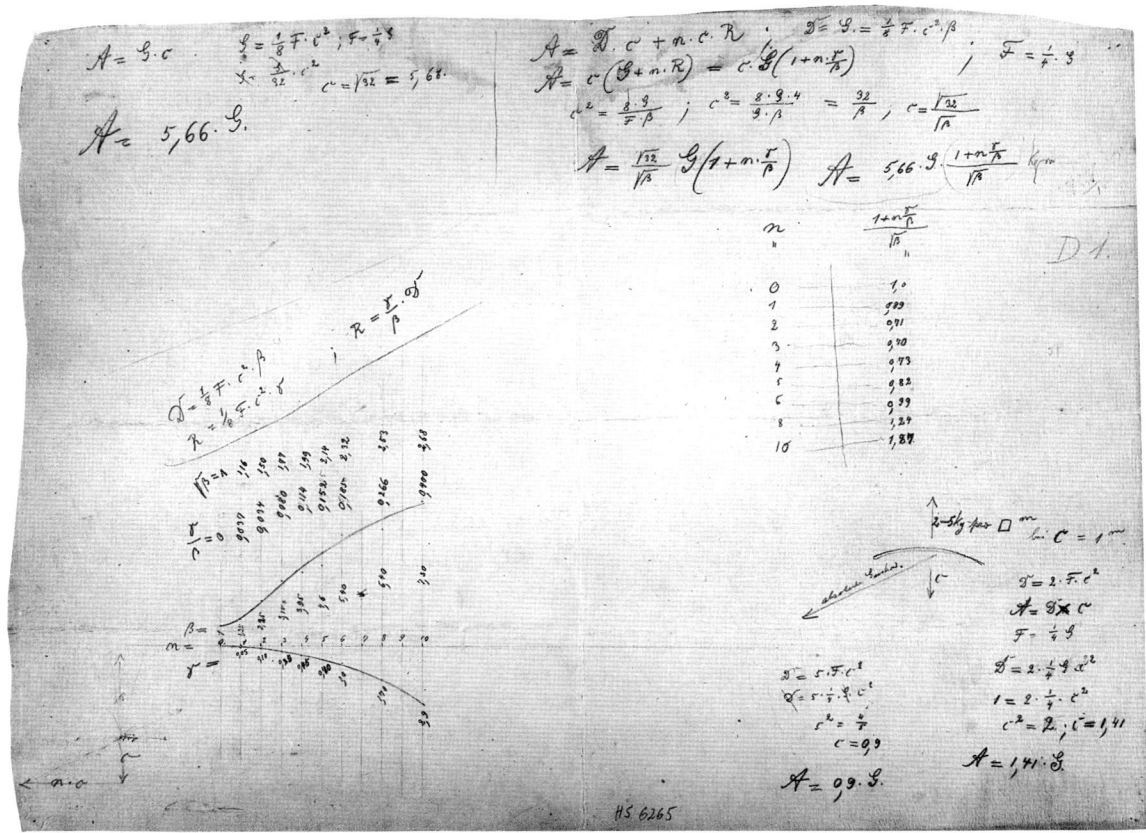

Abb. 242: Studien zum zeitlichen Ablauf des Auf- und Niederschlag eines Vogelflügels, um 1888 (Kat.-Nr. 95)

stellung von (wahrscheinlich gemessenen) Luftkräften eines gewölbten Tragflügels. Die rechte
Kurve stellt eine Flügelpolare (Auftriebskraft als
Funktion der Widerstandskraft) im windfesten
Koordinatensystem dar; die linke Kurve zeigt die
gleichen Kräfte im flügelfesten Bezugssystem. Auf
der gleichen Seite befinden sich u. a. noch Skizzen
vom Profil eines gewölbten Tragflügels (wahrscheinlich zu den Luftkraftkurven gehörig) und
vom Querschnitt eines Tragflügels (?) mit
S-förmiger Wölbung.

Abb. 243: Studie zur Flügelschlagarbeit (Kat.-Nr. 96)

95   Abb. 242

Studien zum zeitlichen Ablauf des Auf- und Niederschlags eines Vogelflügels, um 1888

Skizzen und Berechnungen, Bleistift auf Karton, 1 Blatt
(2 Seiten), gefaltet, 42 × 56 cm, undatiert. BN 46909 (Vorderseite), BN 46910 (Rückseite); HS 6265

Die Vorderseite (Abb. 242) zeigt Berechnungsfor-
meln, Berechnungen und grafische Auftragungen
in Zusammenhang mit der Ermittlung der Flügelschlagarbeit beim auf- und abschlagenden Flügel.
Auf der Rückseite (BN 46910) ist eine Hilfskon-
struktion zur grafischen Ermittlung der vorkom-
menden Größen gezeichnet (siehe auch Lilienthal:
Der Vogelflug, S. 52–56).

96   Abb. 243

Studie zur Flügelschlagarbeit

Berechnungen mit Skizzen, Bleistift auf Zeichenpapier, 1 Seite,
21 × 33 cm, undatiert. BN 46587; TZ 04352

Unter Berechnungen zur Schlagarbeit von Flügeln
ist eine Skizze einer in vier Einzelflügel aufgelö-
sten Tragfläche dargestellt: Am Querschnitt eines
solchen Einzelflügels sind angreifende Luftkräfte
eingezeichnet.

AERODYNAMISCHE EXPERIMENTE UND ERGEBNISSE

97   Abb. 244 u. 63

Meßprotokolle von Luftkraftmessungen im natürlichen Wind, 1874

Tabellen und Skizzen, Bleistift auf Karton, 1 Blatt (2 Seiten),
47 × 217 cm, Datierung: 1874. BN 47428 (Vorderseite), BN
47116 (Rückseite); HS 6264 a und b (Rückseite siehe Kat.-Nr. 54)

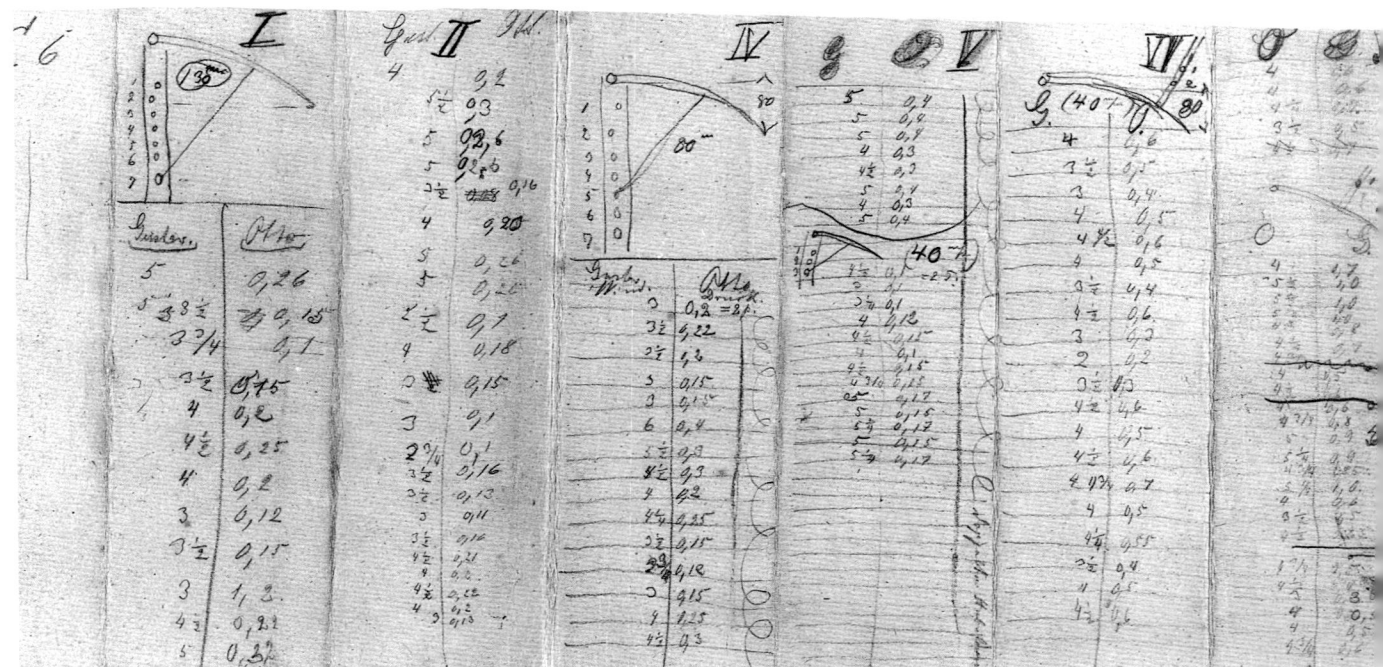

Abb. 244: Meßprotokolle von Luftkraftmessungen im natürlichen Wind, 1874 (Kat.-Nr. 97)

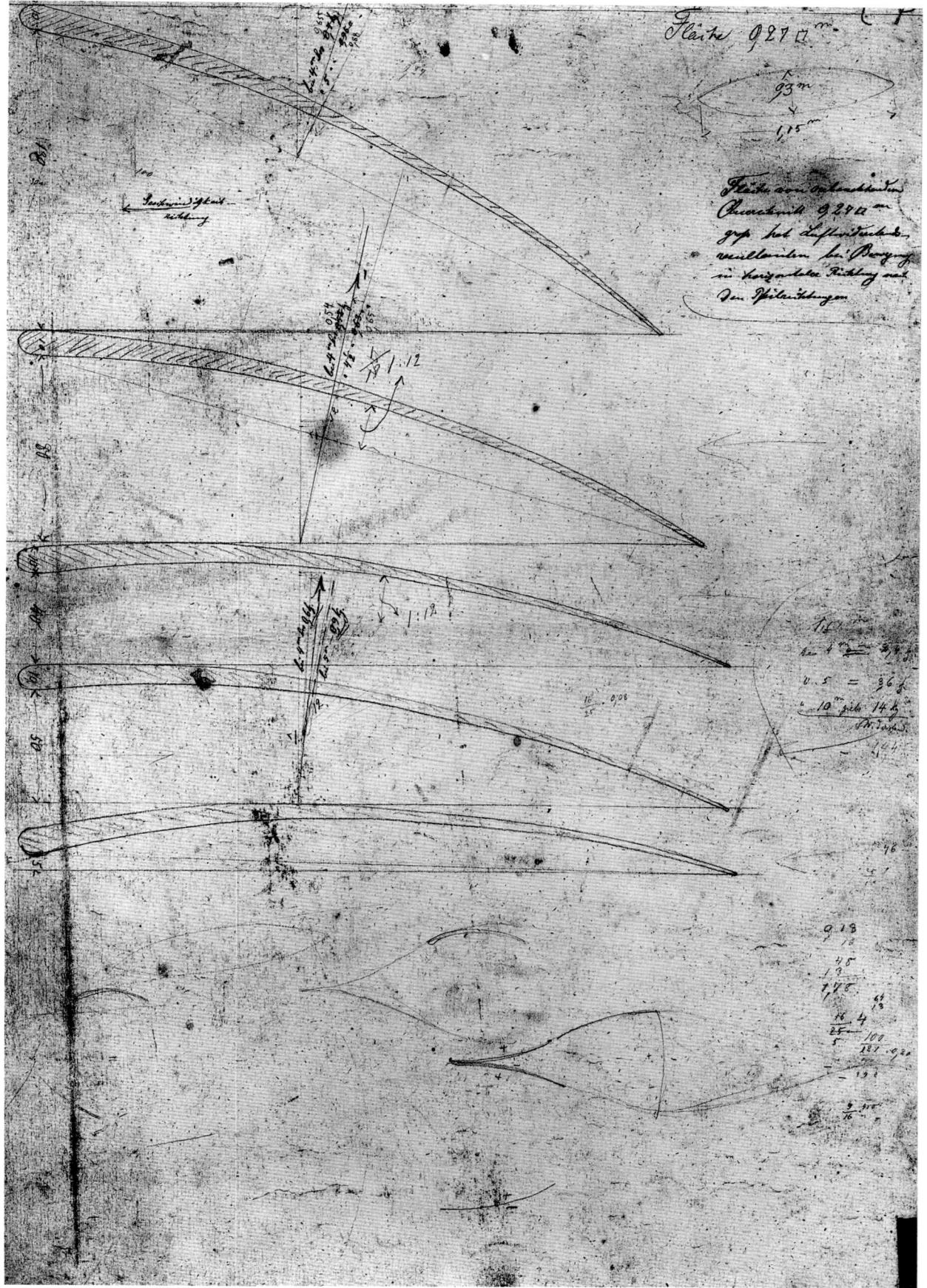

Abb. 245: Meßergebnisse für die Luftkraftresultierende eines gewölbten Tragflügels, 1874 (Kat.-Nr. 98)

Auf der Vorderseite (Abb. 244) und auf einem Teil
der Rückseite (Abb. 63) befinden sich Meßprotokolle, die 1874 bei Luftkraftmessungen von Otto
und Gustav Lilienthal an einem gewölbten Tragflügel entstanden sind. Für ein Flügelprofil sind
dabei 8 unterschiedliche Anstellwinkel (Versuch
I bis VIII) untersucht worden. In den Tabellen
befinden sich links unter der Überschrift »Gustav«
oder »G« die Angaben zur Windgeschwindigkeit
und rechts unter der Überschrift »Otto« oder »O«
die entsprechenden Ablesungen für die Luftkraft.
Die erkennbaren Schwankungen der Werte für die
Windgeschwindigkeit machten für jeden Anstellwinkel eine Vielzahl von Messungen nötig und
waren sicher Anlaß zu merklichen Meßunsicher-
heiten.

Auf der Rückseite sind neben zwei Meßprotokol-
len der Luftkraftmessungen ohne direkt erkennbaren Zusammenhang flüchtige Skizzen eines Tragflügels, eines Rundlaufapparats, einer kreisbogen-
förmigen Strömungsumlenkung und eines flügel-
schlagenden Vogels. Außerdem befindet sich noch
eine begonnene kolorierte Tuschezeichnung einer
Schrämmaschine (Kat.-Nr. 54) auf dieser Seite.

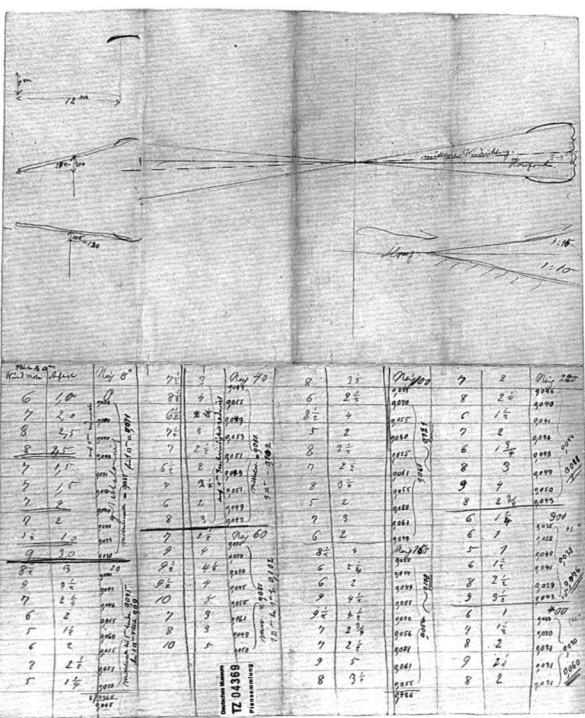

*Abb. 246: Meßprotokoll von Auftriebsmessungen im Wind an einem
gewölbten Tragflügel (Kat.-Nr. 99)*

98   Abb. 245

Meßergebnisse für die Luftkraftresultierende
eines gewölbten Tragflügels, 1874

Zeichnungen und Berechnungen, Bleistift und Tusche auf
Zeichenkarton, 40 × 57,5 cm, Datierung: 1874. BN 2554/
38193; TZ 04079 b (Rückseite: Kat. Nr. 117)

Für einen Tragflügel mit $^1/_{12}$ Wölbung, 1,15 m
Spannweite und 0,30 m größter Flügeltiefe (Flügelfläche 0,27 m²) ist für 3 verschieden große Anstellwinkel jeweils die Richtung der resultierenden
Luftkraft eingezeichnet und ihre Größe zahlenmä-
ßig angegeben. Der Angriffspunkt der Luftkraft,
der bei den Rundlaufmessungen nicht erfaßt
wurde, ist auf der Zeichnung willkürlich angenommen.

Bei mittleren Anstellwinkeln ist die Luftkraft gegenüber der Senkrechten zum Tragflügel etwas
nach vorn, jedoch gegenüber der Senkrechten zur
Strömungsrichtung stets nach hinten geneigt. Es
gibt also keinen aerodynamischen Vortrieb in
Flugrichtung.

99   Abb. 246 und 247

Meßprotokolle von Auftriebsmessungen
im Wind an einem gewölbten Tragflügel

Tabellen und Skizzen, Bleistift auf Zeichenkarton, 2 Seiten,
Vorderseite 46 × 37 cm, Rückseite 37 × 46 cm, undatiert. BN
46583, TZ 04369 (Vorderseite); BN 46582, TZ 04368 (Rückseite)

Das Blatt enthält Ergebnisse und Auswertungen
von Tragflügelmessungen im natürlichen Wind.
Auf der Vorderseite (Abb. 246) ist oben links die
Versuchsanordnung für die Auftriebsmessung
skizziert. Die Tabellen auf Vorder- und Rückseite
geben gemessene Auftriebskräfte bei unterschiedlichen Windgeschwindigkeiten und Anstellwinkeln sowie gemittelte Werte umgerechnet auf eine
Flügelfläche von 1 m² und eine Windgeschwindigkeit von 1 m/s wieder (der vermessene Flügel hatte
eine Flügelfläche von 0,5 m²). Bei Wiederholungs-
messungen bei gleicher Windgeschwindigkeit zeigen sich merkliche Streuungen in den abgelesenen
Meßwerten.

Auf der Vorderseite oben ist als Ergebnis aus dem
Vergleich von Auftriebsmessungen an einem Flügel in Normallage und an dem gleichen Flügel in
Rückenlage abgeleitet, daß die mittlere Windrichtung gegenüber dem Horizont oder Boden um
3°–4° nach oben geneigt ist, also grundsätzlich
Aufwind herrscht. Diese allgemeine Schlußfolge-
rung Lilienthals ist unrichtig.

Auf der Rückseite (Abb. 247) ist unter anderem
die Entwicklung einer aerodynamischen Modell-
vorstellung für die Entstehung der scheinbar gemessenen Aufwindkomponente angedeutet. Lilienthal zeichnet ein stufenweises Ansteigen der
Windgeschwindigkeit mit zunehmender Höhe
über dem Boden. Zwischen den einzelnen Schich-

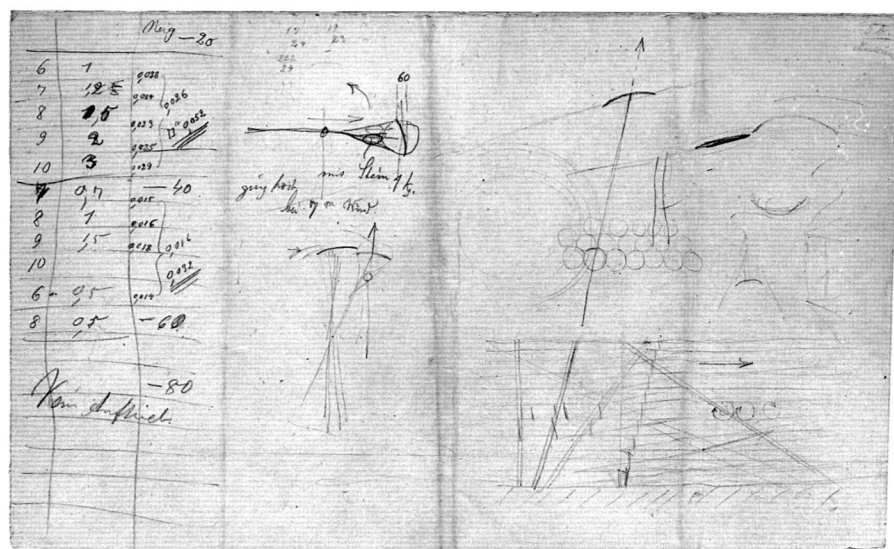

Abb. 247: Meßprotokoll von Auftriebsmessungen im Wind an einem gewölbten Tragflügel (Kat.-Nr. 99)

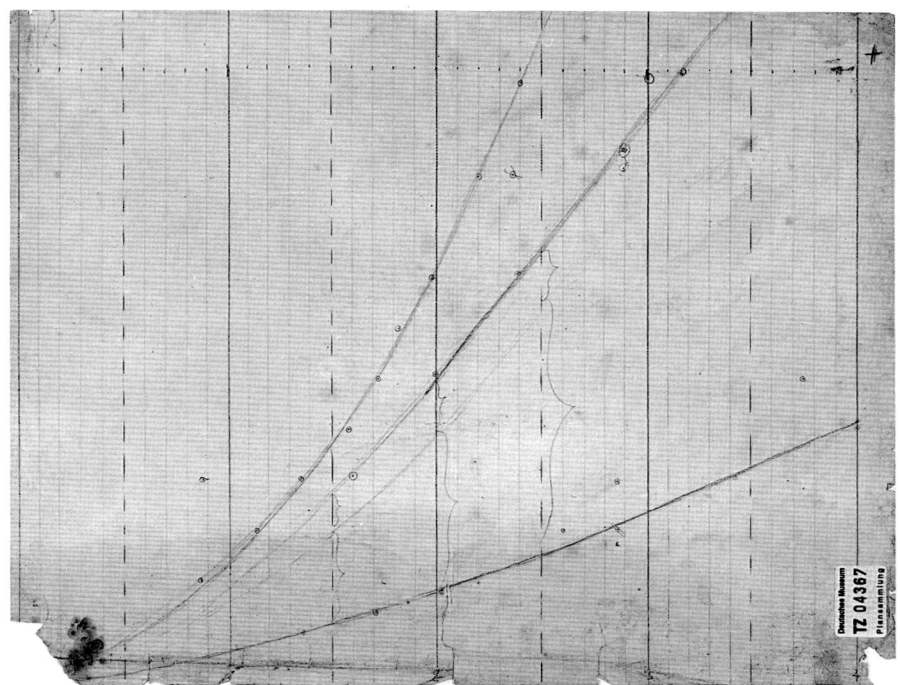

Abb. 248: Grafische Darstellung von Luftkräften eines Tragflügels (Kat.-Nr. 100)

ten mit konstanter Geschwindigkeit sind Wirbel angedeutet. Die Vorstellung über die turbulente Grenzschicht des Windes über dem Boden ist zutreffend.

100   Abb. 248

Grafische Darstellung von Luftkräften eines Tragflügels

Kurvenblatt, Bleistift auf Zeichenkarton, 33 × 44 cm, undatiert. BN 46581; TZ 04367

Das Kurvenblatt stellt sehr wahrscheinlich gemessene Luftkräfte eines Tragflügels bei unterschiedlichen Anstellwinkeln als Funktion der Windgeschwindigkeit (von 0 bis 4 m/s) dar. Das quadratische Ansteigen der Luftkräfte mit zunehmender Strömungsgeschwindigkeit ist deutlich erkennbar. Die Kurven sind als Mittelung durch die eingezeichneten streuenden Meßpunkte gezeichnet. Bei sehr kleinen Kräften ist die Streuung ganz erheblich.

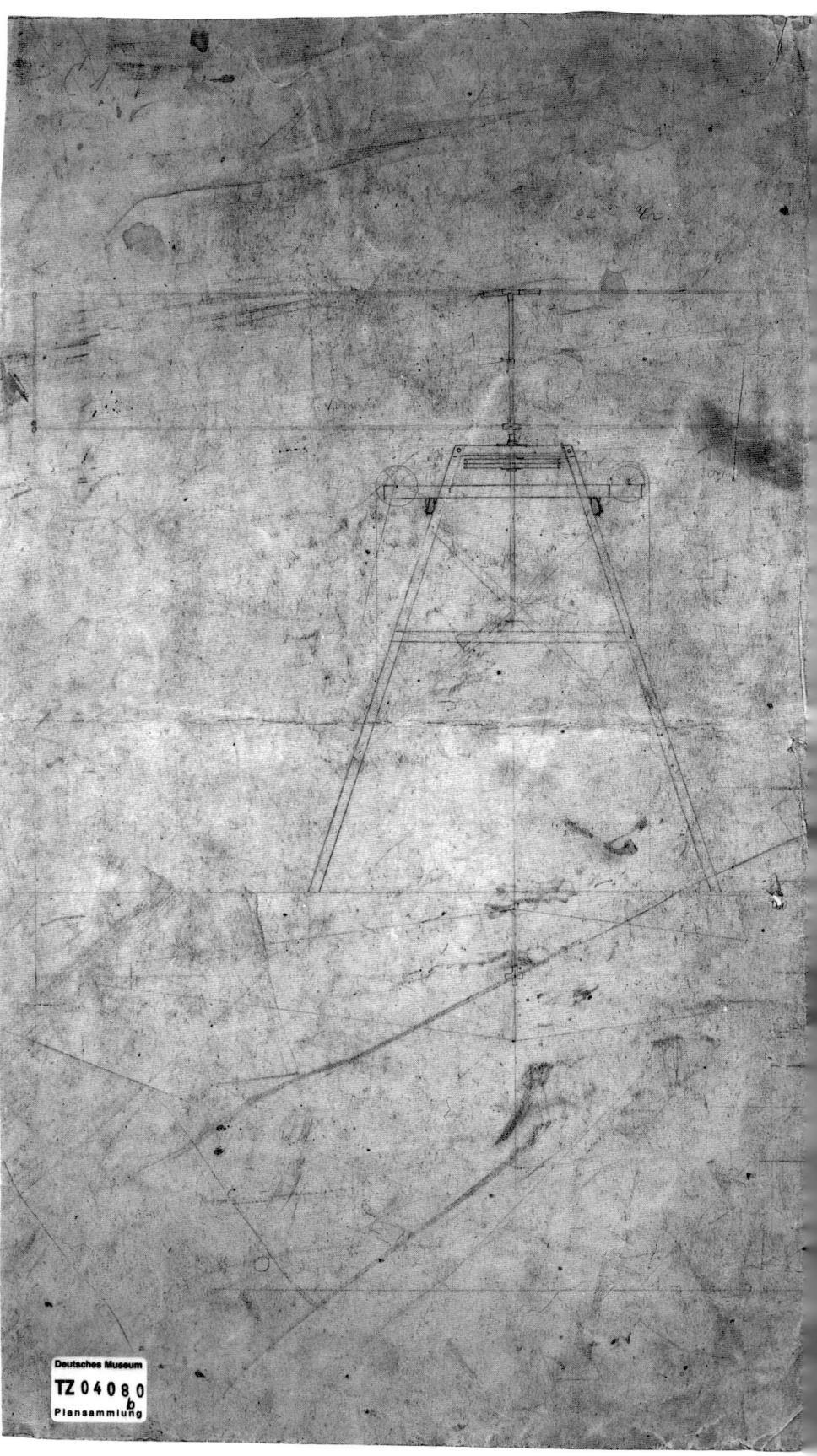

Abb. 249: Zeichnung des großen Rundlaufap[

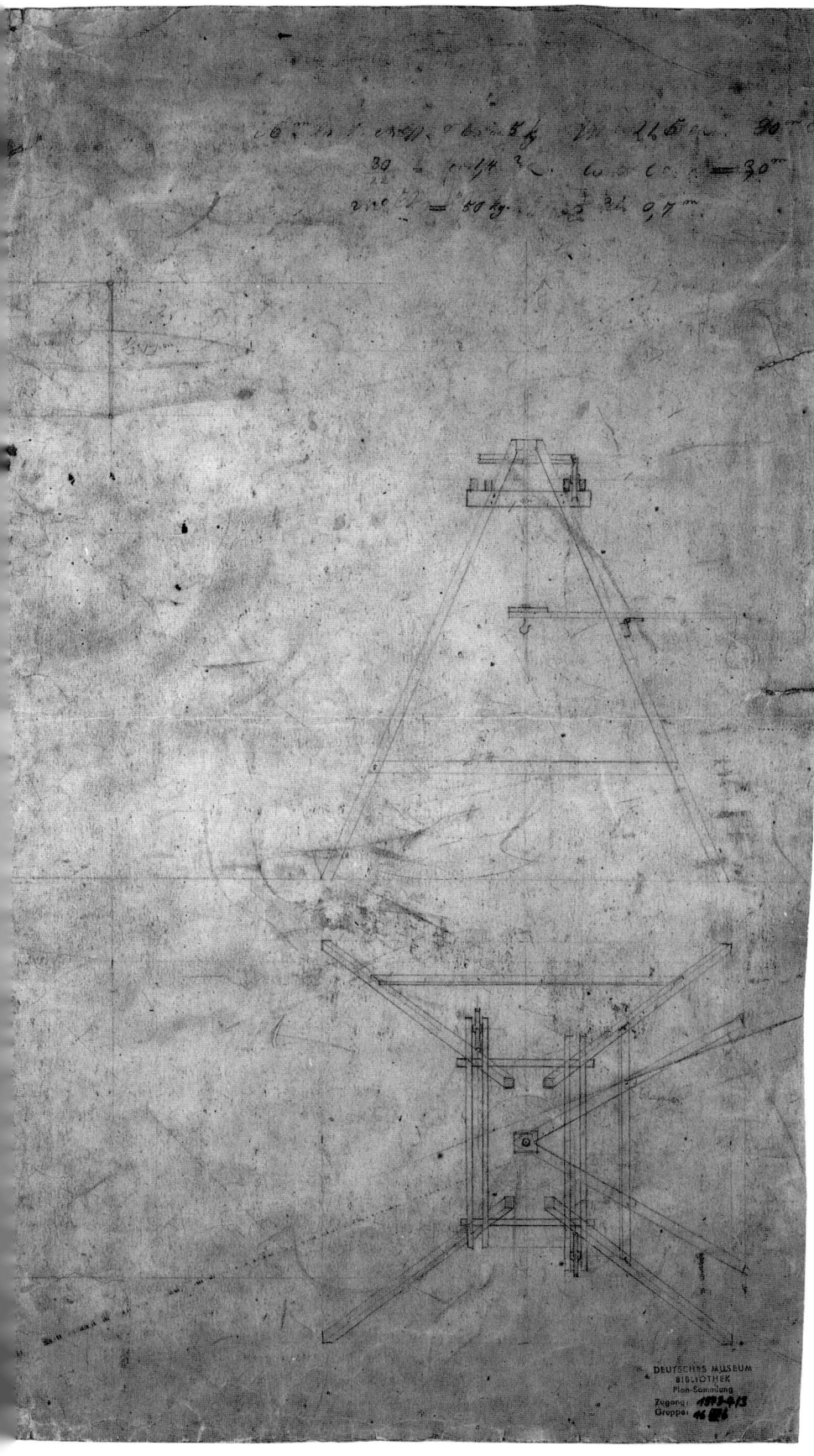

m Durchmesser, ca. 1888 (Kat.-Nr. 102)

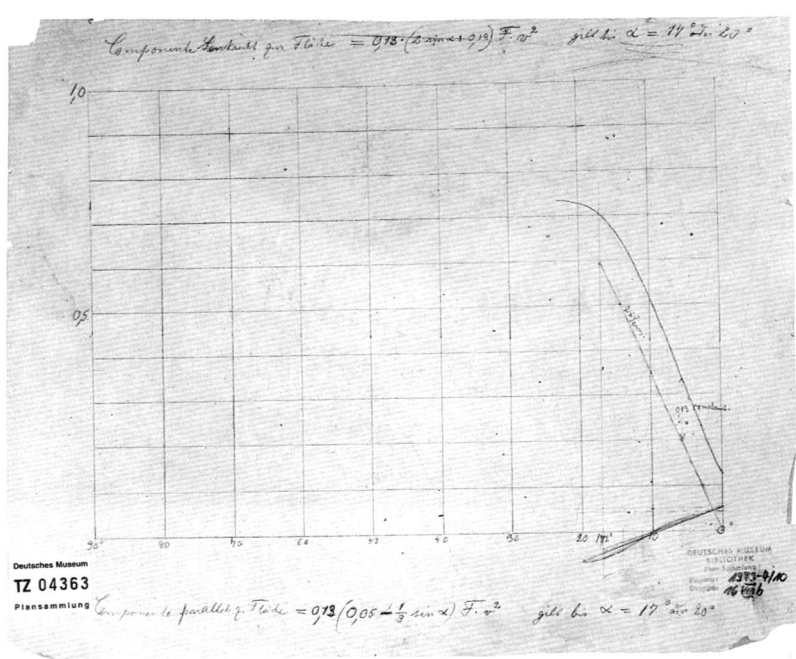

Abb. 250: Grafische Darstellung von Luftkräften eines gewölbten Flügels, nach 1873 (Kat.-Nr. 101)

101   Abb. 250

Grafische Darstellung von Luftkräften eines gewölbten Flügels, nach 1873

Kurvenblatt mit Berechnungen, Bleistiftzeichnung auf Detailpapier, 28,5 × 34 cm, undatiert. BN 46588; TZ 04363

Die Auftragung zeigt gemessene Luftkraftkomponenten senkrecht zur Fläche sowie parallel zur Fläche eines gewölbten Flügels als Funktion des Anstellwinkels. Die Werte sind etwa vergleichbar den Meßergebnissen für Flügel mit $^1/_{12}$ Wölbung (Lilienthal: Der Vogelflug, Tafel IV, Fig. 2).
Für den Anstellwinkelbereich bis etwa 17° sind für beide Luftkraftkomponenten einfache empirische Näherungsformeln angegeben. Die Luftkraftkomponente senkrecht zur Fläche ist durch die oberste durchgezogene Kurve dargestellt. Die entsprechende Näherungsformel steht am oberen Blattrand. Die Luftkraftkomponente parallel zur Fläche ist durch die unterste durchgezogene Kurve dargestellt. Diese Näherungsformel steht am unteren Blattrand.

102   Abb. 249

Zeichnung des großen Rundlaufapparats mit 7 m Durchmesser, ca. 1888

Technische Zeichnung, Bleistift auf Zeichenkarton, 54 × 62 cm, undatiert. BN 38190; TZ 04080 b (Rückseite: TZ 04080 a, Kat.-Nr. 109)

Die Zeichnung zeigt den großen Rundlaufapparat mit 7 m Armdurchmesser und für 2 Versuchsflächen mit jeweils 0,5 m² Flügelfläche. Mit dem Ge-

rät sind 1888 die Ergebnisse der Luftkraftmessungen aus dem Jahr 1874 überprüft worden.
Lilienthal schreibt im »Vogelflug«, S. 74 u. 75, über die Funktion des Apparats: »Ein solcher Meßapparat [...] gestattet, Größe und Richtung des Luftwiderstands bei beliebigen Flächen, unter beliebigen Richtungen und Geschwindigkeiten bewegt, zu messen.« Die Drehbewegung des Arms mit den Versuchsflächen wird mittels Ablaufgewichten bewerkstelligt und die sich einstellende Drehgeschwindigkeit wird gemessen. Aus der Größe der Ablaufgewichte wird die Widerstandskraft der Flächen ermittelt. Die Widerstandskräfte des Dreharms werden durch einen Eichversuch bestimmt und als Korrektur an den Meßwerten angebracht. (Siehe Kat.-Nr. 104, Bl. 2.) Der Dreharm ist unten auf einem Waagebalken gelagert, so daß durch Austarieren mit Gewichten die Auftriebskraft der Versuchsflächen direkt gemessen werden kann. Die Versuchsflächen (siehe Kat.-Nr. 103) werden mit Hilfe von Ösen im gewünschten Winkel außen an den Enden des Dreharms befestigt.
In dem Brief an August Platte (Kat.-Nr. 138) berichtet Lilienthal über seine Luftkraftmessungen. Er erwähnt u. a. seine verschiedenen Meßmethoden und -systeme sowie die Aufstellung im Freien und die Leistung des großen Rundlaufapparats. Bei Tausenden von Versuchen in offenen und geschlossenen Räumen habe er fast gleichartige Resultate erzielt. Er wertet diese Übereinstimmung als Beweis für die Richtigkeit seiner Untersuchungen.

103   Abb. 167

Drei Versuchsflächen für Luftkraftmessungen am großen Rundlaufapparat von 7 m Durchmesser

Versuchsflächen, Material: siehe unten; Flügelspannweite 1,8 m, größte Flügeltiefe 0,4 m, Flügelfläche 0,5 m², Profile gewölbt. Inv.-Nr. a) 25134, b) 25135, c) 25136

Die Versuchsflächen sind 1888 für die Luftkraftmessungen am großen Rundlaufapparat (Kat.-Nr. 102) verwendet worden. Jeweils zwei gleiche Flächen wurden gleichzeitig vermessen, so daß sich die gemessenen Luftkräfte auf eine Flügelfläche von 1 m² beziehen. Die Flächen sind in der Mitte und an den Flügelspitzen mit Ösen zur Befestigung am Arm des Rundlaufapparats versehen.

a) Inv.-Nr. 25134:

aus Messingblech 0,5 mm, am Rand 4 mm Stahldraht eingerollt, Wölbung 55 mm ($^1/_8$), Dicke des Randes ca. 7 mm. Profil bis auf die abweichende Wölbung ähnlich Fig. 39 im »Vogelflug«, S. 94.

b) Inv.-Nr. 25135:

aus Erlenholz massiv, Wölbung ca. 33 mm (ca. $^1/_{12}$), größte Dicke ca. 8 mm, Vorder- und Hinterkante zugeschärft. Von der Hinterkante des Profils fehlt ein durchgehender Streifen von ca. 90 mm Breite. Profil ähnlich Fig. 41 im »Vogelflug«, S. 94.

c) Inv.-Nr. 25136:

Nase aus Weidenruten, Durchmesser in der Mitte 17 mm, außen auf 13 mm verjüngt, Profilierung durch dünne gebogene Querrippen aus Holz, beidseitig mit Papier bespannt. Die Papierbespannung ist mehrfach repariert und stark beschädigt. Die ursprüngliche Wölbung ist nicht mehr exakt festzustellen, da Rippen und Bespannung gelockert sind. Profil ähnlich wie Fig. 43 in »Vogelflug«, S. 94. Dieser Querschnitt ähnelt einem Vogelflügel im Armbereich, wobei der Nasenholm dem Armknochen des Vogels entspricht.

Über den Aufbau der Versuchsflächen berichtet Lilienthal ausführlich im »Vogelflug«, S. 94–96.

104   Abb. 251, 252 und 56

Aufzeichnungen über Luftkraftmessungen am Rundlaufapparat, 1874/75

Tabellen, Berechnungen, Diagramme und stenografische Notizen, Bleistift auf Papier, 1 Doppelblatt und 2 Einzelblätter (insgesamt 8 Seiten), HS 6263
BN 2517 (Bl. 1, Rückseite) 21 × 33 cm;
BN 2687 (Bl. 2, Vorderseite), 21 × 33 cm.
BN 2108 (Bl. 3, Vorderseite), 42 × 33 cm.

Bl. 1 (Abb. 251) zeigt Tabellen mit Meßwerten für »Horizontaldruck« (Widerstand) und »Vertikaldruck« (Auftrieb) für einen dünnen gewölbten Flügel von 0,27 m² Flügelfläche bei Anstellwin-

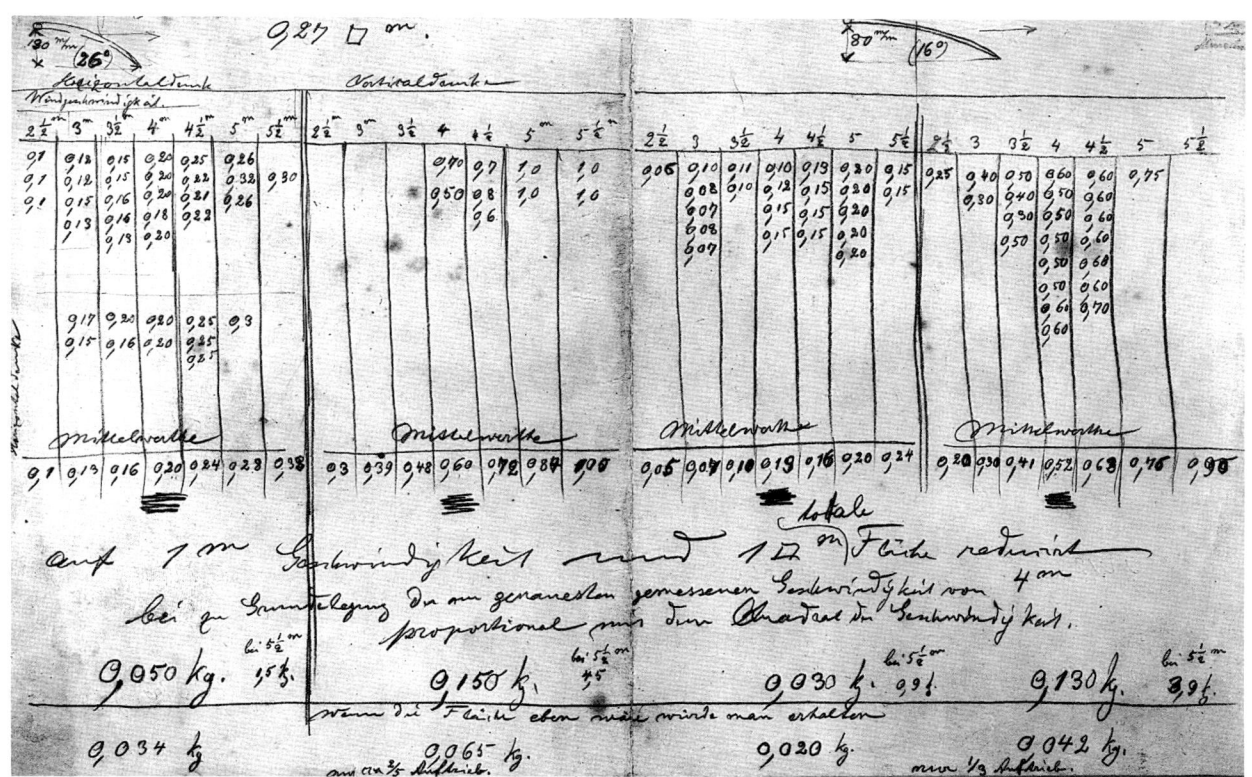

Abb. 251: Tabellen mit Meßwerten für Widerstand und Auftrieb eines gewölbten Flügels, 1874/75 (Kat.-Nr. 104)

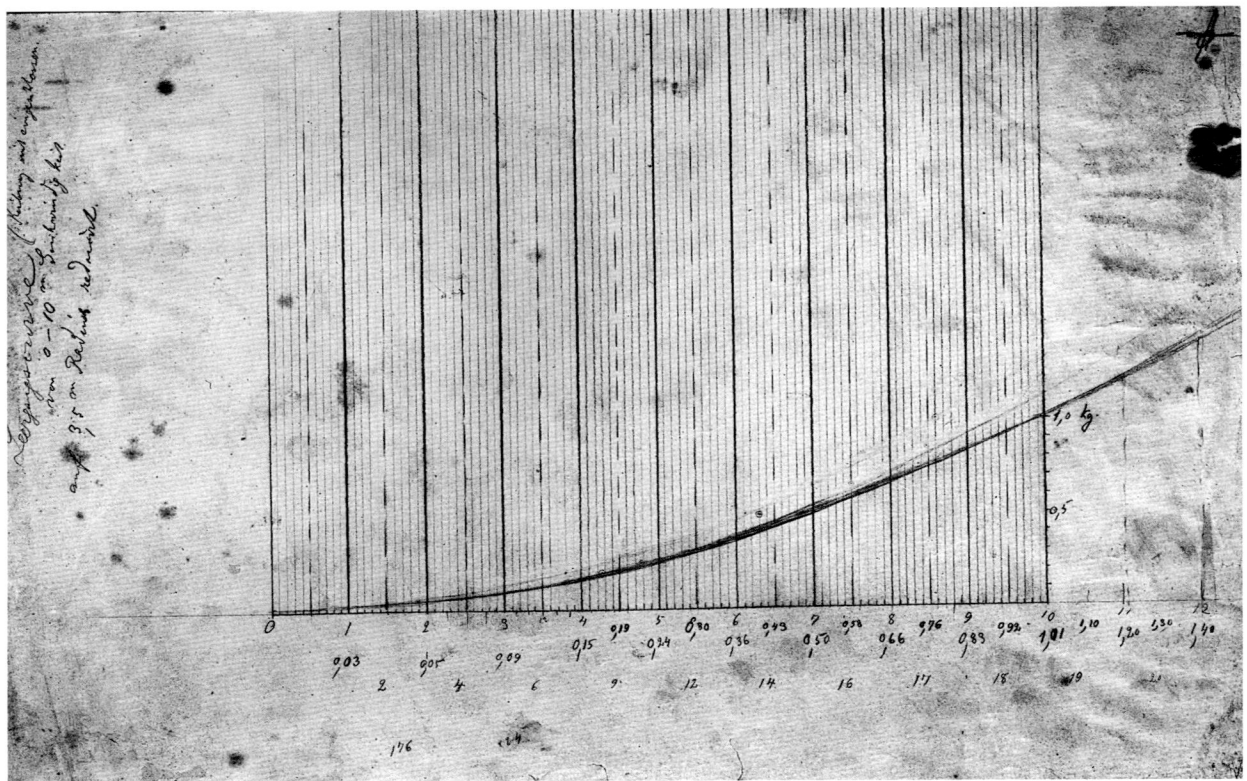

Abb. 252: Meßkurve zum Eigenwiderstand des Rundlaufapparats, 1874/75 (Kat.-Nr. 104)

keln von 0° bis 26° und Strömungsgeschwindig-
keiten von $2^1/_2$ bis $5^1/_2$ m/s. Durch Mittelung über
die Meßwerte aus mehreren Ablesungen bei einer
mittleren, als besonders günstig angesehenen Geschwindigkeit werden zufällige Meßfehler ausge-
glichen.
Lilienthal hat seine Meßergebnisse auf 1 m² Flügelfläche und 1 m/s Strömungsgeschwindigkeit
umgerechnet, um sie mit anderen Daten leichter
vergleichen zu können.
Für alle Anstellwinkel werden die gemessenen
Auftriebswerte mit den entsprechenden Daten
ebener Tragflächen verglichen, und dabei die ent-
scheidenden aerodynamischen Vorteile gewölbter
Profile gezeigt.
Bl. 2 zeigt auf der Vorderseite (Abb. 252) ein Diagramm »Leergangskurve, Reibung mit eingeschlossen, von 0–10 m Geschwindigkeit, auf 3,5 m
Radius reduziert«. Die Kurve ist das Ergebnis
eines Eichversuchs zur Ermittlung des Eigenwi-
derstandes des Rundlaufapparats (Luftwiderstand
und Reibung bei der Drehung, die von den gemessenen Werten für den Widerstand abgezogen werden muß, um die reinen Tragflügelwerte zu erhalten); eventuell handelt es sich hier um den großen
Rundlaufapparat des Jahres 1888.
Auf der Rückseite befinden sich Skizzen von zwei
dünnen, gewölbten und an der Nase zugeschärften

Profilen. Beim oberen Profil ist eine Veränderung
im Nasenbereich angedeutet.
Auf Bl. 3 ist auf der Vorderseite (Abb. 56) eine
grafische Darstellung der Auftriebs- und Widerstandskräfte gezeigt, umgeformt von dem windfesten Bezugssystem der Messung in das flügelfeste
Bezugssystem, wie es von Lilienthal vor allem
zur Berechnung der Flügelschlagarbeit verwendet
wurde.
Auf der Rückseite von Bl. 3 befinden sich eine
grafische Darstellung von Luftkräften, ähnlich
wie auf der Vorderseite, die Skizze eines Profils mit
400 mm Tiefe und 10 mm Wölbung ($^1/_{40}$), sowie
stenografische Notizen aus einem anderen Zusammenhang. Die Notizen fassen einige wesentliche
Schlußfolgerungen Lilienthals zusammen, unter
anderem schreibt er:
»Ich habe eine Reihe von Experimenten angeführt,
welche beweisen, daß die gewölbten Flügel der
Vögel Eigenschaften besitzen, welche imstande
sind, die Luftwiderstandsgesetze derart auszunüt-
zen, daß die beim Fliegen erforderliche Arbeit sich
auf ein Minimum reduziert, das, für den Menschen
angewendet, nicht bloß durch Motoren, sondern
sogar durch die allgemeine Muskelkraft des Menschen bewältigt werden kann.
Ich habe neue Experimente angeführt, welche darauf schließen lassen, daß der Wind unter allen

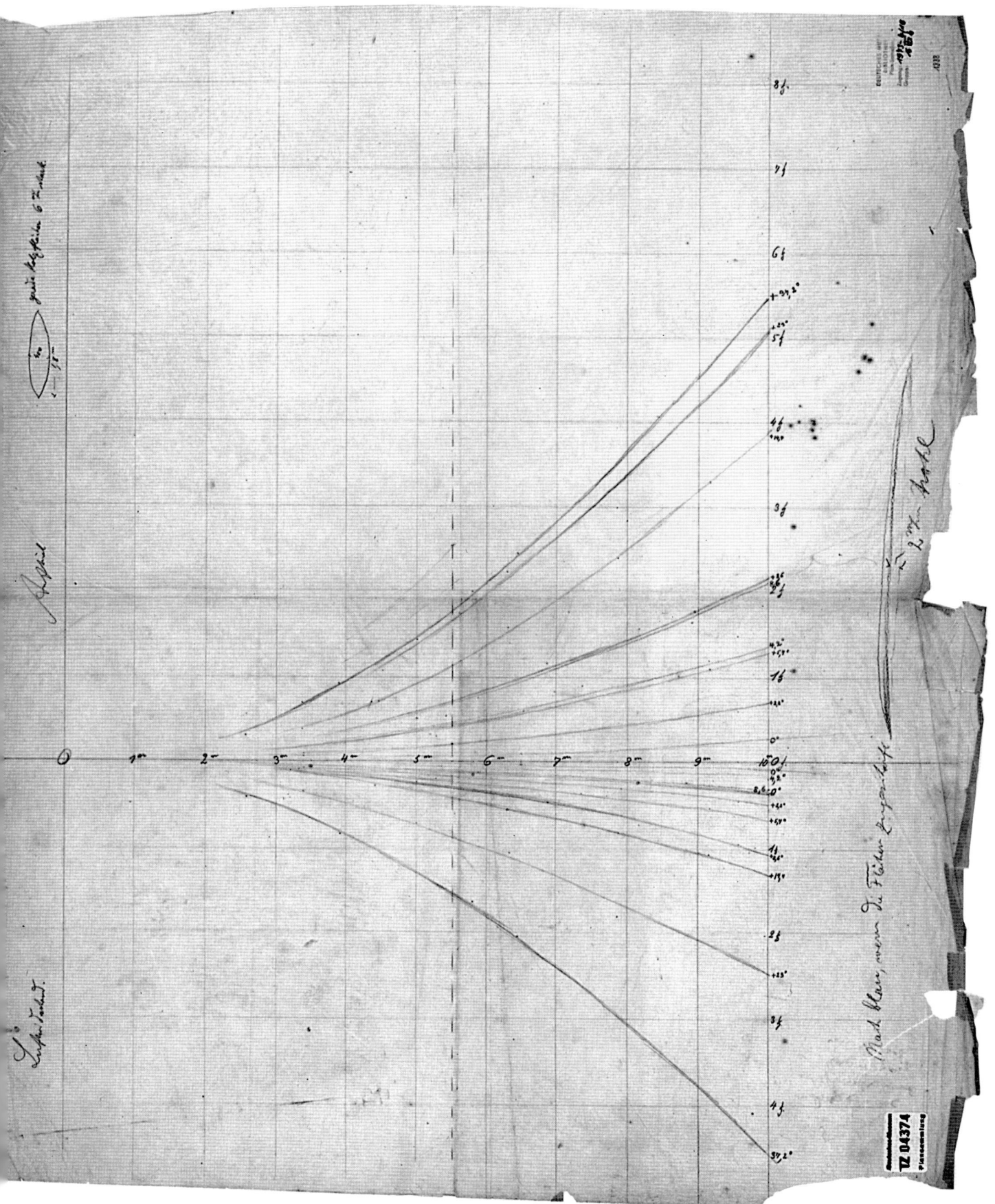

Abb. 253: Auftrieb und Widerstand von zwei Tragflächen unterschiedlicher Profilierung, ca. 1888 (Kat.-Nr. 105)

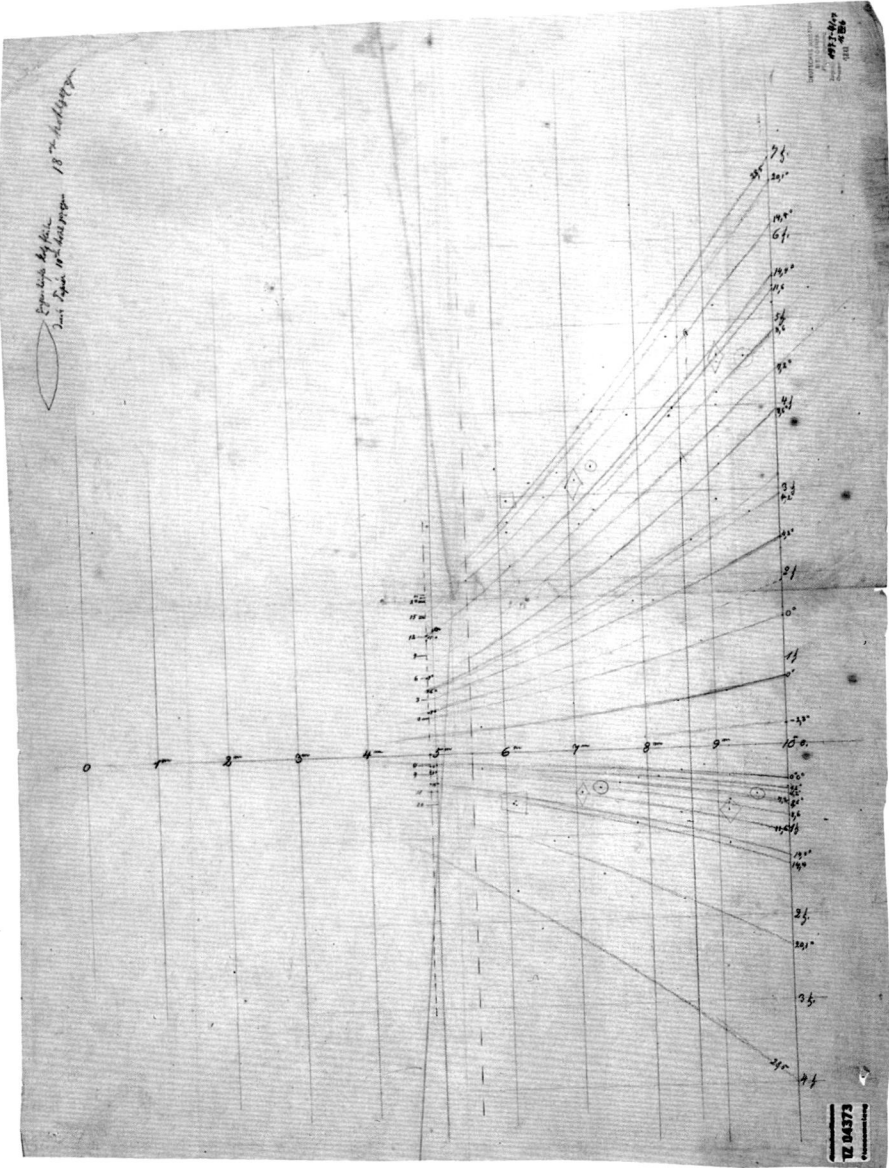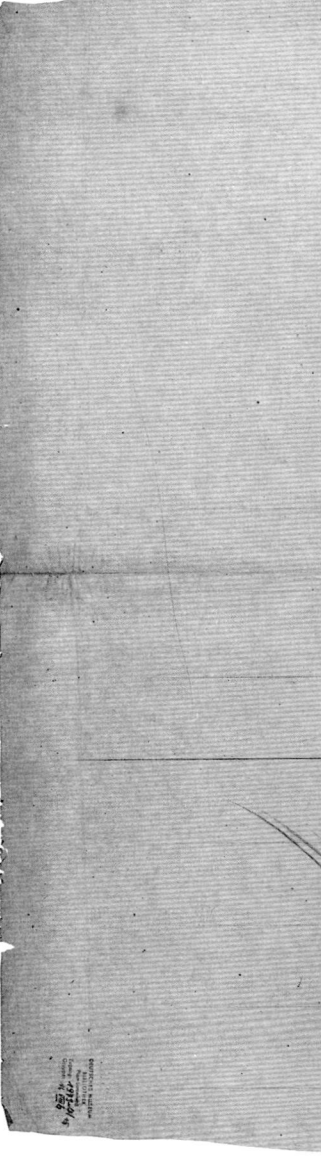

Abb. 254: Auftrieb und Widerstand von zwei Tragflügeln unterschiedlicher Wölbung, 1888 (Kat.-Nr. 106)   *Abb. 255: Auftrieb und Widerstand*

Umständen das Fliegen nicht bloß erleichtert, sondern ein Schweben in der Luft ohne Flügelschlag möglich ist.« Der 2. Absatz gibt nochmals Lilienthals irrige Meinung wieder, daß der Wind in Bodennähe allgemein eine Aufwärtskomponente aufweist; siehe auch Kat.-Nr. 99.

105   Abb. 253

Auftrieb und Widerstand
von zwei Tragflächen
unterschiedlicher Profilierung, ca. 1888

Kurvenblatt mit Skizzen, Bleistift und blauer Buntstift auf
Detailpapier, 70 × 57 cm, undatiert. BN 46593; TZ 04374

Für zwei unterschiedlich profilierte Flügel sind
gemessene Luftkräfte bei unterschiedlichen An-

stellwinkeln (0–37°) als Funktion der Anströmgeschwindigkeit (2 bis 10 m/s) aufgetragen, der Auftrieb jeweils nach oben, der Widerstand jeweils nach unten.

Die Versuchsflächen aus Holz hatten 1,8 m Spannweite und eine maximale Flügeltiefe von 0,4 m. Ein Flügel war eben mit 6 mm Dicke, der andere (Kurven in blau) war vorn und hinten zugeschärft und mit einer Wölbung von 2 mm ($^1/_{200}$) versehen. Im Bereich kleiner Anstellwinkel zeigt sich der Einfluß der unterschiedlichen Profilierung als verhältnismäßig geringfügig.

106   Abb. 254

Auftrieb und Widerstand von zwei Tragflügeln unterschiedlicher Wölbung, 1888

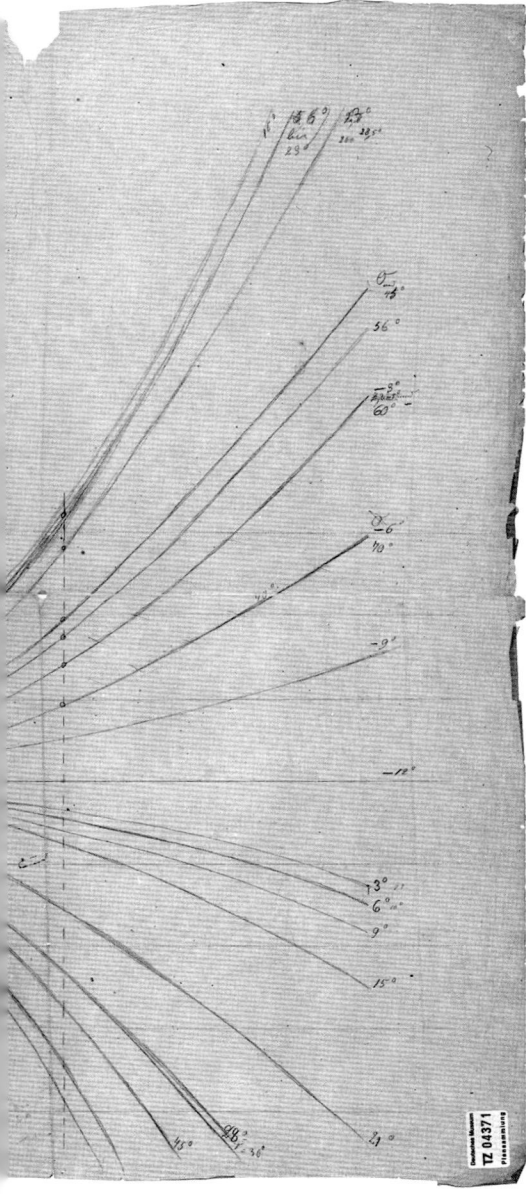

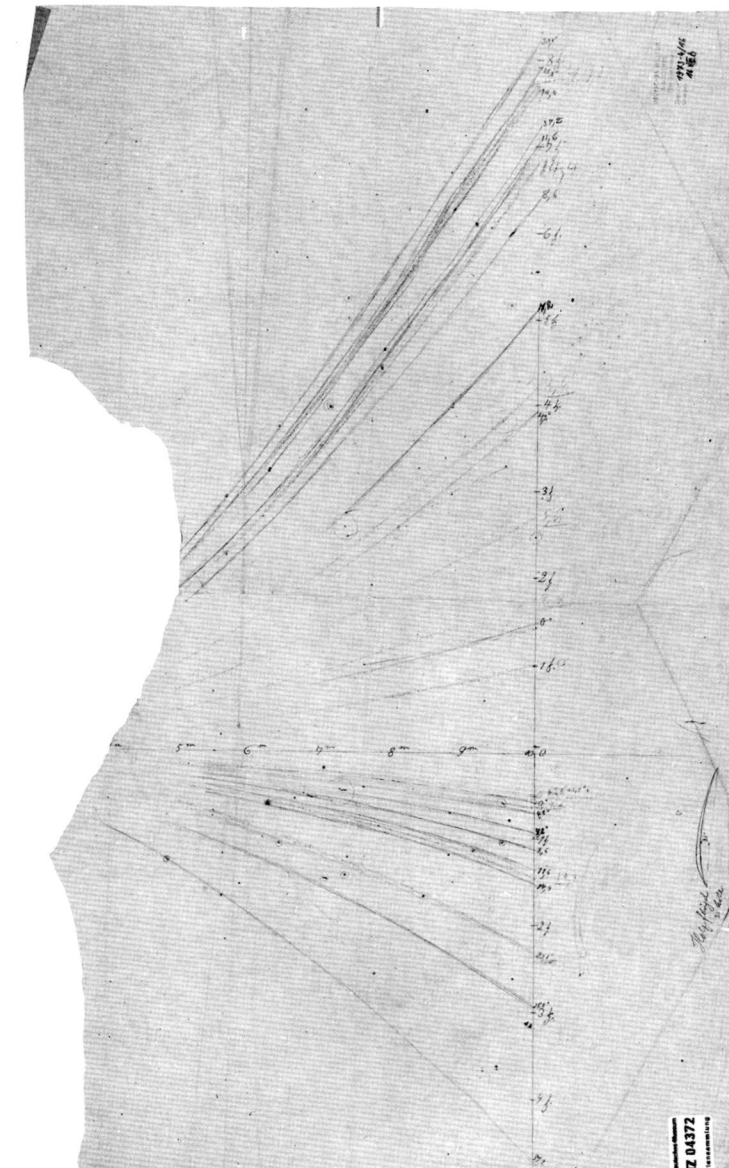

flügels, 1888 (Kat.-Nr. 107)

Abb. 256: Auftrieb und Widerstand von zwei gewölbten Tragflächen (Kat.-Nr. 108)

Kurvenblatt mit Flügelskizze, Bleistift und blauer Buntstift auf Detailpapier, 68 × 50 cm, Datierung: 1888. BN 46594; TZ 04373

Auftragung von Auftrieb und Widerstand für zwei unterschiedlich gewölbte Flügel, ähnlich Kat.-Nr. 105.
Untersucht wurden zugeschärfte Holzflügel mit 10 mm ($^1/_{40}$) bzw. 18 mm ($^1/_{22}$) Wölbung. Einzelne Punkte der Auftragung sind besonders markiert.

107   Abb. 255

Auftrieb und Widerstand eines Tragflügels, 1888

Kurvenblatt, Bleistift auf Detailpapier, 72 × 56 cm, undatiert. BN 46596; TZ 04371

Auftragung von Auftrieb und Widerstand für einen Tragflügel ähnlich Kat.-Nr. 105. Die Versuchsfläche ist nicht bezeichnet. Eine Skalierung der Achsen fehlt, dürfte aber mit der Skalierung von Kat.-Nr. 105 und 106 übereinstimmen.

108   Abb. 256

Auftrieb und Widerstand von zwei gewölbten Tragflächen unterschiedlicher Profilierung, 1888

Kurvenblatt mit Profilskizzen, Bleistift und roter Buntstift auf Detailpapier, 68 × 40 cm, großer Ausriß am linken Rand, undatiert. BN 46595; TZ 04372

Auftragung von Auftrieb und Widerstand für zwei profilierte Flügel ähnlich Kat.-Nr. 105.

Untersucht wurden Tragflächen mit 35 mm Wölbung, einmal vorn und hinten zugeschärft, einmal
mit abgerundeter Nase und zugeschärfter Hinterkante (Kurve in rot). Einzelne Punkte der Auftragung sind besonders markiert.

109   Abb. 257

Auftrieb und Widerstand von ebenen und gewölbten Tragflächen in einem großen Anstellwinkelbereich, 1888

Kurvendarstellungen mit geometr. Hilfskonstruktionen,
Bleistift auf Zeichenkarton, 54 × 62 cm, Datierung: 18. 8. 1888.
BN 38192; TZ 04080a (Rückseite: TZ 04080b, Kat.-Nr. 102)

Das Auftriebs- und Widerstandsverhalten ebener
und gewölbter Tragflächen wird in zwei Auftragungen dargestellt.
Das untere Diagramm zeigt den Widerstand und
den Auftrieb der Tragflächen als Funktion des
Anstellwinkels von 0° bis 90°. Der Widerstand der
senkrecht angeströmten Tragfläche ist als Bezugs-
größe verwendet. Es zeigte sich, daß
- der Widerstand bei den gewölbten Tragflächen
  bei kleinen und mittleren Anstellwinkeln deutlich größer ist als bei den ebenen Tragflächen;
- die gewölbten Tragflächen im ganzen unteren
  Anstellwinkelbereich wesentlich mehr Auftrieb
  erzeugen als die ebenen;
- der bei mittleren Anstellwinkeln erreichte
  größte Auftrieb von gewölbten Tragflächen
  etwa 80%, der von ebenen Tragflächen etwa
  50% der Größe des Bezugswiderstands bei
  senkrecht angeströmter Tragfläche erreicht.
Das obere Diagramm zeigt für eine gewölbte Tragfläche den Auftrieb als Funktion des Widerstandes
im flügelfesten Bezugssystem, d. h. die Luftkraft
senkrecht zur Flügelfläche (Normalkraft) als
Funktion der Luftkraft in Richtung der Flügelfläche (Tangentialkraft). Bei mäßigen Anstellwinkeln
ist die resultierende Luftkraft gegenüber der Senkrechten zur Tragfläche nach vorn geneigt.
Neben dem Diagramm ist die geometrische Hilfs-
konstruktion zur Ermittlung von Normal- und
Tangentialkraftkomponenten aus der gemessenen
Auftriebs- und Widerstandskraft dargestellt.

110   Abb. 258 u. 259

Meßprotokolle und Auswertungen von Luftkraftmessungen am Rundlaufapparat von 7 m Durchmesser, 12.–24. 8. 1888

Meßprotokolle, Skizzen und Notizen, Bleistift und Tinte auf
Papier, 4 Doppelblätter (14 beschriebene Seiten), 21 × 33 cm
und 1 Einzelblatt 21 × 27 cm, Datierung: zwischen 12. und
24. 8. 1888. BN 46905 (S. 1), BN 46906 (S. 2); HS 6261

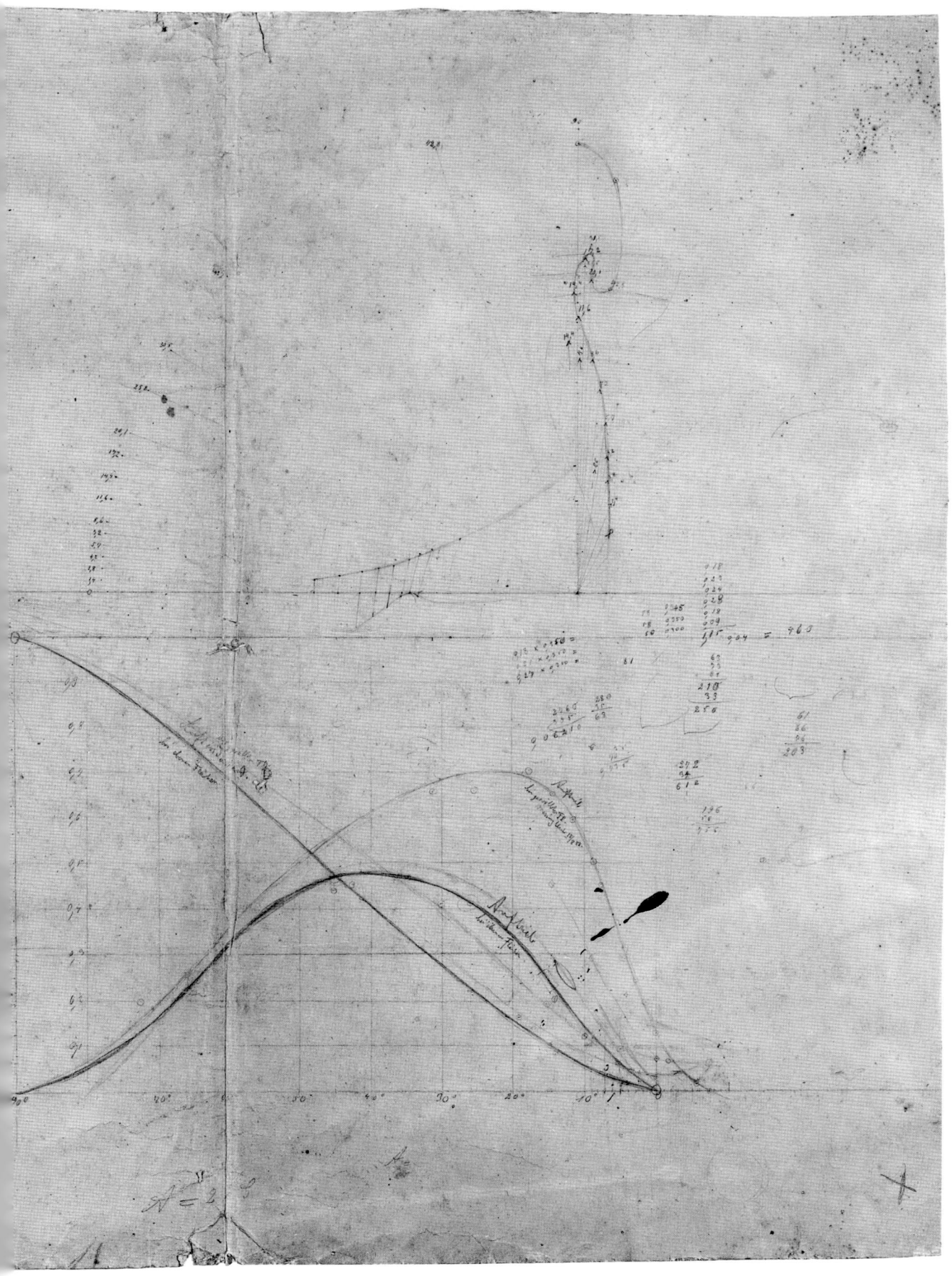

Abb. 257: Auftrieb und Widerstand von ebenen und gewölbten Tragflächen in einem großen Anstellwinkelbereich, 1888 (Kat.-Nr. 109)

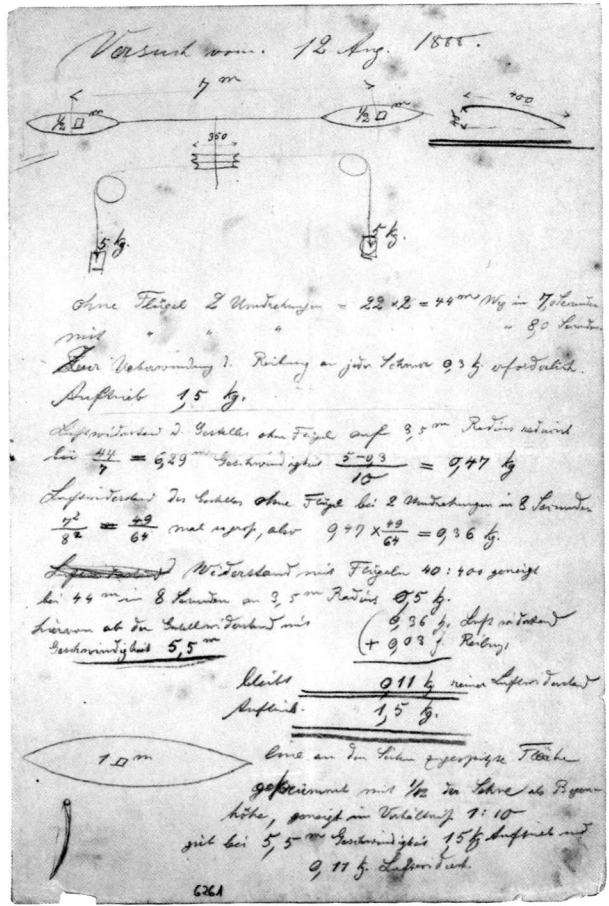

Abb. 258: Skizze und Berechnungen zu Versuchen am großen Rundlaufapparat, 12.8.1888 (Kat.-Nr. 110)

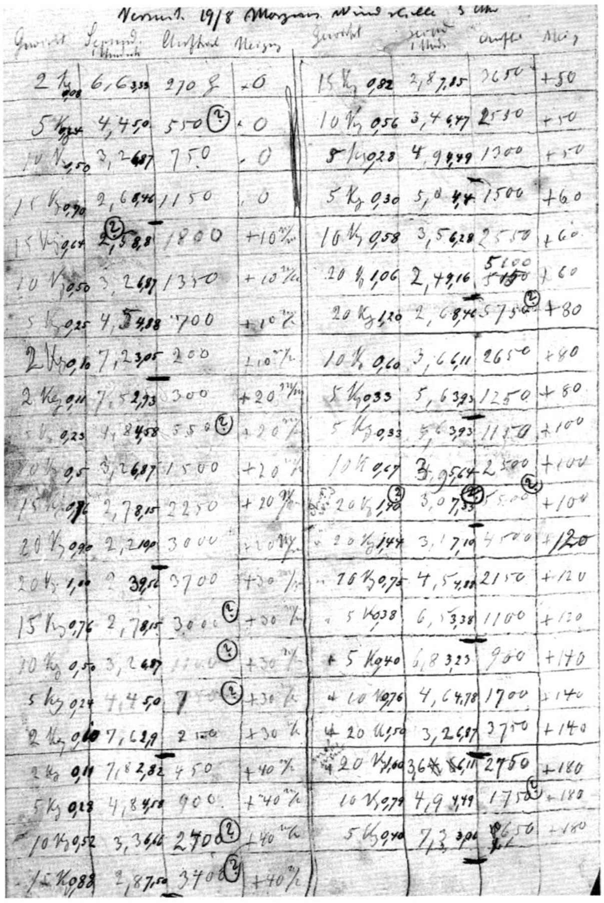

Abb. 259: Meßprotokoll zu Versuchen am großen Rundlaufapparat,
19.8.1888 (Kat.-Nr. 110)

Dargestellt sind die Ergebnisse von Luftkraftmessungen am Rundlaufapparat von 7 m Durchmes-
ser mit 2 Versuchsflächen von je $^1/_2$ m^2 Flügelfläche vom August 1888.

Eine Skizze (Abb. 258) zeigt den Antrieb des
Dreharms durch zwei Ablaufgewichte. Bei einer
Umfangsgeschwindigkeit von 5,5 m/s an einem
Radius von 3,5 m treten dort z. B. 0,39 kg Luftwiderstand und Reibungskraft der Versuchsanordnung allein auf, was als Korrektur bei der Ermittlung der Widerstände von Flügeln berücksichtigt
werden muß (siehe auch Kat.-Nr. 104, Bl. 2).

Als charakteristisches und wichtiges Meßergebnis
hält Lilienthal neben einer Zeichnung eines Flügels mit 1 m^2 Flügelfläche fest:

»Eine an den Seiten zugespitzte Fläche, gekrümmt
mit $^1/_{12}$ der Sehne als Bogenhöhe, geneigt im Verhältnis 1:10, gibt bei 5,5 m Geschwindigkeit
1,5 kg Auftrieb und 0,11 kg Luftwiderstand.«

Eine Bemerkung über einem Meßprotokoll »Versuch 19/8 morgens Windstille 5 Uhr« (Abb. 259)
deutet darauf hin, daß die Rundlaufversuche im
Freien stattgefunden haben, und der Wind als Stör-
faktor möglichst ausgeschlossen werden sollte.

Unter anderem wurden folgende Flügel vermessen:

– ebene Holzflügel,
– zugeschärfte Holzflächen mit einer Wölbung
  von 2, 10, 18 und 25 mm,
– Messingblechflügel,
– Flügel mit runder Vorderkante aus Weidenholz-
  gerüst.

Mit den Messungen am großen Rundlaufapparat
sind trotz der grundsätzlichen Problematik dieser
Methode sicher die genauesten Luftkraftmessungen dieser Zeit durchgeführt worden. Die technischen Kenntnisse und die gute Beobachtungsgabe
Lilienthals haben ein Maximum an Aussagekraft
bei den Meßergebnissen ermöglicht.

111   Abb. 260

Grafische Darstellung von im Wind gemessenen Luftkräften eines Tragflügels, 1888

Kurvenblatt mit Skizze und Beschriftung, Bleistift auf Detailpapier, 72 × 33 cm, Datierung: 4.11.88; Signatur: Versuch v.
4/11 88 Wind 3–6 m. BN 46592; TZ 04375

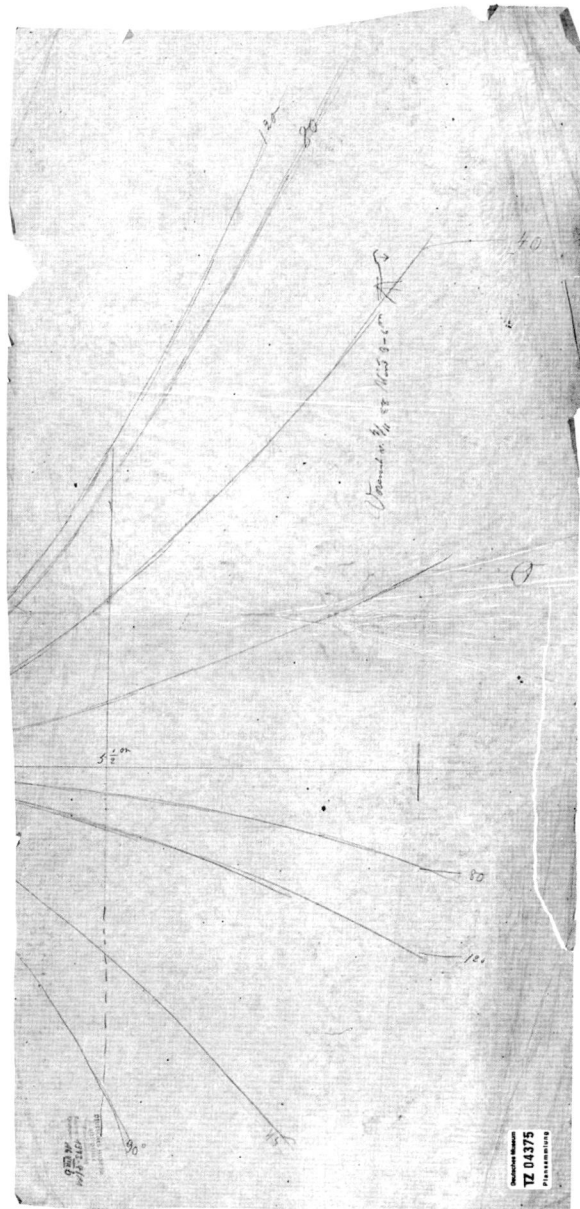

Abb. 260: Grafische Darstellung von im Wind gemessenen Luftkräften eines Tragflügels, 1888 (Kat.-Nr. 111)

Die Auftragung zeigt oben Auftriebskurven und unten Widerstandskurven eines Tragflügels bei unterschiedlichen Anstellwinkeln als Funktion der Windgeschwindigkeit. Die Geschwindigkeit $5^{1}/_{2}$ m/s ist besonders hervorgehoben. Die Zahlen an den Kurven beziehen sich auf die Neigung des gewölbten Flügels. Die verwendete Meßanordnung ist flüchtig skizziert.

112   Abb. 261

Polarendarstellung der Luftkräfte eines gewölbten Flügels, ca. 1888

Kurvenblatt mit Profilskizze, Bleistift auf Zeichenpapier, 33 × 42 cm, undatiert. BN 46589; TZ 04364

Das Diagramm zeigt für eine Tragfläche mit $^{1}/_{12}$ Wölbung auf der rechten Seite als durchgezogene Kurve die resultierenden Luftkräfte bei unterschiedlichen Anstellwinkeln in Polarendarstellung (windfestes Achsensystem), auf der linken Seite als gestrichelte Kurve denselben Luftkraftverlauf im flügelfesten Achsensystem.

Diese von Lilienthal eingeführte grafische Darstellung von Größe und Richtung der gemessenen Luftkraftresultierenden in Polarkoordinaten hat sich als besonders zweckmäßig erwiesen. Man kann dabei zu jedem Anstellwinkel sofort, außer der Luftkraftresultierenden, auf der horizontalen Achse die Widerstandskomponente und auf der vertikalen Achse die Auftriebskomponente finden und so auch direkt das für die aerodynamische Güte wesentliche Verhältnis von Auftrieb zu Widerstand erkennen.

Für flugmechanische Betrachtungen ist die Darstellung der Kräfte in einem windfesten Bezugssystem, so wie sie bei den Messungen mit den Rundlaufapparaten und im natürlichen Wind direkt erfaßt werden, am geeignetsten und bis heute als Polarendarstellung in der Flugzeugaerodynamik allgemein üblich.

Zur Ermittlung der Arbeit beim schlagenden Flügel ist eine Darstellung der Luftkräfte in einem flügelfesten Bezugssystem zweckmäßig. Lilienthal verwendete eine einfache geometrische Konstruktion zur Umwandlung von Luftkräften aus dem windfesten in das flügelfeste Bezugssystem.

Eine besondere Erleichterung beim Umgang mit gemessenen Luftkräften führte Lilienthal zusätzlich dadurch ein, daß er alle Kräfte auf eine eindeutig definierte Bezugskraft, nämlich den Widerstand bei Anströmung quer zur Tragfläche, bezog. Damit werden unter verschiedenen Bedingungen experimentell ermittelte Kräfte direkt untereinander vergleichbar. Eine ähnliche Darstellung von Luft-Kräften in Form dimensionsloser Beiwerte ist heute international üblich.

In Lilienthals Buch »Der Vogelflug als Grundlage der Fliegekunst« ist z. B. als charakteristische Information über einen Tragflügel in Tafel V einmal in der Fig. 1 die Polare eines $^{1}/_{12}$ gewölbten Flügels im windfesten Bezugssystem (Widerstandskomponente in Windrichtung, Auftriebskomponente senkrecht zur Windrichtung nach oben), dann in Fig. 2 derselbe Verlauf der resultierenden Luftkraft im flügelfesten Bezugssystem (Tangentialkraftkomponente in Richtung der Flügelebene nach hinten, Normalkraftkomponente senkrecht zur Flügelebene nach oben) dimensionslos dargestellt.

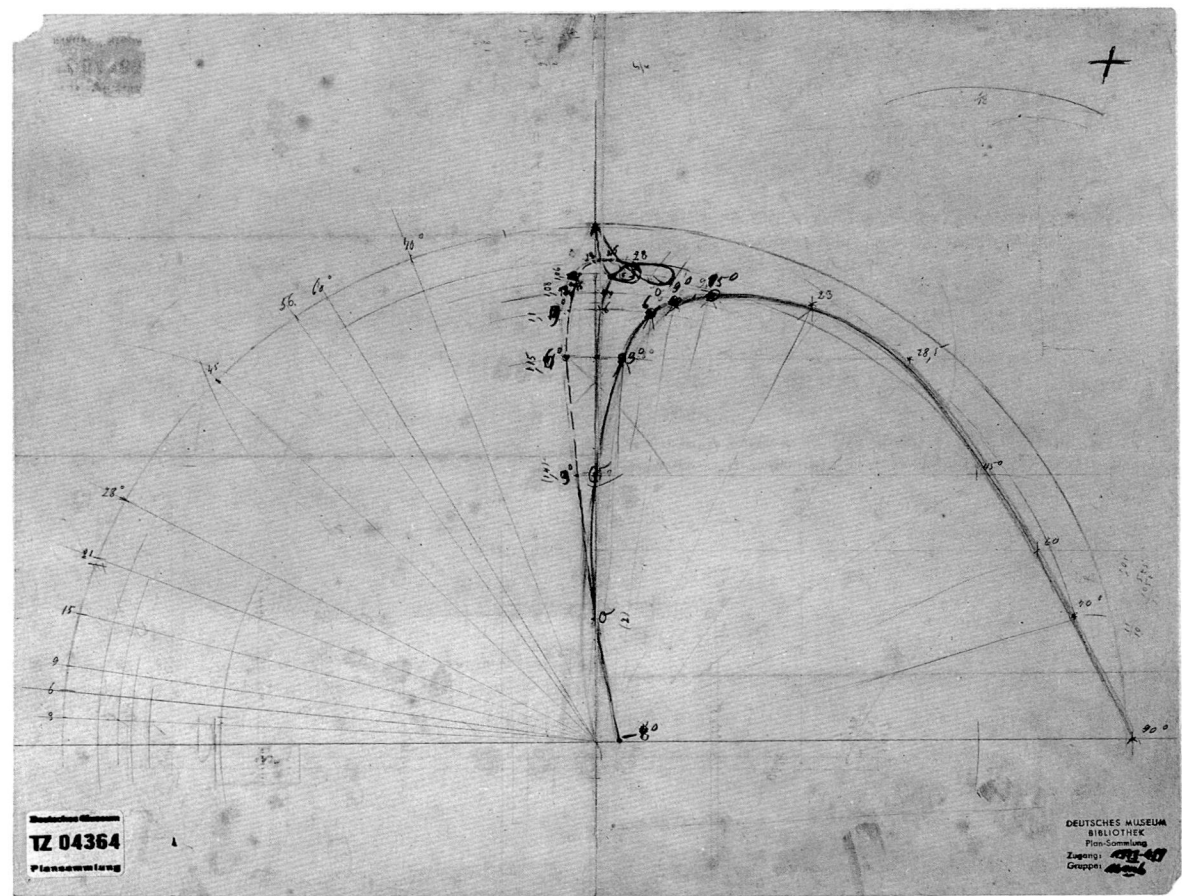

Abb. 261: Polarendarstellung der Luftkräfte eines gewölbten Flügels, ca. 1888 (Kat.-Nr. 112)

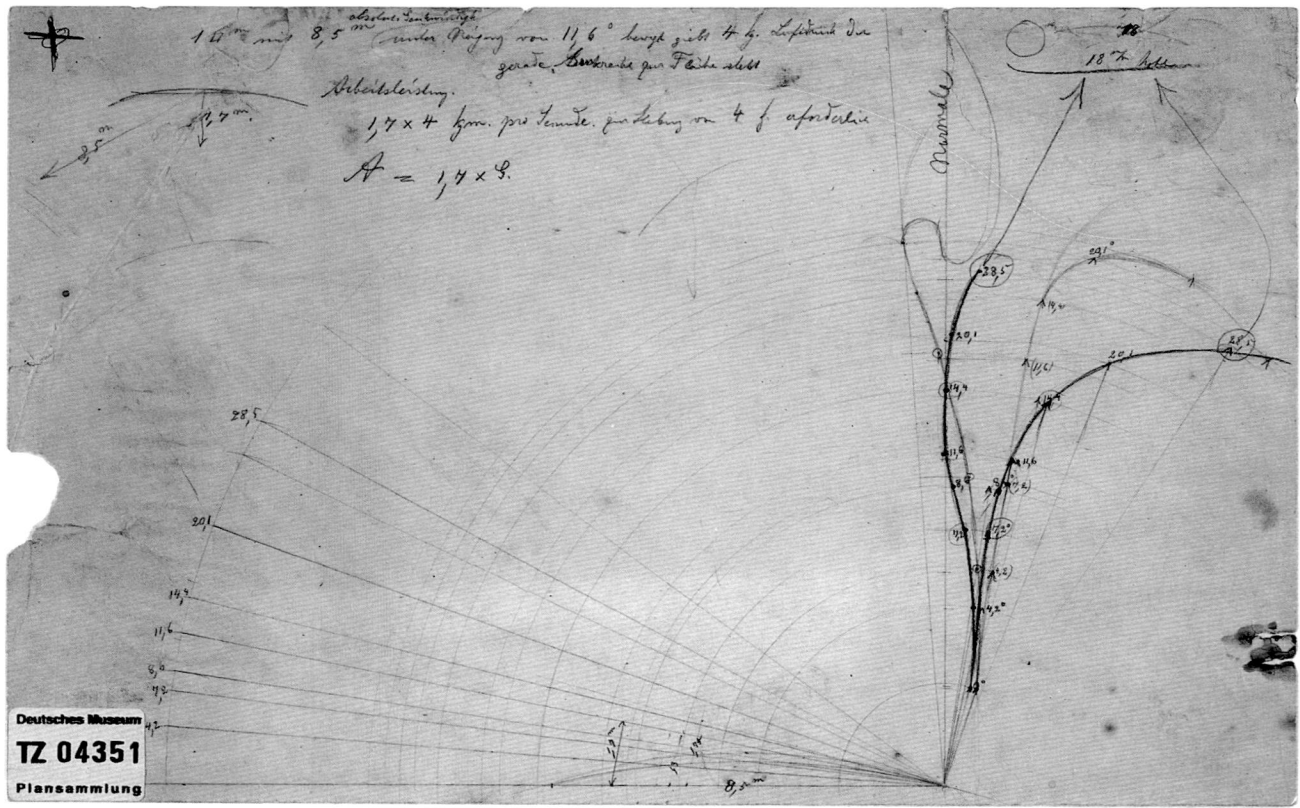

Abb. 262: Polarendarstellung der Luftkräfte eines gewölbten Flügels mit Berechnung der Flügelschlagarbeit (Kat.-Nr. 113)

113   Abb. 262

Polarendarstellung der Luftkräfte eines gewölbten Flügels mit Berechnung der Flügelschlagarbeit

Kurvenblatt mit Skizzen und Berechnungen, Bleistift und blauer Buntstift auf Zeichenpapier, 21 × 33 cm, undatiert. BN 46586; TZ 04351 (Rückseite: TZ 04352).

Das Kurvenblatt enthält für zwei unterschiedliche Flügel, davon einer mit 18 mm Wölbung (blaue Kurven), die Luftkräfte in Polarendarstellung im windfesten System (rechts Kurvenpaar) sowie im flügelfesten System (linkes Kurvenpaar).
Links oben auf dem Blatt befindet sich eine Skizze eines Flügels, wobei die Anströmgeschwindigkeit mit 8,5 m/s die mittlere Flügelschlaggeschwindigkeit mit 1,7 m/s eingezeichnet sind.
Für eine Fläche von 1 m² wird entsprechend die Luftkraft zu 4 kg und die Flügelschlagarbeit zu 1,7 × 4 kg errechnet.

114   Abb. 263

Skizze zur Berechnung von Luftkräften an einer Versuchsanordnung

Maßskizze mit Berechnungen, Bleistift auf Zeichenpapier, 42 × 33 cm, undatiert. BN 46590; TZ 04365.

Die Skizze zeigt links eine Anordnung mit mehreren widerstandserzeugenden Flächen, deren Hebelarme zu einer Bezugslinie vermaßt sind. Für die Flächen wird jeweils nach der Gleichung »Luftkraft = 0,13 · Fläche · Anströmgeschwindigkeit zum Quadrat« eine Widerstandskraft errechnet. Auf dem Blatt rechts oben ist ein gewölbter, schräg von unten angeströmter Flügel skizziert.
Wahrscheinlich war der Zweck der dargestellten Untersuchung, eine Kräfte- oder Momentenbilanz abzuschätzen für eine Versuchseinrichtung wie z. B. einen Rundlaufapparat oder eine Waage für Messungen im natürlichen Wind.

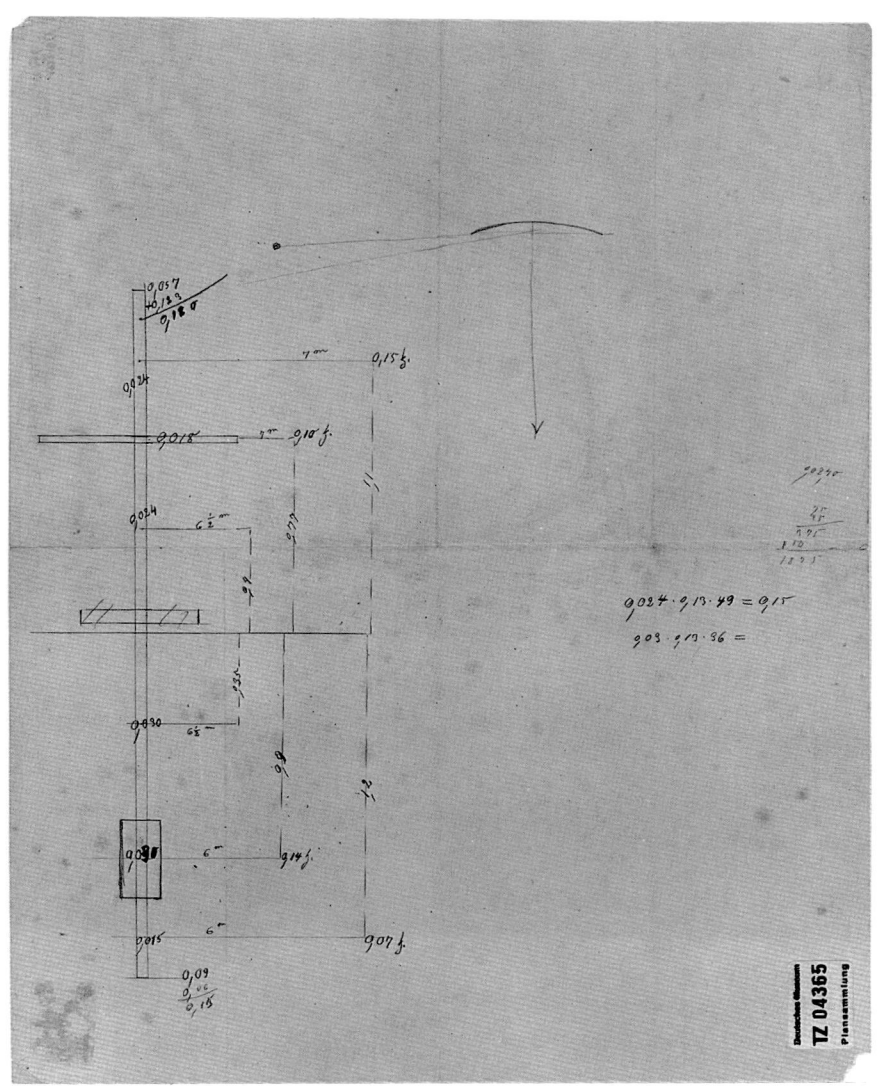

Abb. 263: Skizze zur Berechnung von Luftkräften an einer Versuchsanordnung (Kat.-Nr. 114)

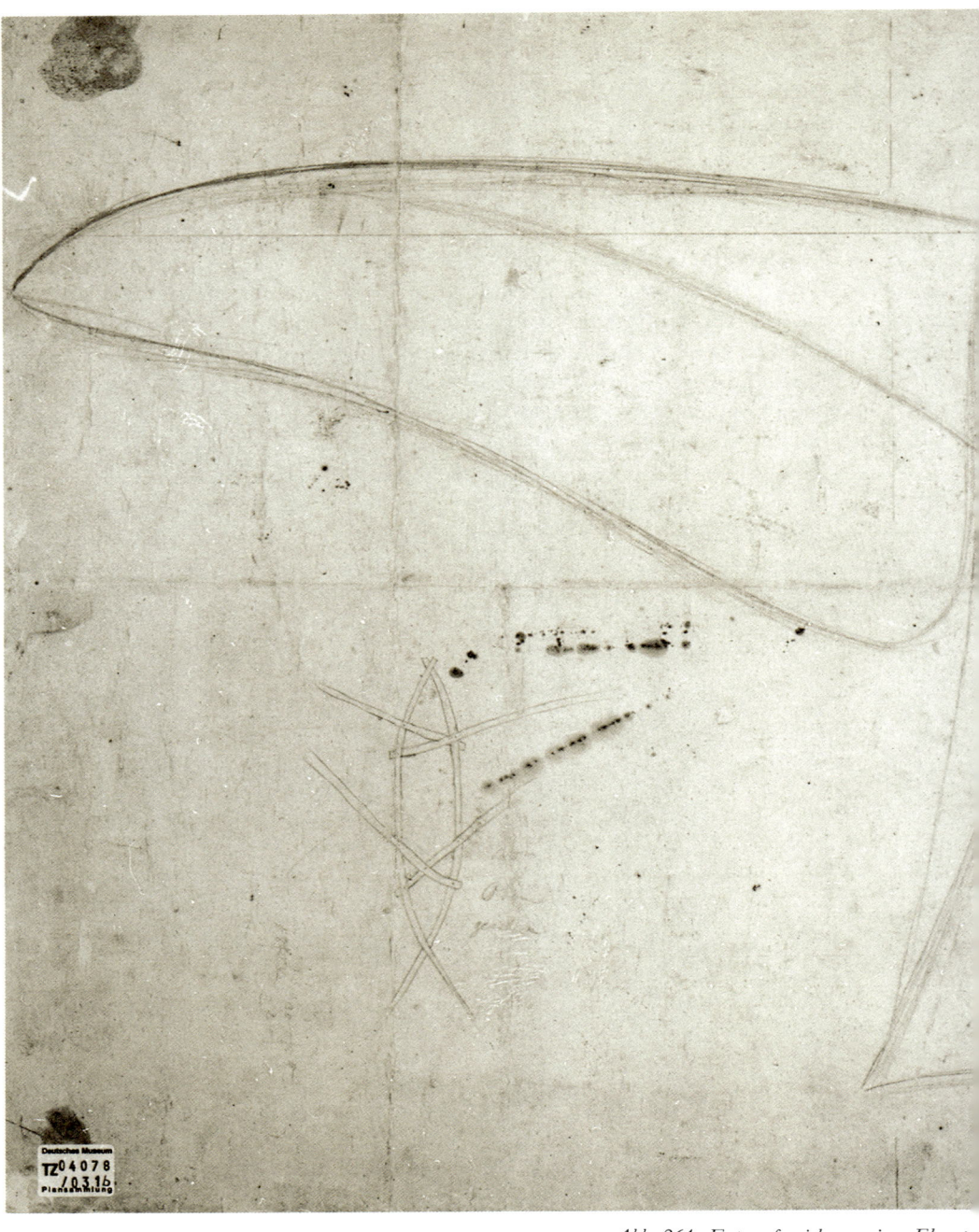

Abb. 264: Entwurfszeichnung eines Flugap

ENTWÜRFE VON SCHLAGFLÜGEL-APPARATEN

115   Abb. 264

Entwurfszeichnung eines Flugapparates in der Form eines Vogels, ca. 1873

Bleistiftzeichnung auf Zeichenkarton, 58 × 93,5 cm, undatiert. BN 01388; TZ 04078.031 b (Rückseite: Kat.-Nr. 116, TZ 04078.031 a).

Die Zeichnung gibt wahrscheinlich ein flügelschlagendes Flugmodell von der Größe eines Stor-

ches (Maßstab etwa 1 : 2) aus dem Jahr 1873 wieder. Lilienthal soll mehrere solcher Modelle freifliegend erprobt haben, wobei die Flügelschläge durch Federkraft oder eine Dampfmaschine bewirkt wurden (Schwipps: Der Mensch fliegt, S. 30). Geometrie und Bauweise lehnen sich an früher von Lilienthal verwendete Drachen an (»Vogelflug«, S. 134, Abb. 64).

Wahrscheinlich zu einem späteren Zeitpunkt sind in die Zeichnung an der Flügelwurzel flüchtig zwei Maße von 500 mm eingetragen worden, was auf ein wesentlich größeres Fluggerät mit etwa 4,5 m Spannweite hinweist. Ein Schlagflügelappa-

rm eines Vogels, ca. 1873 (Kat.-Nr. 115)

rat dieser Größe würde viel kräftigere Holme erfordern als in der Zeichnung dargestellt. In welcher Form ein Fluggerät dieser Form verwirklicht
worden ist, wissen wir nicht.

116   Abb. 265

Detailzeichnung einer Dampfmaschine
für ein Schlagflügelflugzeug, 1873

Technische Zeichnung mit Beschriftung (zum Teil in Kurzschrift), Tusche aquarelliert und Bleistift auf Zeichenkarton,
58 × 93,5 cm, Datierung: Berlin 26.9.1873; Signatur: siehe
unten. BN 01384; TZ 04078.031 a (Rückseite: Kat.-Nr. 115,
TZ 04078.031 b).

Die Zeichnung ist bezeichnet als »Cylinderver-
sprengung mit Geradführung, Leitrollen und
Pumpen zur Dampfflugmaschine von 15 kg Gesamtgewicht, Berlin d. 26.9.1873. Otto Lilienthal«.
Vermutlich handelt es sich um die Zeichnung einer
kleinen Dampfmaschine, die Otto Lilienthal 1871
oder 1872 für den Antrieb von Flugmodellen
baute. Diese Maschine wog mit Kessel, Wasser und
Brennmaterial für ca. 10 Minuten Arbeitsdauer
15 kg. (Nach K.-D. Seifert: Der Maschinenbauingenieur und Fabrikant Otto Lilienthal, S. 56.)
Siehe auch Kat.-Nr. 117 zum Vergleich.

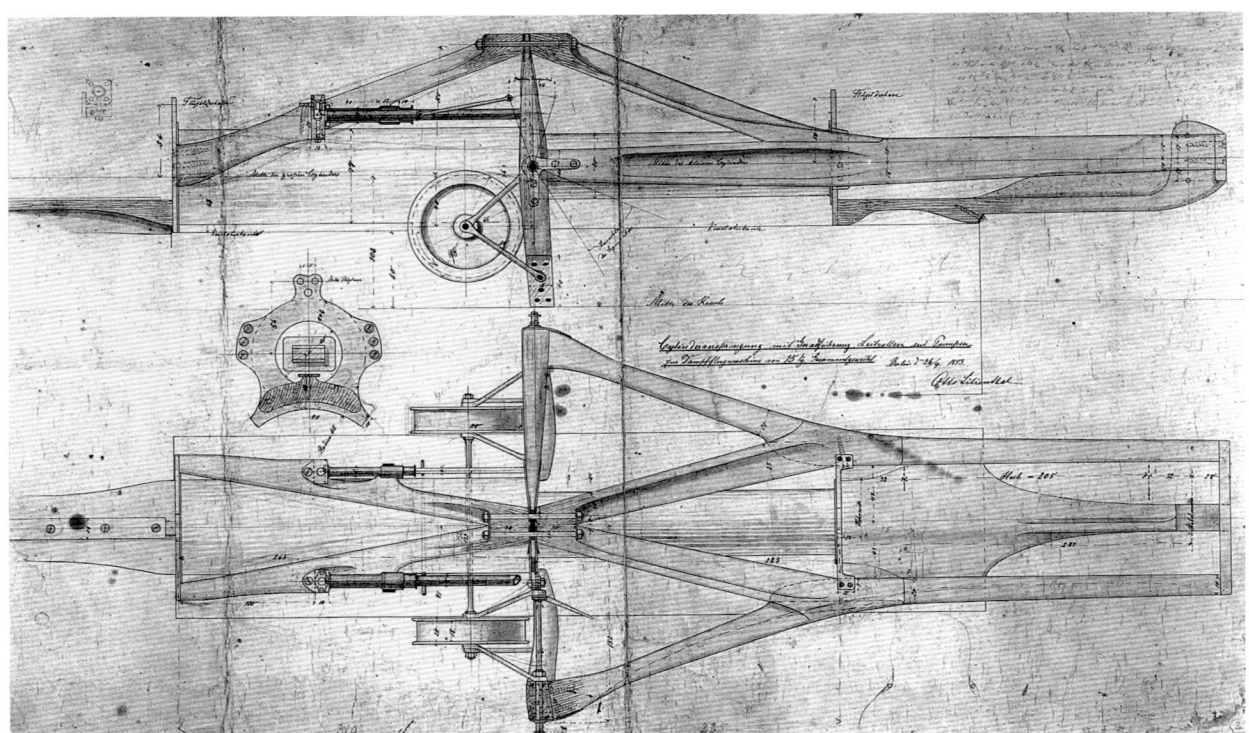

Abb. 265: Detailzeichnung einer Dampfmaschine für ein Flugzeug, 1873 (Kat.-Nr. 116)

117   Abb. 60

Detailzeichnung einer Dampfmaschine für ein Schlagflügelflugzeug, 1873

Technische Zeichnung mit Skizze, Tusche aquarelliert bzw. Bleistift auf Zeichenkarton, Maßstab 1 : 1, 40 × 57,5 cm, undatiert; Signatur: siehe unten. BN 02565; TZ 04079 a (Rückseite: Kat.-Nr. 98).

Es handelt sich um die Zeichnung eines Teilstücks der unter Kat.-Nr. 116 beschriebenen kleinen Dampfmaschine. Der große Kreis stellt einen Querschnitt durch den zylinderförmigen Dampf-kessel, der kleinere den eigentlichen Dampfzylin-der dar.
An der Seite des Blattes befinden sich Skizzen, die offensichtlich später angebracht wurden und nicht direkt der Tuschezeichnung zugeordnet sind.
Siehe Kat.-Nr. 116 zum Vergleich.

118   Abb. 266

Studien zu einer Schlagflügelanordnung, ca. 1888

Skizze mit stenografischen Angaben, Bleistift auf Papier, 1 Seite, 33 × 21 cm, undatiert. BN 46912; HS 6266 b (Vorder-seite: HS 6266 a, Kat.-Nr. 89).

Die Skizze mit Maßangaben zeigt ein System von zwei um eine gemeinsame Achse gegeneinander bewegten, ineinander kämmenden Reihen von Schlagflügeln. Die einzelnen Schlagflügel sind

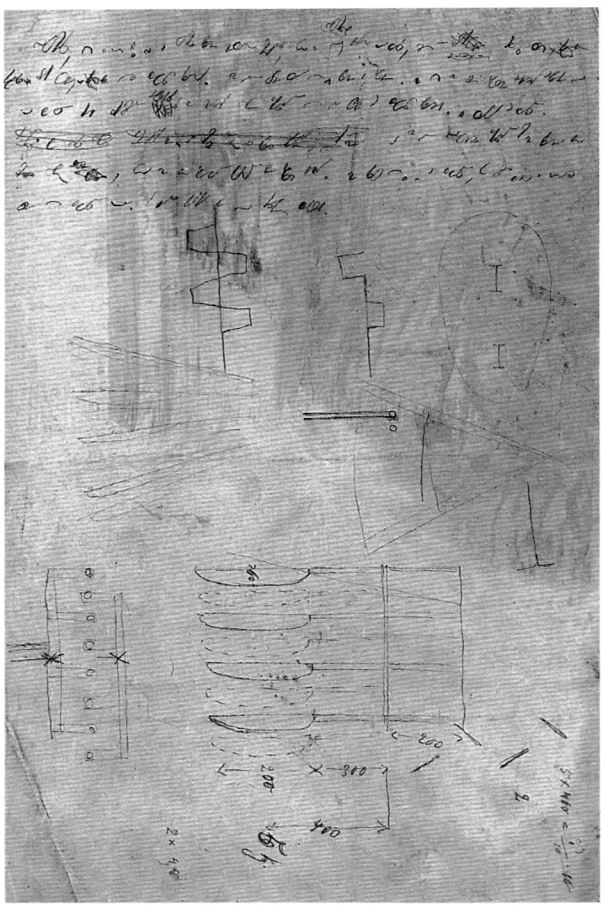

Abb. 266: Studien zu einer Schlagflügelanordnung, ca. 1888 (Kat.-Nr. 118)

200 × 30 mm groß. Daneben sind als Diagramme vermutlich alternative zeitliche Verläufe für die Schlagbewegungen gezeichnet.

Lilienthals eigenhändige stenografische Notiz links auf dem Blatt steht in keinem direkten Zusammenhang mit der Schlagflügelstudie:

»[...] entwickelt, daß der Mensch nur dann zum wirklichen Fliegen gelangen könnte, wenn er ein einfacheres [?] System würde wählen, welches ihn zwar nur langsam, dafür aber schrittweise und sicher vorwärtsbringt. Mit einem Schlage läßt sich das Fliegen nicht erfinden. Er muß mit geringen Erfolgen zunächst zufrieden sein und vor allem danach trachten, zuvörderst mit möglichst einfachen Apparaten sich eine gewisse Zeit vorwärtsfliegend in der Luft zu halten. Schon mit einem unbeweglichen Apparate kann man Flüge von kleineren Entfernungen zurücklegen, wenn man von erhöhtem Punkte seinen Abflug nimmt. Man braucht sich nur so zu verhalten, wie jeder Vogel in ähnlicher Lage sich verhalten würde. Die Natur bietet hier ein direktes Vorbild.«

119   Abb. 267

Studien über den Antrieb einer »künstlichen Taube« mit Schlagflügeln durch einen Gummimotor, ca. 1888

Meßprotokolle, Skizzen und Berechnungen (S. 1–3), Bleistift auf Papier/Manuskript (S. 4), Tinte auf Papier, 2 Blätter (insgesamt 4 Seiten), 33 × 21 cm, undatiert. BN 47114 (S. 1); BN 46640 (S. 4); HS 6272.

Auf S. 1 (Abb. 267) ist eine Drehmomentmessung an einem 500 mm langen Gummimotor (10 m Gummifäden von 2 mm² Querschnitt in 20 Strängen, insges. 40 g) skizziert und protokolliert. Aus dem Ergebnis leitet Lilienthal ab, daß 1 kg Gummi in einem Gummimotor eine Arbeit von 150 kgm liefern kann.

Auf S. 2 und 3 wird ein etwa vogelgroßer Flugapparat mit Schlagflügeln und Gummimotorantrieb ausgelegt: »Die künstliche Taube muß daher über 10 Secunden fliegen. Vielleicht erhält man 4 Flügelschläge in der Secunde und 40 Schläge im Ganzen.«

Auf S. 4 befinden sich wohl ohne Zusammenhang mit S. 1–3 Skizzen, die für unterschiedlich große Anstellwinkel das Kräftegleichgewicht an einem Schlagflügel in Richtung der Flügelnormale sowie in horizontaler und vertikaler Richtung darstellen.

Auf S. 4 befinden sich außerdem handschriftliche Bemerkungen über den ersten Vortrag Lilienthals über Schlangenrohrkessel, gehalten auf einer Sitzung des »Vereins zur Förderung der Luftschifffahrt« am 5. 6. 1886 in Berlin. Es handelt sich wahrscheinlich um die letzte Seite des lithographierten Sitzungsprotokolls, die Lilienthal später einfach als Schreibpapier benützte.

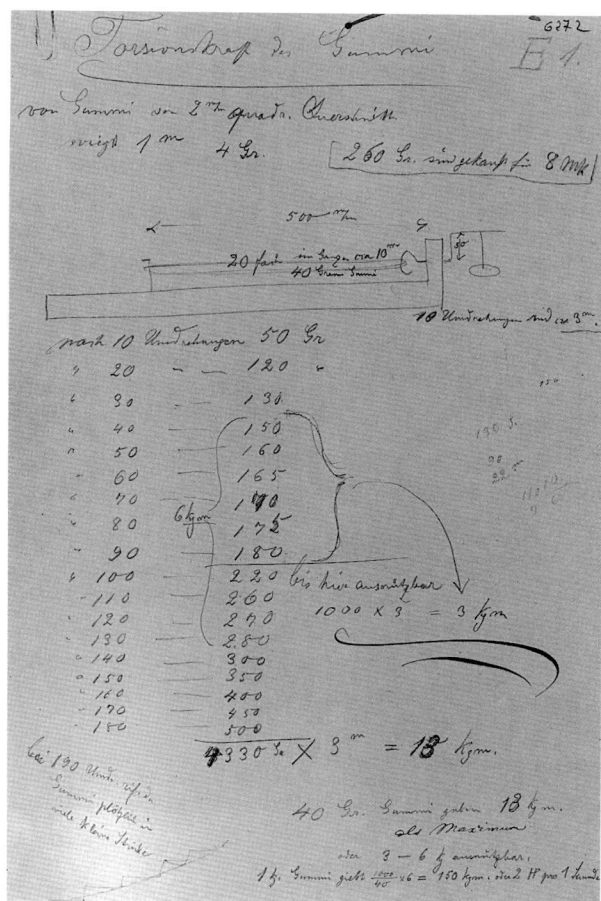

Abb. 267: Meßprotokoll zur Drehmomentmessung an einem Gummimotor, ca. 1888 (Kat.-Nr. 119)

120   Abb. 268

Entwurfszeichnung eines Schlagflügelflugzeugs, ca. 1889/90

Zeichnung, Bleistift, teilweise mit Tusche ausgezogen, auf Papier, 33 × 42 cm, undatiert. BN 02694; HS 6276(d).

Entwurf eines vogelähnlichen Apparats von 10 m Spannweite, 1,5 m Flügeltiefe an der Wurzel und einer Flügelfläche von etwa 8 m². Der Entwurf entstand vermutlich vor 1890. Das Projekt wurde nicht realisiert.

Der Antrieb des Flügelschlagmechanismus erfolgt durch die Auf- und Abbewegung der Beine des Piloten mittels steigbügelartiger Seilzüge (siehe Kat.-Nr. 121–126).

121   Abb. 269

Vorderansicht eines Schlagflügels

Zeichnung, Bleistift auf Papier, 21 × 33 cm, undatiert. BN 2307 (oben); HS 6276(c).

Dargestellt ist die Vorderansicht des Schlagflügels von Kat.-Nr. 120 (Abb. 268) mit Antriebsrolle, He-

Abb. 268: Entwurfszeichnung eines Schlagflügelflugzeugs, ca. 1889/90 (Kat.-Nr. 120)

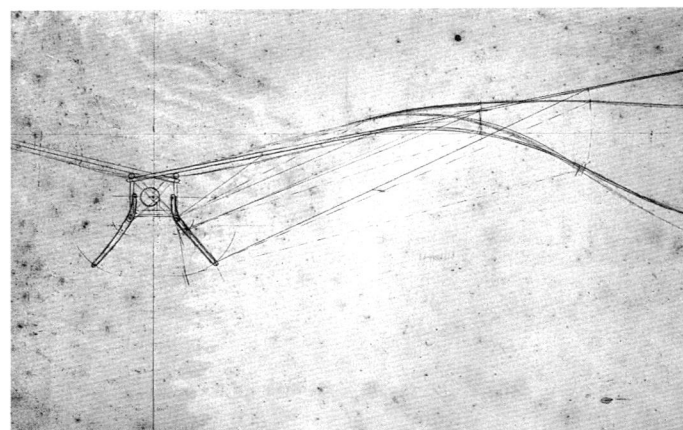

Abb. 269: Vorderansicht eines Schlagflügels (Kat.-Nr. 121)

beln und Zugdrähten für den Flügelschlag. Es sind die Endstellungen des Schlagflügels gezeichnet.

122   Abb. 270

Darstellung des Fußantriebs für ein Schlagflügelflugzeug

Perspektivische Skizze, Bleistift auf Papier, 33 × 21 cm, undatiert. BN 2087; HS 6276(a) (Rückseite: Kat.-Nr. 123).

Die Skizze zeigt detailliert, wie sich Lilienthal den Antrieb eines Flügelschlagapparates, Kat.-Nr. 120 und 121, durch Menschenkraft vorstellte. Die Beine bewegen einen steigbügelartigen Seilzug auf und ab, der eine Antriebsrolle in eine alternierende Bewegung versetzt. Kuppelstangen wandeln die rotierende Bewegung in eine translatorische um und treiben die Hebel an, an denen die Zugdrähte zu den Flügeln befestigt sind. Die Hebel und die Antriebsrolle sind auch in Kat.-Nr. 121 zu erkennen. In die Zeichnung sind Bewegungsausschläge und Schnittkräfte eingetragen.

123   Abb. 271

Kräfte auf einem Schlagflügel

Skizze mit Kräfteplan, Bleistift auf Papier, 21 × 33 cm, undatiert. BN 2090; HS 6276(b) (Rückseite: Kat.-Nr. 122).

Die Skizze zeigt unten die Draufsicht auf einen Schlagflügel entsprechend Kat.-Nr. 120. Die auf einzelne Abschnitte der Flügelhälfte wirkenden Kräfte beim Abschlag sind eingezeichnet. Insgesamt ergeben sich für die Flügelhälfte 54 kg Auftriebskraft. Im oberen Teil der Skizze sind in einer Vorderansicht die auf den Flügel wirkenden Kräfte aus der Draufsicht an den Angriffspunkten der Zugdrähte eingezeichnet und dazu die entsprechenden Zugkräfte in den Zugdrähten und die Druckkräfte in den Flügelholmen eingetragen.

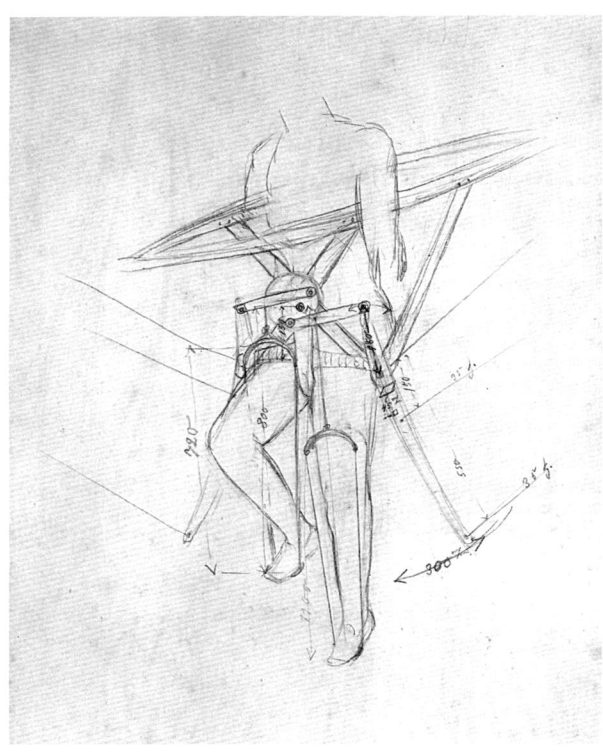

Abb. 270: Darstellung eines Fußantriebs für ein Schlagflügelflugzeug (Kat.-Nr. 122)

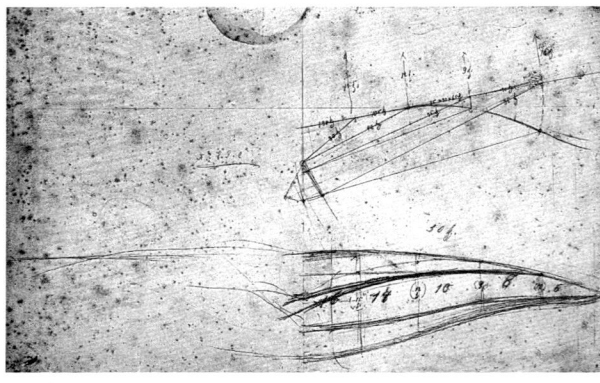

Abb. 271: Kräfte auf einem Schlagflügel (Kat.-Nr. 123)

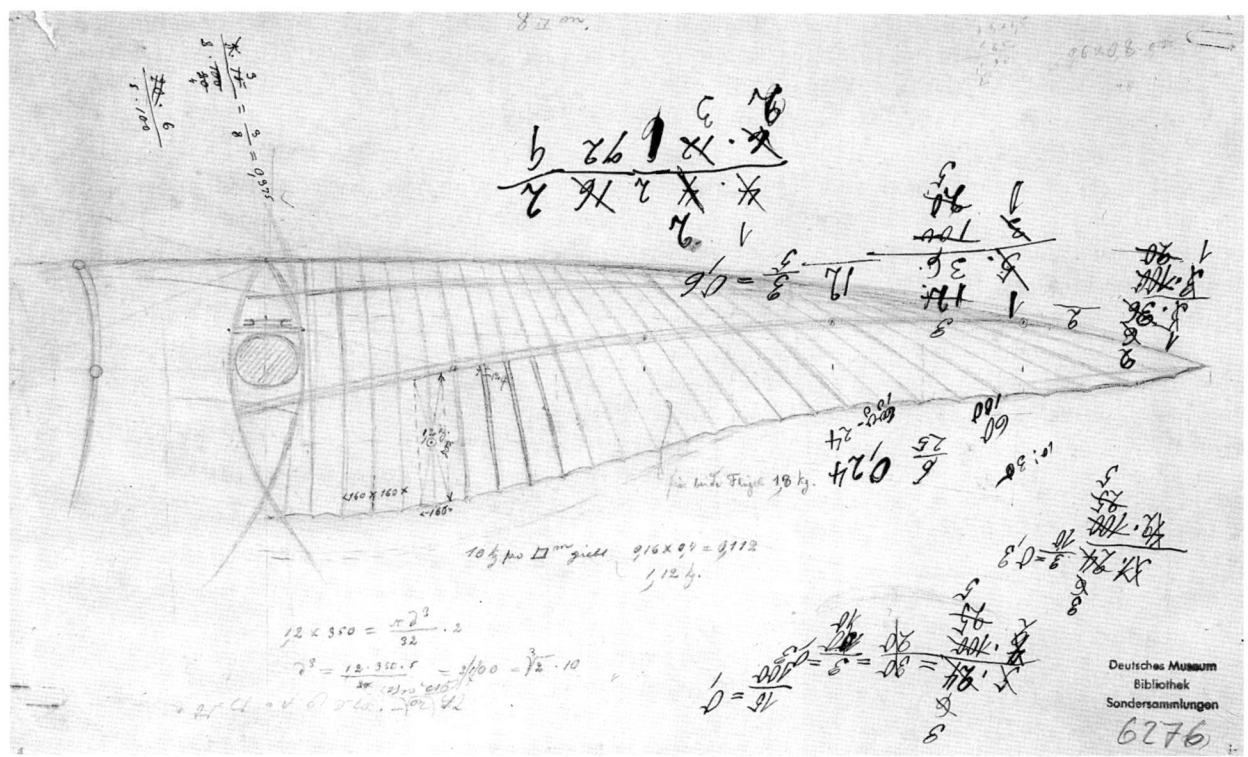

Abb. 272: Entwurf und Berechnungen zu einem Schlagflügelflugzeug (Kat.-Nr. 124)

124   Abb. 272

Entwurf und Berechnungen zu einem Schlagflügelflugzeug

Zeichnung, Bleistift auf Papier, in Tusche darüber Berechnungen, 2 Seiten (e) und (f), 21 × 33 cm, undatiert. BN 46612; HS 6276(e) (Rückseite: HS 6276(f)).

Die Zeichnung in Abb. 272 zeigt eine Variante des Schlagflügels von Kat.-Nr. 120, ebenfalls mit einer Spannweite von etwa 10 m und einer Flügelfläche von etwa 8 m². Für einen seitlichen Rippenabstand von jeweils 160 mm ist die aerodynamische Belastung der Rippenquerschnitte auf Höhe des hinte-

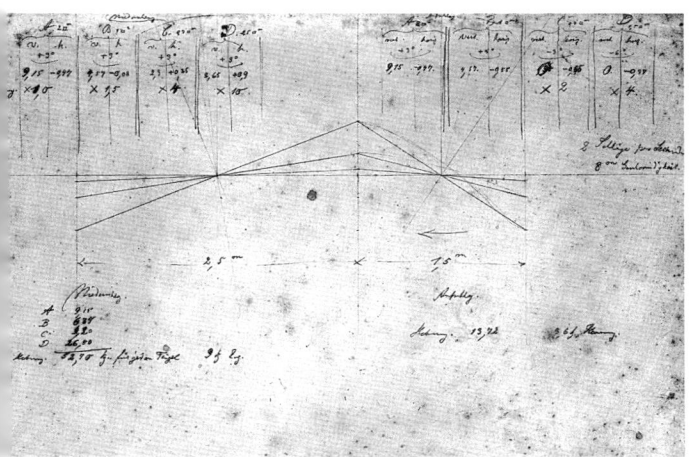

Abb. 273: Berechnungen zur Flugarbeit eines Schlagflügels (Kat.-Nr. 125)

ren Holms berechnet und aus der zulässigen Beanspruchung der Rippe ein erforderlicher Rippendurchmesser mit 12 mm abgeschätzt. Die aerodynamische Belastung des Tragflügels ist dabei mit durchschnittlich 10 kg/m² angenommen. Die Angabe an einer der mittleren Flügelrippen »für jeden Flügel 1,8 kg« bezieht sich vermutlich auf das Gesamtgewicht der Flügelrippen. Wahrscheinlich ohne Zusammenhang mit den vorstehenden Ausführungen in Bleistift sind in Tusche Zahlenrechnungen zugefügt.

Auf der Rückseite befinden sich Berechnungen für Schlagflügelapparate mit 10–12 m² Flügelfläche und zwar Berechnungen von Luftkräften und Flügelschlagarbeit. Die Erläuterungen zu den Rechnungen sind teilweise in Stenografie. Die Abmessungen der berechneten Apparate stimmen nicht mit der Zeichnung in Abb. 268 überein.

125   Abb. 273

Berechnungen zur Flugarbeit eines Schlagflügels

Skizze mit Berechnungen, Bleistift auf Zeichenpapier, 21 × 33 cm, undatiert. BN 2189; HS 6276(g).

In Tabellenform festgehalten sind die Berechnungsergebnisse für die »Flugarbeit« bei einem Flügelschlagapparat mit einer Flügelfläche von 8,4 m², bei 2 Schlägen pro Sekunde und einer

Geschwindigkeit von 8 m/s. Die Berechnung der Flugarbeit erfolgte entsprechend den Überlegungen Lilienthals im »Vogelflug«, Kap. 40, Berechnung der Flugarbeit (S. 158). Der betrachtete Flügel wird dabei in 4 Flächen (2,0; 1,0; 0,7 und 0,5 m²) aufgelöst. Eingetragen sind die vertikalen und horizontalen Komponenten der Luftkraft, die bei den vermerkten Winkeln wirken. Anscheinend erfolgt der Niederschlag bei einem konstanten Einstellwinkel von 3°, während der Flügel beim Aufschlag verwunden wird. Nach dieser Berechnung erfährt jeder Flügel beim Niederschlag eine hebende Kraft von 52,7 kg. Ebenfalls dargestellt ist der Weg der einzelnen Flächen bei Nieder- und Aufschlag.

126   Abb. 274

Zeichnung der Antriebsrolle eines Schlagflügelapparats

Zeichnung, Bleistift auf Zeichenpapier, 42 × 33 cm, undatiert. BN 46591, 00201 (= Ausschnitt); TZ 04366.

Die Zeichnung zeigt die Antriebsrolle des in Kat.-Nr. 122 dargestellten Schlagflügelantriebs mit Fußbetrieb. Es sind außer der Ruhestellung 7 Zwischenstellungen der Antriebsrolle gekennzeichnet. Siehe auch Kat.-Nr. 122, 121 und 120.

127   Abb. 275 u. 276

Schnittzeichnung eines Schlagflügels, ca. 1892

Skizze, Bleistift auf Papier, 21 × 131 cm (4 aneinandergereihte Blätter), undatiert. BN 2657 und 2681; HS 6275.

Die Skizze zeigt ein doppelseitig bespanntes Flügelprofil mit vier Holmen sowie mit konstruktiven Details. Im Gegensatz zu den in Kat.-Nr. 166 beschriebenen Profilen läuft das Flügelprofil zu beiden Enden hin spitz zu.

Es ist unklar, von welchen Überlegungen sich Lilienthal bei dieser Skizze leiten ließ. Denn bereits in seinem Buch über den »Vogelflug« war er zu der Erkenntnis gekommen, daß eine Verdickung des Flügels an der Vorderkante »besonders günstige Luftwiderstandsverhältnisse besitze, also viel hebenden und wenig hemmenden Widerstand gäbe«; freilich nur unter der Voraussetzung, daß

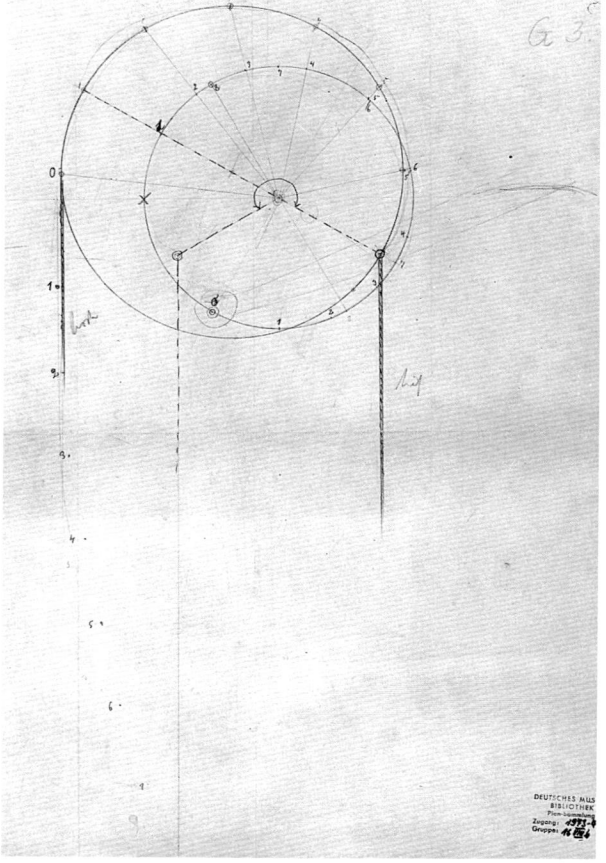

Abb. 274: Zeichnung der Antriebsrolle eines Schlagflügelapparats (Kat.-Nr. 126)

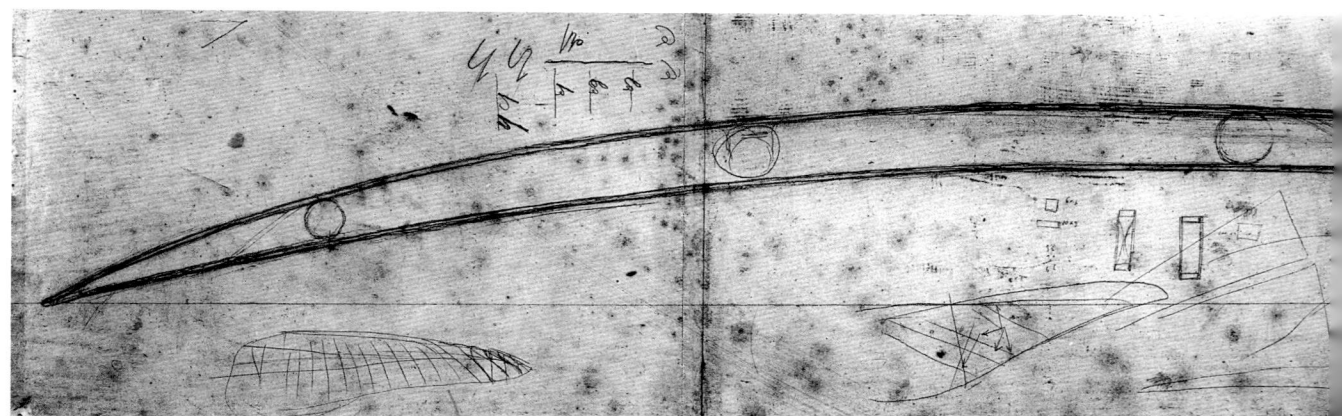

Abb. 275 und 276: Schnittzeichnung eines Schlagflügels, ca. 1892 (Kat.-Nr. 127)

die Flügelverdickung abgerundet sei (Lilienthal: Der Vogelflug, S. 95).

Einskizziert ist die Draufsicht eines Flügels, ähnlich dem in Kat.-Nr. 124. Daraus kann geschlossen werden, daß diese Profile den Studien zu einem Schlagflügelflugzeug zuzuordnen sind.

128 Abb. 277

Vermischte Aufzeichnungen, u. a. Schraubenflugzeug mit Tretkurbelantrieb

Skizzen, Berechnungen und (vorwiegend) stenografische Notizen, Bleistift und Tusche auf Papier, 7 Einzel- und 5 Doppelblätter (28 beschriebene Seiten), 1 Blatt 21 × 17 cm, 2 Blätter 12 × 28 cm, 4 Blätter 21 × 33 cm, 1 Doppelblatt 16 × 21 cm, 2 Doppelblätter 17,5 × 21 cm und 2 Doppelblätter 21 × 33 cm, undatiert. BN 46654 (Abb. 277) und 46655; HS 6279.

Die beiden Skizzen auf dem vierten Blatt (Abb. 277) zeigen Entwürfe für ein Schraubenflugzeug mit Tretkurbelantrieb. Die übrigen Skizzen beziehen sich auf »Berechnungen der beim Vogelflug zur Wirkung kommenden Kräfte«. Weitere Manuskripte finden sich zu

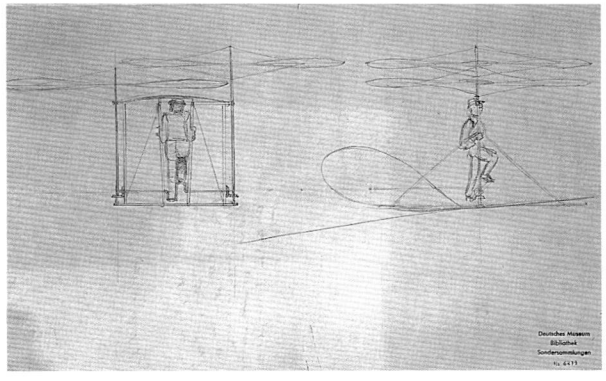

Abb. 277: Entwurf für ein Schraubenflugzeug mit Tretkurbelantrieb (Kat.-Nr. 128)

– Lilienthals Absicht, ein Buch über seine praktischen Flugversuche zu schreiben (siehe dazu Kat.-Nr. 142),
– Lilienthals Engagement zur Gründung eines Volkstheaters (siehe dazu Kat.-Nr. 46).

Die stenografischen Notizen und Manuskripte wurden 1989/90 von Hans Gebhardt transkribiert. Die Transkriptionen können in den Sondersammlungen des Deutschen Museums eingesehen werden.

MESSAPPARAT MIT ZYKLOIDENBEWEGUNG

129 Abb. 278

Zeichnung eines Rundlaufapparats für Luftkraftmessungen an cycloidenförmig rotierenden Versuchsflächen (Zykloidenapparat), 1895

Technische Zeichnung (Maßstab 1 : 10), Tusche auf Zeichenkarton, koloriert, 62 × 83 cm, Datierung: Berlin 29. 1. 95; Signatur: Rotirender Versuchs-Apparat mit Cycloiden Bewegung. BN 41023; TZ 04078.022.

Die Zeichnung zeigt einen Rundlaufapparat mit 5,5 m Außendurchmesser, bei dem sich auf einem mittleren Durchmesser von ca. 4,5 m zwei Tragflächen von 1 m Spannweite auf einer zykloidenförmigen Bahn im Kreis bewegen. Der Antrieb für die Drehung und die Messung der Antriebskraft sind nicht dargestellt, könnten aber wie bei den Rundlaufapparaten (Kat.-Nr. 102) durch Ablaufgewichte bewerkstelligt werden. Die Messung des Gesamtauftriebs ist ähnlich vorgesehen wie beim großen Rundlaufapparat.

Die Bewegung der Flügel gegenüber den Dreharmen des Rundlaufapparates wird durch ein Kegelradgetriebe auf der vertikalen Drehachse (Kat.-

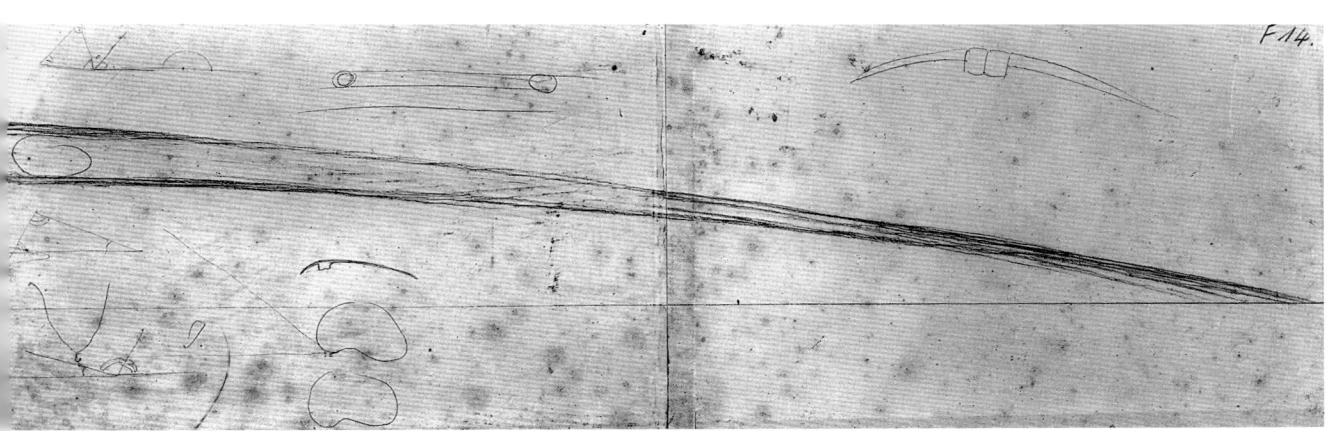

Nr. 132) und jeweils einen Kettenradantrieb am Flügel selbst (Kat.-Nr. 130 und 131) zwangsläufig gesteuert. Die Flügel erleiden dadurch periodische Veränderungen des Anströmwinkels und der Anströmgeschwindigkeit. Lilienthals Idee war es vermutlich, Luftkräfte bei schneller Änderung der Anströmung, wie es bei Schlagflügeln vorkommt, prinzipiell zu untersuchen. Bei Berechnungen zum Taubenflügel etwa 1888 (Kat.-Nr. 90) hatte Lilienthal aus Vergleichsrechnungen ja schon den Schluß gezogen, daß die Luftkräfte bei schnell veränderlicher Flügelbewegung sich wesentlich von den Kräften bei gleichmäßiger Bewegung unterscheiden.

Es ist nicht bekannt, ob der Zykloidenapparat gebaut und benutzt worden ist. Der Vermerk auf Kat.-Nr. 130 »4 × nach Zeichnung« deutet freilich darauf hin, daß er zumindest gebaut wurde.

130   Abb. 279

Detailzeichnung zum Antrieb der Versuchsflächen des Zykloidenapparats, 1895

Technische Zeichnung, Tusche auf Zeichenkarton, koloriert, 61 × 92 cm, Datierung: Berlin 6. 2. 95; Signatur: Details zum rot. Versuchsapparat. BN 41011; TZ 04078.006.

Die Zeichnung zeigt detailliert den Antrieb der rotierenden Versuchsfläche durch Kettenräder am Dreharm des Zykloidenapparats. Die Gesamtanordnung ist in Kat.-Nr. 129, die Kettenräder sind in Kat.-Nr. 131 dargestellt.
Die Zeichnung trägt den handschriftlichen Vermerk »4 × nach Zeichnung«.

131   Abb. 280

Detailzeichnung zum Kettenradantrieb der Versuchsflächen des Zykloidenapparats, 1895

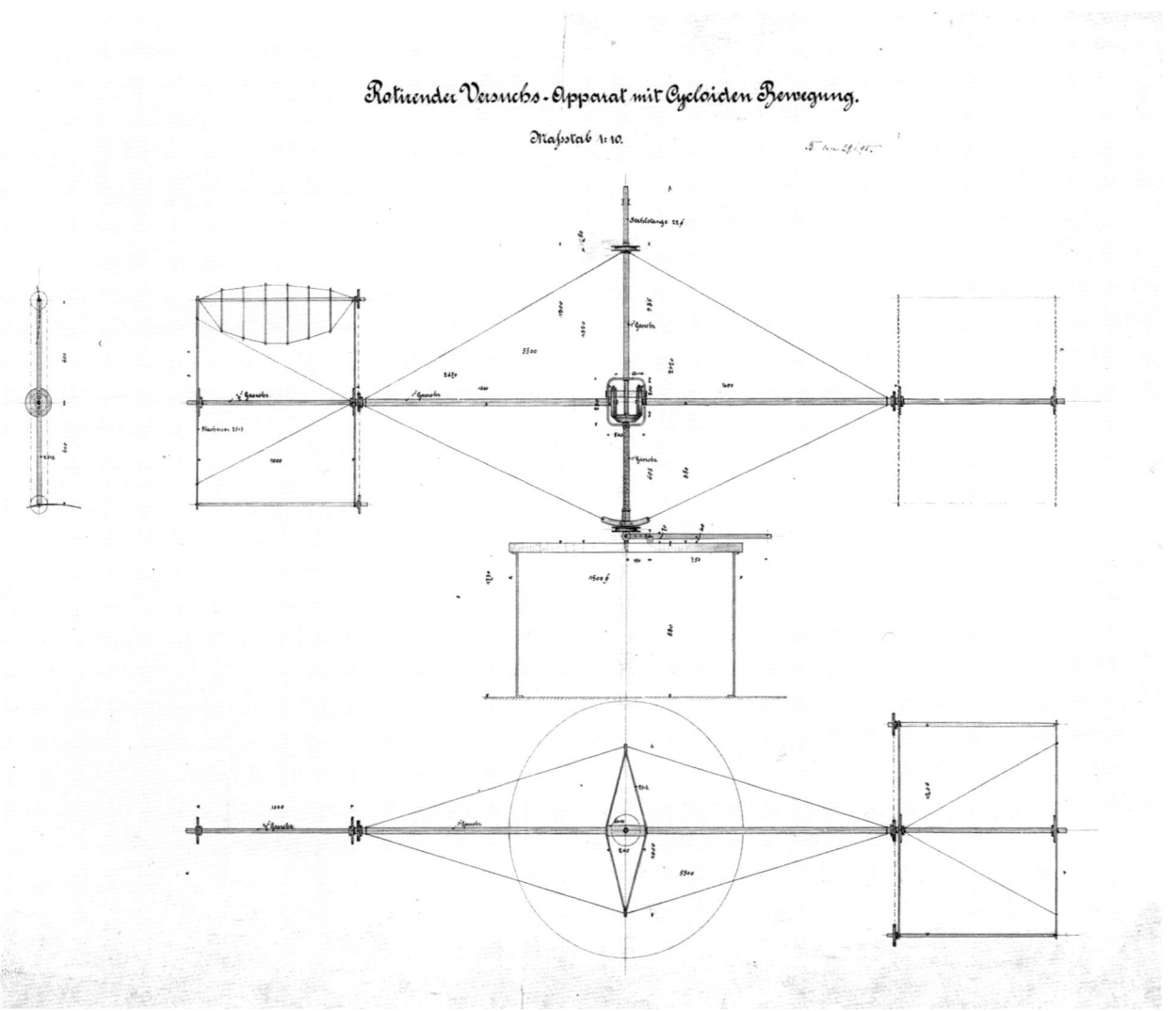

Abb. 278: Zeichnung eines Rundlaufapparats mit zykloidenförmiger Modellbewegung, 1895 (Kat.-Nr. 129)

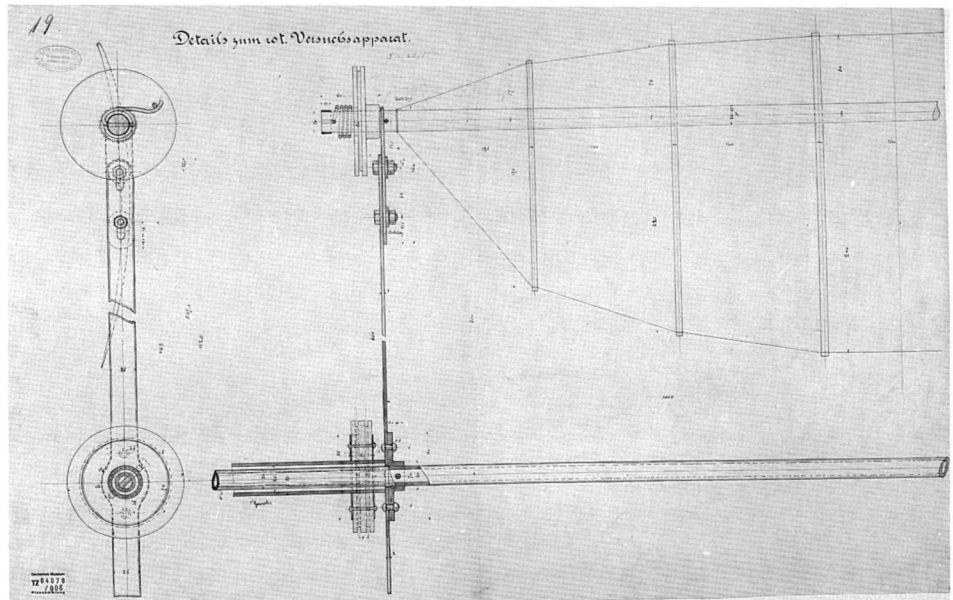

Abb. 279: Detailzeichnung zum Antrieb der Versuchsflächen des Zykloidenapparats, 1895 (Kat.-Nr.130)

Technische Zeichnung, Tusche auf Pausleinen, koloriert, 20 × 34,5 cm, Datierung: 29.1.95; Signatur: Hölzerne Kettenräder zum Versuchs-Apparat mit rotirenden Flügeln. BN 41024; TZ 04078.023.

Die Zeichnung zeigt detailliert die hölzernen Kettenräder zum Antrieb der rotierenden Versuchsflächen am Dreharm des Zykloidenapparats. Die Anordnung der Kettenräder ist in Kat.-Nr. 129 und 130 dargestellt.

132   Abb. 281

Detailzeichnung zum Hauptgetriebe und zur Kraftmeßwaage des Zykloidenapparats, 1895

Technische Zeichnung (Maßstab 1 : 1), Tusche auf Zeichenkarton, koloriert, 70 × 78,5 cm, Datierung: 30.1.95; Signatur: Details zum rot. Versuchsapparat mit Cycloiden Bewegung. BN 41012; TZ 04078.007.

Die Zeichnung zeigt die vertikale Hauptachse des Zykloidenapparats. Ein Kegelradgetriebe erzeugt die gegenläufige Drehung der Dreharme um ihre Achse.

Die ganze drehende Anordnung stützt sich über Rollen auf einem Waagebalken ab, mit dessen Hilfe die von den Versuchsflächen erzeugte Vertikalkraft gemessen werden kann.

Die Gesamtanordnung ist in Kat.-Nr. 129 dargestellt.

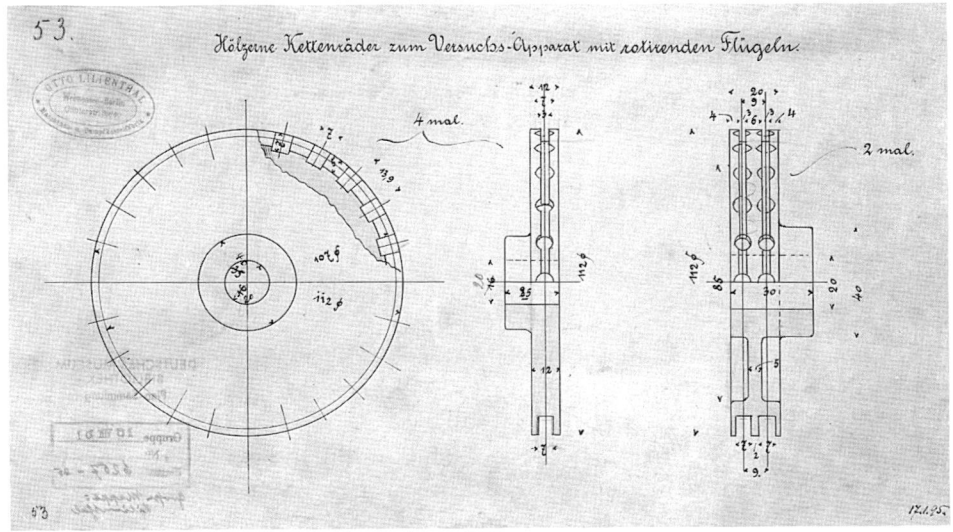

Abb. 280: Detailzeichnung zum Kettenradantrieb der Versuchsflächen des Zykloidenapparats, 1895 (Kat.-Nr.131)

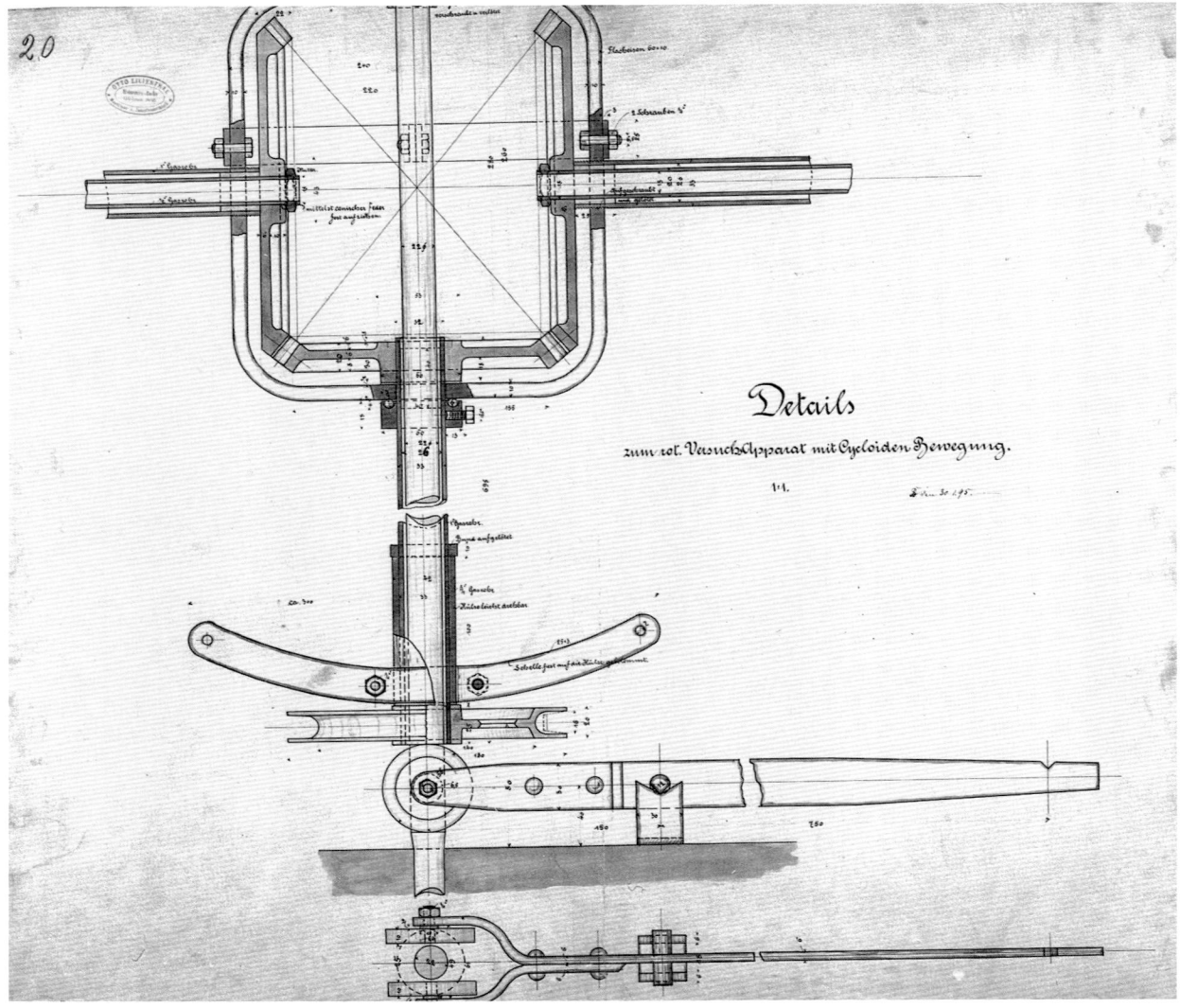

Abb. 281: Detailzeichnung zum Hauptgetriebe und zur Kraftmeßwaage des Zykloidenapparats, 1895 (Kat.-Nr. 132)

BRIEFE UND MANUSKRIPTE

133

Vortrag Otto Lilienthals über die »Theorie des Vogelflugs«, 1873

Vortragsmanuskript, undatiert; 22 Seiten, 21 × 17,5 cm.
BN 46629 (S. 2–3); HS 6256

Seinen ersten öffentlichen Vortrag über Flugfragen hielt Lilienthal im Dezember 1873 vor dem Gewerbeverein Potsdam. Wenige Wochen zuvor, im Oktober 1873, waren Otto und sein Bruder Gustav Mitglieder der 1866 gegründeten »Aeronautical Society of Great Britain« geworden. Otto war über die »Annual Reports« dieser weltweit bedeutendsten flugtechnischen Vereinigung mit dem Stand der Flugexperimente seiner Kollegen im Ausland vertraut. In seinem Potsdamer Vortrag

brachte er deutlich zum Ausdruck, daß er diese Bestrebungen für wenig erfolgversprechend hielt. Kritik übte er insbesondere an den Ballonfahrern und Luftschiffern, die sich »heute eine Klasse von Menschen nennt, welche einen Luftballon besteigt, um die Neugierde der Menge zu ihrem Vortheile auszunutzen«. Die Lösung des Flugproblems versprach er sich vom wissenschaftlichen Studium des Fluges der Vögel, wie es bereits Leonardo da Vinci betrieben habe. Am Schluß des Vortrages führte er eines seiner kleinen Modelle von Schlagflügelflugzeugen im Flug vor (vergleiche Kat.-Nr. 115).

Der Vortrag kann als wissenschaftliches Programm Lilienthals interpretiert werden. Wenige Monate später begann er folgerichtig mit systematischen Luftkraftmessungen, die ihm die Vorteile der gewölbten Flügelfläche verdeutlichten.

134

Vorträge Otto Lilienthals über den »Kraftaufwand beim Vogelfluge und sein Einfluß auf die Möglichkeit des freien Fliegens«, 1888/89

3 Vortragsmanuskripte, z. T. mit stenographischen Anmerkungen, undatiert: 7 Hefte mit zusammen 95 Seiten, 21 × 17 cm. BN 46625 (S. 1); HS 6252

Lilienthal hielt diese Vorträge am 29. 10. 1888, 18. 2. 1889 und 15. 4. 1889 vor dem »Deutschen Verein zur Förderung der Luftschiffahrt« in Berlin, dem er 1886 beigetreten war.
Auf den Rückseiten der Hefte 1 und 3 befinden sich Texte von anderer Hand: in Heft 1 eine Abhandlung über den Insektenflug, in Heft 3 eine Übersetzung des Hauffschen Märchens »Kalif Storch« ins Englische.
Die Sitzungen des 1881 gegründeten Vereins führten die Luftfahrtinteressierten aus ganz Deutschland zusammen. Es war für Lilienthal eine große Anerkennung seiner flugtechnischen Untersuchungen, wenn er 1888/89 in kurzen Abständen dreimal vor diesem Kollegium, das von Luftschiffern und Ballonfahrern dominiert wurde, vortragen durfte. Sein erster Vortrag über »Den Kraftaufwand beim Vogelflug und sein Einfluß auf die Möglichkeit des freien Fliegens« (Protokoll der Sitzung, gedruckt in: Zeitschrift für Luftschiffahrt 1888, S. 349 f.) hält fest, daß sich die Anwesenden nach dem Vortrag zu Ehren Lilienthals von ihren Plätzen erhoben. Wenige Wochen später wurde er zum Mitglied der Technischen Kommission des Vereins gewählt und rückte 1891 gar zum Schriftführer und damit in den Vorstand auf.
Die Vorträge greifen Aspekte auf, die Lilienthal in seinem 1889 erscheinenden Buch »Der Vogelflug als Grundlage der Fliegekunst« ausführlich und systematisch darstellt: den Arbeitsaufwand des Vogels im Flug; die Notwendigkeit eines Motors, um mit einem Schlagflügelapparat fliegen zu können; die Vorzüge des leicht gewölbten Flügelprofils; die Bedeutung des Anstellwinkels beim Fliegen.

135

Manuskript der Besprechung des Buches über »Die Mechanik des Vogelflugs« von August von Parseval, 1889

Manuskript, undatiert: 4 Seiten, 33 × 21 cm. BN 46644 (S. 1); HS 6257

August von Parseval (1861–1942), der später sehr erfolgreiche Konstrukteur der Parseval-Luftschiffe, veröffentlichte 1889 zeitgleich mit Otto Lilienthals »Vogelflug« das Buch »Die Mechanik

des Vogelflugs«. Lilienthal war hocherfreut, einen Kollegen zu finden, der seine Ansicht von der Bedeutung der wissenschaftlichen Untersuchung des Vogelflugs für die Lösung der Flugfrage teilte. Das Manuskript beginnt mit den anerkennenden Worten: »Hoch überragt dieses Werk das gewöhnliche Niveau, auf dem sich die größere Zahl der flugtechnischen Schriften bewegt. Die reintheoretische Behandlung des Vogelfluges und des Fliegeproblems ist wohl kaum klarer und folgerichtiger zu denken, als der Verfasser sie bringt.«
Die Rezension erschien in der Zeitschrift »Prometheus«, Nr. 11/1890.

136   Abb. 282

Anmerkungen Otto Lilienthals zu Josef Poppers Buch »Flugtechnik. Erstes Heft«, 1889

Sonderabdruck aus der »Zeitschrift für Luftschifffahrt [sic]« mit Anmerkungen von Otto Lilienthal, datiert; XII u. 120 Seiten, 26,5 × 18 cm. BN 46649 (Titelblatt) und 46650 (S. 83); HS 1963-48

Der österreichische Ingenieur Josef Popper, Mitglied des Flugtechnischen Vereins in Wien, wurde

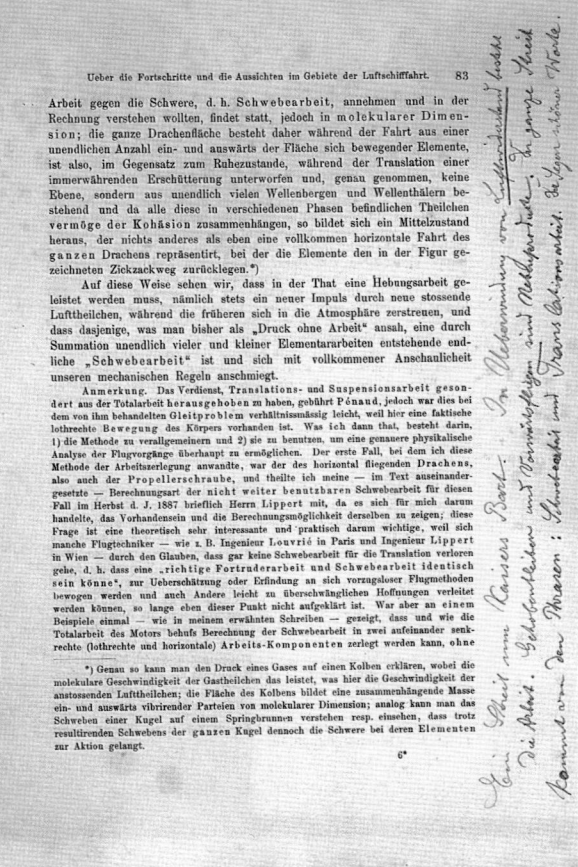

Abb. 282: Randkommentare Otto Lilienthals zu Josef Poppers Buch »Flugtechnik. Erstes Heft«, 1889 (Kat.-Nr. 136)

durch grundlegende theoretische Studien bekannt: So schlug er 1872 als erster die mechanische Stabilisierung eines Luftschiffes durch die Verwendung des Kreisels und ein Luftschiff mit doppeltem Tragkörper vor.
Der Anspruch Poppers, die Flugtechnik erstmals auf ein solides theoretisches Fundament zu stellen, wurde von Lilienthal mit kritischen, z. T. bissigen Randbemerkungen kommentiert. Am Rand der in Abb. 282 gezeigten Seite 83 des Sonderdrucks findet sich der Kommentar: »Ein Streit um Kaisers Bart. In Ueberwindung von *Luftwiderstand* besteht die Arbeit. Gehobenbleiben und Vorwärtsfliegen sind Nebenprodukte. Der ganze Streit kommt von den Phrasen: Schwebearbeit und Translationsarbeit. Der Segen schöner Worte.«
Siehe Kat.-Nr. 137

137 Abb. 283

Manuskript der Besprechung von Josef Poppers Veröffentlichung »Flugtechnik. Erstes Heft«, Ende 1889

Manuskript, undatiert (Randnotiz: »Gel[esen] 7. 1. 90 Witt«); 2 Seiten, 33 × 21 cm. BN 46631 (S. 1) und 46632 (S. 2); HS 6258

Die Rezension fiel in Anbetracht der zahlreichen kritischen Randbemerkungen im Rezensionsexemplar (siehe Kat.-Nr. 136) recht freundlich aus. Lilienthal ließ sich wohl von der Überlegung leiten, daß es taktisch ungeschickt gewesen wäre, in der Auseinandersetzung mit der Fraktion der Ballonfahrer und Luftschiffer einen Bundesgenossen für seine Richtung der Luftfahrt »schwerer als Luft« durch eine allzu kritische Besprechung vor den Kopf zu stoßen. Die Besprechung erschien im »Prometheus«, Heft 19/1890. Abb. 283 zeigt die erste Seite des Manuskripts.

138 Abb. 284 u. 285

Kontroverse Otto Lilienthals mit August Platte über die Vorzüge gewölbter Flügelflächen, 1890

Brief mit mehreren Skizzen, datiert; 8 Seiten, 33 × 21 cm; auf dem Brief Randbemerkungen und Antwort-Entwurf Plattes vom 12. 5. 1890. BN 46634 bis 46639; HS 6259

August Platte (1831–1903) beschäftigte sich als einer der ersten in Österreich mit dem Flugproblem. Bereits 1873 veröffentlichte er seine »Aeronautischen Betrachtungen«. Zeitgleich mit Lilienthals »Vogelflug« erschien sein Buch »Entwicklung der wichtigsten aeronautischen Streitfragen in populärer Darstellung«.

Der 1888 pensionierte Generaldirektionsrat der österreichischen Staatsbahnen nahm sich die Zeit, ausführlich zu dem ihm von Lilienthal übersandten Exemplar des »Vogelfluges« Stellung zu nehmen. Bei aller Anerkennung der »glänzenden Arbeit« zweifelte er jedoch Lilienthals Hauptergebnis der Vorzüge gewölbter Flügelflächen an und verwies stattdessen auf seine eigene Theorie des »Wellenfluges«.
In seinem Antwortbrief vom 5. 5. 1890 versuchte Lilienthal sehr sachlich, die Einwände Plattes zu widerlegen. Der Großteil des Briefes enthält die Beschreibung des Experiments mit einem Schraubenflieger, das seine Theorie bestätigen sollte. Dies war insofern ein sehr geschickter Schachzug Lilienthals, als er mit Hilfe des bekannten Schraubenfliegers »jedermann ad oculos« demonstrieren konnte, »daß es einen Propeller giebt der rechts oder links gedreht dieselbe Triebkraft hat, basierend auf den Eigenschaften gewölbter Flächen«.
Platte sandte den Brief am 12. 5. 1890 mit seinen Randbemerkungen zurück. Seine Kommentare

Flugtechnik. von Josef Popper. Erstes Heft. Revidirter Sonderabdruck aus der „Zeitschrift für Luftschiffahrt". Berlin. W. Kühl. 1889.
Preis 4 Mark.

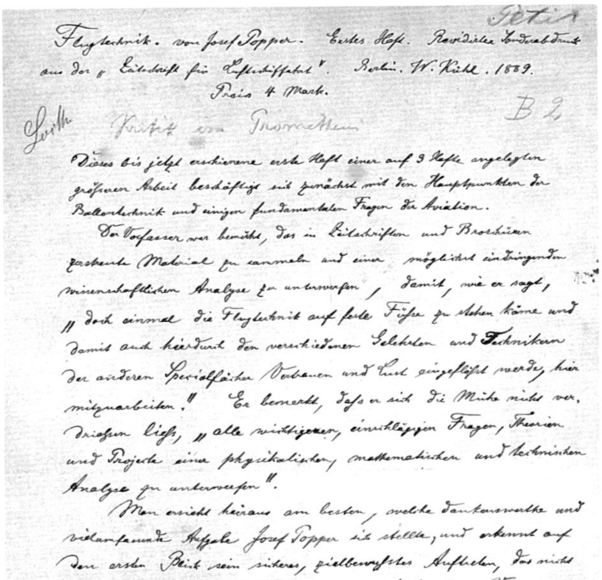

Abb. 283: Manuskript der Besprechung von Josef Poppers Veröffentlichung »Flugtechnik. Erstes Heft«, 1889 (Kat.-Nr. 137)

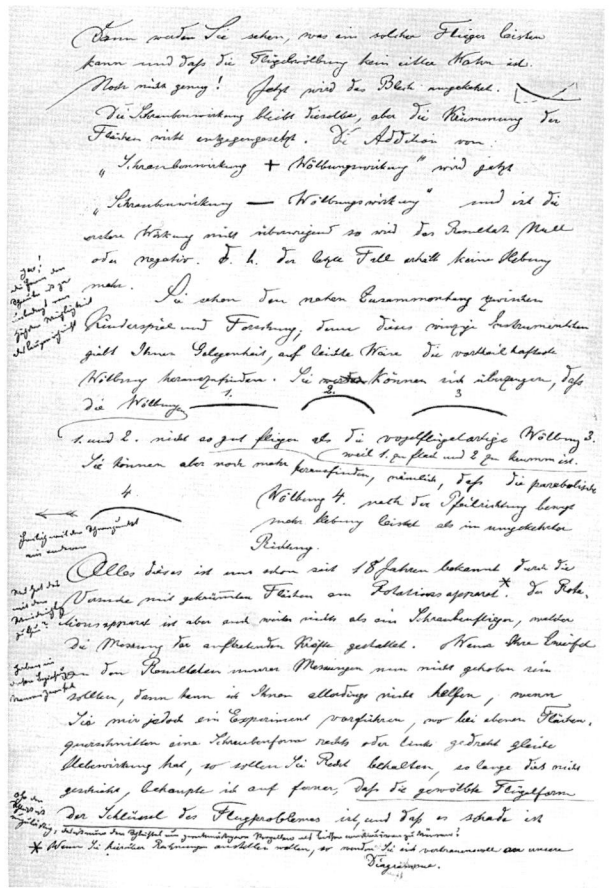

Abb. 284: Seite 7 des Briefes von Otto Lilienthal an August Platte vom 5.5.1890 (Kat.-Nr. 138)

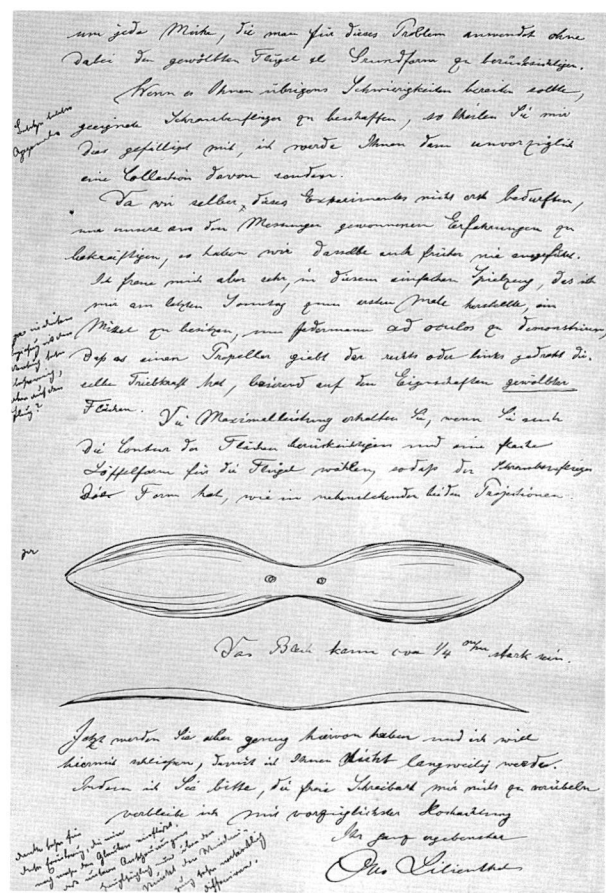

Abb. 285: Seite 8 des Briefes von Otto Lilienthal an August Platte vom 5.5.1890 (Kat.-Nr. 138)

zeigen, daß er sich von Lilienthals Beweisführung nicht überzeugen hatte lassen. Die Weiterführung der Korrespondenz findet sich im Museum für Verkehr und Technik, Feldhaus-Archiv.
Abb. 284 zeigt die vorletzte, Abb. 285 die letzte Seite des Briefes.

139

Brief Otto Lilienthals an Gustav Keiper, 1890

Brief, undatiert; 3 Seiten, 33 × 21 cm. BN 46641 bis 46643; HS 6260

Gustav Keiper (1825–1909), Rechnungsrat in Hofgeismar, scheint dem Deutschen Verein zur Förderung der Luftschiffahrt ein Manuskript über die »Theorie der Bewegungen, insbesondere des dynamischen Fluges«, vorgelegt zu haben.
Lilienthal antwortete in seiner Eigenschaft als Mitglied des Technischen Ausschusses des Vereins auf Keipers Vorschläge zur Lösung der Flugfrage.
Die folgende Transkription des Briefes zeigt, daß sich Lilienthal insbesondere gegen die Behauptung wehrte, es sei noch nicht gelungen, eine mechanische Erklärung des Fluges in der Natur zu finden.

»Sie werden bei Ihrer ›Theorie der Bewegungen insbesondere des dynamischen Fluges‹ von der Ansicht geleitet, daß es noch nicht gelungen sei, eine mechanische Erklärung für den Bewegungsvorgang beim Fliegen der Thiere zu finden. Wir dürfen aber aus dem Umstande, daß bis jetzt noch niemals ein Mensch des activen Fliegens sich bedienen konnte, nicht folgern, daß die Grundanschauungen, welche über die Fliegevorgänge bis jetzt verlautet sind, durchaus falsche sind. Die Mechanik des Vogelfluges erscheint heute doch so weit erkannt, daß wir uns über die wichtigsten Flugerscheinungen Rechenschaft geben können, wobei sich herausstellt, daß die natürliche Fliegemethode so erhebliche Vortheile aufweist, daß wir deren möglichste getreue Nachahmung unbedingt anstreben müssen, wenn wir ähnliche Arbeitsersparnis wie beim Vogelfluge erreichen wollen und wenn uns überhaupt eine gewisse Aussicht auf Erfolg bleiben soll. [...]
Was uns bei der Lösung der Flugfrage am meisten fördern kann, das sind zahlreiche mit Technik und Verständnis ausgeführte Versuche. Auf dem Papier allein kann überhaupt das Flugproblem nicht reifen. Theorie und Praxis müssen in steter Wechselwirkung sich ergänzend und gegenseitig verbessernd nach und nach uns eindringen lassen in die Geheimnisse der Luftwiderstandserscheinungen, denen der Vogel sein Flugvermögen verdankt. Strenge Wissenschaftlichkeit gepaart mit hervorragender praktischer Erfahrung kann allein uns Schritt für Schritt dem Ziele näher bringen. Jede neue flugtechnische Idee aber, welche nicht direct das Ergebnis systematisch durchgeführter Experimente ist, wird wenig Anspruch auf eine überzeugende Wirkung machen können.«

140   Abb. 286

Brief Otto Lilienthals an den Wiener Flugtechniker Karl Milla, 9. Januar 1893

Brief, datiert; 1 Seite, 28 × 22,5 cm. BN 46623; HS 1979-20

Der Oberlehrer Karl Milla war Mitbegründer des »Wiener Flugtechnischen Vereins«. Er veröffentlichte eine Vielzahl von theoretischen Arbeiten über die Flugtechnik und den Vogelflug. Mit dem erwähnten Carl Buttenstedt führte Otto Lilienthal in den 1890er Jahren eine heftige Kontroverse in der Frage, ob das Grundprinzip des Vogelfluges in der schwach gewölbten Flügelfläche begründet liege.

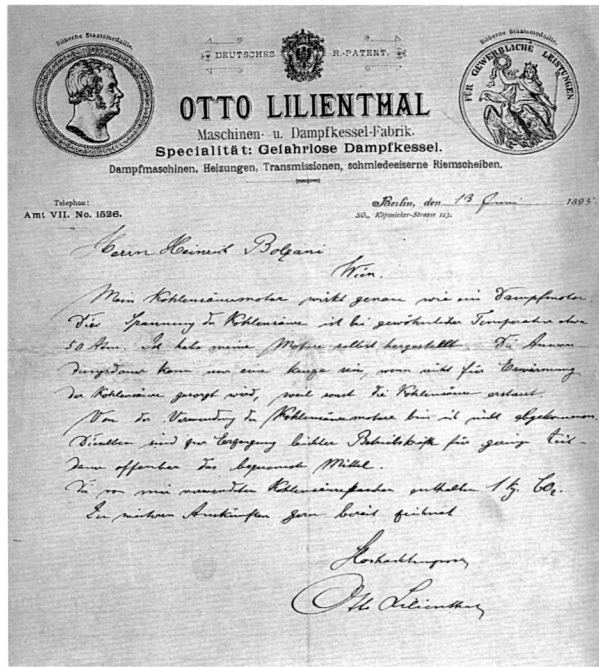

Abb. 286: Brief Otto Lilienthals an den Wiener Flugtechniker Karl Milla vom 9.1.1893 (Kat.-Nr. 140)

141

Briefe Otto Lilienthals an den Hamburger Flugtechniker Eugen Kreiß, 6.4.1893 bis 16.3.1894

7 Briefe, datiert; zusammen 14 Seiten, 28 × 22 cm. BN 46646 (28.6.1893, S. 1); HS 1939-8

Erörterung flugtechnischer Fragen, wobei Kreiß das Prinzip des Rotations- oder Tragschraubenflugs verficht; Diskussion über die Arbeiten von Carl Buttenstedt und August von Parseval.
Eugen Kreiß, seit 1891 Mitglied des »Vereins zur Förderung der Luftschiffahrt«, baute in seiner Hamburger Firma nach der Jahrhundertwende eigene Flugmaschinen. Auf der Internationalen Luftschiffahrt-Ausstellung (ILA) in Frankfurt

1909 stellte er ein Doppelschwingenflugmodell aus und entwarf 1911 einen Flugapparat mit »Drehschlag-Propeller«, ein Schwingenflugzeug mit drehenden und schlagenden Luftschrauben. Letzterer erwies sich als komplette Fehlkonstruktion.

Auszug aus dem Brief Otto Lilienthals an Eugen Kreiß
28.6.1893

»Meine immer weiter fortgesetzten Schwebeversuche haben mich auch immer mehr in dem Glauben bestärkt, daß das Segeln gegen den Wind der Ausgangspunkt des Fliegens sein muß, erstens weil es mit außerordentlich einfachen Apparaten geübt werden kann, und zweitens weil die Stabilitätsfrage und die damit verbundene Gefahrlosigkeit am leichtesten sich lösen läßt.
Erst wenn man ganz sicher in dem gefahrlosen Abfliegen und Landen ist, kann man sich auf dynamisch bewegte Apparate einlassen. Man wird sonst ein Spielball der Winde und kommt aus den Reparaturen nicht heraus, die sich von den Flügeln auch leicht auf die eigenen Gliedmaßen erstrecken können.«

Auszug aus dem Brief Otto Lilienthals an Eugen Kreiß
4.9.1893

»Meine Flugversuche haben mich in diesem Sommer schon ein gutes Stück vorwärts gebracht. Die zurückgelegten Luftwege rechnen schon nach vielen deutschen Meilen, darunter einzelne Flüge von $^1/_4$ Kilometer = 250 m.

Auszug aus dem Brief Otto Lilienthals an Eugen Kreiß
16.3.1894

»Es freut mich übrigens, daß Sie über den Vogelflug schon milder denken. Von dem ›Nachäffen‹ sind sie schon auf das ›sklavische Copiren‹ gekommen. Ich vermuthe, Sie werden in Ihren Bezeichnungen noch viel milder werden. – Sie vergessen bei diesen Betrachtungen Eines. Wenn jemand etwas nachbildet ohne den inneren Werth des Vorbildes zu kennen, ohne die logische Nothwendigkeit der in die Augen fallenden Vorzüge eingesehen zu haben, so ist ein solches Beginnen, wenn auch nicht gerade zu tadeln, so doch vielleicht mit den von Ihnen gewählten Bezeichnungen zu belegen. Wenn jedoch durch die Zergliederung eines von der Natur angewendeten Verfahrens, durch umfangreiche theoretische Betrachtungen und fast ausschöpfende Elementarversuche ein von der Natur gewählter und bis zu wunderbaren Wirkungen entwickelter mechanischer Vorgang nicht nur als das denkbar sinnreichste System sich herausgestellt, sondern wenn auch mit Schärfe nachgewiesen werden kann, daß jede Abweichung von diesem natürlichen System große Nachtheile in dem Gesamteffecte im Gefolge hat, so würde es doch eitel Thorheit sein, wenn man bei den gleichen Zielen, nicht auch das von der Natur gewählte System in Anwendung brächte; und dieser Thorheit möchte ich mich nicht schuldig machen.«

142   Abb. 287

Manuskript Otto Lilienthal über »Praktische Flugversuche. Eine Anleitung zur Entwicklung des freien Fluges«, um 1894

Unvollständiges Manuskript, undatiert; 1 Seite, 33 × 21 cm. BN 46653; HS 6255/2.

Das zur Veröffentlichung vorgesehene Manuskript ist gleichsam als Nachtrag und Fortführung

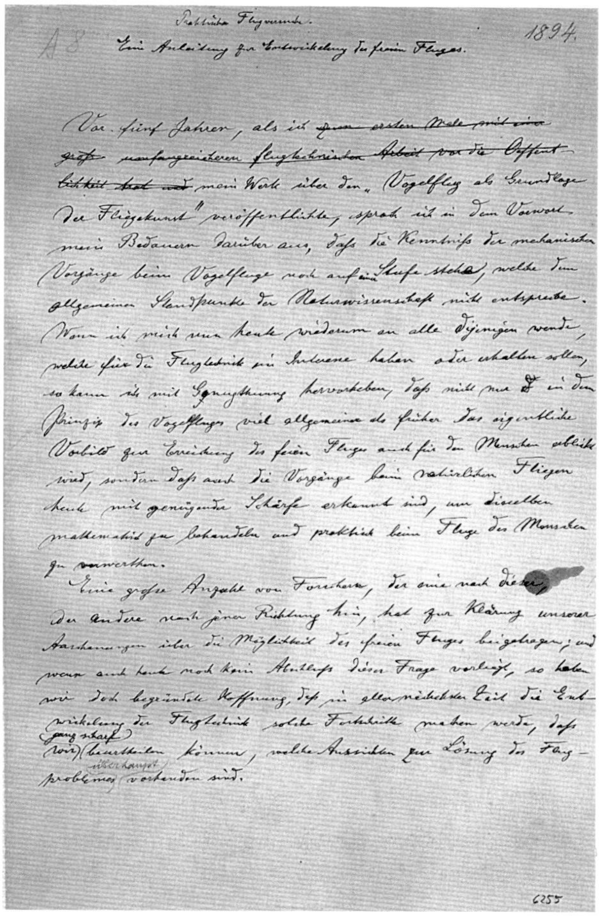
Praktische Flugversuche.
Eine Anleitung zur Entwickelung des freien Fluges.
1894

Vor fünf Jahren, als ich mein Werk über den „Vogelflug als Grundlage der Fliegekunst" veröffentlichte, sprach ich in dem Vorwort mein Bedauern darüber aus, daß die Kenntniß der mechanischen Vorgänge beim Vogelfluge noch auf einer Stufe stehe, welche dem allgemeinen Standpunkte der Naturwissenschaft nicht entspreche.
Wenn ich mich nun heute wiederum an alle Diejenigen wende, welche für die Flugtechnik ein Interesse haben oder erhalten sollen, so kann ich mit Genugthuung hervorheben, daß nicht nur in dem Prinzip des Vogelfluges viel allgemeiner als früher das eigentliche Vorbild zur Erreichung des freien Fluges auch für den Menschen erblickt wird, sondern daß auch die Vorgänge beim natürlichen Fliegen heute mit genügender Schärfe erkannt sind, um dieselben mathematisch zu behandeln und praktisch beim Fluge des Menschen zu verwerthen.
Eine große Anzahl von Forschern, der eine nach dieser, der andere nach jener Richtung hin, hat zur Klärung unserer Anschauungen über die Möglichkeit des freien Fluges beigetragen, und wenn auch heute noch kein Abschluß dieser Frage vorliegt, so haben wir doch begründete Hoffnung, daß in allernächster Zeit die Entwickelung der Flugtechnik solche Fortschritte machen werde, daß wir beurtheilen können, welche Aussichten zur Lösung des Flugproblemes überhaupt vorhanden sind.

6255

Abb. 287: Manuskript Otto Lilienthals über »Praktische Flugversuche«, um 1894 (Kat.-Nr. 142)

zu Otto Lilienthals 1889 erschienenen Buch über den »Vogelflug als Grundlage der Fliegekunst« zu sehen. Lilienthal wollte der Öffentlichkeit über die Fortschritte berichten, die in der Erkenntnis der mechanischen Vorgänge beim Vogelflug und deren mathematischer Formulierung in den Jahren zwischen 1889 und 1894 verzeichnet werden konnten. Er brach das Vorhaben jedoch bereits nach Niederschrift der ersten Seite ab.
Eine um zwei Absätze erweiterte Fassung dieses Manuskripts findet sich in stenografischer Form in Kat.-Nr. 128. Die im folgenden wiedergegebene Transkription dieser beiden Absätze deutet auf Lilienthals Absicht hin, ein zweites umfangreiches Buch zu schreiben, das über seine Flugversuche handeln sollte:

»Mein früher herausgegebenes Werk galt namentlich den flugtheoretischen Elementarversuchen und theoretischen Entwicklungen. In dem vorliegenden Werke hingegen werden praktische Experimente erörtert, welche als eigentliche Flugversuche bereits bezeichnet werden können und denen die früher entwickelten Theorien zugrunde gelegt sind. Auf diese Weise bildet dieses Werk eine Fortsetzung des ersteren; (die früher von mir angewendete und zu Vergleichszwecken so vorteilhafte graphische Methode mit deren Diagrammen habe ich hier für die Tabellenform umgearbeitet, welche für viele Fälle in der Verwendung bequemer ist, so daß dadurch eine Ergänzung gegen früher stattfindet.) Es enthält die Übertragung der in ersterm Werk entwickelten Theorien in die Praxis. So wie das früher herausgegebene Werk den Elementarversuchen und theoretischen Entwicklungen galt, so sollen in dem vorliegenden Werke praktische Experimente erörtert werden, welche als eigentliche Flugversuche bereits bezeichnet werden können und denen die früher entwickelten Theorien zugrunde gelegt sind.«

143

Vortrag Otto Lilienthals über die Geheimnisse des Vogelfluges, um 1894

Vortragsmanuskript, undatiert; 19 beschriebene Seiten (paginiert von 1 bis 13) auf 7 Doppelblättern und 1 Einzelblatt, 33 × 21 cm. BN 46652 (S. 1); HS 6255/1

Lilienthal hielt den Vortrag »Über die Geheimnisse des Vogelfluges« am 15. 11. 1894 vor der Polytechnischen Gesellschaft in Berlin. Das letzte Doppelblatt des Manuskripts mit Skizzen, Berechnungen und z. T. stenographischen Notizen gehört in einen anderen Zusammenhang.
Lilienthal erkannte die auftrieberhöhende Wirkung einer schwachen Wölbung von Tragflächen und bestätigte diese experimentell in Revision der zeitgenössischen weitverbreiteten Ansicht, Tragflügel müßten möglichst dünn und eben sein.
Aus diesem Vortrag läßt sich entnehmen, daß Lilienthal durch die zufällige Beobachtung des Schattenspiels der Flügel einer Möwe in der Abendsonne zu den Experimenten mit gewölbten Tragflächen veranlaßt wurde.
Das zeitgenössisch unveröffentlichte Manuskript ist publiziert in Kopfermann (Hrsg.): Über meine Flugversuche, S. 119–124.

144

Manuskript Otto Lilienthals »Über die Grundlagen der Flugtechnik«, 1894

Vortragsmanuskript, undatiert; 11 Seiten, 33 × 21 cm. BN 46626 (S. 1); HS 6524.
Beigefügt: Xerokopie eines unsignierten Artikels aus der Deutschen Bauzeitung vom 17. 11. 1894: »Über die Grundlagen der Flugtechnik (nach einem Vortrage des Hrn. Ing. Lilienthal im Architektenverein zu Berlin)«.

Der Vortrag wurde von Otto Lilienthal im November 1894 vor dem Architekturverein in Berlin gehalten. Gleichsam resümierend führte Lilienthal in diesem Vortrag seine eigenen Forschungsergebnisse vor dem Hintergrund der unzureichenden wissenschaftlichen Erklärungen des Fluges in der Natur aus und schilderte seine in den Experimen-

ten und der flugtechnischen Praxis gewonnenen Erkenntnisse. Er schloß mit dem zuversichtlichen Ausblick, daß die den Menschen am Fliegen hindernden Schwierigkeiten bald überwunden würden und einem Appell an seine Zeitgenossen, sich zahlreich an diesen Bemühungen zu beteiligen.
Das Manuskript ist bei Kopfermann (Hrsg.): Über meine Flugversuche, S. 173–176 abgedruckt und dort im Anhang in Faksimile vollständig abgebildet. Kopfermann datiert es fälschlicherweise auf den 16. Juni 1896.

145

Manuskript Otto Lilienthals »Über die Fortschritte in der Flugtechnik«, 1895

Manuskript, undatiert; 6 Seiten, 33 × 21 cm. BN 46627 (S. 1); HS 6254/2

Es läßt sich nicht mehr rekonstruieren, für welchen Zweck Otto Lilienthal dieses Manuskript schrieb. Die darin enthaltenen Anredeformen deuten darauf hin, daß es sich um ein Vortragskonzept handelt. Das 1895 entstandene Manuskript bricht ab, noch ehe die im Titel angesprochenen Fortschritte in der Flugtechnik bis zum Jahr 1895 behandelt werden.
Das Manuskript ist bei Kopfermann (Hrsg.): Über meine Flugversuche, S. 165–167 abgedruckt.

146

Betrachtungen Otto Lilienthals über den »Segelflug«, um 1895

Manuskript, undatiert; 4 Seiten, 33 × 21 cm. BN 46628; HS 6253/2

Bei seinen Beobachtungen des Fluges der Vögel konnte es nicht ausbleiben, daß Otto Lilienthal auch auf das ohne jeden Kraftaufwand mögliche Segeln der Vögel im Wind aufmerksam wurde. Diese »höchst wunderbare, aber doch unumstößliche Thatsache« zu erklären, wie er im »Vogelflug« (S. 130) schreibt, war eine Aufgabe, die ihn zeitlebens in seinen Bann zog.
Bereits im September 1874 hatte Lilienthal in der Ebene zwischen Charlottenburg und Spandau Versuche mit Papierdrachen ausgeführt, deren Flächen dem gewölbten Flügelprofil der Vögel ähnlich waren. Es war ihm wiederholt gelungen, die Drachen zum freien Schweben zu bringen. Er erkannte jedoch, daß die gewölbte Flügelfläche eine notwendige, aber keine hinreichende Bedingung des Segelfluges ist.
In dem unveröffentlichten Manuskript »Segelflug«, das vermutlich um 1895 entstand, verwirft

Lilienthal die gängigen Theorien über den Segelflug, insbesondere die Behauptung, daß das Segeln auch bei vollkommen windstiller Luft möglich sei. Im Kern seiner eigenen Theorie steht die Annahme, daß der Segelflug auf die »Wirkung schwach ansteigender Windbewegungen zurückzuführen« sei. Es sollte freilich noch bis Mitte der 1920er Jahre dauern, ehe sich die Erkenntnis durchsetzte, daß durch Erwärmung aufsteigende Luftmassen (thermische Aufwinde) für den Segelflug genützt werden können. Es ist anzunehmen, daß das Manuskript ein Fragment ist, da die von ihm auf Seite 2 genannten Diagramme fehlen und der Text unvermittelt abbricht.
Zu Lilienthals Segelflugtheorie siehe ausführlich Wissmann, Gerhard: Lilienthal und der Segelflug. In: Technisch-ökonomische Information der zivilen Luftfahrt 26/5–6 (1990), S. 34–38.

147

Kulturphilosophische Betrachtungen Otto Lilienthals über »Das Flugproblem«, um 1895

Manuskript, undatiert; 6 Seiten, 33 × 21 cm. BN 46628 (S. 1); HS 6253/1

Das um 1895 entstandene Manuskript über »Das Flugproblem« gibt wie kein anderes Aufschluß, wie Otto Lilienthal über die Situation, über Fehlentwicklungen und die künftigen Aussichten der Flugtechnik dachte. Manche seiner Überlegungen und Visionen wurden erst Jahrzehnte nach seinem Tode Realität, manche erwiesen sich als falsch. Sie zeigen jedoch, daß sich Lilienthal bei der Entwicklung seiner Flugapparate nicht nur von technischen, sondern auch von kulturellen Motiven leiten ließ.
»Die Geschichte der Erfindungen lehrt, daß die Väter großer entwicklungsfähiger Ideen selten die Früchte ihrer Bemühungen ernteten. Deshalb bleiben sie aber doch die eigentlichen Wohltäter der Menschheit. [...]
Welche Rolle nun das Fliegen in unserer Culturentwicklung spielen wird, ist heute noch nicht abzusehen. Vielleicht tritt durch dasselbe eine Umwälzung aller bestehenden Verhältnisse ein; vielleicht wird auch sein Einfluß bedeutend überschätzt. Wer kann das heute wissen? Die Vorbilder, welche uns die in schönen Linien dahinschwebenden Vögel gewähren, sind verlockend genug, und der Gedanke, daß hier noch ungehobene Schätze liegen, reizt namentlich Viele, welche mit irdischen Gütern nicht sonderlich gesegnet sind. Die Geschichte der Erfindungen ist reich an Beispielen, wo ein einziger glücklicher Gedanke zu einer tech-

nischen Großthat sich ausgestalten ließ. Warum sollte nicht auch der fliegende Mensch der Zukunft seinen Flug dem glücklichen Einfall womöglich eines Laien zu verdanken haben. Solange die Flugtechnik sich nicht den ihr gebührenden Rang unter den Wissenschaften erworben hat, wird sie ein Tummelplatz der Glücksritter bleiben. [...]

Trotz solcher Mißerfolge wächst doch das Interesse für die Fliegekunst täglich. Die große Masse der Techniker und Gelehrten verhält sich zwar immer noch kühl und reserviert dem Flugproblem gegenüber. Die Thatsache jedoch, daß fast in allen Culturstaaten Fachleute von Ruf sich finden, welche mit Eifer an die Lösung der Fliegeräthsel arbeiten, läßt die allgemeine Gleichgültigkeit gegen die Flugtechnik unter den Physikern und Ingenieuren mehr und mehr schwinden.

Als die eigentlichen Berufenen für die Lösung der Flugfrage möchte ich die Marineingenieure bezeichnen. Sie, welche täglich den graziösen Flug der Seevögel vor Augen haben, welche von Hause aus in die Geheimnisse des Windes eingeweiht werden, welche die verwandten Erscheinungen im Wasser gründlich studiren müssen und nur auf die Luft zu übertragen brauchen, sie haben gewissermaßen die verdammte Pflicht und Schuldigkeit als Hauptförderer des Flugproblems aufzutreten.«

DAS BUCH »DER VOGELFLUG ALS GRUNDLAGE DER FLIEGEKUNST«

148   Abb. 288

Manuskript Otto Lilienthals zum Buch »Der Vogelflug als Grundlage der Fliegekunst«, 1888/89

Manuskript in verschiedenen fremden Handschriften, mit zahlreichen Zeichnungen und stenographischen Anmerkungen Lilienthals, undatiert; 21 Hefte, numeriert von 1 bis 26 (Nrn. 10, 11, 13 und 22 nicht vergeben), durchlaufend paginiert von S. 1 bis S. 186, 21 × 17 cm; Anmerkungen und Skizzen Lilienthals vorwiegend mit Bleistift ausgeführt.
BN 46610; HS 6251

Das Manuskript war wohl die Druckvorlage für Lilienthals 1889 erschienenes Buch über den Vogelflug. Die erst 1989 von Hans Gebhardt entzifferten stenographischen Anmerkungen erwiesen sich als weitgehend textgleich mit der Reinschrift. Der volle Titel des Buches lautete: »Der Vogelflug als Grundlage der Fliegekunst. Ein Beitrag zur Systematik der Flugtechnik. Auf Grund zahlreicher von O. und G. Lilienthal ausgeführter Versuche bearbeitet von Otto Lilienthal, Ingenieur und Maschinenfabrikant in Berlin«. Das Manuskript enthält auch mehrere, teilweise unveröffentlichte, Zeichnungen von Lilienthals Hand.

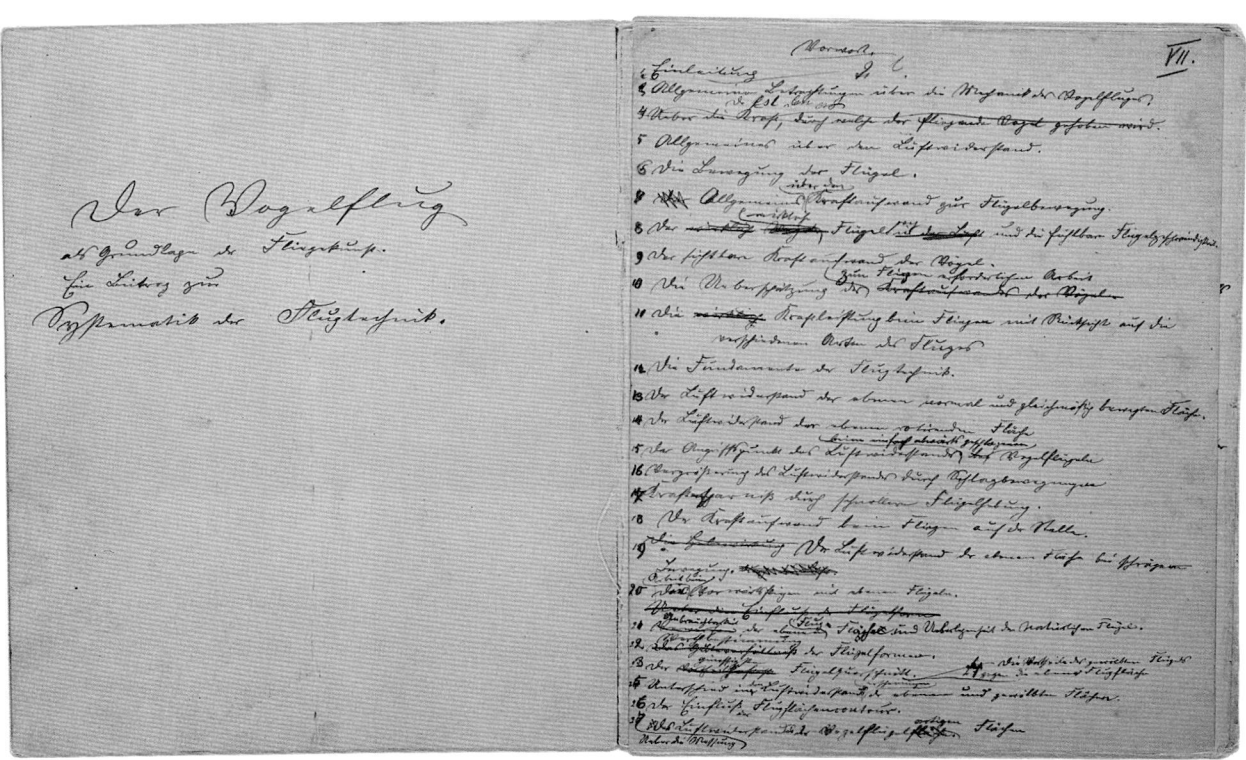

Abb. 288: Titelblatt und Seite 1 des Manuskripts zum Buch »Der Vogelflug als Grundlage der Fliegekunst«, 1888/89 (Kat.-Nr. 148)

Lilienthals Buch zählt heute zu den Klassikern der Luftfahrtliteratur. Es breitet seine jahrelangen, präzisen Beobachtungen des Fluges der Vögel, die Ergebnisse der Messungen an gewölbten Flügelflächen und seine detaillierten Berechnungen zum Schlagflügelflug in 40 Kapitel gegliedert aus.

Im Vorwort betont Lilienthal seine Absicht, sich auch dem Leserkreis verständlich zu machen, dem das Studium der Mathematik und Mechanik fern liege. Jeder »gebildete Laie« solle seinen Ausführungen ohne Schwierigkeiten Folge leisten können.

Trotz des Versuches, populär zu schreiben, tat sich Lilienthal schwer, einen Verleger für das Buch zu finden. Das Werk wurde 1889 in R. Gaertners Verlagsbuchhandlung in Berlin verlegt. Lilienthal finanzierte die Druckkosten selbst und verschenkte einen großen Teil der Auflage an Fluginteressierte. Bis zu seinem Tod wurden nicht einmal 300 Exemplare verkauft.

KREISENDE STORCHFAMILIE.

Die verschiedenen Auflagen und Übersetzungen sind im Anhang, S. 304, aufgeführt.
Zu Lilienthals Absicht, 1894 ein zweites Buch, diesmal über seine »praktischen Flugversuche«, zu schreiben, siehe Kat.-Nr. 142. Abb. 288 zeigt Titelblatt und Seite 1 des Manuskripts.

149 Abb. 289

Titelblatt des Buches »Der Vogelflug«, 1889

Buchtitel in Farbe, R. Gaertners Verlagsbuchhandlung, Hermann Heyfelder, SW. Schönebergerstraße 26. BN F46574

Die Zeichnung mit dem Titel »Kreisende Storchenfamilie« wurde mit größter Wahrscheinlichkeit von Otto Lilienthal 1888 gezeichnet.
Das Original befindet sich im Besitz der Nachkommen Lilienthals. Siehe Kat.-Nr. 148.

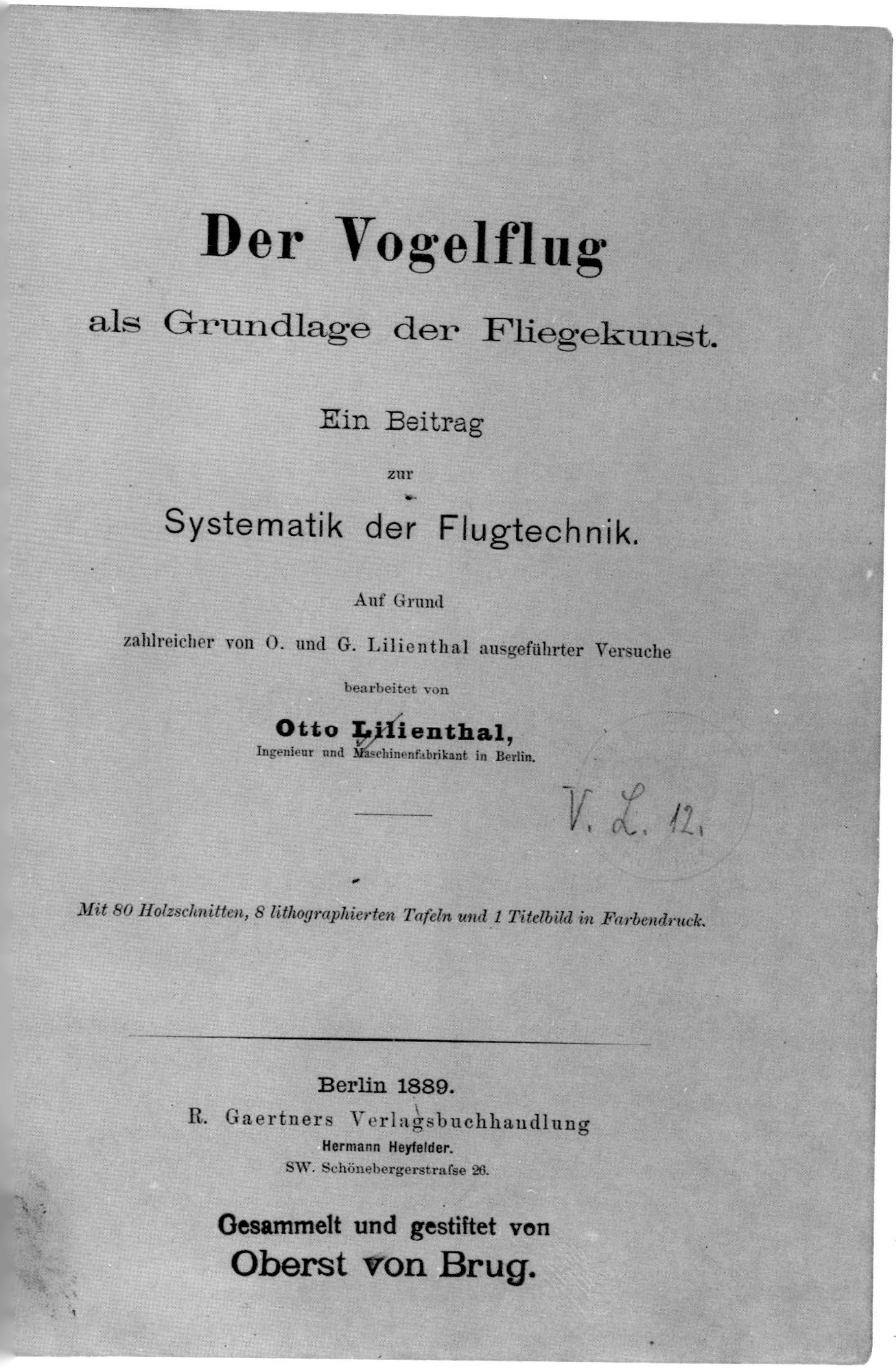

Der Vogelflug
als Grundlage der Fliegekunst.
Ein Beitrag
zur
Systematik der Flugtechnik.
Auf Grund
zahlreicher von O. und G. Lilienthal ausgeführter Versuche
bearbeitet von
Otto Lilienthal,
Ingenieur und Maschinenfabrikant in Berlin.

V. L. 12.

Mit 80 Holzschnitten, 8 lithographierten Tafeln und 1 Titelbild in Farbendruck.

Berlin 1889.
R. Gaertners Verlagsbuchhandlung
Hermann Heyfelder.
SW. Schönebergerstrafse 26.

Gesammelt und gestiftet von
Oberst von Brug.

Abb. 289: Titelblatt des Buches über den Vogelflug, 1889 (Kat.-Nr. 149)

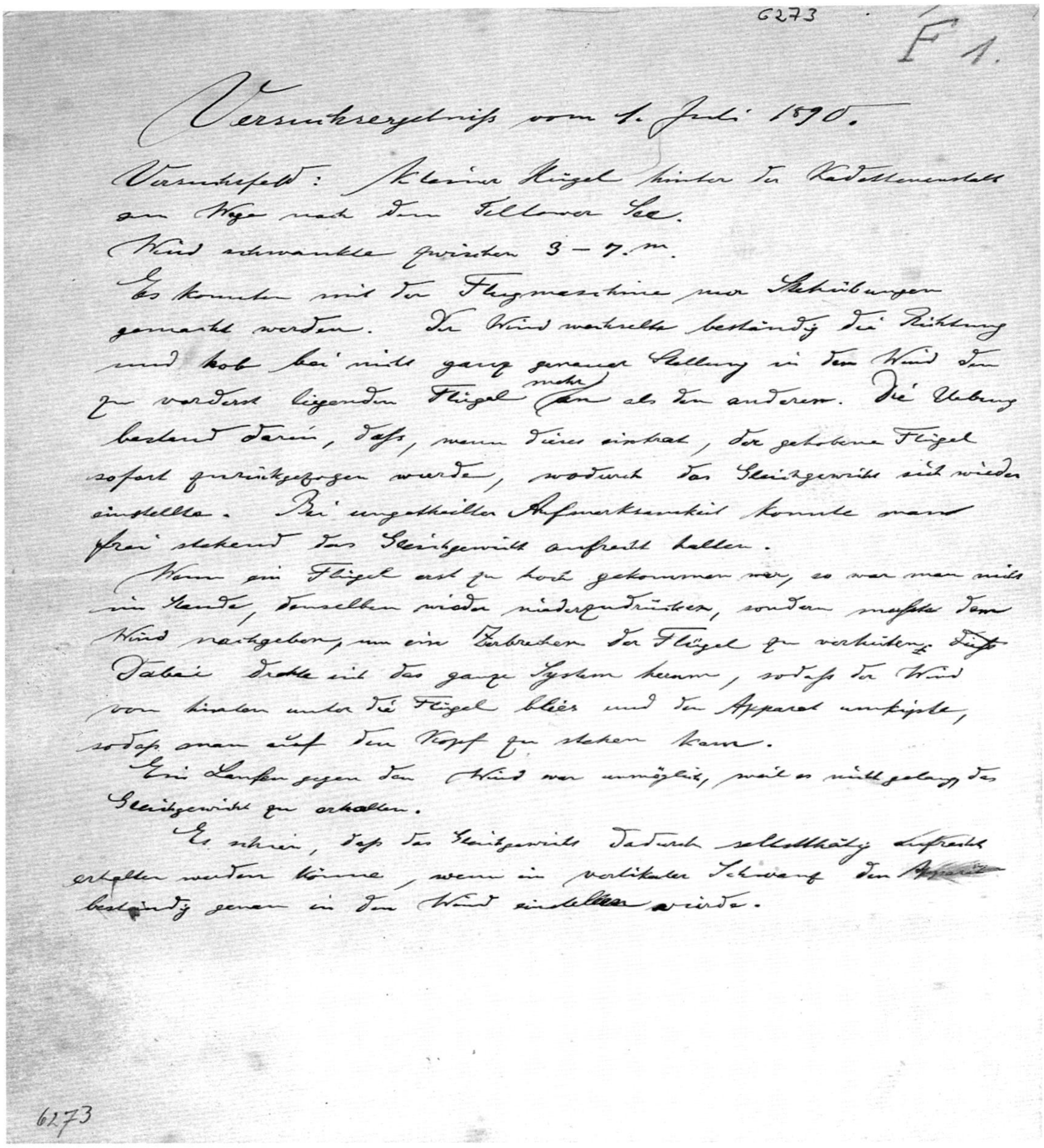

6273

F 1.

Versuchsergebniß vom 1. Juli 1890.

Versuchsfeld: kleiner Hügel hinter der Kadettenanstalt am Wege nach dem Teltower See.

Wind schwankte zwischen 3 – 7. m.

Es konnten mit der Flugmaschine nur Stehübungen gemacht werden. Der Wind wechselte beständig die Richtung und hob bei nicht ganz genauer Stellung in dem Wind den zu vorderst liegenden Flügel mehr an als den anderen. Die Uebung bestand darin, daß, wenn dieses eintrat, der gehobene Flügel sofort zurückgezogen wurde, wodurch das Gleichgewicht sich wieder einstellte. Bei ungetheilter Aufmerksamkeit konnte man frei stehend das Gleichgewicht aufrecht halten.

Wenn ein Flügel erst zu hoch gekommen war, so war man nicht im Stande, denselben wieder niederzudrücken, sondern mußte dem Wind nachgeben, um ein Zerbrechen der Flügel zu verhüten. Dabei drehte sich das ganze System herum, sodaß der Wind von hinten unter die Flügel blies und den Apparat umkippte, sodaß man auf den Kopf zu stehen kam.

Ein Laufen gegen den Wind war unmöglich, weil es nicht gelang das Gleichgewicht zu erhalten.

Es schien, daß das Gleichgewicht dadurch selbstthätig aufrecht erhalten werden könne, wenn ein verticaler Schwanz den beständig genau in den Wind einstellen würde.

6273

Abb. 290: Bericht Otto Lilienthals über erste Stehübungen mit seinem Gleiter, 1890 (Kat.-Nr. 150)

STEHÜBUNGEN
(1890)

150   Abb. 290

Bericht Otto Lilienthals über erste Stehübungen mit seinem Gleiter, 1. Juli 1890

Manuskript, datiert; 1 Seite, 33 × 21 cm. BN 46651; HS 6273

Im Protokoll über das »Versuchsergebniß vom 1. Juli 1890« berichtet Otto Lilienthal über Stehübungen im Wind auf einem Hügel hinter der Kadettenanstalt auf dem Weg zum Teltower See. Folgenreich im Hinblick auf die Verbesserung seiner Konstruktionen ist vor allem die abschließende Beobachtung: »Es schien, daß das Gleichgewicht selbstthätig aufrecht erhalten werden könne, wenn ein vertikaler Schwanz den Apparat beständig genau in den Wind einstellen würde.«

DIE ERSTEN GLEITFLÜGE IN DERWITZ
(1891)

151   Abb. 291

Otto Lilienthal mit seinem ersten Flugapparat vor dem Absprung, 1891

Fotografie, Sign.: (Carl Kassner). BN 02474

Lilienthal nahm seine Flugversuche in den Derwitz/Krielower Bergen, westlich von Potsdam gelegen, auf. Als Absprungstelle benutzte er den »Windmühlenberg«, eine sanft abfallende Sanddüne. Aus einer Absprunghöhe von 5 bis 6 m gelangen Lilienthal mit seinem ersten Flugapparat Gleitflüge von etwa 20 bis 25 m.
Seine Versuche in Derwitz hat Lilienthal in einem Aufsatz in der »Zeitschrift für Luftschiffahrt und Physik der Atmosphäre« (Heft 12/1891) beschrie-

Abb. 291: Otto Lilienthal mit seinem Flugapparat vor dem Absprung, 1891 (Kat.-Nr. 151)

Abb. 292: Gleitflug in Derwitz, 1891 (Kat.-Nr.153)

Abb. 293: Gleitflug in Derwitz, 1891 (Kat.-Nr. 154)

ben. Zu den Flugstätten Lilienthals siehe: Werner Garitz: Topographie der Flugstätten Lilienthals. In: TIZL Heft 5–6 (1990), S. 31.

152   Abb. 39

Gleitflug in Derwitz, 1891

Fotografie, Sign.: (Carl Kassner). BN 04421

Lilienthal segelt über seine Helfer Hermann Schwach (links) und Hugo Eulitz hinweg. Schwach war Müller und betrieb eine Windmühle auf dem »Windmühlenberg«. In dessen Scheune am Fuße des Berges stellte Lilienthal seinen Flugapparat unter. Eulitz war ein Cousin von Agnes Lilienthal und arbeitete als Techniker in Lilienthals Maschinenfabrik.

153   Abb. 292

Gleitflug in Derwitz, 1891

Fotografie, Sign.: (Carl Kassner). BN 04422

Ähnliche Aufnahme wie Kat.-Nr. 152 vom gleichen Standpunkt aus.

154   Abb. 293

Gleitflug in Derwitz, 1891

Fotografie, Sign.: (Carl Kassner). BN 02473

Die Aufnahme zeigt Otto Lilienthal kurz nach dem Absprung. Gut erkennbar ist, wie er sich in dem Gleiter abstützte: Die Unterarme lagen im Gestellkreuz auf, mit den Händen umfaßte er die vorderen Holme des Flügels. Lilienthal stabilisierte und steuerte den Gleiter durch die Bewegung des Unterkörpers, indem er die Beine nach rechts oder links, nach vorn oder nach hinten streckte.

Diese Art zu steuern ist charakteristisch für alle Gleiter von Lilienthal.

Zu den Flugzeugen Lilienthals siehe: Stephan Nitsch: Otto Lilienthals Flugzeugkonstruktionen, S. 82–99.

155   Abb. 294

Gleitflug in Derwitz, 1891

Fotografie, Sign.: (Carl Kassner). BN 04461

Abb. 294: Gleitflug in Derwitz, 1891 (Kat.-Nr. 155)

Abb. 295: Gleitflug in Derwitz, 1891 (Kat.-Nr. 156)

Abb. 296: Gleitflug von Hugo Eulitz in Derwitz, 1891 (Kat.-Nr. 157)

Abb. 297: Gruppenaufnahme vor dem Wohnhaus des Müllers Hermann Schwach in Derwitz, 1891 (Kat.-Nr. 158)

Der Fotograf der Aufnahmen in Derwitz und ein Jahr später in Südende war der Meteorologe Carl Kassner (1864–1950) aus Berlin. Kassners Aufnahmen waren die allerersten Flugaufnahmen. Abzüge davon wurden 1909 auf der Internationalen Luftschiffahrt-Ausstellung in Frankfurt am Main gezeigt.

156   Abb. 295

Gleitflug in Derwitz, 1891

Fotografie, Sign.: (Carl Kassner). BN 04420

Ähnliches Motiv wie Kat.-Nr. 154

157   Abb. 296

Gleitflug von Hugo Eulitz in Derwitz, 1891

Fotografie, Sign.: (Carl Kassner). BN 04418

Hugo Eulitz beteiligte sich 1891 aktiv an den Flugversuchen. Lilienthal und er wechselten sich regelmäßig ab. Während der eine den Hang hinabsegelte und dann den Gleiter wieder in die Höhe trug, konnte sich der andere ausruhen und sich auf den nächsten Absprung vorbereiten.

158   Abb. 297

Gruppenaufnahme vor dem Wohnhaus des Müllers Hermann Schwach in Derwitz, 1891

Fotografie, Sign.: (Carl Kassner). BN 03556

In der Mitte Otto und Agnes Lilienthal. Links davon Hermann Schwach mit seiner Frau und Hugo Eulitz, rechts die Kinder Lilienthals. Hermann Schwach hat seine Eindrücke von den Flugversuchen in einem erhalten gebliebenen Notizheft vermerkt (HS 1949/193).

FLUGVERSUCHE IN SÜDENDE (1892)

159   Abb. 40

Absprung von der Stechwand in Südende, 7. 8. 1892

Fotografie, Sign.: (Carl Kassner). BN 04425

1892 wechselte Lilienthal das Übungsgelände, da ihm der »Windmühlenberg« in Derwitz nicht gestattete, größere Strecken von größeren Höhen aus zu durchfliegen. Er fand ein geeigneteres Gelände, eine Sandgrube, auf den »Rauhen Bergen« am Rande der Gemarkung Steglitz, nicht weit von Lichterfelde. Die etwa 10 m hohe Stechwand der Sandgrube benutzte er für den Absprung. In Südende erzielte er eine größte Flugweite von 80 m, eine beträchtliche Steigerung gegenüber dem Ergebnis von Derwitz.

160   Abb. 298

Lilienthal mit Flugapparat in Südende, 7. 8. 1892

Fotografie, Sign.: (Carl Kassner). BN 04539

Lilienthal posiert mit seinem neuen Flugapparat in der Sandgrube am Fuße der Stechwand für den Fotografen. Links im Bild mit weißen Blusen seine beiden Söhne.

161   Abb. 299

Lilienthal mit Flugapparat in Südende, 7. 8. 1892

Fotografie, Sign.: (Carl Kassner). BN 04423

Ähnliches Motiv wie Kat.-Nr. 160

Abb. 298: Lilienthal mit Flugapparat in Südende, 7. 8. 1892 (Kat.-Nr. 160)

Abb. 299: Lilienthal mit Flugapparat in Südende, 7. 8. 1892 (Kat.-Nr. 161)

Abb. 300: Lilienthal mit Flugapparat in Südende, 7. 8. 1892 (Kat.-Nr. 162)

162 Abb. 300

Lilienthal mit Flugapparat in Südende,
7. 8. 1892

Fotografie, Sign.: (Carl Kassner). BN 04424

Das Bild gibt wohl die Situation vor einem Absprung wieder. Der Gleiter liegt am Startplatz, oben auf der Stechwand, am Boden. Lilienthal steht im Gleiter, Hugo Eulitz (rechts) und Gustav Lilienthal stützen die Flügel des Gleiters.

163 Abb. 301

Lilienthal an der Kante der Stechwand in Südende, 7. 8. 1892

Fotografie, Sign.: (Carl Kassner). BN 03555

164 Abb. 302

Flugpause in der Sandgrube in Südende,
7. 8. 1892

Fotografie, Sign.: (Carl Kassner). BN 04419

Lilienthal mit Frau Agnes und den Söhnen Otto und Fritz sowie dem Helfer Hugo Eulitz. Links am Bildrand der Schuppen, in dem die Flugapparate untergestellt waren.

Abb. 301: Lilienthal an der Kante der Stechwand in Südende, 7. 8. 1892 (Kat.-Nr. 163)

Abb. 302: Flugpause in der Sandgrube in Südende, 7. 8. 1892 (Kat.-Nr. 164)

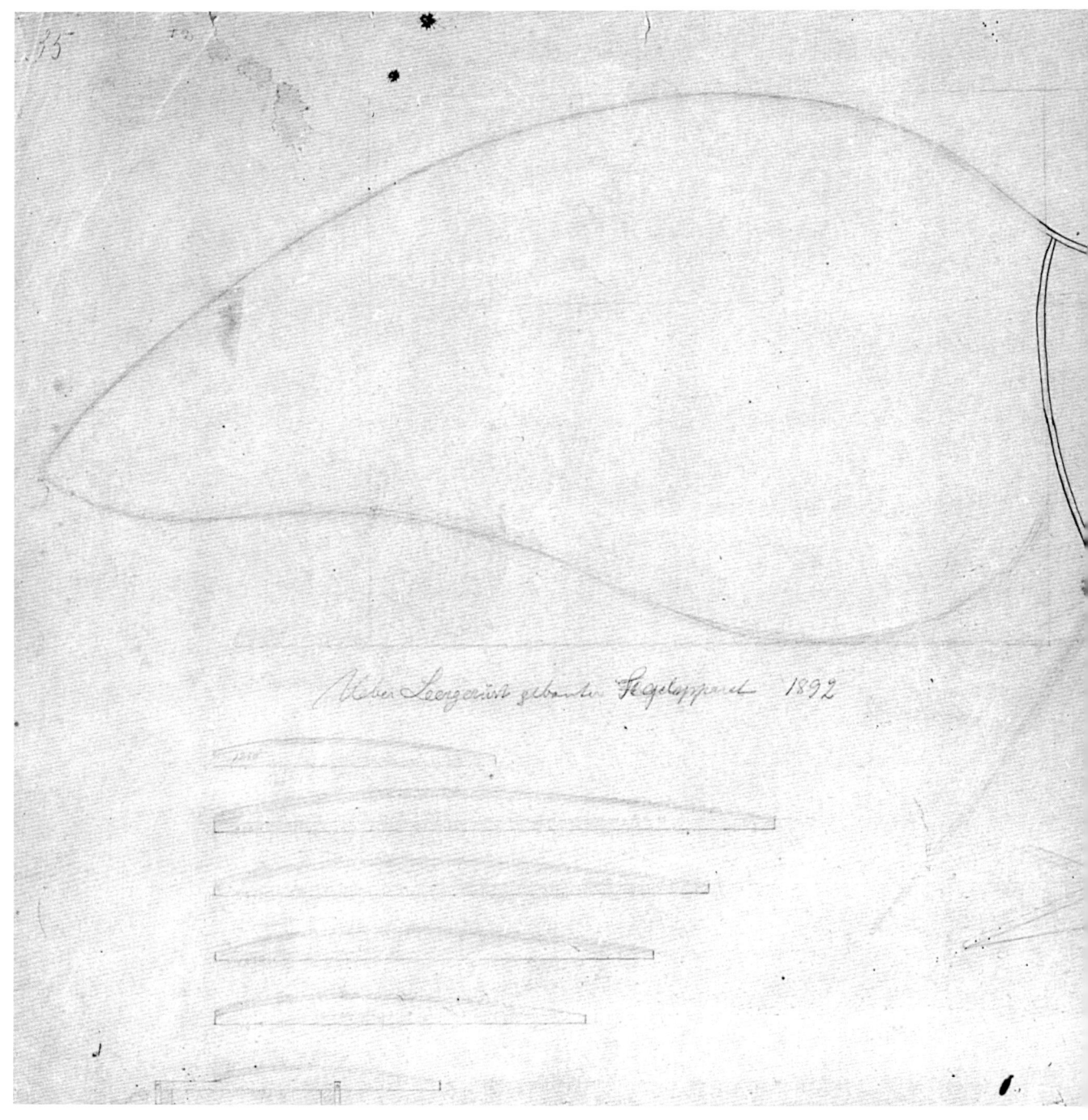

165   Abb. 303

Zeichnung eines »Über Leergerüst gebauten
Segelapparats«, 1892

Zeichnung (Bleistift und Tusche) auf Zeichenkarton,
51 × 100 cm, Sign.: Über Leergerüst gebauter Segelapparat,
1892. BN 35096; TZ 04078-013

Entwurfszeichnung für den in Südende geflogenen Apparat. Die vermutlich nachträglich angebrachte Bezeichnung »Leergerüst« besagt, daß ein
Flugapparat offensichtlich zum ersten Mal in einer
Montagevorrichtung, die die Gestalt bestimmt,
aufgebaut wurde. Das tragende Gerüst eines jeden
Flügels besteht aus einem von der Flügelwurzel
ausgehenden fächerförmigen Verbund aus Holmen und aus neun, in Flugrichtung angeordneten
gewölbten Rippen. Die Flügel sind bis zu $^2/_3$ der
Tiefe auch unten mit Stoff bespannt, die Begren-
zung ist mit einer Strichlinie gekennzeichnet. Mit
Bleistift einskizziert sind in der Vorderansicht unterschiedliche Biegelinien des Flügels, wie sie später wieder bei den Entwürfen für Schlagflügelap-

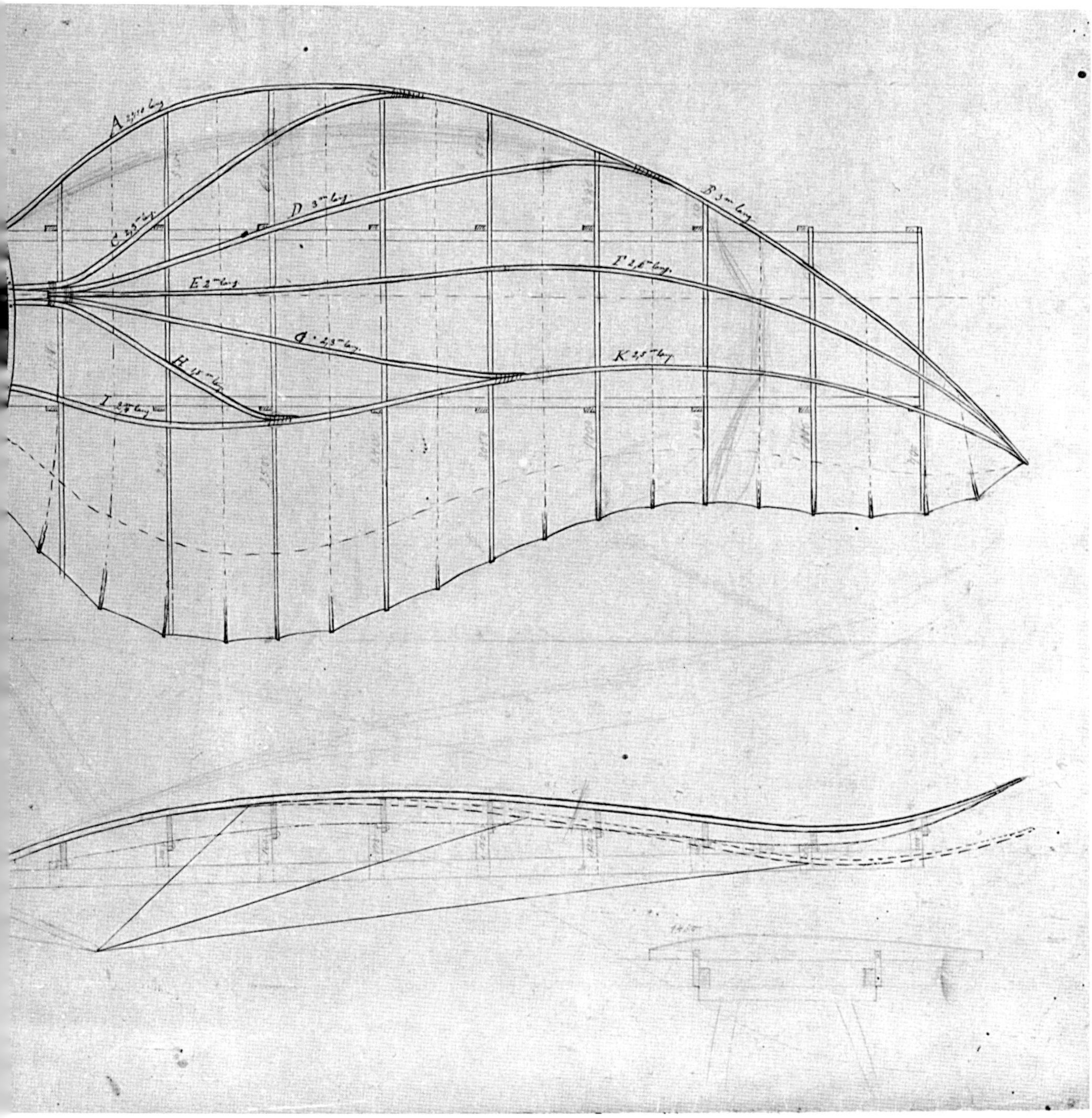

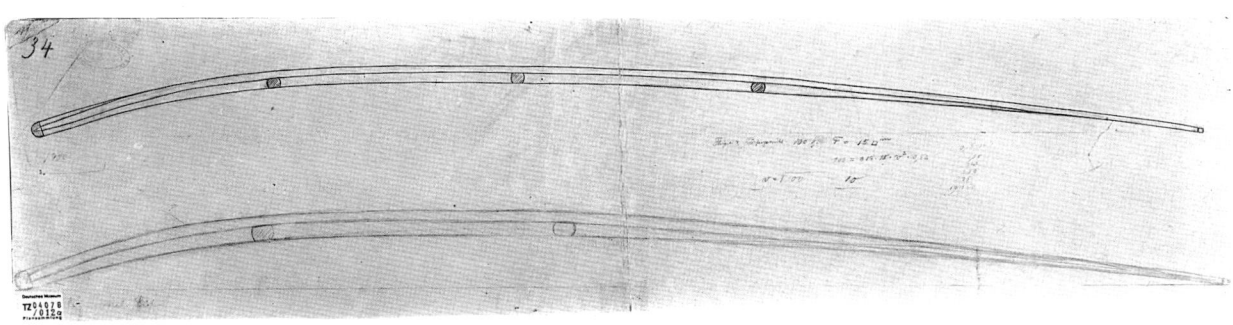

Abb. 303: Zeichnung eines »Über Leergerüst gebauten Segelapparats«, 1892 (Kat.-Nr. 165)

Abb. 304: Profilschnitte des »Über Leergerüst gebauten Segelapparats«, 1892 (Kat.-Nr. 166)

parate zu finden sind. Es kann vermutet werden, daß Lilienthal von Anfang an seine Gleiter für den Gebrauch als Schlagflügelapparate auslegte.

166   Abb. 304

Profilschnitte des »Über Leergerüst gebauten Segelapparats«, 1892

Zeichnung (Bleistift und Tusche) auf Zeichenkarton, undatiert, 26 × 101 cm. BN 41015; TZ 04078-012a (Rückseite: Kat.-Nr. 167)

Die Zeichnung zeigt Schnitte durch das Profil des »Über Leergerüst gebauten Segelapparats« (Kat.-Nr. 165). Dargestellt sind die Holme, auf denen gewölbte, profilbildende Rippen aufliegen. Die vorne angespitzten Rippen sind in den vorderen Holm gesteckt. Die Bespannung ist beidseitig und reicht auf der Unterseite bis zu $^2/_3$ der Flügeltiefe. Handschriftlich vermerkt ist eine Berechnung des Auftriebs. Für einen Gleiter mit einem »Flügel- und Körpergewicht« von 100 kg und einer Flügelfläche von 15 m^2 ist demnach eine Fluggeschwindigkeit von 10 m/s erforderlich.

167   Abb. 305

Zusammenführung der Holme beim »Über Leergerüst gebauten Segelapparat«, 1892

Bleistiftzeichnung auf Zeichenkarton, undatiert, 26 × 101 cm. BN 41016; TZ 04078-012b (Vorderseite: Kat.-Nr. 166)

Die Zeichnung zeigt ein Detail des »Über Leergerüst gebauten Segelapparats« (Kat.-Nr. 165): die Zusammenführung der Holme und deren Befestigung am Gestellkreuz und am Längsträger.

168   Abb. 306

Entwurfskizze für den »Über Leergerüst gebauten Segelapparat«, 1892

Bleistiftzeichnung auf Zeichenkarton, undatiert, 41 × 41 cm (schräg beschnitten). BN 104; TZ 04078-001b (Rückseite: Kat.-Nr. 199)

Ein Apparat, ähnlich dem »Über Leergerüst gebauten Segelapparat«, ist in Vorderansicht skizziert. Darüber Skizzen von Profilschnitten.
Die Skizzen sind vermutlich Studien zu den Kat.-Nrn. 165 und 166.

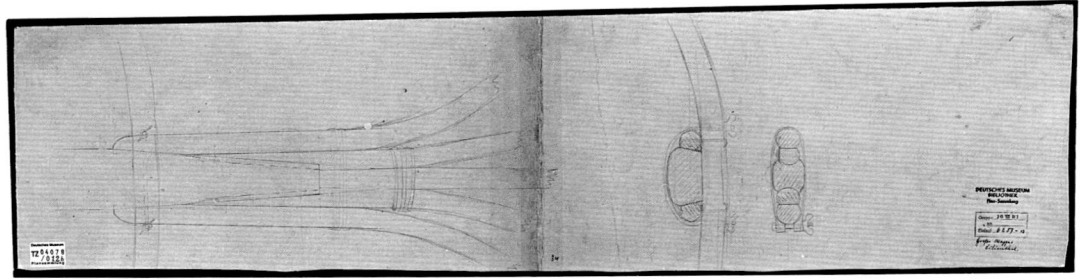

Abb. 305: Zusammenführung der Holme beim »Über Leergerüst gebauten Segelapparat«, 1892 (Kat.-Nr. 167)

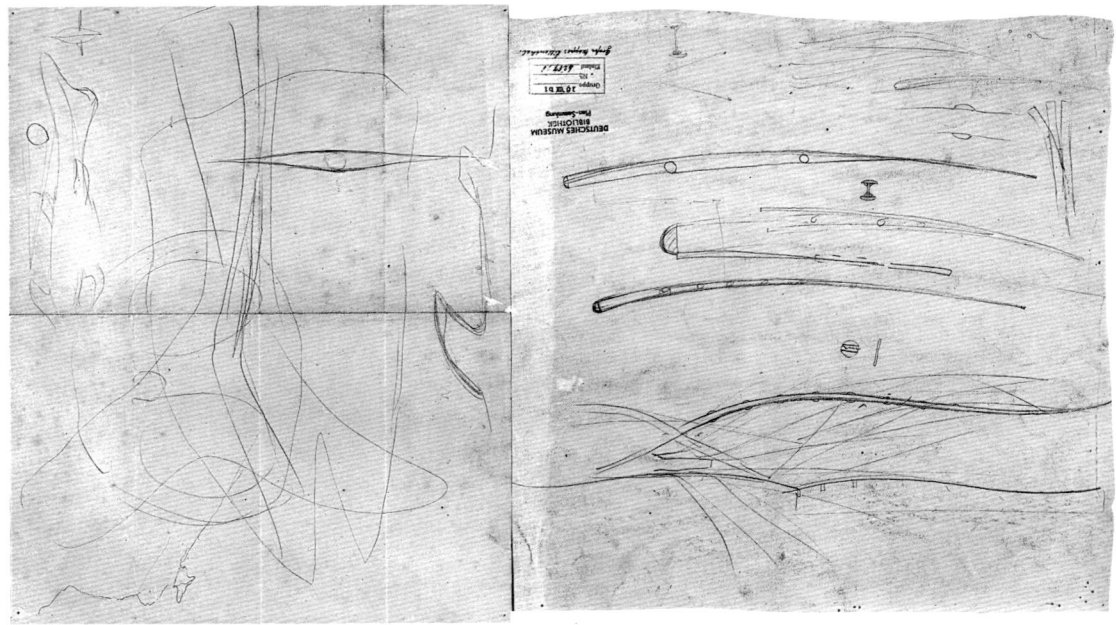

Abb. 306: Entwurfskizze für den »Über Leergerüst gebauten Segelapparat«, 1892 (Kat.-Nr. 168)

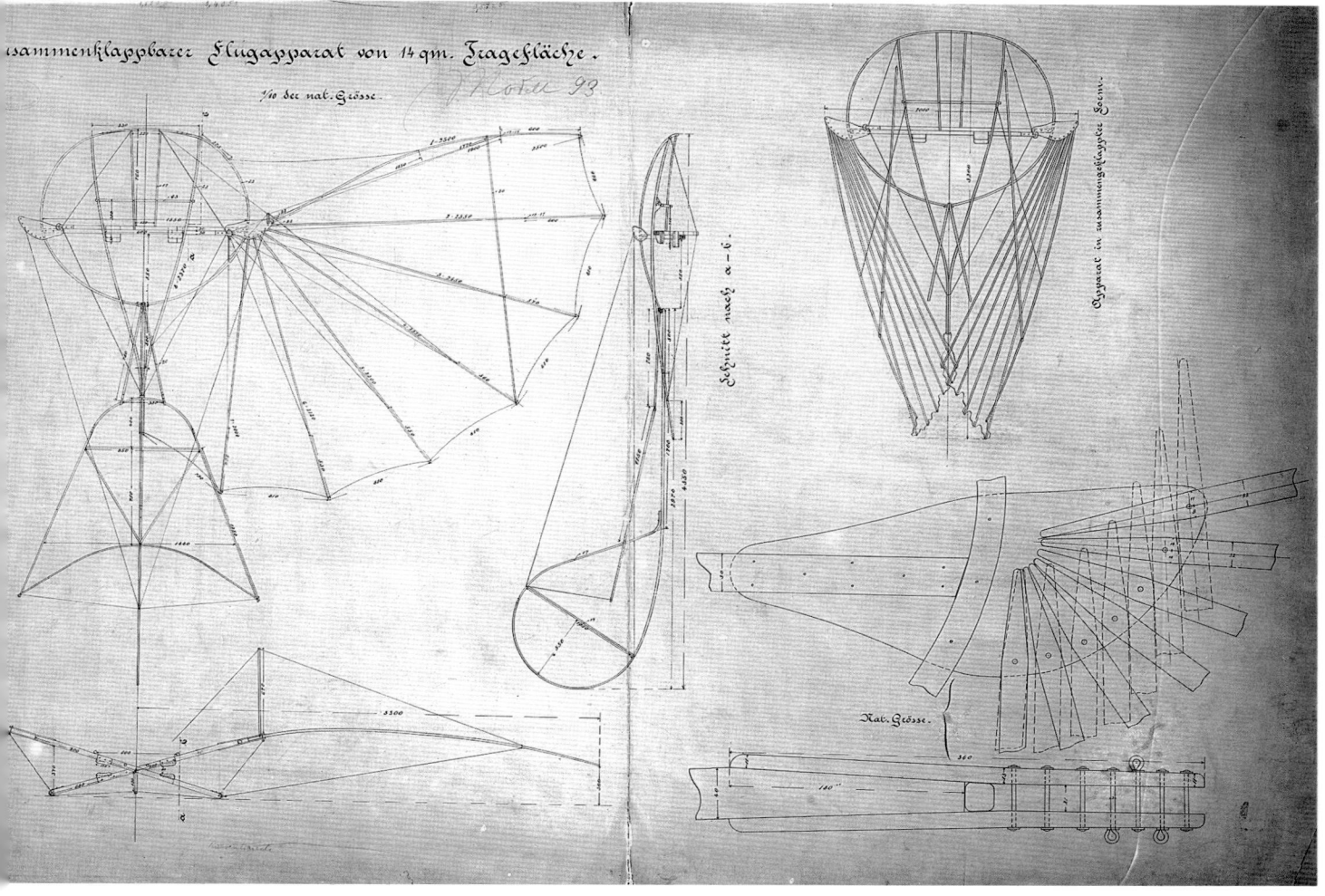

Abb. 307: Zusammenklappbarer Flugapparat von 14 m² Tragfläche, 1893 (Kat.-Nr. 169)

FLUGVERSUCHE AUF DER MAIHÖHE UND IN DEN RHINOWER BERGEN (1893)

169   Abb. 307

Zusammenklappbarer Flugapparat von 14 m² Tragfläche, 1893

Tuschezeichnung auf Zeichenkarton, 72 × 110 cm,
Sign.: Zusammenklappbarer Flugapparat von 14 m² Tragfläche, ¹/₁₀ der natürlichen Größe; handschr.: Modell 93.
BN 08557, 41013, F 35095; TZ 04078-008 a (Rückseite: siehe Kat.-Nr. 202)

1893 ging Lilienthal zu einer Bauweise über, die er im wesentlichen bei allen weiteren Gleitern beibehielt. Die Bauweise ermöglichte es, die Gleiter zusammenzuklappen, um sie besser transportieren und lagern zu können. Dazu waren die strahlenförmig nach außen verlaufenden Rippen in Gelenktaschen drehbar gelagert. Außerdem wurden durch aufgesetzte Profilstangen Veränderungen des Tragflügelprofils möglich.

170   Abb. 308

Entwurfskizze für einen zusammenklappbaren Flugapparat, ca. 1893

Bleistiftzeichnung auf Detailpapier (am Rand leicht beschädigt); undatiert, 37 × 71,5 cm. Sign.: handschr.: 93 geändert.
BN 2642; TZ 04078-025

Einer der ersten Entwürfe für einen zusammenklappbaren Flügel mit in Gelenktaschen gelagerten Rippen. Abweichend von den ausgeführten Gleitern sind die Rippen verzweigt. Parallel zur Flugrichtung sind zwei profilgebende Profilstangen eingezeichnet. Der erste zusammenklappbare Gleiter hatte nur eine Profilstange pro Flügel.

171   Abb. 309

Entwurfskizze für ein zusammenklappbares Flugzeug und ein Flugzeug mit Tandemflügel, ca. 1893

Bleistiftzeichnung auf Zeichenkarton; undatiert; 72 × 101 cm.
BN 02007; TZ 04078-010

Links oben ist einer der ersten Entwürfe für einen zusammenfaltbaren Flügel skizziert, deren strahlenförmig angeordneten Rippen von Gelenktaschen ausgehen. Eingezeichnet sind für die Gelenktaschen zwei Ansatzpunkte an unterschiedlich großen Gestellkreisen. Ausgeführt wurde der kleinere Gestellkreis.

Darunter die Detailzeichnung einer Gelenktasche für sechs Rippen und deren Lage bei gefaltetem sowie ausgebreitetem Flügel.

Rechts verschiedene Ansichten eines Flugzeugs mit hintereinander angeordneten Flügeln (s. a. Kat.-Nr. 172). Der Entwurf wurde nicht ausgeführt.

172   Abb. 310

Zeichnung eines Flugzeugs mit Tandemflügel, ca. 1893

Bleistiftzeichnung auf Zeichenkarton; undatiert; 50 × 72 cm. (Zeichnung Großer Eindecker). BN 41019; TZ-04078-018 b (Rückseite: Kat.-Nr. 234)

Diese Zeichnung gibt den Entwurf Kat.-Nr. 171 in feinerer Ausführung wieder. Mit ähnlichen Konfigurationen experimentierten zur selben Zeit der Amerikaner Samuel P. Langley und später Wilhelm Kress in Wien.

173   Abb. 311

Skizzen und Berechnungen von Luftkräften, ca. 1893

Skizzen und Berechnungen in Kurzschrift in Bleistift; undatiert; 33 × 21 cm. BN 46656; HS 6274

Berechnet und skizziert sind die Luftkräfte an Tragflügel und Höhenleitwerk für ein Flugzeug mit einer Flügelfläche von $14\,m^2$, und einer Höhenleitwerksfläche von $1,5\,m^2$ und einer Masse (einschließlich Pilot) von 100 kg. Lilienthal bilanziert die horizontalen Luftkraftkomponenten. Zunächst berechnet er den »Körperwiderstand« für Geschwindigkeiten zwischen 5 und 10 m/s, ausgehend von einer Widerstandsfläche von $0,5\,m^2$. Dann folgert er:

»Unter null Grad geneigte Fläche unter 9° abwärts segelnd hat Widerstand 100 kg =

$$0,13 \cdot 0,8 \cdot 14 \cdot v^2; \quad v = 8\frac{1}{2}\,m \quad \text{Geschwindigkeit.}$$

Widerstand steht dann 3° nach vorn geneigt [vgl. »Vogelflug«, Tafel VI, Fig. 2]. Treibende Kraft $100 \cdot \sin \cdot 3° = 5,2$ kg. Diese 5 kg halten dem Widerstand des Körpers Gleichgewicht.«

Zu beachten ist, daß Lilienthal das Höhenleitwerk negativ zum Flügel einstellte. Dies ist bei gewölbten Profilen notwendig, um, im Zusammenwirken mit der richtigen Schwerpunktlage, das Flugzeug auszutrimmen. Die negative Einstellung ist bei den ausgeführten Gleitern von Lilienthal zu sehen. Berechnungen des Normal-Segelapparats haben gezeigt, daß dieser statisch stabil war. Inwieweit Otto Lilienthal Kenntnis von den grundlegenden Arbeiten zur Flugstabilität von George Cayley (veröffentlicht 1890/10), Alphonce Penaud (1872) und A. F. Zahm (1893) hatte, ist nicht überliefert. Siehe dazu: A. Hafer, G. Sachs und X. Hafer: Die Anfänge der Stabilitätsbetrachtung in der Flugmechanik. In: Zeitschrift für Flugwissenschaften und Weltraumforschung 12/1988, S. 37–44.

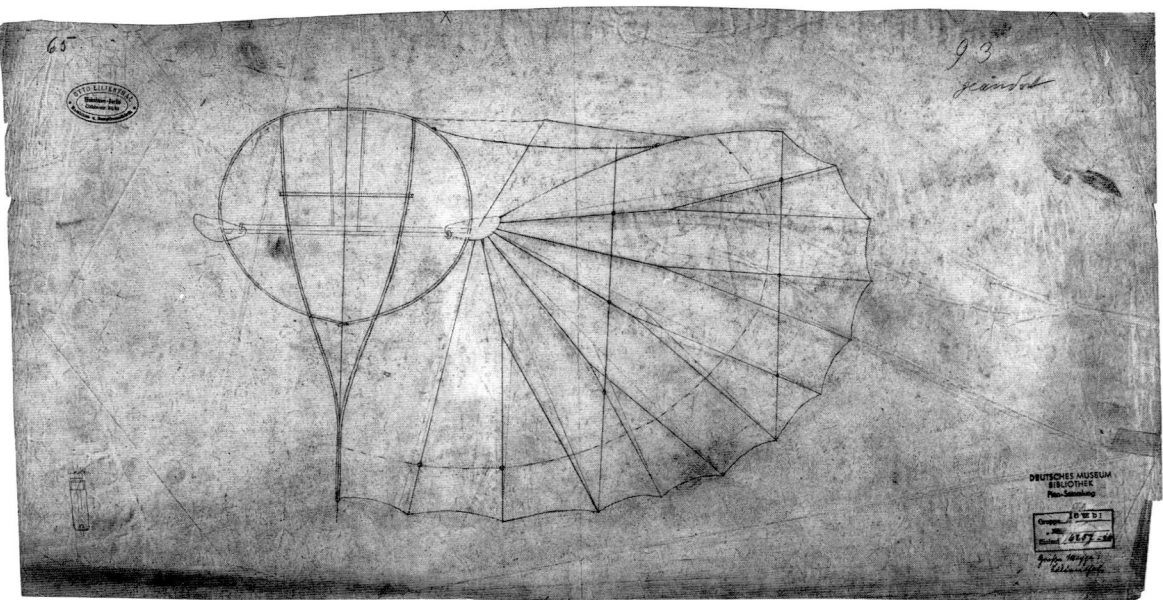

Abb. 308: Entwurfskizze für einen zusammenklappbaren Flugapparat, ca. 1893 (Kat.-Nr. 170)

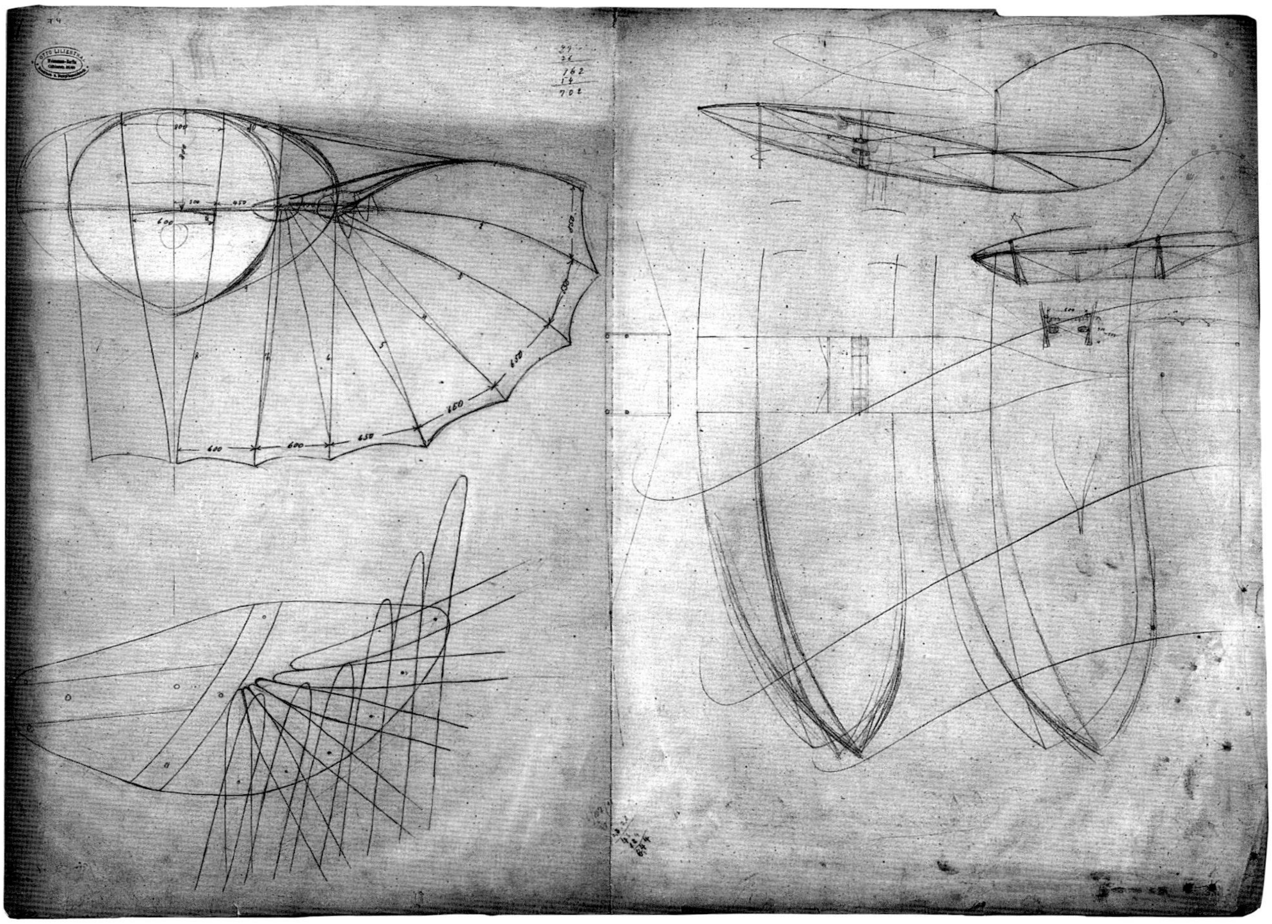

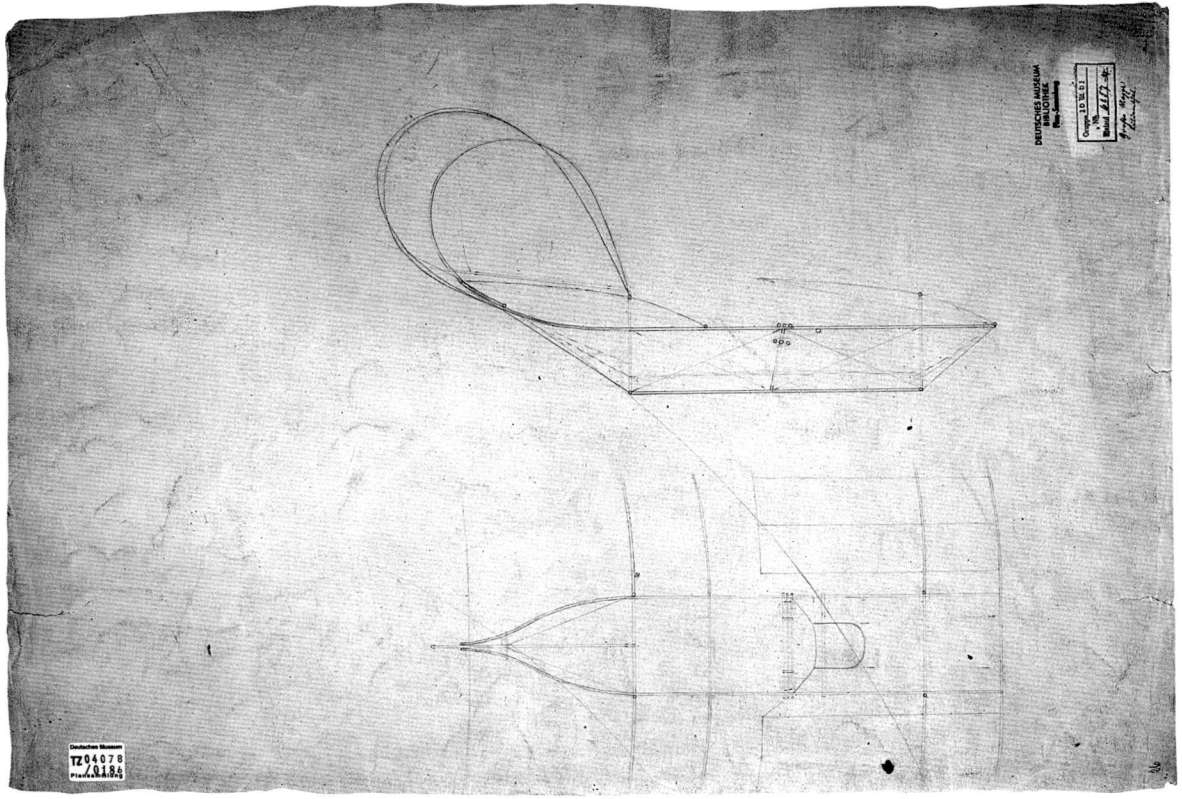

Abb. 309: Entwurfskizze für ein zusammenklappbares Flugzeug und ein Flugzeug mit Tandemflügel, ca. 1893 (Kat.-Nr. 171)

Abb. 310: Zeichnung eines Flugzeugs mit Tandemflügel, ca. 1893 (Kat.-Nr. 172)

Auf der Rückseite des Blattes undatierte stenographische Notizen über einen flugtechnischen Vortrag eines namentlichen nicht genannten Referenten.

174   Abb. 312

Absprung Lilienthals von seiner Fliegestation auf der Maihöhe in Steglitz, 1893

Fotografie auf Karton mit Schmuckrand; 10,8 × 16,8 cm.
Sign.: (Ottomar Anschütz). BN 37220, 46535 (mit Schmuckrand)

1893 hatte Lilienthal eine »Fliegestation« auf der
Maihöhe in Steglitz, einem Vorort von Berlin,
eingerichtet. Sie bestand aus einem Schuppen, in
dem er seine Flugapparate einlagern konnte. Das
Dach des Schuppens diente ihm als Absprung-
platz.
Von der Maihöhe herab erzielte Lilienthal Flugweiten von 50 m.

175   Abb. 313

Absprung von der Maihöhe, 1893

Fotografie auf Karton mit Schmuckrand; 10,8 × 16,8 cm.
Sign.: Ottomar Anschütz. BN 46534

Links auf dem Dach sein damaliger Helfer Rauh,
rechts Lilienthals Sohn Otto, damals 14 Jahre alt.

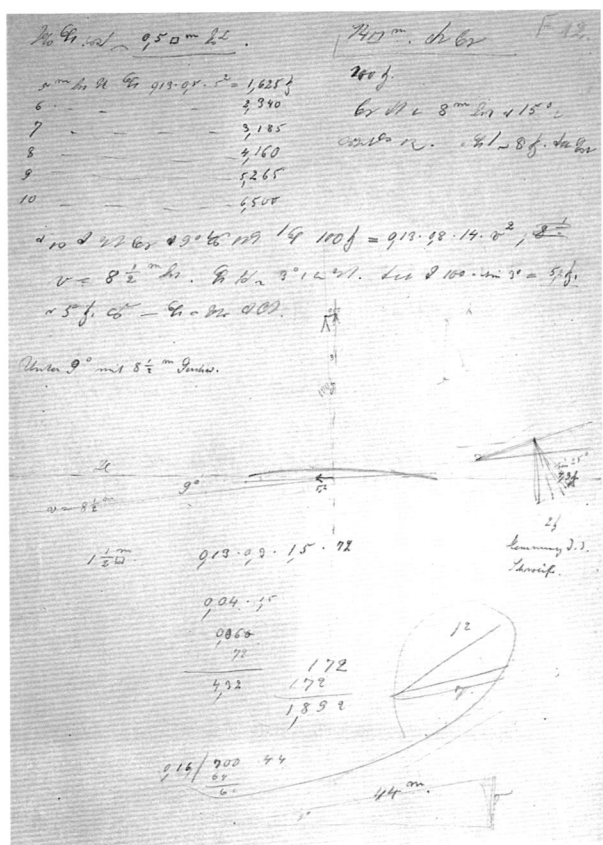

*Abb. 311: Skizzen und Berechnungen von Luftkräften, ca. 1893
(Kat.-Nr. 173)*

Abb. 312: Absprung Lilienthals von seiner Fliegestation auf der Maihöhe in Steglitz, 1893 (Kat.-Nr. 174)

176 Abb. 314

Absprung von der Maihöhe, 1893

Fotografie auf Karton; 7,5 × 8,5 cm. Sign.: Ottomar Anschütz. BN 03430

Ein Windstoß hat die linke Fläche gehoben. Lilienthal muß mit Körperverlagerung reagieren, damit die Normallage wieder hergestellt wird. Diese Aufnahme wurde in einigen Zeitschriften veröffentlicht: Prometheus 1893, S. 773, Leipziger Illustrierte Zeitung v. 7. 10. 1893.

177 Abb. 42

Absprung von der Maihöhe, 1893

Fotografie auf Karton mit Schmuckrand; 11,8 × 17 cm. Sign.: Ottomar Anschütz. BN 33570

Lilienthal muß eine kritische Fluglage durch Schwerkraftverlagerung aussteuern.

178 Abb. 315

Absprung von der Maihöhe, 1893

Fotografie auf Karton; Sign.: (Ottomar Anschütz). BN 04428

Die Aufnahmen auf der Maihöhe wurden von dem Berufsfotografen Ottomar Anschütz (1846–1907) ausgeführt. Er zählt zu den Pionieren der Momentefotografie. 1868 brachte er bereits den ersten brauchbaren, unmittelbar vor der Negativplatte angeordneten Schlitzverschluß heraus. Anschütz entwickelte auch einen sog. Schnellseher, mit dessen Hilfe aufeinanderfolgende Phasenaufnahmen zu einem bewegten Ganzen zusammengefügt werden.

179 Abb. 316

Absprung von der Maihöhe, 1893

Fotografie auf Karton mit Schmuckrand; 10,8 × 16,8 cm. Sign.: Ottomar Anschütz. BN 46532

180 Abb. 317

Absprung von der Maihöhe, 1893

Fotografie auf Karton mit Schmuckrand; 10,8 × 17,2 cm. Sign.: Ottomar Anschütz. BN 33569

181 Abb. 41

Absprung von der Maihöhe, 1893

Fotografie auf Karton mit Schmuckrand; 10,8 × 16,8 cm. Sign.: Ottomar Anschütz. BN 46531

182 Abb. 318

Absprung von der Maihöhe, 1893

Fotografie auf Karton mit Schmuckrand; 10,8 × 16,8 cm. Sign.: Ottomar Anschütz. BN 46533

Abb. 313: Absprung von der Maihöhe, 1893 (Kat.-Nr. 175)

Abb. 314: Absprung von der Maihöhe, 1893 (Kat.-Nr. 176)

Abb. 315: Absprung von der Maihöhe, 1893 (Kat.-Nr. 178)

Abb. 317: Absprung von der Maihöhe, 1893 (Kat.-Nr. 180)

Lilienthal im Gleitflug von der Maihöhe. Im Hintergrund ist das Dorf Steglitz zu sehen.
Diese Aufnahme verwendete Lilienthal für eine Anzeige in Moedebecks »Taschenbuch für Flugtechniker und Luftschiffer« (1895, S. 57), in der er »Segelapparate zur Uebung des Kunstflugs« anbot. Verkauft wurden Normal-Segelapparate (s. Kat.-Nr. 204).

183   Abb. 44

Absprung von der Maihöhe, 1893

Fotografie. Sign.: Ottomar Anschütz. BN 03434

184   Abb. 43

Absprung von der Maihöhe, 1893

Fotografie. Sign.: Ottomar Anschütz. BN 04431

Veröffentlicht in: Luftschiffahrt und Erforschung der Atmosphäre, Moskau 1/1897.

185   Abb. 319

Absprung von der Maihöhe, 1893

Fotografie. Sign.: Ottomar Anschütz. BN 04429

Veröffentlicht in: Prometheus 1893, S. 772, Leipziger Illustr. Zeitung v. 7. 10. 1893.

186   Abb. 320

Absprung von der Maihöhe, 1893

Fotografie auf Karton mit Schmuckrand; 10,8 × 16,8 cm. Sign.: Ottomar Anschütz. BN 46536

187   Abb. 321

Gleitflug in den Rhinower Bergen, 1893

Fotografie. Sign.: Alex Krajewsky. BN 41029

Da die Windverhältnisse auf der Maihöhe in Steglitz ungünstig waren, fuhr Lilienthal so oft er konnte, in die Rhinower Berge, 80 km nordwestlich von Berlin. Der dortige grasbewachsene 60 m

Abb. 316: Absprung von der Maihöhe, 1893 (Kat.-Nr. 179)

Abb. 318: Absprung von der Maihöhe, 1893 (Kat.-Nr. 182)

Abb. 319: Absprung von der Maihöhe, 1893 (Kat.-Nr. 185)

Abb. 320: Absprung von der Maihöhe, 1893 (Kat.-Nr. 186)

hohe Hauptmannsberg war ein ideales Übungsgelände. Lilienthal flog dort bis zu 250 m weit.

188   Abb. 17

Gleitflug in den Rhinower Bergen, 1893

Fotografie auf Karton mit Schmuckrand, 20,8 × 26,8 cm.
Sign.: Alex Krajewsky, Hof-Photograph, Berlin N.W., Neustädtische Kirchstr. 17. BN 46539

Abb. 321: Gleitflug in den Rhinower Bergen, 1893 (Kat.-Nr. 187)

Die Aufnahmen von den Flugversuchen 1893 in den Rhinower Bergen stammen aus dem Atelier des Berufsfotografen Alex Krajewsky.
Veröffentlicht in: Prometheus 1893, S. 184, Taschenbuch für Flugtechniker und Luftschiffer 1895, Fig. 98.

189   Abb. 46

Gleitflug in den Rhinower Bergen, 1893

Fotografie auf Karton mit Schmuckrand, 21,0 × 26,5 cm.
Sign.: Alex Krajewsky. BN 46538

In den Rhinower Bergen gelang Lilienthal der erste Kurvenflug. Er kommentierte die Aufnahme in der Zeitschrift für Luftschiffahrt und Physik der Atmosphäre (Nr. 11/1893): »[...] hatte ich die Ablenkung aus der geraden Flugrichtung soweit getrieben, dass ich jeweils fast in entgegengesetzter Richtung flog. Von dem rechts gelegenen Berge kommend, drehte ich gerade im Moment der Aufnahme der Ebene fast den Rücken zu.«

190 Abb. 322

Gleitflug in den Rhinower Bergen, 1893

Fotografie auf Karton mit Schmuckrand, 21,0 × 26,8 cm.
Sign.: (Alex Krajewsky, Hof-Photograph, Berlin N. W., Neustädtische Kirchstr. 17. BN 46537

Lilienthal bei einem Gleitflug vom Hauptmannsberg in den Rhinower Bergen. Im Hintergrund ist der Kirchturm von Rhinow zu erkennen.

191

Gleitflug in den Rhinower Bergen, 1893

Fotografie auf Karton mit Schmuckrand, 27,3 × 34,0 cm.
Sign.: (Alex Krajewsky, Charlottenburg, Knesebeckstr. 94).
BN 46679; Sammlung Kopfermann

Wie Kat.-Nr. 190, aber mit anderer Signatur.

DER KLEINE SCHLAGFLÜGELAPPARAT
(1893–96)

192 Abb. 323

Lilienthal mit dem kleinen Schlagflügelapparat, 16. 8. 1894

Fotografie, 7,1 × 11,7 cm. Sign.: (Ottomar Anschütz).
BN 03431, 46548

Lilienthal mit dem kleinen Schlagflügelapparat am Rande der Tongrube neben dem Fliegeberg in Lichterfelde. Lilienthal hatte eingehend den Vogelflug untersucht. Ihn interessierte besonders das Flügelschlagprinzip als Antriebsmittel. Seine Überlegung war, daß der Schlagflügelmechanismus im antriebslosen Gleitflug – die Laufzeit des vorgesehenen Kohlensäuremotors war nur kurz –

Alex Krajewsky
Hof-Photograph

Berlin N.W.
Neustädtische Kirchstr. 17.

Abb. 322: Gleitflug in den Rhinower Bergen, 1893 (Kat.-Nr. 190)

Abb. 323: Lilienthal mit dem kleinen Schlagflügelapparat, 16. 8. 1894 (Kat.-Nr. 192)

einen geringeren schädlichen Widerstand erzeugt als ein stillstehender Propeller.

Die Schlagflügelkonstruktion wurde am 3. 9. 1893 zum Patent angemeldet (Patentschrift Nr. 77916). 1894 begann Lilienthal die Erprobung seines Apparats, zunächst ohne Motor im Gleitflug.

In der Abbildung ist unten am Gestellkreuz die Hebelkonstruktion zu sehen, an der die Zugdrähte für den Niederschlag der Flügel befestigt waren. Der Kohlensäuremotor ist noch nicht eingebaut.

Abb. 324: Gleitflug mit dem kleinen Schlagflügelapparat am Fliege-berg in Lichterfelde, 16. 8. 1894 (Kat.-Nr. 194)

193

Lilienthal mit dem kleinen Schlagflügelapparat und Portrait

Bildpostkarte (Fotomontage, Porträt von Otto Lilienthal links oben im Bild einmontiert), 9 × 13,9 cm. Sign.: (Photoverlag J. Lüpke, Berlin Lichterfelde-Ost). BN 46547

Aufnahme mit Ausnahme des Porträts wie Kat.-Nr. 192. Veröffentlicht in: Prometheus 1894, Tafel II/2.

194   Abb. 324

Gleitflug mit dem kleinen Schlagflügelapparat am Fliegeberg in Lichterfelde, 16. 8. 1894

Fotografie. Sign.: (Ottomar Anschütz). BN 33566

Mit Gleitflügen machte sich Lilienthal mit dem Schlagflügelapparat vertraut. Der vorgesehene Kohlensäuremotor ist noch nicht eingebaut.

195   Abb. 45

Lilienthal mit dem zusammengeklappten kleinen Schlagflügelapparat am Fuß des Fliegebergs, 16. 8. 1894

Fotografie. Sign.: (Ottomar Anschütz). BN 04443

Der kleine Schlagflügelapparat konnte wie alle anderen Gleiter, die nach 1893 gebaut wurden, zusammengeklappt werden. So paßten sie durch Türöffnungen mit einer Höhe von 2 m und einer Breite von 1 m.

In der Aufnahme ist über dem Kopf Otto Lilienthals die Druckflasche für den Kohlensäuremotor zu sehen.

196

Abb. 325

Konstruktionszeichnung für den kleinen Schlagflügelapparat, ca. 1893

Bleistiftzeichnung auf Zeichenkarton; 72 × 101 cm. BN 04787; TZ 04078-002

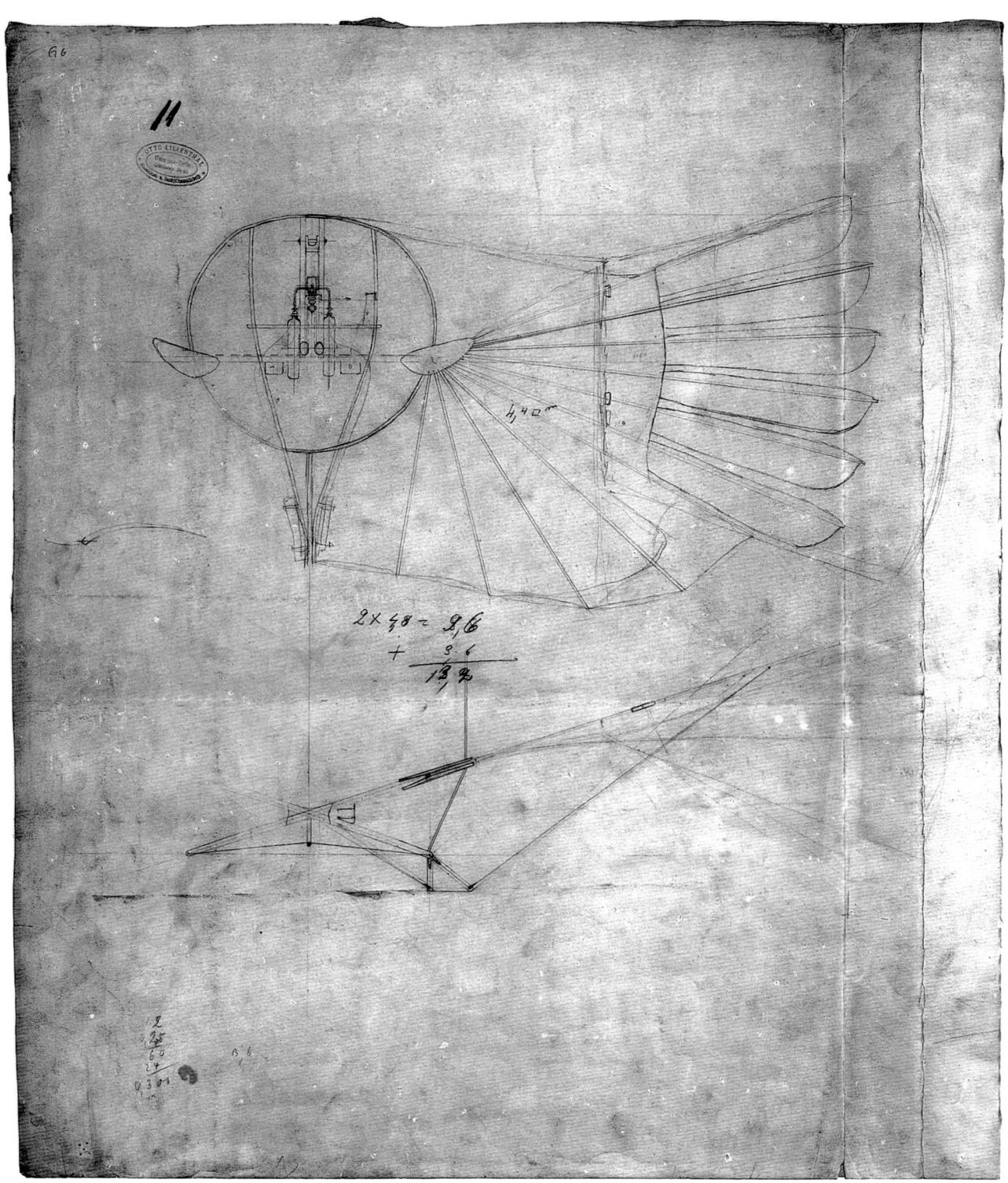

Abb. 325: Konstruktionszeichnung für den kleinen Schlagflügelapparat, 1893 (Kat.-Nr. 196)

Konstruktionszeichnung für den Schlagflügelapparat von 1893 mit Einzylindermotor und zwei Druckflaschen.

Handschriftlich die Berechnung vermutlich der Flügelfläche: $2 \times 4,8$ [m², Fläche des festen Flügels], plus 3,6 [m², Fläche der Schlagflügel] ergibt eine Gesamtfläche von 13,2 [m²]. Im Gegensatz zur Patentzeichnung läuft jeder Flügel in sechs statt sieben Schlagflügeln aus.

Einskizziert ist ein Scharnier, mit dem die Schlagflügel gelenkig am festen Flügel befestigt werden können. Diese Lösung wurde beim großen Schlagflügelapparat realisiert (s. Kat.-Nr. 260).

197   Abb. 326

Studie zu einem Schlagflügelflugzeug, ca. 1893

Bleistiftskizze auf Zeichenkarton; $71,5 \times 94$ cm (schräg beschnitten). BN 00124; TZ-04078-004 b (Rückseite: Kat.-Nr. 265)

Skizziert ist eine Verformung des Flügels, wie sie beim kleinen Schlagflügelapparat aufgetreten sein könnte.

Auf der Rückseite (s. Kat.-Nr. 265) ist bereits eine andere Lösung skizziert, bei der Schlagflügel an der Tragflügelspitze gelenkig befestigt sind, wie es beim großen Schlagflügelapparat realisiert wurde.

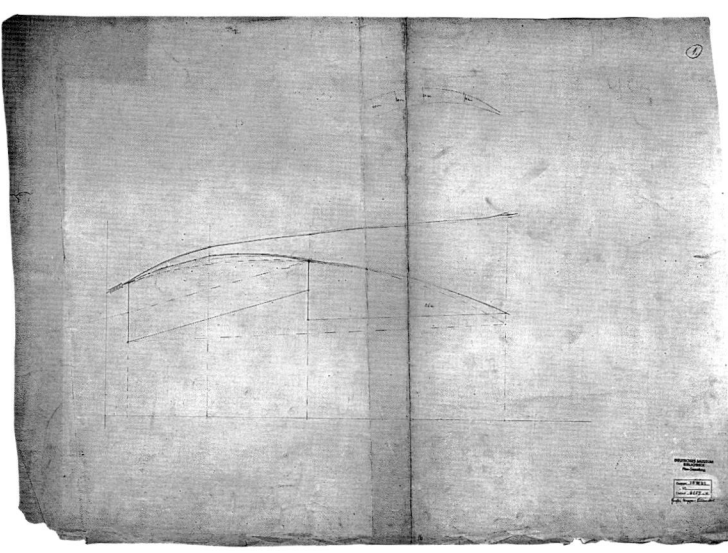

Abb. 326: Studie zu einem Schlagflügelflugzeug, ca. 1893

198   Abb. 327

Konstruktionszeichnung des ersten Kohlensäuremotors, 1893

Tuschezeichnung, coloriert auf Pausleinen; 68×94 cm. Sign.: Erster Kohlesäure Motor von Otto Lilienthal. Konstruiert und hergestellt im Jahre 1893. Hugo Eulitz. BN 41025, 04081

Die Konstruktionszeichnung stammt von Lilienthals Mitarbeiter Hugo Eulitz. Der Motor wog 20 kg, einschließlich zweier Stahlflaschen für die

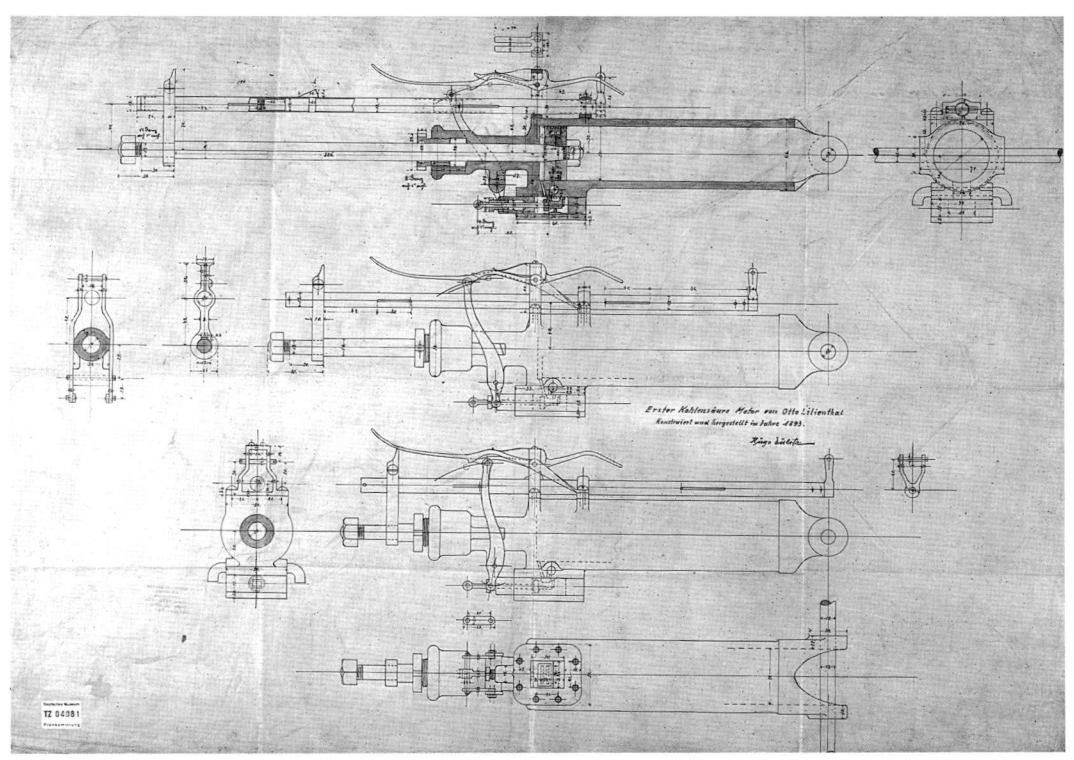

Abb. 327: Konstruktionszeichnung des ersten Kohlensäuremotors, 1893 (Kat.-Nr. 198)

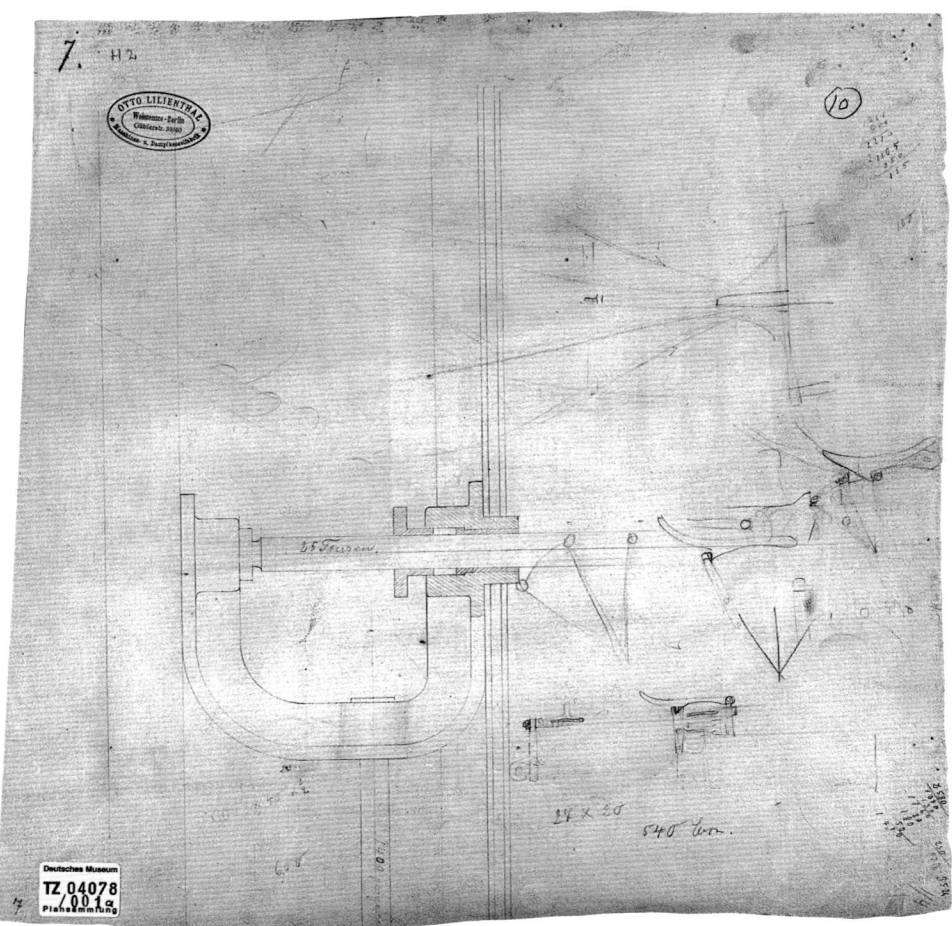

Abb. 328: Entwurfskizze eines (Kohlensäure-)Motors, ca. 1893 (Kat.-Nr. 199)

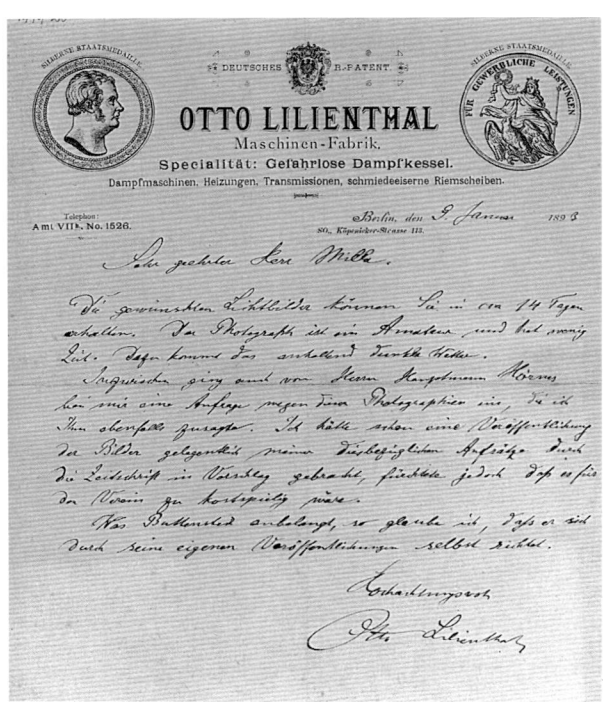

Abb. 329: Brief Otto Lilienthals an Heinrich Bolzani in Wien, 13. 6. 1895 (Kat.-Nr. 200)

komprimierte Kohlensäure, ebensoviel wie der Flugapparat selbst. Er soll eine Leistung von 2 PS erbracht haben. Die Funktion des Motors war nicht befriedigend, da er bereits nach wenigen Kolbenhüben einfror. (Siehe dazu Kat.-Nr. 200)

199   Abb. 328

Entwurfskizze eines (Kohlensäure-)Motors, ca. 1893

Bleistiftskizze auf Zeichenkarton; undatiert; 41 × 41 cm (schräg beschnitten). BN 00201; 04078-001 a (Rückseite: Kat.-Nr. 168)

Auf einer technischen Zeichnung, deren Inhalt nicht identifiziert werden konnte, ist rechts unten ein Zylinder mit Kolbenstange und Ventilsteuerung skizziert. Es könnte sich dabei um eine Studie zum Kohlensäuremotor Kat.-Nr. 198 handeln.

200   Abb. 329

Brief Otto Lilienthals an Heinrich Bolzani in Wien, 13. 6. 1895

Brief, datiert; 1 Seite, 37 × 22 cm. BN 46645; HS 1969-4

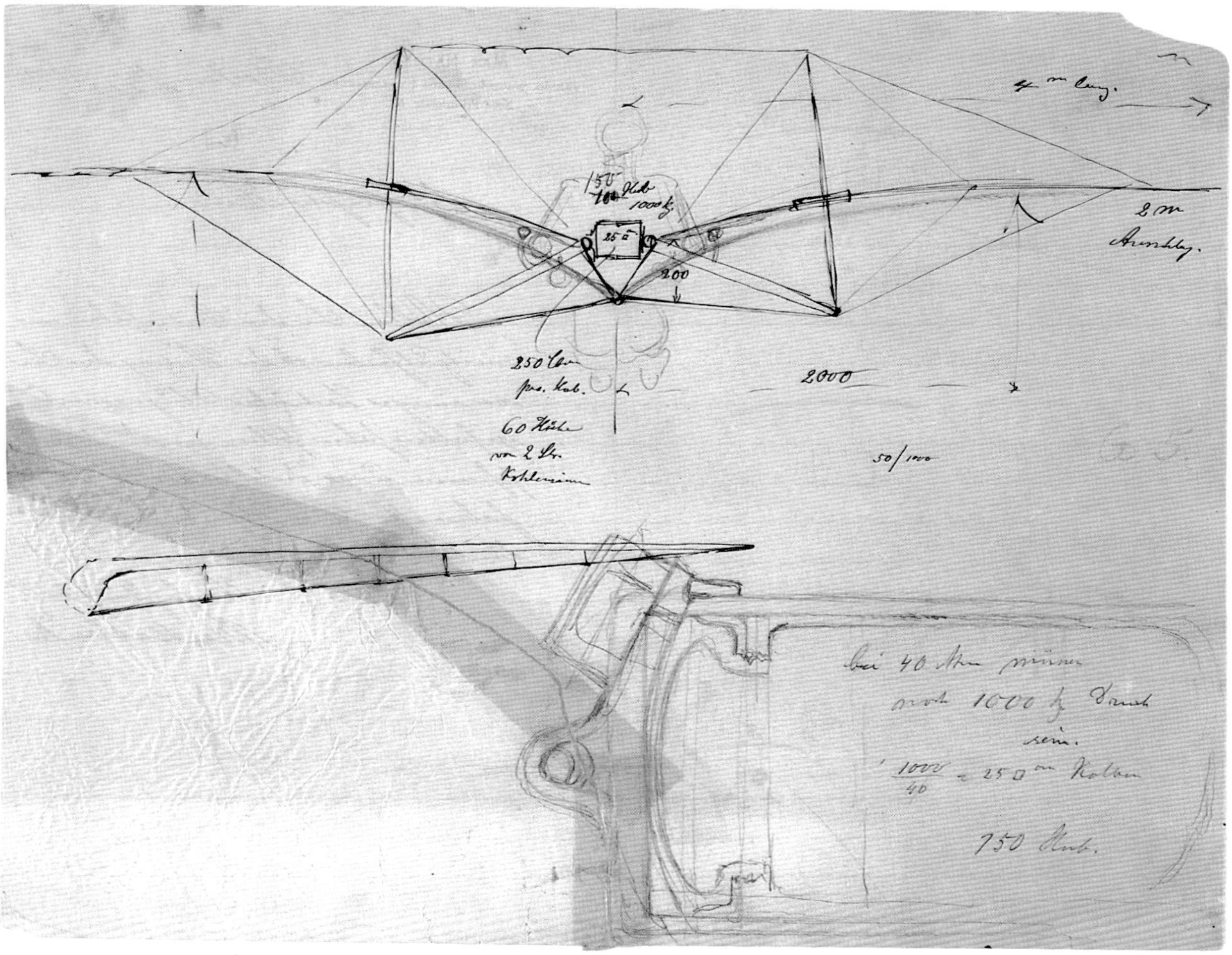

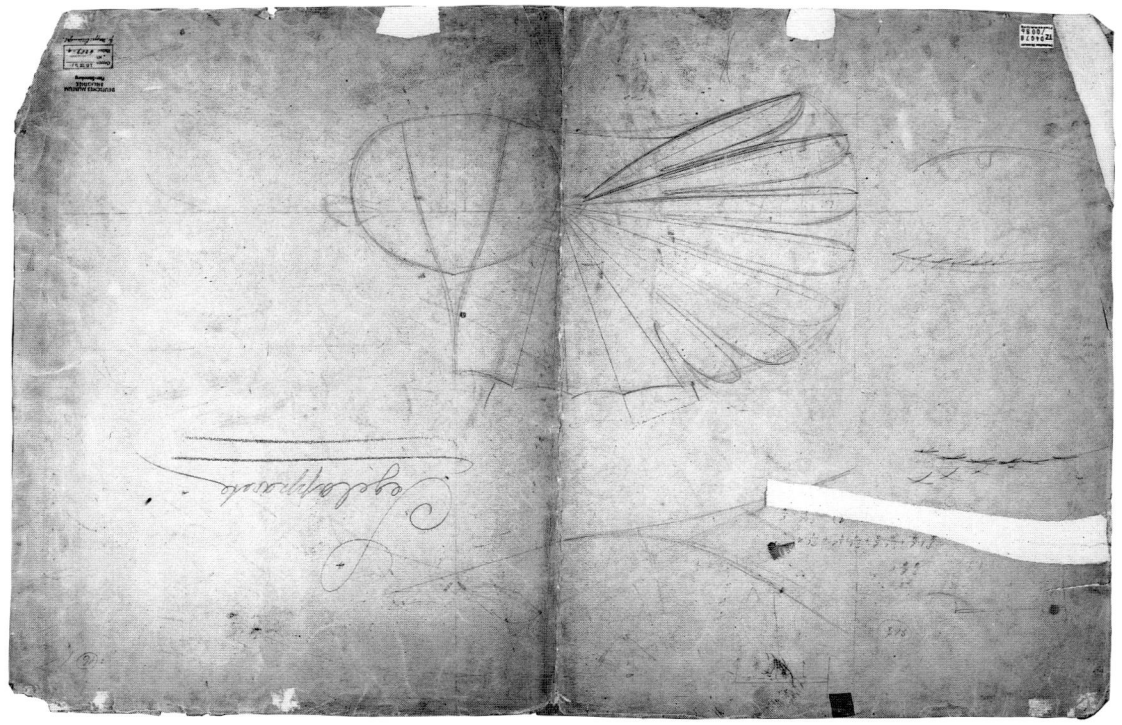

Abb. 330: Entwurfskizzen für den Antrieb eines Schlagflügelapparats, ca. 1893 (Kat.-Nr. 201)

Abb. 331: Skizze eines Schlagflügelapparats, ca. 1893 (Kat.-Nr. 202)

Otto Lilienthal bringt in der Beschreibung des für seine Flugapparate entwickelten Kohlensäuremotors ein wichtiges Problem zur Sprache:
»Mein Kohlensäuremotor wirkt genau wie ein Dampfmotor. Die Spannung der Kohlensäure ist bei gewöhnlicher Temperatur etwa 50 Atue. Ich habe meine Motoren selbst hergestellt. Die Anwendungsdauer kann nur eine kurze sein, wenn nicht für Erwärmung der Kohlensäure gesorgt wird, weil sonst die Kohlensäure erstarrt.«

201   Abb. 330

Entwurfskizzen für einen Schlagflügel-apparat, ca. 1893

Skizzen auf einem Geschäftsbrief von Max Nathan (Berlin 16.7.1890), undatiert; 1 Blatt, 22 × 28 cm. Skizzen z. T. mit Bleistift ausgeführt. Rückseite: BN 06156, Vorderseite: 46613; HS 6277

Auf der Rückseite des Briefes, in dem sich der Absender nach der Veröffentlichung eines Vortrags von Otto Lilienthal erkundigt, skizzierte Lilienthal den Entwurf eines Schlagflügelapparats mit Einzylinder-Kohlensäuremotor. Die Spannweite ist mit 8 m angegeben, der Flügelausschlag mit 2 m. Darunter die Skizze und Berechnung eines Einzylinder-Motors.
Auf der Vorderseite (Abb. 330): Prinzipskizzen für den Antrieb eines Schlagflügels mittels eines Einzylinder-(Kohlensäure-)Motors.

202   Abb. 331

Skizze eines Schlagflügelapparats, ca. 1893

Bleistiftskizze auf Zeichenkarton; 72 × 110 cm. BN 41014; TZ 04078-008b (Vorderseite: Kat.-Nr. 169)

Ausgehend vom »Zusammenklappbaren Segelapparat von 14 m² Tragfläche« auf der Vorderseite skizzierte Lilienthal auf der Rückseite des Zeichenkartons einen Flügelschlagapparat in Drauf- und Frontalansicht. Der größte Teil des Flügels ist in Schlagfedern aufgelöst, die direkt von den Gelenktaschen ausgehen. In der Frontalansicht ist die Schlagbewegung des Flügels und die Antriebskinematik skizziert. In dieser Form nicht realisiert. Die Aufschrift »Segelapparate« wurde nachträglich angebracht, denn sie steht bezüglich der Zeichnung auf dem Kopf.

203   Abb. 332

Zeichnung einer Gelenktasche

Bleistiftzeichnung auf Zeichenkarton; undatiert; 58 × 64 cm (schräg beschnitten). BN 41020; TZ 04078-019

Gelenktasche, vermutlich für den kleinen Schlagflügelapparat mit elf Rippen. Die nachträglich einskizzierten beiden Rippen sollten möglicherweise dazu dienen, ein Vorsegel aufzuspannen (s. Kat. Nr. 264)

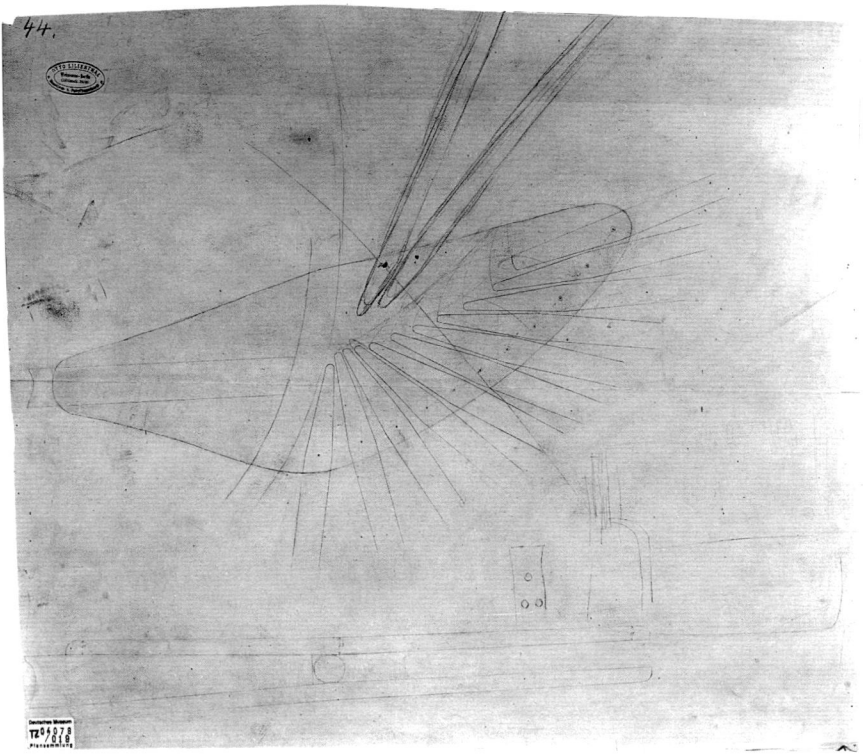

Abb. 332: Zeichnung einer Gelenktasche (Kat.-Nr. 203)

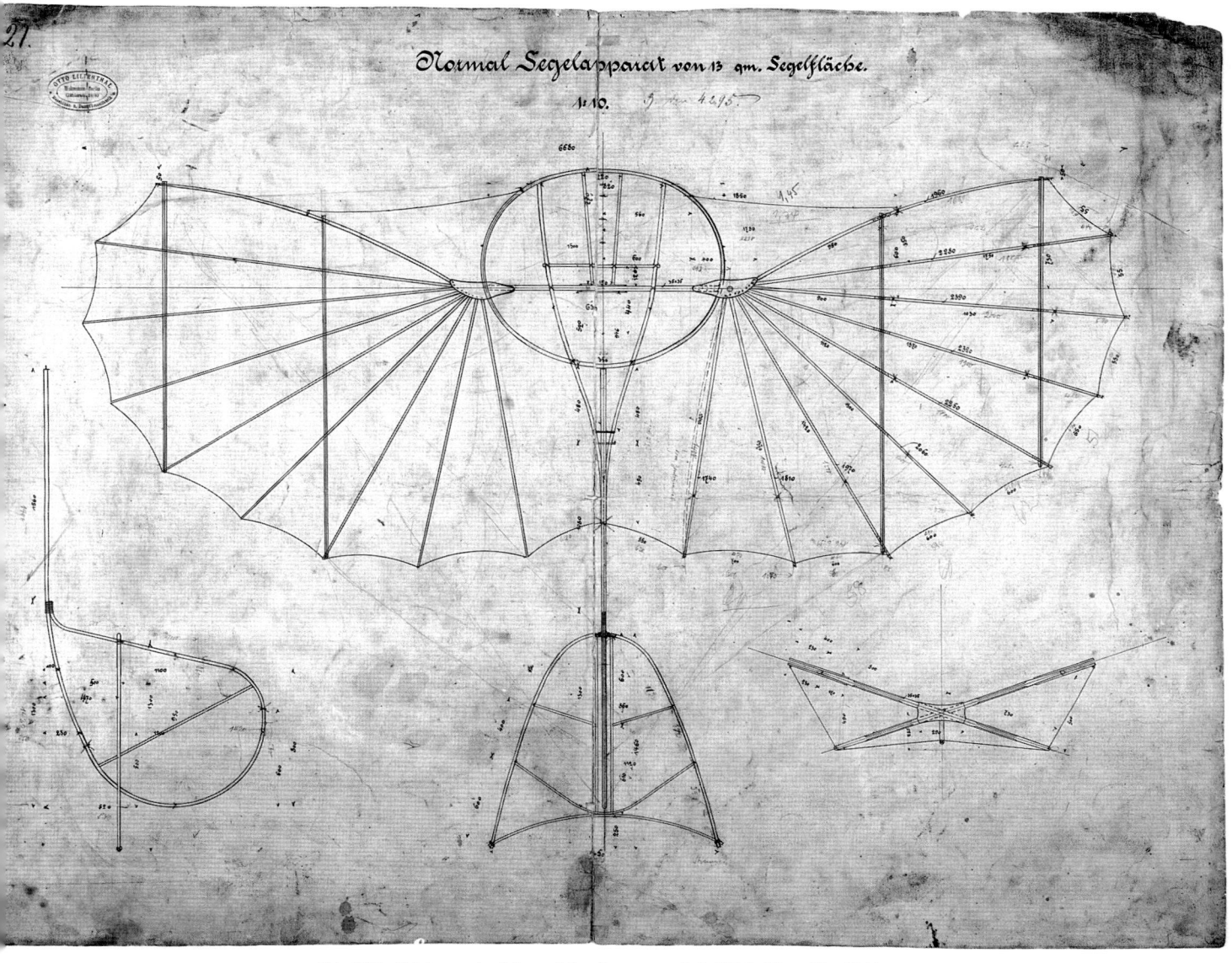

Abb. 333: Zeichnung des Normal-Segelapparats, 4. 2. 1895 (Kat.-Nr. 204)

DER NORMAL-SEGELAPPARAT (1894)

204   Abb. 333

Zeichnung des Normal-Segelapparats, 4. 2. 1895

Tusche-, Bleistift- und Rotstiftzeichnung auf Zeichenkarton; 61,5 × 79 cm. Sign.: Normal Segelapparat von 13 m² Segelfläche, [Maßstab], 1 : 10, 4.2.95. BN 07107, F 35094; TZ 04078-030

Der Normal-Segelapparat gilt als Lilienthals ausgereifteste Konstruktion. Von diesem Typ wurden mindestens 10 Exemplare von 1894 bis 1896 gebaut, die Lilienthal an Interessenten im In- und Ausland verkaufte. Acht Käufer sind bekannt. Als Vorlage zu dieser »Serienproduktion« diente möglicherweise diese Zeichnung.

205   Abb. 115

Der Normal-Segelapparat des Deutschen Museums, 1894, im Zustand von 1989

Original; Holz, Baumwollgewebe; ausgebreitet 300 × 650 cm. Inv.-Nr. 2235; BN R2594

Unter den zahlreichen gebauten Normal-Segelapparaten nimmt der im Deutschen Museum erhaltene einen besonders hohen Stellenwert ein, denn dieser wurde von Lilienthal bei seinen Flugversuchen selbst benützt. Trotz der Beschädigung vermittelt der Überrest des Apparats noch wertvolle Hinweise über den konstruktiven Aufbau (s. Gerhard Filchner/Christian Piepenberg: Der Normal-Segelapparat von Otto Lilienthal im Deutschen Museum – eine Dokumentation, S. 100–112).

206   Abb. 334 u. 335

Briefe Otto Lilienthals an Alois Wolfmüller, 8. 11. 1893 bis 3. Oktober 1895

11 Briefe, datiert; zusammen 15 Seiten, 28 × 22 cm. BN 46618 u. 46619; HS 1932-1/1–11

Die inhaltsreichen Briefe Otto Lilienthals an Alois Wolfmüller behandeln insbesondere den Ankauf und Einsatz eines Lilienthal-Normal-Segelapparats durch Wolfmüller: Herstellung, Montage und Gebrauch des Gleiters sind ausführlich behandelt und mit Zeichnungen erläutert. Außerdem werden Konstruktionsänderungen zur Erhöhung der Sicherheit und Manövrierbarkeit diskutiert, z.B. die Flügelverwindung und andere mechanische Steuervorrichtungen.

Der Münchener Ingenieur Alois Wolfmüller (1864–1948) hatte sich bereits während seiner Studienzeit mit dem Flugproblem befaßt und 1887 einen einfachen Gleitflugapparat gebaut. Wolfmüller ist einer der wenigen Pioniere, die nach Lilienthals Tod in Deutschland weiterhin an der Lösung des Flugproblems arbeiteten. Nach dem Konkurs seiner »Motorradfabrik Hildebrandt und Wolfmüller« im Jahre 1895 fehlten ihm jedoch die finanziellen Mittel, um seine flugtechnischen Experimente zum Erfolg führen zu können. Siehe Schwipps, Werner: Schwerer als Luft. Die Frühzeit der Flugtechnik in Deutschland. Koblenz: Bernhard & Graefe, 1984, S. 33–35.

Der im folgenden vollständig transkribierte Brief vom 13. Dezember 1894 ist in Abb. 334 u. 335 wiedergegeben.

Otto Lilienthal an Alois Wolfmüller   *13. 12. 1894*

»Ihren Segelapparat habe ich heute auf die Bahn geben können. Derselbe geht aber per Eilgut, weil diese Beförderung die beste Gewährleistung gegen Beschädigung ist, und wird morgen in Schongau eintreffen.

Die Theile des Apparates sind gegen einander verschnürt durch dünneren Bindfaden. Die stärkere Schnur darf an den Befestigungsstellen nicht gelöst werden. Nachdem Sie die Theile von einander getrennt haben und auch die Bindfäden lösten, mit denen die Spanndrähte verschnürt wurden, kann der Apparat entfaltet werden. Die Karabinerhaken werden aus den Oesen gelöst, die Flügel entfaltet und die Karabinerhaken hierauf in die Oesen am vorderen Bügelrand eingehakt. Zum Anziehen der Haken bedient man sich der Schnur, die in der Mitte des vorderen Bügels befestigt ist. Hierauf werden die Spreizen auf jedem Flügel aufgestellt, indem sie mit dem unteren Zapfen in die blau umränderten Löcher der Charnierplatten gesetzt werden. Alsdann ist der Schweif mit dem Kreuzsteuer anzubringen. Möglichst ohne Lösung der Schnüre wird das Horizontalsteuer mit seinem Schlitz über das Vertikalsteuer gelegt und durch einen Stift a verbunden, sodaß die Anordnung wie skizziert wird. Durch die Schnüre b wird das Horizontalsteuer so aufgehängt, daß das hintere Ende etwas höher liegt als der Drehpunkt. Die Pfeilrichtung muß etwa auf das Gestellkreuz gerichtet sein.

Abb. 334

Durch Zapfen c und Stift d wird der Schaft befestigt. Die Haken e hängt man dann noch in die Schnurösen am oberen Ende der Spreizen. Der Apparat wird mit seinen Flächen in der richtigen Form gehalten, indem man die Profilstangen einschiebt und zwar von vorn nach hinten durch die über den Rippen angebrachten Eisen. Die vorderen Enden der Profilstangen werden durch die Wirbel f befestigt. Dadurch ist der Apparat zum Gebrauch fertig. Zum Schutz des Apparates und des Körpers läßt sich nun noch ein Prellbügel vorn am Apparate befestigen. Derselbe wird um Weniges schräg nach unten gerichtet, damit er den Stoß empfängt und zunächst selbst zerbricht bevor der Apparate beschädigt wird. Die Anbringung des Prellbügels geschieht nach Skizze. Bei den ersten Uebungen hat man Neigung vornüber zu fallen, indem man vergißt den Schwerpunkt nach hinten zu bringen und dadurch den Apparat aufzurichten. In solchen Fällen erleidet der Prellbügel den Stoß.

Die Uebungen werden nun zunächst nur bei ganz mäßigem Winde gemacht, indem man gegen den Wind bergab läuft und bei horizontal gehaltenem Apparate kleine Sprünge zu machen versucht. Erst ganz allmählig steigert man dann die Sprungweite bis man sich ganz sicher fühlt und beim Landen jedesmal ohne zu fallen auf die Erde trifft. Wenn bei windigem Wetter ein Flügel mehr Wind erhält, so muß man durch Herüberneigen des Körpers und der Beine denselben mehr belasten. Die Uebung und Erfahrung zeigt hierbei den richtigen Weg am besten. Der Apparat ist stets gegen den Wind zu richten. Indem ich für den Anfang die möglichste Vorsicht empfehle, damit der Apparat nicht unnöthig gefährdet wird, bitte ich mir gelegentlich Nachricht über Ihre Erfolge zu geben und zeichne mit Hochachtung. [gez.] Otto Lilienthal

Auszug aus dem Brief Otto Lilienthals an Alois Wolfmüller
9. 1. 1895

»Was die horizontale Körperlage anbelangt, so glaube ich, daß Sie ohne große Gefahr zu laufen, zu derselben doch erst

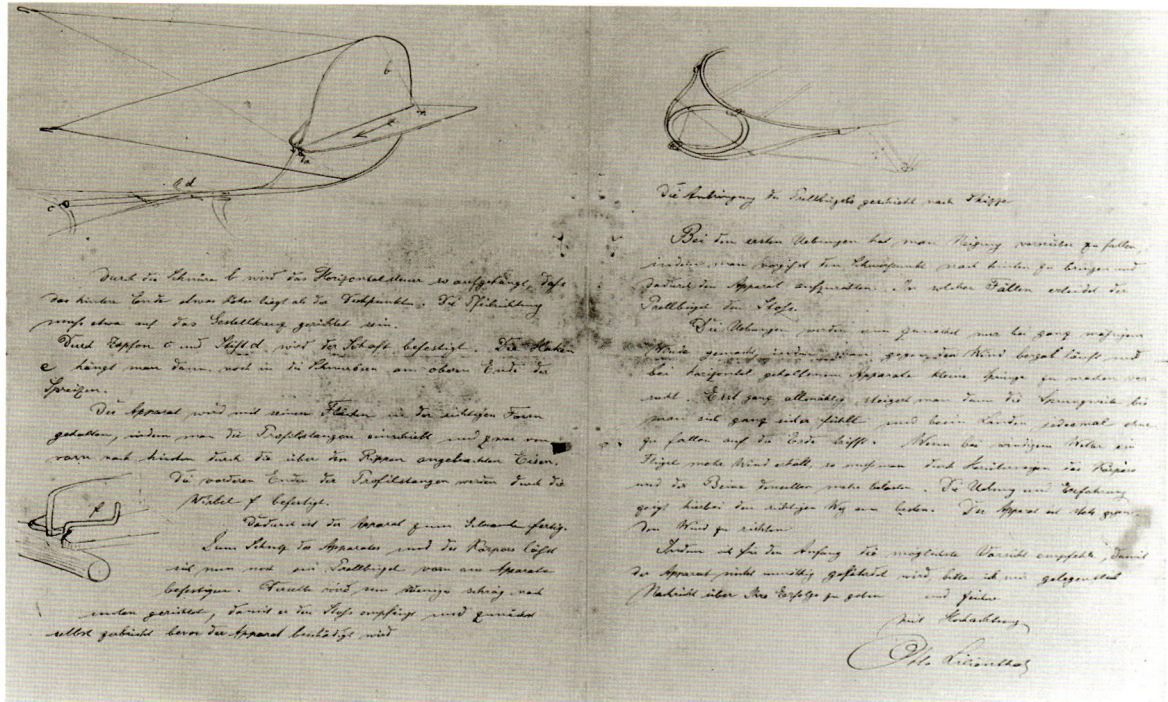

Abb. 335: Brief Otto Lilienthals an Alois Wolfmüller, 13.12.1894 (Kat.-Nr. 206)

übergehen können, nachdem Sie viel Übung in der Schwerpunktsregulierung sich angeeignet haben. Es geht einem hierbei wie dem Seiltänzer. Auf Kunstücke kann man sich erst einlassen nachdem man im Balancieren keine Schwierigkeiten mehr findet.«

Auszug aus dem Brief Otto Lilienthals an Alois Wolfmüller
14.8.1895

»Es ist wirklich kein Spaß, ohne Boden unter den Füßen hoch in der Luft hin und her geschleudert zu werden.
Ich selbst rechne mir als mein größtes flugtechnisches Verdienst an, daß ich bei allen meinen Versuchen noch keinen Knochen gebrochen habe. Verrenkungen, Verstauchungen und Fleischwunde hat es allerdings genug gegeben, aber die rechnen nicht, weil sie nicht lange arbeitsunfähig machen. Also bedenken Sie, daß Sie nur ein Genick zum Zerbrechen haben.
[...]
Sie wissen, daß ich bis jetzt meine flugtechnischen Arbeiten aus rein wissenschaftlichem Interesse verfolgt habe. Auch bin ich jetzt noch der Meinung, daß die Zeit für eine geschäftliche Verwerthung noch nicht da ist. Trotzdem wünsche ich, daß die Spekulation sich der Flugtechnik bemächtigt; denn nur dadurch wird Schwung in die Sache kommen.«

Auszug aus dem Brief Otto Lilienthals an Alois Wolfmüller
22.8.1895

»In jedem Falle geht Probiren über Studiren. Sie werden sich auch noch wundern, daß die Geschichte nicht so leicht ist. Bei stärkerem Winde fällt einem nur gar zu bald das Herz in die Hosen, wenn man sieht, wie der Wind mit dem Apparate herumzaust.«

Auszug aus dem Brief Otto Lilienthals an Alois Wolfmüller
3.10.1895

»Eine ähnliche Anordnung, wie Sie, habe ich auch zum Bewe-

gen oder Drehen der Flügel gemacht, indem die äußeren Spanndrähte nach verschiedenen Punkten eines Hebels gehen, der am unteren Fußpunkt gelagert ist, und dadurch den ihnen zukommenden Hub erhalten, damit das Flügelprofil die richtige Drehung macht. Auch den Schweif habe ich nach rechts und links drehbar gemacht um besser lenken zu können. Ferner habe ich an jeder Flügelspitze eine Fläche angebracht, welche ich durch einen Schnurzug aufrichten kann, um die voreilende Flügelspitze zurückzubringen. Die Bewegung dieser Theile geschieht von den Hüften aus, welche an eine verschiebbare Leiste drücken, wenn man den Körper zur Schwerpunktregulierung seitwärts legt. So recht bin ich von diesen Neuerungen aber nicht eingenommen; denn wenn der Körper recht frei ist, um den Schwerpunkt schnell genug zu verschieben, so kann man schließlich mehr auf einfache Weise erreichen. Die Hauptsache bleibt immer die Übung.
Ähnlich denke ich auch über die Sitz-Angelegenheit. Ich habe schon verschiedene Sitzvorrichtungen durchprobiert, bin aber immer wieder davon abgekommen, weil man bei windiger Luft in der Bewegung nicht frei genug bleibt. Es ist zum B. erforderlich, daß man mit dem Unterkörper und den Beinen sich ganz nach hinten legen kann, um den Schwerpunkt recht weit nach hinten zu bringen, wenn der Apparat einmal zu steil nach unten schießt. Die gezeichnete Stellung habe ich zuweilen einnehmen müssen, um den Apparat schnell genug aufzurichten.
Alle diese Versuche, mit denen ich den ganzen Sommer hinbrachte führten mich auf wesentliche Aenderungen, mit denen ich noch nicht im Klaren bin und zu denen ich leider wenig Zeit augenblicklich habe.
Auch mit dem beweglichen Apparate bin ich noch nicht fertig, sodaß ich fürchte, ihn vor dem Winter kaum probiren zu können.
Bis jetzt haben meine Versuche im Winter immer geruht, weil man mit klammen Fingern nicht gut üben kann und die größere Feuchtigkeit die Apparate verdirbt.«

Abb. 336: Gleitflug vom Fliegeberg mit dem Normal-Segelapparat, 16. 8. 1894 (Kat.-Nr. 207)

207   Abb. 336

Gleitflug vom Fliegeberg mit dem Normal-Segelapparat, 16. 8. 1894

Fotografie; Sign.: (Ottomar Anschütz). BN 33567

Der Normal-Segelapparat unterschied sich von dem im vorhergehenden Jahr verwendeten Maihöhe-Rhinow-Apparat hauptsächlich durch die Anzahl der Rippen (neun statt sieben) und durch das Leitwerk. Das horizontale Leitwerk ist nach hinten gerückt und bildet mit der vertikalen Flosse ein Kreuzleitwerk.

208   Abb. 337

Lilienthal vor dem Start auf der Spitze des Fliegebergs, 16. 8. 1894

Fotografie; Sign.: (Ottomar Anschütz). BN 03429

Lilienthal ließ im Frühsommer 1894 in Lichterfelde bei Berlin in der Nähe seines Hauses einen 15 m hohen Fliegeberg aus Ziegeleischutt als Übungsstätte für seine Flugversuche aufschütten. In der Spitze des Berges war ein fensterloser Schuppen installiert, in dem er seine Flugapparate deponieren konnte. (s. Kat.-Nr. 230) Vom Fliegeberg aus erzielte Lilienthal Flugweiten bis 80 m. 1932 wurde der Fliegeberg zu einer Lilienthal-Gedenkstätte umgestaltet.

209   Abb. 338

Gleitflug vom Fliegeberg mit dem Normal-Segelapparat; 16. 8. 1894

Fotografie; Sign.: Ottomar Anschütz. BN 4433

Lilienthal auf der Spitze des Fliegebergs, zum Abflug bereit.

210   Abb. 339

Lilienthal mit dem Normal-Segelapparat im Anlaufen vom Fliegeberg, 16. 8. 1894

Fotografie; Sign.: (Ottomar Anschütz). BN 04434

Die Spitze des Fliegebergs war mit Rasen bedeckt. Auf dem aufgeschütteten Berg aus Ziegeleischutt hätten die Füße beim Anlaufen keinen Halt gefunden. Aufnahme veröffentlicht in: Prometheus 1894, S. 9.

211   Abb. 340

Gleitflug vom Fliegeberg mit dem Normal-Segelapparat, 16. 8. 1894

Fotografie; Sign.: (Ottomar Anschütz). BN 04435

212   Abb. 341

Gleitflug vom Fliegeberg mit dem Normal-Segelapparat, 16. 8. 1894

Fotografie; Sign.: Ottomar Anschütz. BN 04437

Abb. 337: Lilienthal vor dem Start auf der Spitze des Fliegebergs, 16.8.1894 (Kat.-Nr. 208)

Abb. 338: Gleitflug vom Fliegeberg mit dem Normal-Segelapparat, 16.8.1894 (Kat.-Nr. 209)

Abb. 339: Lilienthal mit dem Normal-Segelapparat im Anlaufen vom Fliegeberg, 16.8.1894 (Kat.-Nr. 210)

Abb. 340: Gleitflug vom Fliegeberg mit dem Normal-Segelapparat, 16.8.1894 (Kat.-Nr. 211)

Abb. 342: Gleitflug vom Fliegeberg mit dem Normal-Segelapparat, 14.9.1894 (Kat.-Nr. 213)

Abb. 341: Gleitflug vom Fliegeberg mit dem Normal-Segelapparat, 16.8.1894 (Kat.-Nr. 212)

Abb. 343: Gleitflug vom Fliegeberg mit dem Normal-Segelapparat, 14.9.1894 (Kat.-Nr. 214)

Abb. 344: Gleitflug vom Fliegeberg mit dem Normal-Segelapparat, 16. 8. 1894 (Kat.-Nr. 215)

213   Abb. 342

Gleitflug vom Fliegeberg mit dem Normal-Segelapparat, 14. 9. 1894

Fotografie; Sign.: Ottomar Anschütz. BN 04442

214   Abb. 343

Gleitflug vom Fliegeberg mit dem Normal-Segelapparat, 14. 9. 1894

Fotografie; Sign.: Ottomar Anschütz. BN 03432

Lilienthal kommentierte diese Aufnahme: Sie zeige, »welche Kunstgriffe man nöthig hat, um sich bei einem solchen Ritt durch die Luft vom Wind nicht aus dem Sattel werfen zu lassen und ausserdem das Flugzeug unversehrt auf der festen Erde wieder abzusetzen«.
Die Aufnahme wurde veröffentlicht in Prometheus (1894/S. 8) und Gartenlaube (1896/S. 624).

215   Abb. 344

Gleitflug vom Fliegeberg mit dem Normal-Segelapparat, 16. 8. 1894

Fotografie; Sign.: Ottomar Anschütz. BN 33568

Lilienthal fliegt in westlicher Richtung vom Fliegeberg. Im Hintergrund sind die Häuser von Lichterfelde zu sehen.

216   Abb. 345

Gleitflug vom Fliegeberg mit dem Normal-Segelapparat, 16. 8. 1894

Fotografie; Sign.: Ottomar Anschütz. BN 04436, R1528/2

Ähnliches Motiv wie Kat.-Nr. 215

Fotografie; Sign.: Ottomar Anschütz. BN 04437

217   Abb. 346

Gleitflug vom Fliegeberg mit dem Normal-Segelapparat, 16. 8. 1894

Fotografie; 7,5 × 10 cm; Sign.: Ottomar Anschütz. BN 03433

Lilienthal unmittelbar vor der Landung. Er hat den Gleiter stark aufgerichtet, die Beine sind nach vorne gestreckt, um im nächsten Moment aufzusetzen. Nach wenigen Schritten kam er zum Stehen.

Abb. 345: Gleitflug vom Fliegeberg mit dem Normal-Segelapparat, 16.8.1894 (Kat.-Nr. 216)

Abb. 346: Gleitflug vom Fliegeberg mit dem Normal-Segelapparat, 16.8.1894 (Kat.-Nr. 217)

Abb. 347: Landung nach einem Gleitflug vom Fliegeberg, 16. 8. 1894 (Kat.-Nr. 218)

Abb. 349: Landung nach einem Gleitflug vom Fliegeberg, 16. 8. 1894 (Kat.-Nr. 220)

Abb. 348: Gleitflug vom Fliegeberg mit dem Normal-Segelapparat, 16. 8. 1894 (Kat.-Nr. 219)

Abb. 350: Landung nach einem Gleitflug vom Fliegeberg, 16. 8. 1894 (Kat.-Nr. 221)

Abb. 351: Gleitflug vom Fliegeberg mit dem Normal-Segelapparat, 29.6.1895 (Kat.-Nr. 222)

218   Abb. 347

Landung nach einem Gleitflug
vom Fliegeberg, 16. 8. 1894

Fotografie; Sign.: Ottomar Anschütz. BN 04438

219   Abb. 348

Gleitflug vom Fliegeberg mit dem Normal-
Segelapparat, 16. 8. 1894

Fotografie; Sign.: Ottomar Anschütz. BN 04414

220   Abb. 349

Landung nach einem Gleitflug vom Fliegeberg, 16. 8. 1894

Fotografie; Sign.: Ottomar Anschütz. BN 04439

221   Abb. 350

Landung nach einem Gleitflug
vom Fliegeberg, 16. 8. 1894

Fotografie; Sign.: Ottomar Anschütz. BN 04440

222   Abb. 351

Gleitflug vom Fliegeberg mit dem Normal-
Segelapparat, 29. 6. 1895

Fotografie; Sign.: Dr. Neuhauss. BN 46546

Lilienthal verwendete zumindest an diesem Tag
ein vergrößertes Seitenleitwerk mit gezacktem
Umriß.

223   Abb. 47

Gleitflug vom Fliegeberg mit dem Normal-
Segelapparat, 29. 6. 1895

Fotografie. BN 2434

Lilienthals Flugversuche vom Fliegeberg fanden
in der Öffentlichkeit große Beachtung. Fachleute
aus aller Welt, aber auch schaulustige Berliner wurden von den Flügen angelockt.

224   Abb. 352

Gleitflug vom Fliegeberg mit dem Normal-
Segelapparat, 29. 6. 1895

Fotografie. BN 04450

Die Aufnahme erlaubt es eindeutig, den im Deutschen Museum erhaltenen Normal-Segelapparat (s.
Kat.-Nr. 205) zu identifizieren. Der dunkle Flicken
im Gestellring, eine Stoffdopplung bei einer Reparatur, ist auch am Original festzustellen. Das Original ist identisch mit dem abgebildeten Apparat.

225   Abb. 353

Gleitflug vom Fliegeberg, 29. 6. 1895

Fotografie; Sign.: Dr. Neuhauss. BN 04451

226   Abb. 354

Gleitflug vom Fliegeberg, 29. 6. 1895

Fotografie; Sign.: Dr. Neuhauss. BN 04452

227   Abb. 355

Lilienthal vor dem Fliegeberg, 29. 6. 1895

Fotografie; Sign.: Dr. Neuhauss. BN 04449

Lilienthal demonstriert einer Gruppe den Normal-Segelapparat. Deutlich sind die vier aufgeschobenen Profilschienen auf der Flügeloberseite und das vergrößerte Seitenleitwerk zu erkennen.

228   Abb. 356

Gleitflug vom Fliegeberg, 1895

Fotografie auf Karton mit Schmuckrand; 27 × 34,3 cm. BN 46542; Sammlung Kopfermann

Im Hintergrund der Aufnahme ist eines der beiden langgestreckten Wohnhäuser für die Arbeiter der Ziegelei zu sehen. Hier wohnte Paul Beylich, der Helfer Lilienthals, bei seinen Eltern.
Veröffentlicht in: Prometheus (1895, S. 147).

229   Abb. 357

Gelenktasche des Normal-Segelapparats, ca. 1894

Bleistiftzeichnung auf Zeichenkarton; 57 × 74 cm; undatiert. BN 01787; TZ 04078-017

Die Gelenktaschen sitzen auf den oberen Enden des Gestellkreuzes. In ihnen sind die Rippen schwenkbar gelagert. Die Rippen (Weidenruten) sind in dem Bereich, in dem sie in den Taschen geführt werden, auf einen rechteckigen Querschnitt zugehobelt. Eingezeichnet ist der Verlauf des Gestellrings und des Gestellkreuzes.
Die neun eingezeichneten Rippen weisen auf eine Anwendung beim Normal-Segelapparat hin, die Form entspricht der Schablone Kat.-Nr. 230.

Abb. 352: Gleitflug vom Fliegeberg mit dem Normal-Segelapparat, 29. 6. 1895 (Kat.-Nr. 224)

Abb. 353: Gleitflug vom Fliegeberg mit dem Normal-Segelapparat, 29. 6. 1895 (Kat.-Nr. 225)

Abb. 355: Lilienthal mit dem Normal-Segelapparat vor dem Fliegeberg, 29. 6. 1895 (Kat.-Nr. 227)

Abb. 354: Gleitflug vom Fliegeberg mit dem Normal-Segelapparat, 29.6.1895 (Kat.-Nr. 226)

Abb. 356: Gleitflug vom Fliegeberg mit dem Normal-Segelapparat, 1895 (Kat.-Nr. 228)

230   Abb. 358

Schablonen für Gelenktaschen und Zeichnung des Fliegebergs, ca. 1894

2 Schablonen aus Detailpapier, aufgeklebt auf eine Bleistift-
zeichnung auf Zeichenkarton; 32 × 90 cm; undatiert. Sign.:
Profil des Fliegeberges in Gr.-Lichterfelde, G. (Gustav) L.
(Lilienthal). BN 41022; TZ 04078-021

Die rechte Schablone für neun Rippen wurde für
die Fertigung von Gelenktaschen für den Normal-
Segelapparat und das Sturmflügelmodell verwendet, wie Vergleiche an Originalen ergaben. Sie
stimmt mit der Zeichnung Kat.-Nr. 229 überein.
Ausschnitte in der Schablone erlaubten die Mar-
kierung der genauen Position des Gestellkreuzes.
Die linke Schablone hat Markierungen für elf Rippen, was auf eine Verwendung beim kleinen Schlagflügelapparat schließen läßt (s. Kat.-Nr. 192).
Die Zeichnung zeigt den Fliegeberg in Lichterfelde, der eine Höhe von 15 m und ein Hangnei-
gung von 30° aufwies. Abflüge waren, unabhängig von der Windrichtung, nach allen Seiten möglich. Die Spitze des Berges war als Schuppen
ausgebildet, in dem die Flugapparate untergestellt
werden konnten.

231   Abb. 359

Entwurf für eine Fliegestation, 1896

Bleistiftzeichnung auf Zeichenkarton; 77 × 62 cm; undatiert.
Sign.: Entwurf eines Ausstellungs Gebäudes zur Unterbrin-
gung der Fesselballons bei starkem Winde und gleichzeitiger
Verwendung als Sportplatz für flugtechnische Übungen, Maßstab 1:200. BN 02074; TZ 04078-005

Diesen Entwurf, der die Idee des Fliegebergs wei-
terführt (s. Kat.-Nr. 230), reichte Lilienthal zur
großen Gewerbeausstellung in Berlin 1896 ein. Er
wurde nicht realisiert. Das Gebäude, eine Ballon-
halle, mit 32 m Durchmesser und 20 m Höhe, wies
Anlaufbahnen für den Start von Gleitflugzeugen
auf.

232   Abb. 360

Zeichnung von Seilers Apparat, ca. 1894

Lichtpause (blau); undatiert; 38,5 × 51 cm (schräg beschnitten). Sign.: Seilers Apparat. BN 02580; TZ 04078-027

Dieser Apparat entspricht dem Normal-Segelapparat. Er wurde von Lilienthal an Heinrich Seiler
verkauft. Seiler war der erste Käufer eines Gleiters
von Lilienthal und wurde 1894 von Lilienthal in
den Rhinower Bergen in den Gebrauch des Gleiters eingewiesen. 1924 bot Seiler den Gleiter von
Liegnitz aus zum Verkauf an (Flugsport, Mai
1924). Über den Verbleib ist nichts bekannt.

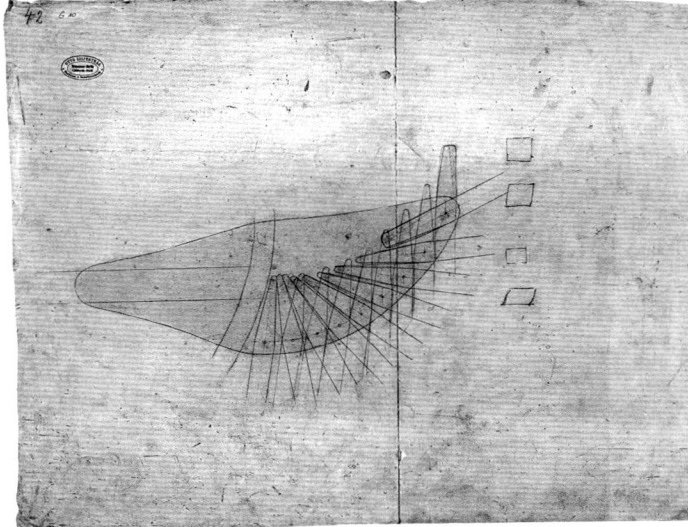

*Abb. 357: Gelenktasche des Normal-Segelapparats, ca. 1894
(Kat.-Nr. 229)*

233   Abb. 361

Zeichnung des »Modell Stölln«, ca. 1894

Blei- und Buntstiftzeichnung (blau) auf Detailpapier;
33,5 × 50,5 cm; undatiert. Sign.: Zur Anfertigung für …
[nicht mehr lesbar] … Segelap … [nachträglich: Modell Stölln
'94, 14 m²]. BN 02582, F02582; TZ 04078-024

Dieser Apparat entspricht dem Normal-Segelapparat. Vermutlich hat Lilienthal den nach dieser
Zeichnung gebauten Apparat 1894 bei Flugversuchen vom Gollenberg bei Stölln (bei Rhinow) verwendet.

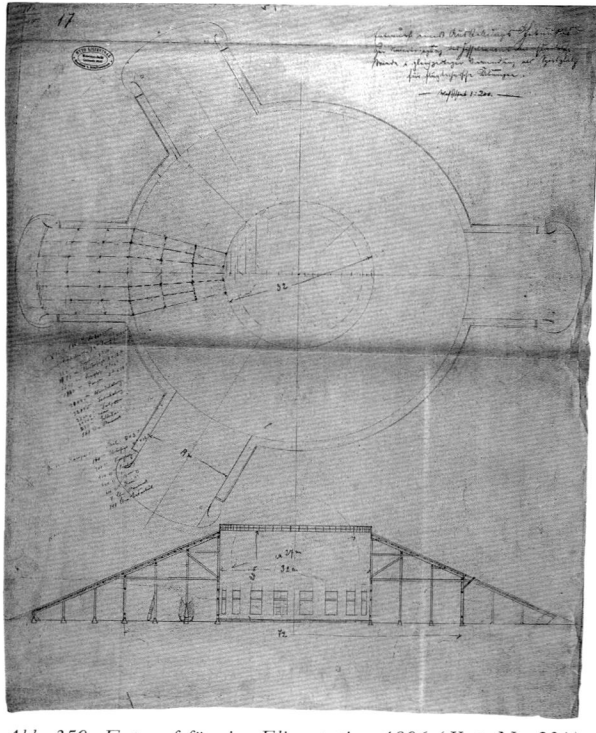

Abb. 359: Entwurf für eine Fliegestation, 1896 (Kat.-Nr. 231)

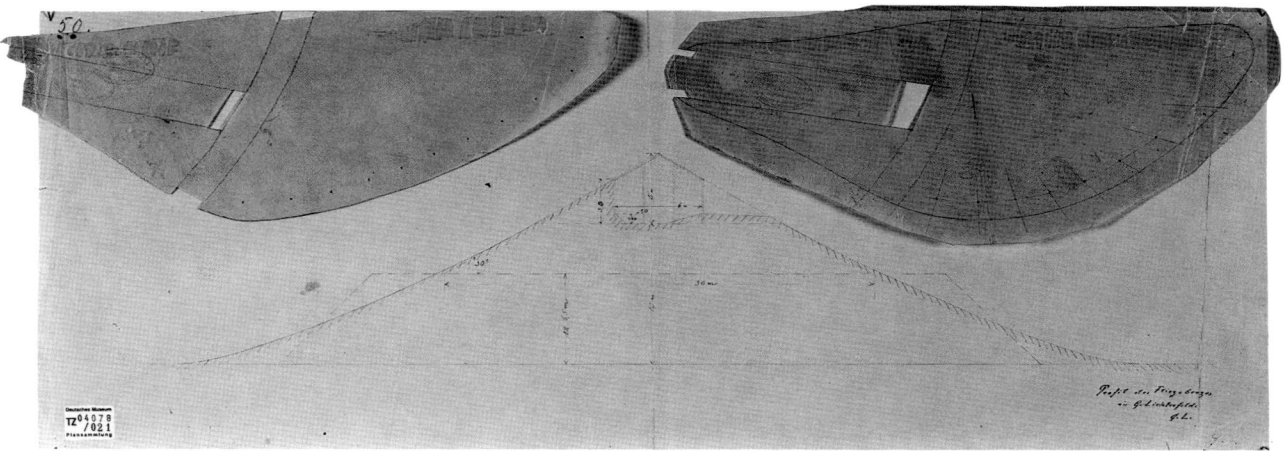

Abb. 358: Schablonen für Gelenktaschen und Zeichnung des Fliegebergs, ca. 1894 (Kat.-Nr. 230)

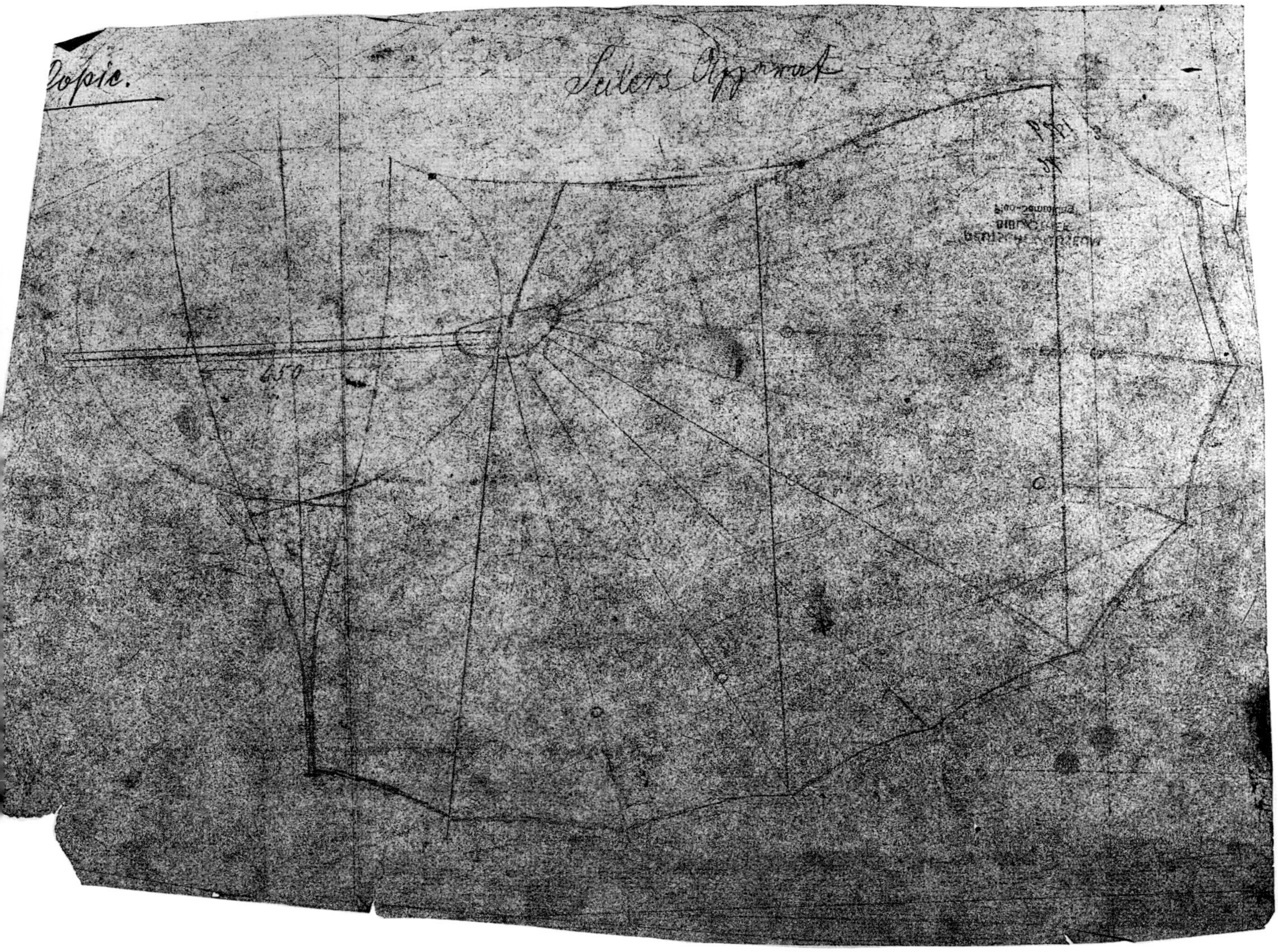

Abb. 360: Zeichnung von Seilers Apparat, ca. 1894 (Kat.-Nr. 232)

234   Abb. 101
Zeichnung des großen Eindeckers, 1893/94

Bleistiftzeichnung auf Zeichenkarton; undatiert; 50 × 72 cm.
BN 41018; TZ 04078-018 a (Rückseite: Kat.-Nr. 172)

Entwurfszeichnung für ein Gleitflugzeug, ähnlich dem Normal-Segelapparat, aber mit einer wesentlich größeren Flügelfläche. Der Entwurf wurde vermutlich nicht realisiert.

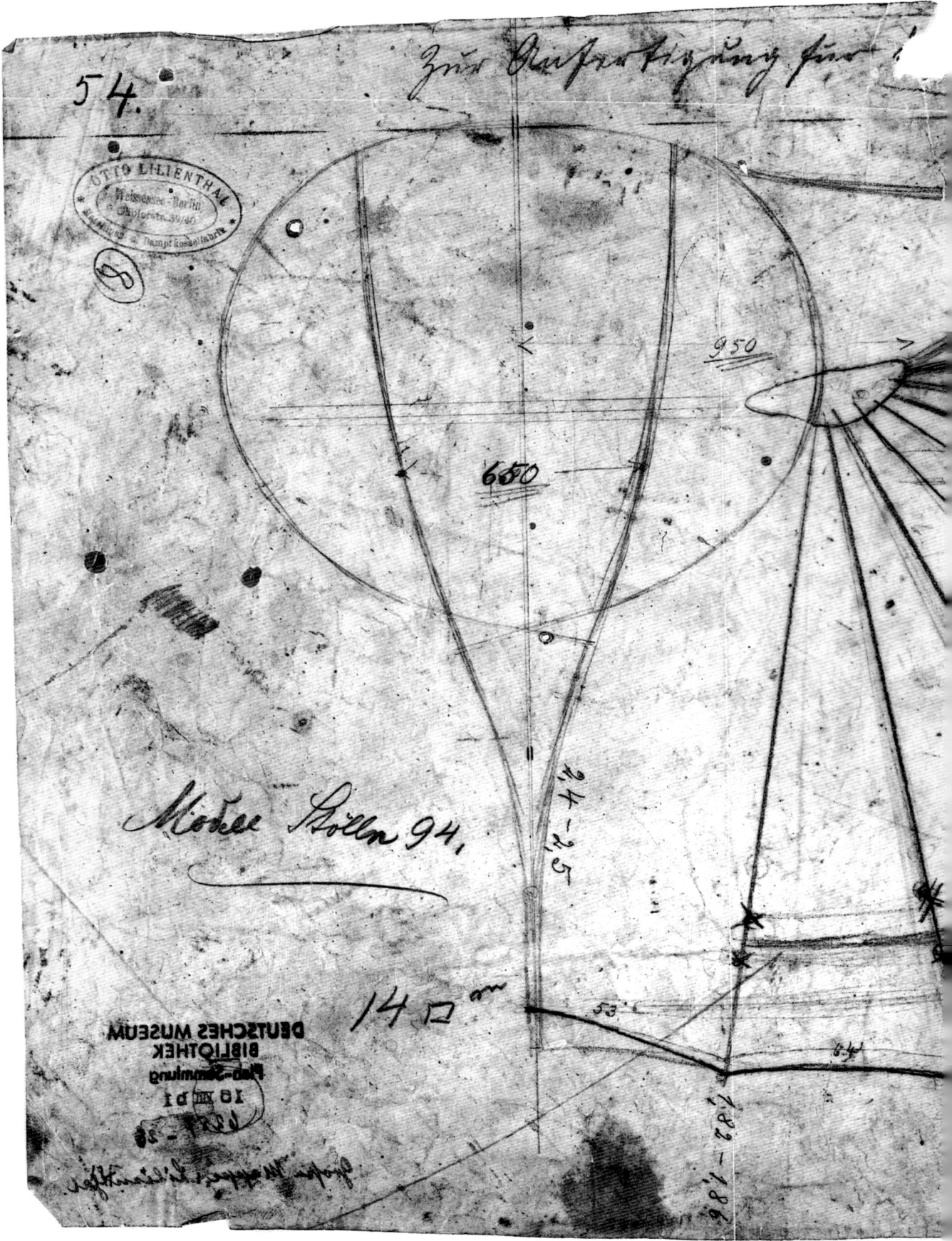

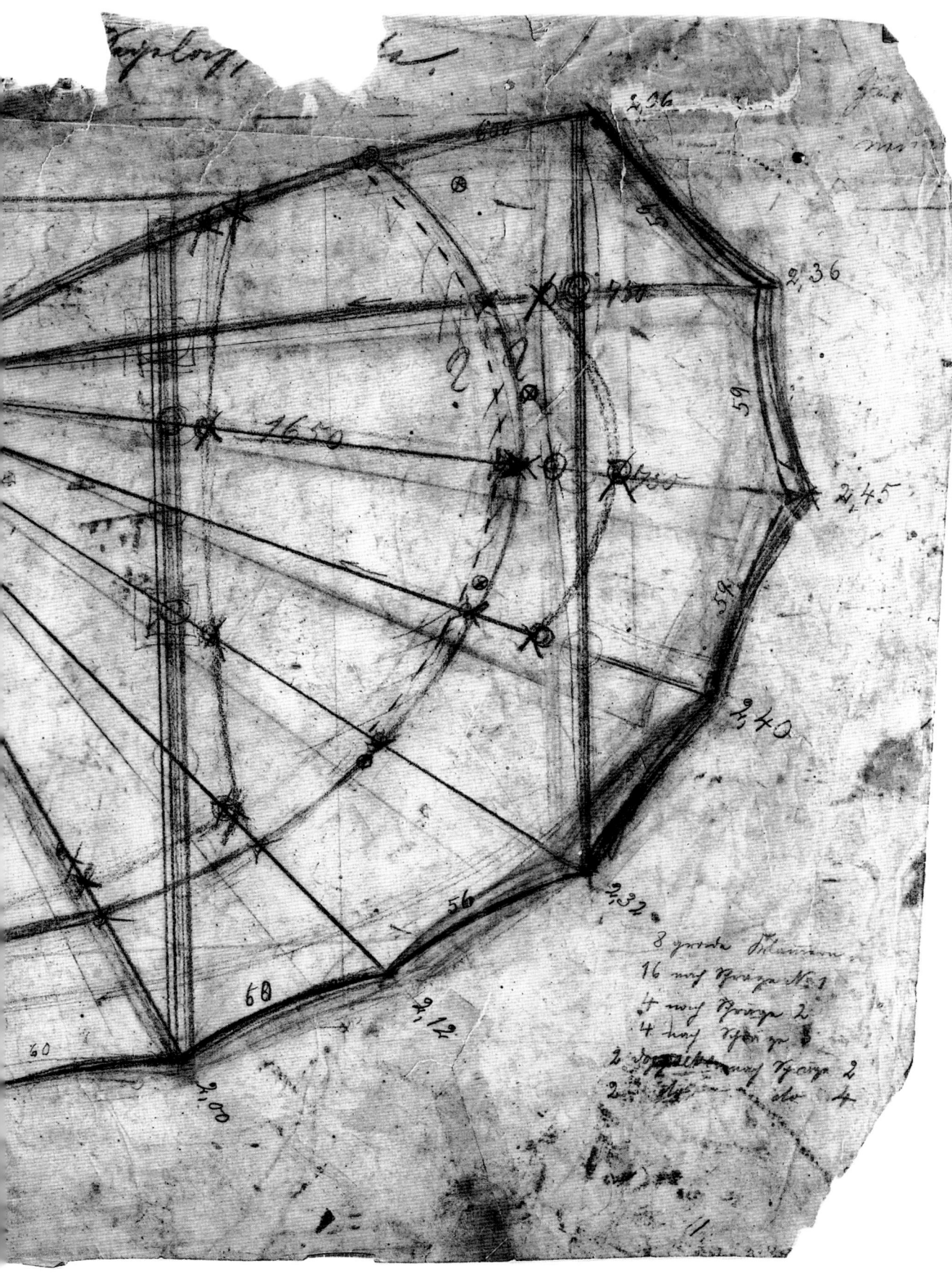

Abb. 361: Zeichnung des »Modell Stölln«, ca. 1894 (Kat.-Nr. 233)

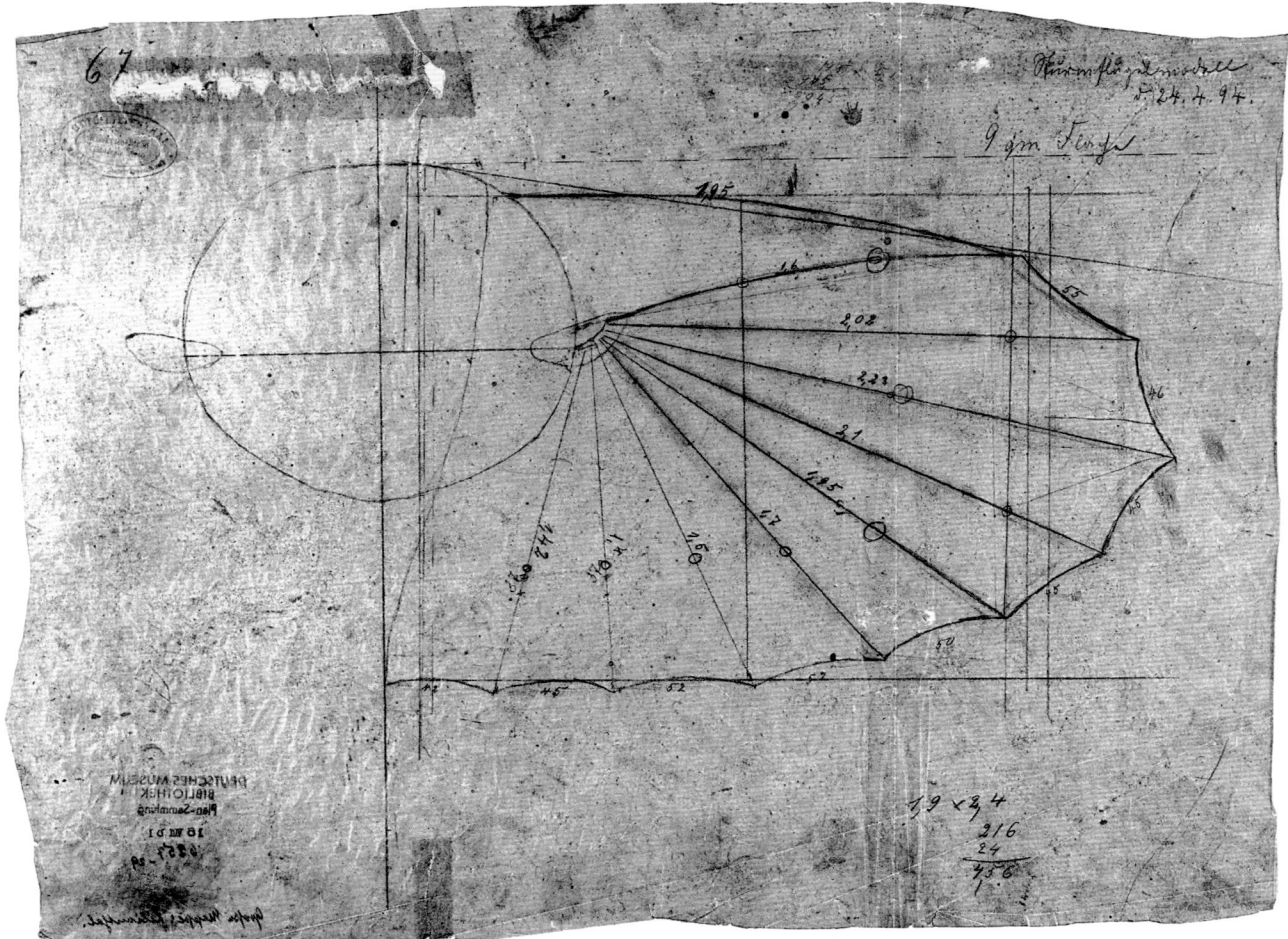

Abb. 362: Entwurfszeichnung des Sturmflügelmodells, 1894 (Kat.-Nr. 235)

DAS STURMFLÜGELMODELL (1894)

235   Abb. 362

Entwurfszeichnung des Sturmflügel-modells, 1894

Bleistiftzeichnung auf Detailpapier; 37 × 48 cm (schräg beschnitten). Sign.: Sturmflügelmodell, 24. 4. 94, 9 m² Fläche. BN 02570; TZ 04078-026

Dieser Gleiter wurde von Lilienthal tatsächlich gebaut und diente für Flugübungen bei starkem Wind. Es war ein relativ kleiner ·Apparat mit nur 9 m² Flügelfläche bei einer Spannweite von 6 m. 1895 ergänzte er das Modell zum kleinen Doppeldecker, indem er ein Oberdeck aufsetzte.
Das Sturmflügelmodell ist erhalten geblieben. Es befindet sich im Technischen Museum, Wien.

236   Abb. 363

Das Sturmflügelmodell in der Werkstätte von Igo Etrich, 1904

Fotografie. BN 04872

Das Sturmflügelmodell an der Decke von Igo Etrichs Werkstätte in Oberaltstadt bei Trautenau im Riesengebirge. An der Wand eine vergrößerte, vertikale Steuerfläche eines Lilienthalgleiters. Rechts im Bild Igo Etrich (1879–1967) hinter seinem Zanonia-Gleiter, den er mit einem Fahrradmotor ausgerüstet hat, links sein Helfer Franz Wels. Igo Etrich erwarb das Sturmflügelmodell 1898 aus dem Nachlaß Lilienthals, 1915 schenkte er es dem Technischen Museum, Wien.

237   Abb. 169

Profilschienen des Sturmflügelmodells, 1894

Vier gewölbte Profilschienen aus Holz (Steg: Erlenholz, Gurt: Birkensperrholz); beschädigt; Längen: 150, 152, 176, 194 cm. Sign., handschr.: Sturm (bei zwei Exemplaren). Inv.-Nr. 79806

Die Profilschienen, deren Querschnitte die Form eines umgekehrten T hatten, wurden auf der Oberseite des Tragflügels aufgeschoben. Sie bestimmten die Wölbung der Tragflügel. Die Profilschienen kamen 1904 über das Berliner Patentbüro Rei-

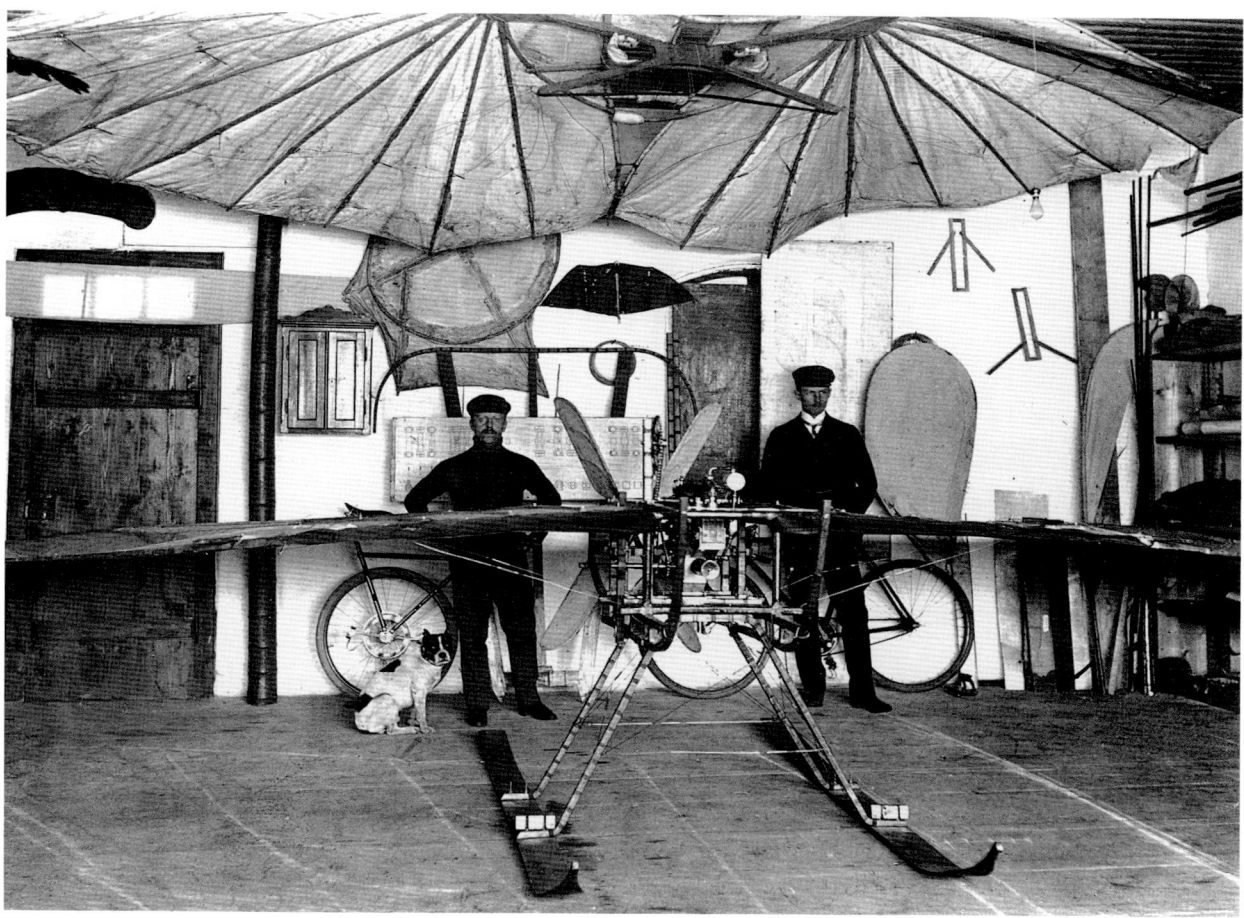

Abb. 363: Das Sturmflügelmodell in der Werkstätte von Igo Etrich, 1904 (Kat.-Nr. 236)

chau & Schilling, das den Nachlaß Lilienthals verwaltete, in das Deutsche Museum.
Die Profilschienen sind beschädigt. Die ursprünglichen Längen können nicht festgestellt werden, da die Enden abgebrochen sind.

DER VORFLÜGELAPPARAT (1895)

238 Abb. 364

Gleitflug mit dem Vorflügelapparat
am Fliegeberg, 29. 5. 1895

Fotografie; Sign.: (Dr. Neuhauss). BN 04448

Nach den mehrjährigen Gleitflugversuchen waren Lilienthal Schwächen in der Flugstabilität seiner Konstruktionen deutlich geworden. Mit einem »Vorflügel« wollte er diese beheben. Lilienthal ließ seine Vorrichtung patentieren. Der Patentanspruch gilt einer »Ausführungsform des durch Patent Nr. 77916 geschützten Flugapparates, bei welcher der vordere Teil der Flügelfläche um die Vor-

derkante nach unten drehbar ist und durch federnde Organe nach unten gedrückt wird, so daß er sich beim Nachlassen des von unten wirkenden Luftdrucks nach unten dreht und dadurch ein den Apparat aufrichtendes Moment erzeugt« (Patent Nr. 84417 v. 29. 5. 1895).

239 Abb. 365

Gleitflug mit dem Vorflügelapparat
am Fliegeberg, 29. 5. 1895

Fotografie; Sign.: (Dr. Neuhauss). BN 04445

Über die Erfahrungen Lilienthals mit dem Vorflügel gibt es keine Berichte. Sie scheinen nicht erfolgversprechend gewesen zu sein, da Lilienthal den Vorflügel nicht weiterverfolgte.
Es ist durchaus denkbar, daß der Vorflügelapparat später zum großen Schlagflügelapparat umgebaut wurde.
Vermutlich mit diesem Gleiter führte Lilienthal 1895 Versuche mit Steuerhilfen durch, über die er am 3. 10. 1895 Alois Wolfmüller berichtete.
Siehe auch Kat.-Nr. 206.

Abb. 364: Gleitflug mit dem Vorflügelapparat am Fliegeberg, 29. 5. 1895 (Kat.-Nr. 238)

Abb. 365: Gleitflug mit dem Vorflügelapparat am Fliegeberg, 29. 5. 1895 (Kat.-Nr. 239)

240 Abb. 366

Gleitflug mit dem Vorflügelapparat am Fliegeberg, 29.5.1895

Fotografie; Sign.: (Dr. Neuhauss). BN 04446

Die Aufnahmen vom Vorflügelapparat stammen von dem praktischen Arzt und Amateurphotographen Dr. Richard Neuhauss. Sie entstanden bei der Vorführung des Apparats vor den Mitgliedern des Vereins zur Förderung der Luftschiffahrt am 29.5.1895.

241 Abb. 367

Paul Beylich mit dem Vorflügelapparat, 29.5.1895

Fotografie; Sign.: (Dr. Neuhauss). BN 04444

Paul Beylich (1874–1965), ein Helfer Lilienthals, demonstriert den Vorflügelapparat den Mitgliedern des Vereins zur Förderung der Luftschiffahrt am 29.5.1895. Deutlich ist der heruntergeklappte »Vorflügel« zu erkennen.

Abb. 366: Gleitflug mit dem Vorflügelapparat am Fliegeberg, 29.5.1895 (Kat.-Nr. 240)

242 Abb. 368

Konstruktionszeichnung des Vorflügelapparats, ca. 1895

Bleistiftzeichnung auf Zeichenkarton; 75 × 103 cm. BN 02068; TZ 04078-009

Abb. 367: Paul Beylich mit dem Vorflügelapparat, 29.5.1895 (Kat.-Nr. 241)

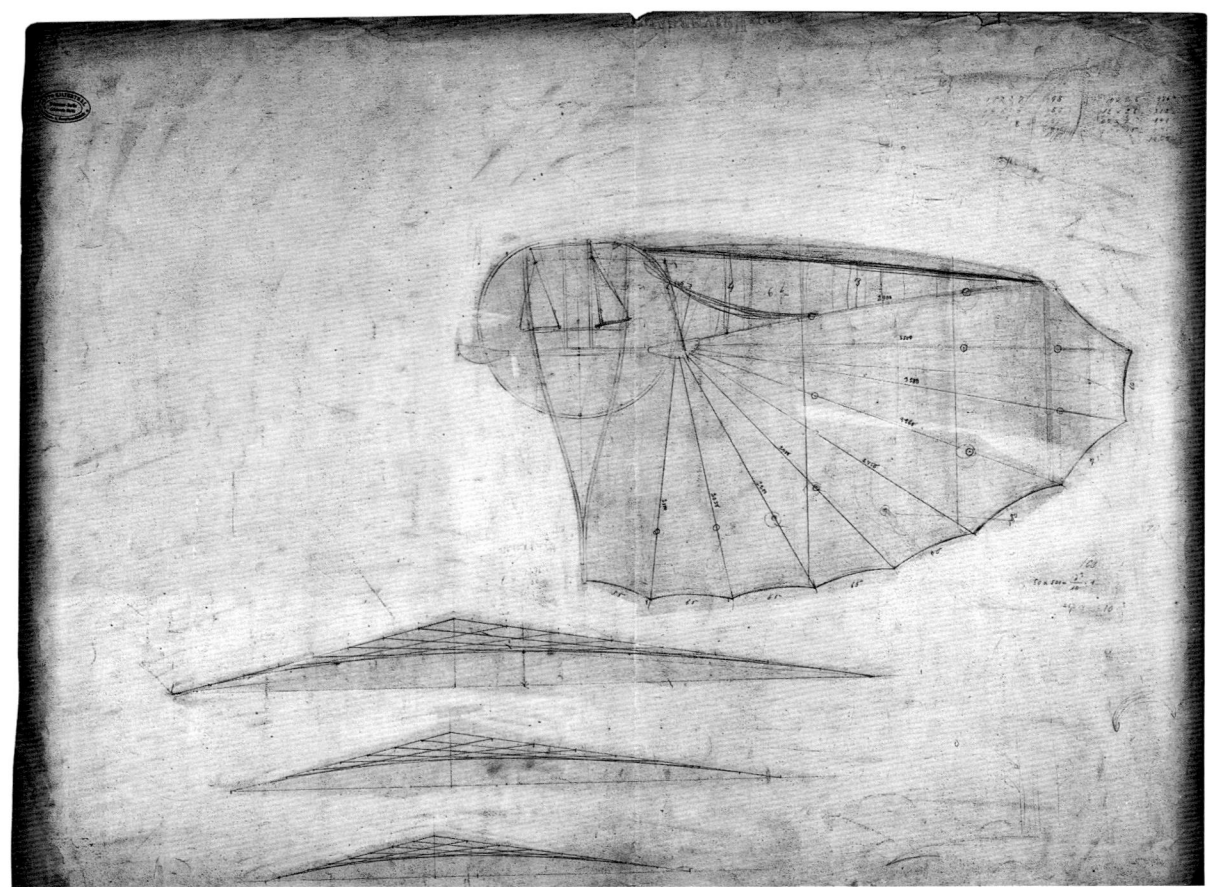

Abb. 368: Konstruktionszeichnung des Vorflügelapparats, ca. 1895 (Kat.-Nr. 242)

DER KLEINE DOPPELDECKER (1895)

243   Abb. 369

Gleitflug mit dem kleinen Doppeldecker am Fliegeberg, Okt. 1895

Fotografie; Sign.: (A. Regis). BN 03436

Lilienthal baute zwei Doppeldecker: den sog. »kleinen Doppeldecker« mit 18 m² Flügelfläche und den »großen Doppeldecker« mit 25 m². Der kleine Doppeldecker entstand aus dem Sturmflügelmodell (s. Kat.-Nr. 235).

244   Abb. 48

Gleitflug mit dem kleinen Doppeldecker am Fliegeberg, Okt. 1895

Fotografie; Sign.: (A. Regis oder Dr. Neuhauss/Fülleborn). BN 03437

Bei Gleitflügen am Fliegeberg kam Lilienthal mit dem kleinen Doppeldecker auf eine Flugweite von 80 m und auf eine Flugdauer von 15 sec.
Die Aufnahme wurde bereits im Oktober 1895 in der Zeitschrift Prometheus (S. 171) veröffentlicht.

245   Abb. 370

Gleitflug mit dem kleinen Doppeldecker am Fliegeberg, 7. 10. 1895

Fotografie; Sign.: (Dr. Neuhauss/Fülleborn). BN 04457

Hier sind sehr deutlich die Unterscheidungsmerkmale zum großen Doppeldecker zu sehen: die als Leiste ausgebildete Flügelnase des Unterdecks und eine Naht nahe der Hinterkante des Unterdecks.

246   Abb. 571

Gleitflug mit dem kleinen Doppeldecker am Fliegeberg, 7. 10. 1895

Fotografie; Sign.: (Dr. Neuhauss/Fülleborn). BN 04456

Die Aufnahme zeigt sehr deutlich die artistische Gewandtheit von Otto Lilienthal. Lilienthal schrieb 1895 in »Fliegesport und Fliegepraxis« (Prometheus Nr. 322/323, 1895): »Dass hierbei die Gefahr sich sehr gut vermeiden läßt, wenn man in verständiger Weise die Übungen anstellt, habe ich genügend dadurch bewiesen, dass ich seit fünf Jahren bei Tausenden von Flügen ausser geringen Abschürfungen keinen Schaden genommen habe.«

Abb. 369: Gleitflug mit dem kleinen Doppeldecker am Fliegeberg, Okt. 1895 (Kat.-Nr. 243)

Abb. 370: Gleitflug mit dem kleinen Doppeldecker am Fliegeberg, 7. 10. 1895 (Kat.-Nr. 245)

Abb. 371: Gleitflug mit dem kleinen Doppeldecker am Fliegeberg, 7. 10. 1895 (Kat.-Nr. 246)

Abb. 372: Gleitflug mit dem kleinen Doppeldecker am Fliegeberg, 7. 10. 1895 (Kat.-Nr. 247)

247   Abb. 372

Gleitflug mit dem kleinen Doppeldecker am Fliegeberg, 7. 10. 1895

Fotografie; Sign.: (Dr. Neuhauss/Fülleborn). BN 04455

Mit der Doppeldeckerbauart war Lilienthal in der Lage, die Tragfähigkeit der Gleiter zu erhöhen, ohne die Spannweite vergrößern zu müssen.
Die Steuerung durch Schwerpunktverlagerung konnte Lilienthal dadurch weiter praktizieren.

248   Abb. 373

Lilienthal mit dem kleinen Doppeldecker vor dem Fliegeberg, 7. 10. 1895

Fotografie; Sign.: (Dr. Neuhauss/Fülleborn). BN 04454

Links im Bild Lilienthals Gehilfe Paul Beylich. Die Aufnahme wurde veröffentlicht in Prometheus (1895, Tafel III/1) und in Die Natur (1896, S. 511).

249   Abb. 374

Lilienthal mit dem kleinen Doppeldecker am Fuße des Fliegebergs, 7. 10. 1895

Fotografie; Sign.: (Dr. Neuhauss/Fülleborn). BN 03435

Abb. 373: Lilienthal mit dem kleinen Doppeldecker vor dem Fliegeberg, 7. 10. 1895 (Kat.-Nr. 248)

Abb. 374: Lilienthal mit dem kleinen Doppeldecker am Fuße des Fliegebergs, 7.10.1895 (Kat.-Nr. 249)

DER GROSSE DOPPELDECKER (1895)

250   Abb. 375

Gleitflug mit dem großen Doppeldecker vom Fliegeberg, 19.10.1895

Fotografie; Sign.: (Dr. Neuhauss/Fülleborn). BN 30973

Lilienthal flog den großen Doppeldecker in den Jahren 1895 und 1896.

Der große Doppeldecker, der aus einem Normal-Segelapparat entstand, hatte eine Flügelfläche von 25 m². Die Aufnahme gibt einen Flug vom Fliegeberg in westliche Richtung wieder und war weit verbreitet. Veröffentlicht in Prometheus (1895, Tafel III/2), Luftschiffahrt und Erforschung der Atmosphäre (Nr. 1/1897), Stein der Weisen (1897, S. 43).

251   Abb. 376

Gleitflug mit dem großen Doppeldecker vom Fliegeberg, 19.10.1895

Photographie; Sign.: (Dr. Neuhauss/Fülleborn). BN 04459

Ähnliches Motiv wie Kat.-Nr. 250. Lilienthal äußert sich im Oktober 1895 in der Zeitschrift für Luftschiffahrt über den großen Doppeldecker: »Derselbe bewährt sich bei ruhigem Wetter sehr gut, ist aber bei seinen 7 Metern Spannweite im stärkeren Wind wiederum schwer zu regieren.« Aufnahme veröffentlicht in Prometheus (1895, Tafel III/3), Stein der Weisen (1897, S. 43).

Abb. 375: Gleitflug mit dem großen Doppeldecker vom Fliegeberg, 19.10.1895 (Kat.-Nr. 250)

Abb. 376: Gleitflug mit dem großen Doppeldecker vom Fliegeberg, 19.10.1895 (Kat.-Nr. 251)

252   Abb. 377

Gleitflug vom Fliegeberg, 19.10.1895

Fotografie; Sign.: (Dr. Neuhauss/Fülleborn). BN 04637

253   Abb. 378

Gleitflug vom Fliegeberg, 19.10.1895

Fotografie; Sign.: (Dr. Neuhauss/Fülleborn). BN 4636

Veröffentlicht in: Prometheus (1895), Luftschifffahrt und Erforschung der Atmosphäre (1897), The Aeronautical Annual, Boston (1896).

254   Abb. 379

Gleitflug vom Fliegeberg, 19.10.1895

Fotografie; Sign.: (Dr. Neuhauss/Fülleborn). BN 3439

Abb. 377: Gleitflug mit dem großen Doppeldecker vom Fliegeberg, 19.10.1895 (Kat.-Nr. 252)

Abb. 378: Gleitflug mit dem großen Doppeldecker vom Fliegeberg, 19.10.1895 (Kat.-Nr. 253)

Abb. 379: Gleitflug mit dem großen Doppeldecker vom Fliegeberg, 19. 10. 1895 (Kat.-Nr. 254)

Abb. 380: Gleitflug mit dem großen Doppeldecker vom Fliegeberg, 19. 10. 1895 (Kat.-Nr. 255)

255   Abb. 380

Gleitflug mit dem großen Doppeldecker
vom Fliegeberg, 19. 10. 1895

Fotografie; Sign.: (Dr. Neuhauss/Fülleborn). BN 00958

Lilienthal segelt mit dem großen Doppeldecker
fast direkt über den Fotografen hinweg. Die Aufnahme war weit verbreitet: Prometheus (1895, Tafel IV/3), Die Natur (1896, S. 511), Stein der Weisen
(1897, S. 45), Ferber: Die Kunst zu fliegen (S. 53).

256   Abb. 381

Gleitflug mit dem großen Doppeldecker
vom Fliegeberg, 19. 10. 1895

Fotografie; Sign.: (Dr. Neuhauss/Fülleborn). BN 04458

257   Abb. 382

Gleitflug mit dem großen Doppeldecker
vom Fliegeberg, 19. 10. 1895

Fotografie; Sign.: (Dr. Neuhauss/Fülleborn). BN 04638

Die Aufnahme zeigt die Schlußphase eines Gleit-
flugs von Lilienthal. Vor der Landung lehnt er den
Oberkörper weit zurück und nimmt dadurch den

Apparat vorn hoch. Durch den drastisch erhöhten
Anstellwinkel wird die Fluggeschwindigkeit rasch
vermindert und zuletzt reißt die Strömung ab, der
Apparat sackt durch und Lilienthal setzt dann mit
wenigen schnellen Schritten auf.
Die Aufnahme wurde veröffentlicht in Prometheus (1895, Tafel IV/2), Stein der Weisen (1897, S.
44), Ferber: Die Kunst zu fliegen (S. 52).

DER GROSSE SCHLAGFLÜGELAPPARAT
(1896)

258   Abb. 383

Der große Schlagflügelapparat bei Igo Etrich,
1905

Fotografie. BN R1366/7-12, 46549

Der große Schlagflügelapparat war mit einer Fläche von 17 m² größer als der Schlagflügelapparat
aus dem Jahr 1893. Der Apparat wurde zwar fertig, konnte aber von Lilienthal nicht mehr erprobt
werden.
Die beiden einzigen bekannten Aufnahmen (s. a.
Kat.-Nr. 259) des großen Schlagflügelapparats

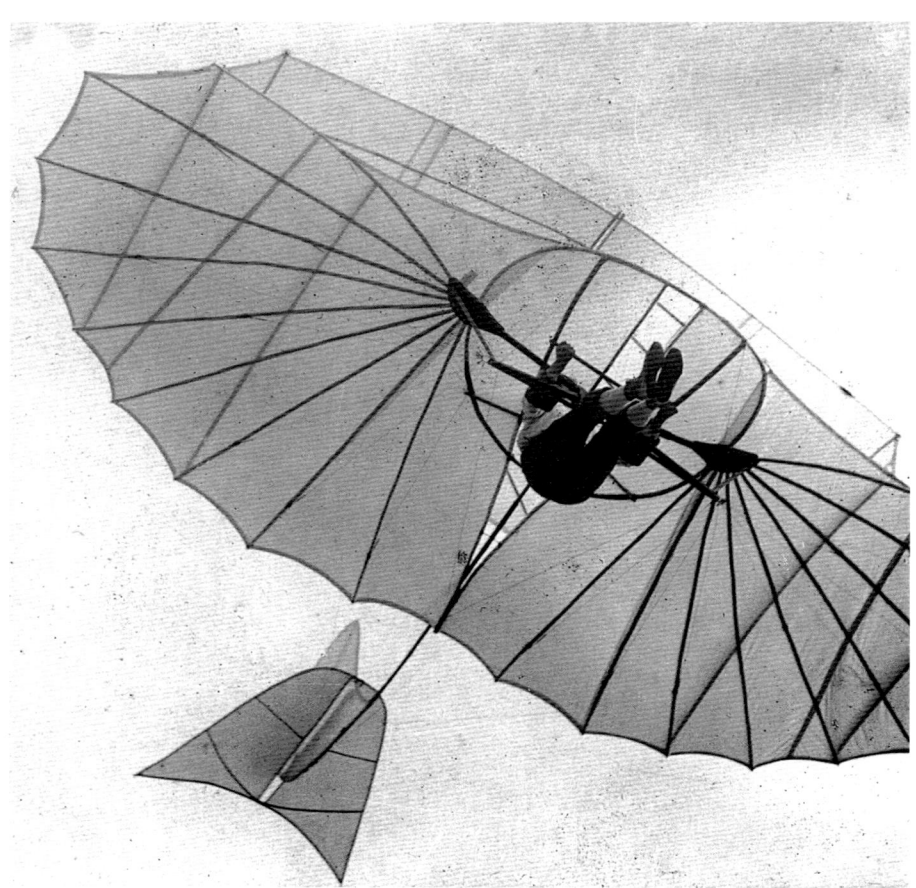

Abb. 381: Gleitflug mit dem großen Doppeldecker vom Fliegeberg, 19. 10. 1895 (Kat.-Nr. 256)

Abb. 382: Gleitflug mit dem großen Doppeldecker vom Fliegeberg, 19. 10. 1895 (Kat.-Nr. 257)

Abb. 383: Der große Schlagflügelapparat bei Igo Etrich, 1905 (Kat.-Nr. 258)

entstanden erst nach dem Tod Lilienthals bei Igo
Etrich in Oberaltstadt bei Trautenau. Etrich erhielt
den Apparat über Raimund Nimführ, Wien und
das Deutsche Museum vom Berliner Patentbüro
Reichau & Schilling, das den Nachlaß Lilienthals
verwaltete. Das weitere Schicksal läßt sich nicht
mehr verfolgen (s. Hans Holzer: Die Objekte Otto
Lilienthals im Deutschen Museum, S. 125).
In der Aufnahme wird der große Schlagflügelapparat, vermutlich von Franz Wels, einem Mitarbeiter Igo Etrichs, demonstriert. Vor seiner Brust ist
der Kohlensäuremotor zu erkennen.

259   Abb. 174

Der große Schlagflügelapparat und
das Sturmflügelmodell bei Igo Etrich, 1905

Fotografie. BN R1866/2-5

In Igo Etrichs Werkstätte sind zwei Gleitflugzeuge
Otto Lilienthals zu sehen: unter der Decke der
Sturmflügelapparat und im Hintergrund am Bo-
den der große Schlagflügelapparat. Davor eine
Eigenkonstruktion Etrichs (s. Kat.-Nr. 236).

260   Abb. 384

Entwurfszeichnung eines Schlagflügelapparats, ca. 1896

Tuschezeichnung auf Zeichenkarton; undatiert; 69 × 72 cm.
BN 00553; TZ 04078-016

Der dargestellte Apparat kommt dem gebauten
großen Schlagflügelapparat sehr nahe. Augenfälli-
ges Unterscheidungsmerkmal ist die Anzahl der
Rippen, beim ausgeführten Apparat sind es neun.
Im Gegensatz zum kleinen Schlagflügelapparat,
bei dem die Schlagfedern direkt an die Segelfläche
anschließen und elastisch gebogen werden, sind
hier die Schlagfedern mit einem Scharnier angelenkt. Die Anzahl der Rippen, die mit der des
kleinen Schlagflügelapparats übereinstimmt, und
die Ergänzungen der Zeichnung des kleinen
Schlagflügelapparats durch ein Scharnier (s. Kat.
Nr. 196) weisen darauf hin, daß die Entwurfszeichnung eine Weiterentwicklung des kleinen Schlagflügelapparats darstellt.

261   Abb. 385

Schlagflügel eines Schlagflügelapparats,
ca. 1896

Tuschezeichnung auf Zeichenkarton (Maßlinien in rot).
Berechnungen mit Bleistift; undatiert; 35 × 72 cm.
Sign.: Mas. 1 : 3. BN F 41017; TZ 04078-015

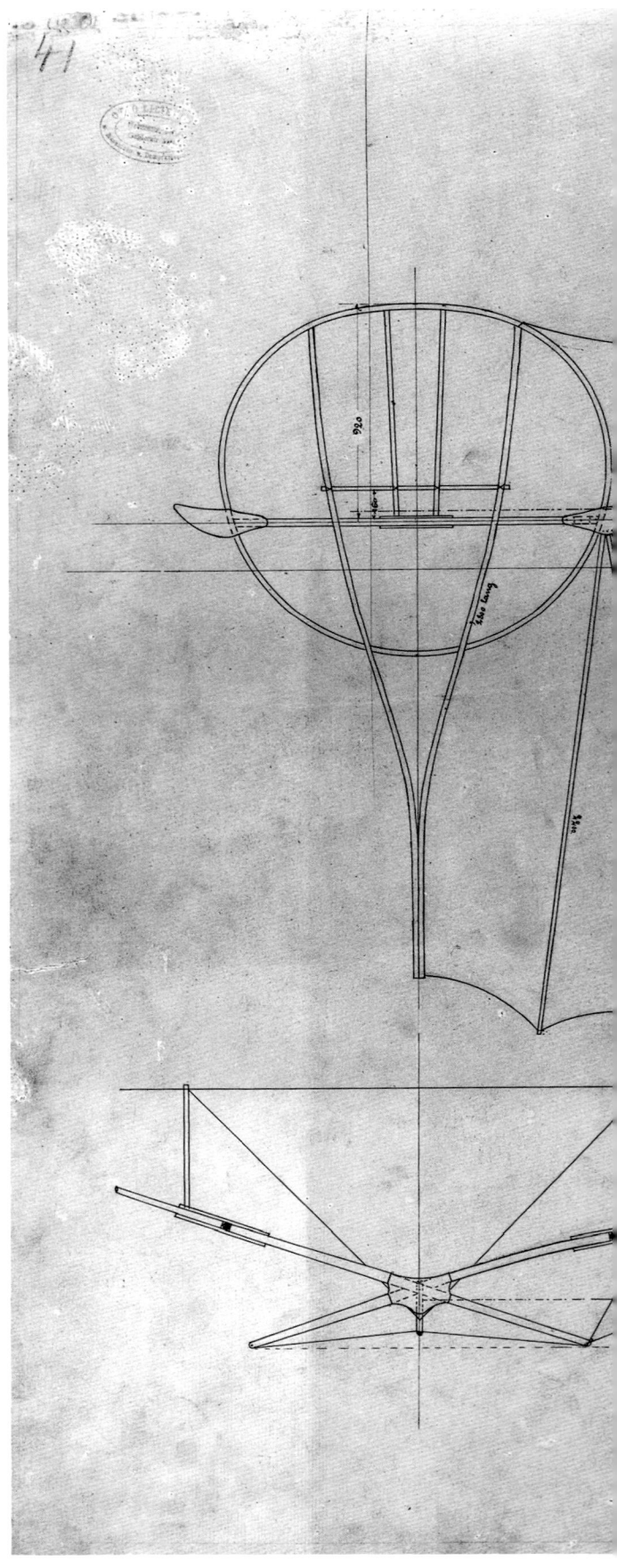

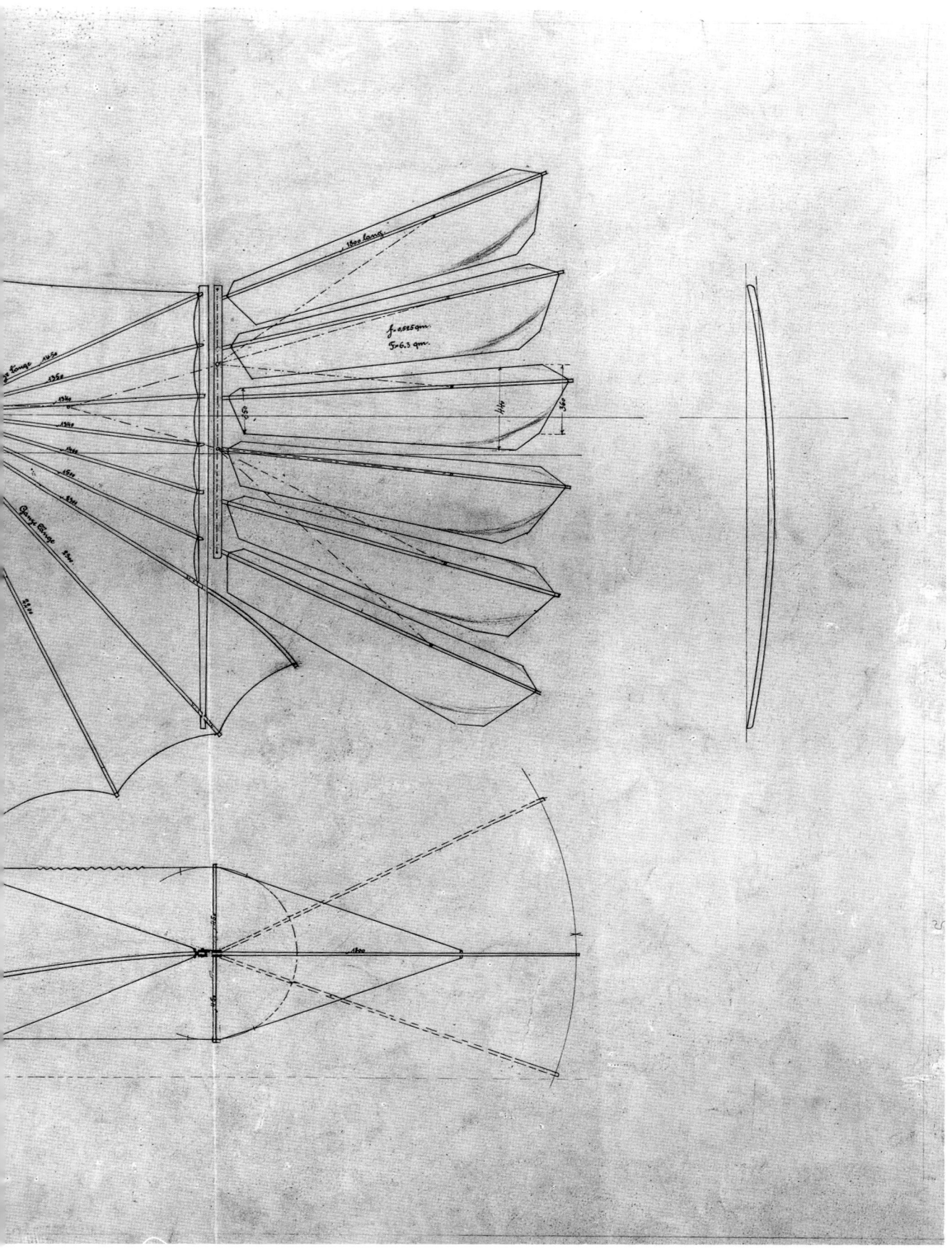

Abb. 384: Entwurfszeichnung eines Schlagflügelapparats, ca. 1896 (Kat.-Nr. 260)

Dargestellt ist im Detail ein Schlagflügel der Entwurfszeichnung eines Schlagflügelapparats im
Maßstab 1:3 (s. Kat. Nr. 260). Insgesamt sechs
Schlagflügel sind bei diesem Apparat mit einem
Scharnier (s. Kat.-Nr. 262) an die innere Tragfläche
angelenkt. Die Länge des Schlagflügels ist mit
1850 mm, die größte Tiefe mit 435 mm angegeben.
Die handschriftlichen Eintragungen betreffen eine
Energiekostenberechnung bei Wärmeerzeugung
durch Steinkohle.

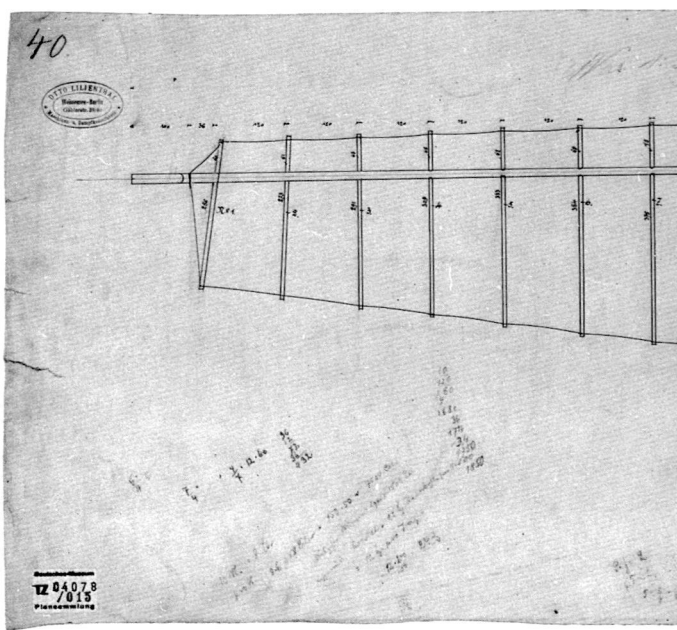

262   Abb. 386

Scharnier eines Schlagflügelapparats, ca. 1896

Tuschezeichnung, coloriert, auf Zeichenkarton, 70 × 102 cm
(schräg beschnitten). BN F 41021; TZ 04078-020

Detailzeichnung für die Anlenkung der Schlagflügel an die innere Tragfläche (s. Kat. Nr. 260 und
261).

263   Abb. 107

Kohlensäuremotor für den großen Schlagflügelapparat, 1896

Tuschezeichnung, coloriert, auf Zeichenkarton; 70 × 100 cm
(schräg beschnitten). Sign.: Kohlensäuremotor, G. (Gustav)
L. (Lilienthal). BN 01563; TZ 04078-014a (Rückseite: Bleistiftzeichnung. BN 46608; TZ 04078-014b)

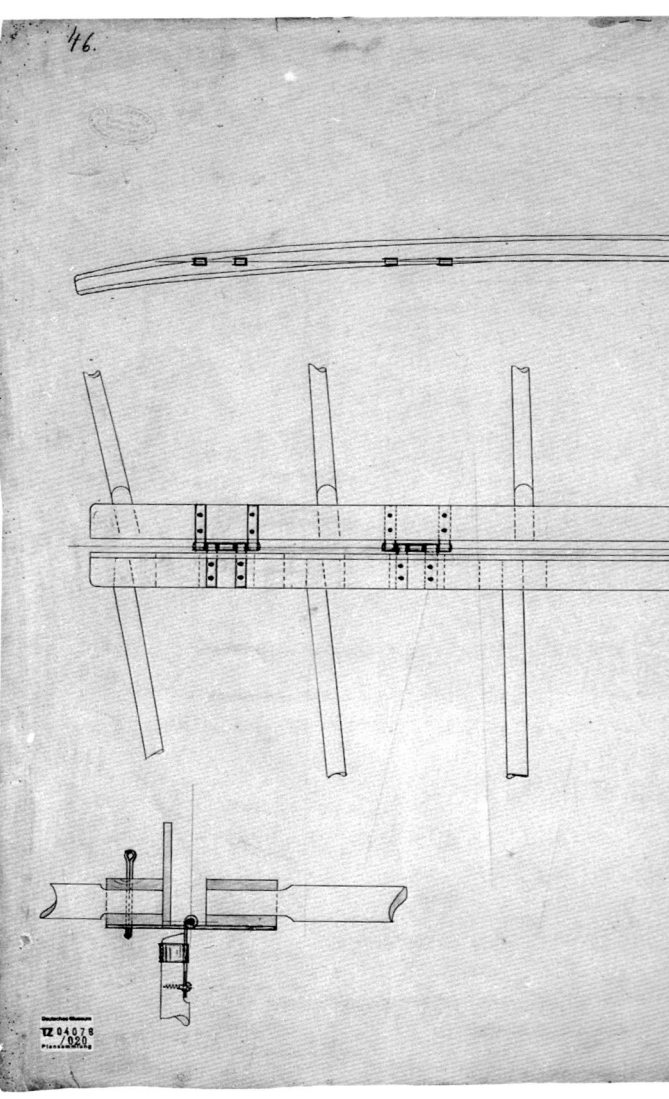

Der Motor wurde von dem Ingenieur Paul
Schauer in Lilienthals Maschinenfabrik konstru-
iert. Er soll eine Leistung von 2,5 PS bei einer
Masse von 5 kg (ohne Nebenteile) erbracht haben.
Als Betriebsstoff wurde Kohlensäure verwendet,
die in einer drei Liter fassenden Stahlflasche im
Flug mitgeführt werden sollte. Diese Menge ermöglichte einen Betrieb von 4 Minuten.
Die beiden Zylinder des Motors liegen in Flucht
vor dem Gestellkreuz. Die verdampfende, in die
Zylinder einströmende Kohlensäure treibt die
Kolben nach innen. Durch die (nicht eingezeichneten) Kolbenstangen werden die Flügel nach un-
ten gezogen. Die Lage der Kolbenstangen ist in
der Entwurfszeichnung (Kat. Nr. 260) eingezeichnet (strichpunktierte Linie vor dem Gestellkreuz).
Die Rückstellung der Flügel erfolgt durch Gummizüge in der oberen Abspannung. Die Ein- und
Auslaßsteuerung des Zylinders erfolgt von Hand
mittels eines Ventils, das durch einen vor dem
Griffholz angebrachten Hebel betätigt wird. Der
Hebel wird zusammen mit dem Griffholz mit beiden Händen umfaßt und wechselseitig angezogen.
Die flüchtig mit Bleistift auf der Rückseite ausgeführte Zeichnung zeigt in Draufsicht das Griffholz, den handbetätigten Hebel und die Verbin-

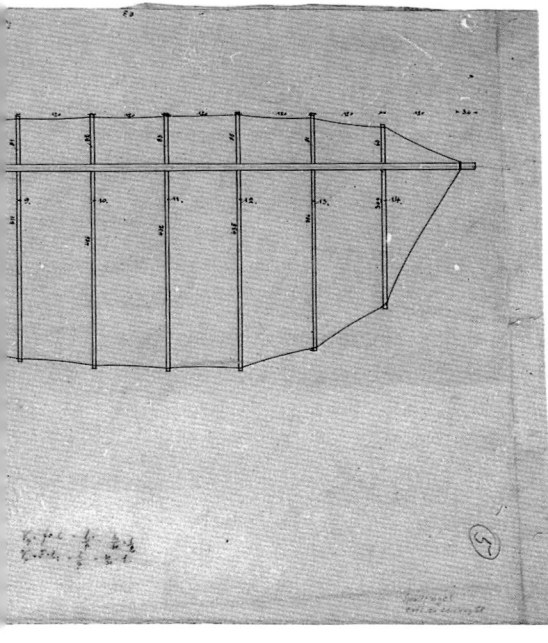

Abb. 385: Schlagflügel eines Schlagflügelapparats, ca. 1896 (Kat.-Nr. 261)

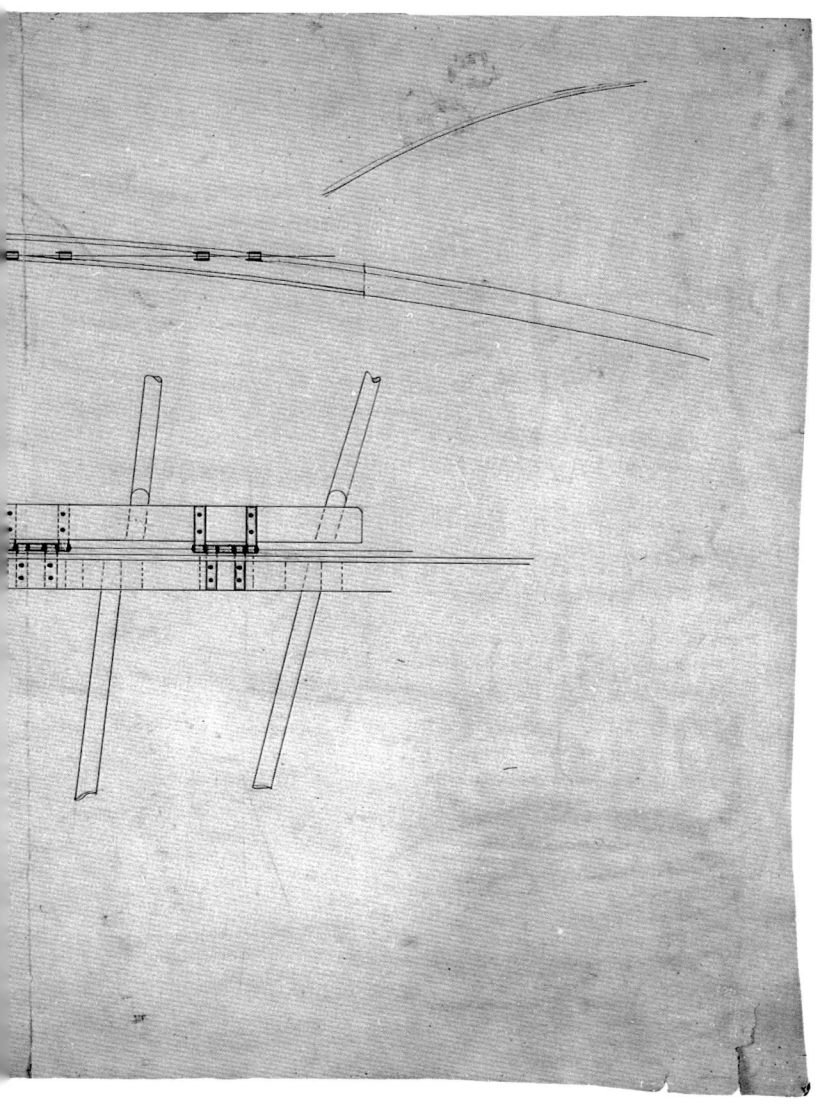

Abb. 386: Scharnier eines Schlagflügelapparats, ca. 1896 (Kat.-Nr. 262)

dungsstange zum Ventil. In Seitenansicht ist die
Führung der Verbindungsstange um das Griffholz
skizziert.

264   Abb. 387

Entwurfszeichnung eines Schlagflügel-apparats, ca. 1896

Bleistiftzeichnung auf Zeichenkarton; undatiert; 71 × 102 cm.
BN 02035; TZ 04078-011

Entwurf vermutlich für den großen Schlagflügelapparat. Abweichend zu Kat.-Nr. 260 ist das Trag-
flügelvorderteil (vgl. Kat. Nr. 203) anders gestaltet.
Handschriftlich angegeben sind die Flächen: 12 m²
für die Tragfläche, 7,5 m² für die Schlagfläche.
Rechts: Ansicht des Scharniers, Ausführung abweichend von Kat.-Nr. 262.

265   Abb. 388

Entwurfszeichnung eines Schlagflügel-apparats, ca. 1893

Bleistiftzeichnung auf Zeichenkarton; undatiert; 71,5 × 94 cm
(schräg beschnitten). Rückseite: BN 02005; TZ 04078-004a

Entwurf vermutlich für den großen Schlagflügelapparat mit angelenkten Schlagflügeln. Eingezeichnet sind 7 Schlagflügel, deren Anzahl handschriftlich auf sechs korrigiert wurde. Für die Flügelflächen werden unterschiedliche Angaben
gemacht: Für die Tragfläche 9 m² bzw. 10 m², für
die Schlagfläche 8 m² bzw. 7,2 m².
Die Zeichnung des Apparats im Maßstab 1 : 10 in
Draufsicht und Ansicht ist durch viele Detailskiz-
zen ergänzt.

PROJEKTE UND SKIZZEN

266   Abb. 108

Projekt Kippflügelapparat

Bleistiftzeichnung auf Zeichenkarton; undatiert; 71 × 101 cm.
BN 00186; TZ 04078-003

Dieser Entwurf zeigt eine ungewöhnliche Flügel-
auslegung. Auf dem bekannten Gestellkreuz sitzt
an Stelle der Gelenktaschen, gelenkig befestigt,
ein profilierter Längsträger, an dem die Rippen
des Flügels befestigt sind. Die Flügel können um
den Längsträger wie eine Wippe kippen. Beim
Niederschlag der äußeren Schlagflügel macht der
innere Teil einen Aufschlag. Der Antrieb erfolgt
wie beim großen Schlagflügelapparat mit einem
Kohlensäuremotor. Das Projekt wurde nicht realisiert.

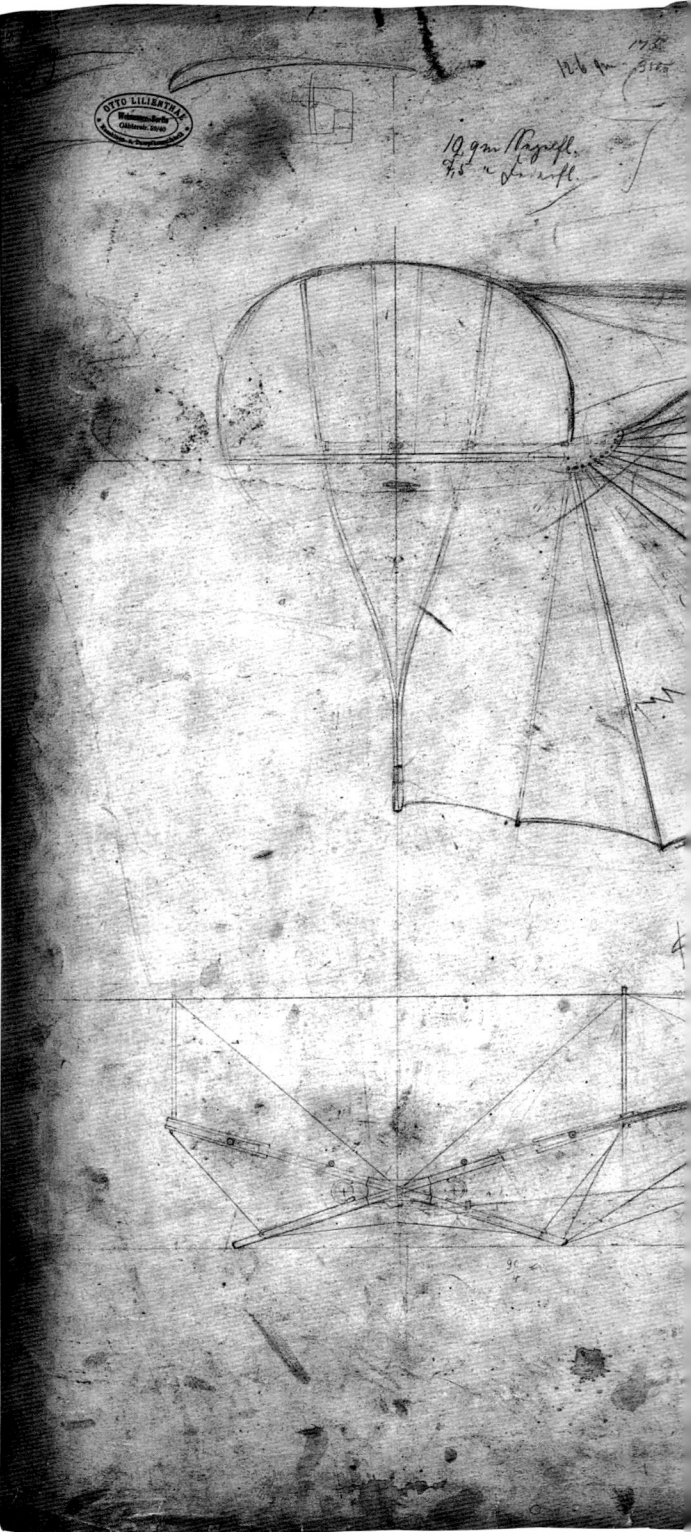

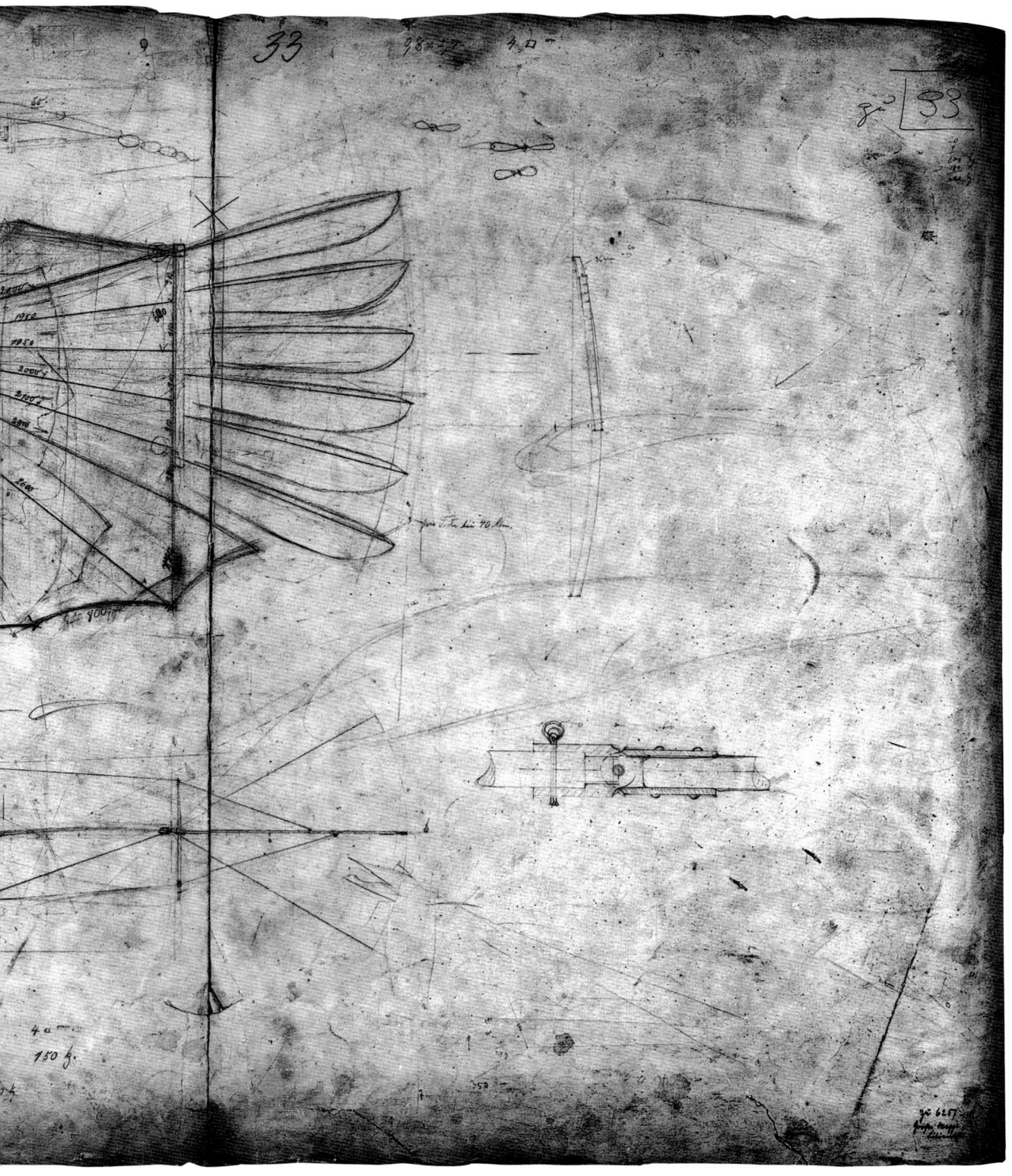

Abb. 387: Entwurfszeichnung eines Schlagflügelapparats, 1896 (Kat.-Nr. 264)

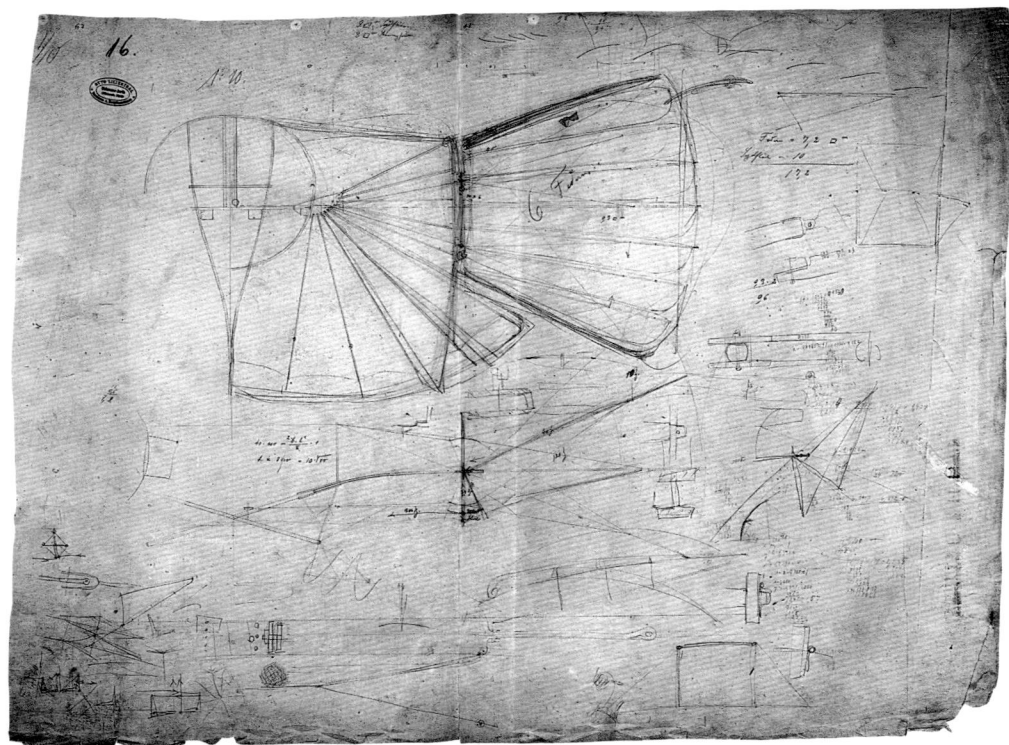

Abb. 388: Entwurfszeichnung eines Schlagflügelapparats, ca. 1893 (Kat.-Nr. 265)

267   Abb. 110

Projekt Gelenkflügelapparat, ca. 1896

Skizzen Lilienthals, erläutert von Paul Schauer, auf einem
Brief von A. Merck (Berlin, 8.6.1896, über sein »Wasser-
velociped«); undatiert; 2 Seiten, 17,5 × 22,5 cm. BN 46616;
HS 1965-72(b); Vorderseite: BN 46615

Lilienthal war durch Modellversuche der Nachweis gelungen, daß die Verdickung des Vogelflügels durch die Einlagerung des Arm- und Hand-
knochens die Segelfähigkeit begünstige.
Die Freihandskizzen sind Entwürfe von Otto Lilienthals zuletzt gebautem, aber nicht mehr er-
probtem, Gelenkflügelapparat, bei dem zwei Drittel der Flügelflächen beiderseitig bespannt und mit
dickeren Profilen versehen wurden. Die Verwendung dickerer Profile bot mehrere Vorteile: Verbesserung der Auftriebswirksamkeit, Erhöhung
der Festigkeit der Tragflächen und Verminderung
des Luftwiderstands bei Holmen im Inneren der
Flächen. Der Flügel ist zusammenklappbar ausgeführt: Die Holme hatten im Flügel Gelenke, so
daß sie wie ein Vogelflügel im Ellbogengelenk
einknicken konnten. Im äußeren Teil entsprach
der Flügel dem bisherigen Konstruktionsprinzip.

268   Abb. 111

Projekt Gelenkflügelapparat, ca. 1890

Bleistiftzeichnung; undatiert; 42 × 33 cm (eingerissen).
BN 2682; HS 6275

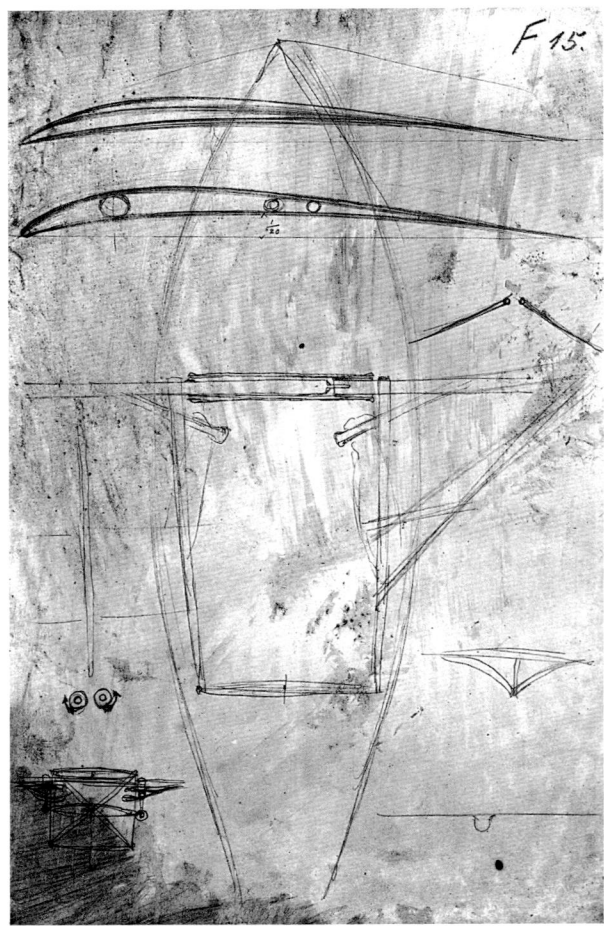

Abb. 389: Skizze eines Flugapparats (Kat.-Nr. 269)

Entwürfe für einen zusammenlegbaren Flügel, ähnlich Kat.-Nr. 267. Der innere Flügelteil hätte – wie bei einer Ziehharmonika – zusammengezogen, der äußere gefaltet werden können.

269   Abb. 389

Skizze eines Flugapparates

Bleistiftzeichnung; undatiert; 33 × 21 cm. BN 2307; HS 6275

Skizze des Flügelanschlusses eines Flugapparats mit einer Verbindung der Holme sowie zweier doppelseitig bespannter Flügelprofile.
Auf der Rückseite eine flüchtig ausgeführte, unfertige Skizze des Nasenholms mit Rippenanschluß eines beidseitig bespannten Tragflügels im Querschnitt.

270   Abb. 390

Skizze, vermutlich zum Gelenkflügelapparat

Bleistiftzeichnung auf Zeichenkarton; undatiert; 27 × 41,5 cm. BN 46585; TZ 04349 (Rückseite: Kat.-Nr. 271)

Die Skizze könnte eine Vorstudie zu Zeichnung Kat.-Nr. 267 sein. Schematisch dargestellt ist ein doppelt bespannter Flügel mit acht Rippen. Der äußere Flügelteil ist nach dem bisherigen Konstruktionsprinzip aufgebaut, bei dem die strahlenförmig angeordneten Rippen schwenkbar in Gelenktaschen gelagert sind.

Eine ähnliche Ausführung beschrieb Lilienthal in einem Brief an Alois Wolfmüller (s. Kat. Nr. 206).

271   Abb. 391

Skizzen

Bleistiftzeichnung auf Zeichenkarton; undatiert; 27 × 41,5 cm. BN 46584; TZ 04348 (Rückseite Kat.-Nr. 270)

Die Skizzen zeigen a) in Draufsicht die typische Konfiguration eines Gleiters von Lilienthal mit Gestellring, Gestellkreuz; Gelenktasche und strahlenförmig angeordneten Rippen; b) vermutlich gekreuzte Holme.
Die Skizzen befinden sich auf einem Teilstück eines größeren Zeichenkartons. Zu erkennen ist ein Abschnitt einer Tuschezeichnung. Es könnte sich bei der ursprünglichen Zeichnung, die eine Polare zeigt, um die Vorlage zu der Tafel 1, Fig. 1, in Lilienthals Buch »Der Vogelflug als Grundlage der Fliegekunst« handeln.

272   Abb. 392

Skizze eines Flugapparats mit Höhensteuerung, 8. August 1896

Bleistiftzeichnung; undatiert; 30 × 21 cm. BN 46665; HS 1965-73(a) (Rückseite: Kat.-Nr. 273)

Skizze eines durch Schnurzug zu regulierenden mechanischen Höhensteuers.

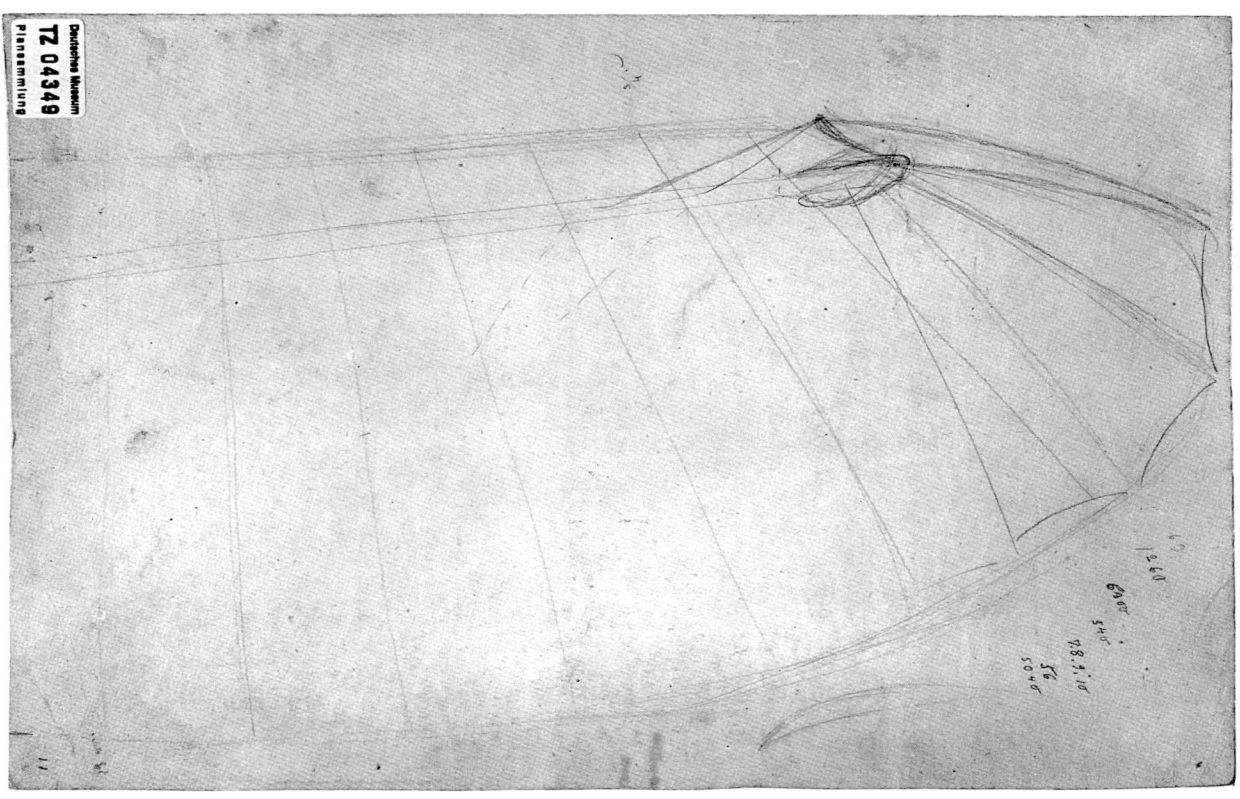

Abb. 390: Skizze, vermutlich zum Gelenkflügelapparat (Kat.-Nr. 270)

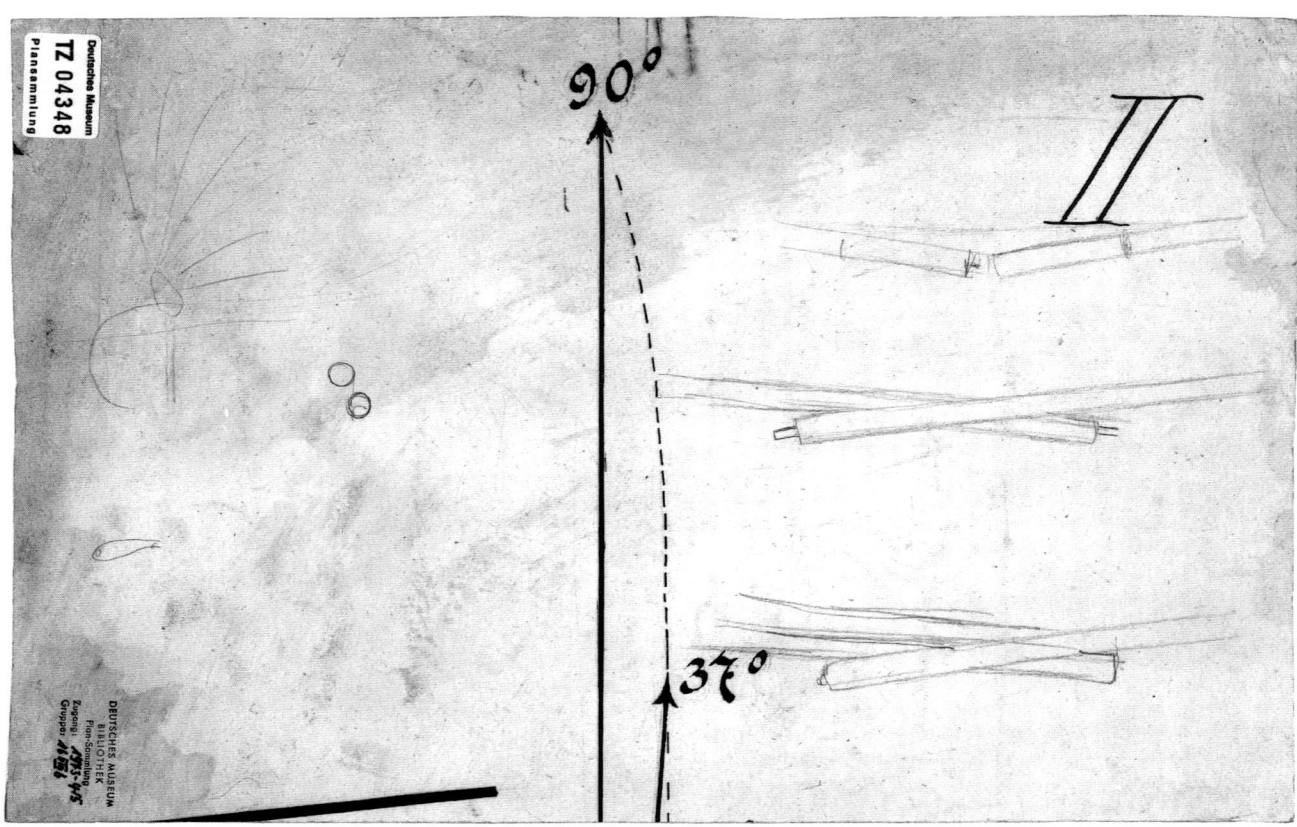

Abb. 391: Skizzen (Kat.-Nr. 271)

Notiz von Otto Lilienthals Mitarbeiter Paul Schauer: »Letzte Skizze Lilienthal's – 1 Tag vor seinem tötlichen [sic] Absturz (9.8.1896), also vom 8. Aug. 1896.«

Im April 1896 berichtet Otto Lilienthal, er sei nun mit der Konstruktion eines Apparats beschäftigt, bei dem die Stellung der Flügel während des Fluges derart verändert werden könne, daß die Erhaltung des Gleichgewichts nicht mehr durch die Verschiebung des Körperschwerpunktes bewirkt werden müsse. Er versprach sich davon eine erhebliche Erhöhung der Sicherheit. (Otto Lilienthal: The Best Shapes for Wings. In: Aeronautical Annual 1897, S. 160). Der Schnurzug sollte entweder in einem Hebel in seinem Rücken oder über zwei Rollen am Gestellkreis in einer Schlaufe um

seinen Nacken enden. Percy Pilcher, der Lilienthal im Juni 1896 am Fliegeberg besucht hatte, berichtete in einem in Dublin am 21. Januar 1897 gehaltenen Vortrag, Lilienthal habe den Schnurzug direkt zu seinem Kopf geführt und über ein Stirnband betätigt. Die Skizze zur Ansteuerung des Höhenruders steht in direktem Zusammenhang mit dem in Kat.-Nr. 267 beschriebenen Gelenkflügelapparat.

273   Abb. 393

Skizzen und Berechnungen für Gummischnüre

Skizzen und Berechnungen mit Bleistift ausgeführt; undatiert; 30 × 21 cm. BN 46666; HS 1965-73 (Rückseite: Kat.-Nr. 272)

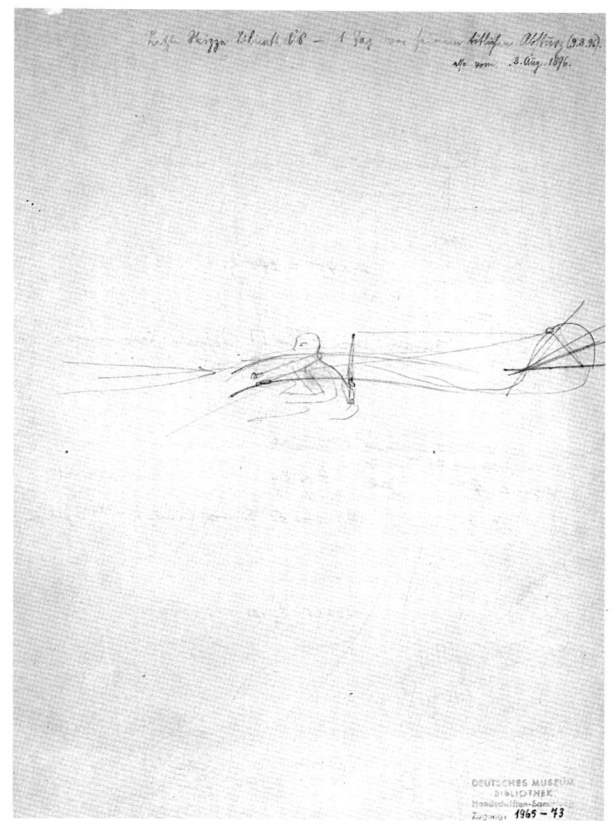

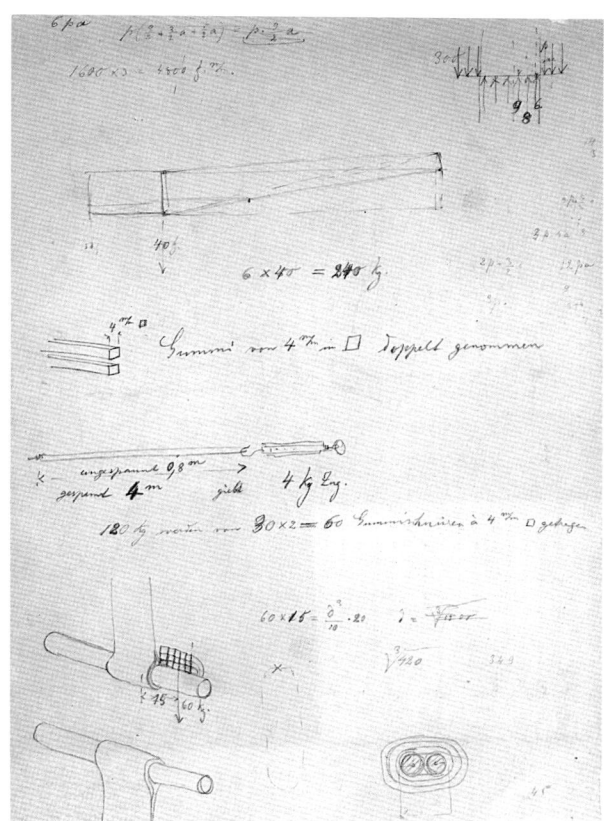

Abb. 392: Skizze eines Flugapparats mit Höhensteuerung, 8. August 1896 (Kat.-Nr. 272)

Abb. 393: Skizzen und Berechnungen für Gummischnüre (Kat.-Nr. 273)

Anhang

Werner Schwipps

BIBLIOGRAPHIE DER ARBEITEN ÜBER OTTO LILIENTHAL*

* Eine Zusammenstellung des Schrifttums über Otto Lilienthal kann nur eine Auswahl sein, denn es ist unmöglich, alle wichtigen und interessanten Beiträge – vor allem in fremden Sprachen – zu erfassen. Zudem muß schon aus Platzgründen darauf verzichtet werden, Beiträge aufzuführen, die für die Lilienthalforschung nicht wesentlich sind.

Diese Zusammenstellung stützt sich hauptsächlich auf die Sammlung des Autors unter Berücksichtigung folgender, früher erschienener Bibliographien: Bibliography of Aeronautics (Washington, D. C. 1910), das von Joachim Brämer zusammengestellte Schrifttum im Anhang der 3. Aufl. von Lilienthals Buch über den Vogelflug (München und Berlin 1939) sowie auf J. C. Poggendorf, Biographisch-literarisches Handwörterbuch, Bd. VII a, Supplement (Berlin 1971).

Wünschenswert erschien es, das aufgenommene Schrifttum zu gliedern und es um künstlerische Arbeiten sowie um Dokumentationen in den elektronischen Medien zu ergänzen. Innerhalb der einzelnen Sachgebiete sind die Arbeiten chronologisch geordnet. Stichtag für die Aufnahme war der 1. Dezember 1990.

Bei allen Titeln ist der Standort im Deutschen Museum (DM) und die jeweilige Signatur angegeben, soweit die Quellen dort vorhanden sind.

Zeitgenössisches

Müllenhoff, Karl: Der Vogelflug als Grundlage der Fliegekunst. Litterarische Besprechung. Zeitschrift für Luftschiffahrt (ZfL), Berlin 1889, S. 286/287, za 84

Gerber, Paul: Der Vogelflug und die Flugtechnik. Die Natur, Halle (Saale) 1890, S. 301–305

S.: Modellbaukasten. Von Otto Lilienthal. Prometheus, Berlin 1891, S. 143/144, 4 Abb., zb 318

Lauriol, M. P.: Les expériences de M. Lilienthal. Revue de l'aéronautique théorique et appliquée, Paris, H. 8/1891, S. 1–11, zb 6491

Simon, Emile: Analyse de l'ouvrage de M. Otto Lilienthal. L'Aéronaute, Paris, Jan. 1892, S. 5–12, za 5283

Martin, Ludwig: Bemerkungen zu Lilienthal's »Vogelflug als Grundlage der Fliegekunst«. ZfL 1892, S. 54–56, za 84

Jarolimek, A.: Über die Möglichkeit des dynamischen Fluges mit Beziehung auf die Versuche Lilienthal's. ZfL 1892, S. 145–159, za 84

Mewes, Rudolph: Über das Segeln und die Flugversuche Lilienthals. ZfL 1892, S. 272–274, za 84

Wechmar, Ernst v.: Offener Brief an Herrn O. Lilienthal. ZfL 1892, S. 297, za 84

Hoernes, Hermann: Ein fliegender Mensch. Der Stein der Weisen, Wien und Leipzig 1892, S. 360–363, zb 263

– Bericht über die Sitzung des Deutschen Vereins zur Förderung der Luftschiffahrt in Berlin mit Referaten von Prof. Aßmann und Lilienthal (ohne Überschrift). Berliner Börsen-Zeitung, 19. Okt. 1892

Kreiß, Eugen: Über das Segeln und die Flugversuche Lilienthals. (Erwiderung). ZfL 1893, S. 26–28, za 84

– Ueber das Fliegen. Illustrirte Zeitung Leipzig, 7. Okt. 1893, S. 420, 6 Abb., zc 1576

Runge, C.: Experiments on Flying. Nature, London, Dez. 1893, S. 157/158, 3 Abb., zb 2835

Villeneuve, Abel Hureau de: L'Homme volant M. Otto Lilienthal. L'Aéronaute, Jan. 1894, S. 5–10, za 5283

Bois-Reymond, Alard du: Otto Lilienthal's Versuche, das Fliegen zu erlernen. Naturwissenschaftliche Rundschau, Braunschweig 1894, S. 53–57, 1 Abb., zb 864

Rameaue, Louis: Observations sur les expériences de M. Otto Lilienthal. L'Aéronaute, März 1894, S. 51/52, za 5283

– Bericht über einen Vortrag von Ing. Alard du Bois-Reymond über die Flugversuche Lilienthals vor der Physikalischen Gesellschaft zu Berlin (ohne Überschrift). Hinterthurer Landbote, März 1894

– The flying man. Aeronautics, New York, April 1894, S. 85/86, 1 Abb.

Berdrow, W.: Luftballon und Flugmaschine. Bilder aus dem Reiche der Flugtechnik. Die Gartenlaube, Leipzig, 1894, S. 106–109, 1 Abb., zb 1680

– Bericht über einen Flugunfall Lilienthals am Fliegeberg in Lichterfelde unter Berufung auf die »N. A. Z.« (ohne Überschrift). Vossische Zeitung, Berlin, 24. Juli 1894. Wortgleich im General-Anzeiger Bonn, 1. Aug. 1894

Wellner, Georg: Die Flugfrage und ihre Lösung. Vom Fels zum Meer, Stuttgart, 1894, Bd. 2, S. 127–132, 3 Abb.

– In höheren Regionen. Das Neue Universum, 1894, S. 213–217, 6 Abb., za 1541

– Aus der Zeit der fliegenden Menschen. Kladderadatsch, Berlin, 1894, S. 70, 3 Abb.

– The flying man. McClure's Magazin, New York, Sept. 1894, S. 1–10

– Bericht über einen Vortrag von Otto Lilienthal über die Grundlagen der Flugtechnik vor dem Architekten-Verein zu Berlin (ohne Überschrift). Berliner Börsen-Zeitung, 7. Nov. 1894

Pbg.: Ueber die Grundlagen der Flugtechnik. (Nach dem Vortrage des Hrn. Ing. Lilienthal im Architekten-Verein zu Berlin). Deutsche Bauzeitung, Berlin 1894, S. 566–568, zb 1620

Veyrin, Emile: Deux lettres de M. Otto Lilienthal. L'Aéronaute, Dez. 1894, S. 267–274, za 5283

– Lilienthals Experiments in flying. Nature, London, Dez. 1894, S. 177–179, 4 Abb., zb 2835

Lauriol, M. P.: Les expériences de M. Lilienthal. Revue de l'aéronautique, Paris 1895, S. 1–11, 18 Abb.

Desmarest, Léopold: Les nouvelles expériences de M. Otto Lilienthal. L'Aéronaute, Febr. 1895, S. 27–39, 8 Abb.

Ikarus: Flugsport. Lilienthals Flugübungen. Vom Fels zum Meer, Stuttgart 1894/95, Bd. 1, S. 38/39, 3 Abb.

– Bericht über Flugvorführungen Lilienthals am Fliegeberg vor Mitgliedern des Deutschen Vereins zur Förderung der Luftschiffahrt (ohne Überschrift). Berliner Börsen-Zeitung, 30. Mai 1895

Fullerton, J. D.: Lilienthals flying machine. American Engineer & Railroad, New York 1895, S. 193

– Bericht über einen Vortrag Lilienthals in der Allgemeinen Ausstellung für Sport, Spiel und Turnen in Berlin (ohne Überschrift). Vossische Zeitung, 22. Juni 1895

Sg.: Die Fliegekunst als ein Zweig des Turnens. (Nach dem Vortrag Lilienthals in der Allgemeinen Ausstellung für Sport, Spiel und Turnen). Akademische Turnzeitung, Berlin 1895/96, S. 250–253

Kreiß, Eugen: Bemerkungen über Lilienthal's neueste Flugversuche. ZfL 1895, S. 303–305, za 84

– Flugversuche des Herrn Ingenieur Lilienthal in Groß-Lichterfelde in Berlin. Photographische Rundschau, 1895, S. 319, 2 Abb., zb 146

Shukowski, Nikolai J.: Der Flugapparat Otto Lilienthals. Fotografische Revue, Moskau, H. 1/1896.

Deutsch: Deutsche Flugtechnik, Berlin, H. 8/1961, S. 288/289, 4 Abb., zb 7981

Lautier, Ferdinand: Sur le dernier article de M. Otto Lilienthal. L'Aéronaute, Febr. 1896, S. 27–29, za 5283

– Bericht über einen Vortrag Lilienthals vor dem Berliner Techniker-Verein über leichte Dampferzeuger und ihre Anwendung in der Flugtechnik (ohne Überschrift). Berliner Börsen-Courier, 17. Febr. 1896

– Berliner Gewerbe-Ausstellung 1896 (Ankündigung des Vortrages von Lilienthal über praktische Flugversuche am gleichen Tage). Berliner Tageblatt, 10. Juni 1896
Wortgleich in der Vossischen Zeitung, 10. Juni 1896

W. R.: Praktische Flugversuche (Bericht über den Vortrag Lilienthals auf der Berliner Gewerbe-Ausstellung am 10. Juni 1896). Officielle Ausstellungs-Nachrichten, Berlin, 12. Juni 1896

Müllenhoff, Karl: Die Experimente Lilienthals. Die Natur, 1896, S. 509–512, 4 Abb.

Platte, August: Flugtechnische Neuigkeiten (Langley, Kreß, Lilienthal). Zeitschrift des Österreichischen Ingenieurs- und Architekten-Vereins, Wien, 1896, S. 499, zb 1711

Bois-Reymond, Alard du: Lilienthals flying machine. Nature 1896, S. 413 ff., zb 2835

– Flugtechniker Otto Lilienthal †. Berliner Lokal-Anzeiger, Abendblatt, 11. Aug. 1896

– Zum Tode des Flugtechnikers Lilienthal. Berliner Lokal-Anzeiger, 12. Aug. 1896

– Bericht über die Beisetzung Lilienthals in Groß-Lichterfelde (ohne Überschrift). Berliner Lokal-Anzeiger, 14. Aug. 1896

– Bericht über die Beisetzung Lilienthals in Groß-Lichterfelde (ohne Überschrift). Vossische Zeitung, 14. Aug. 1896

– Die Trauerfeier für den verunglückten Ingenieur Otto Lilienthal. Berliner Tageblatt, 15. Aug. 1896

Nachrufe

W. M.: Ein moderner Ikarus. Berliner Illustrirte Zeitung, 23. Aug. 1896, 3 Abb.

– Otto Lilienthal. Illustrirte Zeitung Leipzig, 29. Aug. 1896, S. 257/258, 1 Abb., zc 1576

Bois-Reymond, Alard du: The Death of Lilienthal. Nature, Sept. 1896, S. 413/414, zb 2835

Neuhauss, Richard: Bericht über den Todessturz Lilienthals (ohne Überschrift). Die Natur, 1896, S. 421

Berson, Arthur: Otto Lilienthal †. ZfL 1896, S. 161, za 84

Witt, Otto N.: Otto Lilienthal †. Prometheus 1896, S. 768, zb 318

Berdrow, W.: Ein Opfer der modernen Flugtechnik. Die Gartenlaube, 1896, S. 624/626, 3 Abb., zb 1680

– Nachruf auf Otto Lilienthal (ohne Überschrift). Zeitschrift des Vereins Deutscher Ingenieure, Berlin 1896, S. 996, zb 1598

Wood, Robert W.: Lilienthal's last Flights. Boston Evening Transcript, 31. Oct. 1896

Cabalzar, Victor: Nécrologie. M. Otto Lilienthal. L'Aérophile, Paris, Oct. 1896, S. 224–226

Desmarest, Léopold: La mort d'Otto Lilienthal. L'Aéronaute, Nov. 1896, S. 239–245

Müllenhoff, Karl: Zur Erinnerung an Otto Lilienthal. ZfL 1896, S. 289–295, 1 Abb., za 84
Französisch: L'Aéronaute 1897, S. 51–59, za 5283
Englisch: Aeronautical Annual, Boston 1897, S. 75–83, za 5285

Desmarest, Léopold: L'avant-dernière expérience d'Otto Lilienthal. L'Aéronaute, Jan. 1897, S. 5–12, za 5283

– The Death of Lilienthal. Aeronautical Journal, London 1897, S. 11–13, zb 7564

Shukowski, Nikolai J.: Über den Tod des Flugtechnikers Otto Lilienthal. Luftschiffahrt und Erforschung der Atmosphäre, Moskau, H. 1/1897
Deutsch: Deutsche Flugtechnik, Berlin 1961, S. 289–292, 7 Abb., zb 7981

Lilienthal, Gustav: Otto Lilienthal, der verunglückte Erfinder der Flugmaschine. Für Alle Welt, H. 5/1897, S. 122/123

Karyll, Ch.: Otto Lilienthals letzte Flugversuche. Der Stein der Weisen, 1899, S. 40–45, 6 Abb., zb 263

Erinnerungen

Kreß, Wilhelm: Erinnerung an Otto Lilienthal. Neue Freie Presse, Wien, 24. Juli 1900

Böcklin, Arnold: Neben meiner Kunst. Flugstudien, Briefe und Persönliches von und über A. Böcklin. Berlin 1909, S. 283/284, 2 Abb., 1975 B 7

Lilienthal, Gustav: Otto Lilienthal. Das Charakterbild eines Anklamers. Anklamer Zeitung, 4. März 1910

Lilienthal, Gustav: Die Entwicklung. Biographische Einleitung zur 2. Aufl. von Lilienthals Buch über den Vogelflug, München und Berlin 1910, S. ix–xxiv, 9 Abb., 1929 A 1438

Meyer-Förster, Wilhelm: Auf den Rhinower Bergen. Eine Erinnerung an Otto Lilienthal. Velhagen und Klasings Monatshefte, Berlin 1910, S. 544–548, 2 Abb., zb 1722

Kassner, Carl: Otto Lilienthals Flugstätten und Vorschläge zu seiner Ehrung. Deutsche Zeitschrift für Luftschiffahrt, Berlin 1911, S. 29–30, zc 1647

Lilienthal, Gustav: Otto Lilienthal. Das Charakterbild eines zu früh Verstorbenen. Flug, Charlottenburg b. Berlin, Aug. 1917, S. 75–77, 1 Abb.

Lilienthal, Gustav: Zum 25jährigen Todestage Otto Lilienthals. Illustrierte Flugwoche, 1917, S. 345

Lilienthal, Gustav: Otto Lilienthal. Flug 1918, S. 75

Lilienthal, Anna: Otto Lilienthal. Ein Gedenkblatt. Tägliche Rundschau, Berlin 10. Aug. 1918

Meyer-Förster, Wilhelm: Eine Erinnerung an Otto

Lilienthal. Deutscher Flugalmanach, Berlin 1925, S. 9–16

Lilienthal, Gustav: Wie wir fliegen lernten. Zum 30. Todestag Otto Lilienthals am 9. August. Die Gartenlaube 1926, S. 614/615, 2 Abb.

Lilienthal, Anna: Erinnerungen an Otto Lilienthal zu seinem 30. Todestage. Westermanns Monatshefte, 1926 Bd. II, S. 677–679

Lilienthal, Anna: Erinnerungen an Otto Lilienthal. Prager Presse, 5. Juni 1927

Schauer, Paul: Otto Lilienthal war auch der erste Motorflieger. VDI-Nachrichten, 17. Juli 1929, 2 Abb., ZC 1577

Schauer, Paul: Weitere Erinnerungen an Otto Lilienthal. VDI-Nachrichten, 14. August 1929, ZC 1577

Schauer, Paul: Die Lilienthals. VDI-Nachrichten, 7. Febr. 1931, ZC 1577

G. F.: Otto Lilienthals Todesflug. Wie ihn sein Monteur miterlebte. Tempo, Berlin, 3. Aug. 1932

– Der deutsche »Ikarus«. Interview mit Gustav Lilienthal, dem Bruder des unsterblichen Fliegers. Niederdeutsche Zeitung, Hannover, 9. Aug. 1932

Stocks, Käte: Gustav erzählt von Otto Lilienthal. Berliner Lokal-Anzeiger, 10. Aug. 1932, 2 Abb.

G. W. F.: Otto Lilienthal zum Gedächtnis. Unbekanntes von seinen Freunden und Mitarbeitern. Neckar-Zeitung, Heilbronn, 11. Aug. 1932

Lilienthal, Anna: Erinnerung an Otto Lilienthal. Manuskript, o. J. (vermutl. Mai 1933)

Wehr, Gerhard: Als Volontär bei Otto Lilienthal. Deutsche Luftwacht/Ausgabe Luftwelt, Berlin 1934, S. 208, 268

Niendorf, Sanitätsrat Dr.: So starb Lilienthal. Westhavelländische Tageszeitung/Rathenower Zeitung, 8. Aug. 1936, 1 Abb.

Kuhlbars, C.: Von Lilienthals letztem Flug. Westhavelländische Tageszeitung/Rathenower Zeitung, 10. Aug. 1936

Kresse, Otto: Ein Flugtag mit Otto Lilienthal. Persönl. Erinnerungen an den großen Flugpionier. Die Woche, Berlin 1936, S. 42/43, ZB 1581

Kassner, Carl: Erinnerungen an Otto Lilienthal. Jahrbuch der deutschen Luftwaffe, Leipzig 1939, S. 158–163, ZA 2522

– »Wer mal zwei Verrückte sehen will …« Paul Beylich, der erste Flugmonteur, erzählt von seiner Arbeit mit Lilienthal. 12-Uhr-Blatt, Berlin, 6. Dez. 1944

Schauer, Paul: Zum 50. Geburtstag der Motorfliegerei. Das Schnauferl, Frankfurt a. Main, 2. Jg. Jan. 1954, S. 8/9, 2 Abb., ZB 4381

Rozendaal, John: Zum 50. Geburtstag der Motorfliegerei. Die Brüder Wright in den Fußstapfen Lilienthals? Das Schnauferl, Febr. 1954, S. 12/13, 1 Abb., ZB 4381

Schauer, Paul: Nochmals zum 50. Geburtstag der Motorfliegerei. Das Schnauferl, April 1954, S. 14/15, ZB 4381

Nachschlagewerke

Chanute, Octave: Lilienthal, Otto. The Encyclopaedia Britannica, 11. Edition, London und New York 1910

Borchers, O.: Lilienthal, Otto. Männer der Technik, hrsgg. von Conrad Matschoß im Auftrage des VDI. Berlin 1925, S. 158/159, 1932 B 11

Kistner, A.: Otto Lilienthal. Deutsche Meister der Naturwissenschaft und Technik. Bd. II, 2. Auflage, München 1925, S. 176–204, SA 155/103

Krüger, Friedrich: Otto Lilienthal 1848–1896. Pommersche Lebensbilder I, Stettin 1934, S. 346–350, 1 Abb., 1953 A 1987

Karlson, Paul: Otto Lilienthal 1848–1896. Die großen Deutschen. Neue deutsche Biographie, hrsgg. von Willi Andreas und Wilhelm v. Scholz. Bd. 4, Berlin 1936, S. 273–288, 1 Abb.

Matschoß, Conrad: Otto Lilienthal 1848–1896. Große Ingenieure – Lebensbeschreibungen aus der Geschichte der Technik. 4. Aufl. München 1954, S. 376–384, 1 Abb., 1953 A 2752

Heuß, Theodor: Otto Lilienthal. Deutsche Gestalten, Studien zum 19. Jahrhundert. Stuttgart und Tübingen 1947, S. 352–359, 1950 A 919

Dollfus, Charles: Lilienthal 1848–1896. Erste Flüge mit Gleitflugzeugen. Die berühmten Erfinder, Physiker und Ingenieure, hrsgg. von Louis Leprince-Ringuet. Genf 1951, S. 244–245, 2 Abb., SB 1962/6

Orlovius, Heinz: Otto Lilienthal 1848–1896. Die großen Deutschen. Berlin 1957, Bd. IV, S. 134–142, 6 Abb., 1956 A 1856

Schulz, Werner: Lilienthal, Otto. Ingenieur, Flugpionier. Neue Deutsche Biographie, Bd. 14, Berlin 1985, S. 560–562, 1954 B 48

Bücher

Lilienthal, Anna und Gustav: Die Lilienthals. Stuttgart und Berlin 1930. 127 S., 4 Abb., 1935 A 1593

Halle, Gerhard: Otto Lilienthal. Der erste Flieger. Berlin 1936. 192 S., 76 Abb., 1936 A 1271

2. Aufl.: Otto Lilienthal. Flugforscher und Flugpraktiker, Ingenieur und Menschenfreund. Düsseldorf 1956, 1956 A 2504

   3. Aufl.: Düsseldorf 1976, 1976 A 1165

Seifert, Karl-Dieter: Otto Lilienthal. Mensch und Werk. Neuenhagen b. Berlin 1961. 244 S., 44 Abb., 1962 A 144

Halle, Gerhard: Otto Lilienthal und seine Flugzeugkonstruktionen. Abhandlungen und Berichte des Deutschen Museums, München 1962. 68 S., 30 Abb., ZA 1574

Wissmann, Maria und Gerhard: Die Brüder Lilienthal. Berlin 1965. 192 S., 19 Abb., 1959 A 1883

Schwipps, Werner: Otto Lilienthals Flugversuche. Berlin 1966. 99 S., 35 Abb., 1966 A 1509

Schwipps, Werner: Lilienthal. Berlin 1979. 424 S., 132 Abb., 1979 A 1629

   2. Aufl.: Lilienthal. Die Biographie des ersten Fliegers. Gräfelfing b. München, 1986, 1990 A 432

Kopfermann, Klaus: Otto Lilienthal und sein Bruder. Eine Untersuchung bisherigen Schrifttums. Privatdruck, Ottobrunn b. München 1983. 112 S., 22 Abb., 1983 A 1658

Waßermann, Michael: Otto Lilienthal. Biographien hervorragender Naturwissenschaftler, Techniker und Mediziner, Bd. 81. Leipzig 1985. 94 S., 16 Abb., 1986 A 35

Schwipps, Werner: Lilienthal und die Amerikaner. Beiträge zur Entwicklung der Flugtechnik. Abhandlungen und Berichte, hrsgg. vom Deutschen Museum. München 1985. 150 S., 53 Abb., ZA 1574

Kopfermann, Klaus (Hrsg.): Otto Lilienthal. Über meine Flugversuche 1889–1896. Ausgewählte Schriften. Klassiker der Technik, Düsseldorf 1987/88. 191 S., 106 Abb., 1987 B 1055

Schwipps, Werner: Der Mensch fliegt. Lilienthals Flugversuche in historischen Aufnahmen. Koblenz 1988. 238 S., 242 Abb., 1988 B 48

Korff, Friedrich Wilhelm: Lilienthals Gleiter. Eine Erzählung mit Zeichnungen von Susanne Wochner Heine. Hamburg 1990. 70 S., 4 Abb.

Blisse, Manuela/Jurczyk, Jan/Mulke, Wolfgang: Otto und Gustav Lilienthal. Ihr Leben in Bildern. Berlin 1990. 94 S., 125 Abb.

Buchkapitel

Hoernes, Hermann: Der persönliche Kunstflug. Lilienthals Versuche. – Die Luftschiffahrt der Gegenwart. Wien, Pest, Leipzig 1903. S. 182–189, 6 Abb., 1910 A 198

Nimführ, Raimund: Die Gleitflugstudien von Otto Lilienthal. – Leitfaden der Luftschiffahrt und Flugtechnik. Wien und Leipzig 1909. S. 158–164, 4 Abb., 1910 A 346

Nimführ, Raimund: Die Schule Lilienthal. – Leitfaden der Luftschiffahrt und Flugtechnik. Wien und Leipzig 1909. S. 166–181, 10 Abb., 1910 A 346

Ferber, Ferdinand: Lilienthals Schule. – Die Kunst zu fliegen. Ihre Anfänge, ihre Entwicklung. Berlin 1910. S. 49–58, 8 Abb., SA 1595/4

Lanchester, F. W.: Lilienthals Apparat. Untersuchungen der Stabilität. – Aerodynamik. Ein Gesamtwerk über das Fliegen. 2. Bd., Leipzig und Berlin 1911, S. 110–117, 2 Abb., 1910 A 249

Hofmann, Josef: Der Berliner Ingenieur Otto Lilienthal. – Der Maschinenflug. Seine bisherige Entwicklung und seine Aussichten. Frankfurt a. Main 1911. S. 54–58, SA 1740/415

Muhs, Ulrich: Otto Lilienthal. – Berlin-Lichterfelde, seine Anlagen und seine Anstalten. Berlin-Lichterfelde, o. J. (verm. 1928), S. 39–44

Schäffer, Ernst: Otto Lilienthal. – Glück ab. Bahnbrecher der Lüfte. Berlin 1931. S. 9–24, 1 Abb., 1931 A 1848

Supf, Peter: Die Brüder Lilienthal. – Das Buch der deutschen Fluggeschichte. Vorzeit – Wendezeit – Werdezeit. Berlin 1935. S. 80–115, 31 Abb., 1935 B 173

Kettel, Paul: Otto Lilienthal (1890–1900). – Kampf um das Luftmeer. Ebenhausen b. München, 1937, S. 151–167, 8 Abb., 1938 A 202

Hirth, Wolf: Otto Lilienthal, der »Vater des Segelfluges«. – Vom Segelflug und Segelflugzeug. Abhandlungen und Berichte des Deutschen Museums. Berlin 1938, S. 94–96, ZA 1574

Larsen, Egon: Otto Lilienthal. – Abenteuer der Technik. Ein Buch von Erfindern und Erfindungen. Frankfurt a. Main 1954, S. 204–208, 3 Abb., 1950 A 1510

Eger, Rudolf: Otto Lilienthal, der Erfinder des Flugzeuges. – Genie ohne Erfolg. Schicksal großer Erfinder. Einsiedeln 1957, S. 56–77, 9 Abb., 1958 A 162

Wissmann, Gerhard: Otto Lilienthal verwirklicht den Gleitflug. – Geschichte der Luftfahrt. Von Ikarus bis zur Gegenwart. Berlin 1960, S. 214–226, 9 Abb., 1960 A 2646

Wissmann, Gerhard: Die Schule Lilienthals. – Geschichte der Luftfahrt. Berlin 1960, S. 226–231, 1 Abb., 1960 A 2646

Gruhnwald, W.: Otto Lilienthal. – Deutsche Techniker aus sechs Jahrhunderten, hrsgg. von Alfons Kauffeldt. Leipzig 1963, S. 110–115, 1 Abb., SA 3605/28

Gibbs-Smith, Charles H.: The Forerunners. Lilienthal (1891–96). – The Invention of the Aeroplane 1799–1909. London 1966. S. 23–25, 6 Abb., 1967 A 2011

Schwipps, Werner: Otto Lilienthals Flugversuche. – Kleine Geschichte der deutschen Luftfahrt. Berlin 1968. S. 38–43, 2 Abb., 1970 A 1138

Gibbs-Smith, Charles H.: Otto Lilienthal. – Aviation. An historical survey from its origins to the end of World War II. London 1970. S. 72–80, 7 Abb., 1976 A 1892

Crouch, Tom D.: Lilienthal and the Americans. – A Dream of Wings. New York und London 1981. S. 157–174, 5 Abb., 1982 A 2083

Moolman, Valerie: Die Anfänge des Segelfluges. – Der Weg nach Kitty Hawk. Deutsche Ausgabe Time-Life Bücher. Amsterdam 1981. S. 73–80, 9 Abb., 1981 B 596

Schwipps, Werner: Otto Lilienthal, der Wegbereiter. – Schwerer als Luft. Die Frühzeit der Flugtechnik in Deutschland. Koblenz 1984. S. 19–28, 6 Abb., 2 Tab., 1984 B 597

Schwipps, Werner: Die Sensation von Lichterfelde. Ein Mann namens Lilienthal will fliegen. – Riesenzigarren und fliegende Kisten. Bilder aus der Frühzeit der Luftfahrt in Berlin. Berlin 1984. S. 56–62, 6 Abb., 1984 A 3039

Wissmann, Gerhard: Otto Lilienthal verwirklicht den Gleitflug und die Anfänge des Segelfluges. – Abenteuer in Wind und Wolken. Die Geschichte des Segelfluges. Berlin 1988. S. 72–100, 33 Abb.

Rathjen, Walter: Otto Lilienthals Weg zum ersten Flug. – Historische Entwicklung des Flugzeugs im Überblick. In: Ein Jahrhundert Flugzeuge. Geschichte und Technik des Fliegens, hrsgg. von Ludwig Bölkow. Düsseldorf 1990. S. 12–19, 8 Abb., 1990 B 577

Schmitt, Günter/Schwipps, Werner: Das Verdienst des Ingenieurs Otto Lilienthal. – 20 Kapitel frühe Luftfahrt. Berlin 1990. S. 195/196, 2 Abb.

Schwipps, Werner: Otto Lilienthal. – Berlinische Lebensbilder, Techniker. Berlin 1990, S. 367–382, 1 Abb., 1987 A 1826

Aufsätze

– The Late Dr. Otto Lilienthal. Flying, London 1902, S. 164

Kreiß, Eugen: Die Schule Lilienthals. Illustrierte Aeronautische Mitteilungen (I. A. M.). Straßburg i. E. 1908, S. 625/626, zc 1647

Estienne/Gallie: L'aviation à la portée de tous, Librairie Aéronautique, Paris 1909

– Otto Lilienthal und seine Schule. Aviatik, 16. Sonderheft der Woche, Berlin 1909. S. 30–35, zb 1581

Kirchner: Ingenieur Otto Lilienthal und sein Vogelflug. VDI-Zeitschrift, Berlin, 53. Jg. 1. Halbj. 1909, S. 548, zb 1598

Nimführ, Raimund: Der ballonfreie Flug. o. Q., o. J. (verm. eine Wiener Tageszeitung im Jahre 1909)

Heitmann, Ch.: Lilienthal. Aircraft 1910, S. 10/11

Schlegel, E.: Aus dem Leben Otto Lilienthals. Das Lilienthalfest in Groß-Lichterfelde. Groß-Lichterfelde, 1911, S. 21–26

Foerster, August: Für das Otto Lilienthal-Denkmal. Vossische Zeitung, 24. Nov. 1911

Mallock, A.: Lilienthal's work on aviation. Nature 1911, S. 582, zb 2835

Margrulis, W.: Les expériences de Lilienthal. L'Aerophile 1911, S. 155

Boerschel, Ernst. Otto Lilienthal. Daheim. Ein deutsches Familienblatt, 1. Juni 1912, S. 18/19

– Lilienthal's portable glider. Aéro 1912, S. 182

Feldhaus, Franz M.: Otto Lilienthal. Deutsche Techniker und Ingenieure. Kempten/München 1912, S. 173–176, sa 155/57

Wright, Wilbur: Otto Lilienthal. Aero Club of America, Bulletin. Sept. 1912, 1 Abb., zb 4539

– Enthüllung des Lilienthal-Denkmals in Berlin-Lichterfelde. Deutsche Luftfahrer-Zeitschrift 1914, S. 291/292, 1 Abb., zc 1647

D.: Das Denkmal für Otto Lilienthal, enthüllt am 17. Juni 1914. Mitteilungsblatt des Bezirksvereins Deutscher Ingenieure Berlin, 1914. S. 159/160, 1 Abb.

– Lilienthals zwanzigjähriger Todestag. Flugsport, Aug. 1916, S. 460–463, 4 Abb., zb 1563

Kirchner: Otto Lilienthal und seine Vorgänger. VDI-Zeitung 1917, S. 548

Vivian, E. Ch.: Pioneers of flying (Lilienthal). Flying 1917, zb 4539/8

Sternaux, Ludwig: Peter Breuer (Lilienthal-Denkmal in Berlin-Lichterfelde). Velhagen u. Klasings Monatshefte 1917/1918. S. 319–330, zb 1722

Nimführ, Raimund: Otto Lilienthal und Wilhelm Kress. Tagblatt »Reichspost«, Wien, 25. Aug. 1918

Parseval, August v.: Lilienthal. Der Luftweg. Berlin, 25. Aug. 1921, 2 Abb., zc 274

Reyncker, F. H.: Uit het leven van Otto Lilienthal. Vliegveld 1922, S. 129/130

– Weltmeister der Flugkunst. Otto Lilienthal (Nach Mitteilungen seiner Tochter). Unser Pommernland 1923, S. 104/105, 1 Abb.

– Otto-Lilienthal-Gedächtnisstätte. Jahrbuch der Wissenschaftlichen Gesellschaft für Luftfahrt. Berlin 1925/26, S. 33, ZB 2616

Kistner, Adolf: Otto Lilienthal. Deutsche Meister der Naturwissenschaft und Technik, Bd. 2. München 1925. S. 176–204, SA 155/103

Hooven, Hans-Günther van: Die Eroberung der Luft. Zum Gedächtnis an Otto Lilienthal. Verkehrstechnische Woche 1926, S. 425–428, ZB 1718

Schütte, Johann: Zum 10. August 1926. Zeitschrift für Flugtechnik und Motorluftschiffahrt. München und Berlin, 14. Aug. 1926, ZB 1655

Lilienthal, Anna: Lilienthals 30. Todestag. Am Denkmal des Vorkämpfers der Flugtechnik. Vossische Zeitung, 8. Aug. 1926

Pauli, Pfarrer: Otto Lilienthal. Zur 30. Wiederkehr seines Todestages am 10. August. Neustädter Anzeigenblatt, Neustadt an der Aisch, 10. Aug. 1926

Schneider, J.: Gebrüder Lilienthal. Leibesübungen 1927, S. 61

Hupfer, Fritz: Der Karpfenteich am historischen Lilienthalberg. Berlin 1927, 12 S., 11 Abb.

Bründl, Georg: Otto Lilienthal zum 80. Geburtstag. Die Prophyläen 1927, S. 268

Lilienthal, Anna: Otto Lilienthal (zu seinem achtzigsten Geburtstage am 23. Mai 1928). Deutsche Presse-Korrespondenz, 21. Mai 1928

Kasper, Karl: Der erste fliegende Mensch. Zum 80. Geburtstage Otto Lilienthals. Nach Angaben seines Bruders und Mitarbeiters Gustav Lilienthal. Niederbarnimer Nachrichten, 28. Mai 1928

Feldhaus, Franz M.: Altmeister des Segelflugs. Eine Studie. Berlin-Lichterfelde, o. J. (verm. 1928), 32 S., 19 Abb., 1929 A 130

Boerschel, Ernst: Ikarus. Otto Lilienthal, dem Meister des Menschenflugs zum Gedächtnis. o. Q., o. J. (verm. 1928)

– Vorgänge betr. Lilienthal-Gedenkstätte und Flieger-Ehrenhain. Drucksache der Wissenschaftlichen Gesellschaft für Luftfahrt e. V. (WGL), Berlin o. J. (verm. 1928), 3 S.

Schütte, Johann: Ein Denkmal für Otto Lilienthal, den ersten fliegenden Menschen! Drucksache der WGL, Berlin o. J. (verm. 1929), 4 S.

– Otto Lilienthal zum Gedächtnis. Technik für Alle, 1931, Beilage II, ZB 121

– Otto Lilienthal. Die Luftreise, 1932, S. 40, ZB 2084

Polyhistor: Zur Einweihung der Otto-Lilienthal-Gedächtnisstätte. Lichterfelder Lokalanzeiger, 9. Aug. 1932, 1 Abb.

– Die Einweihung der Otto-Lilienthal-Gedächtnisstätte. Lichterfelder Lokalanzeiger, 10. Aug. 1932, 1 Abb.

– Dem Gedächtnis Otto Lilienthals. Ein Denkmal für den Altmeister der Flugkunst in Lichterfelde eingeweiht. Tägliche Rundschau, Berlin, 11. Aug. 1932

– Das Ehrenmal für Otto Lilienthal enthüllt. Auf dem Lichterfelder Hügel, den der Luftpionier einst aufschütten ließ. Der Tag, Berlin, 11. Aug. 1932, 2 Abb.

Gw: Otto-Lilienthal-Gedenkstätte in Berlin. VDI-Nachrichten 1932, Nr. 33, S. 3, 1 Abb., ZC 1577

– Monument à un précurseur de l'aviation (Otto Lilienthal). L'Illustration 1932, S. 520, ZC 1845

Freymüller, A.: Otto-Lilienthal-Gedenkstätte in Berlin-Lichterfelde. Bauwelt 1933, S. 357/358, 3 Abb., ZC 1331

Hildebrand, Alfred: Aus der Wiegenzeit der Fliegerei. Lilienthal, der Vater des menschlichen Kunstfluges. o. Q., o. J. (verm. eine Berliner Tageszeitung, Ende 1933)

Halle, Gerhard: Otto Lilienthal. Ein Lebensbild des ersten Fliegers. Broschur, Anklam 1934, 24 S., 5 Abb., 1934 A 553

Feldhaus, Franz M.: Otto Lilienthal. Männer deutscher Tat, München 1934, S. 360–365, 4 Abb., 1934 B 394

– Pionierarbeit der Brüder Lilienthal. Die Räder, Zeitschrift für die Arbeit am Wiederaufbau, 1935, S. 570, ZB 1345

Richter, Hans: Eine Episode aus dem Leben Lilienthals. Athenaion, Bl. 4/1935, S. 72–76, Bl. 5/1936, S. 25–28, 2 Abb.

Supf, Peter: Otto Lilienthal zum Gedenken. Luftfahrt und Schule, 1. Jg. H. 11, Berlin Aug. 1936, S. 250–252, 2 Abb., ZB 2792

Halle, Gerhard: Otto Lilienthal. Rundschau für technische Arbeit, 1936, S. 6, 2 Abb., ZC 1577

Halle, Gerhard: Die Vorfahren Otto Lilienthals. Deutsche Luftwacht/Ausgabe Luftwelt, Berlin 1936, S. 217/218, ZB 2380

Halle, Gerhard: Otto Lilienthal, ein Kind unserer Heimat. Heimatkalender Anklam, 1936, S. 58–61

Schreiber, Arthur: Der Vater des Segelflugs. Flugpionier Otto Lilienthal. o. Q. (verm. eine Berliner Tageszeitung), 8. Aug. 1936, 2 Abb.

Friedmann, Ernst: Otto Lilienthal – der erste fliegende Mensch. Wiener Tag, 9. Aug. 1936

– Am Grabe von Otto Lilienthal. Deutsche Luftwacht/Ausgabe Luftwissen, Berlin 1940, S. 223, 1 Abb., ZB 2380

Mayer, Theodor H.: Zwei Pioniere. Vom Gedanken zur Tat, München 1941, S. 331–349, 1942 A 95

Jeanjeau, Marcel: Les disciples de Lilienthal. L'Aérophile 1941/42, S. 241/242

Halle, Gerhard: 50 Jahre Lilienthals Flugzeug-Patent. VDI-Zeitschrift 87. Jg. 1943, S. 562/563, 9 Abb. Patentschrift, ZB 1598

– Der erste Flugmotor der Welt. Weltluftfahrt, 3. Jg. 1951, H. 5, S. 92, 1 Abb., ZB 3890

Lasswitz, Erich: Der erste Flieger. Merian Nr. 4/1952, S. 82–84, 4 Abb., ZB 4178

Peugler, Hanns: Otto Lilienthal – der Pionier der Flugtechnik. Ausbau, Studienhefte zur Fortbildung für den technischen Nachwuchs, Konstanz 1952, S. 339–350, 10 Abb., ZA 3335

Schreiber, Arthur: Otto Lilienthal als Forscher und Flieger. Thermik, Mai 1953, S. 85/86, 2 Abb., ZB 477

Hanne, Kurt: Auf den Spuren Otto Lilienthals. Sport und Technik, Neuenhagen b. Berlin. H. 6/1953, S. 18–20, 4 Abb.; H. 7/1953, S. 8/9, 4 Abb.; H. 8/1953, S. 27, 1 Abb.

Halle, Gerhard: Der Begründer der modernen Flugtechnik. Ein Lebensbild Otto Lilienthals. 60 Jahre Lilienthal-Schule, Berlin 1956, S. 10 f.

Seifert, Karl-Dieter: Ein hervorragender Ingenieur und Humanist. Zum 65. Todestag Otto Lilienthals. Deutsche Flugtechnik, Berlin 1961, S. 281–283, 5 Abb., ZB 7981

Wissmann, Gerhard: Otto Lilienthal als Techniker. Deutsche Flugtechnik, Berlin 1961, S. 284–287, 7 Abb., ZB 7981

Schwipps, Werner: Lilienthals Heim in Lichterfelde. Steglitzer Lokalanzeiger, 5. Mai u. 12. Mai 1962, 1 Abb.

Schwipps, Werner: Otto Lilienthals letzte Flugzeugskizze aufgefunden. Flugwelt, Stuttgart 1962, S. 924/925, 1 Abb., ZB 4279

Zacher, Hans: Otto Lilienthal, der Ingenieur, Forscher und Flieger als Vorbild für unsere Jugend. Akaflieg Darmstadt, Jahresbericht 1964–1967, S. 41–44, ZA 6456

Kleffel, Walther F.: Otto Lilienthal. Pionniers, Revue Aéronautique Trimestrielle des Vieilles Tiges, Paris, Nr. 24/1970, S. 8–14, 6 Abb.

Dollfus, Charles: Otto Lilienthal, le premier homme volant. Pionniers Nr. 24/1970, S. 15–18, 4 Abb.

Fabre, Henri: Témoignage de reconnaissance à Otto Lilienthal. Pionniers Nr. 24/1970, S. 19–23, 3 Abb.

Nessler, Eric: Otto Lilienthal, »père direct de l'aviation«. Pionniers, Nr. 24/1970. S. 24–32, 10 Abb.

Schumann, Herbert: Otto Lilienthal zum 125. Geburtstag. DGLR-Mitteilungen, Köln, 6. Jg. H. 2/1973, S. 9–11, 2 Abb., ZB 6258

– Otto Lilienthal. Der erste Flieger. Broschüre, o. O., o. J., (Stölln 1978). 32 S., 18 Abb.

Langsdorff, Gero v.: Otto Lilienthal. Kurzbiographien aus der Luft- und Raumfahrt, Beilage zu den DGLR-Mitteilungen, H. 2/1978, 4 S., 4 Abb., ZB 6258

Lilienthal, P. H.: Die Lilienthal Gebrüder. Aerospace, London, H. 1/1978, S. 23–26, 10 Abb., ZB 7996

Schwipps, Werner: Lilienthals Normal-Segelapparat von 1894. Das erste Serienflugzeug der Welt. Luftfahrt international, Herford, H. 8/1980, S. 336–339, 7 Abb., ZA 6100

Ahner, Hans: Der Mann mit den Flügeln. Ein biografischer Bericht über Otto Lilienthal. Broschur, Berlin 1980, 32 S., 6 Abb.

Buch, Hartmut: Lilienthal in Anklam. Flieger-Revue, Neuenhagen b. Berlin, Nr. 6/1981, S. 256–259, 8 Abb.

Schwipps, Werner: Als der Mensch fliegen lernte. Otto Lilienthals erste Gleitversuche. Briefmarkenwelt, Braunschweig Juli 1981, S. 4/5, 3 Abb.

– Lilienthal. Die Klasse 8/2 informiert. Zum Schulfest der Lilienthal-Oberschule-Gymnasium in Berlin-Lichterfelde am 12. Sept. 1981. 16 S., 16 Abb.

Kannenberg, Heinz: Lilienthal-Denkmal »flog« eine Ehrenrunde in Anklam. Freie Erde, 11. Juni 1982, 3 Abb.

Kannenberg, Heinz: Manchmal selbst bißchen Lilienthal gewesen (Interview mit Walther Preik). Freie Erde, 26. Juni 1982

Woderich, Rudolf: Auch im Fluge trägt uns die Macht des Verstandes. Werkstattgespräch mit dem Bildhauer Walther Preik. Freie Erde, 20. Juli 1982, 1 Abb.

Kant, Horst: Spielzeugerfinder und Flieger. Das Wirken Otto Lilienthals in Berlin. Berliner Zeitung, 21. Mai 1983, 1 Abb.

Seifert, Karl-Dieter: Beim ersten Flugversuch überwand er 15 Meter. Zum 135. Geburtstag Otto Lilienthals. Neues Deutschland, Berlin, 21./22. Mai 1983, 1 Abb.

Wissmann, Gerhard: Otto Lilienthal – Ikarus der Neuzeit. Urania, Berlin, H. 6/1983, S. 2–4, 3 Abb., ZB 900

Schwipps, Werner: Otto Lilienthal, der erste Flieger. Gelbpress, Bundesdienste für Heimatfragen, Wiesbaden, Ausg. R 2/XII/1983, 11 S.

Schwipps, Werner: Frühe Flugversuche in der Schweiz. Experimente mit einem Lilienthal-

Gleiter um 1895. Neue Zürcher Zeitung, 7. Febr. 1984, 2 Abb., zc 1906

Schmitt, Günter: Das Flugprinzip und die Gleitflugapparate Otto Lilienthals (1848–1896). Flieger-Jahrbuch 1984, Berlin, S. 106–119, 30 Abb., zb 7292

Schwipps, Werner: Neues über Otto Lilienthal. Verpaßte Chancen. Flug-Revue, Stuttgart, H. 4/1984, S. 35–37, 4 Abb., zb 3890

Schwipps, Werner: Lilienthals Standard-Flugzeug: Der Normal-Segelapparat von 1894. Kultur & Technik, Zeitschrift des Deutschen Museums, München, H. 3/1984, S. 145–150, 11 Abb., zb 7361

Schwipps, Werner: Otto Lilienthal-Stadt Anklam? Eine vorpommersche Landkreisstadt will hoch hinaus. Zeitschrift Pommern, Kiel H. 3/1984, S. 1–8, 13 Abb.

Zacher, Hans: Otto Lilienthal – Ingenieur, Forscher, Flieger. Luftsport international, Herford, Jan. 1985, S. 9, 1 Abb.

Schwipps, Werner: Vor neunzig Jahren. Der letzte Flug Otto Lilienthals. Absturz am Gollenberg bei Stölln. Aerokurier, Mönchengladbach, H. 8/1986, S. 900–903, 3 Abb., zb 5235

Holzer, Hans/Löffler, Leonhard: Otto Lilienthals letzte Flugapparate. Bemerkungen zu einer Veröffentlichung von Gerhard Halle. Kultur & Technik H. 4/1986, S. 260–265, 8 Abb., zb 7361

Schmitt, Günter: Die Stadt, aus der das Flugzeug kam. Flieger-Revue H. 1/1987, S. 18–22, 9 Abb., 1 Taf., zb 7560

Nitsch, Stephan: Die Flugapparate Otto Lilienthals. Technisch-ökonomische Information der zivilen Luftfahrt (TIZL), Berlin-Schönefeld, H. 4/1987, S. 151–154, 17 Abb., zb 8108

Seifert, Karl-Dieter: Der Ingenieur Otto Lilienthal. TIZL H. 4/1987, S. 141–146, 6 Abb., zb 8108

Waßermann, Michael: Ein Beitrag zum Umfeld der Entwicklung Otto Lilienthals. TIZL H. 4/1987, S. 147–150, zb 8108

Wissmann, Gerhard: Otto Lilienthal – erster Gleitflieger und Wegbereiter des Motor- und Segelfluges. TIZL H. 4/1987, S. 155–162, 9 Abb., zb 8108

Unger, Ulrich: Anmerkungen zur Begegnung von Otto Lilienthal und Nikolai Shukowski 1895 in Berlin. TIZL H. 4/1987, S. 163–165, 2 Abb., zb 8108

Phillips, Dennis/Kopfermann, Klaus: Otto Lilienthal, Vater der Luftfahrt. Das Beste aus Readers Digest, Stuttgart Juni 1988, S. 40–45, 2 Abb.

Unger, Ulrich: Über die russische Ausgabe des Buches »Der Vogelflug als Grundlage der Fliegkunst« von Otto Lilienthal. TIZL H. 4/1988, S. 152–154, 3 Abb.

Gross-Brüshafer, Erika: Otto Lilienthals Wirken in seiner Zeit. DDR-Verkehr, H. 12/1988, S. 369/370

Seifert, Karl-Dieter: Otto Lilienthal, 23. Mai 1848–10. August 1896. Interflug Bord Journal 1988, S. 42/43

Scheit-Breitbach, S.: Otto Lilienthal-Jubiläumsvorbereitung 100 Jahre Menschenflug. Aerokurier H. 1/1989, S. 33, zb 5235

Schwipps, Werner: Die Lilienthals, eine pommersche Familie. Zeitschrift Pommern, Kiel, H. 2/1989, S. 1–12, 17 Abb.

Waßermann, Michael: Die Bedeutung Otto Lilienthals für das Flugwesen. Beiträge zur Geschichte der Stadt Anklam, 1989, S. 50–53, 2 Abb.

Schwipps, Werner: Neue Quellenfunde. Warum Otto Lilienthal nicht nach Amerika fuhr. Aerokurier H. 5/1989, S. 52–54, 3 Abb., zb 5235

Weizemann, Michael: Opfer müssen gebracht werden – eine Erinnerung an Otto Lilienthal. Luftwaffe, Bonn, Aug. 1989, S. 20/21, 3 Abb., zb 7979

Schwipps, Werner: Otto Lilienthal. Das Geheimnis des Vogelflugs entschlüsselt. Aerokurier H. 9/1989, S. 46–48, 5 Abb., zb 5235
Auch TIZL, H. 5–6/1990, S. 10–12, 4 Abb., zb 8108

Seifert, Karl-Dieter: »Es ist gewiß ein wunderbares Buch ...« Lilienthals »Der Vogelflug als Grundlage der Fliegekunst« 1889. Magazin Luft- und Raumfahrt 1, Berlin 1989, S. 6–17, 12 Abb., za 7843

Hucho, Wolf-Heinrich: Fliegen wie die Vögel. VDI-Nachrichten Nr. 43, 1989, S. 80, zc 360

Schwipps, Werner: Lilienthals Gleitflüge: Ein Zweig des Turnens. Aerokurier H. 12/1989, S. 43, zb 5235
Auch TIZL, H. 5–6/1990, S. 27/28, 2 Abb., zb 8108

Schmitt, Günter: Der Traum vom Fliegen. Programmzeitschrift »FF dabei«, Berlin 51. Programmwoche 1989, S. 7

Bork, Peter/Waßermann, Michael: Der Vogelflug – Grundlage der Fliegekunst. Das Buch von Otto Lilienthal. TIZL H. 1/1990, S. 42–46, 6 Abb., zb 8108

Schwipps, Werner: Kriterien der Schule Otto Lilienthals. DGLR-Bericht Otto Lilienthal, Bonn 1990, S. 6–10, sb 2579

Zacher, Hans: Lilienthals experimentelle Arbeiten

und ihre Bedeutung aus heutiger Sicht. DGLR-Bericht Otto Lilienthal, Bonn 1990, S. 12–16, 12 Abb., SB 2579

Waßermann, Michael: Wissenschaftsgeschichte und Lilienthalforschung. DGLR-Bericht Otto Lilienthal, Bonn 1990, S. 22–27, SB 2579

Rathjen, Walter/Holzer, Hans/Löffler, Leonhard: Das Deutsche Museum, Hüter des flugtechnischen Nachlasses von Otto Lilienthal. DGLR-Bericht Otto Lilienthal, Bonn 1990, S. 30–38, 5 Abb., SB 2579

Schmitt, Günter: Aspekte der weltweiten Wirksamkeit Otto Lilienthals. DGLR-Bericht Otto Lilienthal, Bonn 1990, S. 46–52. Auch TIZL, H. 5–6/1990, S. 4–6, 7 Abb., SB 2579

Seifert, Karl-Dieter: Otto Lilienthal. Flieger, Ingenieur und Humanist. Otto Lilienthal, 100 Jahre völkerverbindender Menschenflug, hrsgg. vom Otto-Lilienthal-Komitee, Berlin 1990, S. 3–6, 8 Abb., 1990 A 2899

Waßermann, Michael: Otto Lilienthal – Pionier des Flugwesens. Deutscher Flieger-Kalender 1991, Berlin 1990, S. 5–13, 5 Abb.

Seifert, Karl-Dieter: Der erste Flug. Deutscher Flieger-Kalender 1991, S. 83–88, 6 Abb.

Schwipps, Werner: Er brachte uns das Fliegen bei – Otto Lilienthal, Berlin. Lufthansa Bordbuch, Köln, H. 11–12/1990. S. 52–54, 3 Abb.

Seifert, Karl-Dieter: Die wissenschaftliche Arbeitsmethode Otto Lilienthals. TIZL, H. 5–6/1990, S. 7–9, 1 Abb., ZB 8108

Waßermann, Michael: Der Deutsche Verein zur Förderung der Luftschiffahrt und Otto Lilienthal. TIZL, H. 5–6/1990, S. 13–15, 3 Abb., ZB 8108

Seifert, Karl-Dieter: Otto Lilienthal privat. TIZL, H. 5–6/1990, S. 16–18, 5 Abb., ZB 8108

Lukasch, Bernd: Die Aerodynamik zur Lilienthal-Zeit. TIZL, H. 5–6/1990, S. 19–21, 6 Abb., ZB 8108

Schwipps, Werner: Vom Schritt zum Sprung, vom Sprung zum Flug – Die Schule Lilienthals. TIZL, H. 5–6/1990, S. 22–26, 8 Abb., ZB 8108

Schwipps, Werner: Lilienthals Vision vom Fliegesport. TIZL, H. 5–6/1990, S. 29/30, 2 Abb., ZB 8108

Garitz, Werner: Topographie der Flugstätten Lilienthals. TIZL, H. 5–6/1990, S. 31–33, 4 Abb., ZB 8108

Wissmann, Gerhard: Lilienthal und der Segelflug. TIZL, H. 5–6/1990, S. 34–38, 14 Abb., ZB 8108

Sobolew, Dmitri A.: Das russische Echo. Otto Lilienthal und die Entwicklung der Luftfahrt in Rußland. TIZL, H. 5–6/1990, S. 39–43, 15 Abb., ZB 8108

Nitsch, Stephan: Einfach fliegen. Erfahrungen beim Nachbau von Lilienthal-Gleitern. TIZL, H. 5–6/1990, S. 44–48, 14 Abb., ZB 8108

Schwipps, Werner: Otto Lilienthal und die Brüder Wright. TIZL, H. 5–6/1990, S. 49–52, 10 Abb., ZB 8108

Literarisches

Langenscheidt, Paul: Lilienthal. Gedicht. – Das Lilienthalfest in Groß-Lichterfelde. Groß-Lichterfelde 1911, S. 15–19

Fries, Fritz R.: Der fliegende Mann, Hörspiel, Juli 1979. Coproduktion Süddeutscher Rundfunk/Hessischer Rundfunk, 1980, 56 Min. Erstsendung 7. Dez. 1980, Südfunk 2, 17.03–17.59. – F. R. Fries – Hörspiele. Hinstorff Verlag, Rostock 1984, S. 25–46

Rahn, Klaus: Anklam Lilienthal. Gedicht. – Zeitschrift »ndl«, H. 12/1980, S. 102–105

Smith, Jolyon Brettingham: Höhenflug – ein szenisches Trümmerscherzo. Der preußische Traum an Hand von Leben und Tod des preußischen Erfinders Otto Lilienthal. Uraufgeführt zur Eröffnung der Internationalen Sommer-Festspiele Berlin am 15. Aug. 1981 anläßlich der Ausstellung »Preußen« am Martin-Gropius-Bau. – Textblatt der Berliner Festspiele, 1981

Stuhler, Ed (Text)/Michaelis, Gerd (Musik): Otto-Lilienthal-Poem. Er lehrte die Menschheit das Fliegen. Uraufführung zu den 19. Arbeiterfestspielen in Prenzlau am 18. Jan. 1982

Teuscher, Otto: Fliegen bringt vielerlei Fragen. Massenlied (DDR), 1982

Sporkmann, Frank: Lilienthal. Theaterstück. Manuskript als Auftragswerk des Theaters Anklam, 1990

Hörfunkproduktionen

Deutsches Museum: Gedenkstunde für Otto Lilienthal am 11. Nov. 1966. Begrüßungen und Ansprachen, 60 Min., DM, Archiv

Schwipps, Werner: Kennen Sie Lilienthal? Auf den Spuren eines großen Deutschen in Berlin. Radio-Dokumentation, 30 Min. Erstsendung Deutsche Welle Köln, Deutsches Programm, 8. Aug. 1976

Schwipps, Werner: Weshalb ist es so schwierig, das Fliegen zu erfinden? Otto Lilienthal – Versuch eines Porträts. Radio-Feature, 60 Min. Erstsendung Sender Freies Berlin, 1. Progr., 19. Mai 1977, 20.30–21.30

Lamprecht, Helmut: Der Absturz. Otto Lilienthal, der Flugpionier. Radio-Feature, 60 Min. Erstsendung Hessischer Rundfunk, 2. Progr., 11. Aug. 1981, 20.30–21.30

Film/Fernsehen

Richter, Hans: Das Flugzeug Otto Lilienthals-Filmdokumentation, 5 Min. Hans Richter Filmproduktion, um 1930, DM, Filmarchiv Nr. 372

Reichert, Hans Ulrich/Schwipps, Werner: Der Beginn des Menschenflugs. Auf den Spuren von Otto Lilienthal. Fernsehdokumentation, Süddeutscher Rundfunk Stuttgart, 45 Min. Erstsendung (ARD), 2. Nov. 1964, 21.45–22.30

Khuon, Ernst v.: Träume, die keine blieben. Otto Lilienthal. Südwestfunk-Produktion, 30 Min, 1987. Erstsendung 1. Progr. (ARD), 7. Febr. 1989, 15.30–16.00, DM-Filmarchiv Nr. 14

Matthes, Karl-Heinz: Der Ikarus aus Anklam. Eine Folge der siebenteiligen Dokumentation »Abenteuer Luftfahrt« des Fernsehfunks der DDR, 22 Min., 1989. Erstsendung DDR-Fernsehen 1, 29. Dez. 1989, 19.00

Patt, Gerhard/Schwipps, Werner: Otto Lilienthal. Der Beginn des Menschenflugs. Filmdokumentation, 13 Min. Produktion iw-Film, München 1990

Franke, Herbert W./Päch, Susanne: Der Gleiter von Otto Lilienthal. Filmdokumentation, 15 Min. Louis Saul-Filmproduktion, München 1990, DM-Filmarchiv Nr. 931. Erstsendung Bayern 3, 28. Januar 1991, 16.00–16.15

Mehnert, Günter: Otto Lilienthal – Die ersten 15 Meter. DEFA-Studio für Dokumentarfilme, 28 Min., 1990

Hauck, Henry/Saul, Louis: Otto Lilienthal. Die Geschichte des ersten Fliegers, 30 Min. Louis Saul und Henry Hauck Produktion, München 1990

Ausstellungskataloge

– Lilienthal, Gustav und Otto. – Ausstellung Le Musee Sentimental de Prusse im Berlin-Museum, Berlin 1981. S. 251–253, 4 Abb.

Schwipps, Werner/Wetzel, Helga: Der Mensch fliegt. Otto Lilienthal, Anklam 1848 – Berlin 1896. Ausstellung der Stiftung Pommern im Schloß, Rantzaubau, Juni/Aug., Kiel 1989, 48 S., 27 Abb., 1990 A 2834

Reichardt, Hans J. (Hrsg.): Gustav Lilienthal 1849–1933. Baumeister, Lebensreformer, Flugtechniker. Mit Beiträgen von Hans J. Reichardt, Heidi Braemer, Annette Noschka, Wolfgang Schäche, Werner Schwipps. Ausstellung im Landesarchiv Berlin, Juni/Okt. 1989. – Stapp Verlag, Berlin. 187 S., 71 Abb., 1990 A 2833

Schwipps, Werner: Otto Lilienthal. 100 Jahre Menschenflug 1891–1991. Ausstellung der Gesellschaft zur Förderung der Geschichte der deutschen Luftfahrt e. V. (GDL) in Zusammenarbeit mit dem Deutschen Museum und dem Deutschen Segelflug-Museum, im Juni 1990 auf der Internationalen Luftfahrt-Ausstellung (ILA) in Hannover und a. a. O. – Herausgegeben in Zusammenarbeit mit der Flugrevue, Stuttgart. 28 S., 94 Abb., 1990 B 904

Matthias Knopp

DIE VERÖFFENTLICHUNGEN OTTO LILIENTHALS

Viele Aufsätze und Rezensionen Otto Lilienthals wurden in der *»Zeitschrift für Luftschiffahrt«* (ZfL) und der Zeitschrift »Prometheus« veröffentlicht. Von einigen dieser Veröffentlichungen existieren Original-Manuskripte Otto Lilienthals in der Sondersammlung des Deutschen Museums. Diese sind in der nachfolgenden Publikationsliste zusätzlich vermerkt.

Manuskripte, die nicht veröffentlicht wurden, sind hier nicht aufgeführt, sondern im Katalogteil aufgelistet.

Bei allen Titeln ist der Standort im Deutschen Museum und die jeweilige Signatur angegeben, soweit die Quellen dort vorhanden sind.

Bei der Zusammenstellung der Publikationen Otto Lilienthals wurden u. a. folgende Quellen verwendet:

Werner Schwipps:
  Lilienthal (Biographie Otto Lilienthals). Berlin, 1979
  Standort: DM, Bibliothek, 1990 A 432/1
Otto Lilienthal:
  Über meine Flugversuche: 1889–1896; ausgewählte Schriften, Hrsgg. von Klaus Kopfermann. VDI-Verlag, Düsseldorf, 1987
  Standort: DM, Bibliothek, 1987 A 1055
Karl-Dieter Seifert:
  Mitteilungen. München, Oktober 1990

Abkürzungen
DM   Deutsches Museum
ZfL   Zeitschrift für Luftschiffahrt und Physik der Atmosphäre, Berlin
*   nachgedruckt in: Otto Lilienthal: Über meine Flugversuche: 1889–1896, hrsgg. von Klaus Kopfermann

---

Über die leichten Motoren und ihre Verwendung für die Luftschiffahrt (Vortrag 5. 6. 1886)
  ZfL, 5. Jg., S. 222, 1886
  DM, Bibliothek, ZA 84
Der Kraftaufwand beim Vogelflug
  ZfL, 7. Jg., S. 349, 1888 u. 8. Jg., S. 122, 1889
  DM, Bibliothek, ZA 84
  und Manuskripte, 29. 10. 1888
  DM, Sondersammlung, HS 6252, Kat.-Nr. 134
Der Vogelflug als Grundlage der Fliegekunst
  Manuskript, 1889
  DM, Sondersammlung, HS 6251, Kat.-Nr. 148
Der Vogelflug als Grundlage der Fliegekunst
  – Buch, 1. Auflage, Berlin, 1889
  DM, Bibliothek, 1929 A 1437
  – 2. Auflage, München und Berlin, 1910
  DM, Bibliothek, 1929 A 1438
  – 3. Auflage, mit Geleitwort von L. Prandtl, München und Berlin, 1939
  DM, Bibliothek, 1939 A 241
  – 4. Auflage, München und Berlin, 1943
  (Faksimile-Wiedergabe der 1. Auflage mit handschriftl. Ergänzungen des Verfassers)
  DM, Bibliothek, 1943 A 646
  – Russische Ausgabe, übersetzt von E. S. Fedorov, St. Petersburg, 1905
  – Englische Ausgabe: Bird flight as the Basis of Aviation

  Übersetzung der 2. Auflage von A. W. Isenthal, London und New York, 1911
  – Nachdruck der 1. Ausgabe
  Die bibliophilen Taschenbücher Nr. 360, Dortmund, 1982 u. 1987
Das Nebelhorn
  Prometheus, Nr. 19, S. 292, 1890;
  DM, Bibliothek, ZB 318
Über die Möglichkeit des freien Fluges
  Verhandlungen des Vereins zur Beförderung des Gewerbefleißes in Preußen, 69. Jahrgang, S. 14, 1890*
Rezension über »Flugtechnik, 1. Heft« von Josef Popper
  Prometheus, Nr. 19, 1890
  DM, Bibliothek, ZB 318
  und Manuskript, 1890
  DM, Sondersammlung, HS 6258, Kat.-Nr. 137
Rezension über »Über die Mechanik des Vogelflugs« von August von Parseval
  Prometheus, Nr. 11, 1890
  DM, Bibliothek, ZB 318
  und Manuskript, 1890
  DM, Sondersammlung, HS 6257, Kat.-Nr. 135
Der Flug der Vögel und des Menschen durch die Sonnenwärme
  Prometheus, Nr. 55, 1891
  DM, Bibliothek, ZB 318 *

Rezension über »Die Luftfahrzeuge der Zukunft
  für Personen und Warenverkehr und die Aus-
  sichten der Luftschiffahrt« von Hermann Hoer-
  nes
  ZfL, 10. Jg., S. 55, 1891
  DM, Bibliothek, ZA 84
Über Theorie und Praxis des freien Fluges
  ZfL, 10. Jg., S. 153, 1891
  DM, Bibliothek, ZA 84 *
Rezension über »Recherches expérimentales aéro-
  dynamiques et donnés d'expérience« von Sa-
  muel P. Langley
  ZfL, 10. Jg., S. 241, 1891
  DM, Bibliothek, ZA 84
Rezension über »Vogelflug und Flugmaschine«
  von Karl Steiger
  ZfL, 10. Jg., S. 275, 1891
  DM, Bibliothek, ZA 84 *
Über meine diesjährigen Flugversuche
  ZfL, 10. Jg., S. 286, 1891
  DM, Bibliothek, ZA 84 *
Rezension über »Sur les aéroplanes« von Hureau
  de Villeneuve
  ZfL, 10. Jg., S. 296, 1891
  DM, Bibliothek, ZA 84
Rezension über »Das Flugproblem, die Flugtech-
  nik und die Lenkbarkeit des Luftschiffes« (Ver-
  fasser nicht bekannt)
  ZfL, 11. Jg., S. 27, 1892
  DM, Bibliothek, ZA 84
Die Muskelkraft des Menschen in Hinblick auf das
  Fliegen
  ZfL, 11. Jg., S. 113, 1892
  DM, Bibliothek, ZA 84
Ein vielseitiger Erfinder
  ZfL, 11. Jg., S. 241, 1892
  DM, Bibliothek, ZA 84
Rezension über »Zur Flugfrage« von Ernst v.
  Wechmar
  ZfL, 11. Jg., S. 176, 1892
  DM, Bibliothek, ZA 84 *
Über die Mechanik im Dienste der Flugtechnik
  (Vortrag 25.4.1892)
  ZfL, 11. Jg., S. 180, 1892
  DM, Bibliothek, ZA 84 *
Rezension über »Bemerkungen zu Lilienthals:
  Vogelflug als Grundlage der Fliegekunst« von
  L. Martin
  ZfL, 11. Jg., S. 214, 1892
  DM, Bibliothek, ZA 84 *
Rezension über »Das Schweben und Kreisen der
  Vögel« von Ludwig Staby
  ZfL, 11. Jg., S. 217, 1892
  DM, Bibliothek, ZA 84

Über den Segelflug und seine Nachahmung
  ZfL, 11. Jg., S. 277, 1892
  DM, Bibliothek, ZA 84 *
Einiges aus meiner Fliegepraxis (Vortrag 17.10.
  1892)
  ZfL, 11. Jg., S. 322, 1892
  DM, Bibliothek, ZA 84
Practical experiments in soaring (Report of the
  Board of Regents)
  Smithonian Institution, Washington D.C.,
  S. 195, 1893
Praktische Erfahrungen beim Segelfluge
  Prometheus, Nr. 219, S. 161, Nr. 220, S. 182,
  1893
  DM, Bibliothek, ZB 318 *
The problem of flying (Report of the Board of
  Regents)
  Smithonian Institution, Washington D.C.,
  S. 189, 1893
Zur Flugfrage
  Prometheus, Nr. 204, S. 753, Nr. 205, S. 769,
  1893
  DM, Bibliothek, ZB 318 *
Die gewölbten Flügelflächen
  ZfL, 12. Jg., S. 88, 1893
  DM, Bibliothek, ZA 84 *
Rezension über »Das Flugprinzip« von Carl But-
  tenstedt
  Prometheus, Nr. 180, S. 383, 1893
  DM, Bibliothek, ZB 318 *
Die Flugmaschinen des Mr. Hargrave
  ZfL, 12. Jg., S. 114, 1893
  DM, Bibliothek, ZA 84 *
Ein begeisterter Flugtechniker in Chile
  ZfL, 12. Jg., S. 126, 1893
  DM, Bibliothek, ZA 84 *
Rezension über »Das Flugprinzip« (2. Auflage)
  von Carl Buttenstedt
  ZfL, 12. Jg., S. 143, 1893
  DM, Bibliothek, ZA 84 *
Kesselexplosionen
  Prometheus, Nr. 181, S. 395, 1893
  DM, Bibliothek, ZB 318
Über Schraubenflieger
  ZfL, 12. Jg., S. 228, 1893
  DM, Bibliothek, ZA 84 *
Rezension über »Die Gesetze des Fluges« von Vic-
  tor Daltrop
  ZfL, 12. Jg., S. 257, 1893
  DM, Bibliothek, ZA 84 *
Rezension über »Flugtechnische Betrachtungen«
  von August Platte
  Prometheus, Nr. 211, S. 48, 1893
  DM, Bibliothek, ZB 318 und

ZfL, 12. Jg., S. 257, 1893
DM, Bibliothek, ZA 84 *
Die Tragfähigkeit gewölbter Flächen beim prakti-
schen Segelfluge
ZfL, 12. Jg., S. 259, 1893
DM, Bibliothek, ZA 84 *
Essais de planement dans l'air
L'Aéronaute, 27. Jg., No. 1, S. 10, Paris, 1894
DM, Bibliothek, ZA 5283
The flying man. The carrying capacity of arched
surfaces in sailing flight
Aeronautics, Vol. 68, No. 7, S. 92, New York,
1894
DM, Bibliothek, 1910 B 79
Über die Grundlagen der Flugtechnik
Deutsche Bauzeitung, 28. Jg., Nr. 92, S. 566,
1894
DM, Bibliothek, ZB 1620 und
Manuskript, 1894
DM, Sondersammlung, HS 6254, Kat.-Nr. 144
Professor Martin's neuere flugtechnische Arbeiten
ZfL, 13. Jg., S. 53, 1894
DM, Bibliothek, ZA 84
Gesichtspunkte für die Veranstaltung von Segel-
flug-Versuchen
ZfL, 13. Jg., S. 141, 1894
DM, Bibliothek, ZA 84
Die Flugapparate (Allgem. Gesichtspunkte bei de-
ren Herstellung und Anwendung)
ZfL, 13. Jg., S. 143, 1894
DM, Bibliothek, ZA 84 *
Die Flugapparate (Allgem. Gesichtspunkte bei de-
ren Herstellung und Anwendung)
Sonderdruck, Berlin, 1894
DM, Bibliothek, 1910 A 269
Maxim's Flugmaschine
ZfL, 13. Jg., S. 272, 1894
DM, Bibliothek, ZA 84 *
Weshalb ist es so schwierig, das Fliegen zu er-
finden?
Prometheus, Nr. 261, 1894
DM, Bibliothek, ZB 318 *
Why is artificial flight so difficult? (Engl. Überset-
zung des vorherigen Artikels)
Aeronautics, Vol. 68, Nr. 12, S. 575, 1894
DM, Bibliothek, 1910 B 79
Über die Geheimnisse des Vogelfluges (Vortrag
15. 11. 1894)
Polytechnische Gesellschaft, Berlin, 1894
DM, Bibliothek, *
und Manuskript, 1894, DM, Sondersammlung,
HS 6255, Kat.-Nr. 143
Die Chronik meiner Familie
Manuskript, 1885

DM, Sondersammlung, HS 1938-8, erschienen in:
Heimatkalender 1940 für den Kreis Anklam,
S. 59
Chronik der Familie Lilienthal (mit handschriftli-
chen Eintragungen Otto Lilienthals)
Berlin, undatiert (um 1894)
Original Sammlung Kopfermann
Reproduktion DM, Kat.-Nr. 48
Praktische Flugversuche
Manuskript, 1894
DM, Sondersammlung, HS 6255, Kat.-Nr. 142
Principes généraux a considérer dans la construc-
tion et l'emploi des appareils de vol
L'Aéronaute, 27. Jg., Nr. 12, S. 270, Paris, 1894
DM, Bibliothek, ZA 5283
Rezension über »Weitere Luftschraubenversuche«
von Georg Wellner
ZfL, 13. Jg., S. 334, 1894
DM, Bibliothek, ZA 84 *
Das Flugproblem
Naturwissenschaftlich-Technisch-Soziale Kor-
respondenz, A. Förster, Berlin 1895, und
Die Luftflotte, 3. Jg., S. 38, 1911
DM, Bibliothek, ZB 6033 und
Manuskript, nach 1889
DM, Sondersammlung, HS 6253, Kat.-Nr. 147
Der Kunstflug
Moedebecks Taschenbuch für Flugtechniker,
Berlin, 1895
DM, Bibliothek, 1910 A 328 *
Die Fliegekunst als ein Zweig des Turnens
Akademische Turnzeitung, 12. Jg., S. 250, Leip-
zig, 1895
Über die Fortschritte in der Flugtechnik
Manuskript, 1895
DM, Sondersammlung, HS 6254, Kat.-Nr. 145
Rezension über »Resultate der praktischen Segel-
radversuche« von Georg Wellner
ZfL, 14. Jg., S. 25, 1895
DM, Bibliothek, ZA 84 *
Rezension über »Der Vogelflug« von Wilhelm
Winter
ZfL, 14. Jg., S. 32, 1895
DM, Bibliothek, ZA 84
Die Profile der Segelflächen und ihre Wirkung
ZfL, 14. Jg., S. 42, 1895
DM, Bibliothek, ZA 84 *
Über leichte und gefahrlose Dampferzeuger
Berliner Börsen-Zeitung, Nr. 81, 1. Beilage, S. 8,
17. 2. 1895
Rezension über »Die Flugbewegungen der Vögel«
von Karl Milla
ZfL, 14. Jg., S. 232, 1895
DM, Bibliothek, ZA 84

Über die Ermittlung der besten Flügelformen
ZfL, 14. Jg., S. 237, 1895
DM, Bibliothek, ZA 84 *
Unsere Lehrmeister im Schwebefluge
Prometheus, Nr. 316, 1895
DM, Bibliothek, ZB 318 *
Rezension über »Das gelöste Problem der Aeronautik« von Eduard Manfai
ZfL, 14. Jg., S. 309, 1895
DM, Bibliothek, ZA 84
Rezension über »Die Luftschiffahrt und ihre Zukunft« von Wenzel Kotzauer
ZfL, 14. Jg., S. 309, 1895
DM, Bibliothek, ZA 84
Fliegesport und Fliegepraxis
Prometheus, Nr. 322/323, 1895
DM, Bibliothek, ZB 318 *
La découverte des meilleures formes d'ailes
L'Aéronaute, 29. Jg., No. 1, S. 5, Paris, 1896
DM, Bibliothek, ZA 5283
Practical Experiments for the Development of Human Flight

The Aeronautical Annual, Boston, 1896
DM, Bibliothek, 1968 A 290
Über die Grundlagen der Flugtechnik (Vortrag 16. 6. 1896)
Berliner Gewerbeausstellung, Berlin, 1896
DM, Bibliothek, *
At Rhinow
The Aeronautical Annual, Boston, 1897
DM, Bibliothek, 1968 A 290
Our Teachers in Sailing Flight
The Aeronautical Annual, Boston, 1897
DM, Bibliothek, 1968 A 290
The Best Shapes for Wings
The Aeronautical Annual, Boston, 1897
DM, Bibliothek, 1968 A 290
Über meine Flugversuche 1889–1896 (Ausgewählte Schriften)
Nachdruck von K. Kopfermann, VDI Verlag, 1987
DM, Bibliothek, 1987 A 1055

Matthias Knopp

DIE PATENTE OTTO LILIENTHALS

Nicht alle Patente, an denen Otto Lilienthal beteiligt war, wurden auf seinen Namen ausgestellt. Die Brüder Gustav und Otto haben mehrfach in Patentangelegenheiten ihre Namen ausgetauscht, in einem Fall sogar einen Strohmann (Victor Lenglet) vorgeschoben. Das war damals durchaus nicht ungewöhnlich, wenn man sich irgendwelche Vorteile davon versprach. (Siehe Schwipps, Werner: Lilienthal. Berlin 1979.)

In der Liste ist in einem solchen Fall der Patentinhaber explizit angegeben. Ein Großteil der Patente bezieht sich auf spezielle Dampfkessel-Entwicklungen. Der von Otto Lilienthal erfundene Schlangenrohrkessel wurde in seiner Maschinenfabrik gebaut und war die Grundlage seiner wirtschaftlichen Selbständigkeit. Daher hat sich Lilienthal hier auch Patentrechte in Österreich und Großbritannien gesichert.

Auf seine Flugapparate hat Otto Lilienthal eigentlich nur ein Patent erworben, registriert unter DRP Nr. 77 916, das später durch einen Zusatz (DRP Nr. 84 417) ergänzt wurde. Entsprechende Patente wurden auch in England und in den USA erteilt.

Die bei den DRP-Nummern in Klammern angegebene Zahl bezieht sich auf die Klasse, in die das Patent eingeordnet wurde.

Die Patente wurden teilweise in den folgenden Veröffentlichungen abgedruckt.

DRP-Patente
    Patentschrift des Kaiserlichen Patentamtes, Berlin. Deutsches Museum, Bibliothek, Standnummer ZB 902
Kaiserl. und Königl. Privilegien Archiv
    Illustriertes Oesterreichisches Patent-Blatt, Privilegien-Bureau, Wien
    Deutsches Museum, Bibliothek, Standnummer ZB 902
Britische Patente
    Patents for Invention, Specification and Drawings, Patent Office Sale Branch, London, 1887
    Deutsches Museum, Bibliothek, Standnummer ZB 403
Amerikanisches Patent
    The Official Gazette, United States Patent Office. Deutsches Museum, Bibliothek, ZB 4500

Liste der Patente

Kgl. Sächs. Patent Nr. 4771
    Verbesserungen an Schrämmaschinen mit Messerscheibe ausgestellt auf Gustav Lilienthal, Berlin, 9. 2. 1877
    Heimatmuseum »Otto Lilienthal«, Anklam
DRP Nr. 16 103(13)
    Neuerungen an Dampfkesseln, 9. 4. 1881
    DM, Bibliothek, ZB 587
DRP Nr. 18 471(60)
    Direct wirkender Uebertrager für Regulatoren, 20. 12. 1881
    DM, Bibliothek, ZB 587
K. K. Privil. Archiv Nr. 33/1285
    Gefahrlose Dampfmaschine, 28. 6. 1883
    DM, Bibliothek, ZB 902
DRP Nr. 29 080(13)
    Schlangenrohrkessel, 30. 4. 1884
    DM, Bibliothek, ZB 587
DRP Nr. 30 903(80)
    Neuerung an Maschinen mit rotirendem Tisch,

von unten wirkenden Stempeln und auf- und zuklappenden Formdeckeln zum Pressen von Steinen
    ausgestellt auf Victor Lenglet, Paris, 7. 8. 1884
    DM, Bibliothek, ZB 587
K. K. Privil. Archiv Nr. 34/1493
    Gefahrloser Schlangenrohrkessel, 20. 8. 1884
DRP Nr. 34 389(13)
    Schlangenrohr-Dampferzeuger, 12. 8. 1885
    DM, Bibliothek, ZB 587
Franz. Patent Nr. 170 684
    Nouveau procédé pour fabriquer des pierres artificielles,
    ausgestellt auf Gustav Lilienthal, 19. 8. 1885
K. K. Privil. Archiv Nr. 36/524
    Neues Verfahren zur Herstellung künstlicher Steine
    ausgestellt auf Gustav Lilienthal, 12. 11. 1885
Brit. Patent Nr. 8322
    An Improved Coil Steam Generator, 23. 6. 1886
    DM, Bibliothek, ZB 403
Brit. Patent Nr. 8321

Improvements in Steam-engine-boiler Feed-
pumps, 23. 6. 1886
DM, Bibliothek, ZB 403
DRP Nr. 41 233(80)
Verfahren zur Herstellung einer plastischen
Masse, bestehend aus Aetzstrontian, Caseïn und
gepulvertem Marmor oder Kalkstein
ausgestellt auf Gustav Lilienthal, Melbourne,
7. 11. 1886
DM, Bibliothek, ZB 587
DRP Nr. 42 698(13)
Schlangenrohrkessel, 21. 9. 1887
DM, Bibliothek, ZB 587
Brit. Patent Nr. 16 555
An Improved Tubular Boiler, 1. 12. 1887
DM, Bibliothek, ZB 403
DRP Nr. 44 700(47)
Schraubensicherung mit am Rande auszubie-
gendem Mutterteller, 14. 1. 1888
DM, Bibliothek, ZB 587
DRP Nr. 46 312(77)
Herstellung von Modellbauten aus Leisten ver-
schiedener Länge, 8. 4. 1888
DM, Bibliothek, ZB 587
DRP Nr. 44 632(42)
Rechenapparat, 8. 4. 1888
DM, Bibliothek, ZB 587
DRP Nr. 44 540(42)
Lesespiel, 8. 4. 1888
DM, Bibliothek, ZB 587
K. K. Privil. Archiv Nr. 38/2669

Vorrichtungen und Verfahren zur Herstellung
von Modellbauten, 24. 5. 1888
Brit. Patent Nr. 6565
Removing charred portion of Lampwicks, 1. 1.
1890
Von der brit. Patentbehörde nicht registriert
DRP Nr. 54 631(14)
Dampfstrahlrad mit offenen Hohlschaufeln und
feststehenden Gegenschaufeln, 11. 1. 1890
DM, Bibliothek, ZB 587 und Patent-Urkunde in
der Sonderslg. des DM, HS 1965-63, Kat.-Nr. 74
DRP Nr. 56 476(47)
Riemscheiben mit Zickzackspeichen und ge-
theilter Nabe, 16. 8. 1890
DM, Bibliothek, ZB 587
DRP Nr. 71 479(85)
Verfahren zur Ueberführung von Abwässern in
den Erdboden, 15. 4. 1893
DM, Bibliothek, ZB 587
DRP Nr. 77 916(77)
Flugapparat, 3. 9. 1893
DM, Bibliothek, ZB 587
Brit. Patent Nr. 2519
Flying machines, 1. 1. 1894
wurde nicht gedruckt, »application abandoned«
DRP Nr. 84 417(77)
Flugapparat, 29. 5. 1895
DM, Bibliothek, ZB 587
Amerik. Patent Nr. 544 816
Flying Machine, 2. 8. 1895
DM, Bibliothek, ZB 4500

PERSONENREGISTER

SACHREGISTER

ZU DEN AUTOREN

Filchner, Gerhard
geb. 1956; Dipl.-Ing. (FH); Studium an der Fachhochschule München in der Fachrichtung Fahrzeugtechnik, Studiengang Luftfahrzeuge; seit 1981 Mitarbeiter der Luft- und Raumfahrtabteilung des Deutschen Museums.

Heinrich, Rudolf
geb. 1940; Dr. rer. nat. und Dipl.-Ing.; Studium der Nachrichtentechnik an der Technischen Hochschule München; entwickelte bis 1974 am Max-Planck-Institut für Physik elektronische Nachweisgeräte für Elementarteilchen. Seit 1976 leitet er die Sondersammlungen und Archive des Deutschen Museums.

Heinzerling, Werner
geb. 1939; Dipl.-Ing.; Studium des Maschinen- und Flugzeugbaus an der Technischen Hochschule München; Entwicklungsingenieur im Unternehmensbereich Flugzeuge bei MBB, u. a. als Abteilungsleiter für Experimentelle Aerodynamik und Projektaerodynamik (1967–1989); Leiter der Fachgruppe Geschichte der Deutschen Gesellschaft für Luft- und Raumfahrt (DGLR); seit September 1989 leitet er die Abteilung Luft- und Raumfahrt des Deutschen Museums.

Holzer, Hans
geb. 1951; Dipl.-Ing. (FH); abgeschlossene Berufsausbildung als Flugtriebwerkmechaniker; Studium an der Fachhochschule München in der Fachrichtung Fahrzeugtechnik, Studiengang Luftfahrzeuge. Seit 1977 ist er als Mitarbeiter des Deutschen Museums vor allem für das Spezialgebiet »Frühzeit der Luftfahrt« verantwortlich.

Knopp, Matthias
geb. 1955; Dr. rer. nat. und Dipl.-Phys.; Studium der Physik in Bonn; Hochschulassistent am Physikdepartment der Technischen Universität München (1985–1989). Seit 1989 ist er als Konservator in der Abteilung Luft- und Raumfahrt tätig.

Kopfermann, Klaus
geb. 1913; Dr.-Ing. und Dipl.-Ing.; Studium des Flugzeugbaus an den T. H. Berlin und T. H. Braunschweig. Während des Zweiten Weltkrieges gehörte er dem Ingenieur-Korps der Luftwaffe

und später der Deutschen Forschungsanstalt für Luftfahrt in Braunschweig an. Nach dem Kriege war er maßgeblich am Aufbau der Bölkow-Entwicklungen KG (später MBB) und der Industrieanlagen-Betriebsgesellschaft (IABG) in Ottobrunn bei München beteiligt. Als Enkel von Otto Lilienthal verfügt er über eine ausgezeichnete Kenntnis der Biographie seines Großvaters.

Nitsch, Stephan
geb. 1956; Forschungsingenieur in einem Magdeburger Maschinenbauunternehmen. Er erlernte mit Hilfe selbst konstruierter Drachenflugzeuge als Autodidakt das Fliegen. Nach dem Verbot des Drachenfliegens in der DDR beschäftigte er sich mit der Rekonstruktion der Gleiter Otto Lilienthals. Derzeit ist er aktiv am Wiederaufbau des Drachenflugsports in den neuen Bundesländern beteiligt.

Piepenburg, Christian
geb. 1955; abgeschlossene Berufsausbildung als Flugtriebwerkmechaniker; arbeitete als Flugzeugbauer in verschiedenen Unternehmen des Holz- und Kunststoffflugzeugbaus. Seit 1982 ist er in der Restaurierungswerkstatt für Flugzeuge des Deutschen Museums tätig.

Schwipps, Werner
geb. 1925; Studium der politischen Wissenschaften und der Geschichte in Berlin (West); arbeitete als Rundfunkredakteur beim Sender Freies Berlin (1954–1967) und der Deutschen Welle Köln (1968–1985); Autor mehrerer Bücher über Otto Lilienthal.

Seifert, Karl-Dieter
geb. 1931; Fernstudium an der Hochschule für Verkehrswesen »Friedrich List« in Dresden; Autor mehrerer Bücher, Filme und Fernsehsendungen über Otto Lilienthal. Er ist Mitbegründer des Otto-Lilienthal-Komitees und leitet dessen Arbeitskreis »Öffentlichkeitsarbeit/Publikationen«.

Trischler, Helmuth
geb. 1958; Dr. phil. und M. A.; Studium der Geschichte und Germanistik an der Universität München; Wissenschaftlicher Mitarbeiter am Institut für Neuere Geschichte der Universität München (1987–1989); seit 1990 Mitarbeiter der Luft- und Raumfahrtabteilung des Deutschen Museums.

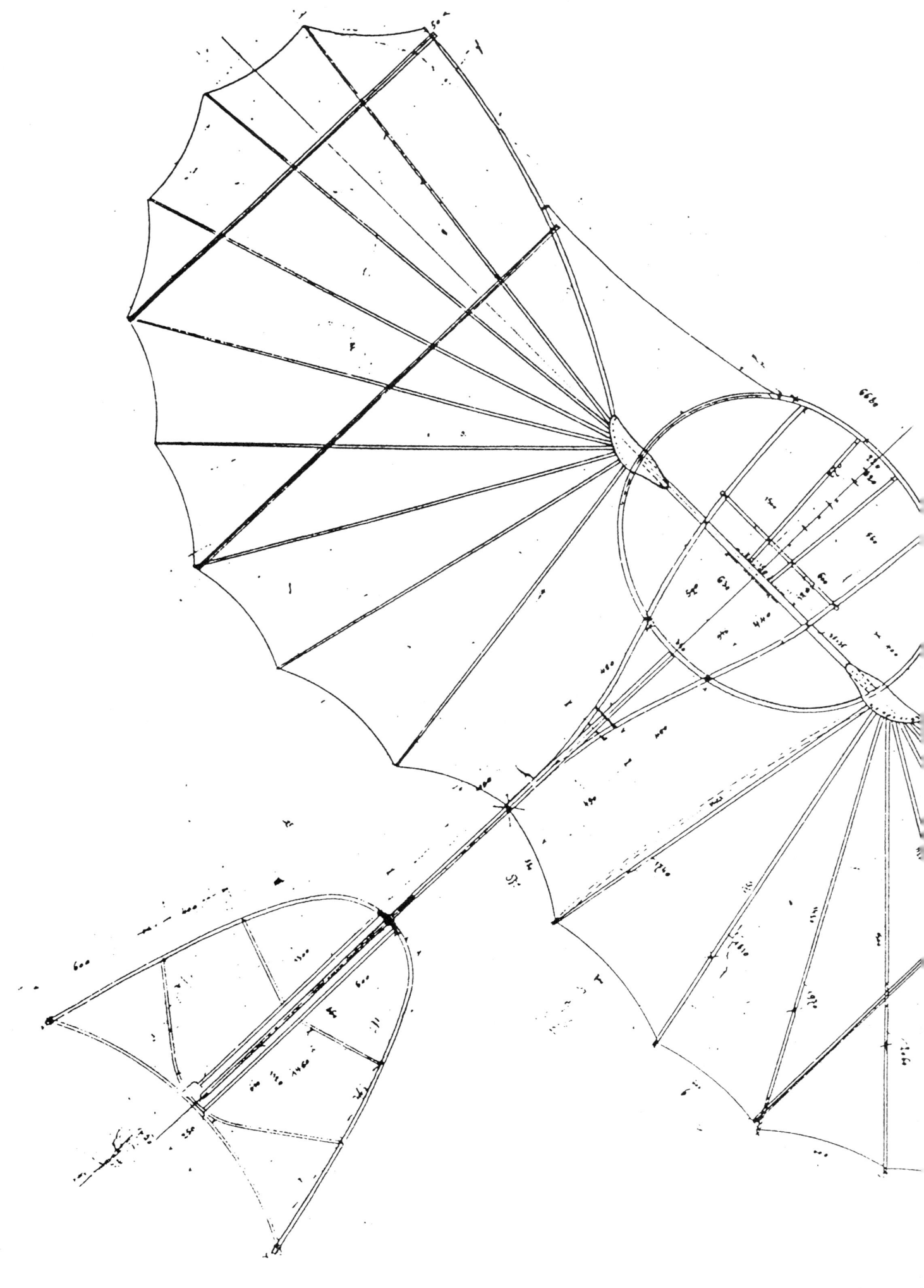